中国并购报告（2024）

ANNUAL REPORT OF M&A IN CHINA(2024)

组织编写 / 全联并购公会

荣誉主编 / 王　巍

主　　编 / 胡　伟

副 主 编 / 刘红路　汤静文　沈联合

助理主编 / 仇　健

中华工商联合出版社

图书在版编目（CIP）数据
中国并购报告. 2024 / 胡伟主编 ; 刘红路, 汤静文, 沈联合副主编. -- 北京 : 中华工商联合出版社, 2024. 10. -- ISBN 978-7-5158-4134-2
Ⅰ. F279.21
中国国家版本馆CIP数据核字第2024BP4384号

中国并购报告（2024）

主　　编：胡　伟
副 主 编：刘红路　汤静文　沈联合
出 品 人：刘　刚
责任编辑：于建廷　臧赞杰　效慧辉　王　欢
封面设计：周　源
责任审读：付德华
责任印制：陈德松
审 图 号：GS（2016）1611号
出版发行：中华工商联合出版社有限责任公司
印　　刷：北京毅峰迅捷印刷有限公司
版　　次：2024年11月第1版
印　　次：2024年11月第1次印刷
开　　本：787mm × 1092 mm　1/16
字　　数：550千字
印　　张：30
书　　号：ISBN 978-7-5158-4134-2
定　　价：180.00元

服务热线：010-58301130-0（前台）
销售热线：010-58301132（发行部）
010-58302977（网络部）
010-58302837（馆配部）
010-58302813（团购部）
地址邮编：北京市西城区西环广场A座19-20层，100044
http://www.chgslcbs.cn
投稿热线：010-58302907（总编室）
投稿邮箱：1621239583@qq.com

《中国并购报告（2024）》
编 委 会

主要编撰者简介

王　巍　全联并购公会创始会长，金融博物馆理事长。具有多年海外金融机构工作经验，曾参与创建并主管国有证券公司。创建中国最早的并购顾问公司，帮助大量企业重组、融资、上市和并购。长期担任欧洲经济合作与发展组织（OECD）投资委员会专家、上海证券交易所公司治理专家，20余家境内外上市公司独立董事。王巍博士（Fordham University，1992）曾长期任中欧、长江、上海高金和纽约哥大等商学院客座教授。出版有《并购的江湖》《金融可以创造历史》和《去珠峰》等十几本论著。2010年以来，在北京、上海、天津和香港等城市创建了十几家不同主题的公益性金融博物馆。2013年5月成功登顶珠穆朗玛峰（8848）。

胡　伟　国元证券股份有限公司党委副书记、执委会主任、总裁，保荐代表人，全联并购公会注册并购交易师，中国证监会第六届上市公司并购重组委委员候选人，北京证券交易所证券发行承销自律委员会委员，上海证券交易所股票公开发行自律委员会委员，中国科学技术大学创新创业导师。荣获“最佳投资银行家”“中国区杰出投资银行家”称号，“安徽金融五一劳动奖章”、安徽省属企业“538英才”荣誉获得者，入选2023年度江淮英才培养计划杰出项目人才。

鸣 谢

特别鸣谢国元证券股份有限公司对《中国并购报告（2024）》研创及出版的鼎力支持，在此深表诚挚谢意！

国元证券股份有限公司

序一 大并购的时代与市场力量的参与

——《中国并购报告（2024）》序言

王　巍　全联并购公会创始会长

2024年9月下旬，中国金融高层连续发表谈话，颁发各种新规，实施货币和财政政策的互动激励，中央银行破例直接或间接支持股市和购买国债。国庆节前，沪深股市和香港股市指数连续攀升，交易市值达到天量，各地购房限制政策陆续放开，金融机构和上市公司都积极响应，信心从多年疲软的状态中一跃而起，学者和传媒业更是欢欣鼓舞，唱多宏观经济和资本市场。与2008年全球次贷危机相比，这次中国激励政策的力度远远超过彼时。

全民都在期待这个转折，希望中国资本市场和经济从此摆脱低迷，步入一个新商业周期的上升通道。不过，历史的经验告诉我们，仅仅是货币和财政政策的激励还不够。在中国这样一个社会主义市场经济大国，世界经济周期的起伏和国家经济的基本走向有着特殊的制约力量，短期变化难以预测。从长期立场上，产权归属与市场价值驱动、与全球经济的共存关系以及稳定公正和透明的管理规则，也就是我们常说的“市场化、全球化和法治化”，这三个要素才真正决定经济的未来。政府的强激励，可能创造宏观环境条件，推动商业周期的转换，也可能进一步巩固现有格局与结构的微观基础，将现实危机推迟和放大到未来。这需要千千万万创业者、企业家、投资者和消费者的参与，需要权威机构与监管者的视野与担当，需要同错综复杂的国际政治与经济因素的交易和合作。我们应该抱有谨慎乐观的态度，保持理性精神，积极参与这一可能的变化。

全联并购公会已经有21年历史了，《中国并购报告》也编辑了24年。我们记录了中国并购的历史进程，也积累了并购市场的周期经验。利用受邀写序的机会，我谨就并购从业者的专业立场简单表达对近期政策变化和并购格局的几点看法，供业界同行参考。

第一，“并购六条”是正本清源，回归常识

2024年9月24日，中国证监会发布《关于深化上市公司并购重组市场改革的意见》（简称“并购六条”），引发并购业一片赞扬。这六条鼓励并购的措施，对并购行业当然是很好的事情，但从更大的格局来看，我认为这是做了早该做的事——正本清源，回归常识。

首先，第一条鼓励跨行业并购同时可以收购一些未盈利资产，就是所谓的不良资产。这个本来就是并购的基本职能，很正常的。为什么要鼓励？说明过去有阻碍，不正常，所以应该叫正本清源，这是回归常识。当然，回归常识也是重要的进步。第二条鼓励要做大做强，这是一个正向激励。多年来，我们听到的更多是反平台垄断，打击野蛮资本，要节制、要耐心。现在出来的政策有了一些调整，这是一个正向的激励。第三条要尊重市场和创新，提高监管包容度。这是对过去监管政策的反思。不应该尊重市场，不应该尊重创新吗？是不是过去做得不对？过火了？这就要提升监管容忍度。第四条，简化审查，提高重组效率。这同样是一种检视，就是过去太复杂了，审查成本太高了，太没有效率了。第五条，积极引导中介机构有作为。中介机构本身就应该做的事，为什么要引导呢？是谁过去阻碍了他们？第六条，打击违规，保护中小股东的利益。这本身就是证监会的职责之一。

市场发展是需要创新力量去推动的，单有创新而没有监管，这个市场就乱了，所以才要监管。监管部门应该是站在一个守住底线的立场上。守的是什么呢？信息透明、公平交易，打击违法犯罪，保护中小股东利益。但底线之外，就应该允许市场力量冲到前面，让企业家、创业家、投资者冲在前线，让他们去创新，这个市场才是好的市场。但这么多年来，监管常常是以家长的方式规定动作，确定节奏，甚至亲自下场判断谁是合理不合理的，那就错了。并购监管的核心是要尊重市场、尊重创新、尊重企业家、尊重并购的自有规律，这是值得高度认可的。

第二，并购的动力与制度偏好

并购的动力与规模有很多约束条件。企业根据市场需求、成长阶段和技术进步会积累并购的动力，也会有合适的并购规模，乃至以小吃大成为行业领袖。而所谓的“大并购”一般是指特殊的宏观环境变化而形成的行业性并购扩张趋势，如美国20世纪80年代的融资大并购，建立在金融自由化和资本债税减免的基础上；21世纪初的全球大并购更是建立在信息革命和全球化经济基础上的跨境整合上。

2024年9月19日，美联储超出预期大幅降息，9月27日，中国央行通过购买国债

和国债逆回购等手段注入两万亿人民币，同时大幅降准降息等，这将带来一段时期内资本市场和金融机构体系的进一步加杠杆放水。同时，各种政府指导规则已经陆续出台，鼓励上市公司回购股票，积极并购各种资产甚至困境资产。不久前，在上海国资委的主导下，国泰君安与海通证券的合并被称为符合国家战略，优化国有资本而打造一流投资银行。可以预计，这类以国有资本为主导和纽带的大并购将陆续在各个领域展开，将培育出一系列具有产业规模的行业领袖群体。

在国企大举并购的同时，国际资本进入中国参与并购的节奏将相对放缓，很可能趁机套现退出。这与多年以来的中美经贸冲突有关，更与中国的公司治理规则、金融制度和社会文化环境的变化有关。中国的中小企业在经历多年融资困境之后，即便有宽松的资金资源，也需要相当一段时期的休养生息，缺乏扩张动力。可以判断，短期内大量资本将集中进入国有资本渠道，巩固集中管理的体制力量，市场供求将更多取决于政府政策调节。我们可以集中力量办大事，推动大并购，但最终效果是否能符合“市场化、法治化和全球化”，值得思考。

第三，并购的方向与模式

改革开放四十多年来，中国企业家以无与伦比的学习与赶超能力，在钢铁、化工、交通和城市建设的硬件设施以及大众耐用与日常消费品等行业领域取得了显著成就。在多年的严峻国际压力下，需求萎缩成为自然后果，市场疲软、就业困难、融资紧张和成长放缓进一步压抑了创业激情和企业家的信心。从“市场化、法治化和全球化”发展上看，未来一段时间的并购方向无非是在供给与需求的两个领域延伸。

供给侧的并购会有一大批交易是“抱团取暖”，即在过剩产能领域和被新技术、新市场淘汰的领域合并整合，通过重组和破产等手段消化不良资产。不破不立，淘汰落后，斩除消耗社会有限资源的恐龙企业，这是一个永恒的并购业务。当然，通过新技术、新工艺、新材料提升供给能力与质量，激励并开拓新的市场，这同样是创新的力量。不过，涉及各种高科技的创新行业，鉴于风险性，国有资本真正进入还有复杂的因素需要考量。

需求侧始终是激励全球资本投资或并购的动力与成长源泉。AI、低碳、生物医药、休闲、消费、娱乐等已经超越钢铁、电气、交通、住宅和传统农林牧渔业等领域成为人类生活的热点。最近十年来，全球并购也正是在这些新领域全面展开。跨业收购、跨境收购和跨代收购如火如荼，而且多是新生企业全面接受当年的主流企业。2024年，高通拟全面收购英特尔只是掀开大幕一角，英伟达、谷歌、特斯拉、亚马逊都在紧锣密鼓地大举并购建立自己垄断的生态圈。“并购六条”后，上市公司能否摆脱强监管的束缚，充分利用货币与财政政策激励的低成本资金优势，全面转向需求侧并购，补上中国企业在新兴产业与服务业的短板，这是形成大并购浪潮的一个关键。

第四，出海并购的机遇到来了吗？

近年来，一大批起源于中国的企业在全球市场上异军突起，特别是在光伏、新能源、电动车、网络消费、新媒体和数字货币等领域。他们并非是在西方主流产业体系中依靠成本、政策补贴和市场规模等“内卷”出来的，而是在新一代信息革命和绿色经济中披荆斩棘、另辟蹊径的新赛道、新模式。他们的资本结构与商业布局都已经成为全球化公司。而且，他们的高速成长更是利用国际资本和通过并购的方式推进成功的。尽管受到美欧当地政策的歧视和限制，中国企业的当地化（也是全球化）已经成为不可阻挡、不可忽视的力量了。

值得注意的是，由于国内外较高的利差，一些企业赚到美元后并不急于结汇，而是投资于海外市场。根据外汇管理局公布的数据，自从2020年以来，中国只有7000亿美元换成了人民币回到国内，有超过2万亿美元留存在海外。中国的降准降息和各种激励政策可以吸收相当一部分回流国内，但也会有更大部分继续投资在全球市场，特别是投资在中国的全球化企业群体，这也是一个积极正面的资本力量。鼓励资本的全球流动，不仅是市场化与法治化的要求，也是一个欣欣向荣的经济体系的真正自信与安全。中国的国有企业和更多的中小企业应该利用这个经济激励的机遇关注全球市场，推动海外并购升级。

值得注意的是，全球资本市场的规模已经远远超过5年前，欧洲、日本、印度和东南亚等资本市场已经复苏并融入全球体系。相形之下，中国资本市场无论在全球地位还是在国内地位都亟待提升，这需要一系列政策的支持，当然也需要观念的改变。

第五，依靠市场化与法治化的并购力量

在2024年11月9日的苏州第十届中国并购基金年会上，我利用大会致辞的机会提出一个民间的六条并购建议，蹭一下证监会的“并购六条”热度，引起业界热烈反响，也在这里列出，给大家提供一个参考。

第一条，根据个人经验，监管者制定底线、制定框架，搞具体指引要慎重。可以让底线和框架，推动企业家发挥出作用。监管者毕竟没有亲身参与过管理上市公司，没有参与过并购，去具体指导那些有丰富经验的企业家，我觉得这是一个很大的问题，所以能不能请大家各回本位，监管制定规则、制定框架，做裁判，尽量少一点亲身上场踢球、盘球、射门，如果这样的话，可能这个市场就好了。

第二条，要建立监管者和企业家平等沟通的渠道。市场要有自上而下的指导，但更多是要有自下而上的反馈。我们要把上市公司、并购者产生的痛点和难点，不断地准确、完整、坦诚地表达出来。一个平等的博弈平台，这个市场才能进步。如果仅仅是自上而下，下面就没有信心了，因为下面说的话没有用。

第三条，建立支持民营企业特别是中小企业的融资平台或者并购基金，能够让几万亿新增的社会资本投入到有效率、更加市场化的管理者手里。我为什么要说这个？因为大家看到最近“大放水”，我们可以看到10万亿、20万亿的资金进来了，这些资金主要是走了国企渠道，走了地方政府的渠道，走了金融机构的渠道，而这些渠道的钱最终将涌向哪里？很少会走到民营企业的手里。历史证明，仅仅依靠国企还不能提供充分的市场机制，四十多年来的进步，相当一部分就是中小企业家和民营企业家在中间起了重要作用，这些有创新能力、有风险防范机制的人如果不加支持，这是很危险的。我们给了10万亿、20万亿，是为了走向更创新和更有效率的投资渠道，这是值得思考的问题。

第四条，鼓励股权投资基金，包括各种创投基金公开化的场外交易，疏通现在的“堰塞湖”。十几万亿资金堵在那里不上市，不能流通。“堰塞湖”已经在那儿了，会把整个市场压垮，你不让他交易该怎么办？一定要鼓励交易，而且要发展更多的创新并购基金，用并购来盘活资产，让公开交易、场外交易来疏通“堰塞湖”。不仅是把历史负担的释放重组，而且给未来战略投资以更大的潜力。

第五条，恢复一批发达地区的股权交易所、产权交易所。四十多年来，我们有一二百家地方性交易所，这些年几乎都清理掉了。问题当然有，但是是不是一有问题就要把所有地方交易所都关掉呢？这是需要研究的。中国几千万企业，几百万亿资产，仅仅依靠三个交易所来交易远远不够，应当允许地方有大量的区域性交易，把所有的沉淀资产飘上来、交易出去。地方交易所在过去曾经起了很多的正面作用，没有这些地方交易所哪来这些并购人士？哪来这些资本市场的人才和可流动资产？这么多上市公司，它的底盘还在这里。因此，一定要恢复一些好的产权交易所。

第六条，监管者也来总结一些历史的经验和教训。我为什么高度评价“并购六条”？是因为“并购六条”事实上在正本清源，在反思自己。二十年来，中国证券市场出现的问题，如果有机会，我们共同来讨论，这个市场就进步了。教学相长，这才能给企业家信心，也给这几年新进场的一大批创业者信心。

2024年9月是一个重要的里程碑，中国经济能不能把握这个政策机会，关键在于激励的落地。政府需求的激励能否真正带来市场需求的激励？国有企业的激励能否带动中小企业的激励？一系列的政策规则能否变为法律法规的稳定透明的约束？中国市场与全球市场的通道能否更加顺畅？最核心的，我们能否重视“市场化、法治化和全球化”的共识与价值观。来自市场的并购力量应该成为更为关键的参与者。一个良好的并购生态和良好的并购市场，至少需要有三个支撑：

首先，是并购市场的主体。中国的企业家，无论是国企企业家、民营企业家还是外资企业家，在市场上发挥自己的创新能力，去活跃市场，这才是并购的真正动力。如果这些企业家都离场了，这个市场一定是死水一潭，瘫痪在这里。因此，如何激发这些企业家的创新能力，让他能够有信心、有动力、有技术，这是第一个方面。

其次，监管保证市场竞争的公平性。公平博弈，制定规则，市场有秩序，这是非常重要的。但最重要的是，监管要给大家一种安全机制，给大家一种合理的预期。所以，监管的进步，监管的公正、公开和可预期，这才是并购市场的重要支撑。

最后，社会中介力量的参与。它包括协会、律师、会计师、评估师、投资银行等，特别是媒体，都要能参与到市场来。这个市场才可能在公开、公正的环境下进行，否则市场也很难成为市场。一个好的并购市场，要有企业家主体、监管主体和市场中介主体三方共同发力，才能有活力。

2024年11月12日

序二　聚焦并购　顺潮而上

蔚立东　全国工商联第十三届常委、全联并购公会会长

2024年的中国资本市场，并购浪潮渐起。9月24日，为进一步激发并购重组市场活力，中国证监会发布《关于深化上市公司并购重组市场改革的意见》(简称“并购六条”)。26日，中共中央政治局会议明确指出，支持上市公司并购重组。在并购重组政策“甘霖”不断、并购活跃度明显提升的当下，全联并购公会年度重大研究成果《中国并购报告（2024）》正式付梓出版。谨以此成果向中国并购市场化大潮致敬，向公会成立21周年和《中国并购报告》编辑24载致贺！

“并购重组是资本市场的大事，特别是在当前全球产业变革加快推进的背景下，继续发挥好企业并购重组的关键作用，有利于产业的提质增效。”证监会主席吴清如是说。结合证监会出台的最新激励政策，全联并购公会创始会长、金融博物馆理事长王巍阐述了自己的行业分析观点：“并购的核心是四句话，即‘用得上、买得起、收得到、管得住’，这就是并购行业里的标准化。”他强调，“市场化、法治化和全球化”才是真正启动经济的“三驾马车”。此次出台的“并购六条”坚持市场化方向，针对性地回应市场关注的并购重组难点、堵点问题，从支持上市公司向新质生产力方向转型升级、鼓励上市公司加强产业整合、进一步提高监管包容度、提升重组市场交易效率等方面做出一系列创新性安排，措施之多、力度之大，均为近年来少有，有效地激发了并购重组市场的信心与活力。

中国经济持续回升，高质量发展扎实推进，新质生产力高歌猛进，2024年，并购重组被寄予厚望——中国并购市场蓄势待发，并购交易的黄金时代已然开启。《中国并购报告（2024）》的出版可谓恰逢其时。《中国并购报告（2024）》为促进行业发展奠定了重要的基石，标志着并购公会科学化高质量为企业服务，为行业发展立言又达到了新的高度。

无论是党中央、国务院关于资本市场的决策部署，落实中央政治局会议和新“国

九条”精神，还是推动证监会“并购六条”与“科创板八条”落地见效，《中国并购报告（2024）》深度解析中国并购市场发展格局和全球行业趋势热点问题，以及提出的并购赋能，以市场化、法治化、全球化的高质量并购重组培育发展新质生产力、助推产业升级、活跃资本市场的思路都与之不谋而合。我们希望通过对大周期的观察，与大家一同探索并购发展的未来思路；也希望能够促进更多的并购业者参与到行业调查研究中来，能够为更多想要参与并购的企业提供指引；同时希望能向政府以及社会汇报行业发展全貌，推动行业整体提升与共同繁荣。

并购重组是发挥规模效应和协同效应、助力企业实力跃升、助推产业升级的重要路径。从微观角度看，并购重组是上市公司和企业层面的股东、资产和业务的调整；从宏观角度看，并购重组与国家战略紧密相连。一方面，整体性、转折性的重大并购机会从来伴随国家战略调整而来，是这些战略在上市公司和企业层面的体现和折射；另一方面，并购重组又成为国家战略落地生根的催化剂和助燃剂，是国家战略得以贯彻的重要推手。从A股上市公司2023年、2024年的并购重组活动中，这一趋势见微知著。

数据显示，2023年全年A股上市公司共完成重大重组事件65起，交易金额合计2,893亿元。2024年，截至10月11日，9月以来A股市场有80多家上市公司对外披露了重大重组事件的进展，10月以来发布相关公告的上市公司有26家，其中14家为民营企业，也显示出民营经济在市场中的活跃及其在推动经济增长中的重要作用。而据Wind数据，2024年前三季度，中国并购市场（含跨境并购）共发生5,830宗交易，总金额达到约12,606亿元，其中百亿元以上规模的并购案达17宗。这些背后彰显出政策红利持续释放及市场信心恢复的强大动力。

“并购六条”发布后，资本市场迅速响应，随着并购重组的难度与成本有效降低，市场活力明显增强，一系列并购重组项目紧锣密鼓地展开，一批标志性、高质量的产业并购案例陆续涌现。2024年6月17日，由中国上市公司协会、全国工商联经济服务部指导，全联并购公会主办的资本市场首轮并购重组案例交流会在深圳召开。交流会通过剖析并购重组的案例，探讨金融政策的优化空间，形成专题报告报送了全国工商联和证监部门。9月24日“并购六条”出台，政策采纳了并购公会的建议。2024年，公会还将陆续在杭州、无锡等地召开并购重组案例讨论会，进一步推动并购市场的繁荣和发展。

作为全国工商联直属的唯一金融属性行业商协会，全联并购公会伴随着中国经济的快速发展和民营经济的发展壮大迅速成长，见证了中国并购市场从无到有、由小而大的发展历程，见证了我国并购行业的飞速成长。《中国并购报告》从2001年出版至今，是公会依托强大学术团队和深厚行业积淀，连续24年深度解析中国并购市场的高端智库报告，也是公会重大研究成果。《中国并购报告（2024）》代表了并购行业实务及学术界的流行观点和研究成果，具有权威性、影响力与学术研究价值。

《中国并购报告（2024）》是中国并购市场研究与国际视野的结合，是并购公会传承与发展的重大研究成果。在并购大时代来临、并购重组浪潮愈演愈烈的背景下，该书的出版具有很强的现实意义。总体而言，《中国并购报告（2024）》主要有三点特色内容：聚焦热点，放眼全球，关注创新。《中国并购报告（2024）》从政策法规、行业分类、企业专题等角度对中国并购市场的实践案例、策略与方法抽丝剥茧，从中提炼出中国并购的独特脉络与宝贵经验，通过深入中国并购市场的独特性，呈现行业优秀实践经验，给市场提供参考。《中国并购报告（2024）》对科技产业、人工智能、ESG、跨境并购等热点问题的关注，充分反映了并购公会行业研究和并购报告与时俱进的创新精神。

《中国并购报告（2024）》的顺利出版，得到了许多专家、机构、企业的大力支持，特别感谢国元证券、胡伟主编和编委会全体成员的专业智慧，是他们的辛苦付出才有了《报告》的精彩呈现。相信《中国并购报告》编委团队一定会推出更多精品力作，继续为行业发展鼓与呼，为政府决策提供重要参考，为经济发展提供智力支持。

《中国并购报告》是全联并购公会行业研究和学术交流的一张名片，是公会24年来坚持长期主义、收获高影响力的丰硕成果。新一轮并购潮涌，全联并购公会将始终与时代同步，推动着中国并购行业的市场化、法治化和全球化。让我们把目光放得更长远，展望下一个并购十年、二十年，主动作为，顺潮而上，以实际行动致敬来路，再启征程！

2024年10月28日

抢抓并购新机遇　共谱发展新篇章

国元证券股份有限公司党委书记、董事长　沈和付

2024年7月，党的二十届三中全会对资本市场进一步全面深化改革作出系统部署，指出“健全投资和融资相协调的资本市场功能，防风险、强监管，促进资本市场健康稳定发展”，我国资本市场从高速发展阶段步入高质量发展阶段。我国并购重组市场作为资本市场的重要组成部分，也步入了高质量发展阶段。站在这条“最硬”的赛道，放眼望去，并购重组的“黄金时期”已明确到来，并购重组的“种子选手”已各就各位，并购重组的“后援保障”已坚实可靠，并购重组的“赛风赛纪”已深入人心。

一、并购重组的“黄金时期”已明确到来

当前，我国的资本市场形势与全球产业发展趋势均有利于并购重组，并购重组正步入“黄金时期”。

从资本市场看，长期以来A股市场注重发挥融资功能，我国上市公司数量虽与美国相当，但市值差距较大，随着推动严把上市准入关以及注重提升存量上市公司质量，势必会促进并购重组发展。一方面，我国创业投资退出方式目前仍以IPO为主，未来将主动或被动增加并购退出的比例；另一方面，A股资产估值水平仍处于低位，客观上有助于降低并购成本，增强并购双方交易意愿，提升交易撮合成功率与并购重组活跃度。

从全球产业发展趋势来看，并购重组是促进企业补链强链、做优做强、提升投资价值的有效工具。大型跨国公司均是通过产业并购获取资源和市场份额，提高全球竞争地位。我国已成为世界第二大经济体，直接参与全球竞争，需要打造一批世界一流企业，并购重组已成为企业提升发展质量的内生需求。随着我国越来越多的产业步入成熟发展期，产业整合驱动的系统性并购将成为趋势。

二、并购重组的“种子选手”已各就各位

今年以来，各项政策密集发布，旨在鼓励并购重组，支持科技创新，提升上市公司质量，直接利好硬科技和新质生产力企业、上市公司、国有企业等三大“种子选手”的并购重组。

鼓励科创板公司并购重组，促进硬科技和新质生产力企业发展壮大。如《关于深化科创板改革服务科技创新和新质生产力发展的八条措施》(“科创板八条”）支持科创板上市公司开展产业链上下游的并购整合，为增强持续经营能力而收购优质未盈利的硬科技企业，聚焦做优做强主业开展吸收合并，这些都将为并购重组市场提供更多灵活的工具和方式，为促成并购交易创造更好条件。

鼓励上市公司开展产业并购，促进高质量发展。系列政策支持上市公司通过并购重组提升投资价值，支持优质头部公司为“主力军”，推动上市公司之间吸收合并。上市公司可抓住机遇注入优质资产、出清低效产能，提高自身投资价值，而基于产业整合逻辑的上市公司并购重组，也将有助于解决市值分化背景下小市值公司的低流动性难题。

鼓励国有企业并购重组，增强资本运作能力。通过并购上市公司，国有企业可以实现资源的优化配置，将国企的优质资产与上市公司的融资平台相结合，提高整个国民经济的运行效率。同时，国企资产注入上市公司可以增强其资本运作能力，借助资本市场实现国有资产的保值增值。

三、并购重组的“后援保障”已坚实可靠

并购重组业务的难点与魅力均来自于不确定性，这包括来自并购参与方自身的不确定性，来自交易结构与对价的不确定性，来自各种审批与社会舆论的不确定性。除了政策，还有什么能为并购人多带来一份确定性，帮助他们抓住充满不确定性的机遇?

这份确定性部分来自全联并购公会的悉心关怀。例如一年一度的《中国并购报告》总能如期而至，总是持续、客观地记录并购市场的种种变化，总会为辛苦一年的并购人送上长久又温暖的陪伴。

这份确定性部分来自广大中介机构的专业服务。中介机构始终是中国并购市场最积极也最坚定的实践者、服务者、推动者，谨以我本人所供职的国元证券为例：

我们生于并购，兴于并购。国元证券于2001年由原安徽省国际信托投资公司和原

安徽省信托投资公司发起设立，2007年借壳“北京化二”成功上市，旗下长盛基金、国元期货以及国元证券部分营业部均通过并购而来，并购的挑战与收获我们都深有感受。

我们勇于创新，长于并购。国元证券始终坚持全方位、多维度发展并购重组业务，我们创造了安徽省内国企混改六种模式，成功实现了相关企业的上市、发展和壮大，我们还作为联席主承销商以及独立财务顾问，顺利完成了创业板首家重组上市配套融资项目。

我们有志于为并购行业作出更多贡献。在这最好的时代，国元证券将一如既往地支持全联并购公会的各项工作，同时抢抓并购重组机遇，全力发挥自身作用，努力提供高质量并购重组服务。

四、并购重组的“赛风赛纪”已深入人心

体育赛事中，各位选手既不能违反竞赛规程规则，还要严格遵守体育道德规范。如今，并购重组相关的法律法规已体系健全，并购重组行业的行为准则已日益完善，在中国特色金融文化的引领下，并购重组行业的文化理念亦不断深化。

诚实守信，不逾越底线。对并购参与方应诚实守信，例如严格遵守保密承诺和客观说好“并购故事”；对中小投资者与社会公众也应诚实守信，坚决不做“忽悠式”重组。

以义取利，不唯利是图。应坚定地从传统投行向产业投行转型，通过深入研究产业来挖掘资产潜在价值，凭借周到的客户服务与过硬的专业能力，创造真实价值并从中获得合理回报。

稳健审慎，不急功近利。应在并购重组全过程将环境、社会和公司治理等ESG维度纳入考虑因素，提前对并购重组后企业能否顺利整合予以更多关注并做好预案。

守正创新，不“脱实向虚”。应坚持服务实体经济的天职，既勇于探索并购业务新模式、新方法，又不偏离业务本源，不违背业务初心，聚焦产业赛道，服务新质生产力发展，实现并购重组业务可持续发展。

依法合规，不胡作非为。应坚守“质量为王”，提升风险意识，夯实三道防线，牢固树立依法合规底线思维，做好并购项目全生命周期的精细化、专业化合规管理。

今年，我们有幸作为《中国并购报告（2024）》的主编单位，组织了报告的编写工作。今后，我们希望与各位同仁继续共同努力，在最硬的赛道踏石留印，于最好的时代争分夺秒，不断为促进中国并购行业发展作出新的更大贡献！

摘 要

《中国并购报告（2024）》是由全联并购公会研创，组织专业学术团队编撰出版的智库报告。本报告对2023年国内外并购市场的相关情况进行了回顾和梳理；对能源矿产、制造业、公共服务业等主要行业的并购基本情况、特征、趋势进行了分析；就中美产业并购驱动逻辑、安徽省并购趋势展望、上市公司并购、民营企业并购、上市公司破产重整、并购基金等进行了专题研究；围绕ESG投资框架下的并购、人工智能和半导体等热点领域并购、新形势下跨境并购、区块链产业的并购重组等并购市场热点进行探讨；对年度内具有代表性和影响力的并购事件进行了重点分析。本报告分为总报告、政策法规篇、行业篇、专题篇、热点篇、案例篇6个部分。

2023年，随着欧美等发达国家进入新一轮加息周期，收紧的货币政策和高企的利率进一步提高了企业的融资成本，叠加地缘政治因素等影响，全球投资并购活动数量和规模较2022年有所减少，全球并购数量为5.8万宗，交易总额为2.6万亿美元。国际并购市场中，欧洲、中东和非洲地区以及亚太地区的并购数量和规模较2022年均有所下滑，美洲地区的并购数量较2022年微增，但是总体交易规模仍有所下降；全球的并购热点集中在医疗保健和生命科学以及能源油气行业，科技和先进制造的并购活跃度较去年有显著退坡。2023年，中国并购市场整体活跃度仍然较低，根据Wind数据统计，全年完成并购交易4,938宗，较2022年有所下滑，并购总成交金额3.4万亿元人民币，较2022年有较为明显的提升；国企改革和国有资源优化整合、国企主导的能源转型等是大型并购交易相对活跃的领域，制造业、信息技术和金融业等仍然是中国并购市场的热点行业。

政策法规篇对2023年我国并购重组相关立法、行政机关颁布的对并购重组发生直接或间接影响的法律、法规、规范性文件进行了综述及解读，为并购重组实务操作提供一定的参考和引导，从而防范和减少相关法律风险。

行业篇对能源矿产业、制造业、热力燃气公共服务业、建筑业、交通运输与仓储物流业、住宿和餐饮业、文化体育和娱乐业等重点行业的并购情况进行了讨论。2023

年，能源矿产业、公共服务业均呈现出较2022年度交易完成数量下降，总金额上升，国有企业参与并购占比高的特征；制造业以复苏为主线，并购市场以未上市的中小型企业为主导，民营经济的活力持续迸发；建筑业并购交易完成数量、金额较2022年均有所下滑；交通运输与仓储物流业中，道路运输业、仓储物流等细分行业并购较为活跃；住宿和餐饮业随着经济回温逐渐复苏，并购交易活跃度较2022年显著提升；文化体育和娱乐业并购数量、总规模相对较小，较大型的交易主要发生在文旅领域。

专题篇就上市公司、民营企业等不同类型主体参与的并购，国内并购基金发展情况，中美产业并购驱动逻辑，安徽省并购趋势展望，民营企业并购和上市公司破产重整等专题进行了深入探讨。2023年A股并购重组活动放缓，产业并购思维不断彰显，交易结构更趋合理。民营企业并购更加多元化，对外投资强势增长。我国并购基金在私募股权投资基金中的占比仍低于发达国家，有较大增长潜力。伴随着破产制度的不断完善和透明，产业投资人和金融资产管理公司、证券投资基金等金融机构对重整投资的认可度有望提升。

热点篇对市场关注度较高的ESG投资框架下的并购，人工智能、半导体、汽车、新形势下的跨境并购，区块链产业并购等热门话题进行了研究和分析。“双碳”目标确立以来，国内ESG市场的发展显著加速，ESG投资理念将继续深刻影响并购行业的发展方向，推动并购活动朝着更加负责任和可持续的方向发展。2023年，全球人工智能投融资市场活跃度有所回暖，投资及并购项目多位于算力及数据平台的基础层。全球半导体市场仍处于下行周期，但随着人工智能的快速崛起，半导体行业的复苏势头显现，产业内的并购活动加速。汽车行业中，优化管理权、转型升级、海外并购布局出海、国企并购资源赋能等产业并购模式显现。同时，国内电动智能汽车凭借技术品牌优势吸引海外投资者的“新合资”并购模式也在发生。

案例篇对本年度内部分具有代表性和影响力的并购案例进行了重点讨论，涵盖钢铁、能源、消费、金融、交通运输等领域，具体包括中信集团并购南钢集团、沙特阿美购买荣盛石化10%股权、麦当劳全球收购凯雷持有的28%的麦当劳中国股份、无锡国联溢价收购民生证券股权、祁连山重大资产置换、盐田港收购港口运营公司、重庆百货吸收合并重庆商社等案例。

关键词：并购市场　行业并购　并购热点

Abstract

ANNUAL REPORT OF M&A IN CHINA (2024) is a think tank report compiled and published by a professional academic team organized by China Mergers & Acquisitions Association. This report reviews the relevant markets of domestic and foreign M&As in 2023, analyzes the landscape, characteristics and trends of M&A in major industries such as energy and mining, manufacturing, thermal and gas public service, conducts thematic research on M&As of different entities and forms, such as listed company, private company, debt restructuring, bankruptcy restructuring of listed companies, development of M&A funds and M&A trends in Anhui Province, and discusses the developing concepts of M&A market such as M&A under the framework of ESG investment, M&A in trending industries such as artificial intelligence, blockchain and semiconductors, cross-border M&A under the latest market. Insights were also gained from representative and influential M&A events throughout the year. This report is divided into 6 chapters: general report, policies and regulations, industries, special topics, trending topics, case studies.

In 2023, as developed countries such as Europe and the United States enter a new round of interest rate hike cycle. The tightening monetary policy and high interest rates further increases the financing costs of entities. Under the geopolitical factors and other influences, the number and scale of global investments and M&As decreased compared to 2022, with stacked volume of 58,000 and total value of $2.6 trillion. In the global M&A market, the number and scale of M&As in Europe, the Middle East, Africa and the Asia–Pacific region declined compared to previous year, while the number of M&As in the Americas rebounded slightly from 2022, but the overall transaction scale still declined. Global M&As are concentrated in healthcare and life sciences, energy and oil & gas industries, while technology and advanced manufacturing M&As have declined significantly from last year. In 2023, the overall activity of China's M&A market is still low. According to Wind, 4,938 M&As were completed in 2023, down from 2022, and the total M&A value was ¥3.4 trillion, significantly higher than 2022. The reform of state–owned enterprises, the optimization and integration of state–owned resources, and the energy transformation led by state–owned enterprises are relatively active areas of large M&As. Manufacturing, information technology and finance are still popular areas in China's M&A market.

The Policies and Regulations chapter provides a comprehensive overview and interpretation of the legislation and administrative regulations related to M&As in China for the year 2023, which have a direct or indirect impact on M&A activities. It serves as a reference and guide for practical M&A operations, aiming to prevent and reduce associated legal risks.

The Industry chapter discusses the M&A activities in key industries such as energy and mining, manufacturing, public utilities (heat and gas), construction, transportation and warehousing, hospitality and catering, and culture, sports, and entertainment. In 2023, both the energy and mining industry and public utilities showed a decrease in the number of transactions completed compared to 2022, with an increase in total transaction value and a high proportion of M&As involving state–owned enterprises. The manufacturing sector, with recovery as the main theme, saw a dominance of unlisted small and medium–sized enterprises in the M&A market, with the vitality of the private economy continuing to burst forth. The construction industry experienced a decline in both the number and value of M&A transactions compared to 2022. In transportation and warehousing, sub–sectors such as road transport and warehousing logistics saw active M&A activities. The hospitality and catering industry gradually recovered with the economic rebound, and M&A activity significantly increased compared to 2022. The culture, sports, and entertainment industry had a relatively small number of M&As and total scale, with larger transactions mainly occurring in the cultural tourism sector.

The Special Topic chapter delves into M&A involving different types of entities such as listed companies and private enterprises, the development of domestic M&A funds, the logic behind industrial M&As in China and the U.S, the outlook for M&A trends in Anhui Province, and M&A by private enterprises and the bankruptcy restructuring of listed companies. In 2023, A–share M&A activities continued to slow down, with industrial M&As becoming more prominent and transaction structures becoming more clear. Private enterprise M&As became more diversified, with a strong increase in oversea investment. China's M&A funds still have significant growth potential, with their proportion in private equity funds lower than that in developed countries. With the continuous improvement and transparency of the bankruptcy system, the recognition of restructuring investment by industrial investors and financial institutions such as financial asset management companies and securities investment funds is expected to increase.

The Trending Topic chapter researches and analyzes popular topics such as M&As under the ESG investment framework, artificial intelligence, semiconductors, automobiles, and cross-border M&A under the latest market, as well as M&As in the blockchain industry. Since the establishment of the dual-carbon goal, the development of the domestic ESG market has significantly accelerated, and the ESG investment concept will continue to profoundly influence the direction of M&A industry development, promoting M&A activities towards more responsible and sustainable development. In 2023, the global artificial intelligence investment and financing market showed a rebound in activity, with investments and M&A projects mostly located in the infrastructure layer of computing power and data platforms. The global semiconductor market is still in a down cycle, but with the rapid rise of artificial intelligence, the recovery momentum of the semiconductor industry is evident, and M&A activities within the industry have accelerated. In the automotive industry, industrial M&A models such as optimization of management rights, transformation and upgrading, overseas M&A layout, and state-owned enterprise M&A resource empowerment have emerged, while the "new joint venture" M&A model, where domestic electric and smart cars attract overseas investors based on technological and brand advantages, is also occurring.

The Case Studies section focuses on discussing some representative and influential M&A cases in the year, covering steel, energy, consumer goods, finance, transportation, and other fields. It includes specific cases such as: CITIC Group's Acquisition of Nanjing Steel Group. Saudi Aramco's Purchase of 10% Stake in Rongsheng Petrochemical. McDonald's Global Acquisition of 28% of McDonald's China Shares Held by Carlyle. Wuxi Guolian's Premium Acquisition of Minsheng Securities Equity. Qilian Mountains of Gansu cement group's Significant Asset Swap. Yantian Port's Acquisition of Port Operations Company. Chongqing Department Store's Acquisition of Chongqing Commercial Company.

Keywords: M&A market, M&As in different industries, trending spots in M&A

目录

总报告

B.1 2023年中国并购市场分析…………………………胡　伟　汤静文　朱定豪 / 001

政策法规篇

B.2 并购重组法律法规与政策评价…………………………刘　维　徐伟民　姚芳苹 / 021

行业篇

B.3 2023年能源矿产业并购分析………………胡　伟　蒋贻宏　夏　川　黄　诚 / 041
B.4 2023年制造业并购分析………………李洲峰　冯健然　王竞荣　束学岭 / 049
B.5 2023年热力、燃气公共服务业并购分析……胡　伟　蒋贻宏　俞　强　王　奇 / 063
B.6 2023年建筑业企业并购分析…………………………姚元嘉　崔　颢 / 076
B.7 2023年交通运输与仓储物流业并购分析……胡　伟　蒋贻宏　高　琛　王兴禹 / 085
B.8 2023年住宿和餐饮业并购分析………………………………胡利军 / 094
B.9 2023年互联网信息技术业并购分析…………………………蒋　弘　孙芳城 / 106
B.10 2023年文化体育和娱乐业并购分析…………………胡　伟　蒋贻宏　胡从发 / 119

专题篇

B.11 2023年中国上市公司并购重组分析…………………………陈锡林　程　康 / 131
B.12 中国民营企业对外并购融资模式…………………………薛　军　秦子晴 / 142

B. 13 2023年破产重组观察分析……………………………………季 诺 提瑞婷 / 157
B. 14 中国并购基金发展分析 ………………………………………………陈宝胜 / 173
B. 15 上市公司破产重整领域投资之现状与发展趋势 ……吴立新 伍惠文 李金梅 / 189
B. 16 安徽省并购趋势展望……………………………胡 伟 汤静文 王健翔 / 211
B. 17 中美产业并购驱动逻辑和启示……………胡 伟 汤静文 吴光杰 胡永舜 / 230

热 点 篇

B. 18 ESG投资框架下的并购行业发展 ………陈 宁 房倩倩 陈兆祥 袁大钧 / 244
B. 19 人工智能领域发展现状与并购趋势分析……孔晶晶 郝润祺 单 蕾 丁江波 / 266
B. 20 2023年半导体行业并购分析 ………………万 雷 程舟航 杨 磊 徐祖飞 / 276
B. 21 2023年汽车行业发展现状与并购趋势展望
……………………………………………刘 乐 陈烨尧 孙乾乾 王 凯 / 288
B. 22 新能源行业并购分析……………………………徐福云 刘 鑫 杨 倩 / 298
B. 23 2024年券商行业并购分析 ………………仇 健 韩 梅 曾晟迪 张天然 / 309
B. 24 新形势下跨境投资并购趋势与热点分析…………………姚约茜 黄子益 / 343
B. 25 区块链产业的并购重组机会和价值展望 ……………………………邓 迪 / 358

案 例 篇

B. 26 并购案例一：中信集团并购南钢集团 ………………………………祝 捷 / 366
B. 27 并购案例二：沙特阿美购买荣盛石化10%股权 ……………………祝 捷 / 375
B. 28 并购案例三：麦当劳全球收购凯雷持有的28%的麦当劳中国股份……祝 捷 / 385
B. 29 并购案例四：无锡国联溢价收购民生证券股权 ……………………祝 捷 / 394
B. 30 并购案例五：祁连山重大资产置换 ………………………………王军辉 / 404
B. 31 并购案例六：盐田港收购港口运营公司……………………………王军辉 / 410
B. 32 并购案例七：重庆百货吸收合并重庆商社………………唐章奇 索成善 / 416
B. 33 并购案例八：中环装备收购环境科技股权…………………………韩汾泉 / 424

Contents ………………………………………………………………………… / 431

总 报 告

B.1
2023年中国并购市场分析

胡 伟 汤静文 朱定豪*

摘 要： 2023年，随着欧美主要发达国家央行进入新一轮的加息周期，全球金融市场的流动性较2022年进一步趋紧。尽管全球通胀水平在下半年有一定的缓和趋势，但是收紧的货币政策和高企的利率进一步提高了企业的融资成本，从而一定程度上限制了并购投资的活跃度。地缘冲突和紧缩货币政策正逐步显现其对全球经济前景不确定性的影响。进入2023年以来，全球投资并购活动数量和规模较2022年有所减少，全球并购数量为5.8万宗，交易总额为2.6万亿美元。报告首先总结了2023年并购市场的全球宏观经济环境，美联储、欧洲央行延续了缩表加息的策略来控制核心通胀和减少过剩流动性，全球经济硬着陆的风险增加，市场并购交易的成本高昂。然后，从国际并购市场的分析中得出，欧洲、中东和非洲地区以及亚太地区的并购数量和规模较2022年均有所下滑，美洲地区的并购数量较2022年微增，但是总体交易规模仍有所下降。全球的并购热点集中在医疗保健和生命科学以及能源油气行业，科技和先进制造领域的并购活跃度较2023年显著退坡。报告

---

* 胡伟，国元证券股份有限公司党委副书记、执行委员会主任、总裁，全联并购公会注册并购交易师、保荐代表人，主要研究方向为股权融资，并购重组；汤静文，金融学硕士，国元证券研究所负责人，主要研究方向为产业并购、股权融资、金融科技；朱定豪，金融学硕士，国元证券研究所策略分析师，主要研究方向为大类资产配置与产业并购。

最后重点回顾了2023年中国并购市场概况，随着经济增速放缓，进入高质量发展阶段，与之相适应，中国并购市场也开始转型升级，逐步向成熟阶段迈进。国企改革和国有资源优化整合、国企主导的能源转型等是大型并购交易相对活跃的领域，制造业、信息技术和金融业仍然是中国并购市场的热点行业。

关键词：并购环境　全球并购　中国并购

一、2023年并购市场的宏观经济环境

2023年全球经济面临俄乌冲突等一系列地缘局势引发的供应链冲击，以及各国管控粘性通胀而采取的紧缩货币政策等多重挑战，但一些主要经济体仍展现出了较强的韧性。美联储延续了2022年的加息路径，在2023年2月、3月、5月和7月实施了四次各25个基点的加息操作，流动性进一步收紧没有影响美国经济增长，强劲的就业市场和消费支出支撑了其经济表现。同时，全球能源和食品价格趋于稳定，多数地区通胀逐渐缓和，为各国央行在下半年减缓或暂停加息提供了条件。然而，全球财政政策的降温和货币政策的持续紧缩，提高了企业的融资成本，在一定程度上限制了全球并购投资的活跃度。

（一）全球经济在多重困难下仍表现出一定韧性

1. 美国

美国经济在2023年表现出了一定的韧性，实际GDP增长率为2.5%，高于2022年的1.9%。下半年第三季度和第四季度的同比增速均在3.2%附近，快于上半年第一季度2.3%、第二季度2.8%的增速。在强劲的家庭资产负债表以及劳动力市场表现支持下，高韧性的国内消费支撑了2023年的经济，整体优于预期。尽管美联储实行激进的货币紧缩政策，年内四度加息将联邦基金利率上调至5.25%~5.5%的区间，但2023年第三季度的失业率仅为3.7%，处于历史低位。房地产价格的上涨维持了居民的净资产增值趋势，发挥了一定的财富溢出效应，并支撑了高水平的家庭支出。

2. 欧元区

2023年欧元区的经济表现较为低迷，相比较2022年3.4%的增长，高基数效应下2023全年增速快速降至0.4%。尽管能源和天然气价格在2022年下半年开始下降，但

在价格机制的逐步传导作用之下仍推高了地区的核心通胀，促使欧央行施行紧缩的货币政策。在欧央行努力抑制通胀的同时，随着疫情消退，欧元区整体财政政策立场由支持转向中性。信贷政策收紧对实体经济的影响正在逐步显现，成本上升迫使企业削减支出和投资，民间消费疲软，整体欧元区经济开始出现技术性衰退的风险，三季度GDP环比萎缩了0.1%。由于全球货物贸易额下滑，欧元区外部需求也出现衰退。欧元区的通胀率从2022年10月10.6%的峰值降至2023年12月的2.9%。全年能源零售价格的快速下降是通胀下降的主要驱动力，在经济增长势头疲软的情况下，通胀压力在2023年下半年也开始缓解。

3. 日本

得益于疫情后的旅游业复苏以及日元贬值对出口的积极影响，日本经济在2023年呈现出了积极的增长态势，国内生产总值迎来连续三年正增长，全年实际GDP增速为1.9%。第一季度同比增速为2.6%，为疫情以来最快增速，下半年经济增速有所放缓。同时，日本开始逐步走出20多年的通货紧缩，物价出现温和的上涨，CPI同比增速为3.27%，居民工资的增长进一步支撑了国内消费。

4. 新兴经济体

中国自2023年初调整疫情管控策略后，经济复苏体现了一定的强韧性，呈现回升向好的趋势，全年实际GDP同比增速5.2%，高于5%的既定目标，也比2022年同比加快2.2%。国内大循环的主体作用在增强，内需对经济增长的贡献率达到了111.4%；国际循环的质量和水平进一步提升，对共建“一带一路”国家进出口总额比上年增长了2.8%。印度则继续延续了2021和2022年经济快速增长的态势，全年实际GDP同比增长7.58%，增速位居G20国家之首，其中下半年增速较快。分季度看，第三季度和第四季度同比增速分别为8.08%、8.57%。受欧盟及美国等的制裁，2023年上半年俄罗斯经济出现了一定震荡，第一季度GDP同比收缩了1.6%。但进入下半年来，俄罗斯通过先将原油出口至第三国提炼后再售出绕过西方限价制裁，大幅提高了石油天然气出口收入，俄罗斯经济表现出强势的复苏态势，资本投资大幅增加，实体经济快速恢复，全年GDP实现了3.6%的正增长。

2019至2023年美国、日本、欧元区以及金砖五国GDP季度增速如图1和图2所示。

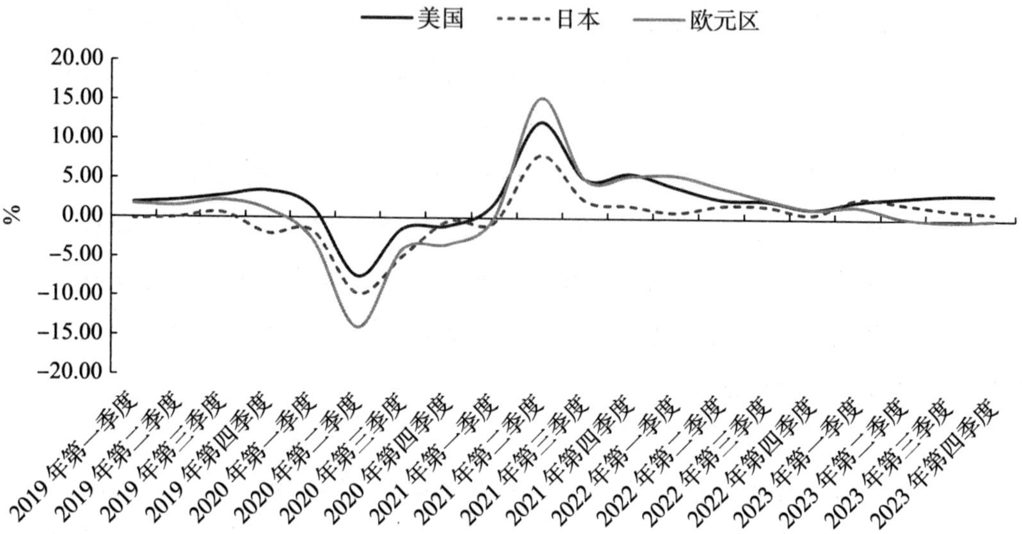

图1　2019—2023年美国、日本和欧元区GDP季度增速

资料来源：Wind数据库、国元证券研究所

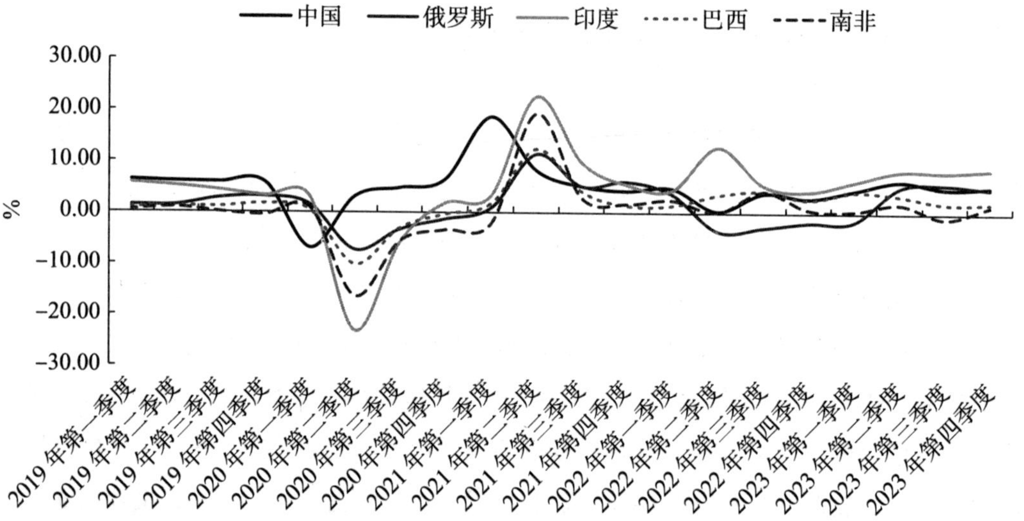

图2　2019—2023年金砖五国GDP季度增速

资料来源：Wind数据库、国元证券研究所

（二）全球商品与服务贸易出口额有所回落

受贸易需求走势疲软影响，全球商品与服务贸易出口额较2022年峰值有所回落。根据联合国贸易和发展会议（UNCTAD）数据，2023年全球货物贸易出口额为23.8万亿美元，同比减少4.55%；服务贸易出口额为7.9万亿美元，同比增长8.3%。部分地区的逆全球化倾向、出口管制以及“脱钩”等地缘政治因素拖累了全球商品出口贸易的

整体表现。2023年全球贸易增速预估值仅为0.6%，是十年以来增速的新低。2023年一季度至四季度的全球货物贸易出口额增速分别为0.3%、–0.3%、–2.2%、1.3%；全球服务贸易出口额增速分别为9.1%、8.3%、7.9%、8.2%。

分区域来看，2023年北美地区货物贸易出口额为2.59万亿美元（见图3），较2022年（2.67万亿美元）减少2.83%，过去五年复合年均增长为4.11%，高于全球复合年均增速（3.99%）。2023年北美地区服务贸易出口额为1.16万亿美元，较2022年（1.07万亿美元）增长8.37%，过去五年复合年均增速为3.68%。2023年欧盟贸易货物出口额为7.19万亿美元，较2022年（7.18万亿美元）增长0.24%，过去五年复合年均增速为3.72%。2023年欧盟服务贸易出口额为3万亿美元，较2022年（2.8万亿美元）增长7.55%，过去五年复合年均增速为5.78%。2023年金砖五国货物贸易出口额为4.69万亿美元，较2022年（5.05万亿美元）下滑7.14%，过去五年复合年均增速为5.53%，仍高于同期全球复合年均增速。2023年金砖五国服务贸易出口额为0.82万亿美元，较2022年（0.83万亿美元）减少1.88%，其中中国和俄罗斯的服务贸易出口额均有所下滑。中国的货物贸易出口额在全球的占比在新冠肺炎疫情后从13%的水平快速升至约15%，在2022至2023年有所回落，并稳定在14.2%的水平。

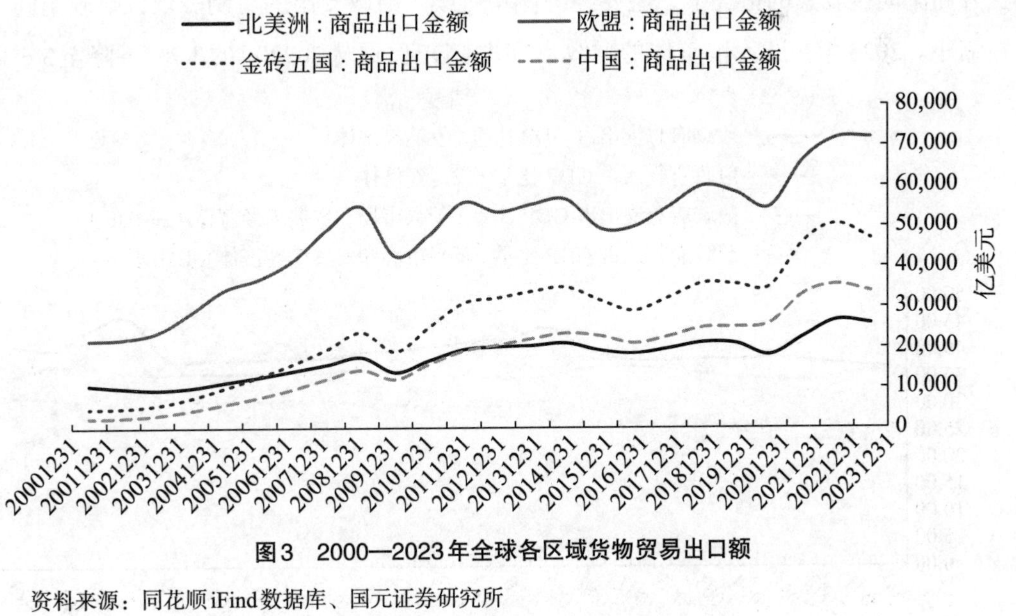

图3　2000—2023年全球各区域货物贸易出口额

资料来源：同花顺iFind数据库、国元证券研究所

（三）全球货币政策与财政政策持续收紧

财政政策方面，疫情后时代美国的各项民生补贴的财政政策退出，财政力度有所减弱，2023财年美国总体财政支出进一步下降。财政政策由民生端转向中长期产业端，2022财年通过的三大产业政策《基础设施投资和就业法案》《芯片和科学法案》和《通胀削减法案》开始发力，2023年赤字率较2022年略微回升，至6.3%，仍旧高于疫情前水平。一定强度的财政政策支持了美国经济的韧性增长，不过总体趋势上受限于债务上限和两党纷争，财政赤字率方面呈现紧平衡和收缩的预期态势。全球区域内主要经济体受制于通胀顽疾，为了控制物价水平以及债务压力，也在持续收紧财政和货币政策。

财政支出方面，2023年发达经济体一般政府支出占GDP的比重为41.07%（见图4），较2022年略微回升0.55%。整体财政支出力度变化不大，但是同期的一般政府收入占GDP小幅下降至35.5%，仍与疫情前保持相同水平。2023年新兴市场和发展中经济体一般政府支出占GDP比重为31.86%，略高于2022年和疫情前水平。同期新兴市场和发展中经济体的一般政府收入占GDP比重为26.48%，较2022年上升0.22%，财政健康度保持稳定。整体上看，全球的财政赤字表现较2022年变化幅度较小，在利率上升和流动性收紧的情况下，主要经济体均延续了财政支出的克制表现，财政空间正在缩小。2023年，欧元区整体的财政赤字占GDP比重从2022年的3.7%下降至3.6%，

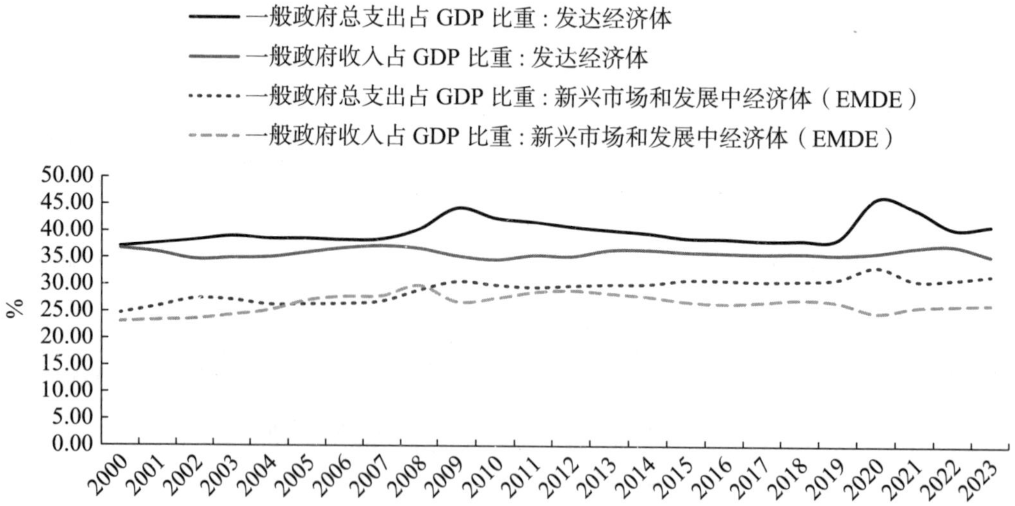

图4　2000—2023年发达经济体与新兴市场和发展中经济体财政情况

资料来源：Wind数据库、国元证券研究所

较2020年高点的7%削减较多。同期，美国政府的赤字率较2022年的5.5%上升了0.8%，财政赤字的扩大主要是由于资本利得税收入下降和部分地区纳税期限的推迟导致了2023财年的税收收入下降。

货币政策方面，美联储和欧洲央行仍延续了缩表加息的策略来控制核心通胀和减少过剩的流动性。不过量化紧缩也带来了一定的市场风险，2023年3月硅谷银行（Silicon Valley Bank）事件让美联储不得不紧急扩表补充流动性以避免其他中小银行挤兑形成系统性风险。2023年美联储共加息4次累计100个基点，将联邦基金利率目标区间调整至5.25%~5.5%。美联储资产规模从2022年底的8.5万亿美元降至2023年底的7.7万亿美元水平（见图5），降幅约为9.4%，缩表幅度和进程较2022年大幅加快。欧洲央行在2023年累计加息200个基点，将再融资固定利率提高至4.5%。同期欧央行也大幅进行了缩表，资产规模从2022年底的7.96万亿欧元下降至2023年底的6.94万亿欧元（见图6），降幅约为12.8%，幅度大于2022年的水平（8.1%）。为应对美联储缩表带来的流动性冲击，日本在2023年重启扩表，日本央行资产规模从2022年底的703.9万亿日元抬升至2023年底的749.96万亿日元，扩表幅度约为6.1%。

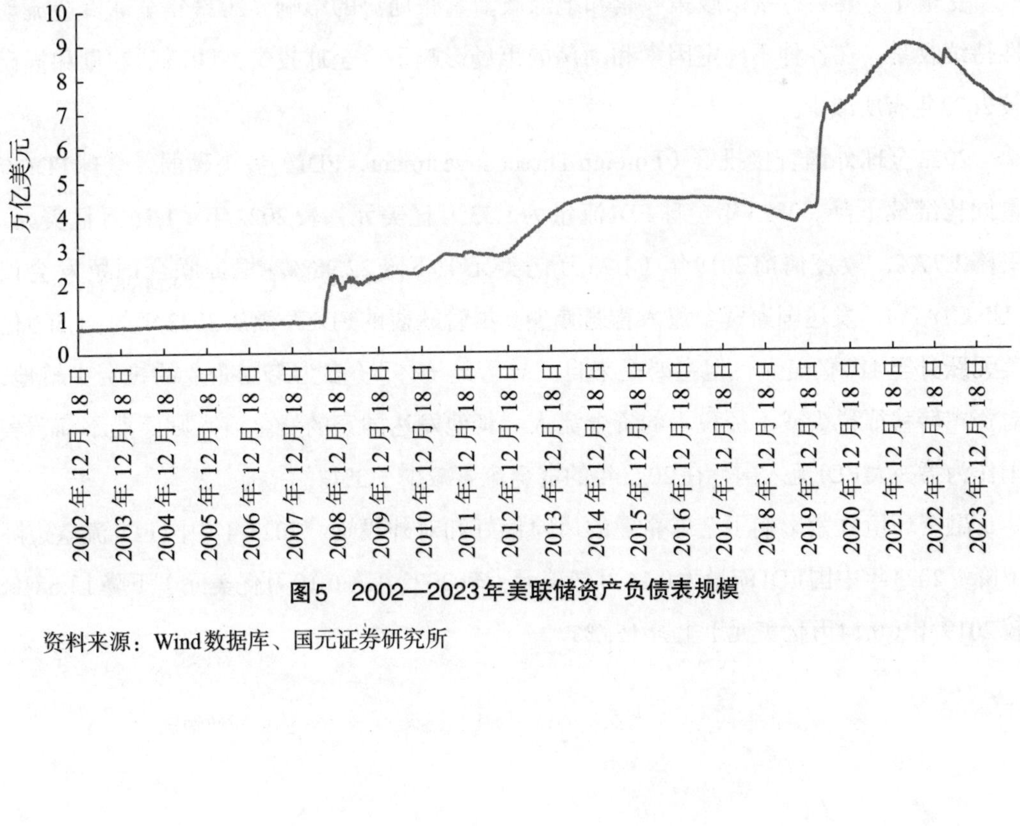

图5　2002—2023年美联储资产负债表规模

资料来源：Wind数据库、国元证券研究所

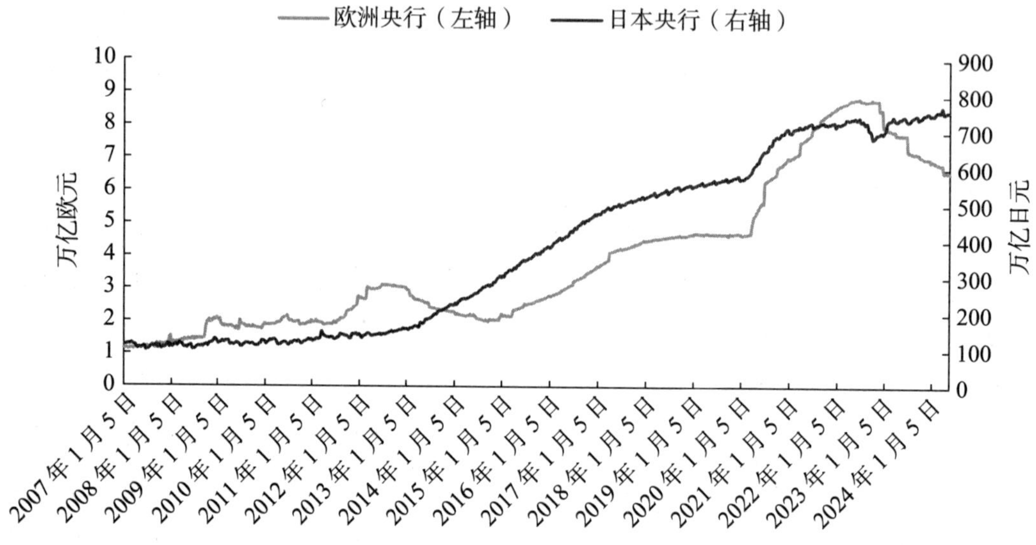

图6　2007—2024年1月欧洲央行和日本央行资产负债表规模

资料来源：Wind数据库、国元证券研究所

二、2023年国际并购市场概况

受全球主要央行货币政策收紧和地缘政治紧张局势的影响，2023年全球资金流动性持续收紧，在各种不确定因素和动荡的市场影响下，全球投资并购活动数量和规模较2022年有所减少。

2023全球外国直接投资（Foreign Direct Investment，FDI）势头羸弱，全球FDI流量同比继续下降。2023年全球FDI流量为1.33万亿美元，较2022年（1.36万亿美元）下降1.77%，较疫情前2019年（1.73万亿美元）下降22.98%。根据联合国贸发会议（UNCTAD），发达国家资金流入普遍减少。尽管欧盟的FDI净额从2022年的-1,500亿美元跃升至410亿美元，但主要是来自“导管经济体”（多为跨国企业的投资中转地，对资本转移征税少或不征税）的资金流入。其他发达国家的资金流入则停滞不前，美国作为第一大FDI流入国，在2023年的资金流入减少了3%。

融资环境收紧影响了全球企业的风险偏好和对外投资，2023年中国FDI流量边际下降。2023年中国FDI流量为0.16万亿美元，较2022年（0.19万亿美元）下降13.68%，较2019年（0.14万亿美元）上升15.6%。

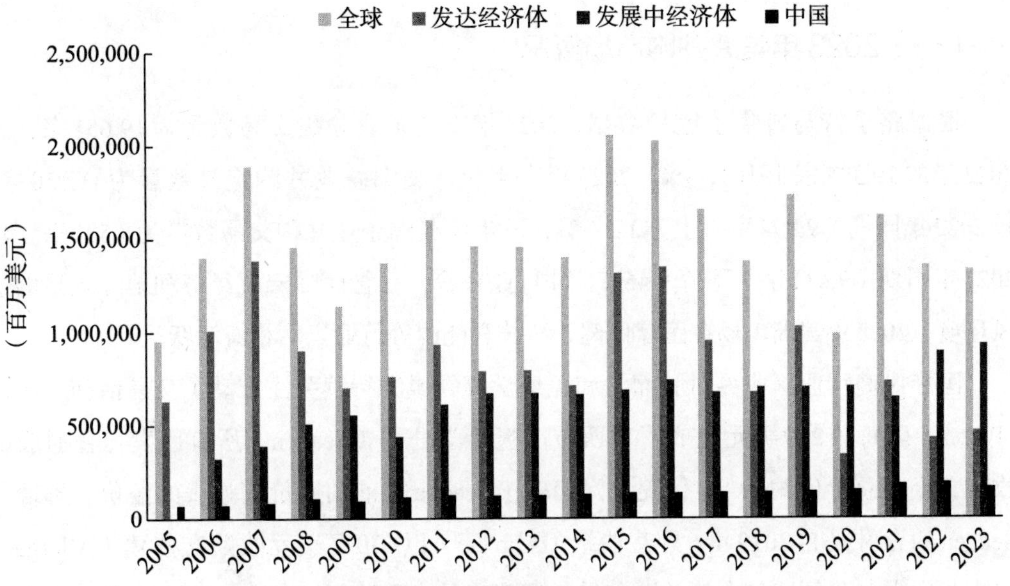

图7　2005—2023年全球、发达经济体、发展中经济体和中国FDI

资料来源：Wind数据库、国元证券研究所

根据路孚特与普华永道的数据，2023年全球并购交易总额为2.57万亿美元，较2022年下降23.74%；交易数量为5.8万宗，较2022年下降0.95%，但高于疫情前和2020年的水平。总体来看，受到融资条件趋紧、利率上升和资本市场不确定性等影响，2023年全球并购市场整体继续呈现放缓趋势。

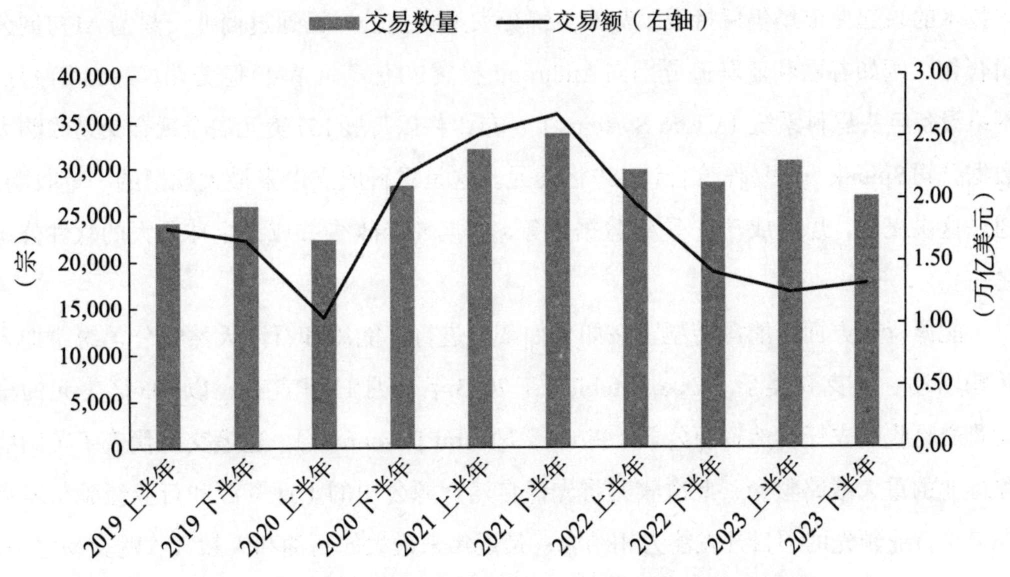

图8　2019—2023年全球各半年度并购交易数量和交易额

资料来源：PwC、国元证券研究所

（一）2023年美洲并购市场概况

根据路孚特与普华永道的数据，2023年美洲企业并购交易数量为19,651宗，较2022年的19,305宗上升1.79%。2023年上半年，美洲企业并购交易数量为11,130宗，较2022年同期（9,894宗）上升12.49%；下半年美洲企业并购交易数量为8,521宗，较2022年同期（9,411宗）下降9.46%。分行业来看，尽管面临宏观经济和地缘政治的逆风环境，2023年美洲市场在医疗保健、科技和能源等行业仍然相对活跃。

医疗保健行业，业界对肿瘤学和免疫学等领域的持续关注推动了交易活动。辉瑞（Pfizer）以每股229美元完成了对西雅图遗传学公司（Seagen）所有已发行普通股的收购，企业总价值约为430亿美元，相较于Seagen之前的股价有显著的溢价。辉瑞与Seagen的合并是自2019年6月艾伯维（AbbVie）以630亿美元收购艾尔建（Allergan）以来，生物制药领域最大的并购交易。辉瑞表示，预计到2030年，Seagen带来的产品将实现100亿美元的年收入。此外，联合健康集团（UnitedHealth Group）通过子公司Optum以每股170美元的现金收购LHC集团（LHC Group）普通股。LHC集团是一家提供高质量家庭医疗保健服务的公司，Optum是一家领先的信息化健康服务公司。这次收购标志着联合健康集团在家庭保健服务领域的进一步扩张，集团综合护理和服务患者的能力将大幅提升。

科技行业方面，虽然并购交易相较前几年有所下降，但人工智能（AI）和其他新兴技术的兴起使市场仍保持强劲势头。部分大型科技公司已通过商业交易与AI初创公司合作，例如谷歌和亚马逊分别向Anthropic投资20亿美元和40亿美元。2023年9月，网络设备巨头思科系统（Cisco Systems）宣布，将以每股157美元的全现金交易收购大数据公司Splunk，交易作价合计280亿美元。这是思科成立以来最大规模的一笔收购，通过这次交易，思科成功进军AI数据业务，将与Splunk合并成为全球最大的软件公司之一。

能源行业方面，能源转型正在如火如荼地进行，能源和石油天然气公司纷纷加入并购活动。埃克森美孚（ExxonMobil）于2023年10月11日宣布，以595亿美元的全股票交易收购先锋自然资源公司（Pioneer Natural Resources）。这笔交易代表了美国能源行业的重大战略整合，此次收购将先锋自然资源公司的土地资源和行业经验与埃克森美孚行业领先的项目开发能力相结合，是近年来最大的石油和天然气收购交易之一，将重塑该行业的格局。

航空航天领域，L3Harris Technologies和Aerojet Rocketdyne共同宣布签署最终协议，

L3Harris以每股58美元的价格收购Aerojet Rocketdyne，现金交易价值47亿美元。这次收购显著提升了L3Harris在国防和太空探索领域的能力，使其能够更好地支持美国国防部以及民用太空客户的关键任务需求。这不仅增强了公司的国防工业基础，还加快了关键推进系统的创新步伐。

金融保险行业，全球第二大保险经纪公司怡安保险集团（Aon plc）完成了对NFP的收购，收购总价约为134亿美元。这次收购扩大了怡安保险集团中端市场领域的业务，通过整合NFP的资源和专业知识，怡安保险集团能够为客户提供更全面的解决方案。预计这次收购将在客户服务、产品创新和市场拓展方面带来显著的协同效应，同时为股东创造长期价值。

（二）2023年欧洲、中东和非洲并购市场概况

根据路孚特与普华永道的数据，2023年欧洲、中东和非洲地区企业并购交易数量为20,334宗，较2022年的21,862宗下降6.99%。2023年上半年，欧洲、中东和非洲地区企业并购数量为10,775宗，较2022年同期（11,553宗）下降6.73%；下半年欧洲、中东和非洲地区企业并购数量为9,559宗，较2022年同期（10,309宗）下降7.28%。2023年，欧洲、中东和非洲地区的交易价值比一年前下降了33.7%，且低于新冠肺炎疫情前的水平，2023年全年仅有10个大型交易。尽管经历了并购市场的波动，以及经济和地缘政治不确定性，欧洲、中东和非洲市场在化工、能源和材料等行业仍相对活跃。

在化工领域，沙特阿拉伯的主权财富基金公共投资基金（Public Investment Fund）宣布收购沙特钢铁公司（Hadeed），这是一家生产特种化学品、塑料、化肥和金属的制造企业，此次收购交易金额为26亿英镑。与此同时，沙特阿美（Aramco）在化工领域的扩展也有显著进展，以27亿美元收购了美国胜牌石油化工公司（Valvoline）的全球润滑油产品业务，进一步巩固了沙特阿美在化工产品领域的全球地位。此外，阿布扎比国家石油公司（ADNOC）目前正与德国化工公司科思创（Covestro）进行谈判，探讨一项超过100亿美元的潜在收购，旨在增强其在全球化工市场中的影响力。

在能源领域，2023年9月挪威的地质物理公司TGS与当地的石油地质服务公司PGS达成合并协议，交易金额为15亿英镑，此次合并将帮助两家公司在全球能源数据服务领域实现更大的市场影响力。中东的石油和天然气企业也在不断扩展其全球影响力，阿布扎比国家石油公司宣布收购阿塞拜疆国家石油公司（SOCAR）和道达尔能源公司（Total Energies）手中阿布谢隆气田30%的股份，进一步加强其在全球市场的布局。此外，沙特阿美也在扩展其炼油和零售等下游业务，不仅以34亿美元收购中国荣盛石

化公司10%的股份，还收购了知名下游燃料和润滑剂零售商Esmax Distribución SpA的100%股权。这些交易强化了中东石油公司在下游业务中的竞争力，并展示了其在全球市场中持续增加的战略影响力。

在可再生能源方面，能源转型正在推动供暖行业在绿色技术领域的并购活动，最突出的案例为开利全球以132亿美元收购德国菲斯曼集团（Viessmann Group）旗下最大的子公司菲斯曼气候解决方案（Viessmann Climate Solutions）100%的股份。该公司主要从事采暖、制冷和气候控制产品的开发和生产。菲斯曼气候解决方案和开利集团的这次合并将使开利集团成为全球最具规模的气候解决方案集团之一。随着绿色能源需求的增加，投资者还将目光投向了非洲的可再生能源市场，一个重要案例是由Meridiam和Engie组成的财团计划以超过10亿美元收购BTE Renewables。

除了上述行业外，2023年6月瑞银（UBS）斥资32亿美元收购瑞信（Credit Suisse），在稳定全球资本市场方面发挥了至关重要的作用。瑞信成立于1856年，已有167年历史，是全球第五大财团、瑞士第二大银行。此前瑞信因丑闻和巨额亏损陷入困境，在2023年3月份掀起的欧美银行业风暴中，遭遇大量客户外流濒临破产。在美国硅谷银行和签名银行（Signature Bank）关闭风波殃及美欧银行业的背景下，这项规模空前的并购受到美欧多方欢迎，成功避免可能对瑞士和国际金融市场造成的严重损害。

（三）2023年亚太并购市场概况

根据路孚特与普华永道的数据，2023年亚太地区企业并购交易数量为17,565宗，较2022年（16,937宗）增加3.71%。2023年上半年，亚太地区企业并购交易数量为8,750宗，较2022年同期（8,315宗）增加5.23%；下半年亚太地区企业并购交易数量为8,815宗，较2022年同期（8,622宗）增加2.24%。2023年亚太地区的交易约占全球交易数量的30%。2023年亚太地区汽车、医疗健康和科技等行业的并购交易较为活跃：医疗健康行业的总交易额高达958亿美元；在电动汽车产量快速增长的带动下，汽车行业的并购交易数量则激增80.1%。

汽车行业，越南电动汽车制造商VinFast Auto Ltd成功借壳特殊目的收购公司（SPAC）Black Spade Acquisition Co，在美国纳斯达克上市，合并后新实体的潜在股权价值估计为230亿美元。VinFast成立于2017年，作为越南造车新势力，是越南最大民营集团Vingroup JSC旗下的汽车子公司。此外，电动车制造商路特斯科技（Lotus Technology）计划以55亿美元，与特殊目的收购公司L Catterton Asia Acquisition Corp合并上市。路特斯科技是世界著名的跑车和赛车生产商，2017年被浙江吉利控股集团收购。本次交易是2019年以来交易规模最大的中国企业跨境并购交易，迄今中国新能源汽车行业交易规模最大的并购交易。

医疗保健行业，日本药企成为全球并购的重要参与力量。总部位于日本的安斯泰来制药（Astellas Pharma）近年来以其积极的并购战略而闻名，2023年5月该公司宣布以59亿美元收购美国IVERIC Bio。2023年10月，日本制药公司协和麒麟（Kyowa Kirin）宣布以约3.874亿美元收购纳斯达克上市公司Orchard Therapeutics，此次交易丰富了Kyowa Kirin的管线。

科技领域，日本产业合作伙伴（JIP）宣布计划以150亿美元收购陷入困境的东芝（Toshiba）。东芝公司成立于1875年，一度是日本科技制造业实力的象征，2015年东芝在会计造假丑闻后陷入财务危机，长期处于管理混乱、经营困难的状态，此次交易或将成为东芝整合优势资源、转型升级的机遇。

资源领域，全球黄金行业的巨头纽蒙特公司（Newmont Corp）以约288亿澳元（约合192亿美元）达成重大收购协议，收购澳大利亚纽克雷斯特矿业有限公司（Newcrest Mining Ltd.）。纽克雷斯特矿业有限公司成立于1966年，总部位于澳大利亚墨尔本，从事黄金和铜精矿的勘探、开发、开采和销售，其业务已扩展到印度尼西亚等多个国家。这一收购巩固了纽蒙特作为全球最大黄金生产商的地位，同时反映出全球黄金行业进一步整合的趋势。

三、2023年中国并购市场分析

与资本市场类似，相较于美国等发达国家，中国的并购市场仍处于发展阶段，尚未步入成熟期。经过改革开放40多年以来的高速发展，我国经济增速放缓，进入高质量发展阶段，与之相适应，中国并购市场也开始转型升级，逐步向成熟阶段迈进。2023年，尽管疫情对国内和全球经济的影响已经逐渐减退，但由于经济复苏不及预期、地缘政治、美联储加息、二级市场低迷影响退出等因素影响，国内并购市场活跃度仍然较低，但整体而言，中国市场仍然机遇大于挑战。2023年，国企改革和国有资源优化整合、国企主导的能源转型等是大型并购交易相对活跃的领域，部分优质的中小型企业也探索通过并购提升自身竞争力，中国并购市场仍可谓方兴未艾。

（一）2023年中国并购市场概况

根据Wind金融终端统计的数据，2023年（以交易完成日为准，本节下同）中国并购市场整体成交金额为34,464.9亿元，较2022年（20,780.3亿元）增长13,684.5亿元，增长65.9%；整体并购数量为4,938宗，较2022年（10,304宗）下降5,366宗，降幅52.1%。以上统计数据中，部分交易未披露成交金额；已披露成交金额的并购事项，其2023年单笔平均交易规模为14.6亿元，较2022年（6.5亿元）增长123.6%。

分季度观察，在并购规模方面，2023年第一季度为5,123.7亿元，同比增速30.3%，环比增速–24.9%；第二季度为7,640.8亿元，同比增速101.6%，环比增速49.1%；第三季度为6,396.9亿元，同比增速2.6%，环比增速–16.3%；第四季度为15,303.4亿元，同比增速124.3%，环比增速139.2%。在并购数量方面，2023年第一季度为1,081宗，同比增速–13.0%，环比增速–29.8%；第二季度为1,169宗，同比增速–60.2%，环比增速8.1%；第三季度为1,189宗，同比增速–74.1%，环比增速1.7%；第四季度为1,499宗，同比增速–2.6%，环比增速26.1%。单季度看，2023年第四季度并购数量出现较明显回暖。

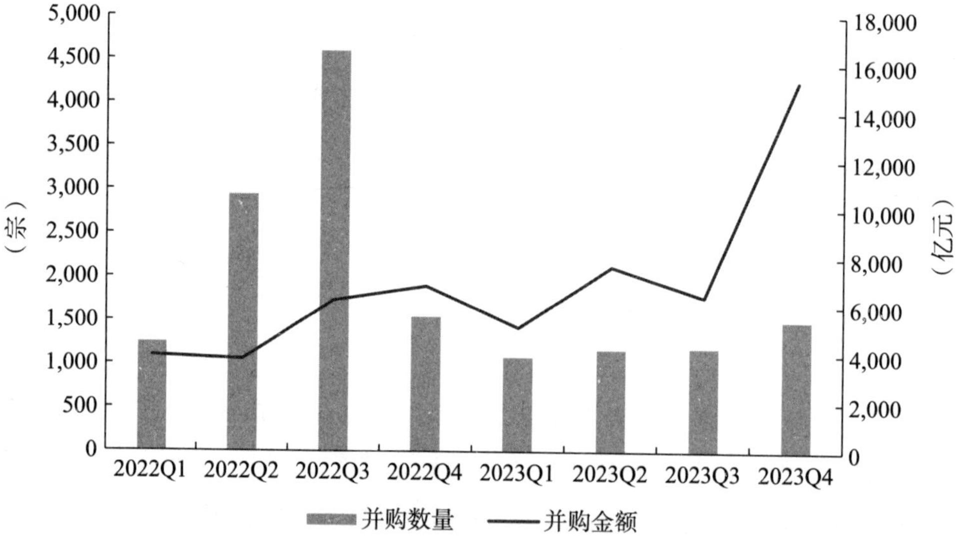

图9　2022—2023年中国并购市场分季度情况

分行业看，2023年（以交易完成日为准），以竞买方行业为行业统计标准，在Wind披露的统计了竞买方行业的1,174宗并购事项中，规模排名第一的行业是制造业，并购金额达到3,461.4亿元，第二名是金融业，并购金额达到1,285.6亿元，第三名是电力、热力、燃气及水生产和供应业，并购金额达到1,058.6亿元，排名第四至第十的依次是交通运输、仓储和邮政业（978.9亿元），信息传输、软件和信息技术服务业（811.4亿元），综合（660.5亿元），批发和零售业（569.9亿元），房地产业（534.1亿元），建筑业（518.3亿元），采矿业（434.8亿元）。并购数量方面，排名第一的行业是制造业，并购事件数量达到619宗，第二名是信息传输、软件和信息技术服务业，76宗，第三名是金融业，74宗，第四到十名分别是租赁和商务服务业（48宗），交通运输、仓储和邮政业（46宗），批发和零售业（45宗），电力、热力、燃气及水生产和供应业（43宗），建筑业（42宗），综合（41宗），采矿业（32宗）。单笔并购金额方面，排名第一的是电力、热力、燃气及水生产和供应业，平均单笔并购金额达到24.6亿元，排名第二的是房地产业，平均单笔并购金额达到23.2亿元，排名第三的是交通运输、仓储和邮政业，平均单笔并购金额达到21.3亿元，排名第四到第十的依次是金融业（17.4亿元），综合（16.1亿元），采矿业（13.6亿元），批发和零售业（12.7亿元），建筑业（12.3亿元），信息传输、软件和信息技术服务业（10.7亿元），制造业（5.6亿元）。整体来看，在2023年金融业，交通运输、仓储和邮政业，电力、热力、燃气及水生产和供应业并购交易活跃，整体规模较大。房地产业、采矿业虽然并购交易数量相对较少，但通常都是单笔金额较高的大型并购案例（见表1）。

表1　2023年中国各行业并购情况

行业名称	并购事件数（宗）	总金额（亿元）	单笔平均金额（亿元/宗）
制造业	619	3,461.4	5.6
信息传输、软件和信息技术服务业	76	811.4	10.7
金融业	74	1,285.6	17.4
租赁和商务服务业	48	157.4	3.3
交通运输、仓储和邮政业	46	978.9	21.3
批发和零售业	45	569.9	12.7
电力、热力、燃气及水生产和供应业	43	1,058.6	24.6
建筑业	42	518.3	12.3
综合	41	660.5	16.1
采矿业	32	434.8	13.6
科学研究和技术服务业	28	11.0	0.4
房地产业	23	534.1	23.2
文化、体育和娱乐业	19	35.8	1.9
水利、环境和公共设施管理业	16	26.2	1.6
农、林、牧、渔业	13	60.8	4.7
卫生和社会工作	5	16.1	3.2

续表

行业名称	并购事件数（宗）	总金额（亿元）	单笔平均金额（亿元/宗）
教育	4	1.6	0.4
住宿和餐饮业	0	0.0	–
居民服务、修理和其他服务业	0	0.0	–

资料来源：Wind数据库、国元证券研究所

从并购发生的地域维度观察，2023年（以交易完成日为准），以竞买方地区为统计标准，在Wind披露的统计了竞买方地区的2,737宗并购事项中，华东地区从数量上看是全国并购交易最为活跃的区域，为1,259宗，金额也位居前列，为4,242.42亿元；中南地区并购金额最大，为5,874.86亿元，但数量少于华东地区，为713宗；华北地区并购交易也相对活跃，数量为406宗，金额为4,667.18亿元。西南、西北、东北地区并购交易活跃度较低，其中，西南地区并购交易数，190宗，金额为1,206.63亿元；西北地区并购交易数量96宗，金额为827.88亿元；东北地区并购交易数量73宗，金额为249.84亿元（见图10）。

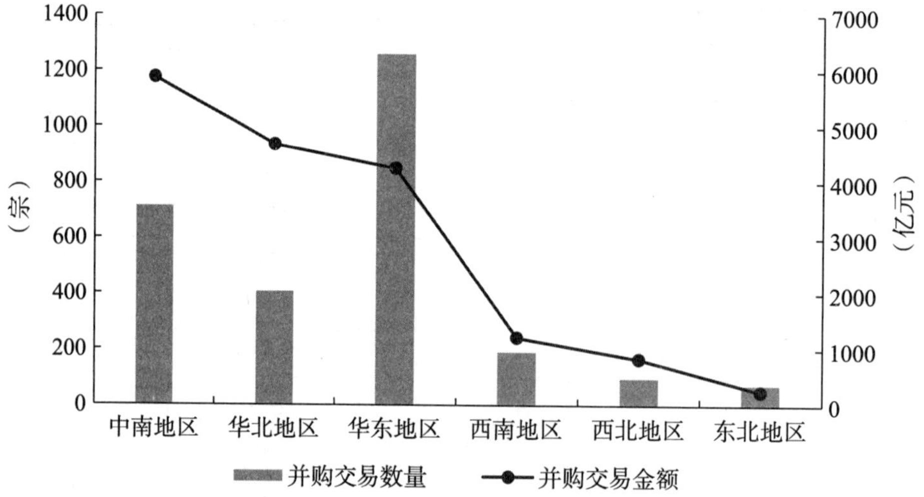

图10　2023年中国各地区并购情况

资料来源：Wind数据库、国元证券研究所

（二）2023年中国企业战略并购概况

根据普华永道的统计分析数据，2023年中国企业战略并购数量达到3,240宗，较2022年的4,478宗减少27.6%；从交易金额口径看，2023年中国企业战略并购金额为

1,471亿美元，较2022年的1,930亿美元下滑23.8%。

2023年国内战略投资者并购交易金额降至2014年以来最低点，主要是经济复苏慢于预期、地缘政治局势紧张、较高的全球利率、房地产和股票市场下跌等多重不利因素导致。

跨境并购活动同样受到上述不确定因素的影响，在2023年中国企业战略并购市场中，战略投资者入境并购交易数量为80宗，较2022年的124宗下降35.5%；战略投资者入境并购金额同比小幅回升，2023年为146亿美元，较2022年的140亿美元上升4.3%。

分行业看，数量方面，2023年各主要行业的战略投资并购交易数量均出现不同程度下降，譬如工业行业战略投资并购数量从2022年的1,273宗下降至877宗，高科技行业并购数量从2022年的830宗下降至612宗，电力能源行业并购数量从2022年的373宗下降至363宗，消费品行业并购数量从2022年的424宗下降至301宗，房地产行业并购数量从2022年的280宗下降至107宗。总体而言，工业和高科技行业仍是战略并购较为活跃的行业，这些并购活动相对集中在国企改革、国企推动的产业升级和资本重组，以及大型国有企业集团之间的整合等。金额方面，工业、金融、电力能源和高科技行业交易额领先，其中，工业行业战略投资并购交易额为418亿美元，同比下降42.0%，金融行业并购交易额为304亿美元，同比增长4.8%，电力能源行业并购交易额为286亿美元，同比增长15.3%，高科技行业并购交易额为193亿美元，同比增长10.3%。按照普华永道统计的大宗交易数据，大宗交易主要集中在金融服务、新能源汽车、ESG/能源转型和半导体等领域，在国内24宗战略并购大宗交易中，16宗涉及国企。

（三）2022年中国PE/VC等财务投资者并购概况

PE/VC（私募股权/风险投资基金）投资者作为并购市场的重要参与者，以财务投资为主，通过各种渠道筹集资金，并在适当时机以适当方式选择退出投资标的。

根据普华永道的统计分析数据，2023年中国PE/VC融资规模合计716亿美元，较2022年同比下降8.4%。从融资来源结构看，2023年与2022年存在较大差距，2023年人民币基金规模为533亿美元，较2022年的281亿美元增长89.7%，非人民币基金规模为183亿美元，较2022年的501亿美元下降63.5%。这主要是由于地缘政治、经济复苏不及预期、政策变动等因素对部分行业造成影响，导致美元资金普遍筹资困难，私募股权融资大幅转向人民币融资。

私募股权投资和风险投资的交易数量、金额均出现不同程度下滑。2023年PE投资数量为1,168宗，较2022年的2020宗下降42.2%，投资金额为1,483亿美元，较2022年的2,348亿美元下降36.8%。PE投资数量和金额同比下滑，主要由于给出的交易估值不能达到卖方的期望、外资私募股权进行新投资时态度更加谨慎等。2023年VC投资数量为3,766宗，较2022年的4,766宗下降21.0%，投资金额为30亿美元，较2022年的55亿美元下降45.5%。

分行业看，2023年各主要行业的PE投资数量较2022年均有所下滑，工业、高科技和大健康仍是交易量前三的行业，受到PE投资者的青睐。交易金额方面，大部分行业交易金额有所下滑，大宗交易集中在高科技、工业、能源转型等政策重点行业。

退出情况方面，低迷的资产估值和IPO市场影响了私募股权的退出交易，鉴于资产估值持续疲软，私募普遍启动出售程序的意愿降低。2023年PE/VC退出交易数量合计1,945宗，较2022年的2,371宗下降18.0%；并购方式退出和IPO方式退出的交易数量均有下滑，2023年PE/VC并购方式退出1,464宗，较2022年的1,922宗下滑23.8%，IPO方式退出274宗，较2022年的348宗下滑21.3%。

IPO退出中，深交所和上交所科创板仍是PE/VC投资者的首选交易场所。在2023年IPO方式退出合计274宗中，选择深交所IPO的有97宗，较2022年（135宗）下降28.1%；上交所科创板65宗，较2022年（109宗）下降40.4%，上交所主板17宗，较2022年（16宗）增长6.3%；北交所44宗，与2022年持平；港交所43宗，较2022年（39宗）上升10.3%。

（四）2023年中国企业海外并购投资情况

根据普华永道的统计分析数据，2023年中国企业海外并购数量为354宗，较2022年的490宗下降27.8%；中国企业海外并购整体成交金额为190亿美元，较2022年的425亿美元下降55.3%，交易金额降至2008年以来的最低水平。

从投资者结构看，2023年国企海外并购数量为23宗，较2022年的30宗下降23.3%；民企海外并购数量为195宗，较2022年的172宗上升13.4%；财务投资者海外并购数量为136宗，较2022年的288宗下降52.8%。2023年财务投资者海外并购数量下滑幅度较大，但在数量上仍然领跑境外并购活动，民企海外并购数量呈上升趋势。

分行业看，在海外并购交易金额维度上，2023年工业、高科技、原材料行业领跑。在交易数量维度上，高科技、工业、大健康仍是最受欢迎的海外投资领域，其中高科技领域2023年海外并购数量为104宗，较2022年的194宗有较大幅度下滑，主要为财务投资者海外并购数量减少所致，工业行业海外并购数量为77宗，较2022年上升24.2%，大健康行业海外并购数量为63宗，较2022年减少3.1%。

从并购目的地来看，2023年各地区交易金额均处于较低水平，亚洲仍是中国企业海外并购的最大目的地，2023年亚洲区域（不含中东）交易金额为74亿美元，较2022年的78亿美元下降5.1%，其次是欧洲，2023年交易金额为47亿美元，较2022年的72亿美元下降34.7%，非洲地区交易金额有较大幅度增长，2023年为28亿美元，较2022年的7亿美元增长300.0%。交易数量上，2023年各区域海外并购交易数量均有不同程度下滑，亚洲、美洲、欧洲仍是最受投资者青睐的前三大海外投资地区，交易数量分别为118宗、103宗和95宗，和2022年相比，分别下降9.2%、39.4%和19.5%。

（五）2023年中国主要行业并购概况

工业领域，比亚迪电子以142.9亿元完成收购Jabil Inc.（捷普）旗下生产消费电子产品零部件的移动电子制造业务，并购前该部分业务已重组至Juno Newco Target Holdco Singapore Pte. Ltd.，并购完成后比亚迪获得该公司100%股权。捷普是苹果产业链的优秀供应商之一，本次收购拓展了比亚迪电子的客户与产品边界，拓宽智能手机零部件业务，改善比亚迪电子的客户与产品结构，助推比亚迪电子产业升级，在提高产品市场占有率的同时，与比亚迪电子现有产品有效协同。

公共事业领域，并购数量众多，单笔规模较大，代表性的有中国电力附属公司收购金紫山风电79.67%股权、福能股份收购福建惠安泉惠发电有限责任公司35%股权等。中国电力通过其间接全资拥有的附属公司南宁新能源以5.47亿元自广西海外处收购金紫山风电79.67%股权，同时通过内部转让获得金紫山风电15.22%股权，收购完成后，控股金紫山风电，提升中国电力风电装机容量和清洁能源占总装机容量的占比。福建惠安泉惠发电有限责任公司原为福能股份控股股东福能集团参股公司，福能股份此次收购行为是解决大股东福能集团在资产重组中产生的同业竞争问题。福能股份与中化泉州园区发展有限公司、惠安兴港公用工程管理有限公司组成联合体，以6.05亿元交易价款分别取得泉惠发电35%、60%、5%股权，其中福能股份以2.12亿元取得其35%股权。收购完成且项目建成投产盈利后，福能股份的权益装机增加，投资收益增加。

房地产领域，建发股份及其控股子公司联发集团以62.86亿元自红星控股处取得美凯龙29.95%股权。受到房地产市场及下游消费的影响，收购完成以来至2024年上半年，美凯龙的业绩短期内出现波动，但长期看，其作为连锁家居卖场的龙头企业，品牌优势突出，核心资产位于一二线城市，护城河高，可帮助建发股份进一步提升形象和全国影响力，还可助力建发股份供应链运营业务和地产业务。

医疗保健领域，仙乐健康通过向卖方收购和增资于2023年初完成对Best Formulations

Inc. 71.41%股权的收购。Best Formulations是美国营养补充剂行业领先的CDMO企业，其业务基础能够与仙乐健康形成优势互补，快速提升仙乐健康在北美的市占率，同时赋能中国跨境电商业务，这次收购完成后，仙乐健康基本完成了全球供应链布局。

日常消费领域，新宝股份以1.98亿美元收购摩飞中国境内和英国、爱尔兰、新西兰、澳大利亚等海外区域摩飞商标等资产。收购前新宝股份已经与摩飞公司建立长期合作关系，向摩飞公司供应小家电产品和零部件，并根据摩飞公司授予的摩飞系列品牌知识产权许可在国内生产销售小家电，通过收购摩飞公司国际知识产权，新宝获得相关海外市场的直接运营机遇，出口业务将由OEM/ODM模式为主逐步转变为OEM/ODM出口+品牌运营多业态发展的模式。

金融领域，国联证券分别以7.22亿元、15.04亿元对价自上海融晟投资有限公司、中融国际信托有限公司处取得中融基金（现更名为国联基金）24.5%、51%股权，成为其控股股东。通过收购中融基金，国联证券快速获取成熟的公募牌照，有利于公司发挥现有资源优势，促进业务整合提升和泛财富管理转型，从而进一步丰富客户服务手段，完善综合金融服务体系，形成新的利润增长点。

政策法规篇

B.2 并购重组法律法规与政策评价

刘　维　徐伟民　姚芳苹*

摘　要： 本文主要对2023年我国并购重组相关立法、行政机关颁布的对并购重组发生直接或间接影响的法律、法规、规范性文件进行综述及解读。2023年资本市场的重大事件莫过于全面实行股票发行注册制。2023年2月17日，中国证券监督管理委员会（以下简称"证监会"）发布全面实行股票发行注册制相关制度规则，自公布之日起施行。证券交易所、全国股转公司、中国结算、中证金融、证券业协会配套制度规则同步发布实施。全面实行注册制是涉及资本市场全局的重大改革。在各方共同努力下，前期科创板、创业板和北交所试点注册制，这次全面实行注册制制度规则的发布实施，标志着注册制的制度安排基本定型，标志着注册制推广到全市场和各类公开发行股票行为，在中

* 刘维，国浩资本市场业务委员会主任，全联并购公会常务理事、法律委员会主任，钱伯斯资本市场律师业界贤达。刘维律师曾任中国证券监督管理委员会第一届、第二届、第三届并购重组委委员，中国上市公司协会第一届、第二届并购融资委员会委员，首届上海市民营经济发展战略咨询委员会咨询委员，国浩律师（上海）事务所主任，国浩律师事务所集团执行合伙人。刘维律师曾主办过境内外三百多家上市公司的IPO、再融资、并购重组，是中国经办上市业务最多的律师之一；徐伟民，国浩律师（杭州）事务所管理合伙人，浙江大学法律硕士，擅长公司、证券、重组律师业务。徐伟民律师曾为数十家境内外公司上市或股票增发、配股以及资产重组等提供法律服务；姚芳苹，国浩律师（杭州）事务所律师，浙江大学法学学士，2016年从事律师工作，专业从事投资并购、资本市场领域的法律服务和民商事争议解决，参与了多家企业的改组设立、股票上市发行、发债、收购和重大资产重组等项目，并为公司解散、股权投资争议、合同纠纷等诉讼仲裁案件提供法律服务。

国资本市场改革发展进程中具有里程碑意义。
此次发布的制度规则共165部，其中证监会发布的制度规则57部，证券交易所、全国股转公司、中国结算等发布的配套制度规则108部。内容涵盖发行条件、注册程序、保荐承销、重大资产重组、监管执法、投资者保护等各个方面。本次完善上市公司重大资产重组制度，主要是各市场板块上市公司发行股份购买资产统一实行注册制，完善重组认定标准和定价机制，强化对重组活动的事中事后监管。
本文旨在对2023年并购重组法律法规与政策进行回顾和政策评价，为并购重组实务操作提供一定的参考和引导，从而防范和减少相关法律风险。

关键词： 并购重组　法律法规　部门规章　规范性文件

一、2023年并购重组法律法规与政策回顾

（一）2023年涉及并购重组的法律法规的修订

2023年12月29日，全国人大常委会审议通过了修订后的新《公司法》（中华人民共和国主席令第15号），新《公司法》自2024年7月1日起施行。

公司是最重要的市场主体，《公司法》是社会主义市场经济制度的基础性法律。我国现行《公司法》于1993年制定，1999年、2004年对个别条款进行了修改，2005年进行了全面修订，2013年、2018年又对公司资本制度相关问题作了两次重要修改。本次修订是1993年《公司法》以来的第六次修改，也是规模最大的一次修订。修改《公司法》是贯彻落实党中央关于深化国有企业改革、优化营商环境、加强产权保护、促进资本市场健康发展等重大决策部署的需要，也是适应实践发展，不断完善公司法律制度的需要，修改公司法对于完善中国特色现代企业制度、推动经济高质量发展具有重要意义。

（二）有关部门规章和规范性文件

1. 证监会有关部门规定及其他有关规范性文件

2023年以来，因全面实行股票发行注册制，证监会的新文件发布迎来了高潮，涉及并购重组的文件主要如下：

2023年2月17日同时发布《上市公司重大资产重组管理办法（2023修订）》《公开发行证券的公司信息披露内容与格式准则第56号——北京证券交易所上市公司重大资产重组（2023）》《公开发行证券的公司信息披露内容与格式准则第26号——上市公司重大资产重组》（中国证券监督管理委员会公告〔2023〕35号，以下简称《26号准则》）《〈上市公司收购管理办法〉第六十二条、第六十三条及〈上市公司重大资产重组管理办法〉第四十六条有关限制股份转让的适用意见——证券期货法律适用意见第4号（2023修订）》《〈上市公司重大资产重组管理办法〉第十四条、第四十四条的适用意见——证券期货法律适用意见第12号》《〈上市公司重大资产重组管理办法〉第二十九条、第四十五条的适用意见——证券期货法律适用意见第15号》《上市公司监管指引第7号——上市公司重大资产重组相关股票异常交易监管（2023修改）》《上市公司监管指引第9号——上市公司筹划和实施重大资产重组的监管要求》《监管规则适用指引——发行类第7号》等一系列规定（详见附表）。

为进一步明确定向可转债重组相关制度安排，2023年11月14日，证监会发布了《上市公司向特定对象发行可转换公司债券购买资产规则》。

2023年8月1日，为贯彻落实《国务院办公厅关于上市公司独立董事制度改革的意见》，推动形成更加科学的独立董事制度体系，促进独立董事发挥应有作用，证监会公布了《上市公司独立董事管理办法》，自2023年9月4日起施行。

2023年10月27日，证监会对《公开发行证券的公司信息披露内容与格式准则第26号——上市公司重大资产重组》作出修改，发布《关于修改〈公开发行证券的公司信息披露内容与格式准则第26号——上市公司重大资产重组〉的决定》（中国证券监督管理委员会公告〔2023〕57号）。本次对《26号准则》的修改主要内容包括：一是明确发股类重组项目财务资料有效期特别情况下可适当延长，延长时间至多不超过3个月；二是明确发股类重组项目财务资料有效期延长的配套措施。

2. 其他部委部门规定和规范性文件

财政部为完善国家财政预算管理制度，提高会计信息质量，历经4年时间对2015年颁布的《财政总预算会计制度》进行研究和修订，更名为《财政总会计制度》，于2022年11月18日发布，2023年1月1日起施行，《财政总预算会计制度》同时废止。

国家市场监管总局于2022年6月27日发布《经营者集中审查规定（征求意见稿）》，于2023年3月10日正式发布《经营者集中审查规定》，从2023年4月15日起实施。该规定的修改亮点主要包括：确定了“实施集中”“控制权”的确定要素，对参与集中经营者之间交易金额的计量方法作了调整，并继续细化“停钟制度”的适用程序，进一步完善了企业监管受托人的选择原则，增加和修改了个人隐私和企业信息保障方面的条款，规范和完善了对企业反垄断申请的审批流程等。

3. 证券交易所有关文件

2023年，证券交易所相关文件的修订主要集中在全面实行股票发行注册制领域。

（1）上海证券交易所（以下简称“上交所”）

2023年2月17日，为了落实全面实行股票发行注册制相关要求，规范上交所上市公司重大资产重组行为，上交所制定了《上海证券交易所上市公司重大资产重组审核规则》（上证发〔2023〕30号）。该规则整体沿用科创板重组审核安排，综合考虑板块特点和要求作出差异化制度安排，体现上位规则监管理念和实践需求。上交所对科创板的相关内容作了相应完善，包括坚持“开门办审核”理念，进一步完善咨询沟通相关规定；强化中介机构归位尽责要求；删除中介机构立案调查与业务受理、中止审核挂钩的规定；完善审核程序，明确分类审核机制等。

同日，上交所发布了《上海证券交易所上市公司自律监管指引第6号——重大资产重组（2023年修订）》《上海证券交易所股票上市规则（2023年2月修订）》《上海证券交易所优先股试点业务实施细则》《上海证券交易所发行上市审核规则适用指引第1号——申请文件受理》《上海证券交易所发行上市审核规则适用指引第3号——现场督导》《上海证券交易所发行上市审核业务指南第1号——审核系统业务办理》《上海证券交易所发行上市审核业务指南第2号——发行上市申请文件》等（详见附表）。

2023年8月4日，为了落实独立董事制度改革的要求，推动形成更加科学的独立董事制度体系，上交所发布了《上海证券交易所股票上市规则（2023年8月修订）》《上海证券交易所科创板股票上市规则（2023年8月修订）》，自2023年9月4日起施行。

（2）深圳证券交易所（以下简称“深交所”）

2023年2月17日，为了落实全面实行股票发行注册制相关要求，规范深交所上市公司重大资产重组行为，深交所制定了《深圳证券交易所上市公司重大资产重组审核规则》。该规则主要是吸收借鉴创业板的相关规则，保持程序性和基础性制度的稳定性和一致性，综合考虑两个板块的特点和要求作出差异化制度安排，进一步整合优化重组审核规则体系，全面吸并重组审核标准相关内容。

同日，为了落实全面实行股票发行注册制相关要求，深交所公布了《深圳证券交易所上市公司自律监管指引第8号——重大资产重组》《深圳证券交易所上市公司股份协议转让业务办理指南（2023年修订）》《深圳证券交易所股票上市规则（2023年修订）》《深圳证券交易所创业板股票上市规则（2023年修订）》《深圳证券交易所优先股试点业务实施细则》等一系列规定（详见附表）。

2023年8月4日，为了落实独立董事制度改革的要求，推动形成更加科学的独立董事制度体系，深交所发布了《深圳证券交易所股票上市规则（2023年8月修订）》《深圳证券交易所创业板股票上市规则（2023年8月修订）》，自2023年9月4日起施行。

2023年8月25日，深交所对《深圳证券交易所上市公司自律监管指引第6号——停复牌》进行修订，涉及并购重组的内容为第二十二条第二款第二项由“（二）交易对手方关于不存在《上市公司监管指引第7号——上市公司重大资产重组相关股票异常交易监管》第十三条情形的说明文件”修改为“（二）交易对手方关于不存在《上市公司监管指引第7号——上市公司重大资产重组相关股票异常交易监管》第十二条情形的说明文件”。

（3）北京证券交易所（以下简称“北交所”）

2023年2月17日，为落实全面实行股票发行注册制的有关要求，规范北交所上市公司重大资产重组行为，北交所修订了《北京证券交易所上市公司重大资产重组审核规则（试行）》，并更名为《北京证券交易所上市公司重大资产重组审核规则》。同日，北交所发布了修订文件《北京证券交易所上市公司重大资产重组业务指引》等。

2023年8月4日，为了落实独立董事制度改革的要求，推动形成更加科学的独立董事制度体系，北交所发布了《北京证券交易所股票上市规则（试行）》，自2023年9月4日起施行。

4. 最高人民法院和最高人民检察院的有关文件

2022年11月14日，《最高人民法院关于涉外民商事案件管辖若干问题的规定》公布，自2023年1月1日起实施。

二、2023年并购重组重要法律法规及政策的内容与评析

（一）《公司法（2023修订）》

2023年12月29日，全国人大常委会审议通过了修订后的新《公司法》，新《公司法》自2024年7月1日起施行。

本次修订后的新《公司法》共十五章二百六十六条，在2018年《公司法》十三章二百一十八条的基础上，删除了16个条文，新增和修改了228个条文，其中实质性修改112个条文，主要修改内容如下：

1. 完善公司资本制度

包括完善注册资本认缴登记制度，规定有限责任公司股东出资期限不得超过五年；规定股份有限公司可以发行优先股和劣后股、特殊表决权股、转让受限股等类别股；增加股东未按期缴纳出资的失权制度、股东认缴出资加速到期制度，规定股权转让后转让人、受让人的责任等。

2. 优化公司治理

包括允许公司只设董事会、不设监事会，公司只设董事会的，应当在董事会中设置审计委员会行使监事会职权；简化公司组织机构设置；为更好保障职工参与公司民主管理，规定职工人数三百人以上的公司，除依法设监事会并有公司职工代表的外，其董事会成员中应当有公司职工代表等。

3. 加强股东权利保护

包括强化股东知情权；完善股份有限公司股东请求召集临时股东会会议的程序，完善股东临时提案权规定，强化股东民主参与公司治理；对于公司的控股股东滥用股东权利，严重损害公司或者其他股东利益的，规定其他股东有权请求公司按照合理的价格收购其股权等。

4. 强化公司高管责任

包括强化控股股东、实际控制人和董事、监事、高级管理人员的责任；加强对董事、监事、高级管理人员与公司关联交易等的规范，增加关联交易等的报告义务和回避表决规则；强化董事、监事、高级管理人员维护公司资本充实的责任；规定董事、高级管理人员执行职务存在故意或者重大过失，给他人造成损害的，应当承担赔偿责任等。

5. 完善公司设立退出制度

包括新设公司登记一章；扩大可用作出资的财产范围，明确股权、债权可以作价出资；放宽一人有限责任公司设立等限制，并允许设立一人股份有限公司；完善公司清算制度，明确清算义务人及其责任；增加简易注销和强制注销制度，方便公司退出等。

6. 完善国家出资公司相关规定

包括设国家出资公司组织机构的特别规定专章，将适用范围由国有独资有限责任公司，扩大到国有独资、国有资本控股的有限责任公司、股份有限公司；要求国有独资公司董事会成员中外部董事应当过半数等。

7. 完善公司债券相关规定

包括根据《关于国务院机构改革方案的决定》将国家发展改革委企业债券审核职

责划入证监会的要求，删去国务院授权的部门对公开发行债券注册的规定；明确公司债券可以公开发行，也可以非公开发行等。

（二）《中国证券监督管理委员会行政许可实施程序规定（2023修订）》

自《中国证券监督管理委员会行政许可实施程序规定》（以下简称《许可程序规定》）实施以来，其在规范证监会行政许可实施程序、便利行政许可申请人申请行政许可、提高行政许可效率、维护证券市场秩序等方面发挥了重要积极作用。为落实党中央、国务院关于全面实行股票发行注册制和“放管服”改革的决策部署，根据注册制要求，证监会进一步修改完善了《许可程序规定》，对证券发行注册程序进行专门规定，以更好规范证监会行政许可实施程序。

本次修订主要涉及以下三个方面的内容：

1.新增证券发行注册程序一章。《许可程序规定》新增第五章，专章规定证券发行注册程序。

2.删除证券中介机构被立案调查与业务受理审核挂钩的规定。删除了《许可程序规定》原第十五条、第二十二条证券公司、证券服务机构及其有关人员被立案调查与业务受理、审核挂钩的规定，以及第二十三条恢复审查的配套规定。证券公司、会计师事务所、律师事务所、资产评估机构等证券中介机构及其工作人员，不再适用挂钩机制政策。

3.落实“放管服”改革要求，完善行政许可实施程序。一是在受理环节，申请人在三十个工作日内难以提交补正申请材料的，可以适当延长申请人提交补正申请材料的期限。二是在审查环节，申请人在规定期限内难以提交书面回复意见的，经审查部门认可，可以适当延期。三是增加终止审查的情形，申请人主动要求中止审查后，未在三个月内申请恢复审查的，可以终止审查，避免审核工作长时间停滞。

（三）《欺诈发行上市股票责令回购实施办法（试行）》

欺诈发行责令回购是设立科创板并试点注册制改革时探索创立、《证券法》正式确立的一项重要制度，对于维护证券市场秩序、保护投资者合法权益具有重要意义。《证券法》第二十四条第二款规定：“股票的发行人在招股说明书等证券发行文件中隐瞒重要事实或者编造重大虚假内容，已经发行并上市的，国务院证券监督管理机构可以责令发行人回购证券，或者责令负有责任的控股股东、实际控制人买回证券。”由于《证券法》规定比较原则，证监会制定了《欺诈发行上市股票责令回购实施办法（试行）》

（以下简称《责令回购办法》），明确具体的实施安排，保障责令回购制度能够落地。

《责令回购办法》共十六条，主要内容如下：

1. 关于责令回购措施的适用范围

《责令回购办法》规定，股票发行人在招股说明书等证券发行文件中隐瞒重要事实或者编造重大虚假内容，已经发行并上市的，证监会可以采取责令回购措施，但发行人和负有责任的控股股东、实际控制人明显不具备回购的能力，或者存在其他不适合采取责令回购措施情形的除外。

2. 关于回购对象

回购对象为本次欺诈发行至揭露日或者更正日期间买入股票，且在回购方案实施时仍然持有股票的投资者。有关揭露日与更正日，参照《最高人民法院关于审理证券市场虚假陈述侵权民事赔偿案件的相关规定》确定。同时，《责令回购办法》规定了三类股票不得被纳入回购范围：一是对欺诈负有责任的董监高、控股股东、实际控制人等持有的股票；二是对欺诈发行负有责任的承销商因包销买入的股票；三是投资者知悉或者应当知悉发行人在证券发行文件中隐瞒重要事实或者编造重大虚假内容后买入的股票。

3. 关于回购价格

一是发行人或者负有责任的控股股东、实际控制人回购股票的，应当以基准价格回购；投资者买入股票价格高于基准价格的，以买入股票价格作为回购价格。有关基准价格的计算方法，参照《最高人民法院关于审理证券市场虚假陈述侵权民事赔偿案件的若干规定》确定。二是发行人或者负有责任的控股股东、实际控制人在证券发行文件中承诺的回购价格高于前述价格的，应当以承诺的价格回购股票。

4. 关于回购程序、方式和回购后股票的处理

一是证监会作出责令回购决定后，发行人或者负有责任的控股股东、实际控制人应当在决定书要求的期限内制定回购方案，并在制定方案后两个交易日内向符合条件的投资者发出回购要约。二是发行人或者负有责任的控股股东、实际控制人可以委托投资者保护机构协助制定、实施股票回购方案。三是证券交易所、证券登记结算机构、投资者保护机构应当为发行人等制定和实施股票回购方案提供必要协助，并积极配合责令回购决定的执行。四是发行人实施回购的，应当自股票回购方案实施完毕之日起十日内注销其回购的股票。发行人的控股股东、实际控制人买回股票的，可以自行予以处理，《责令回购办法》不作限制。

5. 关于冻结查封措施

为防范相关责任主体转移资金、逃避责任，《责令回购办法》规定，对有证据证明

相关责任主体已经或者可能转移或者隐匿违法资金等涉案财产的，证监会可以依法予以冻结、查封。

6. 关于责令回购措施的强制执行

发行人或者负有责任的控股股东、实际控制人不按照责令回购决定制定股票回购方案，制定方案后拒不实施，或者投资者对方案内容有异议的，投资者可以依法提起民事诉讼，并可在取得生效民事判决、裁定后向人民法院申请强制执行。

三、2023年并购重组相关法规及政策的内容与评析

（一）《上市公司重大资产重组管理办法（2023修订）》

为做好全面注册制在重组环节落地的法治保障，支持上市公司依托重组夯实主业、做优做强，证监会结合近年来并购重组市场改革实际和监管实践对相关事项做了梳理和研究。此次《上市公司重大资产重组管理办法（2023修订）》（以下简称《重组办法》）的全面修订，主要内容如下：

1.明确重组审核和注册流程。一方面，明确上市公司拟实施涉及发行股份的重组，应当在股东大会决议后三个工作日内向证券交易所提出申请；证券交易所受理后在规定期限内基于并购重组委员会审议意见形成审核意见，决定报证监会注册或者终止审核。另一方面，统一规定各板块重组注册时限，明确证监会在十五个工作日内基于证券交易所的审核意见依法作出予以注册或者不予注册的决定。针对注册程序中发现的影响重组条件的新增事项，可以要求证券交易所进一步审核。

2.完善重组认定标准和定价机制。一方面，在“购买、出售的资产在最近一个会计年度所产生的营业收入占上市公司同期经审计的合并财务会计报告营业收入的比例达到百分之五十以上”指标中，增加“且超过五千万元人民币”的要求，未达到上述标准的交易将无需按照重组有关规定披露信息、履行内部决策程序，有利于降低上市公司交易成本。另一方面，上市公司为购买资产所发行股份的底价从市场参考价的九折调整为八折，进一步扩大交易各方博弈空间。上述两方面修改，均系将科创板和创业板现行规定推广至主板。

3.强化重组的事中事后监管。本次修订坚持问题导向，强化证券交易所“一线监管”职责，除对涉及发行股份的重组申请依法审核外，证券交易所还可以针对“现金重组”项目通过问询、现场检查、现场督导、要求独立财务顾问和其他证券服务机构

补充核查并披露专业意见等方式进行自律管理，并就严重违反《重组办法》等情形上报证监会采取相关措施，防范和查处违规交易，切实维护上市公司和股东权益。

4. 进一步压实独立财务顾问持续督导责任。将督导期的起算时点统一调整为“重大资产重组实施完毕之日”；就上市公司对所购买资产整合管控安排的执行情况，出具持续督导意见并公告；为防止督导“空窗期”，规定持续督导期限届满后，仍存在尚未完结的督导事项的，独立财务顾问应当就相关事项继续履行督导职责。

此外，本次修订按照“不停牌为原则、停牌为例外”的导向，完善了重组信息管理的有关规定；考虑到上市公司再融资规则等已有相关要求，删除了原《重组办法》第六章全部条文；顺应资本市场对外开放实际，明确涉及红筹企业的重组应当采用根据中国企业会计准则编制或者调整的财务数据等要求，便利实际执行。

（二）《经营者集中审查规定》

为了更好地规范经营者集中反垄断审查工作的开展，响应国家反垄断的政策需要，根据《反垄断法》和《国务院关于经营者集中申报标准的规定》，国家市场监管总局制定了《经营者集中审查规定》（以下简称《审查规定》）。《审查规定》于2023年3月10日发布，并于2023年4月15日起正式施行，正式取代了2020年发布的《经营者集中审查暂行规定》，主要修订内容如下：

1. 控制权标准的认定

《审查规定》第五条第一款在“判断经营者是否取得对其他经营者的控制权或者能够对其他经营者施加决定性影响的因素”（简称判断因素）方面，作出了相应的修改，其中第四项，由原来的“其他经营者董事会或者监事会的组成及其表决机制”修改为“其他经营者董事会等决策或者管理机构的组成及其表决机制，以及其历史出席率和表决情况”。董事会的组成与表决机制是《反垄断法》下控制权标准判定的重点之一。《审查规定》首次明确在董事会组成与表决机制之外，还要审查董事会会议的历史出席率和表决情况，表明反垄断执法机构对于控制权标准的认定不仅局限于企业的章程性文件，还关注控制权归属的“事实状态”。

2. 明确“共同控制”的判断标准

《审查规定》第五条新增“两个以上经营者均拥有对其他经营者的控制权或者能够对其他经营者施加决定性影响的，构成对其他经营者的共同控制”的规定，即将“共同控制”视为经营者集中的情形之一。《审查规定》第五条对“控制”的具体表现形式进行8种情况的列举。

3. 明确“实施集中的情形”及“实施集中的判断因素”

《审查规定》第八条第一款明确“申报后获得批准前不得实施集中”，同时第二款区分“集中尚未实施的”与“集中已经实施的”不同处理情形，新增相关规定。针对“集中尚未实施的”，明确规定“经营者未申报或者申报后获得批准前不得实施集中”；针对“集中已经实施的”，明确规定“经营者的申报义务”，申报时限为“自收到书面通知之日起一百二十日内”。同时，经营者应当采取暂停实施集中等必要措施减少集中对竞争的不利影响。根据《审查规定》第八条第三款，明确是否实施集中的判断因素包括但不限于是否完成市场主体登记或者权利变更登记，是否委派高级管理人员，是否实际参与经营决策和管理，是否与其他经营者交换敏感信息，是否实质性整合业务等。

4. 明确营业额计算的“上一会计年度”及在共同控制状态下“营业额的平均分配”含义

《审查规定》第九条第一款对“营业额”进行了解释，“营业额”包括经营者上一会计年度内销售产品和提供服务所获得的收入（须扣除相关税金及附加）。关于上一会计年度如何界定的问题，《审查规定》新增一款（即第二款）将上一会计年度界定为“集中协议签署日的上一会计年度”。对于“共同控制”时营业额的判断，《审查规定》第十条第三款新增部分内容，即“参与集中的经营者之间或者参与集中的经营者和未参与集中的经营者之间有共同控制的其他经营者时，参与集中的经营者的营业额应当包括被共同控制的经营者与第三方经营者之间的营业额，此营业额只计算一次，且在有共同控制权的参与集中的经营者之间平均分配”。

5. 新增“第三方对于未达申报标准交易的举报制度”

《审查规定》第四十三条新增了第三方对于未达申报标准交易的举报制度，举报主体为“任何单位和个人”，举报对象为“未达申报标准但具有或者可能具有排除、限制竞争效果的经营者集中”之情形，举报方式为“向市场监管总局书面反映，并提供相关事实和证据”。同时规定，经国家市场监管总局核查，对有证据证明未达申报标准的经营者集中具有或者可能具有排除、限制竞争效果的，“市场监管总局可以要求经营者申报并书面通知经营者”。

6. 在《反垄断法》的基础上细化审查中止制度

在集中审查过程中，当出现《反垄断法》第三十二条规定的“经营者未按照规定提交文件、资料，导致审查工作无法进行”，“出现对经营者集中审查具有重大影响的新情况、新事实，不经核实将导致审查工作无法进行”，“需要对经营者集中附加的限制性条件进一步评估，且经营者提出中止请求”之情形，《审查规定》第二十三条规定由国家市场监管总局决定中止计算经营者集中的审查期限，并书面通知申报人，明确审查期限自决定作出之日起中止计算。

7. 细化了相关责任主体的法律责任，以实现宽严相济，加强威慑效果

《审查规定》在《反垄断法》的基础上，进一步明确拒绝、阻碍调查的法律责任，"违法实施集中"处罚的考虑因素，自首从宽制度等。

（三）《上市公司独立董事管理办法》

为贯彻落实《国务院办公厅关于上市公司独立董事制度改革的意见》，推动形成更加科学的独立董事制度体系，促进独立董事发挥应有作用，证监会立足我国国情和资本市场实际，借鉴吸收有益经验和做法，制定了《上市公司独立董事管理办法》，2023年8月1日公布，2023年9月4日起施行。《上市公司独立董事管理办法》共六章四十八条，主要内容如下：

1. 总则

一是明确独立董事定义。独立董事是指不在上市公司担任除董事外的其他职务，并与其所受聘的上市公司及其主要股东、实际控制人不存在直接或者间接利害关系，或者其他可能影响其进行独立客观判断关系的董事。二是明确独立董事职责定位。独立董事应当在董事会中发挥参与决策、监督制衡、专业咨询作用。三是要求上市公司建立独立董事制度。独立董事占董事会成员的比例不得低于三分之一；上市公司应当在董事会中设置审计委员会，其中独立董事应当过半数；上市公司设置提名、薪酬与考核委员会的，独立董事也应当过半数。

2. 关于任职资格与任免

一是明确独立董事的独立性要求。从任职、持股、重大业务往来等方面细化独立性的判断标准，例如，在上市公司或者其附属企业任职的人员及其配偶、父母、子女、主要社会关系等不得担任该上市公司的独立董事。二是明确独立董事任职资格。三是改善独立董事选任制度。四是建立独立董事资格认定制度。五是明确独立董事解聘要求。六是明确独立董事兼职要求。独立董事原则上最多在三家境内上市公司担任独立董事。

3. 关于职责与履职方式

一是明确独立董事履职重点。二是明确独立董事特别职权。三是明确独立董事参与董事会会议的具体要求。四是明确独立董事履职平台。五是明确独立董事日常履职要求。

4. 关于履职保障

一是健全独立董事履职保障机制。上市公司应当为独立董事履行职责提供必要的工作条件和人员支持。应当向独立董事定期通报公司运营情况，提供资料，组织或者配合独立董事开展实地考察等工作。二是健全独立董事履职受限救济机制。独立董事履职遭遇阻碍的，可以向董事会说明情况，要求董事、高级管理人员等予以配合，并将相关情况记入工作记录；仍不能消除阻碍的，可以向证监会和证券交易所报告。

5. 关于监督管理与法律责任

一是明确处理处罚措施。上市公司、独立董事及相关主体违反《上市公司独立董事管理办法》规定的，证监会可以依法采取监管措施或者给予行政处罚。二是明确独立董事责任认定标准。对独立董事的行政责任，可以结合其履职与相关违法违规行为之间的关联程度，兼顾其董事地位和外部身份特点，综合独立董事在信息形成和相关决策过程中所起的作用、知情程度及知情后的态度等因素认定。三是明确独立董事行政处罚的免责事由。独立董事能够证明其已履行基本职责，且存在审议或者签署文件前借助专门职业帮助仍不能发现问题，上市公司等刻意隐瞒且独立董事无法发现违法违规线索等情形之一的，可以依法不予处罚。

6. 关于过渡期安排

对上市公司董事会及专门委员会的设置、独立董事专门会议机制、独立董事的独立性、任职条件、任职期限及兼职家数等事项设置一年的过渡期。过渡期内，上述事项与《上市公司独立董事管理办法》不一致的，应当逐步调整至符合规定。

（四）《证券期货经营机构私募资产管理业务管理办法（2023修订）》

2018年10月，为落实《关于规范金融机构资产管理业务的指导意见》（以下简称《指导意见》），证监会发布《证券期货经营机构私募资产管理业务管理办法》。为进一步完善经营机构私募资管规则体系，持续巩固《指导意见》实施成效，坚守直接融资本源，助力经济高质量发展，2023年1月16日，证监会发布了修订后的《证券期货经营机构私募资产管理业务管理办法》，并于2023年3月1日实施。主要修订内容如下：

1. 明确监管原则和导向

一是明确证监会基于审慎监管原则，根据经营机构公司治理、内控合规及风险状况，对其私募资产管理业务实施差异化监管。

二是规定有序推动资本充足、公司治理健全、合规运营稳健、专业能力适配的证券公司规范发展私募资产管理业务；符合前述要求的期货公司、基金管理公司应当基于专业优势和服务能力，规范审慎发展私募资产管理业务。

三是为防范利益冲突，加强风险隔离，规定遵守审慎经营原则，并符合规定条件的证券公司、基金管理公司，可以设立私募投资基金管理子公司开展私募股权投资业务。

2. 放管结合，促进私募股权资管业务充分发挥服务实体经济功能

一是规范私募股权资管计划分期缴付及扩募，满足私募股权投资分期、分步投入的合理需求。

二是规定从事并购投资、私募股权投资的资管计划不受“同一机构管理的全部集合资管计划投资单一资产不超过该资产净值的25%”限制，为其开展“投早”“投小”的创业投资以及并购投资打开空间。

三是规范私募股权资管计划通过SPV开展投资。

四是完善自有资金参与规范。

五是允许私募股权资管计划在财产中列支资管计划成立前的合理费用，但应取得投资者同意且充分信息披露。

六是强调不得开展“明股实债”投资，严防机构假借股权投资名义规避监管、滋生风险。

3. 进一步提升产品投资运作灵活度，更好满足市场需求

一是根据《证券法》规定，明确以符合条件的资管计划作为员工持股计划载体的，不穿透计算人数。

二是允许最近两期均为A类AA级的期货公司投资场外衍生品等非标资产。

4. 总结监管经验，进一步完善风险防控制度安排

一是防堵结构化发债行为，要求私募资管计划投资单一债券占比超过50%的，杠杆比例不得超过120%；同时，按穿透原则加强逆回购交易管理。

二是强化业绩报酬规范，明确长期业绩导向，要求管理人仅可在分红、退出、清算时提取业绩报酬，并设定费用收取的比例上限。

5. 完善过渡期安排

明确“新老划断”安排，由经营机构按照证监会的要求，自主制定计划有序整改。

（五）《人民法院报》发布2023年度全国法院十大商事案件

2023年1月6日，由《人民法院报》编辑部评选出的2023年度人民法院十大案件

发布，其中不乏与并购重组相关的案件。

这十大案件中涉及并购重组的包括湖南华晨房地产公司等十三家企业实质合并破产重整案和全国首例银行间债券市场虚假陈述案。这两个案件主要有以下特点：

1. 案件类型新颖

上述两个案例，均是并购重整领域的重点及难点，判决结果均具有重大的社会影响及标志性意义。比如全国首例银行间债券市场虚假陈述案，在本案中，认定债券发行中虚假陈述的关键是判断发行人、承销商、中介服务机构在信息披露上存在错误、遗漏或误导。就法律责任的认定及分配而言，核心是承销商、中介服务机构对发行人承担连带赔偿责任的判断和分配。发行人、承销商、各中介服务机构在债券发行中的角色、职能、应尽的勤勉义务和注意义务、获益程度、归责原则和过错程度均有所不同，在责任分配上应当予以综合考虑。在以民事赔偿责任为核心内容的案件处理中，赔偿责任的分配是比违法认定更加重要、更加复杂的问题，对个案中的处理方法进行总结并以类案的方式予以推广，对于完善类似案件的处理具有重要的价值。值得注意的是，本案涉及银行间债券市场的虚假陈述，其在涉案规模、行业影响、社会影响等方面均具有特殊性，应予以针对性的法律完善。

2. 综合运用实质合并、重整等制度，充分发挥市场作用，为化解房企风险提供可复制的经验

湖南华晨房地产公司等十三家企业实质合并破产重整案，社会、经济、法律关系错综复杂，各方利益冲突，矛盾极为突出，是湖南省迄今为止最为复杂、涉及面最广、资产体量最大的民营地产集团型重整案。株洲中院创新市场化融资机制，激励债权人自救投资；恪守法治化破产理念，多元协调府院联动机制，主动担当解决瓶颈问题；依托规范化统筹工作，牢牢把握核心主题和法律逻辑；充分发挥了府院协调机制效能，协同推动投资引进、创新解决涉税难题、因势利导扫除复工障碍、跨域联动避免资产流失，有效解决了资金引进难度高、复工续建阻碍多、跨域资产保护难、舆情维稳压力大、堵点难点问题杂等诸多难题。该案的成功审结，可以为我国各地运用破产制度化解房企风险提供可复制的经验，也有助于激励民营企业家充分认识和运用破产制度解决财务困境，增强民营经济发展的信心，促进高质量发展。

综上，这些案例表明法院在商事审判实践活动中坚持服务大局、公正司法的法律精神，通过惩戒违法违规行为、创新完善司法裁判规则，为优化市场营商环境，保护商事参与人的合法权益，为经济高质量快速发展提供有效的法治保障。

附表：

附表一　2023年涉及并购重组的部门规章和部门其他规范性文件

序号	文件名称	文　　号	颁布/修改机构	发布日期	施行日期
1	《财政总会计制度》	财库〔2022〕41号	财政部	2022.11.18	2023.01.01
2	《证券期货经营机构私募资产管理计划运作管理规定（2023修订）》	中国证券监督管理委员会公告〔2023〕2号	证监会	2023.01.12	2023.03.01
3	《证券期货经营机构私募资产管理业务管理办法（2023修订）》	中国证券监督管理委员会令第203号	证监会	2023.01.12	2023.03.01
4	《证券经纪业务管理办法》	中国证券监督管理委员会令第204号	证监会	2023.01.13	2023.02.28
5	《非上市公众公司重大资产重组管理办法（2023修订）》	中国证券监督管理委员会令第213号	证监会	2023.02.17	2023.02.17
6	《上市公司重大资产重组管理办法（2023修订）》	中国证券监督管理委员会令第214号	证监会	2023.02.17	2023.02.17
7	《公开发行证券的公司信息披露内容与格式准则第56号——北京证券交易所上市公司重大资产重组（2023修改）》	中国证券监督管理委员会公告〔2023〕23号	证监会	2023.02.17	2023.02.17
8	《公开发行证券的公司信息披露内容与格式准则第26号——上市公司重大资产重组（2023修改）》	中国证券监督管理委员会公告〔2023〕35号	证监会	2023.02.17	2023.02.17
9	《〈上市公司收购管理办法〉第六十二条、第六十三条及〈上市公司重大资产重组管理办法〉第四十六条有关限制股份转让的适用意见——证券期货法律适用意见第4号（2023修改）》	中国证券监督管理委员会公告〔2023〕36号	证监会	2023.02.17	2023.02.17
10	《〈上市公司重大资产重组管理办法〉第十四条、第四十四条的适用意见——证券期货法律适用意见第12号》	中国证券监督管理委员会公告〔2023〕37号	证监会	2023.02.17	2023.02.17

续表

序号	文件名称	文　号	颁布/修改机构	发布日期	施行日期
11	《〈上市公司重大资产重组管理办法〉第二十九条、第四十五条的适用意见——证券期货法律适用意见第15号》	中国证券监督管理委员会公告〔2023〕38号	证监会	2023.02.17	2023.02.17
12	《上市公司监管指引第7号——上市公司重大资产重组相关股票异常交易监管（2023修改）》	中国证券监督管理委员会公告〔2023〕39号	证监会	2023.02.17	2023.02.17
13	《上市公司监管指引第9号——上市公司筹划和实施重大资产重组的监管要求》	中国证券监督管理委员会公告〔2023〕40号	证监会	2023.02.17	2023.02.17
14	《监管规则适用指引——发行类第7号》	-	证监会	2023.02.17	2023.02.17
15	《中国证券监督管理委员会行政许可实施程序规定（2023修订）》	中国证券监督管理委员会令第217号	证监会	2023.02.17	2023.02.17
16	《欺诈发行上市股票责令回购实施办法（试行）》	中国证券监督管理委员会令第216号	证监会	2023.02.17	2023.02.17
17	《证券期货业网络和信息安全管理办法》	中国证券监督管理委员会令第218号	证监会	2023.02.27	2023.05.01
18	《经营者集中审查规定》	国家市场监督管理总局令第67号	国家市场监督管理总局	2023.03.10	2023.04.15
19	《中国银保监会关于规范信托公司信托业务分类的通知》	银保监规〔2023〕1号	中国银行保险监督管理委员会（已撤销）	2023.03.20	2023.06.01
20	《上市公司独立董事管理办法》	中国证券监督管理委员会令第220号	证监会	2023.08.01	2023.09.04
21	《关于修改〈公开发行证券的公司信息披露内容与格式准则第26号——上市公司重大资产重组〉的决定》	中国证券监督管理委员会公告〔2023〕57号	证监会	2023.10.27	2023.10.27
22	《上市公司向特定对象发行可转换公司债券购买资产规则》	中国证券监督管理委员会公告〔2023〕58号	证监会	2023.11.14	2023.11.14

附表二　2023年涉及并购重组的证券交易所相关规范文件

序号	交易所	文件名称	文　　号	发布日期	施行日期
1	上交所	《上海证券交易所上市公司重大资产重组审核规则》	上证发〔2023〕30号	2023.02.17	2023.02.17
2		《上海证券交易所股票上市规则（2023年2月修订）》	上证发〔2023〕31号	2023.02.17	2023.02.17
3		《上海证券交易所优先股试点业务实施细则》	上证发〔2023〕38号	2023.02.17	2023.02.17
4		《上海证券交易所发行上市审核规则适用指引第1号——申请文件受理》	上证发〔2023〕44号	2023.02.17	2023.02.17
5		《上海证券交易所发行上市审核规则适用指引第3号——现场督导》	上证发〔2023〕46号	2023.02.17	2023.02.17
6		《上海证券交易所发行上市审核业务指南第1号——审核系统业务办理》	上证函〔2023〕375号	2023.02.17	2023.02.17
7		《上海证券交易所发行上市审核业务指南第2号——发行上市申请文件》	上证函〔2023〕376号	2023.02.17	2023.02.17
8		《上海证券交易所上市公司自律监管指引第6号——重大资产重组（2023年修订）》	上证发〔2023〕49号	2023.02.17	2023.02.17
9		《上海证券交易所发行上市审核业务指南第4号——常见问题的信息披露和核查要求自查表》	上证函〔2023〕657号	2023.03.17	2023.03.18
10		《上海证券交易所股票上市规则（2023年8月修订）》	上证发〔2023〕127号	2023.08.04	2023.09.04
11		《上海证券交易所科创板股票上市规则（2023年8月修订）》	上证发〔2023〕128号	2023.08.04	2023.09.04
1	深交所	《深圳证券交易所上市公司自律监管指南第1号——业务办理（2023年修订）》	深证上〔2023〕22号	2023.01.13	2023.01.13
2		《深圳证券交易所上市公司自律监管指南第2号——公告格式（2023年修订）》	深证上〔2023〕23号	2023.01.13	2023.01.13

续表

序号	交易所	文件名称	文　号	发布日期	施行日期
3		《深圳证券交易所股票上市规则（2023年修订）》	深证上〔2023〕92号	2023.02.17	2023.02.17
4		《深圳证券交易所创业板股票上市规则（2023年修订）》	深证上〔2023〕702号	2023.02.17	2023.02.17
5		《深圳证券交易所上市公司重大资产重组审核规则》	深证上〔2023〕96号	2023.02.17	2023.02.17
6		《深圳证券交易所优先股试点业务实施细则》	深证上〔2023〕99号	2023.02.17	2023.02.17
7		《深圳证券交易所股票发行上市审核业务指引第1号——申请文件受理》	深证上〔2023〕106号	2023.02.17	2023.02.17
8		《深圳证券交易所股票发行上市审核业务指引第4号——保荐业务现场督导》	深证上〔2023〕109号	2023.02.17	2023.02.17
9		《深圳证券交易所上市公司自律监管指引第8号——重大资产重组（2023年修订）》	深证上〔2023〕114号	2023.02.17	2023.02.17
10		《深圳证券交易所上市公司自律监管指南第1号——业务办理（2023年2月修订）》	深证上〔2023〕134号	2023.02.24	2023.02.24
11		《深圳证券交易所上市公司自律监管指南第2号——公告格式（2023年4月修订）》	深证上〔2023〕279号	2023.04.07	2023.04.07
12		《深圳证券交易所上市公司自律监管指南第2号——公告格式（2023年8月修订）》	深证上〔2023〕707号	2023.08.04	2023.09.04
13		《深圳证券交易所股票上市规则（2023年8月修订）》	深证上〔2023〕701号	2023.08.04	2023.09.04
14		《深圳证券交易所创业板股票上市规则（2023年8月修订）》	深证上〔2023〕702号	2023.08.04	2023.09.04
15		《深圳证券交易所上市公司自律监管指南第1号——业务办理（2023年8月修订）》	深证上〔2023〕705号	2023.08.04	2023.09.04
16		《深圳证券交易所上市公司自律监管指引第6号——停复牌》	深证上〔2023〕737号	2023.08.25	2023.08.25

续表

序号	交易所	文件名称	文　　号	发布日期	施行日期
17		《深圳证券交易所上市公司自律监管指南第1号——业务办理（2023年11月修订）》	深证上〔2023〕1035号	2023.11.08	2023.11.08
18		《深圳证券交易所上市公司自律监管指南第2号——公告格式（2023年12月修订）》	深证上〔2023〕1143号	2023.12.29	2023.12.29
19		《深圳证券交易所上市公司自律监管指南第1号——业务办理（2023年12月修订）》	深证上〔2023〕1203号	2023.02.24	2023.02.24
1	北交所	《北京证券交易所上市公司重大资产重组审核规则》	北证公告〔2023〕12号	2023.02.17	2023.02.17
2	北交所	《北京证券交易所上市公司重大资产重组业务指引》	北证公告〔2023〕21号	2023.02.17	2023.02.17
3	北交所	《北京证券交易所向不特定合格投资者公开发行股票并上市业务办理指南第3号——申报前咨询沟通》	北证公告〔2023〕31号	2023.03.21	2023.03.21
4	北交所	《北京证券交易所股票上市规则（试行）》	北证公告〔2023〕49号	2023.08.04	2023.09.04

行业篇

B.3
2023年能源矿产业并购分析

胡　伟　蒋贻宏　夏　川　黄　诚*

摘　要： 2023年度，受经济复苏推动，中国能源矿产行业收购兼并意愿较2022年度稳中有增，在交易完成数量下降的同时总交易金额有所上升。从规模看，2023年度，中国能源矿产业的并购交易为29起，披露的交易金额为1,062.32亿元。靖远煤电定增收购窑煤集团100%股权、山西焦煤定增收购华晋焦煤51%股权和明珠煤业49%股权、东方盛虹子公司石化产业收购石化港储100%股权和广弘实业100%股权、卫星化学子公司收购嘉宏新材100%股权、国家管网集团收购联合管道公司27.74%股权是能源矿产业2023年度的主要并购事件。

关键词： 能源矿产业　并购　股权收购

一、能源矿产业并购趋势分析

2023年以来，中国经济继续保持平稳增长趋势，传统能源行业的收购兼并意愿较

---

* 蒋贻宏，国元证券权益投资部副总经理，主要研究方向为股权融资，并购重组；夏川，国元证券投资银行总部资深经理、保荐代表人，主要研究方向为股权融资，并购重组；黄诚，国元证券投资银行总部业务二部总经理，主要研究方向为新材料行业股权融资，并购重组。

2022年度稳中有增，在交易完成数量下降的同时总交易金额有所上升。据Wind数据库统计，2023年1—12月，中国能源矿产业已完成的并购交易共发生29起，披露的交易金额为1,062.32亿元，平均每笔交易金额为36.63亿元。其中，比较典型的能源矿产业并购事件包括国家管网集团收购联合管道公司27.74%股权、靖远煤电定增收购窑煤集团100%股权等。

根据国家统计局发布的《2023年国民经济和社会发展统计公报》，2023年全国能源消费总量为57.2亿吨标准煤，比2022年增长5.7%。其中：煤炭消费量增长5.6%，原油消费量增长9.1%，天然气消费量增长7.2%，电力消费量增长6.7%。煤炭消费量占能源消费总量的55.3%，比上年下降0.7个百分点；天然气、水电、核电、风电、太阳能发电等清洁能源消费量占能源消费总量比重为26.4%，上升0.4个百分点。

据《世界能源统计年鉴2023》，2022年，能源需求继续从疫情的影响中恢复，但供应链历史遗留问题叠加俄乌冲突，持续冲击全球能源行业。2022年，全球一次能源消费总量增长了1%，比2019年疫情前的水平高出约3%；可再生能源（不包括水电）占一次能源消费的比重达到7.5%，比上年增长近1%；化石燃料在一次能源消费量中的占比为82%，保持稳定。

作为全球最大的能源消费国，中国目前处于产业转型升级发展的阶段，能源需求在未来一段时间还有望持续增加，但增速放缓。未来，中国在能源领域将立足于高质量发展，加快构建清洁低碳、安全高效的新型能源体系。并购与重组活动作为促进中国能源转型的重要方式，其活跃度仍将维持在一定水平。

二、能源矿产业并购分析

（一）能源矿产业并购数据

1. 能源矿产业并购趋势

2023年1—12月，中国能源矿产业完成的并购交易共计29起，披露的交易金额为1,062.32亿元，平均每笔交易金额为36.63亿元。从交易金额来看，2023年上半年大于下半年；从交易数量来看，2023年上半年小于下半年。其中：（1）并购交易数量发生最多的月份为2023年12月，为9起；并购交易数量发生最少的月份为2023年3月，当月无交易发生。（2）并购交易金额发生最多的月份为2023年4月，为726.42亿元；并购交易金额发生最少的月份为2023年3月，当月无交易发生。

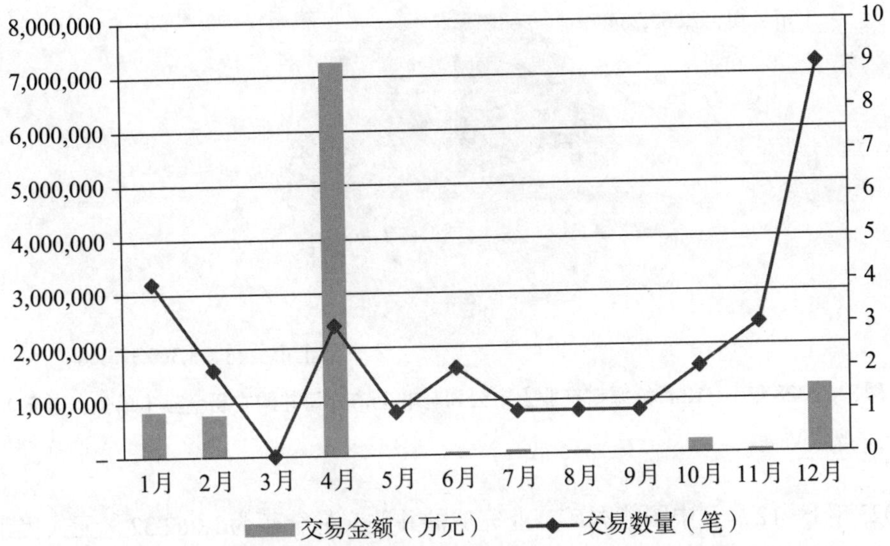

图1　2023年能源矿产业并购趋势：交易金额与交易数量（单位：万元，笔）

资料来源：Wind数据库

2. 能源矿产业上市公司与非上市公司的并购交易数量

2023年1—12月，中国能源矿产业上市公司与非上市公司的并购交易数量如图2所示。

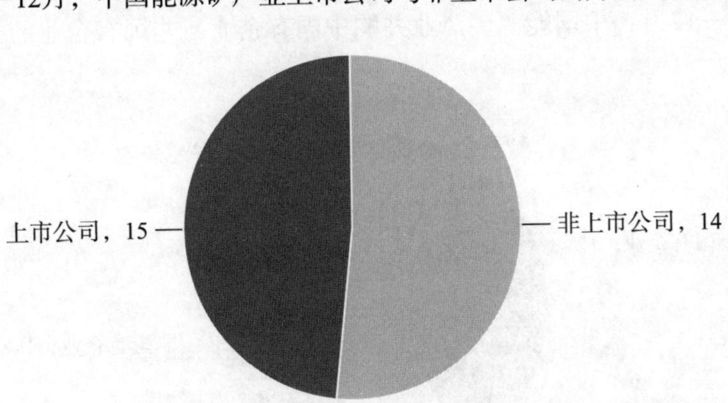

图2　2023年1—12月能源矿产业上市公司与非上市公司的并购交易数量（单位：起）

资料来源：Wind数据库

2023年1—12月，中国能源矿产业完成的并购交易数量为29起，其中上市公司与非上市公司作为买方参与的能源矿产业并购交易数量分别为14起和15起，交易数量占比分别为48.28%和51.72%。中国能源矿产业非上市公司作为买方的并购数量高于上市公司。

3. 能源矿产业上市公司与非上市公司的并购交易金额

2023年1—12月，中国能源矿产业上市公司与非上市公司的并购交易金额如图3所示。

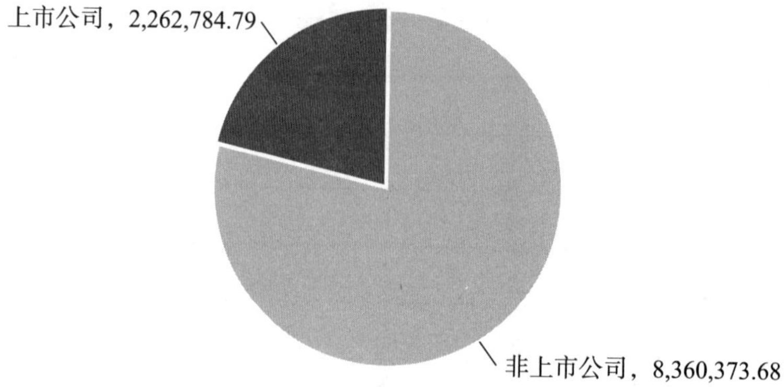

图3　2023年1—12月能源矿产业上市公司与非上市公司并购交易金额（单位：万元）

资料来源：Wind数据库

2023年1—12月，中国能源矿产业完成的并购交易金额为1,062.32亿元人民币，其中上市公司与非上市公司作为买方参与的能源矿产业并购交易金额分别为226.28亿元和836.04亿元，交易金额占比分别为21.30%和78.70%。中国能源矿产业非上市公司作为买方的并购交易金额高于上市公司。

4. 能源矿产业并购中国有企业与非国有企业的并购交易数量

2023年1—12月，中国能源矿产业并购中国有企业与非国有企业的并购交易数量如图4所示。

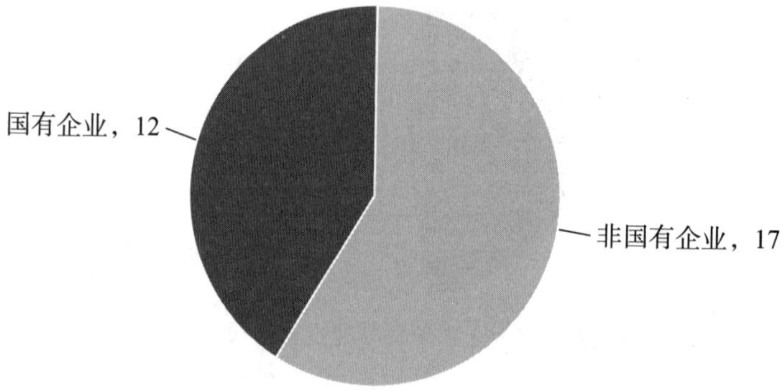

图4　2023年1—12月能源矿产业并购中国有企业与非国有企业的并购交易数量（单位：起）

资料来源：Wind数据库

2023年1—12月，中国能源矿产业完成的并购交易数量为29起，其中国有企业与非国有企业作为买方参与的并购交易数量分别为12起和17起，交易数量占比分别为41.38%和58.62%。中国能源矿产业非国有企业作为买方的并购数量高于国有企业。

5. 能源矿产业并购中国有企业与非国有企业的并购交易金额

2023年1—12月，中国能源矿产业并购中国有企业与非国有企业的并购交易金额如图5所示。

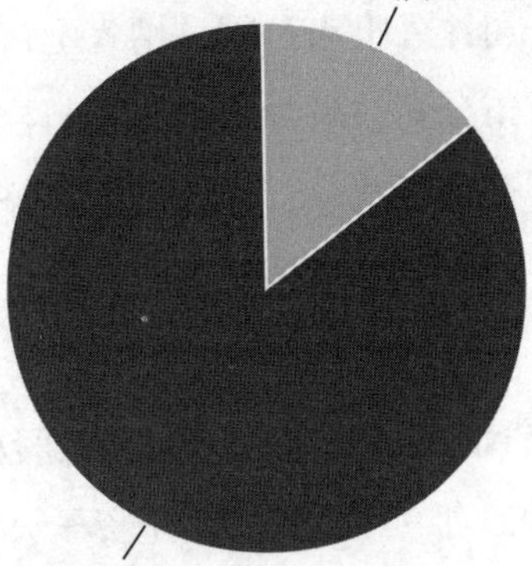

图5　2023年1—12月能源矿产业并购中国有企业与非国有企业的并购交易金额（单位：万元）

资料来源：Wind数据库

2023年1—12月，中国能源矿产业完成的并购交易金额为1,062.32亿元人民币，其中国有企业与非国有企业作为买方参与的并购交易金额分别为906.41亿元和155.91亿元，交易金额占比分别为85.32%和14.68%。中国能源矿产业国有企业作为买方的并购金额高于非国有企业。

（二）能源矿产业重要并购重组事件TOP5

1. 靖远煤电定增收购窑煤集团100%股权

甘肃能化（曾用名“靖远煤电”，000552.SZ）2022年8月公告，拟通过发行股份方式购买甘肃能源化工投资集团有限公司（下称“能化集团”）、中国信达资产管理股份有限公司（下称“中国信达”）及中国华融资产管理股份有限公司（下称“中国华融”）合计持有的窑街煤电集团有限公司（下称“窑煤集团”）100%股权，标的资产交易拟作价75.29亿元，募集配套资金总额不超过30亿元，用于红沙梁矿井及选煤厂项目、红沙梁露天矿项目及补充上市公司流动资金。2023年2月，上述标的资产完成交易。

通过本次交易，能化集团下属优质的煤炭能源资产将登陆国内资本市场，未来可充分利用国内资本市场发展和改革的政策红利，增强引入外部投资的持续性。

2. 山西焦煤定增收购华晋焦煤51%股权和明珠煤业49%股权

山西焦煤（000983.SZ）2022年9月公告，拟通过发行股份及支付现金方式购买公司控股股东山西焦煤集团有限责任公司（简称“焦煤集团”）持有的分立后存续的华晋焦煤有限责任公司（简称“华晋焦煤”）51%股权，购买李金玉、高建平合计持有的山西华晋明珠煤业有限责任公司（简称“明珠煤业”）49%股权。2023年1月，上述标的资产完成交易。

通过本次重组，将标的公司注入上市公司，纳入上市公司合并范围，推动煤炭资源整合，打造焦煤板块龙头上市公司，减少上市公司与控股股东之间同业竞争，降低彼此间关联交易，有助于上市公司规范运营，保护上市公司及其中小股东权益，有助于释放先进产能，提升上市公司在焦煤板块的产业集中度、市场话语权、行业影响力和核心竞争力。

3. 东方盛虹子公司石化产业收购石化港储100%股权和广弘实业100%股权

东方盛虹（000301.SZ）2023年9月公告，其全资子公司江苏盛虹石化产业集团有限公司拟向关联方盛虹石化集团有限公司以现金方式收购其持有的盛虹石化（连云港）港口储运有限公司（简称“石化港储”）、连云港广弘实业有限公司（简称“广弘实业”）100%股权。2023年12月，上述标的资产完成交易。

本次收购标的公司石化港储、广弘实业主要从事仓储物流、房屋租赁等业务，向公司位于连云港石化产业基地的石化产业链公司［盛虹炼化（连云港）有限公司、江苏斯尔邦石化有限公司、江苏虹港石化有限公司等］提供基础设施及配套服务，具有良好的业务协同性，本次收购符合公司对同行业或上下游产业整合的政策方向，有利于公司石化业务板块降低运营成本，提高项目经济效益。通过本次收购，标的公司将纳入上市公司合并范围内，整体上减少上市公司与实际控制人控制的企业之间的关联交易。

4. 卫星化学子公司收购嘉宏新材100%股权

卫星化学（002648.SZ）2023年9月公告，其全资子公司连云港石化有限公司（简称“连云港石化”）与浙江卫星控股股份有限公司（简称“卫星控股”）、嘉兴昆元投资合伙企业（有限合伙）（简称“昆元投资”）共同签署协议，连云港石化拟以现金方式，收购江苏嘉宏新材料有限公司（简称“嘉宏新材”）100%股权，交易金额为15.24亿元。交易完成后，连云港石化将持有嘉宏新材100%股权，嘉宏新材将成为其全资子公司。2023年10月，上述标的资产完成交易。

本次交易完成后，能进一步发挥公司产业链一体化的优势，有利于维护公司及全体股东的整体利益；有利于减少控股股东与上市公司之间的关联交易，避免未来可能存在的同业竞争；有利于推进实施公司整体战略规划，完善公司C3产业链产品结构，同时形成公司环氧丙烷与环氧乙烷两大产品互补，延伸下游环氧衍生物高端化学品产业链，保持公司持续、稳健发展。本次交易属于同一控制下产业并购，不会变更嘉宏新材的会计核算方法。本次交易完成后，嘉宏新材将纳入上市公司合并报表范围，提升公司经营业绩和盈利能力。

5. 豫能控股子公司收购中煤河南新能30%股权

豫能控股（001896.SZ）2023年9月公告，根据河南中原产权交易有限公司于2023年9月23日发布的公告，河南华康贸易有限公司（以下简称“华康贸易”）持有的中煤河南新能开发有限公司（以下简称“中煤河南新能”）30%股权通过公开挂牌方式进行转让。河南豫能控股股份有限公司（以下简称“上市公司”或“公司”）为提升上市公司火电资产抗风险能力，打通煤炭“产运储配销用”全产业链，提升能源安全保障水平，根据前期尽调及审计、评估情况，公司控股子公司河南煤炭储配交易中心有限公司（以下简称“豫煤交易中心”）拟向中原产权提出关于中煤河南新能30%股权的受让申请。2023年11月，上述标的资产完成交易。

本次交易符合国家煤电联营产业政策，有利于公司控股子公司豫煤交易中心打通煤炭“产运储配销用”全产业链，能够与上市公司火电业务形成良好的协同效应，对冲煤电周期波动，补齐上市公司产业链短板，符合上市公司发展战略。本次交易不存在影响公司及全体股东利益的情形，不会对公司财务状况和经营成果产生不良影响。

（三）能源矿产业典型并购案例：靖远煤电定增收购窑煤集团100%股权

1. 交易概述

甘肃能化（000552.SZ）2022年8月公告，拟通过发行股份方式购买甘肃能源化工投资集团有限公司（下称“能化集团”）、中国信达资产管理股份有限公司（下称“中国信达”）及中国华融资产管理股份有限公司（下称“中国华融”）合计持有的窑街煤电集团有限公司（下称“窑煤集团”）100%股权，标的资产交易作价75.29亿元。

2. 并购背景及动因

（1）国家政策鼓励上市公司借力资本市场并购重组做优做强

2020年10月9日，国务院发布《国务院关于进一步提高上市公司质量的意见》（国发〔2020〕14号），指出资本市场在金融运行中具有牵一发而动全身的作用，上市公司是资本市场的基石。提高上市公司质量是推动资本市场健康发展的内在要求，是新时代加快完善社会主义市场经济体制的重要内容。

未来我国将充分发挥资本市场的并购重组主渠道作用，鼓励上市公司盘活存量、提质增效、转型发展，通过并购重组方式推动上市公司做优做强，提高上市公司质量。

（2）进一步深化国资国企改革，履行资本市场承诺

能化集团为标的公司的控股股东，为避免与靖远煤电之间的同业竞争，保证靖远煤电及其中小股东的合法权益，于2018年按照相关监管要求作出了避免同业竞争的承诺。目前，窑煤集团各项运行指标良好，安全生产平稳有序，已具备资产注入的条件，实施本次交易是能化集团积极履行资本市场承诺的体现。同时，推动窑煤集团资产证券化，有利于进一步深化国有企业改革，在放大国有资本的同时，推动资产质量、流动性和抗风险能力进一步增强，有效实现国有资产保值增值。

3. 并购评述

通过本次交易，能化集团下属优质的煤炭能源资产将登陆国内资本市场，未来可充分利用国内资本市场发展和改革的政策红利，增强引入外部投资的持续性。此外，能化集团借助A股资本市场推进国企改革，激发企业活力，推动体制机制创新，以上市公司透明高效的运行机制、有效的外部监督，对煤炭能源实施专业化、集约化管理，促进能化集团从“管资产”向“管资本”转型。

B.4
2023年制造业并购分析

李洲峰　冯健然　王竞荣　束学岭*

摘　要： 伴随国际化的深入发展和科技革命的持续推进，中国高端制造业的终端产品在国际上的竞争力持续增强。自2020年以来，高端制造业出海贡献度连续四年保持在70%以上，2023年中国高端制造业出口值达10.65万亿元，占全年出口交货值的72.84%，创历史新高。作为世界上制造业规模最大的国家，也是全球唯一拥有全部工业门类的国家，中国正处于由制造大国向制造强国转变的关键时期。我国在消费电子、新能源汽车、航空航天等领域的产品，其在技术水平和国际市场份额上均取得了显著成就。但与此同时，许多高端设备制造所需的关键零部件和核心技术对进口的依赖度仍然较高，因此企业之间的合并收购成为制造业公司实现规模、技术、国际化等方面突破的核心举措。2023年中国制造业以复苏为主线，PMI总体呈现修复、震荡回落后企稳的态势。从并购数据来看，2023年我国制造业并购交易事件数量以及金额相较2022年有所下降，交易完成时间分布较为均匀，其中12月交易金额占全年的25.2%，成为全年的高峰；从并购地区来看，当年并购事件类型以境内并购

* 李洲峰，国元证券执行委员会委员、投资银行总部和战略客户部总经理，主要研究方向为股权融资，并购重组；冯健然，经济学硕士，国元证券研究所机械设备分析师，主要研究方向为人形机器人、通用设备领域；王竞荣，金融学硕士，现供职于国元证券研究所总量组，主要研究方向为海外投资和资产配置；束学岭，国元证券投资银行总部业务十八部总经理，主要研究方向为高端装备行业股权融资，并购重组。

为主，集中在广东、江苏等经济发达地区。此外，从并购主体及金额分布来看，竞买方中无上市公司参与的交易事件占比和无国有企业参与的交易事件占比均较高，反映出2023年我国制造业并购市场以未上市的中小型企业为主，展现了民营经济的活力正持续迸发。

关键词： 制造业　并购重组　复苏

一、制造业总体情况分析

（一）2023年制造业PMI情况分析

2023年，我国制造业以复苏为主线，以PMI作为衡量制造业景气度的指标，2023年1月、2月、3月和9月的PMI高于50%的荣枯线水平，其余8个月PMI均处于收缩区间，我国制造业总体呈现复苏、震荡回落后企稳的态势，但受外部环境复杂严峻及不确定性上升、国内有效需求不足、部分行业产能过剩等因素影响，制造业增长内生动力尚显不足，恢复发展基础仍需巩固。

具体来看，2023年一季度，随着疫情防控转入新阶段，我国生产生活秩序逐步恢复，制造业PMI重返扩张区间。1—3月制造业PMI均高于50%的荣枯线，其中2月份制造业PMI升至近10年高点，达52.6%；对应Q1我国制造业固定资产投资完成额同比增长7.0%。企业复工复产、复商复市加快，制造业处于复苏阶段，且呈现较快回暖态势。

4月份后，受市场需求不足和一季度制造业快速恢复形成较高基数等因素影响，制造业PMI降至荣枯线以下，景气水平环比回落。5—8月，随着各项稳经济、扩内需政策进一步发力，制造业PMI呈现稳步回升态势，经济延续恢复发展态势，9月制造业PMI升至50.2%，重返扩张区间。

10月，受“十一”节日休假和节前部分需求提前释放等因素影响，制造业PMI景气水平有所回落。从全球范围看，2023年欧美等主要经济体制造业持续收缩，12月份美国和欧元区制造业PMI初值分别为48.2%和44.2%。外部环境复杂性、严峻性、不确定性上升，我国制造业景气度继续下降，第四季度制造业PMI景气水平有所回落，12月制造业PMI为49.0%。

从指数走势来看，制造业PMI在2023年一季度运行在50%以上的较好水平，显示在疫情影响消退后经济快速恢复，二季度指数较快回落，显示在积压需求快速释放后经济回升势头有所放缓，三、四季度指数均值运行在49.5%左右的水平，显示在各地积极落实稳经济、促增长等政策措施的带动下，我国经济保持相对稳定运行。此外，高技术制造业以及装备制造业PMI除4月以外，其余月份均处于荣枯线以上，彰显我国以科技创新推动产业创新、以产业升级构筑新竞争优势的现代化产业体系建设取得重要成果。

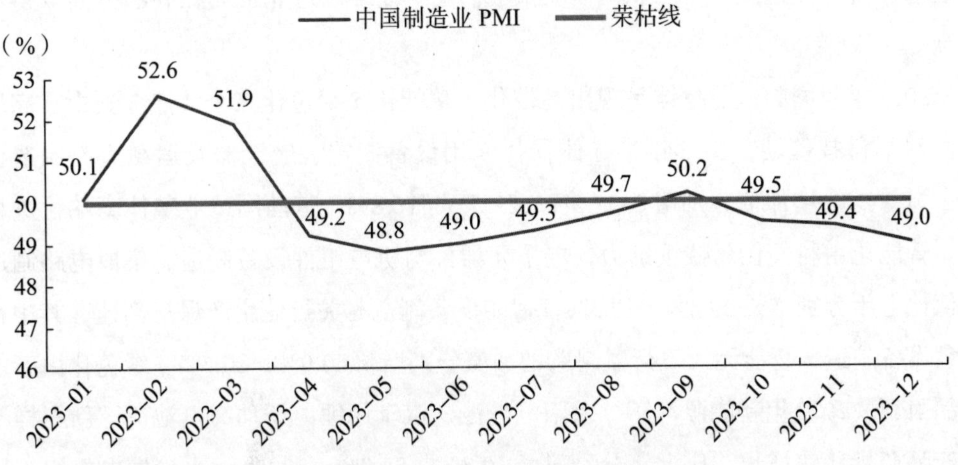

图1 2023年1—12月中国制造业PMI

资料来源：Wind数据库，国元证券研究所

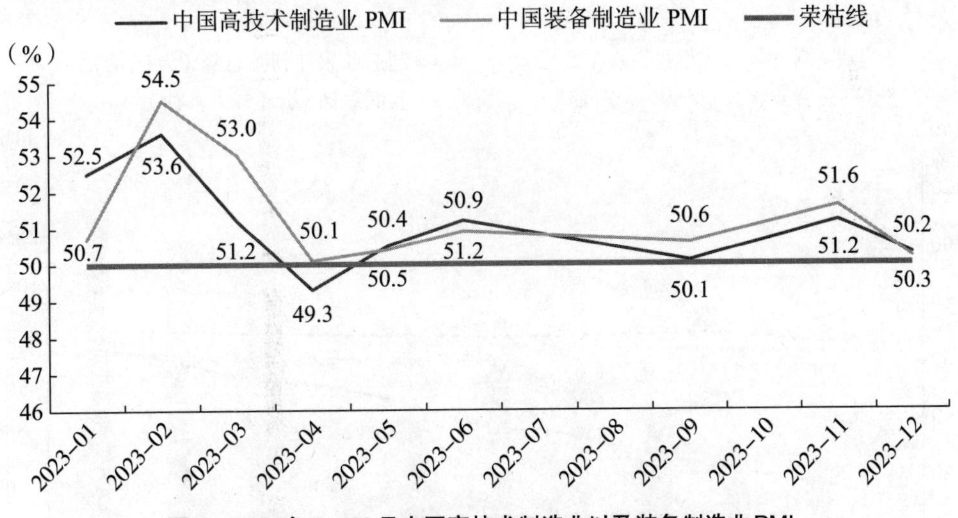

图2 2023年1—12月中国高技术制造业以及装备制造业PMI

资料来源：Wind数据库，国元证券研究所

（二）2023年制造业营业收入以及固定资产投资完成额情况分析

2023年，我国制造业营业收入为115.3万亿元，同比增长1.3%，利润总额为5.76

万亿元，同比减少2.0%，营业收入和利润总额增速总体均呈现边际改善趋势，其中利润总额同比下滑程度持续收窄。分行业来看，计算机、通信和其他电子设备作为我国制造业占比最大行业全年利润同比有所下滑，而受光伏、锂离子电池等新能源产业带动以及汽车产量创历史新高的催动，电气机械和器材、汽车制造业等作为我国制造业的基本盘依旧实现营收及利润的稳步增长，其余行业如铁路、船舶、航空航天和其他运输设备（受造船订单较快增长催动）、化学纤维制造业也均在利润方面取得不俗表现。

2023年我国制造业整体呈现出高端化、智能化、绿色化三个特点。其中，高端化由高水平科技催动，2023年半导体器件专用设备制造、航天器及运载火箭制造、飞机制造等行业增加值分别增长31.5%、23.5%、10.8%，带动制造业整体高端化进程加速。智能化由科技创新持续助力，电子元器件与机电组件设备制造、集成电路制造增加值比上年分别增长29.8%、10.3%；智能设备制造有关行业生产保持高速，其中智能车载设备制造、智能无人飞行器制造增加值分别增长60.0%、20.5%。绿色化由新能源产品引领，2023年新能源汽车、太阳能电池、汽车用锂离子动力电池等“新三样”相关产品产量较快增长，比上年分别增长30.3%、54.0%、22.8%。水轮发电机组、风力发电机组、充电桩等绿色能源相关产品生产保持高速，产量分别增长35.3%、28.7%、36.9%。

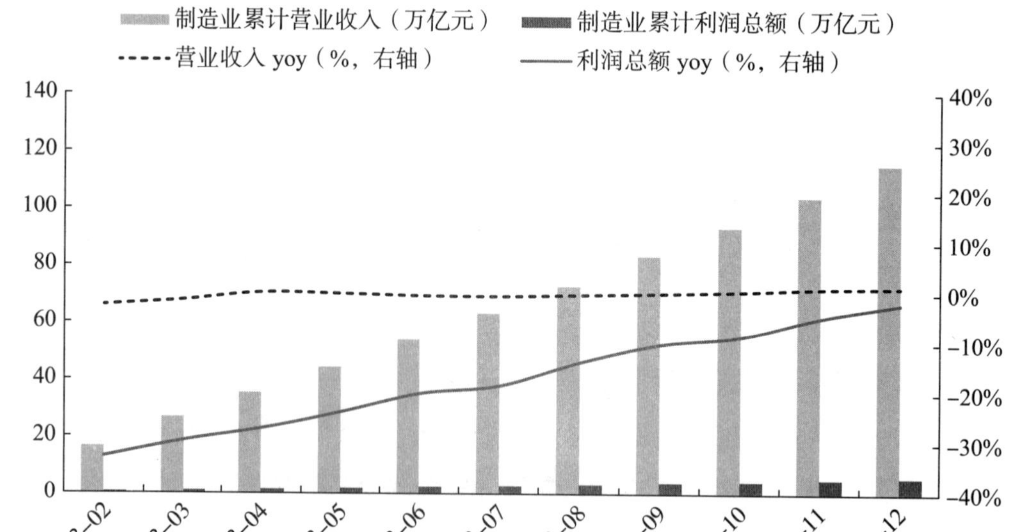

图3　制造业累计营业收入及利润总额变化情况

资料来源：Wind数据库，国元证券研究所

2023年全年我国制造业固定资产投资完成额增长6.5%，比全部固定资产投资高3.5个百分点。其中，电气机械和器材制造业投资增长32.2%，汽车制造业投资增长19.4%，仪器仪表制造业投资增长14.4%。此外，高技术产业投资占比稳步提升，2023年高技术制造投资比上年增长9.9%，规模以上高技术制造业中的航空、航天器及设备制造业增加值同比增长17.7%。

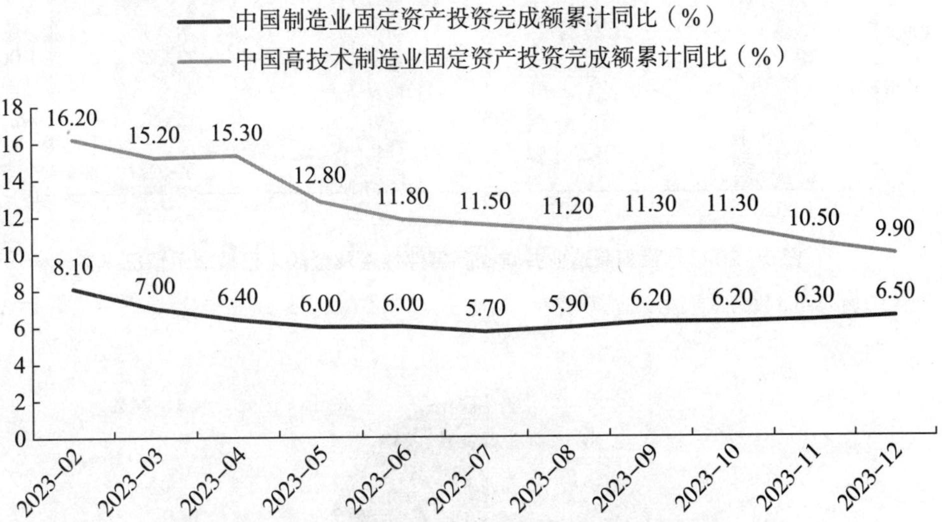

图4　中国制造业及高技术制造业固定资产投资完成额累计同比

资料来源：Wind数据库，国元证券研究所

二、制造业并购分析

（一）制造业并购数据分析

1. 制造业并购总体情况

总体来看，2023年我国制造业并购交易事件数量和金额较2022年有所下降，其中并购总金额（已披露）达4,863.04亿元，并购交易事件数量为1,935起。从单起并购交易金额分布来看，2023年制造业并购交易中，单起金额低于1亿元的交易有463起，占比达23.9%；其次为1亿元（含）~5亿元的交易事件，共274件，占比达到14.2%；5亿元及以上的交易事件共145件，占比为7.5%，其中中航电子换股吸收合并中航机电、荣盛石化部分股权权益变动等是2023年制造行业的典型并购事件。

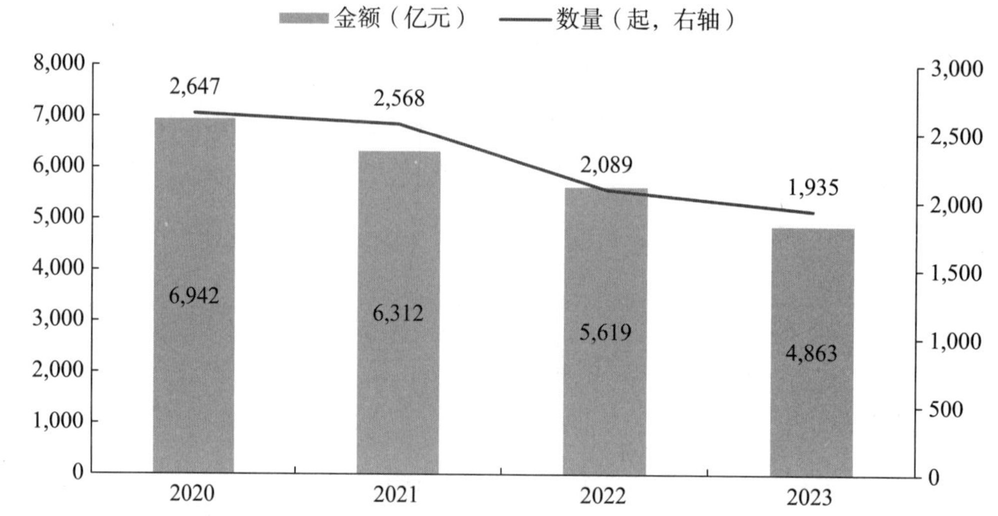

图5　2023年我国制造业并购交易事件数量及金额（已披露）情况

资料来源：Wind数据库，国元证券研究所

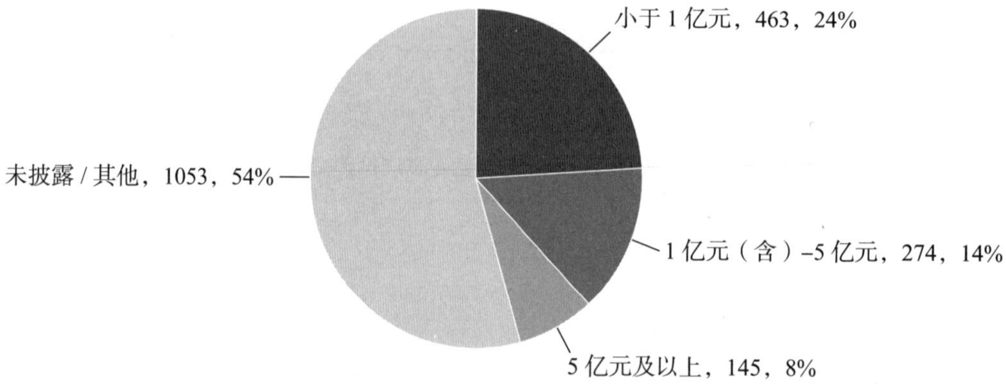

图6　2023年我国制造业并购事件标的价格分布

资料来源：Wind数据库，国元证券研究所

2. 制造业并购地区类型以及区域分布

从并购地区类型来看，2023年我国制造业并购以境内并购为主，全年发生境内并购共1,911起，占并购总数的98.8%；其次为出境、入境并购，分别为12起、7起；境外并购数量较少，全年发生5起，以比亚迪子公司收购Juno Newco100%股权、三一国际收购三一石油科技100%股权等横向并购为主。

并购地区方面，从并购标的所属省份来看，2023年我国制造业并购以广东、江苏、浙江、山东等经济发达地区为主，其中广东标的发生事件数量最多，占15.9%，前十大地区并购事件共占全国比重为72.6%。

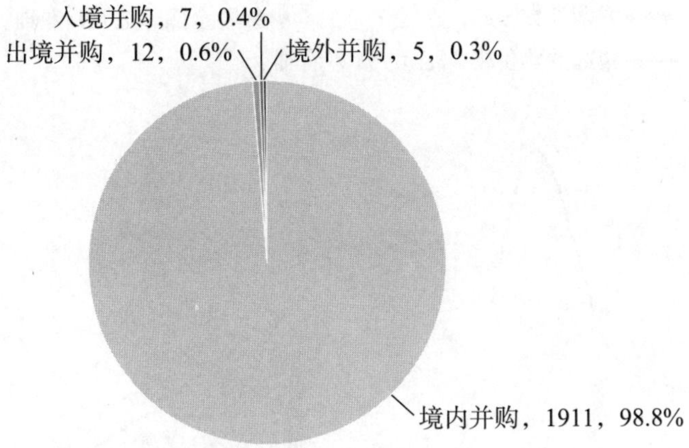

图7　2023年中国制造业并购发生地区类型分布

资料来源：Wind数据库，国元证券研究所

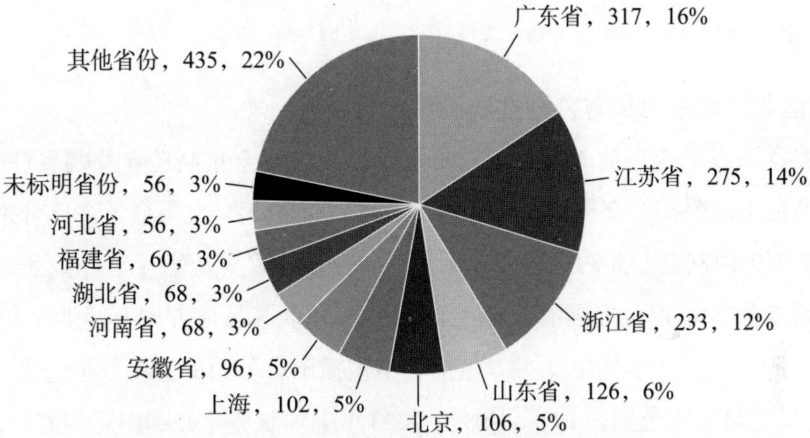

图8　2023年中国制造业并购标的所属省份分布

资料来源：Wind数据库，国元证券研究所

3. 制造业并购时间分布

从交易金额的时间分布看，2023年制造业并购交易完成时间较为平均，其中12月较为突出，完成并购数量、金额分别为270起、1,224亿元，占全年比重分别为14.0%、25.2%。完成并购事件最少月份为10月，完成并购数量、金额分别为100起、109亿元，占全年比重分别为5.2%、2.2%。

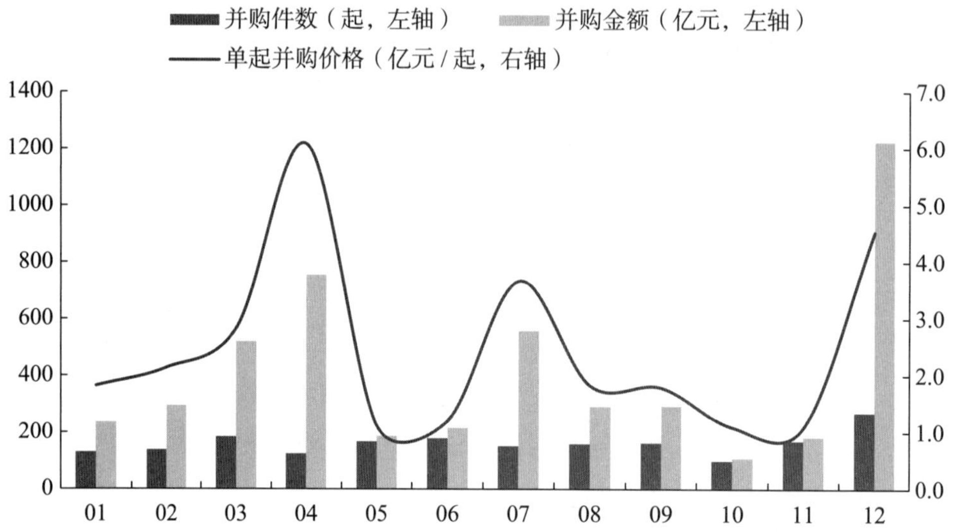

图9　2023年制造业并购交易完成数量、金额时间分布

资料来源：Wind数据库，国元证券研究所

4. 制造业并购中竞买方公司性质的数量分析

从并购竞买方是否包括上市公司视角来看，2023年全年制造业并购事件中竞买方包括、不包括上市公司的交易数量分别为573起、1,350起，交易数量占比分别为29%、70%。2023年中国制造业并购中竞买方为非上市公司的数量显著高于上市公司。

从并购竞买方是否包括国有企业（含中央国有企业及地方国有企业）视角来看，2023年全年制造业并购事件中竞买方包括、不包括国有公司的交易数量分别为270起、773起，交易数量占比分别为14%、40%。2023年中国制造业并购中竞买方以民营企业为主。

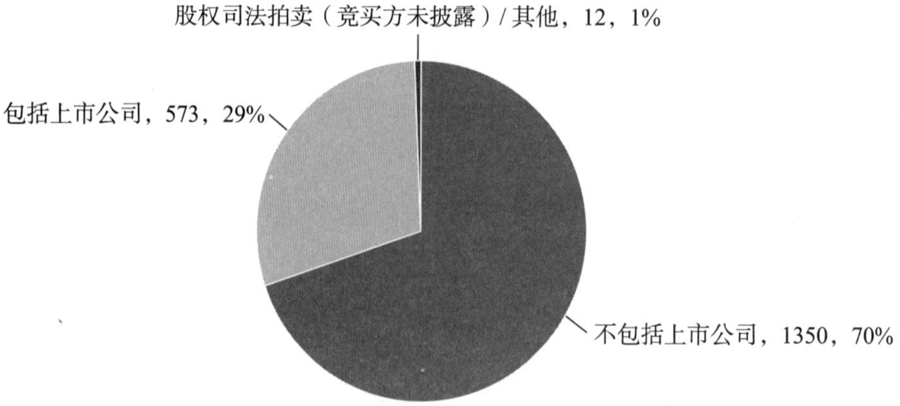

图10　2023年制造业并购竞买方是否包括上市公司数量分析

资料来源：Wind数据库，国元证券研究所

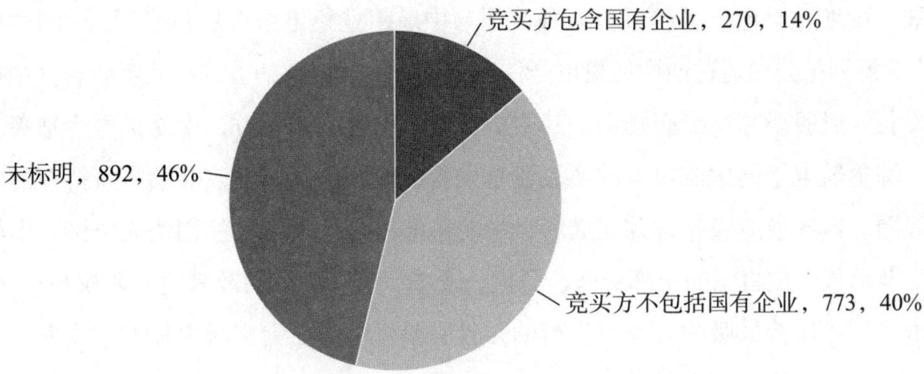

图11　2023年制造业并购竞买方是否包括国有企业数量分析

资料来源：Wind数据库，国元证券研究所

5. 制造业并购中竞买方并购目的数量分析

从并购竞买方目的来看，2023年全年制造业并购事件中竞买方以横向整合、战略合作为主，交易事件数量分别达440起、70起，交易数量占比分别为22.7%、3.6%。此外，部分竞买者也会出于多元化战略、资产调整、买壳上市等目的发起并购。

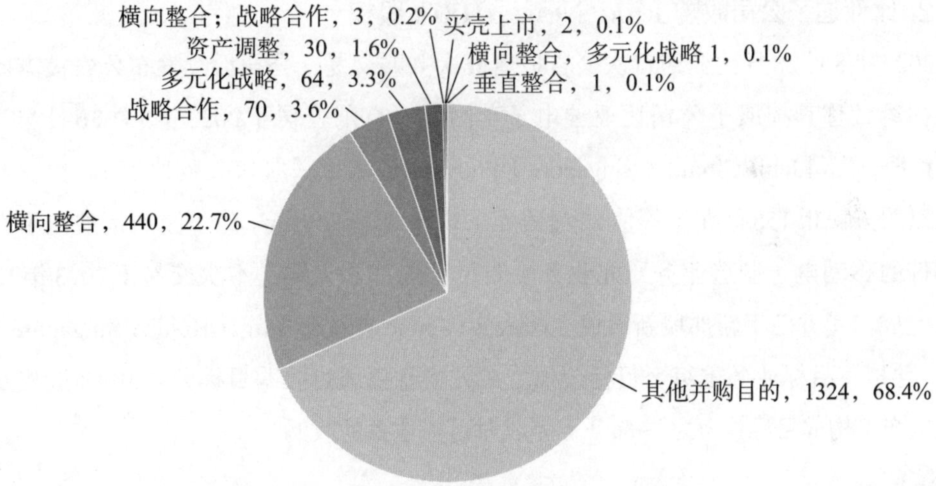

图12　2023年制造业并购竞买方目的划分交易数量情况

资料来源：Wind数据库，国元证券研究所

（二）制造业并购事件TOP5

1. 中航电子（现为中航机载）换股吸收合并中航机电

2022年5月27日，中航电子首次公告披露此次并购交易，公司后续披露主要内容为：为重组形成中国航空工业集团有限公司重要的机载系统上市平台，加快机载系统业务

的发展，中航航空电子系统股份有限公司与中航工业机电系统股份有限公司（“中航机电”）筹划由公司通过向中航机电全体股东发行A股股票的方式换股吸收合并中航机电并发行A股股票募集配套资金，其中中航电子为吸收合并方，中航机电为被吸收合并方，即中航电子向中航机电的换股股东发行A股股票，交换该等股东所持有的中航机电股票。本次换股吸收合并完成后，中航机电将终止上市并注销法人资格，中航电子承继及承接中航机电的全部资产、负债、业务、人员、合同及其他一切权利与义务。中航电子因本次换股吸收合并所发行的A股股票将申请在上交所主板上市流通。本次合并于2023年4月14日完成。

点评

本次交易实施后，中航电子将承继及承接中航机电的全部资产、负债、业务、人员、合同及其他一切权利与义务。中航电子作为存续公司将整合吸收合并双方资源，优化航空工业机载板块的产业布局，发挥规模效应，实现优势互补，有效提升存续公司核心竞争力，顺应全球航空机载产业系统化、集成化、智能化发展趋势，打造具有国际竞争力的航空机载产业，在协同发展、产业拓展上实现新跨越，支撑国家航空事业健康发展。

2. 比亚迪子公司收购Juno Newco100%股权

2023年8月28日比亚迪首次公告披露此次并购交易，公司后续发布公告披露此次交易内容，称其控股子公司比亚迪电子（国际）有限公司于2023年9月26日与Jabil Inc.旗下子公司Jabil Circuit（Singapore）Pte. Ltd.签署了《股权收购协议》。比亚迪电子拟以约人民币158亿元（等值22亿美元）现金收购Jabil Inc.旗下生产消费电子产品零部件的移动电子制造业务，此业务主要位于成都和无锡。本次交易于2023年12月29日完成。卖方已于新加坡新设成立法人实体Juno Newco Target Holdco Singapore Pte. Ltd.，并拟将目标业务重组至目标公司。买方将主要通过收购目标公司100%股权及新加坡资产（构成目标业务之一部分）完成对目标业务的收购。

点评

该收购事项将拓展公司的客户与产品边界，拓宽智能手机零部件业务，大幅改善集团客户与产品结构，进一步抓住市场发展机遇，增加核心器件产品的战略性布局，助推集团产业升级，迈入新一轮的高速成长周期。在提高集团产品市场占有率的同时，与公司现有产品有效协同，提升集团的整体竞争力，保持长期可持续发展，为客户及股东创造价值。

3. 天顺风能收购江苏长风100%股权

2022年12月7日天顺风能（苏州）股份有限公司首次公告披露此次并购交易，公司后续发布公告披露此次交易内容，称为完善公司海上风电整体产能战略布局，拟以现金30亿元收购交易对手方季国其持有的江苏长风海洋装备制造有限公司100%股权。收购完成后，江苏长风成为公司全资子公司，纳入公司合并报表范围内。本次收购于2023年5月16日完成。

点评

本次收购的标的主要是位于南通通州湾的“南通长风”以及位于江苏盐城射阳县的“江苏长风”。江苏长风及南通长风均已建成并处于生产经营期，其中江苏长风主要产品为海上风电单管桩，并在完成本次收购后，江苏长风将与本公司位于射阳的海上风电基地（在建中）进一步整合，形成年产六十万吨的海上风电单管桩工厂，在江苏区域形成优势竞争地位。自2021年海上风电退出国家补贴之后，经过技术的快速迭代，海上风电已经进入了快速发展的黄金时期，通过本次收购，将完成公司“十四五”战略“新锚点”海上风电业务在江苏区域的产能布局，也是公司业务在风电行业的进一步延伸，形成公司业务快速成长的新增长点，对公司未来的财务状况、经营成果以及行业地位均产生积极的影响。

4. 三一国际收购三一石油科技100%股权

2023年4月12日三一国际首次公告披露此次并购交易，公司后续发布公告披露此次交易内容，称公司与卖方Sany Perpetual Enterprise Holdings Company Limited订立协议，公司计划以29.80亿元收购三一石油科技。本次交易于2023年6月10日完成。收购完成后，三一石油科技成为三一国际的全资子公司。

点评

本次收购有利于公司持续多元化产业布局，拓展能源装备业务细分领域，形成协同效应；有利于资源整合提升智能制造能力，提升装备制造产能水平；有利于电动化、智能化技术及研发能力互补，加速商业化成果孵化；有利于共同推动国际化战略，整合拓展销售渠道；有利于提高集团收入规模和盈利能力。

5. 东山精密收购苏州晶端100%股权

2022年10月29日东山精密首次公告披露此次并购交易，公司后续发布公告披露此次交易内容，称公司拟以205亿日元（约人民币10亿元，以公告日中国人民银行日元对人民币汇率估算）作为基础定价（考虑分红及期间损益影响等权益调整项，相关调整项将以2022年11月30日为基准日进行审计确定最终的交易对价）向JDI收购其持有的苏州晶端100%股权。公司拟以并购贷款及自有资金结合方式支付本次交易股权交易价款。本次交易完成后，苏州晶端将成为公司的全资子公司。本次收购于2023年1月

20日完成。

点评

本次交易完成后，公司将增加车载显示业务，有利于积极发挥公司产业链的协同效应，努力为汽车行业客户提供一站式的产品解决方案。本次收购完成后也有助于公司触控显示业务实现更加集中高效、集约的管理，全面提高公司整体竞争力。

（三）制造业典型并购案例：中航电子换股吸收合并中航机电

1. 交易概述

2022年6月11日，中航电子发布公告，称公司拟通过换股吸收合并的方式对中航电子和中航机电进行重组整合。本次交易的具体实现方式为：中航电子以发行A股方式换股吸收合并中航机电，中航电子为吸收合并方，中航机电为被吸收合并方，即中航电子向中航机电的换股股东发行A股股票，交换该等股东所持有的中航机电股票。同时，本次换股吸收合并完成后，机载公司将其原持有中航电子的股份以及原持有中航机电的股份按照换股比例换成的中航电子股份对应的表决权委托给中航科工。另外，中航电子拟采用询价的方式向包括中航科工、航空投资、中航沈飞、航空工业成飞在内的不超过35名特定投资者非公开发行A股股票募集配套资金不超过50亿元。

本次换股吸收合并完成后，中航机电将终止上市并注销法人资格，中航电子将承继及承接中航机电的全部资产、负债、业务、人员、合同及其他一切权利与义务。中航电子因本次换股吸收合并所发行的A股股票将申请在上交所主板上市流通。

根据机载公司与中航科工签署的《表决权委托协议》，本次换股吸收合并完成后，机载公司将其原持有中航电子的股份以及原持有中航机电的股份按照换股比例换成的中航电子股份对应的表决权委托给中航科工。交易完成后，中航科工仍为存续公司的控股股东。

本次交易中，中航机电的总股本为3,884,824,789股，参与本次交易换股发行的中航机电股票为3,884,824,789股，其中包含库存股22,570,005股。参照本次换股比例1∶0.664,7计算，中航电子为本次换股吸收合并发行的股份数量合计为2,582,243,037股。

本次募集配套资金的发行方式为非公开发行，发行对象为包括中航科工、航空投资、中航沈飞、航空工业成飞在内的不超过35名符合条件的特定投资者，其中，中航科工拟认购的募集配套资金为50,000.00万元；航空投资拟认购的募集配套资金为30,000.00万元；中航沈飞拟认购的募集配套资金为18,000.00万元；航空工业成飞拟认购的募集配套资金为18,000.00万元。

2. 交易背景和动因

（1）贯彻落实国有企业深化改革目标，推进国有资本优化重组

党的十九大报告指出，“要完善各类国有资产管理体制，改革国有资本授权经营体制，加快国有经济布局优化、结构调整、战略性重组，促进国有资产保值增值，推动国有资本做强做优做大，有效防止国有资产流失。深化国有企业改革，发展混合所有制经济，培育具有全球竞争力的世界一流企业”。党中央、国务院、中央全面深化改革委员会等深入推进国有企业混合所有制改革，先后出台《关于深化国有企业改革的指导意见》《关于改革和完善国有资产管理体制的若干意见》《国企改革三年行动方案（2020—2022年）》《关于进一步提高上市公司质量的意见》《提高央企控股上市公司质量工作方案》等一系列重要文件，提出建立国有资本市场布局和结构调整机制，推进国有资本优化重组，提高国有资本配置和运营效率；通过实施国企改革三年行动，做强做优做大国有资本和国有企业，增强国有经济竞争力、创新力、控制力、影响力、抗风险能力。本次交易是中航电子和中航机电贯彻落实党中央、国务院深化国企改革指导思想的重要举措，有助于推动存续公司内强质地、外塑形象，完善国有上市平台的产业布局，提升资产质量和运营效率，实现国有资产保值增值。

（2）航空装备是国防建设重点方向，航空机载系统迎来良好的发展时机

“十四五”规划明确指出，要加速武器装备升级换代和智能化武器装备发展，推动武器装备现代化水平加速迈入世界先进行列。航空装备作为现代化强国的标志和国家综合实力的体现，是现代化国防建设的重点方向，也会带动提升航空装备产业链景气度，其中机载系统作为产业链的核心组成部分，迎来良好的发展时机。中航电子和中航机电分别为国内航空电子系统、航空机电系统的龙头企业，本次交易能够进一步整合双方的优势资源，充分发挥协同效应，提升航空工业机载系统的核心竞争力，把握机载系统产业发展的战略机遇。

（3）航空机载产业呈现系统化、集成化、智能化发展趋势

从全球来看，航空机载产业呈现系统化、集成化、智能化发展趋势，国际航空产业巨头大多形成了专业化的机载系统研制生产体系，机载产业的综合竞争力持续提升。近年来，中航电子与中航机电通过资产注入、托管等方式，已分别陆续开展了各自细分领域的专业化整合。本次交易将在机载系统层面实现航空电子系统和航空机电系统的深度融合，顺应全球航空机载产业系统化、集成化、智能化发展趋势，有助于进一步提升航空工业机载系统的综合实力。

3. 交易评述

本次交易前，中航电子是航空工业旗下航空电子系统的专业化整合和产业化发展平台，多年来为国内外众多航空主机厂所及其他军工产品平台提供配套系统级产品，形成了国内领先的航空电子产品研发生产制造能力。中航电子致力于为客户提供综合化的航空电子系统解决方案，产品谱系覆盖飞行控制系统、惯性导航系统、飞行航姿系统、飞机参数采集系统、大气数据系统、航空照明系统、控制板主件与调光系统、飞行告警系统、电驱动与控制系统、飞行指示仪表、电气控制、传感器、敏感元器件等技术领域。同时，中航电子立足航空主业，积极拓展非航空防务及高端制造业，面向航天、兵器、船舶、电子信息、智能系统、机电自动化、基础器件等业务领域提供相关配套系统解决方案、产品及服务。

本次交易前，中航机电是航空工业旗下航空机电系统的专业化整合和产业化发展平台，承担航空机电产品的市场开拓、设计研发、生产制造、售后服务、维修保障的全价值链管理，为航空装备提供专业配套系统产品，在国内航空机电领域处于主导地位。中航机电致力于为防务和民生提供系统解决方案，主要经营航空机电产业和基于航空核心技术发展的相关系统，目前产品谱系覆盖航空电力系统、液压系统、燃油系统、环境控制系统、高升力系统、武器与悬挂发射系统等航空机电系统及汽车座椅系统、空调压缩机、高压氧舱、等静压机等相关领域。

本次交易实施后，中航电子将承继及承接中航机电的全部资产、负债、业务、人员、合同及其他一切权利与义务。中航电子作为存续公司将整合吸收合并双方资源，优化航空工业机载板块的产业布局，发挥规模效应，实现优势互补，有效提升存续公司核心竞争力，顺应全球航空机载产业系统化、集成化、智能化发展趋势，打造具有国际竞争力的航空机载产业，在协同发展、产业拓展上实现新跨越，支撑国家航空事业健康发展。

B.5
2023年热力、燃气公共服务业并购分析

胡　伟　蒋贻宏　俞　强　王　奇*

摘　要： 2023年，中国公共服务业在电力、燃气和水务领域取得显著进展，助力实现绿色低碳转型。电力行业方面，全社会用电量达到9.22万亿千瓦时，同比增长6.7%；发电装机容量增至29.2亿千瓦，其中太阳能和风电分别增长55.2%和20.7%。燃气行业亦表现突出，天然气消费量增长7.6%，产量连续第七年增产，进口量上升9.9%，显示出需求持续增加。基础设施建设方面，新增储气能力和LNG接收能力为稳定供应奠定基础。水务行业在节水、污水处理和智慧水务方面取得进展，通过管网改造和智能化技术有效降低漏损率，提升污水处理能力，国家政策也加大了对水务行业的支持，推动污水处理与减污降碳的协同发展。这些成就为实现国家"双碳"目标和生态文明建设提供了坚实基础。

关键词： 电力　热力　燃气　水务行业　公共服务　并购

---

* 蒋贻宏，国元证券权益投资部副总经理，主要研究方向为股权融资，并购重组；俞强，国元证券投资银行总部资深经理，保荐代表人，主要研究方向为股权融资，并购重组；王奇，国元证券投资银行总部资深经理，保荐代表人，注册会计师，主要研究方向为股权融资，并购重组。

一、热力、燃气公共服务业趋势分析

公共服务业包含电力、燃气暖气供应、水务等。2023年度，电力行业在保障电力供应安全、推动绿色低碳转型、加快科技创新、深化市场化改革以及加强国际合作等方面均取得了积极进展，为实现“双碳”目标奠定了坚实基础。根据国家能源局发布的2023年全国电力工业统计数据，全社会用电量达到了9.22万亿千瓦时，同比增长6.7%；全国发电装机容量达到了29.2亿千瓦，同比增长13.9%，其中太阳能发电装机容量约为6.1亿千瓦，同比增长55.2%，风电装机容量约为4.4亿千瓦，同比增长20.7%。

2023年度，我国天然气行业在多方面取得了显著进展，为我国的能源结构优化和绿色低碳转型作出重要贡献。根据国家发展和改革委员会的数据，2023年全国天然气表观消费量达到了3,945.30亿立方米，同比增长7.6%，显示出天然气需求的持续增长。2023年，我国天然气产量达到2,324亿立方米，连续第七年增产超过100亿立方米。非常规天然气产量也取得了突破，占总产量的43%，成为天然气供应的重要补充。此外，天然气进口量也实现了增长，2023年进口量达到1,656亿立方米，同比增长9.9%，其中LNG进口量增速由负转正，显示出国际市场对我国天然气供应的重要性。基础设施建设方面，我国加快了天然气长输管道和储气设施的建设，2023年新增储气能力76亿立方米，全国LNG总接收能力达到1.2亿吨/年左右，为天然气的稳定供应打下了坚实的基础。

2023年度水务行业在节水、污水处理、智慧水务等方面均取得了积极进展，为实现绿色低碳发展和生态文明建设作出了重要贡献。在管网漏控方面，通过实施管网改造、分区计量、压力调控、智能化建设等工程，城市公共供水管网漏损率得到了有效控制。污水处理能力也得到了进一步提升，城市污水处理厂数量和处理能力均有所增长，城市污水年处理量持续上升，污水处理率保持在较高水平。智慧水务作为行业发展的重要趋势，得到了快速发展。利用物联网、云计算、大数据等新一代信息技术，实现了水务系统全流程的科学化、精细化、智能化运行管理。

与此同时，国家对水务行业的政策支持力度不断加大，发布了《关于推进污水处理减污降碳协同增效的实施意见》，推动污水处理行业减污降碳协同增效，提升能效水平和降碳能力。此外，国家发展改革委等部门提出了进一步加强水资源节约集约利用的意见，强调了城镇节水的重要性，推广节水技术和产品，提高用水效率。

二、热力、燃气公共服务业并购分析

2023年度公共服务业完成的并购交易共100起，总金额约1,241.96亿元，具体情况如下：

（一）热力、燃气公共服务业并购数据

1. 热力、燃气公共服务业并购总体情况

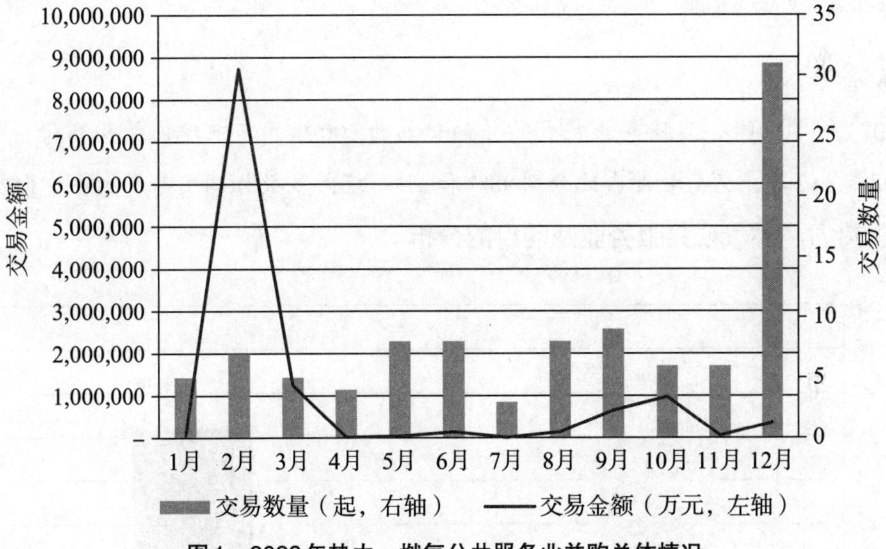

图1　2023年热力、燃气公共服务业并购总体情况

数据来源：Wind数据库

点评

2023年度公共服务业并购交易较2022年度有所减少，但交易金额有所上升。从单月数据看，2月并购共发生7起，并购交易金额为全年最高，当月成交金额872.63亿元。并购交易发生最多的月份为12月，共发生31起，当月成交金额达36.40亿元，而并购交易数量发生最少的月份为7月，仅发生3起。

2. 热力、燃气公共服务业跨境并购情况

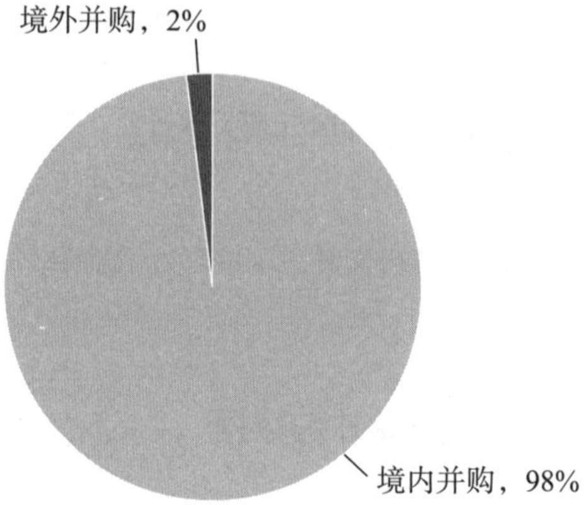

图2　2023年热力、燃气公共服务业跨境并购情况

数据来源：Wind数据库

点评

2023年度中国公共服务业完成的并购交易为100起，其中境内并购和跨境并购分别为98起和2起，交易数量占比分别98%和2%，绝大多数并购交易发生在境内。

3. 热力、燃气公共服务业并购目的分析

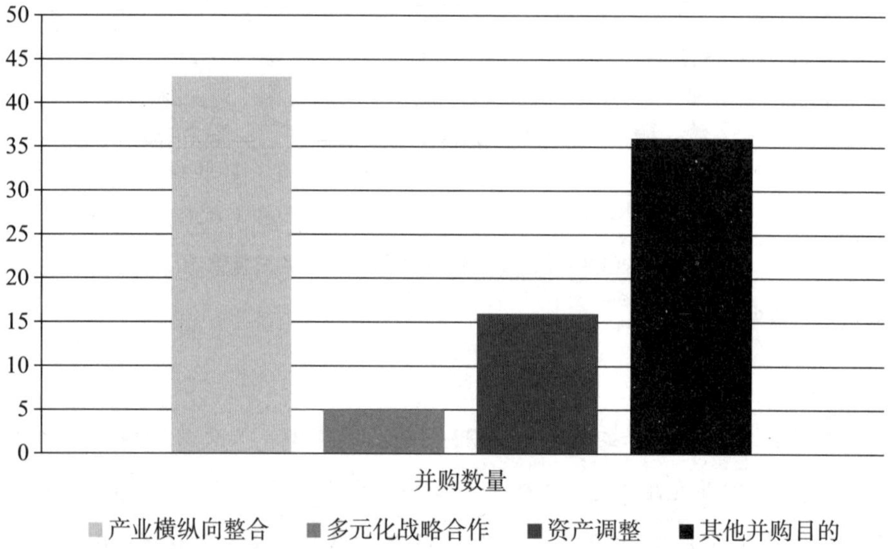

图3　2023年热力、燃气公共服务业并购类型情况

数据来源：Wind数据库

点评

2023年度中国公共服务业并购多倾向于产业横纵向整合、多元化战略运作以及相

关资产调整等方面。其中基于产业横纵向的整合并购数量最多，而以多元化战略合作为目的的并购数量最少。在并购交易金额方面，以产业横纵向为目的的并购交易金额为1,124.76亿元，而多元化战略合作的并购交易金额仅为3.93亿元。

4. 热力、燃气公共服务业国资企业的并购交易情况

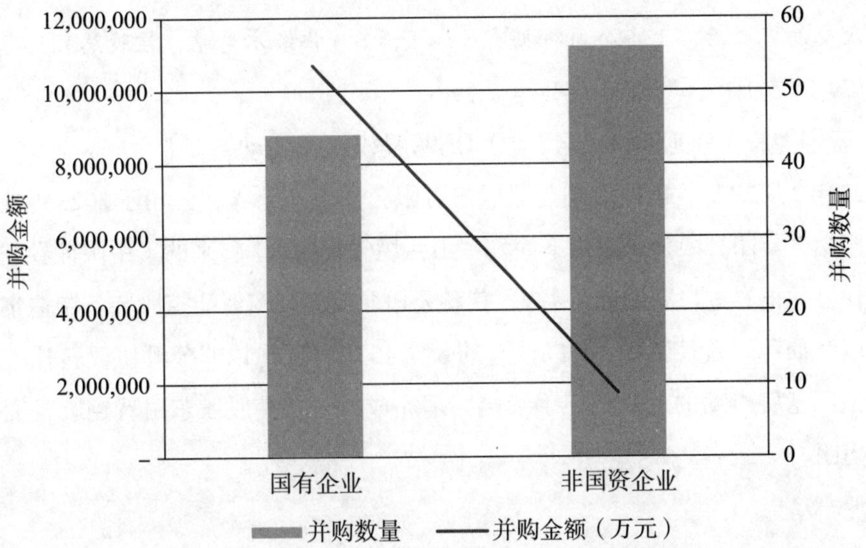

图4　热力、燃气公共服务业国资企业的并购交易情况

数据来源：Wind数据库

点评

2023年度中国公共服务业并购中国资类企业并购数量为44起，占比44%，虽然略低于非国资企业的并购数量，但在并购金额上，国资类并购交易金额为1,069.07亿元，远大于非国资企业并购交易金额的172.89亿元。

（二）2023年度公共服务业重大并购事件TOP5

1. 长江电力（600900. SH）定增收购云川公司100%股权

2023年1月11日，长江电力发布关于发行股份及支付现金购买资产并募集配套资金暨关联交易之标的资产过户完成的公告，云川公司已成为长江电力的全资子公司，乌白水电正式注入长江电力。

点评

本次交易前，上市公司以大型水电运营为主业，拥有长江干流三峡、葛洲坝、溪洛渡、向家坝等4座梯级水电站，控股总装机容量4,559.5万千瓦，并受托管理乌东德

水电站和白鹤滩水电站。截至2022年6月30日，公司控股总装机容量4,559.5万千瓦（未含目前受托管理的乌东德水电站和白鹤滩水电站），位于全球水电行业公司前列。本次交易拟收购的云川公司系乌东德水电站和白鹤滩水电站的投资运营主体。乌东德水电站核定装机容量1,020万千瓦，已全部投产；白鹤滩水电站核定装机容量1,600万千瓦，目前部分机组已投产。

本次交易完成后，上市公司将拥有长江干流6座梯级水电站，控股总装机容量将增加至7,179.50万千瓦，增长57.46%。

2. 蓝焰控股（000968.SZ）40.05%股权权益变动

2023年2月28日，山西蓝焰控股股份有限公司发布公告，公司于2023年2月28日收到山西燃气集团有限公司（以下简称“山西燃气集团”）转来的《中国证券登记结算有限责任公司证券过户登记确认书》，获悉公司原控股股东晋能控股装备制造集团有限公司（以下简称“晋控装备”）以持有的公司40.05%股份以非公开协议转让方式向山西燃气集团增资事项的过户登记手续已办理完成，公司控股股东由晋控装备变更为山西燃气集团。

点评

为推动燃气产业成为山西省资源型经济转型发展的战略性新兴产业和支柱产业，打造具有行业领军力的全产业链一流燃气旗舰劲旅企业，2019年3月6日，山西省人民政府国有资产监督管理委员会下发《关于晋煤集团和太原煤气化以非公开协议方式对山西燃气集团有限公司进行增资的批复》（晋国资产权函〔2019〕124号），同意晋控装备以其持有的公司40.05%股份增资至山西燃气集团；2019年3月24日，山西燃气集团全体增资股东签署了《增资协议》。2022年12月31日公司披露了《山西蓝焰控股股份有限公司收购报告书》（信息披露义务人山西燃气集团）、《中德证券有限责任公司关于山西蓝焰控股股份有限公司收购报告书之财务顾问报告》《国浩律师（太原）事务所关于蓝焰控股收购报告书之法律意见书》和《国浩律师（太原）事务所关于山燃集团免于以要约方式增持股份之法律意见书》。

本次收购是山西省燃气产业整体整合方案的关键一环，也是落实山西省委、省政府关于燃气产业整合的具体举措，是为推动燃气产业成为山西省资源型经济转型发展的战略性新兴产业和支柱产业，打造具有行业领军力的全产业链一流燃气旗舰劲旅企业。

3. 苏州高新（600736.SH）收购苏州高新区655.46公里市政污水管网和36座污水提升泵站资产

2023年6月19日，苏州高新发布公告，公司全资孙公司苏州高新排水有限公司（以下简称“排水公司”）拟以自筹资金收购苏州高新区（虎丘区）供排水管理所持有的苏州高新区范围内已投入使用的长度655.46公里的市政污水管网资产和36座污水提升泵站资产，收购价格为98,798.06万元。

点评

排水公司为苏州高新区雨污水管网、泵站的运维主体，本次收购有利于理顺排水设施产权隶属关系，实现排水设施统一管理和统一调度，形成一体化运营管理模式，提升水环境治理效能。

本次收购后，苏州高新节能环保板块规模将进一步壮大，排水公司每年可收取资产服务费，有利于未来拓宽融资渠道。

4. 福能股份（600483. SH）增资控股福建惠安泉惠发电有限责任公司

2023年9月20日，福能股份发布公告，根据业务发展需要，公司与惠安兴港本次以货币（资金）方式，按经国资备案的泉惠发电2022年12月31日净资产评估值作价增资，中化园区放弃本次增资权。公司出资68,264.075万元，惠安兴港出资42,434.425万元。增资完成后，泉惠发电注册资本将由54,000万元增加至135,000万元；公司、惠安兴港和中化园区分别持有泉惠发电51%、25%、24%股权。

点评

本次增资前泉惠发电系公司持股35%的权益法核算参股公司。泉惠发电旗下有2台66万千瓦热电联产机组处于在建状态，此项目尚未投产，因此过去在公司财务报表端以投资收益损失呈现。项目主要为中化泉惠石化园区内大型炼油、乙烯、化工和周边区域内热用户集中供热供电，同时通过接入系统实现社会供电，考虑到园区用电、用热需求旺盛且较为稳定，预计项目投产后能够实现较高的利用小时水平和经济效益。据节能审查意见披露，泉惠发电预计2025年建成投产，将成为公司利润增长的新来源。

5. 亚邦股份（603188. SH）转让子公司亚邦供热100%股权

江苏亚邦染料股份有限公司拟将其持有的子公司连云港亚邦供热有限公司100%股权转让给江苏连云港化工产业园投资发展集团有限公司，双方以评估为基础协商确定转让对价为52,000万元人民币。本次交易完成后，公司不再持有亚邦供热股权，亚邦供热不再纳入公司合并报表范围。

点评

连云港亚邦供热有限公司为亚邦股份在连云港化工园区内投资的全资子公司，主营蒸汽生产和供应，为园区企业提供集中供热，属于园区公用配套工程。根据亚邦股份发展需求和化工园区产业发展规划，本次出售亚邦供热股权，有利于优化公司资产结构，盘活存量资产，提高资金使用效率，助力公司主营发展。

（三）2023年度公共服务行业典型并购案例

1. 长江电力：云川公司过户完成，水电核心地位稳固

（1）交易概述

2022年6月30日，中国长江电力股份有限公司（以下简称“长江电力”或“公司”）公告称，公司拟以发行股份及支付现金的方式购买三峡集团、长江三峡投资管理有限公司、云南省能源投资集团有限公司及四川省能源投资集团有限责任公司合计持有的三峡金沙江云川水电开发有限公司（以下简称“云川公司”）100%股权，同时以非公开发行股份的方式募集配套资金。根据经国务院国资委备案的评估报告，云川公司100%股权的评估值为8,048,382.79万元。根据评估值并经交易各方协商确定，云川公司100%股权的交易对价为8,048,382.79万元。同时，公司拟向不超过35名特定投资者以非公开发行股份的方式募集配套资金，募集资金总额不超过1,609,676.56万元，不超过本次交易以发行股份方式支付交易对价的100%，且发行股份数量不超过发行前公司总股本的30%。募集资金扣除中介机构费用及其他相关发行费用后，将全部用于支付现金对价。

2022年7月19日，公司控股股东中国长江三峡集团有限公司（以下简称“三峡集团”）收到国务院国资委出具的《关于中国长江电力股份有限公司资产重组及配套融资有关事项的批复》。

2022年10月26日，公司发行股份及支付现金购买资产并募集配套资金暨关联交易事项经中国证监会并购重组委审议通过。

2022年11月15日，公司收到中国证监会核准文件。2023年1月11日，长江电力发布关于发行股份及支付现金购买资产并募集配套资金暨关联交易之标的资产过户完成的公告，云川公司已成为长江电力的全资子公司，乌白水电正式注入长江电力。

（2）并购背景及动因

2020年9月22日，习近平总书记在联合国大会讲话中提出我国将采取有力措施及政策，力争在2030年前完成“碳达峰”、2060年前实现“碳中和”目标。为解决我国能源可持续供应问题和应对气候变化，推动能源结构将由高碳向低碳持续演变，清洁能源逐步取代传统高碳化石能源势在必行，而水电作为低成本清洁能源，也必将在绿色低碳转型中发挥重要作用，是实现“碳达峰”和“碳中和”远景目标的最佳电源之一。同时大型水电站因具有相当的稳定性、经济性和清洁性，能够有效与风电、太阳

能发电进行互补，有望成为我国未来新能源结构中电力安全的“稳定器”。以国家规划的水电基地为基础，借助水库的储能和调蓄能力及电力输送通道，建设水、风、光互补的清洁能源基地，将是中国落实应对气候变化有关承诺，加速能源结构转型、加快构建新型电力系统的重要举措。

乌东德水电站和白鹤滩水电站是实施“西电东送”的国家重大工程，统筹推进水电站后续各项工作，是实现“碳达峰”和“碳中和”、促进经济社会发展全面绿色转型的重要举措。2016年，公司控股股东三峡集团将溪洛渡、向家坝两座水电站注入长江电力时，按照相关监管要求，作出了避免同业竞争的承诺。目前，乌东德水电站、白鹤滩水电站陆续投产，水电站机组各项运行指标良好，安全生产平稳有序，现阶段已具备资产注入的条件，实施本次交易是三峡集团积极履行资本市场承诺的体现。同时，推动乌东德、白鹤滩两座水电站整体资产证券化，也有利于进一步深化国有企业改革，在放大国有资本的同时，推动资产质量、流动性和抗风险能力进一步增强，有效实现国有资产保值增值。

（3）并购评述

①本次交易将有利于提高上市公司资产质量，助力上市公司实现跨越式发展

本次交易前，上市公司以大型水电运营为主业，拥有长江干流三峡、葛洲坝、溪洛渡、向家坝等4座梯级水电站，控股总装机容量4,559.5万千瓦，并受托管理乌东德水电站和白鹤滩水电站。截至2022年6月30日，公司控股总装机容量4,559.5万千瓦（未含目前受托管理的乌东德水电站和白鹤滩水电站），位于全球水电行业公司前列。

本次交易拟收购的云川公司系乌东德水电站和白鹤滩水电站的投资运营主体。乌东德水电站和白鹤滩水电站是实施“西电东送”的国家重大工程，是实现“碳达峰”和“碳中和”、促进经济社会发展全面绿色转型的重要举措。随着2021年以来国内电力短期供应紧张，大型水电站以其稳定性、经济性和清洁性，有望成为电力安全“稳定器”。乌东德水电站核定装机容量1,020万千瓦，已全部投产；白鹤滩水电站核定装机容量1,600万千瓦，目前部分机组已投产。

本次交易完成后，上市公司将拥有长江干流6座梯级水电站，控股总装机容量将增加至7,179.50万千瓦，增长57.46%，运行管理的水电机组将超100台。本次交易将有利于提高上市公司资产质量，上市公司在长江流域的联合调度能力将进一步增强，有利于促进上市公司做大做强水电业务，突出水电主业地位，巩固上市公司世界水电巨擘地位。

②本次交易将有利于改善上市公司财务状况

标的公司下属乌东德水电站、白鹤滩水电站处于我国十三大水电基地之一的金沙

江流域下游河段，水力资源充沛；标的公司下属水电站均为大型水电站，其库容调节能力强，具备跨越不同周期的能力；此外，上市公司拥有丰富的大水电运营管理经验，通过水电站的梯级联合调度能够有效提高标的公司的水能利用率。金沙江流域优异的水力资源禀赋及上市公司大水电运营管理能力能够为标的公司发电量提供有效保障。本次交易完成后，公司将统一持有长江干流中三峡、葛洲坝、溪洛渡、向家坝、乌东德、白鹤滩等6座水电站，梯级联合调度能力将由“四库联调”扩充为“六库联调”，可通过进一步熨平枯水期及丰水期来水的差异实现电力增发，保守估计每年将可增发电量约60亿~70亿千瓦时。

白鹤滩水电站是国家能源重点工程和“西电东送”骨干电源，电量除部分留存于所在地外，主要送江苏和浙江两省消纳。白鹤滩水电站正式电价目前正在和落地省份协商中，且在部分省份已取得一定成效。由于白鹤滩水电站主要落地省份均为经济发达地区，电力需求及电价承受能力较强，预计正式送电价格水平相对较高。标的公司下属乌东德水电站、白鹤滩水电站具有显著规模优势和品牌效应，标的公司已逐渐形成了较为科学、完善的大水电跨区跨省消纳机制，为电能合理有序消纳奠定了坚实基础。

在未来标的公司下属水电站全面投产并进入稳定运营阶段后，依靠优异的水力资源禀赋及库容调节能力，标的公司发电量将逐步稳定；随着白鹤滩水电站正式电价的协商落地，预计未来标的公司正式上网电价水平及电能合理有序消纳将能够得到有效保障。在发电量、上网电价及电能消纳均逐步稳定后，标的公司未来营业收入将达到可预期的稳定状态，而水电发电成本以固定资产折旧为主。上市公司及标的公司将具备稳定而充足的经营活动现金流入，可用于逐步偿还建设期间尚未偿还的借款，降低财务费用，为上市公司进一步贡献利润。标的公司预计未来持续经营能力良好，持续盈利具有稳定性。从长期看，标的公司具备持续稳定的盈利能力，本次重组有利于改善上市公司财务状况。

2. 蓝焰控股40.05%股权权益变动

（1）交易概述

2019年2月19日，山西蓝焰控股公司（下称“蓝焰控股”）发布公告称，经山西省国资委同意，其控股股东山西晋城无烟煤矿业集团（下称“晋煤集团”）将所持的公司3.87亿股A股增资至山西燃气集团。交易完成后，山西燃气集团拥有蓝焰控股40.05%的股权，成为后者新的控股股东。

上述公告还公布了《山西燃气集团有限公司重组整合实施方案》，根据该方案，此次重组整合范围包括：晋煤集团将以旗下燃气板块资产，以及所持山西晋煤集团赵庄煤业有限责任公司100%股权，向山西燃气集团增资，其中燃气板块资产涉及煤层气、物流及上市公司蓝焰控股等八家公司；山西省国有企业太原煤炭气化（集团）、山西能源交通投资有限公司、山煤投资集团以所持燃气及相关资产向山西燃气集团增资。

除上述资产重组外，山西燃气集团还引进了七家大型战略投资者。省内战略投资者包括大同煤矿集团、阳泉煤业（集团）、山西焦煤集团所属子公司山西西山煤电股份有限公司、山西潞安矿业（集团）。这四家公司分别以货币出资5,000万元，通过非公开协议方式向山西燃气集团增资。省外战略投资者为华润燃气投资（中国）有限公司、中石油昆仑燃气有限公司、香港中华煤气有限公司。这三家公司也以货币出资方式，通过非公开协议方式向燃气集团进行增资。

2019年3月6日，山西省人民政府国有资产监督管理委员会（以下简称“山西省国资委”）下发《关于晋煤集团和太原煤气化以非公开协议方式对山西燃气集团有限公司进行增资的批复》（晋国资产权函〔2019〕124号），同意晋控装备以其持有的公司40.05%股份（387,490,182股）增资至山西燃气集团；2019年3月24日，山西燃气集团全体增资股东签署了《增资协议》。

山西省国资运营公司于2020年9月下发了《关于省属燃气企业整合重组有关事宜的通知》（晋国资运营发〔2020〕50号），通知相关事宜：“山西省国新能源发展集团有限公司、山西晋城无烟煤矿业集团有限公司旗下山西燃气集团有限公司、山西国际能源集团有限公司旗下山西国际能源集团气化投资管理有限公司实施重组，组建华新燃气集团有限公司。”

为加快深入推进省属国资战略重组和专业化整合，2022年11月15日山西省国资运营公司下发《关于加快推进山西燃气集团有限公司重组事项的通知》（晋国资运营函〔2022〕376号），通知指出：“一、华新燃气集团受托履行股东职责，确保山西燃气集团有限公司的生产、经营、财务、安全、干部人事等全部工作平稳运行。二、山西燃气集团有限公司的重大事项包括项目及股权投资等，由华新燃气集团按照省国资运营公司《出资企业投资管理办法》等国资监管要求履行决策程序。”

2022年12月31日公司披露了《山西蓝焰控股股份有限公司收购报告书》（信息披露义务人山西燃气集团）、《中德证券有限责任公司关于山西蓝焰控股股份有限公司收购报告书之财务顾问报告》《国浩律师（太原）事务所关于蓝焰控股收购报告书之法律意见书》和《国浩律师（太原）事务所关于山燃集团免于以要约方式增持股份之法律意见书》。收购报告书显示，晋控装备以其持有的蓝焰控股40.05%股权、山西铭石煤层气利用股份有限公司98.55%股权等，对山西燃气集团进行增资，增资金额为128.05

亿元。其中，蓝焰控股股权价值为41.58亿元。

2023年2月28日，山西蓝焰控股股份有限公司发布公告，公司于2023年2月28日收到山西燃气集团有限公司（以下简称“山西燃气集团”）转来的《中国证券登记结算有限责任公司证券过户登记确认书》，获悉公司原控股股东晋控装备以持有的公司40.05%股份以非公开协议转让方式向山西燃气集团增资事项的过户登记手续已办理完成，公司控股股东由晋控装备变更为山西燃气集团。

（2）并购背景及动因

蓝焰控股前身为太原煤气化，2016年原省属重点国企晋煤集团（现已更名晋控装备）决定通过资产置换的方式，将旗下核心煤层气资产——蓝焰煤层气注入太原煤气化，上市公司随后更名为“蓝焰控股”，亦因此成为晋煤集团旗下煤层气资产上市平台。

为贯彻山西省委、省政府“气化山西”的战略部署，加快发展煤层气战略性新兴产业和建设国家综合能源基地，山西省国资委批复同意由晋煤集团出资设立山西燃气集团，并作为省级煤层气（燃气）专业化重组平台公司，推进全省燃气领域专业化重组，安全稳定保供气、保民生，全力做大、做强晋气品牌。

山西燃气集团的成立对山西省燃气产业做大做强具有极大的促进作用，对山西省加快构建现代产业体系，实现资源型地区经济转型发展具有十分重要的战略意义。燃气集团的重组整合有利于产业内企业集约化发展，充分释放产业链条的协同效应，盘活省内燃气板块存量资产，实现规模经济，最终将燃气集团打造为山西省的龙头企业。因此，根据山西省国资委批复文件，晋煤集团拟将所持有的上市公司蓝焰控股40.05%股权通过协议转让方式增资注入至山西燃气集团。

为深入贯彻省委、省政府“气化山西”的决策部署，山西国资于2020年9月，由国新能源集团、晋煤集团旗下山西燃气集团、山西国际能源集团旗下山西国际能源集团气化投资管理有限公司实施重组，改组设立华新燃气集团。同年10月，晋能控股集团与华新燃气集团正式挂牌组建，蓝焰控股及此前已完成省属未上市煤层气资产整合的山西燃气集团共同纳入华新燃气集团重组，蓝焰控股被定位成为后者两大上市平台之一，“主攻”省属煤层气整合。

2022年11月，山西国资运营公司正式下发《关于加快推进山西燃气集团有限公司重组事项的通知》，明确华新燃气集团受托履行股东职责，确保山西燃气集团的生产、经营、财务等全部工作平稳运行；山西燃气集团的重大事项包括项目及股权投资等，由华新燃气集团按照省国资运营公司《出资企业投资管理办法》等国资监管要求履行决策程序。在理顺山西燃气集团和华新燃气集团之间的关系后，蓝焰控股控股权划转重要政策障碍亦得以清除。

（3）并购评述

本次收购为国有股权协议转让，目的在于深化山西省国资委管理体制改革，加快国有经济布局优化，推进全省燃气领域专业化重组，加快发展煤层气战略性新兴产业和建设国家综合能源基地，将煤层气产业打造成为山西省资源型经济转型重要的战略性新兴产业。本次收购完成后，燃气集团不会对上市公司的人员、资产、财务、机构和业务独立产生影响。

B.6
2023年建筑业企业并购分析

姚元嘉　崔　颢*

摘　要： 建筑业作为国民经济的支柱产业，对全国经济社会的平稳发展有着重要的支撑作用。首先，本文回顾了2023年全国建筑业的发展现状，分析了近几年建筑业增加值、企业规模及企业数量等指标的变化情况。其次，本文归纳了建筑业2023年的并购概况，根据同花顺数据，2023年建筑业发生并购交易数量为279起，并购交易规模为534.21亿元。最后，本文选取了2023年建筑业数例典型并购案例对其并购原因、过程及特点进行了逐一分析。

关键词： 建筑业　企业优化发展　并购重组

一、全国建筑业运行发展基本情况

（一）全国建筑业增加值稳步提升

我国建筑业在创新、协调、绿色、开放、共享的新发展理念引领下，生产规模不断扩大，行业结构和区域布局不断优化，支柱产业地位不断巩固，对经济社会发

---

* 姚元嘉，经济学硕士，国元证券股份有限公司投资银行总部员工，主要研究方向为股权融资，并购重组；崔颢，金融硕士，国元证券股份有限公司投资银行总部员工，主要研究方向为股权融资，并购重组。

展、城乡建设和民生改善发挥了重要作用，我国正由“建造大国”向“建造强国”持续迈进。经国家统计局初步核算，2023年全国建筑业增加值8.57万亿元，比2013年增长1.10倍，年均增长7.68%，占国内生产总值的6.80%。随着建设规模的持续扩大，建筑业市场主体蓬勃发展。2023年末，全国建筑业企业达到15.79万家，比2013年末增加7.90万家，企业个数年均增长7.18%，实现了行业规模的跨越式发展。

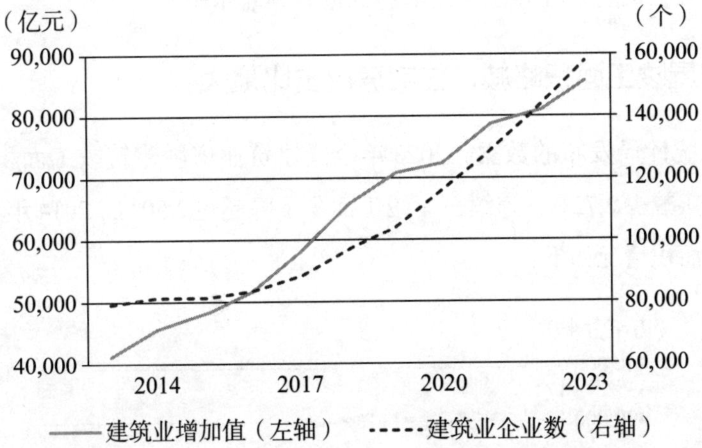

图1　2014—2023全国建筑业增加值和企业数量

数据来源：同花顺iFinD

（二）全国建筑业结构不断优化

随着我国建筑业企业生产和经营规模的不断扩大，建筑业在做大做强的同时，行业结构也不断优化。党的十八大以来，建筑业产业集中度不断提高，特级及一级建筑企业市场占有率持续提升。根据统计局网站及中国建筑业协会发布的数据，2021年，我国特级及一级建筑业企业数量达到1.6万家，较2012年增长84.3%，占全部建筑业企业数量比重为12.1%，比2012年提高了0.9个百分点；特级及一级建筑业企业产值占建筑业产值比重达到68.0%，比2012年提高了5.6个百分点，龙头企业对建筑业全行业的影响力进一步增强。

（三）创新驱动和绿色发展持续发力

以技术创新引领产业转型升级，建筑业产业链现代化水平不断提高。基建、冶金、化工、水利、机械等大建设建筑行业布局逐渐完备；建造流程逐渐向上游勘探设计和下游工程监理拓展；信息化、数据化、智能化、移动通信、云计算、物联网等信息技术集成应用能力不断提升。一批重大建筑技术实现了突破，具有世界顶尖水准的工程项目接踵落成，部分领域施工技术达到世界领先水平，如标志着中国工程“速度”的高铁工程，标志着中国工程“跨度”的以港珠澳大桥为代表的中国桥梁工程，代表着中国工程“高度”的上海中心大厦，以及代表着中国工程“难度”的自研三代核电技术“华龙一号”首堆工程等。高速、高寒、高原、重载铁路施工和特大桥隧建造技术迈入世界先进行列，离岸深水港建设关键技术、巨型河口航道整治技术、长河段航道系统治理以及大型机场工程等建设技术达到世界领先水平。

（四）房屋竣工面积略减，住宅房屋占比最大

根据国家统计局发布的数据，2023年全国建筑业房屋建筑竣工面积385,587.90万平方米，比上年减少2.72%，连续三年竣工面积下降超过2.50%。2014年至2023年全国房屋建筑竣工面积情况如下：

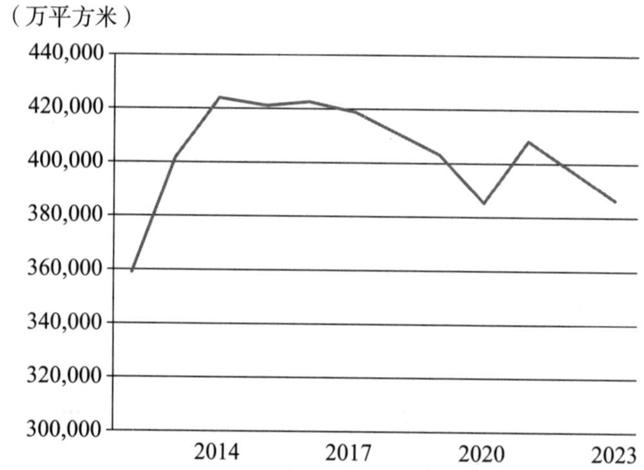

图2 2014—2023全国建筑业房屋建筑竣工面积

数据来源：同花顺iFinD

（五）企业数量连年攀升，从业人员相对缩减

根据国家统计局公开的数据，截至2023年底，全国共有建筑业企业累计数157,929家，同比增加15,023个，增速为10.51%，建筑业企业人员5,253.75万人，同比增速为1.35%。建筑业企业数量的持续增长，使得行业竞争加剧。

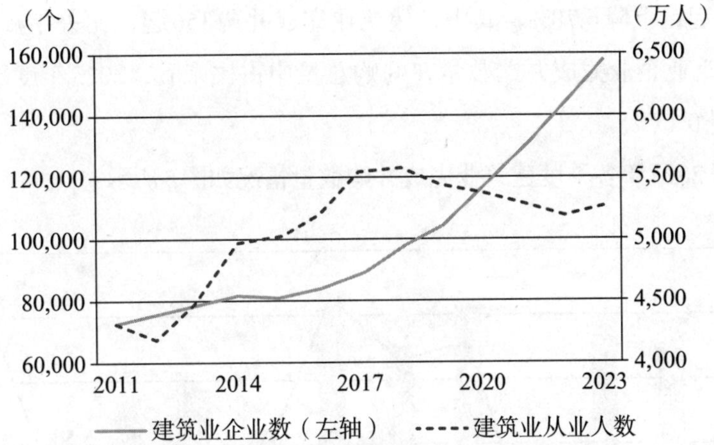

图3 2011—2023全国建筑业企业数和从业人数

数据来源：同花顺iFinD

（六）企业利润总额增速止降转升

根据同花顺数据库，2023年度，全国建筑业企业实现利润总额8,326.00亿元，同比减少-55.46亿元，增速为-0.66%，2022年增速为-1.05%，利润总额持续两年有小幅度下滑。2012年至2023年全国建筑业企业利润总额情况如下：

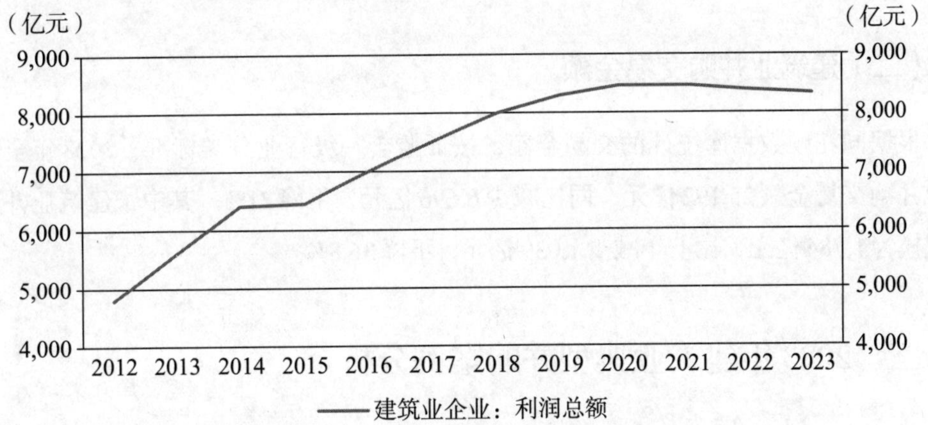

图4 2012—2023全国建筑业企业利润总额

数据来源：同花顺iFinD

二、2023年建筑业企业并购概况

（一）建筑业并购交易数量

根据同花顺数据库，按证监会一级行业分类标准，2023年全国共完成并购9,393起，同比减少683起，下降6.78%，其中，建筑业完成并购356起，比去年减少9起，下降2.47%。从建筑业企业完成并购数量在并购总量中占比来看，2023年度比重为3.79%，比2022年上升0.17%。

2020年至2023年各季度建筑业完成并购数量情况如图5所示：

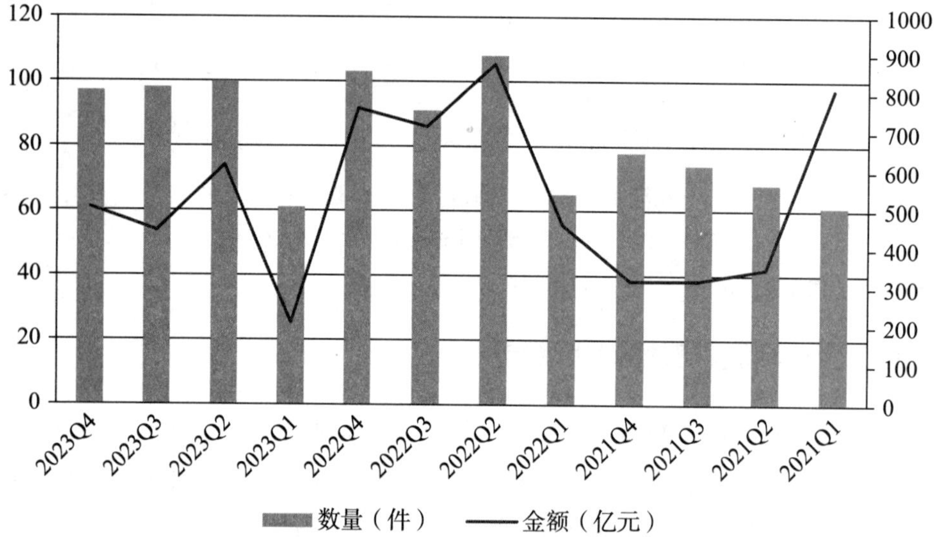

图5 2020—2023各季度建筑业完成并购数量及金额

（二）建筑业并购交易金额

根据同花顺数据库统计的交易金额，按证监会一级行业分类标准，2023年全年共完成并购交易金额25,192亿元，同比减少6,696亿元，下降21%。其中，建筑业并购交易规模为1,784亿元，比上年减少1,039亿元，下降36.8%。

三、2023年建筑业典型并购案例分析

（一）北新建材收购嘉宝莉

1. 交易过程与背景

2023年12月29日，北新集团建材股份有限公司（以下简称“北新建材”，000786.SZ）公布拟以现金收购嘉宝莉78.34%股份获得绝对控股权，推动北新建材“一体两翼”战略落地。北新建材作为世界500强中国建材集团绿色建筑新材料产业平台，是全球最大的石膏板龙骨产业集团，近年来将“一体两翼、全球布局”作为集团发展战

略，以石膏板、防水材料、涂料三大业务为核心。嘉宝莉业务范围涵盖木器涂料、内外墙建筑涂料、艺术涂料、防水涂料、装修辅料等，拥有良好的品牌知名度和完善的销售网络。

2. 并购对赌与影响

北新建材要求，嘉宝莉集团在未来三年承诺税后净利润不得低于4.13亿元、8.75亿元、13.94亿元。如未达标，由原始股东向嘉宝莉集团进行业绩补偿，从当期应支付的剩余股份对价中直接扣除对应补偿金额。此次股份转让价格将分三期完成支付，每期支付价格分别为股份转让总价的10%、60%、30%。其中第三期股份转让价格在交接完成后等分三等份分三年支付，具体支付金额将以嘉宝莉业绩承诺实现结果而定。业绩对赌条款一方面激励嘉宝莉努力提升业绩，另一方面也为北新建材的投资提供了一定的保障。如果嘉宝莉能够实现业绩承诺，将为北新建材带来丰厚的回报，同时也有助于提升北新建材在涂料领域的市场地位和竞争力。

3. 意义与启示

此次收购对行业具有重要的战略意义和启示。首先，收购涂料龙头嘉宝莉，实现了北新建材业务版图的“两翼齐飞”。涂料业务产能将由目前的10.3万吨提升至130万吨以上，产能布局由华北地区扩展至全国，涂料板块业务将得到显著补强。其次，此次收购体现了企业通过并购实现多元化经营和战略布局的重要性，双方将推进采购、生产、销售、研发等方面的协同发展，深挖与上市公司现有业务之间的协同潜力，进一步提升生产效率，扩大市场份额。北新建材在巩固石膏板业务优势的同时，积极拓展涂料业务，增强了企业的抗风险能力和市场竞争力。最后，此次收购也为其他企业提供了借鉴，即在选择并购目标时，要注重目标企业的品牌知名度、销售网络和发展潜力，通过并购实现资源整合和协同发展。

（二）中交建收购海外地产美国公司股权

1. 交易过程与背景

2023年9月21日，中国交通建设股份有限公司（以下简称“中交建”，601800.SH）发布公告称，该公司拟收购海外融资租赁公司17.25%股权，交易对价约人民币4.87亿元。2023年10月19日，中国港湾（香港）振华工程有限公司与中交海外房地产有限公司订立股权转让协议。海外地产美国公司于2016年在美国特拉华州成立，主要从事融资租赁、经营租赁和保理业务。本次收购的目的是提高中交建在海外的竞争力，有效推进海外业务的开展，实现海外业务良性持续增长。

2. 海外业务拓展战略

通过收购海外地产美国公司股权，中交建进一步扩大了在海外的业务布局，增强了在海外融资租赁领域的实力。海外地产美国公司的业务与中交建的海外工程建设业务具有协同效应，可以为中交建的海外项目提供融资支持和风险管理服务。此外，此次收购也有助于中交建加强与海外市场的联系，提高在海外市场的知名度和影响力，为未来的海外业务拓展奠定基础。

3. 意义与启示

中交建此次收购为其他企业拓展海外业务提供了可借鉴的经验。首先，企业在拓展海外业务时，要充分考虑当地市场的需求和特点，选择具有发展潜力和协同效应的业务领域进行投资。其次，要加强与当地企业的合作，充分利用当地企业的资源和优势，实现互利共赢。最后，要注重风险管理，做好尽职调查和风险评估，制定合理的投资策略和风险管理措施。

（三）广州建筑收购宏业集团股权

1. 交易过程与背景

2023年7月以来，广州市建筑集团有限公司（以下简称“广州建筑”）与广东电网有限责任公司（以下简称“广东电网”）、广东省宏业电力发展有限公司就广东宏业投资开发集团有限公司（以下简称“宏业集团”）股权多元化改革事项进行对接、磋商和谈判。同年12月7日，宏业集团51%股权转让项目以协议转让方式成交。本次并购是广州建筑与广东电网深化国企改革，发挥央地合作优势的新起点。

2. 央地合作优势

央地合作在此次收购中具有明显的优势。一方面，广州建筑作为地方国有企业，具有丰富的建筑施工经验和市场资源；广东电网作为央企，具有强大的资金实力和技术支持。双方合作可以实现优势互补，共同推动宏业集团的发展。另一方面，央地合作更容易得到各级政府的支持和政策优惠，为企业的发展创造良好的外部环境。

3. 意义与启示

收购后的宏业集团未来发展前景广阔。广州建筑与广东电网将共同对宏业集团开展科学规范企业法人治理，推动体制机制市场化转型。宏业集团将全面融入广州建筑的公司发展部署，进一步激发改革发展活力，切实提高企业核心竞争力。宏业集团将围绕能源投资、能源服务、能源技术、能源合作等四大业务板块布局，努力成为一家集电力工程设计、施工、监理、新能源投资开发、项目投资、技术咨询、科技研发、物业运营于一体的综合能源服务集团。

（四）山东路桥收购交建集团

1. 交易过程与背景

为解决同业竞争，整合路桥施工板块，进一步扩大山东高速路桥集团股份有限公司（以下简称“山东路桥”，000498.SZ）资产规模和养护基地等的协同生产效率，提升山东路桥整体市场竞争力，山东路桥以自有资金25.88亿元收购关联方山东高速集团有限公司（以下简称“高速集团”）、山东省交通规划设计院集团有限公司（以下简称“设计院集团”）、山东高速材料技术开发集团有限公司（以下简称“材料开发集团”）所持有的山东高速交通建设集团股份有限公司（以下简称“交建集团”）的合计86.73%的股份。具体方式为山东路桥向高速集团、设计院集团、材料开发集团支付股份转让款，取得其分别持有的交建集团66.83%、13.27%及6.63%的股份。上述股份转让完成后，山东路桥将持有交建集团100%股份，成为交建集团唯一股东。

2. 本次交易的目的

（1）壮大资产规模，提升市场竞争力

交建集团主要施工主体包括山东东方路桥建设有限公司、山东泰东公路工程有限公司等，具有公路总承包一级、公路路面专业承包一级资质等资质。交易完成后，可通过整合交建集团的施工业务板块，进一步扩大上市公司的资产规模和公司实力，提升山东路桥市场综合竞争力。

（2）发挥协同作用，做优养护业务

交建集团主营业务为路桥施工及养护，在莱芜、烟台莱阳等地均设有养护基地，与山东路桥绿色养护基地可形成区位互补。同时，其“公路养护基地生产智慧管控系统”已开始应用于其养护基地的生产运营，该系统通过对养护基地关键参数的实时采集、传输、分析、预警、评价，大幅提升了养护基地的生产效率，降低了养护基地的管控成本。交易完成后，可通过技术交流等方式实现养护基地生产效率的提升，有利于加强内部协同和养护市场的共同开拓。

（3）解决同业竞争

由于高速集团与齐鲁交通实施吸收合并，原齐鲁交通板块下属交建集团与山东路桥存在部分业务重合，构成同业竞争，高速集团公开承诺将在36个月内按照商业惯例及市场公允价格通过并购重组等方式，启动注入山东路桥的程序，或通过挂牌交易等方式向非由高速集团控制的其他单位出让交建集团控股权。本次交易可解决高速集团与山东路桥的同业竞争问题，有利于上市公司规范化运作。

3. 意义与启示

2020年，山东省推进省属企业改革，高速集团吸收合并齐鲁交通。重组后，原齐鲁交通板块下属交建集团与山东路桥存在部分业务重合，构成同业竞争。作为公司控股股东，高速集团就避免与公司同业竞争事项作出了承诺，本次收购即为解决双方同业竞争问题而推出。

山东路桥表示，交易完成后，可通过整合交建集团的施工业务板块，进一步扩大上市公司的资产规模和实力，提升山东路桥市场综合竞争力。

B.7
2023年交通运输与仓储物流业并购分析

胡 伟 蒋贻宏 高 琛 王兴禹*

摘 要： 2023年作为全面贯彻党的二十大精神的开局之年，中国交通运输行业经济运行情况表现出了积极的增长趋势和发展动力。其间，交通投资保持高位运行，基础设施网络进一步完善，综合立体交通网持续完善。我国物流业已进入系统整合、转型发展、功能提升的新阶段。在国内经济形势企稳回升、政策效应持续显现的推动下，交通运输与物流行业保持恢复增长的态势。行业数智化、绿色化水平得到进一步提升，中国式现代物流体系建设继续稳步推进。2023年，中国交通运输与仓储物流业的并购交易共发生127起，交易金额为610.88亿元，平均每笔交易金额为4.81亿元，较2022年存在一定幅度下滑。2023年内第二季度交易金额最高，第四季度并购数量最多。民营企业并购交易次数在并购交易中占比较高；细分行业中道路运输业、仓储物流相关行业并购较为活跃，航空运输业相关的并购交易次数及金额均有提升，其他细分行业并购交易下降幅度较大。2023年五大并购事项为：四川成渝（601107.SH）收购蓉城二绕公司100%股权，上港集团（600018.SH）出售冠东公司20%股权，顺丰控股（002352.SZ）子公司丰网控股出售丰网信息100%股权，

* 蒋贻宏，国元证券权益投资部副总经理，主要研究方向为股权融资，并购重组；高琛，国元证券股份有限公司投资银行总部高级经理，并购中心高级经理，主要研究方向为股权融资，并购重组；王兴禹，国元证券投资银行总部副总经理兼业务五部（北京）总经理，主要研究方向为行业股权融资，并购重组。

申通快递（002468.SZ）25%股权权益变动，山东路桥（000498.SZ）收购交建集团86.73%股权。

关键词：交通运输　仓储物流业　并购　股权收购

一、交通运输与仓储物流业趋势分析

2023年是全面贯彻党的二十大精神的开局之年。面对复杂严峻的国际环境和繁重的国内改革发展稳定任务，交通运输行业在以习近平同志为核心的党中央坚强领导下，坚持稳中求进工作总基调，完整、准确、全面贯彻新发展理念，服务加快构建新发展格局，着力推动高质量发展，奋力加快建设交通强国，努力当好中国式现代化的开路先锋，为全面建设社会主义现代化国家提供了有力的运输服务保障。

2023年度，中国交通运输行业经济运行情况表现出了积极的增长趋势和发展动力。其间，交通投资保持高位运行，2023年完成交通固定资产投资39,142亿元，比上年增长1.5%，其中：全年完成公路水路固定资产投资30,256亿元，增长0.2%；全年完成铁路固定资产投资7,645亿元，比上年增长7.5%。基础设施网络进一步完善，截至2023年末全国铁路营业里程15.9万公里，其中高铁营业里程4.5万公里，投产新线3,637公里，其中高铁2,776公里；全国公路里程543.68万公里，比上年末增加8.20万公里；全国内河航道通航里程12.82万公里，比上年末增加184公里；全国港口生产用码头泊位22,023个，比上年末增加700个；颁证民用航空运输机场259个，比上年末增加5个；邮政行业企业共设立各类营业网点46.8万处，比上年末增加3.4万处；全国公共汽电车运营线路7.98万条，比上年末增加0.18万条。综合立体交通网持续完善，2023年度全年完成营业性货运量547.47亿吨，比上年增长8.1%，完成货物周转量240,646亿吨公里，增长6.3%。全年完成跨区域人员流动量612.88亿人次，增长30.7%。

物流行业是国民经济的基础性行业，物流行业的发展与该国的经济总量和经济发展水平密切相关。2023年，全国社会物流总额352.4万亿元，按可比价格计算，同比增长5.2%，增速比上年提高1.8个百分点。物流需求规模持续恢复向好，增速稳步回升。2023年社会物流总费用18.2万亿元，同比增长2.3%。社会物流总费用与GDP的比率为14.4%，比上年回落0.3个百分点。2023年物流业总收入13.2万亿元，同比增长3.9%。

2023年度是《“十四五”现代物流发展规划》正式发布后实施的第一年，我国物流业已进入系统整合、转型发展、功能提升的新阶段。2023年，面对国内外复杂多变的经济形势和诸多挑战，中国物流行业展现出强大的韧性和活力。在国内经济形势企稳回升、政策效应持续显现的推动下，交通运输与物流行业保持恢复增长的态势。行业数智化、绿色化水平得到进一步提升，中国式现代物流体系建设继续稳步推进。

二、交通运输与仓储物流业并购分析

（一）交通运输与仓储物流业并购数据

1. 交通运输与仓储物流业并购趋势：交易笔数与交易金额

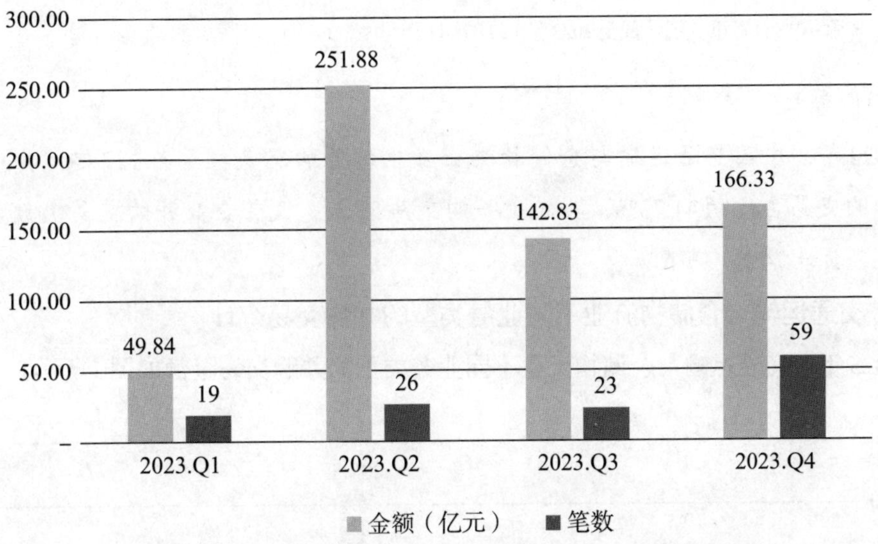

图1　2023年度交通运输与仓储物流业并购趋势：交易笔数与交易金额

数据来源：Wind资讯，统计时间截至2023年12月31日，仅统计已完成案例，下同

点评

2023年，中国交通运输与仓储物流业的并购交易共发生127起，披露的交易金额为610.88亿元，披露交易金额的并购交易中平均每笔交易金额为4.81亿元。2022年度，中国交通运输与仓储物流业公开数据查询并购交易次数为140起，总金额877.33亿元，平均交易金额为6.27亿元，2023年度相比2022年度存在一定幅度的下滑。

从交易次数来看，2023年一季度至三季度交易发生次数较为平均，分别为19次、26次和23次，四季度存在较高增长，发生59次。从交易金额来分析，2023年第二季度交易金额增长较为显著，第一、第三、第四季度交易总金额总体呈现递增趋势。

2. 交通运输与仓储物流业不同企业性质的并购交易数量

2023年，交通运输与仓储物流业不同企业类型交易统计如图2所示：

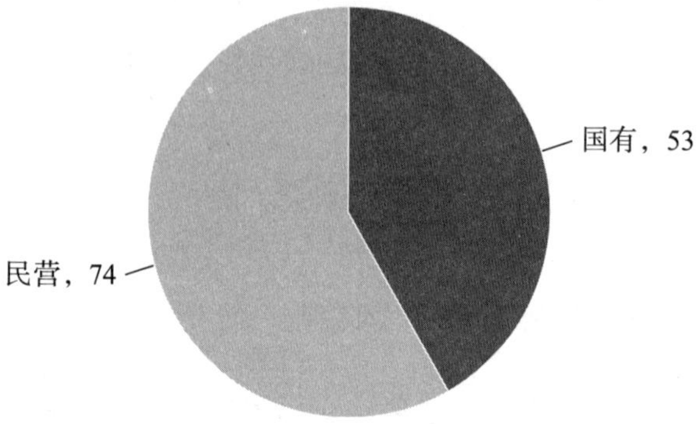

图2　2023年度交通运输与仓储物流业并购交易企业性质统计（单位：起）

数据来源：Wind资讯，统计截至2023年12月31日

点评

2023年，中国交通运输与仓储物流业发生的并购交易数量为127起，其中国有企业并购交易占比约41.73%，共发生并购交易53起；民营企业并购交易次数占比约58.27%，共计74起。

3. 交通运输与仓储物流业不同业务类型的并购交易统计

2023年，交通运输与仓储物流业不同业务类型的并购交易金额如图3所示：

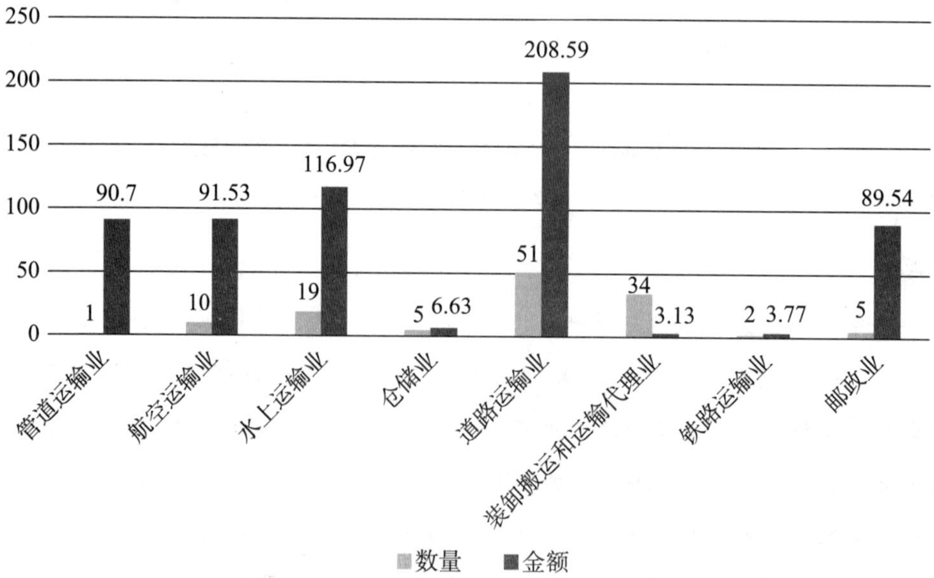

图3　2023年交通运输与仓储物流业细分行业的并购次数及交易金额（单位：亿元）

数据来源：Wind资讯，统计截至2023年12月31日

点评

2023年度，我国管道运输业发生1次并购交易，交易总金额为90.70亿元。

铁路运输相关并购交易次数为2次，交易总金额为3.77亿元，相比2022年（并购交易次数55次，交易总金额432.60亿元）存在较大幅度下滑。

道路运输相关的并购交易次数为51次，交易总金额为208.59亿元，相比2022年（并购交易次数63次，交易总金额222.22亿元）基本持平。

航空运输相关并购交易次数为10次，交易总金额为91.53亿元，相比2022年（并购交易次数5次，交易总金额20亿元）存在较大幅度上升。

水上运输业相关并购交易发生次数为19次，总交易金额为116.97亿元，相比2022年（并购交易次数41次，总交易金额367.81亿元）存在较大幅度下滑。

此外，由于仓储物流行业的细分领域整合力度不断加深，仓储业、邮政业、装卸搬运和运输代理业共计发生44次并购，总金额99.3亿元，相比2022年存在较大幅度上升。

（二）交通运输与仓储物流业重要并购重组事件TOP5

1. 四川成渝（601107.SH）收购蓉城二绕公司100%股权

2023年3月30日，四川成渝高速公路股份有限公司（以下简称“四川成渝”）2023年第二次临时股东大会审议通过了《关于收购蓉城二绕公司100%股权的议案》，同意通过现金收购四川蓉城第二绕城高速公路开发有限责任公司（以下简称“蓉城二绕公司”）100%股权，股权转让价款合计590,300.00万元（含税），其中从四川蜀道高速公路集团有限公司收购蓉城二绕公司81%股权，从四川公路桥梁建设集团有限公司收购19%股权。交易完成后，蓉城二绕公司将成为四川成渝的全资子公司，并将其纳入四川成渝合并报表范围。

点评

二绕西高速是四川省高速公路网规划和成都市综合交通运输体系中的重要组成部分，对改善区域交通环境、促进地方经济及旅游快速发展都十分有利，同时二绕西高速能够缓解成都绕城高速公路日益增加的交通压力，有利于成都市拓展城市空间。本次交易符合四川成渝进一步强化对省内优质路网资源控制的战略性考虑，有利于壮大交通主业，助力公司可持续健康发展，增加公司在市场的竞争力，更好地发挥产业间的规模效应和协同效应。本次交易后，将导致四川成渝合并报表范围发生变化，蓉城二绕公司将列入四川成渝合并报表范围。蓉城二绕公司无对外担保、委托理财等情况。收购蓉城二绕公司，四川成渝总资产将增加大约139.48亿元，净资产大约减少29.62亿元。

2. 上港集团（600018.SH）出售冠东公司20%股权

上海国际港务（集团）股份有限公司于2023年5月25日召开董事会，同意公司向浙江省海港投资运营集团有限公司（以下简称“浙江海港集团”）转让公司全资子公司上海冠东国际集装箱码头有限公司（以下简称“冠东公司”）20%股权。本次交易金额作价人民币26.594亿元。

点评

本次交易完成后，上港集团将持有冠东公司80%股权，浙江海港集团将持有冠东公司20%股权。本次交易为积极落实沪浙两省市关于进一步深化小洋山区域合作开发的协议精神，更好地服务长三角一体化发展国家战略，巩固和提升上海国际航运中心地位。

3. 顺丰控股（002352.SZ）子公司丰网控股出售丰网信息100%股权

深圳市丰网信息技术有限公司（以下简称“丰网信息”）为顺丰控股股份有限公司的下属控股子公司，丰网信息持有深圳丰网速运有限公司（以下简称“丰网速运”）100%的股权，丰网速运为加盟模式的经济型快递业务运营主体。2023年5月12日，丰网控股与深圳极兔供应链有限公司签署了《股权转让协议》，丰网控股拟以人民币11.83亿元转让标的公司100%的股权。本次交易完成后，丰网控股不再持有标的公司股权，标的公司不再纳入公司合并报表范围。

点评

顺丰控股的发展战略聚焦“网络标准型产品、数字化行业供应链服务、全球端到端供应链服务”三大领域。本次交易完成后，公司可以更聚焦国内中高端快递、国际快递、全球供应链服务、数字化供应链服务等核心业务的发展。同时，公司将持续打造电商类快递产品，主打的“电商标快”产品稳健增长，可以满足客户在中高端经济型快递市场的多元化需求。

公司坚持健康经营、稳健发展的经营策略。鉴于加盟模式的经济型快递市场环境发生变化，标的公司目前仍处于初期发展阶段且持续亏损，本次出售可以消除标的公司亏损对上市公司的负面影响。

4. 申通快递（002468.SZ）25%股权权益变动

2023年6月5日，申通快递股份有限公司股东德峨实业与菜鸟供应链签署了《关于申通快递股份有限公司之股份转让协议》。根据协议约定，德峨实业拟将其持有的申通快递382,700,542股无限售流通股股份，占申通快递总股本（截至2023年6月5日）的25.00%，以每股人民币10.134元的价格转让给菜鸟供应链。协议签署之日起15个工作日内，一次性支付全部股份转让价款，合计人民币38.78亿元。

点评

本次协议转让过户完成后，菜鸟供应链持有申通快递目前总股本的25.00%，为公司的第二大股东。菜鸟供应链直接持股申通快递后，有利于双方在资本层面、业务层面、管理层面直接联动。这次转让也是阿里组织变革的一部分，逐步把物流资源合拢到菜鸟集团，进一步增强了菜鸟供应链在物流行业的影响力。

5. 山东路桥（000498.SZ）收购交建集团86.73%股权

山东高速路桥集团股份有限公司2023年6月22日通过股东大会，拟以自有或自筹资金收购关联方高速集团、山东省交通规划设计院集团有限公司、山东高速材料技术开发集团有限公司所持有的山东高速交通建设集团股份有限公司的合计86.73%的股份。上述股份转让完成后，山东路桥将持有交建集团100%股份，成为交建集团唯一股东。

点评

交易完成后，上市公司通过交建集团施工业务板块的整合，进一步扩大上市公司的资产规模和公司实力，提升山东路桥市场综合竞争力。交建集团主营业务为路桥施工及养护，在莱芜、烟台莱阳等地均设有养护基地，与山东路桥绿色养护基地可形成区位互补。交易完成后，可通过技术交流等方式实现养护基地生产效率的提升，有利于加强内部协同和养护市场的共同开拓。高速集团公开承诺将在36个月内按照商业惯例及市场公允价格通过并购重组等方式，启动注入山东路桥的程序，或通过挂牌交易等方式向非由高速集团控制的其他单位出让交建集团控股权。本次交易可解决高速集团与山东路桥的同业竞争问题，有利于上市公司规范化运作。

（三）交通运输与仓储物流业典型并购案例

1. 连云港（601008.SH）重大资产重组，收购新苏港投资40%股权、新东方集装箱51%股权和新益港100%股权

（1）交易概述

2023年12月29日，上市公司完成以支付现金方式购买港口集团持有的新苏港投资40.00%股权、新东方集装箱51.00%股权、新益港100.00%股权的过户。本次交易完成后，新苏港投资将成为上市公司的参股公司，新东方集装箱、新益港将成为上市公司的控股子公司。

本次交易为现金收购，标的资产的交易对价为162,166.41万元，上市公司将以自有资金、自筹资金支付本次交易价款，其中交易对价的40%以自有资金支付，上市公司

通过向金融机构筹集不超过交易对价的60%部分作为自筹资金。

（2）并购背景及动因

①全面贯彻落实中央关于深化国企改革转型升级的战略要求

2020年6月30日召开的中央全面深化改革委员会第十四次会议审议通过了《国有企业改革三年行动计划（2020—2022年）》。国企改革三年行动重点任务包括完善中国特色现代企业制度，推进国有经济布局优化和结构调整，积极稳妥深化混合所有制改革，健全市场化经营机制等。

连云港作为国有控股上市公司，此次重组有利于扩大资产规模，提升资产质量，增强公司抗风险能力，增强企业活力，顺应深化国资国企改革的要求，也符合连云港市国资委的工作导向。本次交易完成后，将进一步增强上市公司整体实力，有利于进一步提升国有资产价值。

②国家鼓励上市公司通过资产重组实现资源优化配置

近几年，为促进行业整合和产业升级等，我国持续出台了一系列鼓励、支持企业并购重组的政策。国务院及各部委先后出台相关规定为企业并购重组提供便利，鼓励市场化并购重组，充分发挥资本市场在企业并购重组过程中的主渠道作用。

国家鼓励并购重组的相关政策，为国有上市公司重组提供了政策支持。在此背景下，上市公司积极响应上述政策文件的精神，积极进行产业并购重组优质资产，增强上市公司盈利能力，提高国有企业运营效率，符合上市公司发展的客观需要。

（3）并购评述

新苏港投资等标的公司的主营业务为港口泊位运营，与上市公司具有良好的协同性。本次交易完成后，有利于减少同业竞争，进一步突出主业，为公司带来新的业绩增长点。本次交易完成后，公司业务规模和盈利水平也将有所提升，有利于加强公司综合竞争力，促进公司未来的可持续发展。

①履行避免同业竞争承诺

港口集团作为上市公司的控股股东，针对与上市公司同业竞争的问题做出以下公开承诺：目前除上市公司外，港口集团及港口集团所控制的企业合计拥有19个经营性海港泊位，如果上市公司有意向收购上述泊位，港口集团承诺将无条件按公允价格和法定程序向上市公司转让相关拥有主体的全部股权，且在2025年底之前，尽一切合理努力采取“成熟一批、注入一批”的方式，将符合条件的前述资产分批注入上市公司。其中，在2023年底之前，按公允价格和法定程序，将所持的新苏港投资控制的泊位资产注入上市公司；在2025年底之前，按公允价格和法定程序，将促使其他满足相应条件的泊位资产注入港口股份。本次现金收购切实履行了控股股东避免同业竞争的承诺，有助于解决上市公司与港口集团之间的关于新苏港投资等的同业竞争问题，有助于上市公司规范经营，保护上市公司及其中小股东权益。

②促进国有资产保值增值

近年来，国家高度重视优质资产整体上市，鼓励国有集团公司将优质主营业务资产注入上市公司。港口集团下属码头资产注入上市公司后，可以做大做强上市公司的规模；同时拓展码头业务种类，促进公司业务全面发展，不断增强企业市场竞争力，取得投资者深度认可，不断提升上市公司市场估值，有利于港口集团股权增值，稳固国有资产保值增值。

③推进上市公司集装箱业务板块发展

上市公司周边地区港口分布较为密集，对码头泊位的综合性承接能力要求较高，但上市公司本身无集装箱业务泊位，具有进一步发展集装箱业务的需求。本次交易标的公司之一的新东方集装箱具体从事集装箱船舶与杂货船舶的靠泊、装卸。新东方集装箱目前拥有庙岭三期突堤集装箱码头泊位5个。新东方集装箱与中谷物流、郁州海运、新海丰、马士基等船舶公司紧密合作，涵盖日本、韩国、东南亚、南亚等外贸航线及国内主要内贸航线。本次交易的实施将推进上市公司集装箱板块等港口业务发展，增强连云港在港口和航运市场的竞争力和影响力。

B.8
2023年住宿和餐饮业并购分析

胡利军*

摘　要： 2023年，随着社会经济持续回升向好，住宿和餐饮业强势复苏，住宿和餐饮业增加值同比增幅位于各行业之首。伴随着行业逐渐复苏，并购交易显著活跃，住宿和餐饮业各个细分领域并购事件不断上演，全年并购交易数量达到20起，大部分并购事件都是通过产业链上的纵向整合或者横向协同，扩大业务范围、整合资源优势，实现业务协同、联合共生、做强做大。通过并购，住宿和餐饮业的品牌化率、连锁化率和数字化程度都将得到明显提升。我国正处在居民消费结构快速升级的时期，住宿和餐饮的消费需求越来越细分，越来越追求品质和特色，住宿和餐饮业需要不断提升服务品质，探索发展新质生产力引领行业创新发展。

关键词： 消费升级　扩大内需　团餐服务

一、住宿和餐饮业趋势分析

2023年，国内经济逐步回暖，住宿和餐饮业恢复势头良好。2023年，我国国内生

---

* 胡利军，安徽财经大学工商管理实验中心副主任、商品学实验室主任，讲师，研究领域为旅游企业管理、创新创业。

产总值超过126万亿元，其中最终消费支出对中国经济增长的年度贡献率高达82.5%，对比2022年提高了43.1个百分点。[①]消费作为拉动经济增长的第一动力作用更加凸显，促进消费升级，更好满足人民群众对高品质生活的需要，推动中国经济转型升级。国内推行扩大内需战略以及多项政策支持住宿和餐饮业高质量发展，压抑了三年的消费需求得以释放。2023年住宿和餐饮业增加值为21,024亿元，同比增长14.5%。国家统计局数据显示，住宿和餐饮业2023年增加值已超过2019年同期水平，2023年同比增幅居各行业之首。[②]从各行业同比增速上看，住宿和餐饮业增速排名第一。这些数据直观地反映了住宿和餐饮业正逐步恢复并呈现出积极的发展态势。

截至2023年12月31日，我国住宿业设施总数约61万家，其中酒店业设施约32万家；酒店客房总数约1,650万间，其中连锁客房数约676万间。[③]随着行业全面复苏，各住宿品牌将进一步加大市场投入力度，以抢占"复苏红利"，从而加速行业的连锁化步伐。随着一二线城市的流量逐渐趋向饱和，三四线城市及乡村地区将成为住宿业存量竞争的新蓝海，尤其是在县域经济有着巨大的发展空间。为抢占市场，各大住宿品牌将加快布局下沉市场，带去最新的品牌和经营理念，从而改善一些城市的住宿供给质量。此外，国内住宿业数字化和智能化的应用越来越普及，在聚焦年轻客群消费需求的背景下，从住宿预订到服务体验，数字化已经深刻影响住宿业，消费者对数字化和智能化的需求已经逐步从有需求变为刚需。在餐饮方面，随着生产生活有序恢复，促消费政策持续发力，各地积极开展文旅+美食、夜经济、展演+美食等促消费活动，推动了餐饮行业的快速复苏，2023年全国餐饮收入52,890亿元，同比上升20.4%，[④]创历史新高。随着人口结构变化、消费习惯改变、速冻冷鲜技术进步、政策支持等多种因素推动预制菜进入迅速发展的快车道。餐饮企业、生鲜电商、速冻食品企业及相关企业纷纷进入预制菜市场，但总体来看，预制菜仍处于行业发展初期，行业整体集中度相对低，当前预制菜依然存在标准化、规范化不足的问题。消费者对餐饮的需求随着经济的发展和生活水平的提高而不断升级，消费者更注重用餐环境、服务质量和餐品

---

① 国家统计局. 中华人民共和国2023年国民经济和社会发展统计公报［R/OL］.（2024-02-29）. https://www.stats.gov.cn/sj/zxfb/202402/t20240228_1947915.html.

② 国家统计局. 2023年四季度和全年国内生产总值初步核算结果［R/OL］.（2024-01-18）. https://www.stats.gov.cn/sj/zxfb/202401/t20240118_1946691.html.

③ 中国饭店协会，上海盈蝶企业管理咨询有限公司，香港理工大学酒店及旅游业管理学院，携程集团. 2024中国酒店业发展报告［R］，2024.

④ 国家统计局. 中华人民共和国2023年国民经济和社会发展统计公报［R/OL］.（2024-02-29）. https://www.stats.gov.cn/sj/zxfb/202402/t20240228_1947915.html.

口感等。营养健康理念深入人心，越来越多的消费者在选择餐厅和食品时，重视食物的营养价值、成分质量和健康影响。在互联网、大数据等新一代信息技术迅猛发展的背景下，数字化已成为餐饮业增加收入、降低成本、提升效率的重要支撑。餐饮企业线上线下"双主场"深挖餐饮消费潜能，通过线上点餐、外卖配送等方式拓展服务渠道，品牌化和连锁化也成为餐饮业发展的重要趋势。茶饮赛道竞争加剧，新式茶饮进入了"质优价低"的平价化时代，新式茶饮品牌间的"价格战"愈演愈烈；瑞幸咖啡成为国内首个万店连锁咖饮品牌，咖饮品牌的"9.9元之战"打得如火如荼。

总的来说，住宿和餐饮业将是消费结构优化升级的重点方向，是拉动内需、支撑经济发展的重要力量。随着消费环境的持续优化，加快数字技术在住宿和餐饮业的应用，将行业特点与数字消费、绿色消费、健康消费、文娱消费等亮点相结合，住宿和餐饮业将进一步为消费市场提质扩容"添砖加瓦"。

二、住宿和餐饮业并购数据

在图1中可以看出，2021—2023年三年间，并购交易数量总体上呈现波动的趋势。从并购数量上来看，2021—2023年三年的并购发生量分别为15起、24起和20起，2021年明显要低于其他两个年度。伴随着住宿和餐饮业逐渐复苏，住宿和餐饮业的并购趋势在2022年就已出现端倪，2023年住宿和餐饮业的并购愈演愈烈。

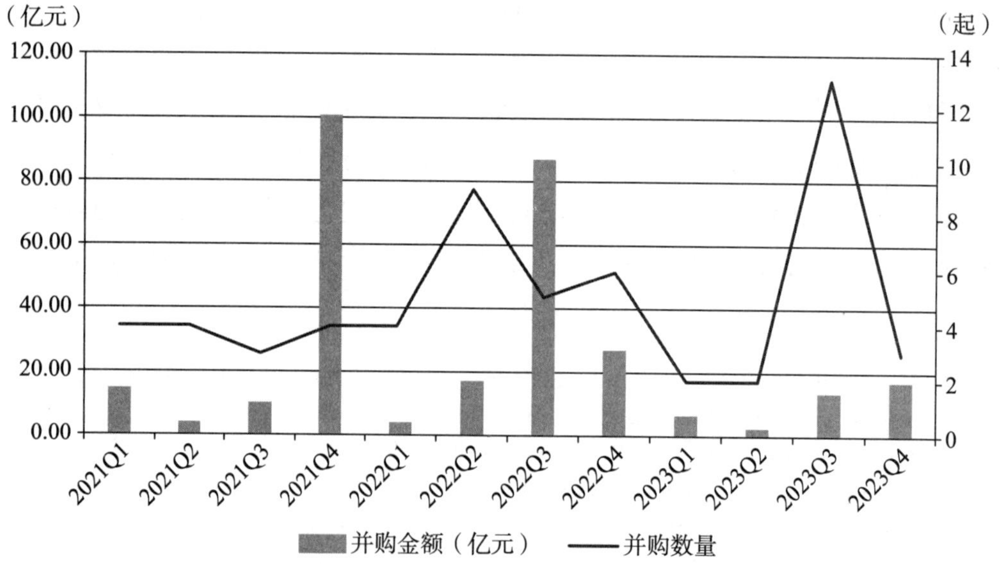

图1　2021—2023年住宿和餐饮行业并购交易金额及数量

资料来源：Wind资讯

三、住宿和餐饮业并购案例

（一）小龙坎全资收购火锅连锁品牌蜀大侠

2023年1月初，连锁火锅品牌蜀大侠的主体公司成都蜀大侠餐饮管理有限公司发生工商变更，原股东四川蜀金超盛餐饮管理有限公司退出，新增四川小龙坎控股集团有限公司为全资股东。

根据美团发布的《2022年火锅品类发展报告》，在2022年火锅门店数量排行榜上，小龙坎排名第四，蜀大侠排名第十一，两者皆为当下火锅赛道的腰部王者品牌。

小龙坎，成立于2014年，起源于成都，创始人吴东。2015年小龙坎曾连续9个月霸占大众点评最佳餐厅榜榜首，成为成都火锅界最大黑马。即便是疫情期间，小龙坎的发展势头也不减弱，于2022年10月正式亮相了小龙坎全球旗舰店。目前，小龙坎在全球的门店超过700家。

蜀大侠火锅，成立于2015年，创始人江侠。武侠风的门店场景，定制“龙头锅”、土陶餐具，江湖式上菜和服务方式等，让蜀大侠品牌刚诞生就成了网红。目前，蜀大侠火锅门店超过600家。

本次合并后，小龙坎集团旗下火锅总门店数将增至超1,600家，超过了连锁火锅第一股“呷哺呷哺”的门店总数，直逼火锅巨头海底捞，整体竞争实力也将得到极大提升。在运营上，本次股权变更后，两个品牌会坚持前端独立运营、后端资源整合策略，以优化供应链，最终实现合作伙伴门店降本增效，多方共赢。同时，小龙坎和蜀大侠在品牌定位、品牌策略上有所区分，小龙坎定位为国民火锅，蜀大侠为特色火锅。

（二）千味央厨拟以4,186万元收购味宝食品80%股权

2023年3月23日，“速冻供应链第一股”千味央厨（001215.SZ）发布公告称，拟以4,186.134,8万元收购味宝食品（昆山）有限公司80%股权。

千味央厨主营业务定位于为餐饮企业提供速冻面米制品的研发、生产和销售，主要面对餐饮B端市场，是典型的B2B模式，已经形成油条类、蒸煎饺类、烘焙类、米糕类四大优势产品线。近年来，特别是在疫情之下，千味央厨的业绩始终保持增长。数据显示，2020年至2023年，千味央厨营业收入分别为9.44亿元、12.74亿元、14.89亿元和19.01亿元，同比分别增长6.20%、34.89%、16.86%和27.69%；净利润分别为

7,658.83万元、8,846.41万元、1.02亿元和1.34亿元，同比分别增长3.33%、15.51%、15.20%和31.43%。[①]

味宝食品是一家专业从事粉圆系列产品研发、生产、销售的合资企业，主要产品包括黑糖粉圆、琥珀粉圆等茶饮配料，主要客户为百胜中国旗下肯德基、必胜客，津味实业旗下烘焙品牌85度C等。2022年12月，千味央厨使用自有资金现金收购味宝食品20%股权，本次收购味宝食品80%股权项目完成后，味宝食品将成为公司全资子公司，并纳入公司合并报表范围。百胜中国同为千味央厨与味宝食品的第一大客户，二者为百胜中国所供应的主要产品也不存在替代性。收购完成后，公司将成为拥有两家百胜中国T1供应资格的供应商，有利于增强公司与百胜中国的黏性，提升公司对百胜中国的整体销售额。

近年来，茶饮市场如火如荼，此次收购完成后，千味央厨将跨出速冻面米赛道，利用味宝食品向茶饮客户扩展业务，进军茶饮赛道。B端是千味央厨的主要销售领域，味宝也将继续保持在茶饮原料供应上的业务优势。未来，千味央厨也计划进入C端，将定位于"年轻化的C端"，打造与众不同的细分市场。

（三）锦江酒店收购酒管公司100%股权，整合高端品牌资源

2023年11月29日，锦江酒店（600754.SH）宣布与锦江资本、锦江国际酒店管理公司签署了《股权转让协议》，锦江酒店计划以协议转让方式收购锦江资本持有的锦江国际酒店管理公司100%股权，交易价格合计为4.61亿元。

锦江国际酒店管理公司是高端酒店品牌管理公司，专门从事全服务酒店管理。截至2023年9月30日，锦江国际酒店管理公司在全国35个城市管理76家星级酒店，其中五星级酒店40家，四星级酒店32家；经营和管理的品牌包括J酒店、岩花园、锦江和昆仑。

锦江酒店现有的品牌矩阵主要以有限服务型酒店为核心业务，注重功能性与性价比，其经济型酒店品牌"锦江之星"，在经济型酒店市场中具备绝对主导权和品牌影响力。但在高端及以上市场，锦江酒店尚无有影响力和足够规模的品牌。锦江国际酒店管理公司经营和管理的4个高端品牌各具特色、各有侧重。通过本次收购，这些高端品牌的加入能够使锦江酒店品牌矩阵覆盖全品类，锦江酒店将由有限服务酒店转变为全序列品牌的酒店管理集团，为消费者提供更多选择，满足消费者不同情境、不同阶段

---

① 财报派，https://www.caibaopai.com/incomes/001215.

的消费需求。收购完成后，不论是商旅出行，还是度假休闲，消费者都能在锦江酒店品牌矩阵中找到自己中意的品牌，并获得良好的入住体验。

本次收购符合锦江酒店轻资产发展战略的长远规划，有助于向成为一流的酒店管理公司的战略目标推进。通过收购酒管公司，一方面有助于完善品牌矩阵，优化品牌结构，实现从经济型、中端到高端酒店的全面覆盖，形成多业态品牌布局，提升锦江酒店的核心竞争力。另一方面，也将重塑锦江品牌价值，提升锦江品牌在高端市场的影响力。

（四）书亦烧仙草收购新茶饮品牌“霓裳茶舞”60%股权

2023年1月18日，书亦烧仙草关联公司宁波言之有理投资有限公司出资120万元，获得霓裳茶舞母公司上海茶悦舞餐饮管理有限公司60%的股份，成为第一大股东。

书亦烧仙草由创始人王斌在2007年于成都创立，原名为“85° Tea”，于2016年底改名为书亦烧仙草并确定了以烧仙草为主打的品牌路线，价格区间瞄准10~20元的中档奶茶价格带。目前，书亦烧仙草全国门店的运营数量为6,581家，多分布于新一线城市和下沉市场。

霓裳茶舞则于2017年创始于湖南长沙，产品线与茶颜悦色类似，主打奶油茶、奶沫茶等现制茶饮，客单价在16元左右，后将总部从湖南长沙迁至上海杨浦。霓裳茶舞门店采用“直营+加盟”的模式，目前门店数达264家，覆盖18个省，50个城市，湖南门店数量最多，为141家，不过避开了茶颜悦色的大本营长沙，多分布于衡阳等城市。

此次收购，说明新式茶饮市场大鱼吃小鱼的整合仍不断上演，头部品牌规模和实力不断增强。书亦烧仙草在上海目前仅拥有8家门店，通过本次收购，或许还将帮助书亦烧仙草未来打开华东市场。

（五）重庆啤酒拟收购首酿金麦100%股权及金贝北京100%股权

2023年月27日，重庆啤酒（600132.SZ）发布公告，公司控股股东Carlsberg Breweries A/S为履行其于2020年在上市公司实施重大资产重组时作出的同业竞争有关承诺，拟在其控股子公司Carlsberg Brewery Hong Kong Limited（以下简称“嘉士伯香港”）取得Capital Brewing Company Limited（以下简称“首酿啤酒”）控制权的同时，由首酿啤酒将其直接持有及通过其全资子公司G-Shell Asia Pacific Limited（以下简称“金贝香港”）持有的中国境内全部啤酒资产［即北京首酿金麦贸易有限公司及金贝亚太（北京）

餐饮有限公司的100%的股权]，分别以250万元人民币、60万元人民币的价格出售给上市公司控股子公司嘉士伯重庆啤酒有限公司（以下简称“嘉士伯重啤”）。

首酿啤酒将其持有的北京首酿金麦贸易有限公司（以下简称“首酿金麦”）的100%的股权、金贝香港将其持有的金贝亚太（北京）餐饮有限公司（以下简称“金贝北京”）的100%的股权转让给嘉士伯重啤的交易构成上市公司的关联交易。

本次并购是上市公司控股股东对其作出的2020年重组承诺的履行，目的是解决潜在同业竞争问题。本次交易完成后，重庆啤酒控股子公司将获得首酿啤酒名下“京A”系列57个商标所有权。京A品牌是国内领先的精酿啤酒厂牌，精酿餐吧是上升型的餐饮与酒吧结合的业态，金贝北京已开设11家精酿餐吧，通过运营社交软件、外卖平台、品牌营销等方式，打造精酿啤酒文化，吸引年轻群体进店消费。其品牌和业务不仅有利于重庆啤酒提升精酿产品分销业务的发展水平及精酿品牌影响力，也对重庆啤酒的主营业务构成互补，有助于重庆啤酒探索新的增长赛道。

（六）未来世界控股拟收购君亭酒店及融汇通酒店全部股权

2023年12月29日，未来世界控股（0572.HK）全资附属公司深圳柏亿实业投资有限公司与卖方A（张璋）、融汇通酒店及君亭酒店订立第一份股权转让协议，卖方A及融汇通酒店已同意分别以代价人民币1元及人民币250万元出售君亭酒店40%及60%的股权。第一次股权转让完成后，君亭酒店成为深圳柏亿实业投资有限公司的全资附属公司。

于同日，深圳柏亿实业投资有限公司与卖方B（常玉枝）及融汇通酒店订立第二份股权转让协议，卖方B已有条件同意以代价人民币1,540万元出售融汇通酒店100%股权。第二次股权转让完成后，融汇通酒店成为深圳柏亿实业投资有限公司的全资附属公司。

未来世界控股有限公司是一家主要从事贸易业务及相关服务的投资控股公司，其总部设在中国香港湾仔。该公司的业务包括高科技业务、物业投资、提供融资服务、证券买卖及投资、贸易业务及相关服务。

本次收购是未来世界控股有限公司参与酒店管理及营运市场的投资机会。2023年年初疫情缓解后国内开始放宽旅行限制，政府亦发布若干激励政策促进旅游业复苏，酒店行业也展现出弹性复苏态势，入住率接近疫情前水平。尤其，“黄金周”假期入住率取得历史新高，主要受国内旅游业的推动。本次收购事项将为集团提供协同机会及丰富集团收益来源，而集团同时可自目标收购公司的长期潜在升值中获益。

（七）山海集团收购多家酒店

山海集团成立于2005年，是一家以养老产业为核心，以“让天下老人快乐养老”为使命，以旅养、康养、医养以及临终关怀为主要服务内容的专业化、多板块、多业态的创新型集团公司，业务横跨旅游产业、康养产业、社区养老产业、养老配套产业、医药零售产业、餐饮产业、互联网产业、贸易物流、金融珠宝、生鲜超市等板块。

2023年3月，新春伊始，山海集团便强势收购了杭州龙坞度假酒店，该酒店位于杭州西湖龙坞镇，毗邻“西湖龙井茶”保护基地龙坞茶园，以及国家3A级景区西山森林公园。山海集团将其升级改造为集旅居康养、休闲度假等为一体的山海慧·杭州龙坞度假酒店，改造升级后，山海慧·杭州龙坞度假酒店总面积将达到35,000平方米，拥有300余间高品质适老化康养客房，可同时满足数百人的康养颐养、休闲度假需求。未来，山海集团将持续开发、整合相关的区域资源，完善周边基础设施配套，逐步将山海慧·杭州龙坞度假酒店打造成为一座茶文化主题的江南特色康养旅居基地。

2023年3月，山海集团再出大动作——全资收购北京丫髻山国际森林酒店，该酒店位于北京市平谷区，处都市之围，隐山林之间，区域内有上千亩森林覆盖，空气中负氧离子含量极高，是天然的森林大氧吧。北京丫髻山国际森林酒店周边有丰富的旅游资源，比如，石门、白虎洞、大小将军顶、林场、丫髻山“七宝”等自然景观及人文胜地，并与碧霞元君祠隔山相望，是汇天地灵气之所。北京丫髻山国际森林酒店拥有各种房型的豪华客房，客房窗外即是无限山景，房内配备各类高端家居、洗浴、娱乐等设施，酒店餐厅则汇聚各地美食，并有特色养生菜系。目前，山海集团已完成对该酒店的收购，改造升级后将逐渐成为旅游康养、休闲养生、度假消遣的优选目的地。

山海集团一系列的实体资产收购，深耕旅游、康养、餐饮等领域，进行了多地的战略布局。山海集团正在从休闲度假产业向养老服务产业进行转型，并正在创新养老服务综合体的理念，在未来的发展中，山海集团有望成为中国领先的综合服务提供商，成为备受关注的行业领导者。

（八）岭南集团收购都市酒店70%股权

岭南集团与上海瑞佳晟企业咨询合伙企业（有限合伙）、香港远盛发展有限公司、陈杆、龙敢锋及都市酒店就都市酒店的股权于2023年12月12日签订《股权转让协议》，岭南集团拟通过现金收购的方式向上海瑞佳晟企业咨询合伙企业（有限合伙）及香港远盛发展有限公司收购都市酒店的70%股权。

岭南集团是位于广州的国有大型综合商贸旅游流通投资企业，旗下控股两家上市公司岭南控股（SZ000524）、广百股份（SZ002187），分别主营旅游、零售。其中，岭南控股旗下主要运营广州花园酒店、广州东方宾馆、中国大酒店等高星级单体酒店。本次并购标的都市酒店主要在北方区域运营，旗下拥有“都市118”“都市花园”“青年·都市迷你”“我的地盘”与“含舍·美素”等12个自主酒店品牌，拥有支撑过千门店的中端及经济型酒店特许加盟运营平台。并购完成后，岭南集团旗下管理的酒店数量将超1,200家，客房数量超9万间。

本次岭南集团收购都市酒店，不仅扩张了规模，而且在商业模式、产品矩阵、区域布局上都进一步填补了空白。首先，在商业模式上，岭南集团酒店业态以自营、重资产、单体酒店为主，连锁化率低。而都市酒店尽管资产规模小，但通过特许加盟运营平台支撑起了上千家门店的中端及经济型酒店体系。本次收购能够有效补充岭南集团的短板。其次，在产品矩阵上，岭南集团酒店业主要为高星级、全服务品牌，而都市酒店的品牌体系以中端和经济型酒店为主，主要瞄准二线及以下的低线市场。随着双方品牌深度合作的展开，门店将覆盖国内大多数的地级市和县级城市，双方在酒店品牌定位上形成从白金五星到经济型酒店产品的全体系覆盖。最后，在区域布局上，岭南集团的酒店业主要还是集中在大本营广州，尽管在广州市场享有知名度，但尚未形成一个全国性的品牌。而都市酒店集中在北方市场，主力集中在西安、青岛，连锁化程度高，但华南市场是其较少涉足的区域。本次达成收购合作后，双方将交叉进入对方市场，但在产品定位上并不会相互冲突。岭南酒店将利用都市酒店的加盟运营平台和北方市场基础，扩大旗下酒店品牌在北方市场的占有率，而都市酒店将加速拓展以粤港澳大湾区为核心的南方市场。

（九）张裕收购冰酒酒庄余下49%股权

2023年1月16日，烟台张裕葡萄酿酒股份有限公司发布公告称，公司拟与加拿大奥罗丝冰酒有限公司和桓仁满族自治县奥罗丝酒庄有限公司签署《股权转让协议》，拟以1,667.18万元受让奥罗丝冰酒公司持有的辽宁张裕冰酒酒庄有限公司25%股权；拟以1,607.5万元受让奥罗丝酒庄公司持有的辽宁张裕冰酒酒庄有限公司24%股权。交易完成后，冰酒酒庄将由中外合资企业变更为公司全资子公司。

冰酒酒庄生产的冰酒是公司最具特色的产品之一，定位于中高端的小众产品，在中国葡萄酒中具有鲜明特点；“黄金冰谷”品牌经过多年营销推广，已具备较强的市场影响力，较多的消费受众，具有较好的发展前景和盈利能力，可以为公司未来增加潜在的收入和利润增长点。

自1892年成立至今，经过百年风雨，张裕葡萄酒仍然是我国首屈一指的葡萄酒品牌，同时成为国内乃至亚洲最大的葡萄酒生产经营企业。面对新冠肺炎疫情导致的全行业销量收缩，愈发激烈的行业竞争，国外品牌不断涌入等压力，张裕除了通过“聚焦中高端、聚焦高品质、聚焦大单品”的方式，做好市场主流红、白葡萄酒的品牌、渠道建设，也要找到新的业绩增长点，小众但后劲十足的冰酒或许真是一个不错的选择。多元化的市场需求、消费升级的变化、“她经济”的崛起以及更健康生活方式的影响，让冰酒在中国国内市场的份额始终在“稳步增长”，距离真正的爆发或许仍有距离，但应是一个正确的前进方向，能够成为企业未来的业绩增长点，张裕的投资看似突兀，却是志在决胜未来。

（十）明宇商旅6.24亿收购绿地酒管52%股权

2023年1月4日，绿地控股集团股份有限公司发布公告称，绿地控股控股子公司绿地数字科技有限公司拟将其所持有的上海绿地酒店管理有限公司52%股权转让给明宇商旅，股权转让对价为6.24亿元。

上海绿地酒店管理有限公司成立于2019年1月30日，是上海绿地酒店旅游（集团）有限公司旗下从事酒店轻资产管理业务的公司。目前，绿地酒管输出管理项目已超80个，海外覆盖“一带一路”共建国家的柬埔寨、马来西亚、泰国、老挝、斯里兰卡、越南、塔吉克斯坦、几内亚以及日本、澳大利亚10个国家15个城市。

明宇商旅是我国西部规模化的民营酒店集团，拥有五个高端豪华酒店品牌、七个中高端精品酒店品牌和三个餐饮品牌。同时，明宇商旅还是凯悦酒店集团在中国战略合作的特许经营酒店第三方管理公司，协力在中国扩张凯悦臻选、凯悦悠选、凯悦尚萃、凯悦尚选、凯悦嘉轩、凯悦嘉寓六个酒店品牌。在“2021年度中国饭店集团60强”名单中，明宇商旅位于第17位，拥有181家酒店和35,095间客房。

根据绿地控股与明宇商旅的合作意向，未来绿地酒管将获注入绿地酒旅集团旗下4家直营酒店管理公司的股权，酒店管理业务（包括已开业的和待开业的酒店管理合同）及与酒店管理相关的品牌商标等其他知识产权。这意味着绿地控股旗下的酒店业务几乎全部注入绿地酒管公司。而明宇商旅接盘的也将是此前绿地酒旅集团的所有酒店相关业务。

对于绿地控股而言，本次并购出售相关资产向轻资产化转型升级，并实现快速回笼资金。而之于明宇商旅，此笔收购意味着集团将加码酒店业务，未来或将更进一步。

并购双方在酒店管理领域均深耕多年，各自有着一定的管理规模和较强的核心竞争力，在行业内有较高的品牌影响力，双方优势互补、强强联合，通过合作共同打造定位于中高端的酒店管理品牌，并将尽快实现资本化。

四、典型并购案例：金科服务收购及增资上海荷特宝获其66.85%股权

（一）交易概述

2023年7月27日，金科服务（9666.HK）发布公告，计划通过收购、增资、授出认沽期权等多种手段，最多以2.44亿元取得线下团餐服务供应商上海荷特宝配餐服务有限公司66.85%的股权。

上海荷特宝配餐服务有限公司是一家总部位于上海的团餐服务供应商，主要从事向住宅社区、商业中心、企业、政府机构、学校及医院提供全国性一站式数字化餐食解决方案服务，主要包括提供餐厅设计及规划服务、餐厅筹备及营运服务以及智能餐厅系统。

（二）并购背景及动因

金科服务，2000年在重庆成立，经过23年的稳健经营，金科服务已经发展成为集高端酒店、餐饮、不动产及物业服务于一体的综合服务集团。

金科服务为业内较早布局餐食服务的物企之一。2021年，金科服务正式发力本地生活服务，该业务板块包括团餐、酒店运营、社区门店、社会餐饮、供应链经营等五大方向。2021年5月20日，金科服务与凯撒旅业签署战略合作协议，除旅游业外，双方还将围绕团餐等业务展开深度合作。2021年8月，金科服务与九龙高新集团牵手合作，其中也包含团餐服务。2021年末，金科服务完成了对（重庆）金辰酒店管理100%股权收购，金辰酒店管理主要从事高端餐饮、团餐及酒店管理服务。目前，金科服务已经建立起中高端政企团餐、星级酒店高端团餐以及社区餐饮三条业务线。2022年，其餐饮服务收入为3.22亿元，同比增长544%。

餐食服务广阔的市场空间，是吸引物企入局的原因之一。万亿级的后勤餐饮服务是一个非常有想象空间的赛道，对于拥有较多非住业态的物企而言，涉足团餐业务具有先天优势，物业服务和团餐服务客群相同便于业务获取，物业公司更容易中标团餐

项目；物企通过物业与团餐的一体化经营，客户在管理对接方面更加高效、便捷，客户的服务体验也会更好；在“物业+团餐”模式下，物业公司的智慧化系统、项目保洁等服务人员可以复用，降低运营成本，增加人效。

（三）交易述评

金科服务将餐食服务作为未来增长的核心业务。通过本次收购，金科服务可扩大团餐服务的业务规模，促进了华东地区本地生活服务的战略发展。同时，掌握标的公司的广泛客户资源，包括华东地区的大型中国公司、高端外企、政府机构。

参考文献：

[1] 高江虹，任菲. 中国旅游研究院产业研究所所长杨宏浩：旅游住宿业将迎来重构与新生[N]. 21世纪经济报道，2023-12-20.

[2] 金朝力，冉黎黎. 一年5万亿，餐饮业收入大进阶[N]. 北京商报，2024-02-07.

[3] 王玮等. 爬坡，重构，旅游住宿业韧性复苏——2023年旅游住宿业年终盘点[N]. 中国旅游报，2024-01-04.

[4] 李金枝. 进入“拼多多时代” 餐饮业呈现四大发展趋势[J]. 中国食品，2024（05）：66-69.

[5] 金朝力，冉黎黎. 总收入首次突破5万亿元 餐饮业高质量发展仍待助力[J]. 中国食品，2024（05）：64-65.

[6] 刘馨蔚，张越. 龙年复苏强势 餐饮业很“热辣”[J]. 中国对外贸易，2024（04）：68-71.

B.9
2023年互联网信息技术业并购分析

蒋 弘 孙芳城*

摘 要： 2023年，互联网信息技术业的并购交易数量呈现上升态势，12月达到全年最高，2月和7月是全年并购活动的“洼地”，交易活跃度一般，而其余月份的交易比较活跃。整体而言，2023年互联网信息技术业的并购活动表现出交易活跃度较高、细分行业中软件与服务业交易数量占比最大、单笔并购交易金额较小、行业内并购和跨行业并购在交易数量上旗鼓相当的特点。但是，相较于2022年，该行业的并购活动无论是交易数量还是交易金额都出现大幅减少。天津普林成功控股泰和电路、凌志软件跨境并购日本企业、思瑞浦横向收购创芯微等是行业重要并购案例。

关键词： 互联网 信息技术 并购 股权投资

---

* 蒋弘，博士，加拿大劳里埃大学Lazaridis商学院访问学者，重庆工商大学会计学院会计系主任，硕士研究生导师，主要研究方向为并购活动中涉及的技术创新、公司治理、资金融通等；孙芳城，博士，重庆工商大学原校长，教授，博士研究生导师，主要研究方向为会计理论与实务、环境审计、并购重组。

一、互联网信息技术业并购概况

2023年，互联网信息技术业共发起并购交易924笔，涉及交易金额2,144.82亿元。

（一）互联网信息技术业发起的并购交易数量和金额

互联网信息技术业发起的并购交易数量如图1所示。2023年互联网信息技术业发起的并购交易数量较2022年大幅减少，由1,212笔减少为924笔，下降了23.76%。从各季度的交易情况来看，2023年该行业各个季度发起的并购交易数量都同比下滑。其中，第二季度下降最为明显，同比降幅超过40%。

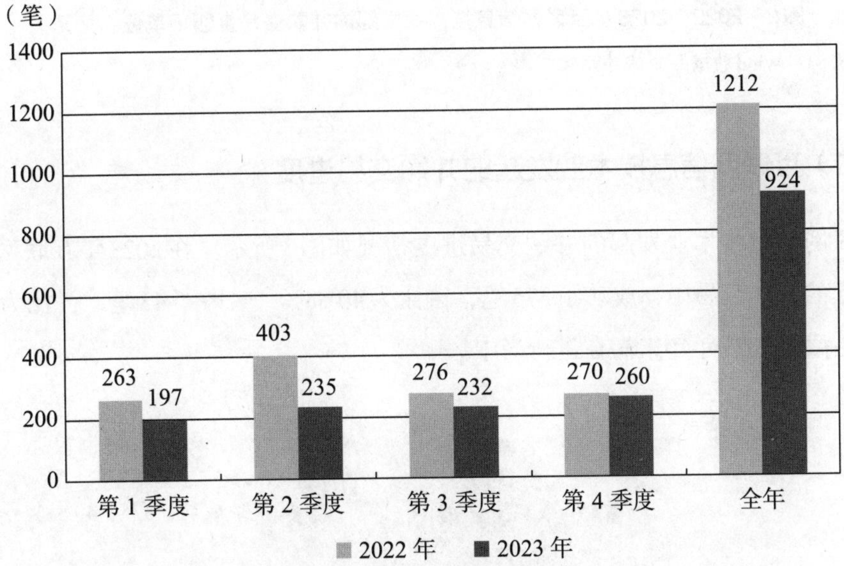

图1 2022—2023年互联网信息技术业发起的并购交易数量（单位：笔）

资料来源：Wind数据库全球并购库。

互联网信息技术业发起的并购交易金额如图2所示。2023年，互联网信息技术业发起的并购交易不仅在数量上比2022年少，在交易金额上同样下滑严重，从2022年的16,806.66亿元猛降至2023年的2,144.82亿元，降幅高达87.24%。从季度来看，2023年各个季度并购交易金额都出现下降，且第二季度下降幅度最大，同比降幅达到93.32%。

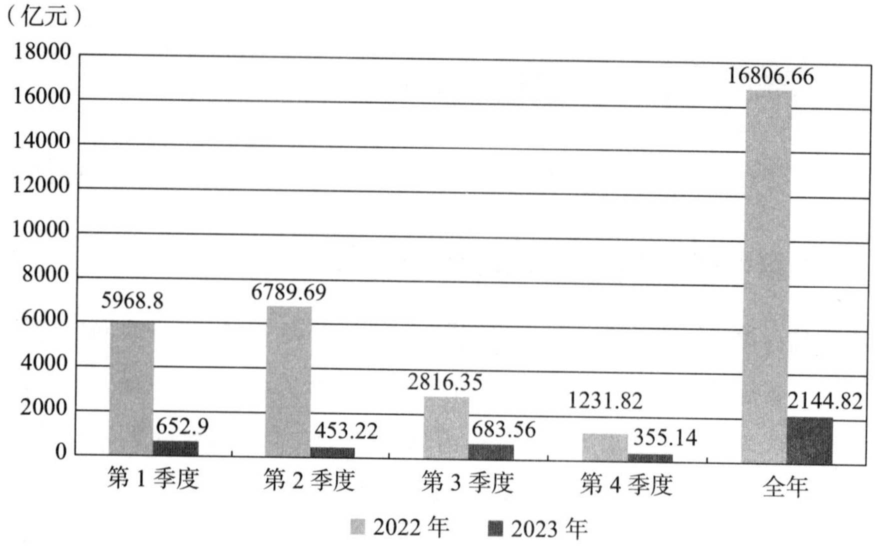

图2　2022—2023年互联网信息技术业发起的并购交易金额（单位：亿元）

资料来源：Wind数据库全球并购库。

（二）互联网信息技术业发起的并购交易进度

互联网信息技术业发起的并购交易进度情况如图3所示。在2023年互联网信息技术业发起的并购交易中，成功了375笔，占比为40.58%，失败了43笔，占比为4.65%，其余交易截至2023年年末尚在进行当中。

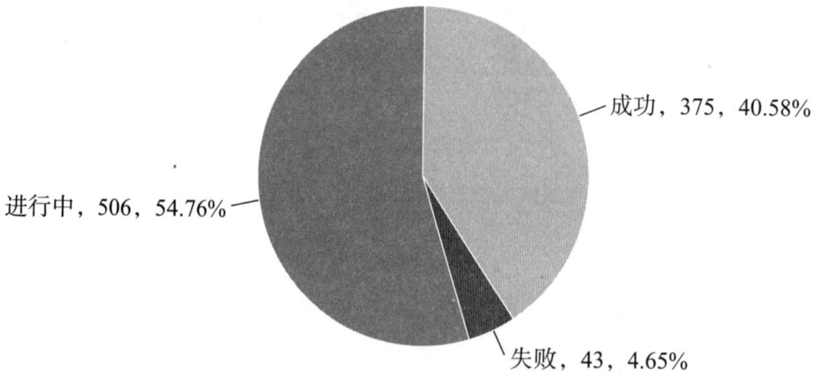

图3　互联网信息技术业发起的并购交易进度分布（单位：笔）

资料来源：Wind数据库全球并购库。

二、互联网信息技术业并购特点

2023年，互联网信息技术业的并购活动表现出交易活跃度较高、细分行业中软件与服务业交易数量占比最大、单笔并购交易金额较小、行业内并购和跨行业并购在交易数量上旗鼓相当的特点。

（一）互联网信息技术业发起并购交易的时间分布

2023年1—12月互联网信息技术业发起的并购交易数量如图4所示。整体而言，互联网信息技术业的并购交易数量呈现上升的态势，12月达到全年最高，为105笔。从月份来看，2月和7月是全年并购活动的两个“洼地”，交易数量分别只有52笔和53笔，日均交易量不足2笔，与其他月份存在明显差距，交易活跃度一般。而其余10个月的月均交易量约为81笔，交易比较活跃。

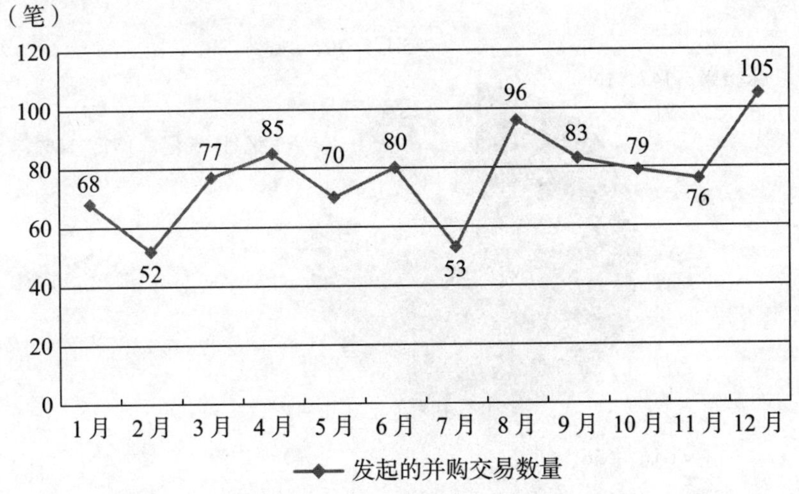

图4　2023年1—12月互联网信息技术业发起的并购交易数量（单位：笔）

资料来源：Wind数据库全球并购库。

（二）互联网信息技术业发起并购交易的细分行业分布

互联网信息技术业发起并购交易的细分行业分布如图5所示。在2023年由互联网信息技术业发起的并购交易中，归属于软件与服务业这一细分行业的并购交易数量最多，有473笔，占比超过50%。

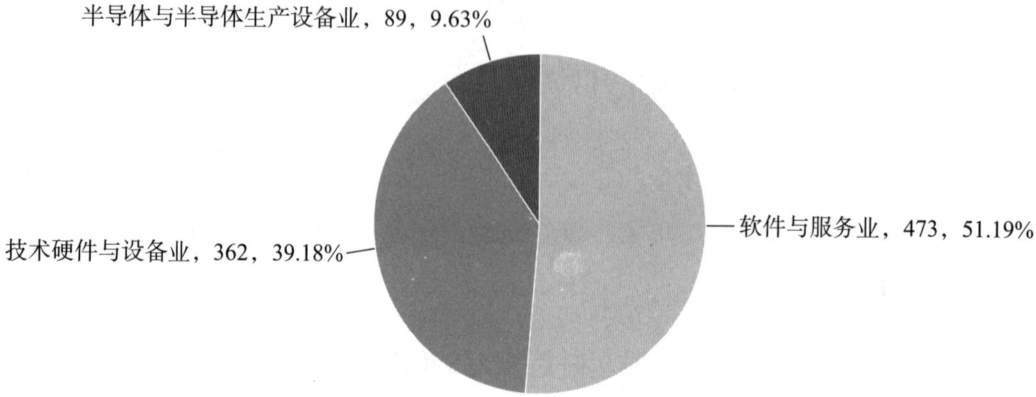

图5 互联网信息技术业发起并购交易的细分行业分布（单位：笔）

资料来源：Wind数据库全球并购库。

（三）互联网信息技术业单笔并购交易金额分布

互联网信息技术业单笔并购交易金额分布如图6所示。在2023年由互联网信息技术业发起的并购交易中，单笔金额低于1亿元的并购交易占多数，比例达到60%。

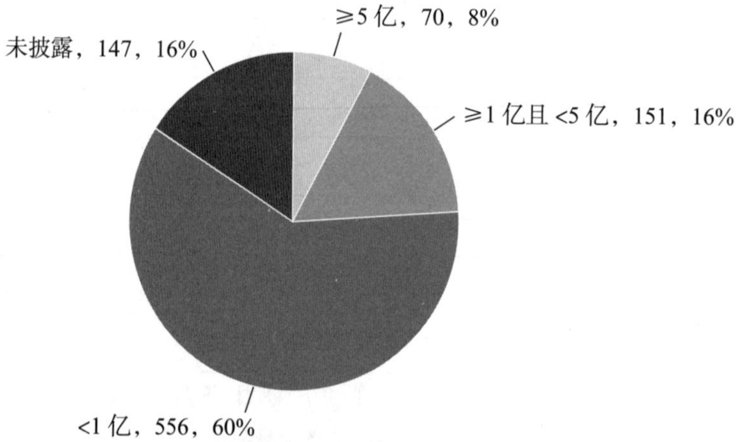

图6 互联网信息技术业单笔并购交易金额分布（单位：笔）

资料来源：Wind数据库全球并购库。

（四）互联网信息技术业发起的并购交易类型分布

互联网信息技术业发起的并购交易类型分布如图7所示。在2023年由互联网信息技术业发起的并购交易中，从交易数量来看，行业内并购与跨行业并购差距很小，行业内并购仅比跨行业并购多2笔；从交易金额来看，行业内并购超出跨行业并购140.9亿元。

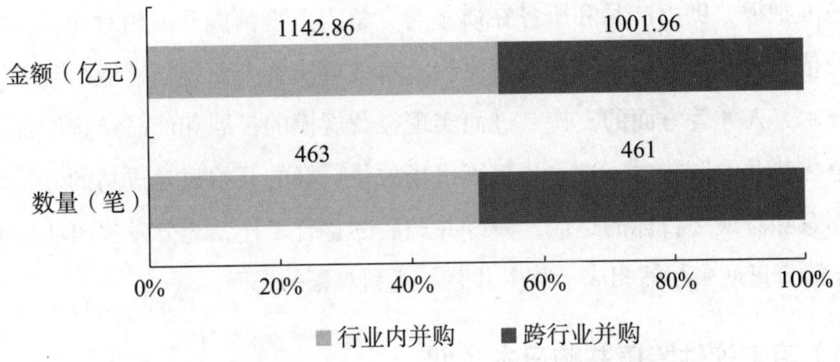

图7　互联网信息技术业发起的并购交易类型分布

资料来源：Wind数据库全球并购库。

三、互联网信息技术业重大并购事件TOP5

（一）天津普林成功控股泰和电路

2023年5月24日，天津普林电路股份有限公司（证券代码002134，以下简称“天津普林”）对外公告称，公司拟以支付现金的方式购买TCL数码科技（深圳）有限责任公司持有的泰和电路科技（惠州）有限公司（以下简称“泰和电路”）20%股权，并以货币方式出资认缴泰和电路新增的注册资本5,693.877,6万元，合计支付现金对价4.23亿元。通过此次交易，天津普林将合计持有泰和电路51%股权。随后的收购进程推进顺利，2023年11月8日，泰和电路的股权完成交付及过户，泰和电路成为天津普林控股子公司。

天津普林与泰和电路所处行业均为印制电路板制造行业，双方的主营业务也都是印制电路板的研发、生产和销售，双方产品种类及应用场景高度相关。电子信息产业是我国目前重点发展的支柱产业，印制电路板作为该产业中重要的基础性材料，其发展好坏深刻影响着该产业的发展。近年来，国家相继推出了各种产业政策，推进行业的产业升级及战略性调整，这对天津普林所处行业的健康发展提供了良好的制度与政策环境。近些年，受益于全球范围内的经济复苏，全球印制电路板市场规模正在不断扩大。目前，我国仍然位居全球印制电路板市场的主导地位，占据全球市场超过50%的份额，印制电路板在电子、航空航天、信息技术、工业和汽车行业中得到广泛应用。国内市场前景良好，下游市场空间增长迅速，推动了印制电路板行业的快速发展。通过此次交易，天津普林能够拓展销售网络，丰富客户资源，依靠对客户需求和市场趋势的更精准把握，助力产品和服务在质量与竞争力上得到提升。相对地，泰和电路则可以充分依托上市公司资本市场融资平台，有效解决资金瓶颈，还能得到天津普林在资金、技术、人才等方面的支持，进而实现经营规模的扩展和产品结构的优化，不断提升竞争优势及盈利能力，进一步巩固市场地位。好的开始只是成功的一半，并购的结束并不意味着最终目标的达成，做好并购后的整合工作，充分发挥出协同效应，交易双方才能真正迎来相辅相成、共生共荣、互利双赢的局面。

（二）凌志软件跨境并购日本企业

2023年9月8日，科创板上市公司苏州工业园区凌志软件股份有限公司（证券代码688588，以下简称“凌志软件”）发布重大资产购买报告书（草案）。报告书披露，凌志软件拟通过旗下的全资子公司日本逸桥，以支付现金的方式向株式会社野村综合研究所购买其所持有的日本智明创发软件株式会社（以下简称“日本智明”）和Zhiming Software Holdings（BVI），Limited（以下简称“BVI公司”）100%股权，交易价格为31.11亿日元，折合人民币约1.56亿元。该项交易在符合中日两国相关法律法规的前提下，经交易双方和标的公司决策机构审议通过。2023年11月和12月，日本智明和BVI公司的股权分别变更至日本逸桥名下。至此，历时仅仅3个月的跨境并购落下帷幕。

作为一家金融软件公司，凌志软件主要从事对日软件开发及国内应用软件解决方案业务，是日本多家知名金融公司的长期合作伙伴，为日本主要金融机构开发了众多核心业务系统。而日本智明和BVI公司的主营业务也都是日本证券市场核心交易系统的软件开发，致力于为客户提供金融服务基础设施的创新IT（信息技术）解决方案。因此，通过此次交易，凌志软件与标的公司之间可能在降低成本、获取主营业务所需关键技术和研发人员、将产品或服务打入新市场等方面产生良好的协同效应。凌志软件认为，此次交易，有利于上市公司进一步提升在日本证券市场核心交易系统开发维护领域的市场份额，加强与全球顶尖金融服务技术提供商在证券领域合作的广度与深度，提升上市公司在金融服务技术领域的竞争力，完善上市公司的战略布局。预计交易完成后，凌志软件的营业收入将大幅提升，归属于上市公司股东的净利润也会进一步增加。然而，风险总是与机遇并存。对日软件开发服务是凌志软件的主要收入来源。并且，上市公司的客户集中度较高，来自第一大客户株式会社野村综合研究所的销售收入占比超过了60%。因此，凌志软件存在很明显的依赖日本市场和主要客户的经营风险。而日本《经济安全保障推进法》的实施，也给上市公司对日软件开发业务带来了较大不确定性。所以，凌志软件在未来还需要扎根市场拓展，步步为营。

（三）思瑞浦横向收购创芯微

2023年6月9日，思瑞浦微电子科技（苏州）股份有限公司（证券代码688536，以下简称“思瑞浦”）召开董事会和监事会会议，审议通过收购议案。上市公司拟以发行可转换公司债券和支付现金相结合的方式，购买深圳市创芯微微电子有限公司（以下简称“创芯微”）股权。交易方案经过两次调整后，股权收购比例由95.66%最终增加到100%，交易总价达到10.60亿元。2024年9月12日，思瑞浦收到证监会出具的同意批复。同年10月22日，创芯微全部股权完成过户手续及相关工商变更登记和备案，思瑞浦收购创芯微的交易圆满收官。

思瑞浦是一家专注于模拟集成电路产品研发和销售的集成电路设计企业，致力于成为模拟与嵌入式处理器的平台型芯片公司。而创芯微也是一家集成电路设计企业，主要从事高精度、低功耗电池管理及高效率、高密度电源管理芯片研发和销售。由于国家政策持续多角度促进国内集成电路产业发展，并且集成电路产业发展韧性强，国产替代进程在不断加快，加之国内高性能模拟芯片自给率低，国产厂商不断实现单点突破，未来增长空间广阔，所以本次交易符合国家产业政策导向，有助于增强集成电路行业进一步发展。同时，并购创芯微是思瑞浦落实“平台型芯片公司”战略的重要举措，能够促进双方在产品品类扩充、研发优势互补、供应链及销售渠道融合等方面实现协同，为上市公司加速向综合型模拟芯片厂商迈进提供了契机。所以，本次交易也符合思瑞浦的发展战略，有助于加快公司成长，提高综合竞争力，可谓“一箭双雕”。不过，半导体行业本身存在强周期性，且与宏观经济的关联性较大。而且，与同行业龙头企业相比，创芯微在业务规模和经营能力方面还有较大的提升空间。因此，创芯微的经营情况容易受到全球宏观经济形势、半导体行业周期性波动、下游应用行业规模增速放缓和市场竞争加剧的影响，进而影响思瑞浦的整体经营业绩和盈利水平。所以，完成对创芯微的收购并不意味着一劳永逸，思瑞浦的逐梦之路仍然任重而道远。

（四）森霸传感实施纵向一体化

2023年5月22日，森霸传感科技股份有限公司（证券代码300701，以下简称“森霸传感”）召开第四届董事会第十四次会议，审议通过公司拟发行股份及支付现金购买无锡格林通安全装备有限公司（以下简称“格林通”）67%股权的议案。此次交易以现金支付对价1.06亿元，以股份支付对价1.09亿元。2023年12月15日，格林通完成工商变更登记，森霸传感取得格林通67%股权。

并购前，森霸传感主要从事热释电红外传感器系列和可见光传感器系列两大类产品的研发、生产和销售，产品主要应用于LED（发光二极管）照明、安防、数码电子产品、智能交通、智能家居、可穿戴设备等领域。2022年度，受全球宏观经济波动影响，终端需求减少，市场竞争加剧，公司产品销量和价格双双下降，盈利水平出现一定幅度下滑。而被并购方格林通是国内先进的安全监测产品提供商，其产品广泛应用于石化、油气贮运、化学工业、油库、液化气站、燃气锅炉房、医药制造、冶金等存在易燃易爆危险气体的领域的安全监测。格林通凭借自身的技术吸收和创新能力、优异的产品质量，已经与中石化、中石油、中海油、万华化学、国家管网集团等石油化工领域高端客户，以及国际、国内知名自动化控制公司艾默生、罗克韦尔建立了稳定的合作关系。格林通的主要原材料之一为传感器，与森霸传感构成上下游关系。并购完成后，通过嫁接资源，有助于森霸传感深入拓展石化、化工、燃气、医药制造、电力、冶金等市场，打开重要的增长新领域，丰富上市公司产品系列，改善盈利能力。同时，通过研发、销售、管理的整合与合作，森霸传感还能够提升整体产品研发和市场拓展能力。自2017年在创业板上市以来，森霸传感利用资本市场的融资优势，不断扩充传感器品类与应用赛道，完成了集消费类传感器、工业类传感器和汽车类传感器于一体的产业升级，实现了经营规模集团化、产品类型多元化和业务版图全球化。此次并购格林通，是森霸传感实施纵向一体化战略的重要一步。面对全新的下游市场，上市公司在期待新机遇的同时还需做好迎接新挑战的准备。

（五）威帝股份资产重组黯然收场

2023年7月11日和12日，哈尔滨威帝电子股份有限公司（证券代码603023，以下简称“威帝股份”）分别披露《关于筹划重大资产重组停牌公告》和《关于筹划重大资产重组的补充公告》。威帝股份在公告中指出，公司的控股股东正在筹划涉及公司发行股份及支付现金购买资产的重大事项，拟交易的标的是苏州宝优际科技股份有限公司（以下简称“宝优际”）的控股权。然而，到了2024年6月21日，威帝股份董事会和监事会审议通过了终止收购的议案。这一决定无疑给威帝股份摆脱经营困境的努力蒙上了一层阴影。

根据2023年8月31日威帝股份公布的收购预案，公司准备收购宝优际100%股份，使其成为全资子公司。宝优际的主营业务是动力及储能电池电芯安全功能器件、模组安全功能器件、电池包结构件等产品的设计、研发、生产及销售。而威帝股份则是国内汽车电子控制产品供应商，致力于CAN（控制器局域网）总线控制系统、总线控制单元、控制器（电子控制单元）、云总线车联网系统、传感器等汽车电子产品的研发、设计、制造和销售。最近几年，受全球疫情、经济下行及原材料价格波动等因素影响，威帝股份的主营业务收入和净利润双双出现下滑。就在威帝股份宣布停牌的2023年7月，公司的总经理、副总经理相继辞职，这进一步导致了市场对公司经营状况的担忧。如果此次收购计划得以顺利施行，上市公司将置入具有广阔市场前景和较强盈利能力的新能源电池安全功能器件资产。威帝股份认为，这将有助于提升公司的业务规模、盈利能力和现金流水平，显著增强公司抗风险能力和核心竞争力。就在投资者满怀期待的时候，威帝股份终止收购宝优际的消息无疑给了他们一记当头棒喝。需要知道的是，早在2021年12月，威帝股份就计划收购上海飞尔汽车零部件股份有限公司100%股权。然而，由于上市公司大股东之间的分歧，收购最终“流产”，并引发被并购方的强烈不满和严正抗议。时间还未过去多久，又一次重组失利接踵而至，这必然造成市场的广泛关注和无端猜测。面对这种情况，威帝股份在2024年6月28日，专门召开终止重大资产重组事项投资者说明会，对投资者普遍关心的问题进行了解答。然而，这一操作是否有助于消除疑虑、重拾投资者对上市公司的信心，还有待观察。实际的业绩改善和稳健的经营策略才是驱散威帝股份前途阴霾的良药。

四、互联网信息技术业典型并购案例：天津普林成功控股泰和电路

（一）交易概述

2023年4月，中小板上市公司天津普林开启并购泰和电路的工作。天津普林计划向TCL数码科技（深圳）有限责任公司支付10,162.77万元，购买其持有的泰和电路1,800万元出资额，占泰和电路增资前注册资本的20%，同时又投入32,147.53万元现金，认购泰和电路新增注册资本5,693.877,6万元，最终以总计42,310.30万元的代价，取得泰和电路51%股权，成为其控股股东。天津普林分别于2023年4月28日和5月24日披露了《关于筹划重大资产重组的提示性公告》和《关于重大资产重组的一般风险提示性公告》，并于同年5月23日召开第六届董事会第二十二次会议及第六届监事会第十七次会议，审议通过了《关于〈天津普林电路股份有限公司重大资产购买及增资暨关联交易报告书（草案）〉及其摘要的议案》等相关议案。同年9月28日，在上市公司第六届董事会第二十八次会议及第六届监事会第二十二次会议上，上述报告书的修订稿得到

审议通过。同年10月17日，天津普林在并购道路上继续迈出坚实步伐，公司召开2023年第三次临时股东大会，审议通过此次交易的相关议案。同年11月8日，泰和电路就此次交易完成工商变更登记和《公司章程》备案手续，并取得有关部门换发的《营业执照》，其51%股权顺利完成交割，天津普林并购泰和电路的工作画上完美句号。

（二）并购背景

第一，国家鼓励企业并购重组。国务院曾发布《国务院关于进一步提高上市公司质量的意见》，要求充分发挥资本市场的并购重组主渠道作用，鼓励上市公司盘活存量、提质增效、转型发展，促进市场化并购重组，推动上市公司做优做强，提高上市公司质量。深交所也在《2020年深市并购重组市场情况综述》中提出，深交所将继续深入贯彻落实十九届五中全会和中央经济工作会议精神，按照中国证监会工作部署，坚持市场化、法治化方向，坚持监管与服务并举，完善制度供给，优化审核机制，加强持续监管，在制度建设、政策咨询、方案实施、培训交流、技术保障等方面提供“一揽子”服务，充分发挥并购重组功能作用，提高上市公司质量，支持产业结构转型升级，更好服务国家战略大局，切实助力科技、资本和实体经济高水平循环。

第二，产业政策提供有力支持。电子信息产业是我国目前重点发展的战略性、基础性和先导性支柱产业，印制电路板作为电子信息产业中重要的基础性材料，其发展水平对电子信息产业的发展具有至关重要的影响。近年来，国家相继推出了一系列扶持和鼓励印制电路板行业发展的产业政策，比如国家发改委和商务部联合印发《鼓励外商投资产业目录（2022年版）》、工信部发布《基础电子元器件产业发展行动计划（2021—2023年）》、国家统计局发布《数字经济及其核心产业统计分类（2021）》等。这些政策推动了行业的产业升级及战略性调整，为印制电路板制造行业的健康发展提供了良好的制度与政策环境。

第三，国内市场空间持续增长。近年来，全球印制电路板的市场规模伴随全球范围内的经济复苏而不断扩大。根据世界电子线路理事会提供的数据，2021年全球范围内印制电路板的产值增长率达到22.1%。按地域划分，我国依然处于全球印制电路板市场主导地位，占据全球市场份额的57.3%，印制电路板产值增长率达到28.4%。由于印制电路板在电子、航空航天、信息技术、工业和汽车行业中的广泛应用，下游市场需求保持了稳定增长。方兴未艾的智能终端、云计算、大数据、物联网、节能环保和信息安全等热点领域需要更多的中高端印制电路板产品。新能源汽车的快速普及，也让印制电路板产品的用量和单价均有增加。这些情况共同推动了印制电路板行业的快速发展。

（三）并购动因

第一，夯实天津普林区域竞争优势。此次交易能够让天津普林获得泰和电路在大湾区和海外的销售渠道，拓展上市公司的销售网络，提高其产品和服务的覆盖率和市场占有率，进一步提高销售收入和盈利能力。同时，借助泰和电路丰富的客户资源，天津普林可以更好地了解海内外客户需求和市场趋势，优化其产品和服务的质量和竞争力。利用泰和电路分别位于粤港澳大湾区和珠三角核心区域的两个生产基地，天津普林还可借助区域内发达的物流、运输、通信等服务网络，快速连接全球市场。

第二，为泰和电路提供融资平台。泰和电路作为一家高速发展的印制电路板企业，在营运资金、项目建设等方面均具有较大资金需求，但是其资本规模有限，融资手段单一。此次交易前，泰和电路的生产经营主要依赖银行借款等债务融资，资产负债率一直在50%上下徘徊。在此次交易中，天津普林向泰和电路增资，不仅能够优化泰和电路的资本结构，降低其资产负债率，还能够同时缓解泰和电路新建项目的资金需求。此次交易之后，泰和电路还可以借助上市公司这一资本市场融资平台，解决未来经营过程中的资金瓶颈问题，依托国家大力发展电子信息产业的政策红利，不断提升竞争优势及盈利能力。

第三，助力泰和电路扩充产能，优化产品结构。此次交易之后，泰和电路可以利用上市公司的资金、技术和人才等资源，一方面加速完成珠海工厂的建设，提升产能，满足市场需求，实现经营规模的持续扩展，另一方面优先布局mini LED（次毫米发光二极管）、micro LED（微发光二极管）、新能源等领域的新产品，实现产品结构的优化，拓展产品线，提高市场竞争力。相应地，天津普林也能因此获得更加丰富和多样化的产品线，提升公司的区域竞争优势，进一步实现销售增长。

（四）并购评述

天津普林与泰和电路同属印制电路板制造行业的企业，从事的都是印制电路板的研发、生产和销售。双方所在行业是全球电子元件细分产业中产值占比最大的产业。受低碳化、智能化等因素的驱动，光伏新能源、新能源汽车、5G（第五代移动通信技术）通信、云计算、智能手机等印制电路板下游应用行业预期将蓬勃发展，从而带动印制电路板需求持续稳定增长，印制电路板制造行业的未来前景光明。然而，这并不意味着行业中的每家企业都能顺风顺水、吃尽红利。全球印制电路板行业集中度不高，生产商众多，市场竞争充分。虽然目前该行业存在向优势企业集中的发展趋势，但在未来较长时期内仍将保持较为分散的行业竞争格局。从中国大陆市场来看，外资企业普遍投资规模较大，生产技术和产品专业性都有一定优势，而内资企业则数量众多，产业集中度低，在规模和技术水平上与外资相比仍存在差距。2022年，天津普林和泰和电路的营业收入分别为58,072.47万元和46,967.78万元，而中国台湾企业臻鼎科技集团营业收入高达57.04亿美元，在印制电路板厂商中排名全球第一。这不单单反映出天津普林和泰和电路相对于行业头部企业的距离，更重要的是说明了两者具有较大的增长潜力。因此，通过横向并购迅速做大做强，有利于凭借研发、技术、管理、品质、资金、成本、客户等优势，抢占先机，在产能得到保障的情况下获取更多订单，瓜分更大的市场蛋糕，获得高于行业平均水平的收入增长率，也有利于在行业周期性波动中抱团取暖，成功抵御各种风险。此次天津普林并购泰和电路，有助于双方互通有无、各取所需、扬长避短，优化资源配置，推动共同进步，提升抗风险能力和核心竞争力，不啻为一种双赢的做法。

B.10
2023年文化体育和娱乐业并购分析

胡　伟　蒋贻宏　胡从发*

摘　要： 文化体育和娱乐业已经成为现代社会中的一个巨大产业，为社会经济发展作出了重要贡献。随着人们生活水平的提高，对于文化、体育和娱乐的需求也在日益增长。人们对于精神生活的追求已经从简单的物质满足转向了更加丰富的文化、体育和娱乐活动。这其中，文化产业以其独特的魅力成为创业者的新宠，而体育产业也逐渐走向多元化和全民化，同时娱乐业的创新和升级也在不断推动着整个行业的发展。

关键词： 文体娱乐业　并购

一、文化体育和娱乐业趋势分析

文化体育和娱乐业已经成为现代社会中的一个巨大产业，为社会经济发展作出了重要贡献。随着人们生活水平的提高，对于文化、体育和娱乐的需求也在日益增长。人们对于精神生活的追求已经从简单的物质满足转向了更加丰富的文化、体育和娱乐活动。这其中，文化产业以其独特的魅力成为创业者的新宠，而体育产业也逐渐走向

---

* 蒋贻宏，国元证券权益投资部副总经理，主要研究方向为股权融资，并购重组；胡从发，国元证券股份有限公司投资银行总部资深经理，保荐代表人，注册会计师，主要研究方向为股权融资，并购重组。

多元化和全民化，同时娱乐业的创新和升级也在不断推动着整个行业的发展。

国家“十四五”规划提出要建成文化强国。党的十九大报告提出，要坚定文化自信，推动社会主义文化繁荣兴盛，作为国民文化自信载体的中国文化产业也正经由数字化的发展呈现出新经济业态百花齐放的气象。

2023年，国家统计局数据显示，全国7.3万家规模以上文化及相关产业企业实现营业收入12.9万亿元，比上年增长8.2%。2023年2月，中共中央、国务院印发的《数字中国建设整体布局规划》指出，要打造自信繁荣的数字文化。大力发展网络文化，加强优质网络文化产品供给，引导各类平台和广大网民创作生产积极健康、向上向善的网络文化产品。提升数字文化服务能力，打造若干综合性数字文化展示平台，加快发展新型文化企业、文化业态、文化消费模式。2023年10月，在全国宣传思想文化工作会议上，习近平总书记指出“着力加强国际传播能力建设、促进文明交流互鉴”，为提升国家文化软实力，推进文化自信自强，加快建设社会主义文化强国明确了方向和路径。

我国体育产业大步前行，国家体育总局等部门于2023年出台了《全民健身场地设施提升行动工作方案（2023—2025年）》《促进户外运动设施建设与服务提升行动方案（2023—2025年）》等体育产业支持政策。以健身休闲和体育竞赛表演为“两轮”，体育产业正在有效推动产业链相关业态内容供给不断丰富、产品质量不断提升。2024年政府工作报告提出，积极培育体育赛事、文娱旅游等新的消费增长点。要充分挖掘体育产业潜力，发挥体育产业发展空间广阔、发展形式多样的特点，大力拓展“体育+”“+体育”，为经济社会发展增添新动能。赛事经济前景广阔，在体育强国建设的道路上，除了引入国际体育赛事IP外，也要着力发展属于自己“中国制造”的体育赛事IP品牌。积极参与国际体育格局再造和秩序建构，从战略层面构建具有中国元素的国际体育品牌赛事。鼓励全国各级城市挖掘体育资源，打造“体育+文化+旅游”深度融合的新路径，深入推动文体旅融合发展，不断释放消费潜力、扩大消费规模。

2023年，中国旅游业高开稳走，全面复苏。文旅融合加速发展，旅游市场和旅游产业链得到明显修复。据文化和旅游部统计，2023年，国内出游人次48.91亿，比上年同期增加23.61亿，同比增长93.3%，涨幅明显，恢复至2019年（60.1亿人次）的81.38%，国内旅游市场复苏加速。伴随外部环境优化改善、各级政府政策扶持与消费促进等利好因素，国内文旅行业复苏势头显著且持续，居民回补性出游需求旺盛，彰显了旅游经济的发展韧性与活力，并进一步确立了国内旅游市场加速进入全面复苏向上新通道的发展态势。

2023年演出市场热度空前。据艾媒咨询估计，2023年中国演出市场规模较2022

年增长270.9%，较2019年增长67.9%，整体规模为903.46亿元。内容创作生产增长10.7%；创意设计服务增长8.7%；文化传播渠道增长11.9%；文化投资运营增长24.4%；文化娱乐休闲服务增幅最大，增长达63.2%；文化辅助生产和中介服务增长0.4%；文化消费终端生产增长3.3%。从居民消费心理看，似乎是要弥补三年线下演出活动的缺失，2023年演出市场热度空前。演出市场的火爆成为2023年文化产业最具代表性的现象之一。

二、文化体育和娱乐业并购分析

1. 文化体育和娱乐业并购趋势

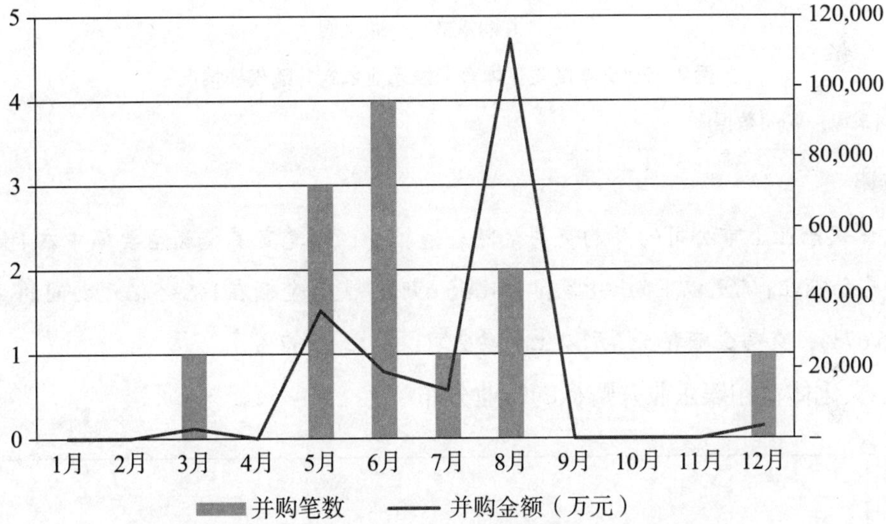

图1　2023年度文化体育和娱乐业并购交易金额和笔数

资料来源：Wind数据库

点评

2023年度，我国文化、体育和娱乐业上市公司主要完成并购交易12笔，披露的交易金额为188,771.46万元，平均每笔交易金额为15,730.95万元。从交易笔数来看，发生最多的月份为2023年6月，达到4笔；从交易金额看，发生交易金额最大的月份为2023年8月，达到113,432.00万元。今年最大的一笔并购交易是祥源文旅（600576）置入黄山市祥源齐云山酒店管理有限公司100%股权、黄山市祥源云谷酒店管理有限公司100%股权、祥源茶业有限责任公司100%股权、杭州祥堃源酒店管理有限公司100%股权，交易金额为60,400.00万元。

2. 文化体育和娱乐业并购规模

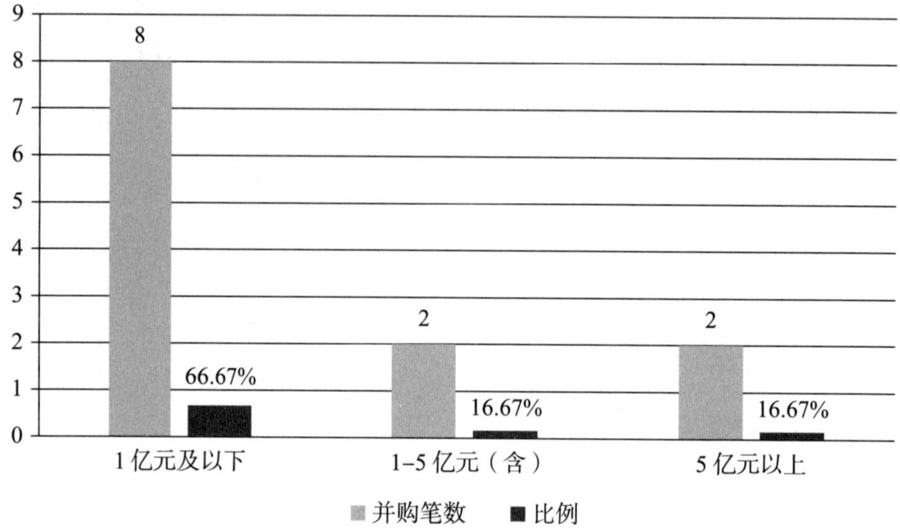

图2　2023年度文化体育和娱乐业单笔并购规模情况

资料来源：Wind数据库

点评

文体娱乐业上市公司的并购交易金额普遍较小，单笔交易金额主要集中在1亿元以下。交易金额在1亿元以下的共8笔，占比66.67%；交易金额在1亿~5亿元之间的共2笔，占比16.67%；交易金额在5亿元以上的共2笔，占比16.67%。

3. 文化体育和娱乐业并购标的行业分布

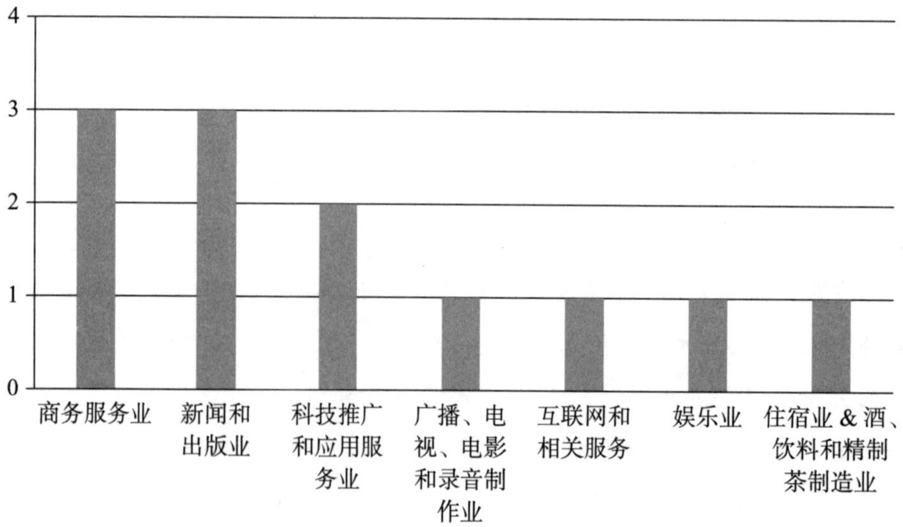

图3　2023年度文化体育和娱乐业并购标的行业分布

资料来源：Wind数据库

点评

从并购标的所属行业来看，商业服务业、新闻和出版业最多，均达到3笔；其次为科技推广和应用服务业，2笔；其余行业均为1笔。

4. 文化体育和娱乐业并购区域分布

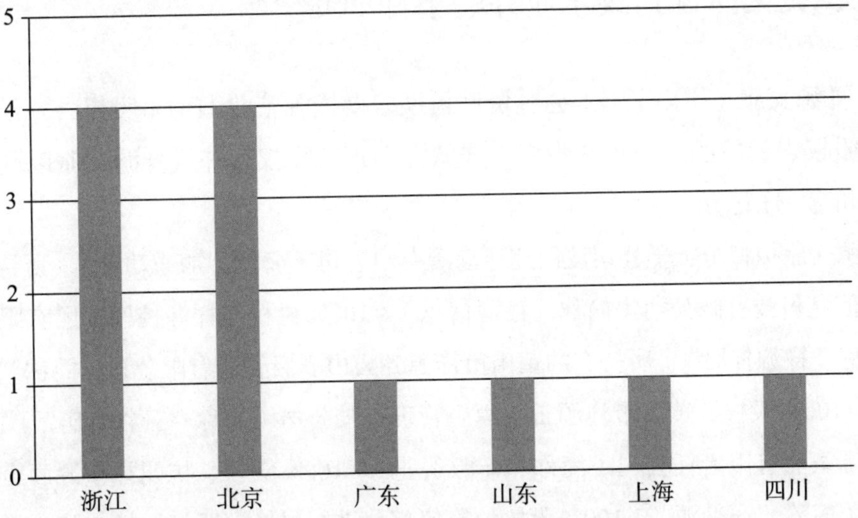

图4　2023年度各省（市）并购交易笔数

资料来源：Wind数据库

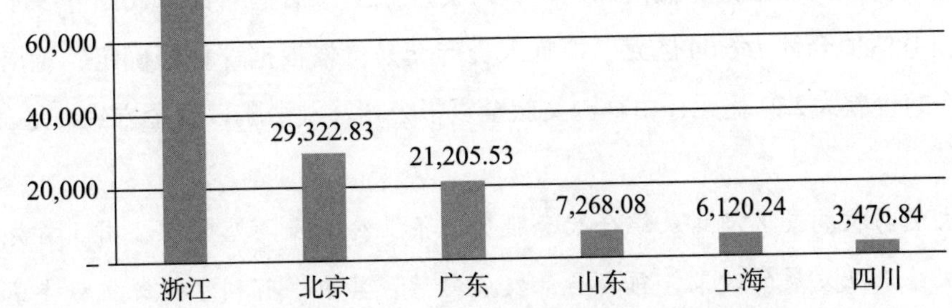

图5　2023年度各省（市）并购交易总金额（万元）

资料来源：Wind数据库

点评

从我国文体娱乐业发生并购交易的上市公司的地域分布来看，浙江、北京各完成4

笔并购交易，广东、山东、上海、四川各完成1笔并购交易；其余地区的文体娱乐业上市公司今年无并购交易完成。

从交易金额看，浙江居首，达到121,377.94万元；其次是北京，达到29,322.83万元。

三、文化体育和娱乐业并购事件TOP5

1. 祥源文旅（600576）通过资产置换取得祥源茶业100%股权、齐云山酒店100%股权、云谷酒店100%股权、祥堃源100%股权，并且祥源文旅以现金支付交易差价2.91亿元

祥源文旅拟将全资子公司厦门翔通动漫有限公司（简称“翔通动漫”）所持有的厦门翔通信息科技有限公司（简称“翔通信息”）100%股权与祥源控股集团有限责任公司（简称“祥源控股”）所持有的黄山市祥源齐云山酒店管理有限公司（简称“齐云山酒店”）100%股权、黄山市祥源云谷酒店管理有限公司（简称“云谷酒店”）100%股权、祥源茶业有限责任公司（简称“祥源茶业”）100%股权、杭州祥堃源酒店管理有限公司（简称“祥堃源”）100%股权的等值部分进行置换，股权置换交易价格以评估值为准，差额部分由祥源文旅全资子公司浙江祥源堃鹏文化旅游发展有限公司（简称“祥源堃鹏”）以现金补足。本次交易完成后，祥源文旅将通过祥源堃鹏持有齐云山酒店100%股权、云谷酒店100%股权、祥源茶业100%股权及祥堃源100%股权，翔通信息将成为祥源控股全资子公司安徽祥益旅游发展有限公司（简称“安徽祥益”）的全资子公司。

本次交易置出资产截至评估基准日2023年5月31日的所有者权益评估值合计为3.13亿元，置出资产交易根据评估值确定；置入资产截至评估基准日为2023年5月31日的所有者权益估值合计为6.04亿元，拟置入资产交易价格根据评估值确定，置出资产与置入资产的价差为2.91亿元，由祥源文旅全资子公司祥源堃鹏以现金方式补足。

点评

本次交易收购景区酒店及综合配套服务、茶业公司及酒店管理公司，首先符合国家关于文旅产业发展的政策，符合行业发展趋势；其次，有利于祥源文旅丰富旅游目的地产品和服务内容，符合祥源文旅的发展战略和市场化发展需求；再次，有利于祥源文旅旅游板块业务类型由景区交通类业务向休闲旅游度假目的地综合服务业务转型；最后，收购的景区酒店有较强的区位协同效应，产品业态层次多样，有助于提升祥源文旅综合服务客户的能力。

2. 祥源文旅收购碧峰峡80%股权

为进一步聚焦文旅主业，拓展布局休闲度假目的地景区业态，推动公司高质量发展，祥源文旅与无锡游目骋怀旅游文化有限公司签署附生效条件的《关于雅安东方碧峰峡旅游有限公司之收购协议》，以人民币406,319,994.49元（其中承接债权34,319,994.49元，60%股权价格372,000,000.00元）收购其持有的碧峰峡60%的股权；与成都万贯（集团）置业股份有限公司签署附生效条件的《关于雅安东方碧峰峡旅游有限公司之股权转让协议》，以人民币124,000,000.00元收购其持有的碧峰峡20%的股权，即祥源文旅合计以自有资金出资人民币530,319,994.49元（其中现金支付股权转让价款496,000,000.00元，承接债权34,319,994.49元）收购碧峰峡80%股权。

点评

本次收购完成后，祥源文旅将在成渝地区新增布局碧峰峡5A级旅游景区旅游服务业务，并通过资源整合、运营提升，进一步丰富旅游业务类别，提高旅游业务收入占比，提升旅游业务营利能力，持续推动公司高质量发展。

3. 南方传媒（601900）收购广东岭南社100%股权、广东地图社100%股权

广东省出版集团有限公司（简称“广版集团”）于2020年3月5日与广东省文学艺术界联合会签订了《广东省文学艺术界联合会与广东省出版集团有限公司关于广东岭南美术出版社有限公司100%国有股权无偿划转协议》，广东省文学艺术界联合会将其所持有的广东岭南美术出版社有限公司（简称“广东岭南社”）100%股权无偿划转至广版集团。广版集团于2020年8月28日与广东省地图院签订了《广东省地图院与广东省出版集团有限公司关于广东省地图出版社有限公司100%国有股权无偿划转协议》，广东省地图院将其所持有的广东省地图出版社有限公司（简称“广东地图社”）100%国有股权无偿划转至广版集团。

国有股权无偿划转导致南方传媒与广东岭南社、广东地图社形成同业竞争及大额关联交易。

2023年3月14日，南方传媒发布《南方传媒关于以现金方式购买股权解决同业竞争暨关联交易的公告》，南方传媒拟分别出资18,813.44万元、2,392.09万元，共计21,205.53万元购买广版集团所持广东岭南社、广东地图社100%股权。

点评

南方传媒与广东岭南社、广东地图社均属同一控股股东广版集团控制，本次交易解决了因国有股权划转导致的南方传媒与出版集团同业竞争及关联交易问题，有利于做强做大南方传媒，保护南方传媒中小投资者合法权益。

4. 中文在线（300364）收购寒木春华51%股权

中文在线拟与北京寒木春华动画技术有限公司（简称“寒木春华”，运营“罗小黑”系列IP）及其原股东签署《股权转让协议》，中文在线拟以人民币13,781.177,1万元的对价收购寒木春华51.041,4%的股权（对应寒木春华认缴出资额14.194万元），其中，中文在线以人民币10,307.532,1万元的对价购买北京梦之城文化有限公司所持寒木春华38.176%的股权，以人民币3,473.645万元对价购买圣晓文化娱乐（北京）有限公司所持寒木春华12.865,4%的股权。

寒木春华以“罗小黑”系列IP为核心，主要业务板块分为动画番剧业务、动画电影业务、周边授权业务和衍生品销售业务。寒木春华创始人章平于2010年创作“罗小黑”形象，其动画番剧《罗小黑战记》第一季于2011—2019年在B站陆续上线，动画番剧《罗小黑战记》第二季于2021年4月在B站开播。2015年，寒木春华开始动画电影《罗小黑战记》的制作，并于2019年成功上映，取得超过3亿元的票房收入。寒木春华通过对“罗小黑”形象版权授权取得相应的版权费，2022年授权业务快速增长，授权业务类型广泛，涵盖服饰、手游、卡片、饮料、香水、壁纸等多个领域。此外，寒木春华通过ODM（原始设计制造商）方式生产“罗小黑”IP系列相关周边商品，并通过线上线下渠道进行销售。

点评

随着我国数字文化产业规模的不断增长，围绕IP内容开展的多领域、多层次、多维度的衍生与开发，逐渐成为支撑数字文化产业快速发展的不竭动力。多年来，中文在线一直将“决胜IP”作为长期战略，在IP衍生及运营领域持续发力，依托公司海量数字内容资源优势，通过对优质网文进行音频、动漫、动态漫、中短剧、影视等衍生形态的全模态开发，升级IP衍生孵化链条，将公司丰富的数字内容资源转化为多形态的IP产品矩阵。动漫产品化作为IP衍生开发的重要一环，2021年起已纳入公司重点战略布局方向，并建设了相关能力，由公司出品的动态漫《混沌剑神》已在腾讯视频、爱奇艺、优酷平台上线，由公司与企鹅影视联合出品、原力动画制作的动画《修罗武神》将在腾讯视频独家播出，尚有多部精品IP改编的动漫作品处于创作阶段。本次战略并购寒木春华，是中文在线在“决胜IP”战略方向深入布局的重要举措。

5. 百纳千成（300291）收购永兴坊文商旅60%股权

百纳千成与西安永兴坊文商旅策划运营有限公司（简称“永兴坊文商旅”）原股东沈建鹏签署《关于西安永兴坊文商旅策划运营有限公司之股权转让及合作协议》，百纳千成以自有资金人民币9,000万元购买沈建鹏持有永兴坊文商旅60%的股权。本次交易不构成关联交易，亦不构成《上市公司重大资产重组管理办法》规定的重大资产重组。

永兴坊文商旅成立于2017年，主要从事影视文化IP开发及线下运营、文化旅游项目策划、商业运营管理及咨询服务，目前已完成江西南昌绳金塔、洛阳大河荟、大同古城户部角、聊城东昌渡非遗文化街区等多个知名文旅项目的策划以及西安“长安十二时辰”项目的投资策划运营。

点评

本次交易完成后，永兴坊文商旅将成为百纳千成持股60%的控股子公司，纳入公司合并报表范围。本次收购符合百纳千成整体发展规划，在加快对影视IP开发的同时，通过不断对影视IP的多元化开发变现，实现对影视IP内容的反哺，有利于加快公司的战略转型，延伸公司业务链条，完善公司产业布局，有助于影视IP与文旅业务的协同发展，进一步强化公司的业务规模和盈利能力，提升公司品牌价值，增强公司的综合竞争力和可持续发展能力。

四、文化体育和娱乐业典型案例

祥源文旅通过资产置换取得祥源茶业100%股权、齐云山酒店100%股权、云谷酒店100%股权、祥堃源100%股权，并且祥源文旅以现金支付交易差价2.91亿元。

（一）交易概述

祥源文旅将全资子公司翔通动漫所持有的翔通信息100%股权与祥源控股所持有的齐云山酒店100%股权、云谷酒店100%股权、祥源茶业100%股权及祥堃源100%股权的等值部分进行置换，股权置换交易价格以评估值为准，差额部分由祥源文旅全资子公司祥源堃鹏以现金补足。本次交易完成后，祥源文旅将通过祥源堃鹏持有齐云山酒店100%股权、云谷酒店100%股权、祥源茶业100%股权及祥堃源100%股权，翔通信息将成为祥源控股全资子公司安徽祥益的全资子公司。

本次交易置出资产截至评估基准日2023年5月31日的所有者权益评估值，合计为3.13亿元，置出资产交易根据评估值确定；置入资产截至评估基准日为2023年5月31日的所有者权益估值合计为6.04亿元，拟置入资产交易价格根据评估值确定，置出资产与置入资产的价差为2.91亿元，由祥源文旅全资子公司祥源堃鹏以现金方式补足。

本次交易对象为祥源文旅实际控制人控制的企业，本次交易构成关联交易，但不构成《上市公司重大资产重组管理办法》规定的重大资产重组。

（二）并购背景及动因

本次交易拟置出与文旅主业协同性较弱的无线增值等业务及其相关资产，置入“大黄山”区域旅游目的地综合服务业务及配套资产，将进一步丰富上市公司文旅主业的业态，与公司现有的索道和景区交通业务形成业态互补和产品协同，进一步提升景区资产的运营效率，以旅游目的地服务综合配套的资产为核心，进一步聚焦文旅主赛道，推动公司向休闲度假方向转型发展。

1. 以旅游目的地服务综合配套的资产为核心进一步聚焦文旅主业，进一步优化上市公司文旅业务结构，实现景区交通型服务模式向综合型休闲度假文旅产业模式转变。

通过本次交易，上市公司置入契合文旅主业、资源稀缺性强、竞争优势突出的旅游目的地服务配套的核心资产，进一步聚焦文旅融合的构建和运营，增强景点对旅客的长效吸引，形成旅游业态持续发展的新动力；同时，将动漫及其衍生业务中涉及无线增值类、互联网推广等与文旅主业协同性弱、经营效率不断下降的业务及资产置出，实现上市公司业务结构进一步优化，盈利能力进一步提升，更加契合中国旅游业从景区观光游向旅游度假化转变，适应文旅产业由资源化向产品化、场景化转变的大趋势。

2. 本次交易有助于丰富上市公司文旅主业的业态，有助于与公司景区交通类业务形成业态互补和产品协同，进一步提升景区资产的运营效率。

本次交易置入资产主要集中在“大黄山”区域，包括齐云山祥富瑞酒店及其服务综合配套和黄山云谷酒店及其服务综合配套，以及祥源茶旅产业相关资产，进一步丰富公司现有文旅业务的业态种类。以齐云山祥富瑞酒店和黄山云谷酒店为核心的旅游目的地服务综合配套与齐云山景区和黄山景区游览形成自然联动，实现为游客提供“山上游览、山下度假”的综合服务体验，让游客在游玩中沉浸式体验徽州文化，实现由景区观光向景区度假化模式转变。同时，以茶文化为核心的文旅融合创新产品，进一步满足了游客对具有地方特色物产的需求，并利用黄山景区、齐云山景区、黟县宏村、祁红产业文化博览园和祁门红茶生态茶园等黄山地区的优势旅游资源，依托区位集中优势，能够形成旅游线路组合优势，进一步提升整体运营效率。

本次交易置出标的主要业务为无线增值类、互联网推广等业务，与文旅主营业务协同性较弱；同时受行业政策的影响，置出业务发展前景有限，祥源文旅为聚焦文旅主赛道，以旅游目的地服务综合配套的资产为核心进一步夯实文旅主营业务，实施本次交易。

（三）交易评述

1. 上市公司通过本次交易将增加景区目的地服务综合配套资产和祥源茶产业等强稀缺性资产，将进一步实现文化与旅游实体经济和消费场景的深度融合，进一步适应文旅产业由景区游览向休闲度假化的发展方向。

本次置入资产主要包括齐云山祥富瑞酒店及其服务综合配套和黄山云谷酒店及其服务综合配套，以及祥源茶旅产业相关资产，分别依托齐云山景区和黄山景区的旅游目的地资源，提供景区综合度假服务体验。

齐云山酒店公司系以齐云山祥富瑞酒店群为核心的旅游目的地服务综合配套，以休宁福山福水环境为载体，具有景区酒店群、徽文化展示中心、指隐者服务、坐忘花园、徽州特色美食坊、非遗体验中心、恒温游泳馆及文体中心等综合服务配套项目，与公司已拥有的齐云山景区交通等旅游资产深度融合，发挥景区与度假区资源的协同效应，丰富游客游览的趣味性、互动性、体验性，提升游客度假体验。黄山云谷酒店在安徽黄山核心景区内，位于云谷索道旁。酒店以“大自然”为原点，创新衍生出“精品度假”与“休闲观光”两大核心板块，是集住宿、观光、餐饮、商务为一体的全天候一站式休闲度假综合体。

本次景区度假资源的置入将有利于祥源文旅补足休闲度假旅游产品体系，实现公司从景区观光游览向旅游度假化的文旅业态转变；有利于公司整合“大黄山”区域文旅产品消费内容进行统一营销，提高公司区域旅游品牌影响力；有利于吸引过夜游客客群，延长游客逗留时间，提高人均旅游消费水平。

本次交易完成后，上市公司将增加景区目的地服务的综合配套资产和祥源茶旅业等强稀缺性资产，将进一步实现文化与旅游实体经济和消费场景的深度融合，进一步适应文旅产业由景区游览向景区度假化转型升级的行业潮流。

2. 上市公司将进一步丰富“文化IP+旅游+科技”产业布局，以“大黄山”区域文旅资产综合服务为核心，以茶文旅、茶消费为创新载体，文旅融合数字赋能进一步提升文旅运营效率和品牌影响力，加速推进公司实现全域旅游综合服务商的战略目标。

通过收购齐云山酒店公司、黄山云谷酒店，以及托管集团其他景区特色酒店，上市公司在已有索道等景区交通业务的基础上，增加景区目的地服务综合配套资产等强稀缺性资产，进一步向景区度假化、度假场景化延伸，逐步形成了沉浸式度假产品闭环。同时，凭借高质量的景区度假酒店服务，打造统一品牌和文化形象，并通过预订系统、会员制度、度假服务等数字化服务形式，为文旅数字化提供了坚实的生态基础。

祥源文旅本次对祥源茶业的收购，一方面能够通过产品设计，在沉浸式度假场景中融入属地化的茶文化，实现文旅资产的运营整合，另一方面通过高品质的祥源茶产品，实现祥源文旅品牌和文化符号从旅游场景向日常场景的延展，进一步打通文旅消费产业链，带动茶旅、茶文化等相关产业发展，在文旅商品消费领域打造新的增长极。祥源茶业在国内已具备一定的品牌影响力，持有的国家4A级旅游景区祥源·祁红产业文化博览园以及生态茶园基地等相关资产能够与本市的黄山景区、邻县黟县的“中国画里乡村”宏村、邻县休宁的齐云山景区等景区形成精品旅游线路，融入安徽省大黄山生态型、国际化、世界级休闲度假旅游目的地发展战略，进一步推进公司“文旅+茶旅”融合，实现旅游产业与茶产业的战略协同。

本次置入资产完成后，祥源文旅将逐步形成旅游服务产业链闭环，发挥“景区+度假+茶旅”链条优势，强化产品和文化属性，研发一批多样化、定制化、个性化旅游产品，培育一批观光、度假、亲子、研学、康养等新的消费场景，推动各业务要素彼此衔接、相互赋能，加速推进公司实现全域旅游综合服务商的战略目标。

3. 本次拟置出与文旅主业协同性较差的无线增值等业务及相关资产，注入成长性较好的优质文旅消费资产，有助于优化公司业务结构，提高公司资产规模，增强盈利能力，推动公司高质量发展。

长期来看，本次交易将有利于改善上市公司财务状况，增强持续盈利能力，促进上市公司高质量发展，适应文旅业态向“旅游度假化、度假场景化”的现代服务模式转变的大趋势。本次交易完成后，祥源文旅将进一步聚焦文旅主业，以旅游目的地服务综合配套资产为核心，优化公司文旅主营业务结构，强化休闲度假旅游资源整合，丰富文旅目的地服务内容，提升“大黄山”区域文旅运营效率，持续提升公司文旅资产质量，推动公司高质量发展。

专 题 篇

B.11

2023年中国上市公司并购重组分析

陈锡林　程　康*

摘　要： 本报告回顾梳理了2023年中国上市公司重大资产并购重组整体情况。2023年共披露195单重大资产重组方案，以发行股份购买资产和协议收购为交易方式的并购成为市场主旋律。各板块共审核上市公司资产重组26家次，呈现逐年减少的趋势。2023年上市公司完成控制权变更的数量为146单，控制权交易维持高位运行，正逐步成为A股资本市场并购重组的重要形式。以A控A为代表的产业内强强联合持续增加，要约收购案例数量出现小幅回升。

关键词： 上市公司　收购　重大资产重组　控制权

并购重组作为典型的市场配置资源领域，在推动提高上市公司质量方面发挥不可替代的作用。随着2023年2月全面注册制改革相关制度的正式发布，上市公司并购重组亦全面步入“注册制时代”，并购重组进入更为市场化的阶段，资本市场基础性制度的适应性、包容性和效率性明显提升，为推动上市公司做强主业、提升质量积极助力。

---

* 陈锡林，博士，现任大业信托有限责任公司创新研发部总经理；程康，硕士毕业于中山大学，现任大业信托创新研发部研究员。

一、市场整体概览

（一）2023年A股并购重组活动继续放缓

在2015年大牛市A股重大资产重组项目数量触及峰值（415件）之后，随着我国重大资产重组监管趋严，自2016年下半年以来，A股并购重组项目数量和交易金额明显回落，到2019年之后，每年披露的项目数量已不足200件。

2023年上市公司资产重组数量进一步下滑，根据Wind数据统计，2023年全年，A股上市公司共发生195笔并购重组交易。从上市板块来看，上交所主板发生78笔，科创板有4笔，深交所主板发生72笔，创业板38笔，北交所发生3笔。

2023年全年，A股上市公司并购重组涉及交易金额共计约5,110.95亿元，从上市板块来看，上交所主板交易金额约3,749.71亿元，科创板约53.49亿元，深交所主板交易金额约867.61亿元，创业板约437.88亿元，北交所交易金额约2.26亿元。

表1　2023年重大资产重组市场上市板块分布情况

板块名称	数量	占比（数量）	交易总价值（万元）	占比（价值）
上交所主板	78	40.00%	37,497,052.13	73.37%
深交所主板	72	36.92%	8,676,119.81	16.97%
创业板	38	19.49%	4,378,839.46	8.57%
科创板	4	2.05%	534,939.82	1.05%
北交所	3	1.54%	22,591.60	0.04%
合计	195	100.00%	51,109,542.82	100.00%

2023年并购重组市场的低迷主要是因为中国经济复苏仍然处于早期阶段，虽然需求收缩、供给冲击、预期转弱三重压力得到一定缓解，但总需求仍然不足。外部经济环境方面，在高通胀、债务问题、乌克兰危机、金融风险等因素影响下，世界经济复苏前景面临极大不确定性，经济下行风险加大，导致证券市场整体低迷。随着后续经济的逐步回升，全面注册制带来的企业并购重组活力涌现预计将逐渐显现。

（二）产业并购思维不断彰显

随着注册制改革的深入推进，纯“壳”公司收购热度有所下降，而带产业的上市公司逐渐成为收购的更优选择。2023年以“横向整合”“战略合作”为并购目的的重组数量占比最多，共计117笔，占比约60%，涉及金额共计2,894.97亿元，占比56.64%。而以“买壳上市”为并购目的的重组数量仅9家，占比4.63%，但涉及金额仍然较大，共计约1,091.86亿元，占比21.36%。

表2 2023年重大资产重组市场并购目的的分布情况

重组目的	数量	占比（数量）	金额（万元）	占比（金额）
横向整合	61	31.28%	11,291,557.70	22.09%
战略合作	56	28.72%	17,658,171.39	34.55%
多元化战略	29	14.87%	7,315,005.47	14.31%
买壳上市	9	4.62%	10,918,629.14	21.36%
资产调整	21	10.77%	1,571,304.39	3.08%
其他并购目的	19	9.74%	2,354,874.23	4.61%
合计	195	100.00%	51,109,542.32	100.00%

（三）交易结构更趋合理

从并购重组的方式来看，2023年“发行股份购买资产”和“协议收购”方式是重组的主要推力，分别为85笔、80笔，占比分别达到43.59%、41.03%，涉及金额分别计为3,758.62亿元、552.14亿元，占比分别为73.54%、10.80%。现阶段我国并购重组发行股份购买资产的比例较高，这种方式可以同时募集配套资金，且定价方式相对灵活，反映了资本市场参与者对于交易结构和流程的熟悉程度逐渐提高，在进行并购重组时更倾向于使用这些成熟的、被广泛接受和多元灵活的方法。同时吸收合并、资产置换等多样化的交易手段也被广泛应用，交易结构更趋合理。

表3 2023年重大资产重组市场交易方式分布情况

重组方式	数量	占比（数量）	金额（万元）	占比（金额）
发行股份购买资产	85	43.59%	37,586,190.67	73.54%
协议收购	80	41.03%	5,521,385.15	10.80%
吸收合并	2	1.03%	5,148,945.43	10.07%
二级市场收购（含产权交易所）	12	6.15%	1,445,392.96	2.83%
增资	8	4.10%	749,883.38	1.47%
其他并购方式	3	1.54%	397,115.26	0.78%
资产置换	5	2.56%	260,629.97	0.51%
合计	195	100.00%	51,109,542.82	100.00%

二、政策环境

（一）我国A股进入“全面注册制”新时代

2023年2月17日，中国证监会发布全面实行股票发行注册制相关制度规则，我国A股市场正式进入“全面注册制”新时代。注册制是指发行人申请发行股票时，依法将公开的各种资料完全准确地向证券发行审核机构申报，证券发行审核机构对申报文件的全面性、准确性、真实性和及时性作形式审查，而不对发行人的资质进行实质性审核和价值判断，将发行公司股票的良莠留给市场决定。

注册制是我国证券发行继审批制、核准制后的第三个管理制度，以信息披露为核心，将核准制下的发行条件尽可能转化为信息披露要求，同时进一步明晰证券交易所和证监会的职责分工，中国证监会将上市公司发行的审核权下放至上交所、深交所、北交所，各交易所并购重组委会议审核通过后，报送中国证监会履行注册程序，提高了审核注册效率和可期性。

针对A股公司并购重组，根据注册制要求，各市场板块上市公司发行股份购买资产统一实行注册制，《上市公司重大资产重组管理办法（2023修订）》对重大资产重组的审核流程作出了规定。

相较于此前的核准制，注册制下的《重组审核规则》规定，对符合条件的重组申请，可以减少问询轮次和问询数量，优化审核内容，提高审核效率，交易所审核总计不超过3个月，增加独立财务顾问主动撤回申请文件即触发终止审核情形等。同时，“分道制”和“小额快速”等审核机制也对不同类型的并购重组申请予以分流，大大加快了审批进程。

2023年，上交所注册生效的重大重组项目平均审核周期为141天、深交所平均审核周期为132天，相较于核准制度下的平均用时201天，审核效率提高了约34%。

（二）政策推动并购重组市场便利化、丰富化改革

在全面注册制的背景下，政府相关规则对重大资产重组的认定标准、定价机制、披露监管、交易方式等做出了完善和修订，拟降低上市公司并购重组成本，推动上市公司通过并购重组提质增效、做优做强。

表4　注册制下重大资产重组相关的部分政策法规

序号	文件名称	修订日期	主要条款	主要影响
1	《上市公司重大资产重组管理办法（2023修订）》	2023年2月17日	认定标准："购买、出售的资产在最近一个会计年度所产生的营业收入占上市公司同期经审计的比例达到百分之五十以上，且超过五千万元（新增）"	提高了重大资产重组交易的认定标准，使得此前部分可能会认定为重大资产重组的交易，变成一般资产交易行为，从而无需履行相关审核流程，提高交易效率，降低交易成本。
2			发行股份底价："不得低于市场参考价的百分之八十（之前为百分之九十）"	放宽了为购买资产而发行股份的价格范围，增加了交易双方之间的价格谈判空间
3	《公开发行证券的公司信息披露内容与格式准则第26号—上市公司重大资产重组》	2023年10月27日	经审计的最近一期财务资料在财务报告截止日后6个月内有效，特别情况下可申请适当延长，但延长时间至多不超过3个月（之前为1个月）	放宽了审计报告的有效期范围要求，降低了交易成本，提高了交易效率
4	《上市公司向特定对象发行可转换公司债券购买资产规则》	2023年11月14日	上市公司可单独以定向可转债作为支付工具，自行决定重组交易对价全部由定向可转债支付或者搭配部分股份、现金支付	丰富了企业并购支付工具，有助于提升并购重组市场活跃度，使得上市公司实施并购重组更为便捷和高效，提升上市公司积极性

（三）"827新政"后IPO收紧，侧面推动并购重组市场发展

2023年8月27日，证监会发布《证监会统筹一二级市场平衡优化IPO、再融资监管安排》的公告，明确提出了阶段性收紧IPO节奏、限制破发、破净、持续亏损企业的再融资行为。这一动作被称为"827新政"。

2023年A股共有695家企业的IPO申请获得交易所受理，其中"827"新政之前受理数量为593家，平均每月74家；"827新政"之后受理数量为102家，平均每月26家。可以看出，"827新政"后，IPO申请获得交易所受理的数量显著减少。

通常来讲，IPO上市的投资收益远大于并购重组，在全面注册制背景下，企业寻求IPO上市理应更加积极。但由于"827"新政对IPO的收紧效应，许多拟上市企业转而寻求并购重组实现自身的发展目标，与此同时，对破发、破净、持续亏损企业的再融

资限制可能会促使这些企业寻求通过并购重组来改善自身的经营状况和财务状况，从而提高并购重组市场的活跃度和交易量。

三、市场交易特点

（一）审核效率逐渐提升

截至2023年12月31日，A股上市公司重组进度处于“完成”状态的一共为62笔，占全年的31.79%，同比上升11.17%；交易金额2,880.17亿元，并购重组募集配套资金668.16亿元。

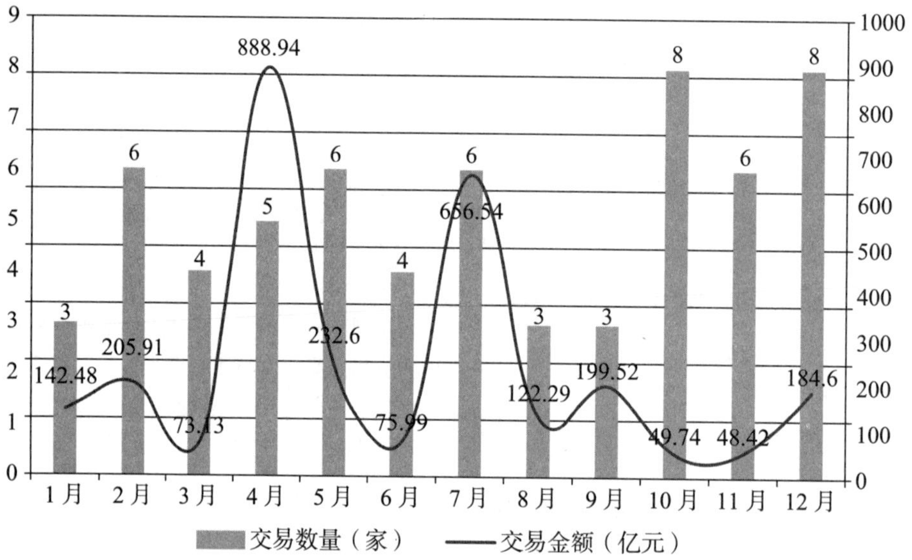

图1 2023年A股每月重大资产重组完成情况

从审核通过率来看，2023年并购重组市场通过交易所并购重组委审核25家、被否1家、暂缓表决1家、审核期间撤回申请8家，审核通过率96.15%，同比提升4.15个百分点。审核通过率的提高可能反映了两方面的变化：首先，上市公司在进行重组时更加注重资源的优化整合和产业的协同效应，减少了盲目的重组行为；其次，注册制下对并购交易信息披露要求的加强，有效地精选了标的资产的质量，并提升了整体的重组交易质量。

然而，审核通过率的提升并不代表审核标准的放松，下放给证券机构的审核权同样保持了与证监会并购重组委一致的审核思路和标准，并且持续维持其严格的水平。对于标的资产的持续盈利能力以及“三高”问题（即高估值、高商誉和高业绩承诺）的关注依然是审查过程中的关键焦点。若考虑审核期间撤回申请的情况（项目审核期间撤回以及审核通过后上市公司终止申请的情形），2023年项目成功率约为71.43%。

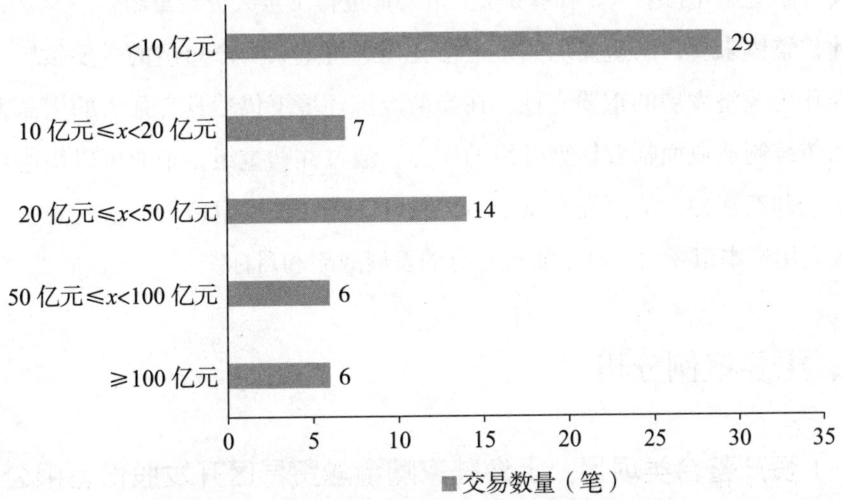

图2　2023年A股并购重组交易金额区间分布

（二）央国企并购重组交易额超八成，预计将持续活跃

按照上市公司实际控制人分类统计，2023年完成重大资产重组的62家上市公司中，中央国有企业、地方国有企业和民营企业及其他，分别有14家、20家、28家，占比分别为22.58%、32.26%和45.16%；从交易金额来看，分别为1,755.39亿元、708.90亿元、415.88亿元，占比分别为60.95%、24.61%、14.44%。

可以看出，央国企单位和民企单位在并购重组市场的数量上虽然各占半壁江山，但央国企的交易规模明显高于民企，表明战略性并购重组是国有经济布局优化和结构调整的有效途径。在政策暖风助推下，央国企并购重组持续活跃，成为并购重组市场主力军。2022年是国企改革三年行动收官之年，2023年新一轮国企改革提升行动启动，扎实推进中央企业战略性重组和专业化整合，是国资委国企改革工作的重点。通过并购重组，央国企可将更多优质资源向上市公司汇聚，以打造一批“旗舰型”央企上市公司，未来央国企上市公司的并购重组将进一步提速。在此背景下，资本市场的“二八效应”加剧，资源正不断向市场领头羊聚集。

（三）制造产业并购重组稳居第一

按证监会一级行业统计，2023年完成重大资产重组的62家上市公司分布在10个一级子行业。其中C制造业以32家上市公司的数量位居榜首，其次是D电力、热力、燃气及水的生产和供应业，以及A农、林、牧、渔业，分别有6家和5家上市公司完成重组。进一步细分到二级行业，C26化学原料和化学制品制造业与C39计算机、通信和其他电子设备制造业并列第一，各有6家上市公司进行了重大资产重组。

因此，整体来看，制造业仍然是上市公司进行重大资产重组的主要领域。这反映了制造业作为经济发展的重要支柱，在当前经济环境下仍然具有强大的生命力和发展潜力。而传统制造业面临着转型升级的压力，通过并购重组，企业可以快速获得新技术、新市场和新资源，从而提升竞争力，制造业在并购重组市场的活跃表明制造业企业正积极利用资本市场的工具来实现自身的发展战略和目标。

四、主要案例分析

（一）资产整合类项目：上海陆家嘴金融贸易区开发股份有限公司发行股份及支付现金购买资产并募集配套资金项目

1. 交易概述

2023年4月17日，上海陆家嘴金融贸易区开发股份有限公司（以下简称“上市公司”）发布《上海陆家嘴金融贸易区开发股份有限公司发行股份及支付现金购买资产并募集配套资金暨关联交易报告书（草案）》，拟以发行股份方式购买陆家嘴集团持有的昌邑公司100%股权、东袤公司30%股权，拟以支付现金方式购买前滩投资持有的耀龙公司60%股权、企荣公司100%股权。

本次交易前，上市公司已持有东袤公司30%股权，本次交易完成后，上市公司持有昌邑公司100%股权、东袤公司60%股权、耀龙公司60%股权、企荣公司100%股权，昌邑公司、企荣公司将成为上市公司的全资子公司，东袤公司、耀龙公司将成为上市公司的控股子公司。

2. 交易性质

（1）构成重大资产重组，本次交易拟购买的资产净额占上市公司最近一个会计年度经审计的合并财务会计报告期末净资产额的比例达到50%以上，且超过5,000万元。

（2）构成关联交易，陆家嘴集团系上市公司的控股股东，前滩投资系陆家嘴集团的控股子公司。

（3）不构成重组上市，最近36个月内，上市公司控制权未发生变更，本次交易完成前后，上市公司的控股股东、实际控制人均未发生变更。

3. 交易目的

陆家嘴集团以商业地产为产业核心，构建了“商业地产+商业运营+金融服务”的发展格局，负责陆家嘴金融贸易区、前滩国际商务区等区域的城市综合开发运营。通过本次重组，陆家嘴集团可将位于陆家嘴金融贸易区和前滩国际商务区的优质资产注入上市公司，有利于上市公司更深度地参与陆家嘴金融城东扩及前滩国际商务区的开发建设和运营，提高资产质量、优化财务结构、提升可持续发展能力。

4. 主要问询问题

（1）关于现金支付交易对价的考量

根据申报材料，本次交易以现金支付前滩投资交易对价约65.75亿元，其中59.4亿元来自本次配套募集资金。要求上市公司说明现金支付交易对价的主要考虑，以及如募集资金失败或不足，现金支付对价资金来源安排，对公司经营及财务状况的影响。

“发行股份购买资产+现金”的支付方式已成为主流，对于这种方式，审核机构重点关注现金资金来源的可靠性和对上市公司财务的影响。因此若企业选择该种支付方式，应充分考虑自有资金（现金、银行存款、交易性金融资产等）和自筹资金（银行信贷余额等）支付交易对价的可行性。

（2）关于评估增值的具体原因

根据申报材料，本次交易标的昌邑公司100%股权估值18.68亿元，评估增值率为1,116.78%，东袤公司100%股权估值162.53亿元，评估增值率1.54%，耀龙公司100%股权估值76.5亿元，评估增值率125.09%。要求上市公司披露存货/投资性房地产的具体构成、账面价值、评估值，并分析主要评估增值项目的具体增值原因。评估估值的公允性仍是审核的重点，企业在进行并购重组前期工作时，应当选择有甲级资质的可研机构，有证券从业资格的会计师事务所、评估机构等第三方机构，进行深入的市场调研，选择合适的评估办法，确定合理的市场价值，满足审核机构的问询要求。

（二）未通过审核项目：大地海洋收购虎哥环境100%股权项目

1. 交易概述

2022年11月18日，杭州大地海洋环保股份有限公司（以下简称“大地海洋”）发布《杭州大地海洋环保股份有限公司发行股份购买资产并募集配套资金暨关联交易报告书（草案）（修订稿）》，拟通过发行股份的方式，向唐伟忠、九寅合伙、张杰来、唐宇阳、蓝贝星悦、金晓铮、城田创业和城卓创业购买其合计持有的虎哥环境100%股权，交易价格为91,000.00万元。交易完成后，大地海洋将持有虎哥环境100%股权。同时，拟向不超过35名符合条件的特定对象发行股份募集配套资金，募集资金总额不超过56,000.00万元，不超过本次交易中以发行股份方式购买资产交易价格的100%；拟发行的股份数量不超过本次发行前总股本的30%，即25,200,000股。

2. 交易性质

（1）构成重大资产重组。

（2）构成关联交易，本次交易的交易对方唐伟忠、张杰来夫妇系上市公司控股股东、实际控制人，且唐伟忠担任上市公司董事长，为上市公司关联自然人；唐宇阳系唐伟忠、张杰来夫妇之女，为上市公司实际控制人之一致行动人，为上市公司关联自然人；九寅合伙系上市公司实际控制人控制的企业，为上市公司关联企业。

（3）不构成重组上市。

3. 主要问询问题

（1）关于资产定价公允性

根据申报材料，标的资产采用收益法评估作价，以2022年4月30日和12月31日为评估基准日，增值率分别为743.13%和508.64%。评估预测服务合同到期后均能如期续约，且服务单价基本保持稳定。但经核实，服务合同是否能如期续约存在较大不确定性，且报告期内，杭州市余杭区（含临平区）、湖州市安吉县新签订合同的服务价格较先前有较大幅度下降。

作为构成重大资产重组的关联交易，其资产评估价值的高溢价是审核机构关注的重点。对标的资产未来年度盈利预测及相关参数取值是否合理，本次高溢价收购是否必要，都将影响上市公司和中小股东利益。

（2）关于信息披露合规性

根据申报材料，上市公司未及时披露标的资产报告期内存在资金占用、第三方代收货款、转贷等情形。

控股股东、实际控制人及其他关联方非经营性占用上市公司资金的行为一直是监管关注的重中之重，形式多样的资金占用不论是刻意导致还是非主观误操作，都对上市公司及广大投资者的合法权益造成了损害。由于存在应披露未披露事项，或者未能及时、真实、准确、完整地披露信息，审核机构认为上市公司存在信息披露合规性问题。

4. 未通过审核的原因

（1）未充分披露标的资产评估参数取值与盈利预测的合理性

以收益法为评估方式，审核机构重点关注市场覆盖规模、可实现销量、产品定价等盈利预测基础数据的合理性。因此，企业在采用收益法进行价值评估时，应进行充分市场调研，了解所处行业壁垒、市场竞争程度、影响价格调整的主要因素等市场情况，满足审核机构对于评估参数取值合理性的要求。

（2）未及时完整披露标的资产报告期内存在的资金占用、第三方代收货款、转贷等情形

违反了“上市公司实施重大资产重组，有关各方必须及时、公平地披露或者提供信息，保证所披露或者提供信息的真实、准确、完整，不得有虚假记载、误导性陈述或者重大遗漏”的规定。

B.12
中国民营企业对外并购融资模式

薛　军　秦子晴*

摘　要： 本报告以2005年至2023年中国民营企业对外并购融资模式为研究对象，依据BvD-Zephyr数据库分类标准，将融资渠道分为24种，共统计13,271件交易。本报告分析了中国民营企业对外并购融资渠道的总体情况，进一步将融资渠道归纳为单一渠道融资和多渠道融资，并计算融资渠道指数，探讨了中国民营企业对外并购融资模式的多样性以及并购融资活动的变化趋势，旨在为我国民营企业的国际化进程提供理论支持和实践指导。

关键词： 对外并购　融资模式　民营企业

一、对外并购融资渠道的总体情况

在经济全球化的背景下，中国企业，特别是民营企业，正以前所未有的速度和规模参与到国际市场的竞争与合作中。对外并购作为中国企业“走出去”战略的重要组成部分，不仅成为企业拓展海外市场、获取关键技术、优化资源配置的重要手段，也是提升国际竞争力、实现全球化布局的关键途径。近年来，从万达收购好莱坞传奇影业到安踏并购芬兰体育用品巨头Amer Sports，中国民营企业通过一系列并购案例，在

---

* 薛军，南开大学经济学院教授；秦子晴，南开大学经济学院科研硕士三年级。

国际舞台上展现了强大的实力。然而，伴随着并购活动的日益频繁和复杂化，融资模式的选择与优化成为决定并购成功与否的关键因素。探索融资模式，对于进一步推动中国民营企业对外并购活动的持续健康发展，具有重要意义。

表1　2005—2023年中国民营企业对外并购投资的融资渠道汇总

融资模式	并购项目（件）	并购金额（百万美元）	并购金额涉及的并购项目（件）
天使投资	426	8.8	379
增资	2,282	1	2,217
增资—可转债	115	3.74	113
增资—卖方配售	222	33.33	186
注资	2,162	1	2,081
增资—发行可转债	59	30.93	56
企业风险投资	968	13	862
众筹	3	2	3
开发资金	616	109.16	474
开发资金—第1轮-第8轮	1,080	51	973
开发资金—种子轮	286	15	230
家族办公室	56	498.59	51
对冲基金	64	97	64
杠杆	50	1,800	48
杠杆收购	32	2,643.3	29
夹层融资	2	316.61	1
新银行信贷便利	136	0	126
通道融资	99	19.4	97
增资—配售	101	7.18	98
私募股权	1,166	146.16	988
增资—私人配售	2,124	1,314.69	2,018
增资—公募	11	430.36	11
增资—新股发行	23	20	23
风险资本	1,188	16	991
总计	13,271	7,578.25	12,119

注：存在重复统计的情况，处理方式和行业类别统计一致。

资料来源：薛军等著《中国民营企业对外直接投资指数年度报告》各年版汇总

对外并购融资渠道，按照国内大多数研究采用的标准，分为内源融资和外源融资，而外源融资又可以分为四类，分别是债务融资方式、股权融资方式、混合融资方式和特殊融资方式①。为了保证数据的一致性，本报告采用了BvD–Zephyr数据库的分类标准，将对外并购投资中的融资渠道分为24种，分别是天使投资（angel investment）、增资（capital increase）、增资—可转债（capital increase—converted debt）、增资—卖方配售（capital increase—vendor placing）、注资（capital injection）、增资—发行可转债（convertible bonds）、企业风险投资（corporate venturing）、众筹（crowd funding）、开发资金（development capital）、开发资金—第1轮–第8轮（development capital–1st round–8th round）、开发资金—种子轮（development capital–seed）、家族办公室（family office）、对冲基金（hedge fund）、杠杆（leveraged）、杠杆收购（leveraged buy out）、夹层融资（mezzanine）、新银行信贷便利（new bank facilities）、通道融资（PIPE）、增资—配售（placing）、私募股权（private equity）、增资—私人配售（private placing）、增资—公募（public offer）、增资—新股发行（rights issue）、风险资本（venture capital）。按照这个标准，如表1所示，本文统计汇总了BvD–Zephyr数据库中从2005年至2023年中国民营企业对外并购投资的融资渠道，共13,271件交易。

通过这些民营企业数据可以看出，中国民营企业对外并购融资模式有如下三个显著的特征。首先，从并购投资项目数量上看，中国民营企业展现出了对特定融资方式的偏好。具体来说，增资、注资、私募股权以及私人配售这四种融资方式占据了并购项目数量的主导地位。这表明，在寻求外部资金支持以实现对外并购的过程中，民营企业更倾向于选择那些能够迅速且直接增加企业资本实力，同时保持一定灵活性和控制权的融资途径。

其次，从并购投资项目金额的层面分析，杠杆收购、杠杆融资以及增资—私人配售这三种融资渠道所涉及的资金规模显著超过其他融资方式。杠杆收购和杠杆融资通过借款或发行债券等债务融资手段，充分利用财务杠杆效应，以较小的自有资金撬动较大的并购资金。而增资—私人配售则通过向特定投资者定向增发新股或配售现有股份，既筹集了并购所需资金，又可以通过引入战略投资者进一步优化企业治理结构。

最后，值得关注的是，随着国内金融市场的不断发展和完善，一系列新兴融资模式开始在中国民营企业对外并购中崭露头角。对冲基金、家族办公室、众筹以及夹层融资等融资方式的出现，不仅丰富了民营企业的融资选择，也反映了中国金融市场在

---

① 刘坪.不同类型中国企业的海外并购融资方式研究［D］.北京交通大学，2014.

创新和服务实体经济方面的进步。这些新兴融资模式各具特色，能够满足不同民营企业在不同发展阶段、不同并购需求下的多元化融资需求，为企业的全球化发展提供了更多可能。

二、单一渠道融资和多渠道融资的选择

我们还可以将上节企业对外并购投资的24种融资渠道根据其来源单一与否归纳为单一渠道融资和多渠道融资，据此本文在表2中汇总了2005年至2023年中国民营企业对外并购投资的融资渠道。

表2　2005—2023年中国民营企业对外并购中单一渠道融资和多渠道融资的汇总

渠道类型	融资模式	并购项目（件）	并购金额（百万美元）	并购金额涉及的并购项目（件）
单一融资渠道	天使投资	12	16.10	1
	增资	291	25,772.15	266
	增资—可转债	96	13,997.16	94
	增资—卖方配售	221	103,924.00	185
	注资	148	6,892.93	131
	增资—发行可转债	27	9,094.73	26
	企业风险投资	31	503.60	11
	开发资金	27	628.19	8
	开发资金—第1轮-第8轮	23	619.69	11
	开发资金—种子轮	16	17.43	4
	家族办公室	7	1,507.39	6
	杠杆	6	248.68	6
	新银行信贷便利	44	32,044.30	41
	通道融资	5	325.21	4
	增资—配售	64	3,438.03	62
	私募股权	340	357,742.86	256
	增资—私人配售	1,926	158,946.99	1,826
	增资—公募	2	35.69	2
	增资—新股发行	13	502.45	13
	风险资本	32	196.65	10
	总计	3,331	716,454.23	2,963

续表

渠道类型	融资模式	并购项目（件）	并购金额（百万美元）	并购金额涉及的并购项目（件）
多种融资渠道	天使投资+注资+开发资金—种子轮+风险资本	1	20.00	1
	天使投资+增资—发行可转债+开发资金—种子轮+风险资本	2	1.54	2
	天使投资+企业风险投资+开发资金	1	50.00	1
	天使投资+企业风险投资+开发资金+开发资金—第1轮–第8轮+风险资本	1	1.45	1
	天使投资+企业风险投资+开发资金+开发资金—种子轮+私募股权	1	1.30	1
	天使投资+企业风险投资+开发资金+家族办公室+对冲基金+私募股权	1	434.21	1
	天使投资+企业风险投资+开发资金+家族办公室+私募股权	1	55.00	1
	天使投资+企业风险投资+开发资金+家族办公室+风险资本	2	186.70	2
	天使投资+企业风险投资+开发资金+对冲基金+私募股权	2	884.21	2
	天使投资+企业风险投资+开发资金+对冲基金+风险资本	1	12.00	1
	天使投资+企业风险投资+开发资金+私募股权	13	427.93	12
	天使投资+企业风险投资+开发资金+私募股权+风险资本	1	18.60	1
	天使投资+企业风险投资+开发资金+风险资本	36	1,015.21	34
	天使投资+企业风险投资+开发资金—第1轮–第8轮+家族办公室+对冲基金+私募股权	1	28.00	1
	天使投资+企业风险投资+开发资金—第1轮–第8轮+家族办公室+增资—私人配售	1	18.00	1
	天使投资+企业风险投资+开发资金—第1轮–第8轮+家族办公室+风险资本	3	116.75	3
	天使投资+企业风险投资+开发资金—第1轮–第8轮+对冲基金+私募股权	3	1,062.00	3

续表

渠道类型	融资模式	并购项目（件）	并购金额（百万美元）	并购金额涉及的并购项目（件）
多种融资渠道	天使投资+企业风险投资+开发资金—第1轮-第8轮+对冲基金+风险资本	3	213.00	3
	天使投资+企业风险投资+开发资金—第1轮-第8轮+私募股权	30	1,776.70	28
	天使投资+企业风险投资+开发资金—第1轮-第8轮+私募股权+风险资本	1	50.00	1
	天使投资+企业风险投资+开发资金—第1轮-第8轮+风险资本	53	1,332.86	50
	天使投资+企业风险投资+开发资金—种子轮+家族办公室+风险资本	3	11.80	3
	天使投资+企业风险投资+开发资金—种子轮+私募股权	1	6.50	1
	天使投资+企业风险投资+开发资金—种子轮+风险资本	40	207.63	37
	天使投资+企业风险投资+对冲基金+风险资本	1	6.80	1
	天使投资+企业风险投资+私募股权	1	8.00	1
	天使投资+众筹+开发资金+风险资本	2	3.51	2
	天使投资+众筹+开发资金—种子轮+风险资本	1	2.00	1
	天使投资+开发资金+开发资金—种子轮+风险资本	1	5.00	1
	天使投资+开发资金+私募股权	15	255.18	13
	天使投资+开发资金+风险资本	43	413.19	33
	天使投资+开发资金—第1轮-第8轮+开发资金—种子轮+风险资本	1	3.50	1
	天使投资+开发资金—第1轮-第8轮+家族办公室+私募股权	2	152.00	2
	天使投资+开发资金—第1轮-第8轮+家族办公室+风险资本	2	29.95	2
	天使投资+开发资金—第1轮-第8轮+对冲基金+私募股权	1	150.00	1
	天使投资+开发资金—第1轮-第8轮+私募股权	15	570.85	15

续表

渠道类型	融资模式	并购项目（件）	并购金额（百万美元）	并购金额涉及的并购项目（件）
多种融资渠道	天使投资+开发资金—第1轮–第8轮+风险资本	44	740.14	41
	天使投资+开发资金—种子轮	1	25.00	1
	天使投资+开发资金—种子轮+私募股权	3	11.30	3
	天使投资+开发资金—种子轮+风险资本	79	209.02	71
	增资+增资—可转债+注资	4	202.95	4
	增资+注资	1,941	100,230.97	1,928
	增资+注资+企业风险投资	3	8.23	3
	增资+注资+杠杆+新银行信贷便利	4	348.77	4
	增资+注资+杠杆收购+新银行信贷便利	2	136.00	2
	增资+注资+新银行信贷便利	2	85.08	2
	增资+注资+通道融资	1	40.00	1
	增资+注资+私募股权	6	1,248.17	6
	增资+注资+增资—私人配售	2	160.00	2
	增资+企业风险投资	1	0.46	1
	增资+企业风险投资+私募股权	1	1.78	1
	增资+开发资金—第1轮–第8轮+私募股权	1	0.00	NA
	增资+开发资金—第1轮–第8轮+风险资本	1	22.04	1
	增资+开发资金—种子轮+风险资本	1	10.00	1
	增资+通道融资	1	12.57	1
	增资+增资—配售	1	64.21	1
	增资+增资—配售+增资—公募	1	101.93	1
	增资+增资—配售+增资—新股发行	1	266.45	1
	增资+私募股权	4	350.21	2
	增资+增资—私人配售	13	473.81	13
	增资—可转债+注资	7	2,963.80	7
	增资—可转债+企业风险投资+开发资金—第1轮–第8轮+对冲基金+私募股权	1	130.00	1
	增资—可转债+开发资金+风险资本	1	7.00	1
	增资—可转债+对冲基金	1	19.64	1
	增资—可转债+通道融资	1	8.65	1
	增资—可转债+私募股权	1	1,221.40	1

续表

渠道类型	融资模式	并购项目（件）	并购金额（百万美元）	并购金额涉及的并购项目（件）
多种融资渠道	增资—可转债+增资—私人配售	3	230.13	3
	增资—卖方配售+杠杆+新银行信贷便利+私募股权	1	188.46	1
	注资+开发资金+私募股权+风险资本	1	15.00	1
	注资+开发资金—第1轮–第8轮+风险资本	1	37.40	1
	注资+增资—配售	2	70.00	2
	注资+私募股权	1	2.97	1
	注资+增资—私人配售	36	2,452.55	32
	增资—发行可转债+企业风险投资+开发资金+私募股权	4	111.80	4
	增资—发行可转债+开发资金+私募股权	4	144.00	3
	增资—发行可转债+开发资金+风险资本	3	30.00	2
	增资—发行可转债+通道融资	2	211.94	2
	增资—发行可转债+通道融资+增资—私人配售	6	116.33	6
	增资—发行可转债+私募股权	2	2,200.10	2
	增资—发行可转债+私募股权+增资—私人配售	1	12.00	1
	增资—发行可转债+增资—私人配售	8	207.37	8
	企业风险投资+开发资金	1	18.90	1
	企业风险投资+开发资金+开发资金—种子轮+风险资本	1	20.06	1
	企业风险投资+开发资金+家族办公室+私募股权	3	315.19	3
	企业风险投资+开发资金+对冲基金+私募股权	3	710.00	3
	企业风险投资+开发资金+对冲基金+风险资本	1	10.10	1
	企业风险投资+开发资金+私募股权	109	36,787.14	94
	企业风险投资+开发资金+私募股权+风险资本	1	26.75	1
	企业风险投资+开发资金+风险资本	92	2,396.37	73
	企业风险投资+开发资金—第1轮–第8轮	3	334.44	3

续表

渠道类型	融资模式	并购项目（件）	并购金额（百万美元）	并购金额涉及的并购项目（件）
多种融资渠道	企业风险投资+开发资金—第1轮–第8轮+家族办公室+对冲基金+风险资本	2	157.50	2
	企业风险投资+开发资金—第1轮–第8轮+家族办公室+私募股权	5	1,056.54	4
	企业风险投资+开发资金—第1轮–第8轮+家族办公室+风险资本	4	79.50	4
	企业风险投资+开发资金—第1轮–第8轮+对冲基金+私募股权	12	3,020.13	12
	企业风险投资+开发资金—第1轮–第8轮+对冲基金+风险资本	9	1,081.00	9
	企业风险投资+开发资金—第1轮–第8轮+新银行信贷便利+风险资本	2	8.60	2
	企业风险投资+开发资金—第1轮–第8轮+私募股权	208	44,748.88	197
	企业风险投资+开发资金—第1轮–第8轮+风险资本	212	8,415.74	193
	企业风险投资+开发资金—种子轮	1	0.00	NA
	企业风险投资+开发资金—种子轮+风险资本	48	354.47	45
	企业风险投资+私募股权	4	542.51	4
	企业风险投资+私募股权+增资—私人配售	1	200.00	1
	企业风险投资+私募股权+增资—私人配售+风险资本	1	5.67	1
	企业风险投资+私募股权+风险资本	1	6.00	1
	企业风险投资+风险资本	2	9.20	2
	开发资金+家族办公室+私募股权	1	200.00	1
	开发资金+家族办公室+风险资本	1	0.00	NA
	开发资金+对冲基金+私募股权	1	4.50	1
	开发资金+对冲基金+风险资本	1	550.50	1
	开发资金+新银行信贷便利+私募股权	2	276.67	2
	开发资金+私募股权	126	6,957.42	95
	开发资金+增资—私人配售	2	31.06	2
	开发资金+风险资本	110	1,536.79	76

续表

渠道类型	融资模式	并购项目（件）	并购金额（百万美元）	并购金额涉及的并购项目（件）
多种融资渠道	开发资金—第1轮–第8轮+开发资金—种子轮	1	2.25	1
	开发资金—第1轮–第8轮+家族办公室+对冲基金+私募股权	1	172.00	1
	开发资金—第1轮–第8轮+家族办公室+对冲基金+风险资本	3	342.00	3
	开发资金—第1轮–第8轮+家族办公室+私募股权	4	246.00	3
	开发资金—第1轮–第8轮+家族办公室+风险资本	6	224.00	6
	开发资金—第1轮–第8轮+对冲基金+私募股权	8	751.50	8
	开发资金—第1轮–第8轮+对冲基金+风险资本	5	701.00	5
	开发资金—第1轮–第8轮+私募股权	165	8,146.14	146
	开发资金—第1轮–第8轮+风险资本	242	6,316.66	210
	开发资金—种子轮+私募股权	2	7.00	1
	开发资金—种子轮+风险资本	82	203.47	55
	家族办公室+通道融资+增资—私人配售	2	225.00	2
	家族办公室+私募股权	1	1,117.81	1
	对冲基金+通道融资+增资—私人配售	2	121.00	2
	对冲基金+私募股权+增资—私人配售	1	20.26	1
	杠杆+新银行信贷便利	35	39,146.44	34
	杠杆+新银行信贷便利+私募股权	4	6,455.60	4
	杠杆收购+夹层融资+新银行信贷便利+私募股权	1	0.00	NA
	杠杆收购+新银行信贷便利	10	4,283.90	10
	杠杆收购+新银行信贷便利+私募股权	19	37,842.79	17
	夹层融资+私募股权	1	316.61	1
	新银行信贷便利+私募股权	9	11,043.07	8
	新银行信贷便利+增资—公募	1	2,232.05	1
	通道融资+增资—配售	3	430.98	3
	通道融资+私募股权	1	10.65	1

续表

渠道类型	融资模式	并购项目（件）	并购金额（百万美元）	并购金额涉及的并购项目（件）
多种融资渠道	通道融资+私募股权+增资—私人配售	1	18.05	1
	通道融资+增资—私人配售	72	17,609.30	71
	通道融资+增资—公募	2	6,563.42	2
	增资—配售+私募股权	2	106.08	2
	增资—配售+增资—私人配售	26	1,354.69	25
	增资—配售+增资—公募	1	189.33	1
	私募股权+增资—私人配售	7	2,063.10	7
	私募股权+风险资本	1	3.00	1
	增资—私人配售+增资—公募	4	882.60	4
	增资—私人配售+增资—新股发行	9	5,541.14	9
	总计	4,196	389,211.51	3,918

资料来源：薛军等著《中国民营企业对外直接投资指数年度报告》各年版汇总

2005年至2023年我国民营企业通过各种渠道融资的海外并购整体呈现增长趋势。通过各种渠道融资的并购对外直接投资项目数量从2005年的55件增长到2023年的477件，金额从2005年的17.47亿美元增长到2023年的150.24亿美元。其中，2023年，我国民营企业通过各种渠道融资的并购OFDI项目数量为477件，同比下降52.4%；通过各种渠道融资并购OFDI金额为150.24亿美元，同比下降76.75%。

2005年至2023年间，我国民营企业通过多元化的融资渠道积极参与对外并购，推动对外直接投资（OFDI）活动呈现出显著的总体增长态势。具体而言，从项目数量来看，并购OFDI项目数量实现了从2005年的55件到2023年的477件的飞跃式增长，增长了近9倍。然而，值得注意的是，尽管整体呈现增长趋势，但2023年的数据却出现了较为显著的同比下降。具体而言，当年并购OFDI项目数量为477件，较前一年下降了52.4%，显示出在特定年份中，受全球经济形势、政策环境、市场波动等多重因素影响，民营企业对外并购活动也面临着一定的挑战和不确定性。

从投资金额来看，2005年至2023年间，我国民营企业通过各种渠道融资的并购OFDI金额从17.47亿美元增长至150.24亿美元，增长了近9倍，这一数据进一步印证了我国民营企业对外直接投资的强劲增长势头。然而，与项目数量的下降趋势相呼应，2023年的并购OFDI金额也出现了76.75%的同比大幅下滑。这一变化可能反映了在全球经济不确定性增加、地缘政治风险加剧的背景下，民营企业对于大规模对外并购投资持更为谨慎的态度。

通过进一步地展开分析，可以发现很多特点，以下列举其中四个特点：第一，从OFDI项目数量看，在民营企业跨国并购的融资渠道方面，单一渠道和多渠道的使用并没有太大的偏向性，单一渠道的为3,331件并购项目，多渠道的为4,196件并购案件（涉及年份的重复统计，处理方式和报告前文一致）。第二，从并购OFDI项目金额看，在2005年至2023年间，我国民营企业对外并购直接投资活动主要集中在单一渠道融资，累计对外直接投资项目金额为7,164.54亿美元，占比64.80%；其次是多种渠道融资，累计对外直接投资项目金额为3,892.12亿美元，占比35.20%。第三，在多种渠道融资中，“杠杆+新银行信贷便利”的组合方式展现出了最为显著的金额波动。这种波动性既体现了该融资模式对于市场环境变化的敏感性，也反映了民营企业在利用财务杠杆和银行信贷资源时的谨慎态度。第四，流向单一渠道融资的增资—私人配售的OFDI数量在2006年出现最显著的缩减，从20件缩减到0件。流向多种渠道融资的“杠杆+新银行信贷便利”的OFDI金额在2016年出现最显著的增长，从0亿美元增长到92.73亿美元。

三、对外并购投资的融资渠道和支付方式指数

通过计算融资渠道指数以及对其进行全面分析，我们可以更深入地理解我国民营企业跨国并购融资活动的动态变化（参见表3及图1和图2）。

第一，持续增长的黄金时期。自2005年起，无论是融资渠道汇总数量指数还是金额指数，都经历了一个长达十多年的持续增长阶段。数量指数从2005年的10.81迅速攀升至2018年的336.08，显示出民营企业跨国并购活动的日益活跃和融资渠道的不断拓宽。同时，金额指数也从2005年的1.87稳步增长至2016年的223.62，反映出民营企业对外直接投资的规模不断扩大，资金实力显著增强。这一时期，全球经济一体化加速推进，我国民营企业积极“走出去”，寻求国际市场的拓展和资源的优化配置。

第二，增长放缓与调整期。在经历了十多年的持续增长后，融资渠道汇总数量指数和金额指数的增长势头均出现了不同程度的放缓，甚至在某些年份出现了衰退。

第三，单一融资渠道的反弹与多种融资渠道的骤减。值得注意的是，在整体增长放缓的背景下，单一融资渠道的数量和金额在2023年均出现了显著反弹。数量指数从2022年的1,000激增到2023年的8,000，而金额指数也从0攀升至17.48。这一变化可能表明，在某些特定情况下，民营企业更倾向于选择简单、直接的单一融资渠道来满足

其资金需求。这可能是由于市场环境的变化使得单一融资渠道的成本更低、效率更高，或者是因为企业出于风险控制的考虑而做出的战略调整。与单一融资渠道的反弹形成鲜明对比的是，多种融资渠道的数量和金额指数在2023年均出现了大幅下降，甚至降至0。多种融资渠道的数量指数从2022年的172.41减少到2023年的0，多种融资渠道的金额指数从2022年的104.84减少到2023年的0。这一变化可能反映了民营企业在当前经济环境下对于复杂融资结构的审慎态度。面对不确定性增加的市场环境，企业可能更倾向于选择更为稳健、可控的融资方式，以降低融资成本和风险。

表3　2005—2023年中国民营企业对外并购投资的融资指数

	融资指数					
	融资渠道汇总指数		单一渠道融资指数		多渠道融资指数	
年份	数量	金额	数量	金额	数量	金额
2005	10.81	1.87	15,500	1,347.27	189.66	12.51
2006	21.82	6.83	2,000	342.33	103.45	7.06
2007	27.12	34.36	0	0.00	103.45	18.94
2008	30.86	17.03	0	0.00	68.97	37.05
2009	47.17	36.23	0	0.00	68.97	544.09
2010	50.31	37.90	0	0.00	103.45	10.79
2011	65.64	43.34	0	0.00	17.24	0.03
2012	59.94	49.57	500	500.00	17.24	0.00
2013	77.44	76.64	0	0.00	103.45	28.07
2014	114.58	111.52	0	0.00	155.17	190.77
2015	182.39	218.92	0	0.00	206.90	281.13
2016	248.03	223.62	0	0.00	258.62	799.53
2017	261.40	184.62	500	7.58	155.17	103.26
2018	336.08	199.45	0	0.00	241.38	47.75
2019	281.05	162.81	0	0.00	137.93	112.81
2020	233.69	100.61	500	1,155.29	120.69	28.85
2021	269.26	199.07	11,000	1,793.46	879.31	154.73
2022	196.93	69.02	1,000	0.00	172.41	104.84
2023	93.75	16.05	8,000	17.48	0.00	0.00

注：指数以2011—2015年均值为基期计算得出

资料来源：薛军等著《中国民营企业对外直接投资指数年度报告》各年版汇总

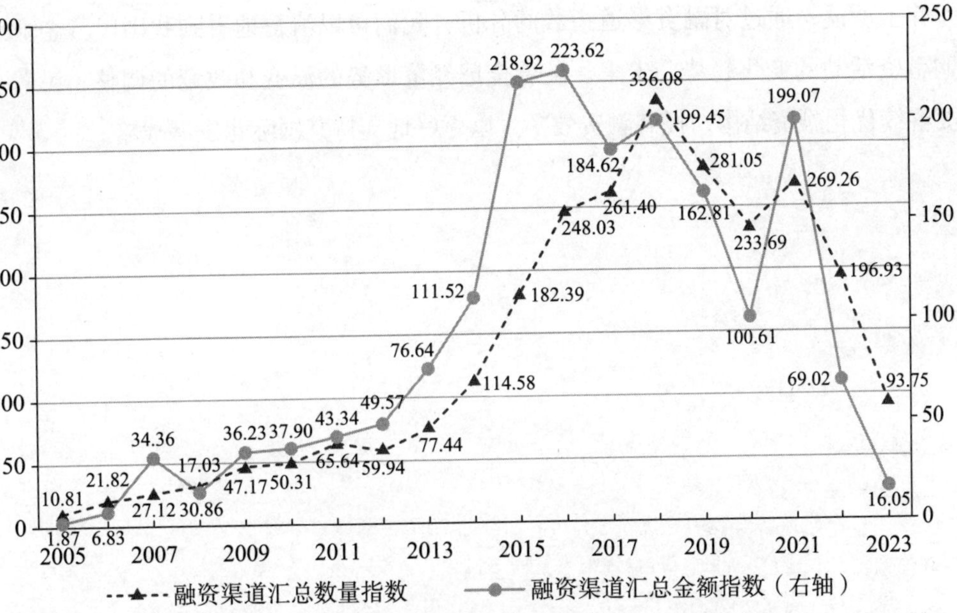

图1 2005—2023年中国民营企业对外并购投资的融资渠道指数

资料来源：薛军等著《中国民营企业对外直接投资指数年度报告》各年版汇总

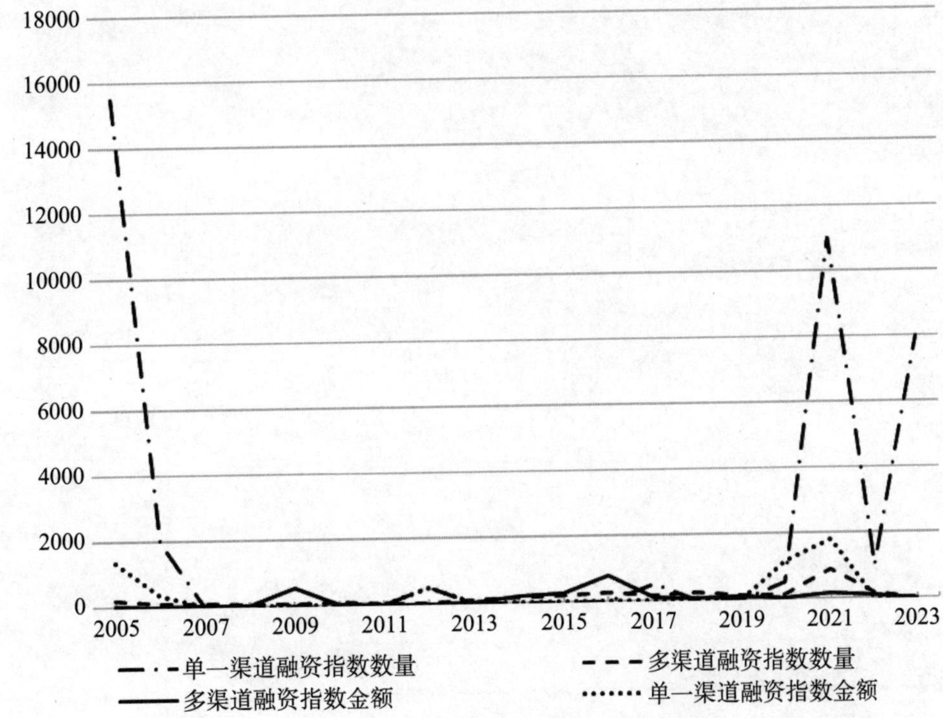

图2 2005—2023年中国民营企业对外并购投资的单一渠道指数和多渠道指数

资料来源：薛军等著《中国民营企业对外直接投资指数年度报告》各年版汇总

综上所述，通过对融资渠道指数的分析，我们可以清楚地看到我国民营企业跨国并购融资活动的变化趋势。未来，随着全球经济形势的演变和政策的调整，民营企业需要继续优化融资结构，提高融资效率，以更好地支持其国际化发展战略。

B.13

2023年破产重组观察分析

季　诺　提瑞婷*

摘　要： 破产重组是破产程序与债务重组相结合，用于困境企业资产、债务、业务、人员等重新整合，提高企业竞争力，加强资源配置的战略手段。同时，破产程序对提高并购效率、降低并购风险、提升价值空间等方面具备的独特制度优势，也日益得到并购行业的关注与积极实践。

从2023年破产重组实施情况看，其在帮扶困境企业纾困、支持区域优质产业集聚、推动新质生产力发展等方面，发挥了越来越重要的作用。且破产管理与并购重组行业不断交流融合，为共同合作，促进营商环境优化与经济社会的高质量发展，奠定了重要的理论与实践基础。

关键词： 破产重组　并购纾困　价值修复　产业投资　资源投放

* 季诺，方达律师事务所合伙人。上海市人大代表、上海市政府行政复议委员会委员、上海市人民政府法律顾问、上海市法学会破产法研究会副会长、全国律师协会破产清算与并购重组法律专业委员会主任、全国律师协会律师制度理论与行业发展战略研究委员会副主任、上海市破产管理人协会会长等，曾任上海市律师协会第十一届会长；提瑞婷，山东华信清算重组集团有限公司董事长。全联并购公会副会长，中国法学会理事，山东省法学会企业破产与重组研究会副会长兼秘书长，北京市破产法学会副会长，东亚破产重组协会副会长，深圳市破产事务管理改革专家咨询委专家，浙江工商大学破产重组研究院理事长等。

2023年是全面贯彻党的二十大精神的开局之年。我国经济回升向好的同时，仍面临一些困难和挑战，主要是外部环境的复杂性、严峻性、不确定性上升，国内有效需求不足、部分行业产能过剩、社会预期偏弱等。同时，房地产、地方债务和中小金融机构风险加大。因此破产法在拯救市场主体、提升投资信心、优化营商环境、防范化解风险上的价值功能得到社会更大更多的认可和期待。

目前，从事破产重组研究与实践的机构越来越多，梳理以中国政法大学破产法与企业重组研究中心、中国人民大学法学院、浙江工商大学破产重组研究院，以及上海方达律师事务所、北京金杜律师事务所、上海锦天城律师事务所为代表的研究与实务成果，分别就破产重组总论、上市公司、房地产、跨境破产、重整投资和展望，作以2023年度观察分析①。

第一部分　总论篇

一、破产重组的概念

破产重组是破产程序与债务重组相结合，用于困境企业资产、债务、业务、人员等重新整合，提高企业竞争力，加强资源配置的战略手段。

（一）“破产”与“债务重组”的概念

法律上的破产是指债务人企业不能清偿到期债务，并且资产不足以清偿全部债务或者明显缺乏清偿能力时，由债权人或债务人诉请法院依破产程序偿还债务的一种法律制度。《中华人民共和国企业破产法》规定了破产清算、破产重整、破产和解三大基本破产制度，通过司法程序对债务人财产进行清算或重新安排，以最大程度保护债权人的利益并实现债务的公平清偿。

债务重组又称债务优化，其并非是法律概念。财政部2019年发布的《企业会计准则第12号——债务重组》第二条明确了债务重组的定义，即债务重组是指在不改变交易对手方的情况下，经债权人和债务人协定或法院裁定，就清偿债务的时间、金额或

① 文章部分内容及数据取自于《方达破产年度观察（2023）》《申林平：中国上市公司破产重整2023年度报告》《郭帅、苏洁澈：中国跨境破产法的最新发展和国际影响》等。

方式等重新达成协议的交易。债务重组包括多种方式，如以资产清偿债务、债务转为资本、修改其他债务条件（如减少债务本金、减少债务利息）等，均为“就债务作出让步”的具体表现形式，通过与债权人协商的方式，重新安排债务、调整资本结构。

（二）“破产重整”与“债务重组”的联系与区别

根据债务重组的方式，债务重组可分为司法程序外的重组和司法程序中的破产重整。重组是企业陷入经营危机时可自主选择的一种救济途径，有收购兼并、股权转让、资产剥离或出售股权等方式，通过改变优化自身组织架构、运营方式或引入第三方投资人以维持企业继续运营，而重整就是法律上企业进入破产程序后通过表决重整计划对债务进行调整进而化解财务危机的一种途径。故，破产重整是债务重组的一种，债务重组是破产重整的主要内容。本文所述的破产重组，则主要是从破产程序角度展开分析。

二、破产与并购的关系

破产和并购都是企业资本运作的一种形式，破产是严格按照法定程序进行资产清算和债务处理的手段，而并购是企业间的兼并和收购行为，是主动的战略决策，通常旨在扩大企业规模、优化资源配置或获取新的市场和技术，进而增强企业的市场竞争力或实现业务整合。破产并购是并购重组的一种特殊类型，是通过司法程序并购困境企业的方式。与传统并购相比，若利用好破产并购的全面清产核资、一揽子清理债务、潜在风险规避等制度优势，则可以充分挖掘困境企业的优质资源（如壳资源价值及其具有的核心竞争力），以合适的投入成本换取较高的收益。破产并购具有独特优势，具体如下：

第一，破产重组为并购提供了机会，通过公开、透明、各方监督和参与的司法程序对目标公司进行债务重组，更利于投资方获取信息、评估价值、筛选目标、投资谈判等。

第二，破产程序将对目标企业进行全面清产核资，重整投资人既受法定程序的规范也受法定程序的保护，通过重整程序形成的债务调整方案对投资人、债务人企业、所有债权人、出资人等均具有法律约束力，相较于平等主体间进行的一般投资并购更具效率优势，司法程序保障投资方案高效执行。

第三，并购是战略整合的系统性过程，通过市场并购实现业务扩展、市场渗透或成本优化。在破产情景下，因目标企业陷入经营困难导致价值下降，此时困境企业因时间、信息等不确定原因在投资市场中缺乏交易的效率、处于劣势地位，故提升了投资人在交易谈判中的地位，这种并购整合将变得更加灵活。

三、破产行业年度动态观察

1.《企业破产法》修订工作稳步推进，破产政策资源持续丰富

2923年7月19日，《中共中央、国务院关于促进民营经济发展壮大的意见》提出，要完善市场化重整机制，推动修订企业破产法并完善配套制度。10月10日，为贯彻落实意见精神，最高人民法院发布《关于优化法治环境促进民营经济发展壮大的指导意见》，要求依法拯救陷入财务困境但有挽救价值的民营企业。

2023年9月7日，十四届全国人大常委会立法规划公布，其中，《企业破产法》修改被列入第一类项目“条件比较成熟、任期内拟提请审议的法律草案”。目前，全国人大财经委已经开展新一轮的破产法修改立法调研。

上述政策的推出有利于增强民营企业通过破产制度彻底化解企业经营失败而导致的债务危机，破产政策供给进一步丰富。

2. 优化营商环境举措频出，府院联动机制进一步夯实

2023年5月1日，世界银行发布了新的营商环境项目概念文件。为进一步落实该文件，就“办理破产”方面提出的新指标和新要求，各地出台多项举措，包括完善府院联动机制和设立破产事务公共服务中心等平台，加大破产府院协调联动力度等工作，促进破产事务高效处理。

3. 融创开创境外债务重组成功范例，出险房企重组工作加速

2023年10月5日，香港高等法院批准融创公司境外债务重组方案。11月17日，美国纽约南区破产法院裁定批准融创中国提出的破产协助申请。12月20日，中国奥园（03883.HK）向美国纽约南区破产法院提出申请，请求其承认中国奥园域外债务重组法律程序，并给予司法协助措施。

以融创为代表的境外债务重组成功，有助于出险房企舒缓债务压力，稳定经营外部环境，集中精力在境内保经营和保交付，并通过销售和经营的改善实现境内债务的平稳化解，最终解除债务危机。

4. 上市公司重整受理数量上涨，预重整、协同破产情形愈加普遍

截至2023年12月31日，2023年度全国申请（被申请）破产重整的上市公司已达

25家，共有15家上市公司的重整计划被法院裁定批准，且其重整计划均已在2023年12月30日前执行完毕。本年度共4家被法院裁定不予受理。另外，2023年度*ST泛海被法院裁定终结预重整程序，后申请人撤回了对*ST泛海的重整申请。

2023年度经法院裁定重整计划的15家上市公司中，除*ST西钢、*ST广田未经过预重整程序外，另外13家上市公司均经过预重整，预重整的可逆性与证监会、最高院双重审批周期长、上市公司重整复杂性，使预重整成为上市公司启动重整程序的主要途径。

5. 重整投资信心不足、引入难度加大

受整体经济及投资大环境影响，加之重整案件的难度和复杂性逐渐增加，使得潜在投资人在考虑是否参与重整时的考量因素明显增多，决策时间有所拉长，投资的信心有待增强，直接导致重整投资引入难度加大。同时，重整投资人的群体出现萎缩，来自外资的重整投资有所停滞，部分民营资本实力减弱，投资意愿下降甚至不再具备投资能力。以上因素恐影响重整制度拯救市场主体、提升企业产业层次等功能的落地。

6. 跨境破产个案突破，相关规则修订值得期待

2023年，我国法院首次依据《企业破产法》第五条的规定，适用法律互惠原则承认德国和日本破产程序，认可破产管理人、监督委员身份，并允许其在一定条件下于内地依法履职。5月17日，香港高等法院依据普通法承认广东海外建设总公司于广州市中级人民法院进行的破产程序，认可内地管理人身份，并赋予内地管理人在香港履职的职权。该案系自2021年最高人民法院和香港特别行政区政府签署《关于内地与香港特别行政区法院相互认可和协助破产程序的会谈纪要》后，香港高等法院承认和协助的首个广东省破产程序。

7. 小微企业破产问题备受关注，制度建设与实践模式初见雏形

小微企业是我国民营经济发展的重要力量，在国家大力发展壮大民营经济的进程中，如何挽救风险抵抗能力较弱、但仍具挽救价值的小微企业愈加重要。2023年5月，世界银行明确将小微企业的破产专门程序纳入办理破产三大支柱指标的子类中，并为其设计了三项评价指标。多地法院于2023年出台关于小微企业破产的相关文件，探索小微企业破产案件办理创新机制，不断积累相关审判经验。

8. 个人破产与债务清理持续推进，制度规则趋于细化

截至2023年8月底，深圳市中级人民法院共裁定受理破产申请172件，已批准重整计划69件，达成和解协议5件，宣告债务人破产1件，裁定免除剩余未清偿债务2件。2023年6月20日，深圳破产法庭向全国首宗个人破产案件债务人梁某送达民事裁定，依法免除其未清偿债务，这意味着我国破产制度的标志性事件全国首宗个人破产重整

案已正式执行完毕。过去一年，多地出台个人破产与债务集中清理的意见，相关规则得以进一步细化，各方面对个人破产制度的共识逐渐建立。

第二部分　上市公司篇

随着股票发行注册制正式在市场推开，退市机制常态化、市场化、法治化实施的步子加大。破产重整作为解决上市公司困境的重要途径取得越来越多的共识。

一、2023年上市公司重整规则的发展

2023年2月17日证监会及各证券交易所发布关于全面实行股票发行注册制相关制度规则，并强调要畅通强制退市、主动退市、并购重组、破产重整等多元退出渠道，促进上市公司优胜劣汰。

6月21日证监会进一步发布《关于深化债券注册制改革的指导意见》，明确提出了支持"推动通过破产重整方式有效出清违约债券"。

7月14日中共中央、国务院发布《关于促进民营经济发展壮大的意见》，提出鼓励民营企业盘活存量资产回收资金。坚持精准识别、分类施策，对陷入财务困境但仍具有发展前景和挽救价值的企业，按照市场化、法治化原则，积极适用破产重整、破产和解程序。11月27日中国人民银行、国家金融监督管理总局、证监会等八部门联合印发《关于强化金融支持举措助力民营经济发展壮大的通知》，明确了支持民营企业上市融资和并购重组，鼓励各地法院继续开展完善破产制度探索。

10月11日拉萨市中级人民法院首次针对上市公司预重整发布专门的工作指引。

二、2023年度上市公司重整实践

根据公开信息的不完全统计，2023年约有27家上市公司自行申请或被债权人申请预重整或破产重整，共有16家上市公司被法院裁定受理破产重整，按照受理时间的先后依次为：*ST明诚（600136）、*ST京蓝（000711）、*ST西钢（600117）、*ST金一（002721）、*ST正邦（002157）、*ST广田（002482）、*ST洲际（600759）、*ST步高（002251）、*ST凯撒（000796）、*ST商城（600306）、*ST全筑（603030）、*ST新联

（000620）、*ST豆神（300010）、*ST东洋（002086）、*ST榕泰（600589）、*ST中捷（002021）。

较之2022年的10件有所增加，略低于2021年的17件。企稳回升，体现出全面注册制下破产重整已成为与强制退市、主动退市、并购重组等退出渠道并列的常态化退出渠道之一。

以上16件破产重整案涉及12个省市的中级人民法院，受理数量大于1宗的省市有北京市（3件）、广东省（2件）、海南省（2件）。

三、2023年上市公司重整的特点

1. 上市公司与其子公司协同实施重整，整体化解上市公司困境

实践中，上市公司形成了多层级的企业集团，由于母子公司之间相互担保及企业集团之间业务的关联性等因素，仅对处于困境的上市公司进行破产重整，可能尚不足以解决上市公司面临的困境。2023年度部分上市公司重整案件采用了上市公司母子公司联动破产的方式，以彻底化解上市公司债务危机、真正提高上市公司持续经营能力。

2. 重整投资风险隐现，上市公司重整需进一步回归本源

2023年之前，上市公司重整投资市场一直流传着“无一失败”的传说。但2023年6月30日上海证券交易所（“上交所”）对*ST庞大（601258）的股票予以摘牌，并于11月15日作出“关于对庞大汽贸集团股份有限公司重整投资人予以公开谴责的决定”，*ST庞大亦公告拟通过诉讼向重整投资人追索业绩承诺补偿，围绕*ST庞大重整计划履行的相关问题并未因退市而终结。另外*ST博天（603603）公司于2023年12月8日，收到北京监管局下发的《行政处罚及市场禁入事先告知书》，认定公司虚假记载金额大、占比高，信息披露违法时间长，严重损害证券市场秩序，可能被实施强制退市，导致*ST博天的股价出现连续跌停，为参与上市公司重整的投资人敲响了警钟。最高院要求上市公司重整从单纯保壳套利回归产业经营逻辑，注重提升企业质效和核心竞争力、促进企业长期可持续发展。

3. 首批可转债发行人完成重整，探索可转债风险处置有效路径

2023年，探索并实践了上市公司重整叠加可转债的相应处理规则。除花王转债（113595.SH）首个进入预重整程序外，正邦转债（128114.SZ）、搜特转债（128100.SZ）、蓝盾转债（123015.SZ）、全筑转债（113578.SH）发行人也陆续进入预重整或重整程序。

通过法院受理重整给予15个自然日的交易期和30个自然日的转股期，有效推动可转债通过市场化方式得到妥善处置，降低上市公司负债规模，优化资产负债结构。同时，可转债进一步转股将提高可供上市公司实施转增股本的资本公积金，增加上市公司的偿债资源，最终有利于提高债权人的真实清偿率，为后续可转债发行人的破产重整提供了可遵循的先例。

4. 自行管理模式的适用比例进一步提高，债务人的主观能动性得到进一步释放

2023年度内重整计划获批的15件上市公司重整案，100%采用了在管理人的监督下自行管理财产和营业事务模式，相比2021年的58%、2022年的73%，适用比例逐渐提高。从效果看，自行管理有助于稳定公司的日常经营，维持公司资产价值，最大程度降低重整对上市公司原有经营秩序的冲击。

特别就上市公司重整的信息披露方面，《上海证券交易所上市公司自律监管指引第13号——破产重整等事项》（“《上交所13号文》”）及《深圳证券交易所上市公司自律监管指引第14号——破产重整等事项》（“《深交所14号文》”）的出台，有利于最大程度保证披露信息的真实、准确、完整，信息披露及时、公平，保障广大投资人及其他利益相关方的知情权，尽可能降低重整期间的股价异动。

5. 预重整适用比例进一步提高，制度优势进一步凸显

2023年度内裁定批准重整计划的15件上市公司重整案中，除*ST西钢外，其余14家上市公司在受理正式重整前均启动了预重整程序，相较2022年的64%、2021年的58%，预重整也逐渐成为上市公司破产重整所青睐的制度工具。且各地法院及中介机构通过实践操作积累了丰富的案件经验，预重整制度日趋成熟。

预重整有利于更加准确地识别困境公司的重整价值及重整可能，且在等待证监会和最高人民法院批准前可以通过预重整先行完成各项重整工作，化解诸多难题，节省重整时间，提高重整效率，增加重整成功的可能性。

6. 公开招募系重整投资人引进的主流方式，国资背景占主流，民企增加，重整后控制权变更出现多元选择

2023年除*ST东洋、*ST豆神是通过非公开招募（协商引入）引进重整投资人，其他重整的上市公司均系公开招募。且在引入产业投资人的10家上市公司中，国资背景、民资背景的产业投资人各占一半。比较典型的如*ST正邦的产业投资人为双胞胎集团，*ST西钢的产业投资人为建龙集团，产业投资人与破产重整的上市公司的主营业务具有高度关联性、产业协同性。同时在国资背景的产业投资人中，*ST明诚产业投资人的实控人为湖北省国资委；*ST广田产业投资人的控股股东、实际控制人为深圳市国资委，

体现了地方国企的救助担当精神。且2023年度引入重整投资人的14家上市公司中，重整后变更控制权的共有6家，占比43%；另有5家重整后不变更控制权，占比36%；2家控制权可能会发生变化，1家公司控制权是否发生变更存在不确定性。

7. 上市公司市场化重整多为中小市值，多为传统行业

近些年市场化重整集中发生在中小市值上市公司；在产业方面，工业、消费、TMT、地产行业的市场化重整相对集中，如*ST广田、*ST全筑属于建筑装饰行业、*ST商城是百货商超行业、*ST凯撒系旅游航空服务行业。

第三部分　房地产篇

2023年房地产市场开始复苏，但回暖缓慢。中央与地方政府出台多项利好政策，加强调控松绑。7月中共中央政治局会议强调房地产市场变化，推动供给和需求平衡，一线城市调整房贷政策，鼓励金融机构支持房企。尽管如此，市场销售疲软和融资困难导致违约风险上升，部分房企如融创完成债务重组。房地产行业的稳定作用受到广泛关注，行业正努力克服经济下行压力。

一、2023年大事记

1. 房企债务风险事件

建业地产、碧桂园、远洋控股集团（中国）有限公司、宝龙地产、融信中国（03301.HK）、阳光城（000671.SZ）、荣盛发展、恒盛地产（00845.HK）、中梁控股、弘阳地产（01996.HK）、中骏集团、禹洲集团、正商实业等先后发布债务违约等公告，引发市场动荡；金地集团、万科股价波动剧烈，引起市场强烈关注。

2. 房企重组事件

华夏幸福、世茂集团、花样年控股、天誉置业、中南建设、中国恒大、融创中国、中梁控股、中国奥园等通过公告方式披露了债务重组方案进展。

3. 政策性支持

《改善优质房企资产负债表计划行动方案》《中国人民银行　中国银行保险监督管理委员会关于做好当前金融支持房地产市场平稳健康发展工作的通知》（“金融16条”）《关于优化个人住房贷款中住房套数认定标准的通知》《证监会统筹一二级市场平衡优

化IPO、再融资监管安排》《关于调整优化差别化住房信贷政策的通知》《关于降低存量首套住房贷款利率有关事项的通知》《关于强化金融支持举措助力民营经济发展壮大的通知》相继发布，通过政策大力支持房企纾困。

二、房企债务风险化解主线回顾

1. 中央政策前稳后松，供给需求两手抓

2023年上半年，中央和地方政策层面整体平稳推进；2023年下半年，房地产行业需求端、供给端纷纷加力，相继提出纾困举措，促进房地产市场盘活存量，缓解房企资金链紧张，减弱房企偿债压力。

2. 房企违约风险持续释放，境外债务重组迎来新进展

2023年以来，受宏观经济环境、行业环境等因素影响，房企销售情况持续下滑，加之融资渠道收紧，导致公司流动性出现困难，民营房企违约风险持续释放，新增违约房企主要为此前发生债券展期或境外债券违约的企业。在地产行业深度调整、债务违约频发的大环境下，债务重组成为众多房企脱困求生的重要手段。融创中国、碧桂园、中国奥园、花样年控股、中梁控股等房企的债务重组工作均取得较大突破。

3. 房地产企业破产案件同比小幅上升，以中小民营房企为主

根据“全国企业破产重整案件信息网”的不完全统计，截至2023年底，全国破产企业共11,619家，其中房地产企业1,109家，占比9.55%，较2022年同比增加19.76%。其中，民营企业1,069家，占全部破产房地产企业的96.39%，且以中小民营房企为主。

4. 大型房企试水重整程序，头部房企的部分项目公司开始破产

金科股份（A股上市公司）、泛海控股股份（A股上市公司）试水重整程序；部分大型头部房企的单个重点项目（如祥生地产旗下的蝶恋花项目）公司逐渐进入破产程序。

5. 出险房企退市序幕逐渐拉开，地产行业出清速度加快

蓝光发展、*ST宋都（600077.SH）、ST泰禾（000732.SZ）、ST阳光城（000671.SZ）等相继退市，地产行业出清速度加快。

6. 政府保交楼工作成效显著，探索房企危机化解新样本

据住建部数据，截至2023年8月初，全国“保交楼”专项借款项目总体复工率接近100%，累计完成住房交付超过165万套，首批专项借款项目住房交付率超过60%。

7. AMC深度参与，成为房企重要纾困力量

2023年以来，AMC（信达、华融、东方等）积极开展房企纾困行动，成为房地产

行业纾困的重要力量，涉及房企包括恒大、融创中国、佳兆业、旭辉集团、中南建设及德信中国等出险房企。

8. 进一步明确商品房消费者绝对优先的法律规则，保护弱势群体利益

2023年4月20日，最高人民法院发布了《关于商品房消费者权利保护问题的批复》（法释〔2023〕1号），明确商品房消费者优先权、建设工程价款优先受偿权、抵押权以及其他债权之间的权利顺位关系。

第四部分　跨境破产篇

近年来，随着中国企业国际化进程的加速，跨境破产案件数量显著增加，此类案件往往涉及复杂的境内外债权债务关系。跨境破产制度建设与运用对维护境内外债权人的权益都至关重要。然而，我国目前《企业破产法》仅第5条涉及跨境破产问题，无法满足日益增长的国际合作需求。我国的跨境破产司法实践仍处在起步阶段，跨境破产个案突破，相关规则修订值得期待。

一、跨境破产重整市场的宏观挑战与机遇

从宏观层面上讲：经济下行，美元加息，地缘政治的冲突。这三个宏观因素交织在一起，已经让大家对破产重整市场有了直观的感受。一方面，由于大家面对不确定性，更不愿意去做投资；另一方面美元加息，很多资金回流到了美国。更多投资者，比起博一点不确定的投资回报而言，可能更愿意选择投资境外获取5%、6%的保底收益。

从具体事务领域上讲：前段时间“恒大香港清盘人对许家印的海外个人财产跨境债务催收”再次引发广泛关注，恒大清盘案成为跨境破产与重组领域的重要案例，使得更多的人能够观察到房地产企业是我们国家目前经济层面比较困难的区域。头部跨境企业爆雷、违约事件，把我们带入一个直面跨境破产重整的纬度中来。

从微观角度上讲：头部企业不少是海外架构，母公司可能设立在英属维尔京群岛，实体企业则在中国；其次，随着跨国事务的发展，越来越多国外企业成为国内企业债权人，国内企业一旦进入破产重整，境外的债权人需要申报债权；同理，国外企业也越来越多成为国内企业的债务人，当国内企业破产重整时，管理人需面临在境外进行追溯的法律事务处理。

从根本需求上讲，并购重组、资源整合的目的实际是获取有效投资、提振经济，外商资本也是必不可少的投资资源。

因此，我国在跨境破产领域仍拥有极大的提升空间和市场机会，立法和司法者及中介服务机构需要具备更高的国际视野以及专业能力，跨境破产相关规则的修订必然成为各方期待。

二、跨国破产案件中的经验互通与国际仲裁规则的突出作用

目前，通过我国破产程序在域外获得承认与协助的案件以及我国内地法院承认境外破产程序案件的经验，已经让我们了解到香港地区的成员自愿清盘、债权人自愿清盘及强制清盘形式在资产分配顺序上与内地的明显差异；我们同时也关注到新加坡法院对适用跨国破产示范法下的重组计划的认可效率较高。这些经验，都可能对企业破产法修订提供一些可借鉴、可探索的思考。

实际上，在跨国破产个案突破中，我们还可以有效利用国际仲裁规则。跨境破产争议的解决往往涉及不同国家的法律体系和司法管辖权，而国际仲裁提供了一个中立、灵活且高效的争议解决机制，有助于克服跨境破产案件中的法律和程序障碍。原因在于，国际仲裁规则允许各方选择一个中立的仲裁地和仲裁机构，从而避免了单一国家法律体系可能带来的偏见。仲裁庭由具有国际视野的仲裁员组成，他们能够理解和平衡不同国家的法律差异，确保裁决的公正性，进而推动跨境破产程序的概括性执行和有效落实。另外，与公开的法院诉讼不同，仲裁程序可以保护商业秘密和敏感信息，这对于维护破产企业的声誉和商业利益至关重要。更为重要的是，跨境破产相互承认与执行的意义在于，它确保了破产程序的全球效力，避免了在不同国家重复进行破产程序，节省了时间和成本。国际仲裁裁决通常受到《纽约公约》等国际条约的支持，该条约已被160多个国家签署，为仲裁裁决的跨境承认与执行提供了法律基础。

第五部分　重整投资篇

破产重整在新一轮招商引资中变得日益重要，其在经济复苏和企业转型中的作用得到广泛认可。2023年，投资格局发生显著变化，一方面越来越多的产业企业开始重视重整投资，利用这一手段来扩大产业规模、整合产业链，以优化产业结构并提升市

场竞争力，重整投资成为推动产业升级和转型的关键策略。另一方面投资者面临更高难度的投资选择，同时上市公司与非上市公司之间的热度差异扩大。

1. 随着数字化发展，投资人招募方式经历优化与创新

数字化与规范化乃市场演进之关键趋势。在重整企业评估体系方面，投资者已从传统的财务指标分析转向更为多维度和综合性的评估体系。信息技术的进步促使投资者愈发重视智能算法及大数据分析工具的应用，以深度挖掘重整企业的历史数据、行业趋势及潜在风险，并进行精准预测，旨在提升投资决策之科学性与准确性。在此背景下，假马竞标及重整投资权拍卖方式愈发普及，重整投资价格成为竞标的唯一标准，此模式适用于招募投资者存在困难或资产结构较为简单的公司。该拍卖模式对管理人员提出了更高的案件控制力与商业设计能力。尽管在重整投资市场中所占比例较小，拍卖模式却反映了市场的活力与成熟度。

2. 投资人群体更加多样

破产重整投资传统上由产业投资者和金融资产管理公司主导，但随着营商和法治环境发展，破产法律体系的不断完善，政府和监管机构也在完善法规，加强监管，技术进步和信息发展提高了投资信息透明度，帮助投资者降低风险，为投资者创造了公平的投资环境。现在重整投资人群体吸引了上市公司、外资机构和私募股权基金等新兴投资者的兴趣。这些投资者的参与为市场注入新活力，带来多元化的资金和投资策略，推动了创新性解决方案的探索。

3. 财务投资竞争日益激烈

近年来，上市公司的重组投资策略普遍采纳了产业投资者与财务投资者相结合的模式。金融机构，尤其是金融资产管理公司，以及证券公司和信托产品，正日益频繁地参与其中。鉴于上市公司财务投资的安全性和收益性较高，竞争日益加剧。为了确保投资份额，财务投资者开始在破产项目的早期介入，并在必要时解决特定问题。

4. 大型企业的投资人招募难度大

随着大型企业破产增多和政府支持减弱，重整投资市场化趋势明显。在当前复杂经济环境下，产业投资者策略更谨慎，注重风险控制，避免大规模投资不确定市场，导致大型非上市企业重整投资人招募难度增加，许多项目需多轮招募吸引投资者。一些项目因招募失败而陷入困境，转而采取债权人的自救方案。

5. 上市公司重整投资呈现母子公司联动特点

2023年度*ST正邦、*ST西钢等多起上市企业重整案，均呈现出与下属子公司、控股股东联动特性。而重整投资人往往关注上市公司本身的价值，对于控股股东，投资

人参与投资的兴趣通常不高。但投资者在审视上市公司的价值时，会特别关注其控股股东的股份质押情况，当控股股东的股份被质押时，投资者会更加谨慎，因为股票质押权人与普通债权人在利益上有冲突。投资者在考虑投资时，需要综合考虑集团、上市公司及其子公司三个层面，在参与重整的过程中，投资者需要合理安排投资方案和路径，以控制投资成本和风险。

第六部分　展望篇

自2023年全面注册制实施以来，并购重组相关政策频繁出台，通过优化审核流程，放宽重组条件，提升重组估值包容度，推动央国企并购等措施，增加并购重组的市场活跃度。同时，以支持新质生产力企业的纵向并购重组为政策引导的重点方向，支持产业链上下游企业的整合。

破产程序对提高并购效率、降低并购风险、提升价值空间等方面具备的独特制度优势，已日益得到并购行业的关注与积极实践，其在帮扶困境企业纾困、支持区域优质产业集聚、推动新质生产力发展等方面，发挥了越来越重要的作用。可以预计，破产管理与并购重组行业将不断交流融合、共同合作，进一步促进营商环境优化与经济社会的高质量发展。

1. 作为挽救困境企业、盘活资源的良药，破产重组投资持续活跃

破产重组作为存量时代企业与资源盘活的重要工具，是名副其实的资源整合良方，市场对破产重组投资关注持续保持高位。但目前破产重组投资存在投资信心不足、资方与标的未能良好匹配问题。溯及问题本源，可以归结为破产重组市场化水平仍有欠缺，财务投资“短、平、快”的传统投资习惯与破产重组价值修复周期的矛盾。随着传统投资方向回报下跌甚至严重亏损、退出通道萎缩，产融结合共同推动破产重组存量资产价值修复与盘活，将是长期趋势。国有企业混改与做优国有企业要求、央行释放的流动资金更多沉淀在省级以上国有企业，国有投资平台参与地方龙头企业、上市公司重整，预计将成为新趋势。随着全面注册制放开，上市公司壳资源价值稀缺性下降，上市公司重整爆发，上市公司重整价值的定位越来越回归理性与市场真实水平，上市公司重整套利空间逐渐萎缩。随着破产重组修复价值的案例逐渐增多，重整投资信心必然增强、市场将蓬勃发展，“市场化破产”道路上我国的重整投资市场将大有可为。

2. 上市公司重整将进一步强调公司运营价值修复与中小股民权益保护

随着*ST庞大等实施重整后退市案例的出现，预计各方将更加关注通过破产重整实现提高上市公司持续经营能力的重要目的。预计2024年度，上市公司重整将更注重以重整价值为维度的筛选。相较于重整后彻底变更主营业务，借助投资人资源禀赋进一步优化提升原有主营业务及既有企业价值的方案预计将获得更高的关注度。同时，在接下来上市公司破产重整中，将会持续强调中小投资人合法权益保护，科学核算、严格落实债权人的真实清偿预计将成为各方关注和强调的重点。

另外，随着全面注册制改革的不断深化，在“宽进严管”的整体政策氛围下，上市公司实施破产重整的标准预计将进一步科学化、理性化，企业的融资需求和投资者的市场化选择和权益保护将得到良好的回应，进而提升上市公司质量，推动资本市场生态健康可持续发展。

3. 跨境破产合作有望进一步加深，相关法治建设可期迎来新境界

2023年，我国的跨境破产实践已在个案层面取得突破进展，体现出我国法院正在以愈加积极和开放的司法理念面对日趋增多的跨境破产国际合作诉求，并已然意识到跨境破产承认与协助同一般涉外民商事判决的承认与执行存在显著差异，且在个案实践中积极探索和完善外国破产程序的审查标准。2024年，中外跨境破产合作关系有望进一步加深和拓展，并相应提升内地法院对跨境破产案件的审查时效。而此前社会各界广泛呼吁的跨境破产法治建设问题，有望在本次破产法修订中得到系统性的回应，跨境破产法治教育也将随着制度建设与实践需求增加而不再小众。

4. 涉房企业案件数量预计持续增长，金融资源投放房企，鼓励国企并购重组

全国范围内已公开的破产案件中，房地产行业系涉案企业集中分布行业，且其压力正进一步向处于同产业链的建工企业蔓延，引起建工企业的大规模亏损并最终进入破产程序。与此同时，地方政府受限于自身债务困境而无法通过传统平台公司兜底方式完成“保交楼”，破产保护反而成为共识。随着主要AMC的投资方向调整，后续“破产+共益债务续建”将成为房企纾困的主要模式。政府在房地产融资方面陆续出台大量支持性政策，鼓励金融机构对房地产行业加大纾困力度。但从2023年的政策实施效果来看，金融机构纾困资源仍然多向资信较好的房地产国企倾斜，民营房企仍然面临融资难、现金流紧缺的风险。房企纾困有赖金融资源的投放，应持续鼓励政府出台相关政策，如央行已出台的保障性住房再贷款政策，鼓励金融机构支持地方国企以合理价格收购已建成的存量商品房，或并购困境房企后通过借贷形式为企业注入盘活资金、融合优质资源促进续建运营。

5. 产业投资是破解破产案掣肘的良药，其管理能力、经营方案愈加得到利害关系方的重视

对破产企业进行投资的主要类型为不良债权投资、产业投资、财务投资、资产处置投资等，其中产业投资人在业务整合和产业布局方面更具优势，将自身优质资源带入，特别是需外部业务赋能的上市公司，在重组后由该产业投资人主导对上市公司操盘，针对性制定运营策略，进而财务投资模式的套利空间也将随着重整规则的完善逐渐减少。故在此基础上，投资金额不再成为投资人竞标的唯一决定性因素，投资者的管理能力、运营能力和经营计划，未来将成为重整案件中债权人关注的焦点。另外，随着技术的进步、信息透明度的提高和破产制度的完善，加上当前复杂经济环境，产业投资者也将持更加谨慎的态度，注重风险防范与控制。

6. 随着破产审判机制日益完善，优化营商环境举措频出，破产管理与并购重组行业兼容发展

随着各地破产法庭的成立、破产审判规范的出台，审判力量与专业化水平得到很大提高。政府优化营商环境举措频出，府院联动机制设立与运作，推动破产审判机制不断完善。随之，各地分级化管理管理人名册、各类“互联网+”“大数据+”管理人监督措施施行，重整案件利害关系人越来越要求管理人对产业投资人的方案作出商业判断建议、破产重组法律与商事愈发交叉与融合，管理人及破产管理教育培训行业蓬勃发展，全国首家“破产重组研究院”浙江工商大学破产重组研究院也已揭牌成立；各地中院上线各类破产审判管理辅助系统，智能化与数据化管理、监督及管理人权益保护成为新热点。如何以市场化手段辅助破产管理、破产审判监督，实现全国范围的统一，如何推动管理人行业职业化发展，整合管理人机构、拍卖机构、投资融资机构、金融机构等打造破产重组服务生态圈，实现破产管理与并购重组行业兼容发展，成为当前及未来阶段的破局重点。

B.14
中国并购基金发展分析

陈宝胜*

摘　要： 国外并购基金的发展与美国历史上的并购浪潮紧密相关，全球并购基金规模显著增长，而近年来国外并购基金的投资及退出规模有所下降。中国的并购基金领域经历了著名国际并购基金进入中国、本土并购基金出现、本土并购基金加速发展以及各类型并购基金出现四个阶段。2023年，中国的私募股权基金总体规模不断扩大，市场前景看好，管理机构的管理和运作更加规范。中国并购市场的活动日趋频繁，掀起了第六次并购浪潮。对于中国并购基金而言，未来发展面临的机遇和挑战并存，总体上，我国并购基金相较于西方发达国家的并购基金在私募股权投资基金中的占比还较低，仍有较大的增长潜力。

关键词： 并购基金　投资　私募股权投资

一、中美并购基金的发展概况

（一）美国并购浪潮中并购基金的作用

分析美国并购基金发展历程可以看出，其和美国历史上出现的并购浪潮紧密联系，

---

* 陈宝胜，博士，复旦大学兼职硕士研究生导师，主要研究方向为产业整合、并购重组、资本运作、基金投资等。

这从美国历史上5次并购浪潮的过程和特点可见一斑（见图1）。

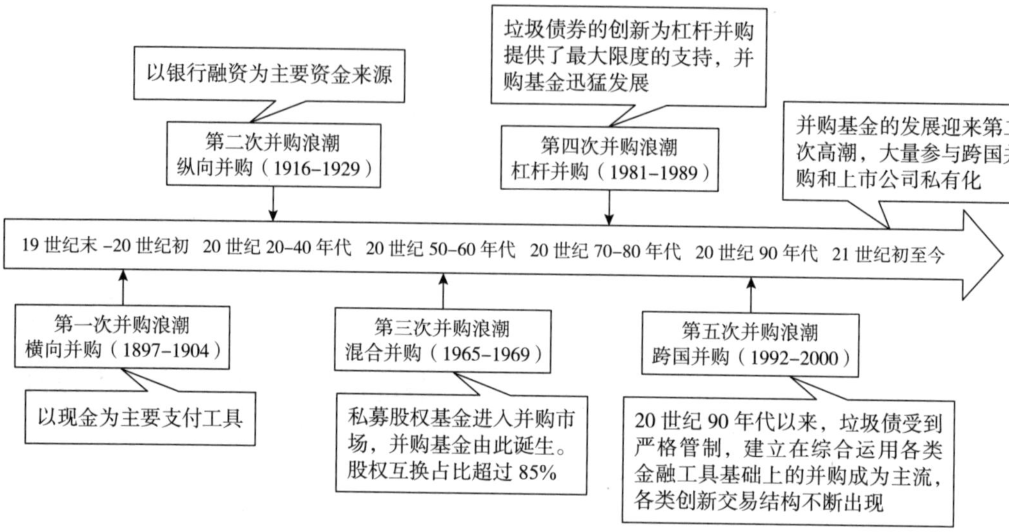

图1　美国历史上5次并购浪潮的过程和特点

资料来源：陈宝胜，毛世辉，周欣.《并购基金实务运作与精要解析》. 中国法制出版社，2018.

并购基金是美国并购活动中最重要的推动者之一，其发展和杠杆并购模式及债务融资工具创新密切相关。并购基金本身不为相应的债务融资提供担保，而是以并购标的资产和未来现金流作为融资担保。

并购基金是专业化的金融机构投资者，资金规模相对较小，充分利用外部资金和金融创新是其最大优势。伴随市场风险和宏观经济变动及投资者风险偏好调整，并购基金所利用的外部资金主体也相应发生了变化：初期以银行贷款为主，之后保险资金和银团贷款以低成本优势及合作契约优势对银行贷款形成竞争。20世纪80年代，垃圾债券以较低的成本和较大的规模成为并购基金最重要的资金来源。美国多家知名的大型并购基金都是在这个时期先后设立并蓬勃发展起来的。

美国主流并购基金除了实施大规模的杠杆并购交易之外，也会帮助目标公司实施管理层收购。20世纪70年代以来，已经有较多的企业集团前期因为业务多元化发展不佳，从而希望卖掉控股的业绩较差的公司。同时，这些业绩较差公司的管理层则认为，如果能够从这些企业集团中独立出来发展，并且管理层被授予良好的激励政策，那么这些下属企业仍然可以取得突出的业绩。

KKR集团创始人之一的科尔伯格研究出杠杆并购模式，可以帮助企业管理层积极参与其中：充分促进具有丰富经验的企业管理层一起实施杠杆并购，让这些有能力提升企业价值的管理层持有一定股份，进而促进并购方与企业管理层的有效合作，提升管理层的管理效率，增强公司的盈利能力。

2000年后，并购基金的发展迎来第二次高潮，大量企业参与跨国并购和上市公司私有化活动。在此过程中，并购基金参与上市公司私有化的方式，主要是帮助上市公司控股股东或主要股东对流通在外的股份进行要约收购，从而实现上市公司私有化；进行资产重组和管理提升后，再选择对目标资产估值较高的上市地点重新上市。

20世纪80年代，美国并购基金大规模经营杠杆收购业务，KKR、黑石、凯雷、TPG都是在这一时期发展壮大的。这些典型的并购基金在发展过程中也逐渐发生变化。一方面，并购基金的并购操盘策略从以控股型并购为主转变为控股型和参股型并重，特别是在这些并购基金进入中国、印度及其他新兴市场后，对参股型并购的运用越来越多；另一方面，在并购业务之外，部分领先的投资机构还开拓了房地产基金、对冲基金、债券基金等其他领域的基金业务，成为综合性的资产管理集团。

（二）中国并购基金的成长阶段

海外资本市场中，并购基金在企业并购市场发挥着重要作用。伴随中国经济快速发展，2000年以来，中国并购基金也开始起步，且在发展中越来越受到国内资本市场的追捧与重视。

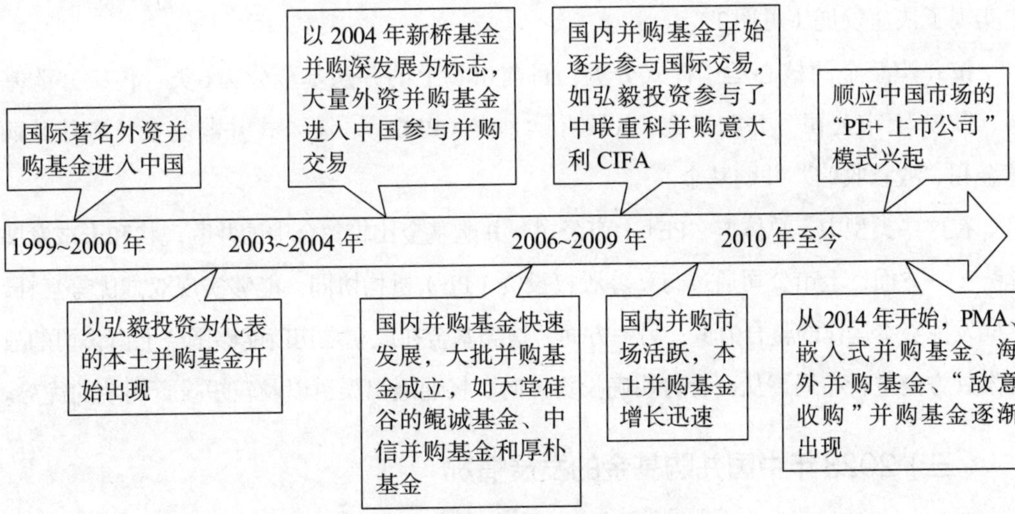

图2 中国并购基金发展历程

资料来源：陈宝胜，毛世辉，周欣.《并购基金实务运作与精要解析》. 中国法制出版社，2018.

1. 阶段一：海外并购基金开始拓展中国市场（1999—2000年）

海外并购基金拓展我国市场，标志事件是凯雷和Navis于1999年在我国创建了3只外资并购基金，在此之后，海外并购基金不断进入中国拓展市场，实施了一些并购活动。而同时，作为新兴事物，其发展也促进了中国本土并购基金的成长。

2. 阶段二：海外并购基金在中国快速发展，中国并购基金进入萌芽阶段（2003—2004年）

中国本土并购基金萌芽于2003年创建的弘毅投资，在此阶段，正在进行的大量国企改革带来了诸多并购机会。基于市场需求，中国并购基金与海外并购基金一起，开展了一系列关于国企改革的并购，如美国新桥基金并购深发展、弘毅投资并购苏玻集团等。

3. 阶段三：中国并购基金步入快速发展时期（2006—2009年）

2006—2009年，共有36只并购基金在中国创建，如天堂硅谷在2006年创建了鲲诚基金，次年中信并购基金和厚朴基金相继成立。这一阶段，由于并购基金陆续成立、数量不断上升，并购基金所参与并购交易的次数和影响力也陆续攀升，出现了一些比较有影响力的案例，如中联重科联合弘毅投资，以及海外的曼达林基金和高盛公司，组团实施了对意大利CIFA的并购。

4. 阶段四：中国市场涌现各类并购基金（2010年至今）

2010年以来，由于不断深入的经济结构调整与新兴产业发展，中国并购活动日渐频繁，并购基金数量也相应地不断增加。同时，各地方政府也通过引导基金，积极参与实现市场化决策的并购基金中。在这一发展阶段，并购基金的组织形式和投资理念也实现了快速发展（见图2）。

按并购基金的核心运作模式分类，目前市场上的并购基金分为6类：传统并购基金、“PE+上市公司”并购基金、A股并购基金（PMA）、嵌入式并购基金、海外并购基金和“敌意收购”并购基金。

在这些类型中，总体上“PE+上市公司”并购基金比较契合中国并购现状和未来发展趋势。一方面，上市公司通过与私募股权投资（PE）机构协同，能够实现双方优势互补，共同发挥资本运作的整合力量；另一方面，这类基金在成立之初就能够围绕上市公司的战略发展方向进行布局，从而有着明确投资方向、畅通退出渠道以及较短投资周期的优势。

（三）2023年中国并购基金的发展情况

中国证券投资基金业协会发布的数据显示，2023年私募股权基金总体规模不断扩大，共有私募股权及创投基金管理人1.28万家，管理基金6.49万只，存续基金规模达27.18万亿元，市场前景看好。PE机构的管理和运作更加规范，并出现了较多头部机构。

在国家政策的支持下，更多类型的机构取得PE基金管理人牌照，银行、保险、证券、信托等大型金融机构加入股权投资的竞争市场，PE参与主体更加多样化，也给市场带来了更多的投资资本和资源。

而政府引导基金已成为市场化基金的重要组成部分，根据清科研究中心统计数据，截至2023年末，各级政府共成立2,086只政府引导基金，目标规模约12.19万亿元人民币，已认缴规模约7.13万亿元人民币。2023年新设立的政府投资基金有107只，同比下降25.2%；已认缴规模为3,118.46亿元人民币，同比下降35.0%。

按同花顺统计数据，2023年全年共有346家上市公司（剔除已停止实施的公司）参设437只产业并购基金。按照预计募集规模上限计算，合计资金规模为4,411亿元。2024年，截至9月11日，A股上市公司参设了180余只产业基金。按进度来看，有120只产业基金正在设立中，66只产业基金已设立完成。在参设产业基金的上市公司中，有近30家上市公司参设两只及以上产业基金。从投向来看，产业基金主要投资新能源、新材料、半导体等新兴行业。

2024年9月24日，国新办举行新闻发布会，证监会主席吴清介绍了促进并购重组多项举措。同日，证监会正式发布《关于深化上市公司并购重组市场改革的意见》（以下简称“并购六条”）《关于修改〈上市公司重大资产重组管理办法〉的决定（征求意见稿）》《上市公司监管指引第10号——市值管理（征求意见稿）》，沪深交易所分别发布《上市公司重大资产重组审核规则（征求意见稿）》。

证监会贯彻中央金融工作会议精神，落实新“国九条”，形成“1+N”政策规则体系。本次会议促进并购重组发展的有关举措和2024年2月以来证监会出台的鼓励并购重组的一系列政策一脉相承。

“并购六条”在市场引发热烈反响，将推动并购重组市场进入新阶段。越来越多的PE管理人开始涉足并购基金行业，从创投基金、PE走向并购基金，这与国际发达地区私募基金发展的普遍趋势一致。

二、中国并购基金发展面临的机遇与挑战

（一）中国并购市场的活动日趋频繁

根据普华永道发布的《2023年中国企业并购市场回顾与前瞻》，2023年，中国并购交易数量为8,563项，与2022年相比减少了27%；2023年中国并购交易金额下跌至3,331亿美元，为2014年以来的最低水平，较2022年下降了28%（见图3）。尽管2023年的并购交易创下了10年新低，但与上半年相比，下半年的并购市场活跃度有所回升，交易额增长了19%，交易量增长了12%。此外，中国民营企业的海外投资逆势回弹，

与2022年的低点相比，2023年全年交易数量和金额分别上升了13%和62%。并购交易随着中国经济转型升级和战略推进而蓬勃发展。

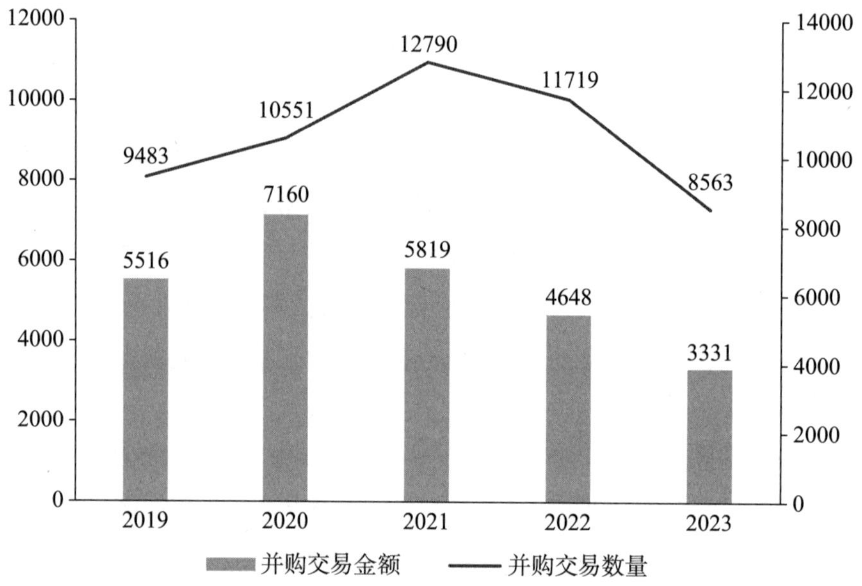

图3 2019—2023年中国并购交易金额和数量

资料来源：普华永道。

根据21资本－联储并购研究中心发布的《2023年A股并购报告》，2023年A股上市公司全年开展的并购交易数量共计6,325起，较2022年同期下滑约9%。其中披露交易金额的并购交易共5,101起，总交易规模约2.39万亿元，较2022年同期下滑15%。并购重组已成为资本市场支持实体经济发展的重要方式。

相较于发达国家，我国在并购方面还属于发展初级阶段，而我国上市公司已成为国内并购市场的核心力量，主要原因是上市公司在融资与支付方面有着较大的优势。总体而言，根据交易目的不同，上市公司并购重组主要有三种类型，即整体上市、借壳上市与产业并购。比较明显的趋势是，我国上市公司已逐步发展为以产业并购为主来开展相关并购活动。

产业并购是以产业整合和产业价值提升为目的的资产重组与并购，具体是指以上市公司为主体进行行业或上下游产业的资产收购、重组行为，包括产业链的横向和纵向并购，也存在产业跨界并购，主要特征为市场化。近年来，此类并购交易越来越频繁，是上市公司实现成长的重要途径之一。并购能给上市公司带来更多的利润增长，反映在二级市场上则表现为股价和市值的提升，从而进一步推动上市公司进行更大规模、更高质量的产业并购。毫无疑问，产业并购将成为未来我国上市公司并购的主流。

（二）第六次并购浪潮发展

目前，中国经济已进入转变发展方式、提升发展速度、转换增长动力、调整经济结构的重要阶段，习近平总书记以“腾笼换鸟，凤凰涅槃”的“两只鸟论”，强调了“结构调整、方式转变”的核心要点及战略目标。

现阶段，客观而言，我国大多数企业的发展规模还较小，行业集中度也较低，企业的发展潜力和前进速度还较慢。在这种情况下，面临市场压力和竞争对手，企业较难通过自身积累实现产业转型升级。而反观跨国企业发展，并购无疑是世界500强企业实现快速崛起的重要路径，可以预见，未来并购也将是我国企业实现快速发展的重要路径。

目前，一方面，我国面临部分行业产能过剩、竞争激烈的现状，行业竞争中占据优势的企业可以通过自身的资金优势和管理优势整合过剩和落后的产能，通过输出管理和设备改造提升弱势企业的盈利能力；另一方面，高端制造和现代服务业的供应不足，我国具有充足资本的企业都在向海外高技术产业进行资本输出，并购高新产业的技术和产能，期望在完成整合后将其引入需求巨大的中国市场，为中国市场提供高端产品和服务。

因此，行业整合、产业升级以及产融结合将是我国并购市场发展的主要方向，也是核心机会所在（见图4）。

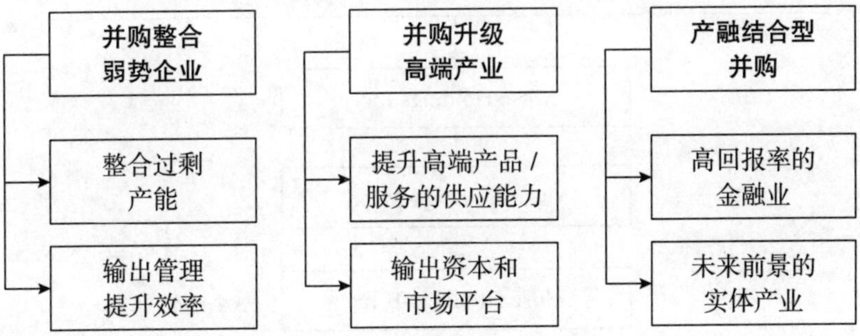

图4 中国并购市场的发展方向

三、并购基金收购案例

（一）传统并购基金案例

1. 传统并购基金特点分析

（1）主要运作方式

传统并购基金通过控股或较大比例参股目标企业，后续帮助目标企业实施管理改善、业务整合、机构重组等，从而提升目标企业的核心内在价值，然后通过各类途径实现退出来获取基金收益。

（2）突出特点

我国传统并购基金和海外并购基金的运作思路较为一致，在并购基金盈利路径上，都是坚持长期产业投资，在此过程中协助企业实现价值增长。

2. 代表案例：高瓴资本联合鼎晖投资并购百丽国际

2017年7月25日，高瓴资本、鼎晖投资以及百丽集团的执行董事于武、盛放组成的财团作为要约方，以6.3港元/股的价格收购百丽国际全部已发行股份，收购总价为531亿港元，较百丽国际停牌前最后交易日的收市价5.27港元/股溢价约19.54%。百丽国际正式私有化，从港股退市。

上述财团成员共同成立并购基金Muse Holdings Inc.，下设两层子公司用于收购百丽国际。交易完成后，高瓴资本持有百丽集团56.81%的股份，鼎晖投资旗下SCBL公司持有12.06%的股份，于武及盛放等百丽集团管理层出资组成的智者创业有限公司持有31.13%的股份（见图5）。

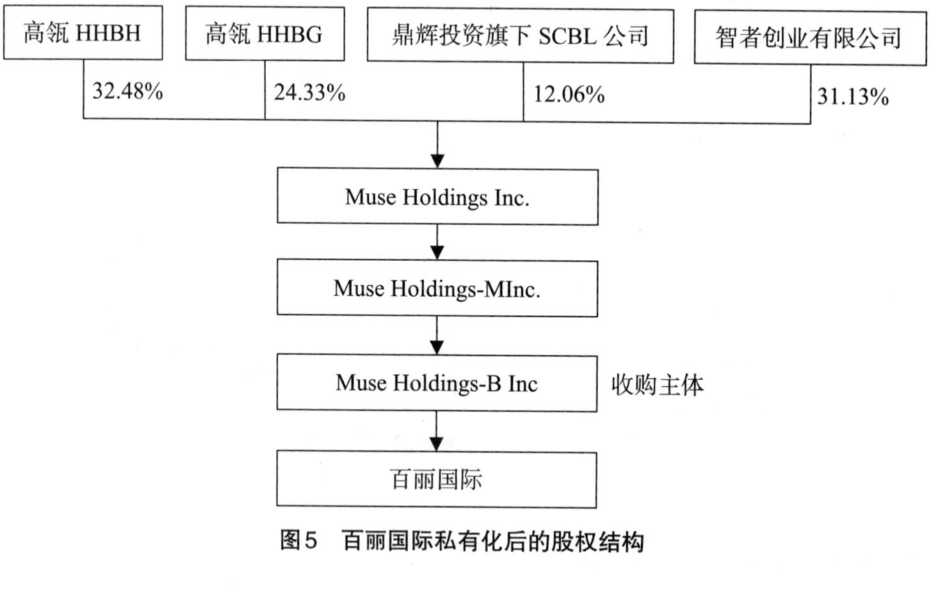

图5　百丽国际私有化后的股权结构

经过多年的扩张，百丽集团的经营业绩趋于稳定。由于整体行业性的问题以及百丽品牌老化、销售渠道等因素，股价持续低迷。百丽国际退市前营业收入为417亿元，利润为35.55亿元。

要约收购百丽国际的现金出资为453亿港元，其中280亿港元为美国银行提供的并购贷款，剩余173亿港元由高瓴资本和鼎晖投资等组成的财团提供。

在高瓴资本、鼎晖投资等收购方看来，百丽国际拥有非常良好的现金流，年度净利润超过30亿元，符合作为杠杆收购对象的基本要求。

一方面，百丽国际的业务本身也存在可以提升的空间；另一方面，百丽国际运动服饰业务具有独特的价值，可以运作分拆在中国香港上市。因此，在百丽国际私有化之后，高瓴资本就开始分拆百丽国际，将滔搏国际从中独立出来，并开展品牌更新、管理改善和效率改进等系列活动。

2019年6月，分拆自百丽国际的体育用品经销商滔搏国际向港交所提交招股申请，拟赴香港主板上市。

2019年10月10日，滔搏国际在港交所实现上市。员工约4万人的滔搏国际，在全国30个省份近270个城市有8,300余家直营门店，是我国最大的运动鞋服直营网络，占据国内运动鞋市场超过15%的市场份额，行业排名第一。滔搏国际运营的品牌包括耐克、阿迪达斯、彪马、匡威、Asics等国际品牌。

上市首日，滔搏国际股价收盘时每股报9.25港元，市值达574亿港元，已超2017年百丽国际私有化时531亿港元的市值。而在私有化多年之后，由高瓴资本操刀转型的百丽国际又将重新冲击港股IPO。2024年3月1日，百丽时尚集团正式向港交所递交IPO申请，美银证券、摩根士丹利为百丽时尚IPO的联席保荐人。

（二）“PE+上市公司”并购基金案例

1.“PE+上市公司”并购基金特点分析

（1）主要运作方式

该类并购基金，主要是由PE机构联合上市公司（或关联人）成立，一起参与基金管理，创建并购基金，进而以此上市公司的核心产业链或未来发展方向为战略投资重点。

（2）突出特点

该类并购基金成立之初，就有着明确的战略投资方向和顺畅的并购退出渠道，因此可以实现较短的投资周期，退出较为方便。在这种模式下，PE机构和上市公司联手，发挥各自优势，能够协同产业和资本，总体上具有较好的整合运作能力。

2. 代表案例：爱尔眼科设立并购基金

作为眼科专科医院的龙头企业，爱尔眼科于2014年首次设立并购基金，2017年上半年爱尔眼科注入9家并购基金医院，为其带来营业收入4.35亿元，净利润达6,871万元，实现了业绩的超预期增长。通过“PE+上市公司”并购基金的运作，爱尔眼科进一步稳固了眼科专科医院的行业龙头地位。

2018年10月27日，爱尔眼科全资子公司拉萨亮视公告拟以自有资金1.9亿元投资湖南亮视长星医疗产业管理合伙企业（有限合伙）（以下简称“亮视长星”）。亮视长星总规模为10亿元，经营期限5年（见图6）。

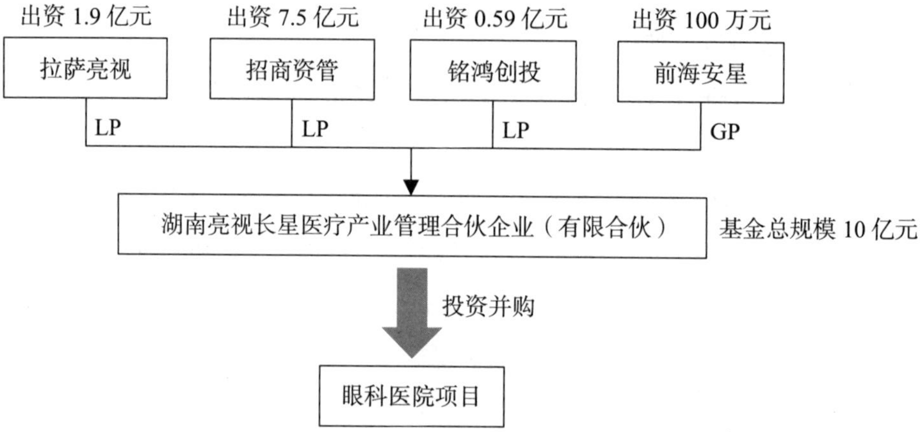

图6 亮视长星并购基金结构

从2014年开始，爱尔眼科先后参与设立了前海东方、湖南中钰、南京安星、亮视交银、亮视长银、亮视长星、亮视晨星7家专门用于收购医院资产的并购基金。这7家并购基金预计募资总额为72亿元，而爱尔眼科预计自身投资金额为12.68亿元，占总募资额的17.61%。

截至2023年12月31日，爱尔眼科品牌医院、眼科中心及诊所在全球范围内共有881家。其中，中国内地750家（上市公司旗下439家，产业并购基金旗下311家），中国香港8家，海外布局眼科诊所突破123家，包括美国1家、欧洲108家、东南亚14家，与上市之初相比已经有了数十倍的发展。爱尔眼科通过参与筹建并购基金，围绕自身战略发展方向，获得更多市场资金，支持网点快速扩张，同时规避并购风险，为上市公司后续可持续发展储备了足够的潜在项目。

（三）PMA案例

1. PMA特点分析

（1）主要运作方式

该类并购基金首先通过受让、二级市场交易等方式控股上市公司，进而重新明晰上市公司的战略目标与路径，注入受市场欢迎的战略性新兴产业资产，提升上市公司盈利能力，从而实现价值提升并获取利润。

（2）突出特点

该类并购基金通过A股上市公司平台，对战略性新兴产业资产或市场看好的创新概念资产进行并购重组，提升上市公司盈利能力，促进上市公司股价上涨，从而实现股权增值，获取利润。

2. 代表案例：东方富海入主光洋股份

深圳市东方富海投资管理股份有限公司（以下简称“东方富海”），为国内著名的PE机构，通过收购A股上市公司光洋股份的母公司，达到了控制光洋股份的目的。

光洋股份主营业务为汽车精密轴承研发、制造与销售，近年来的业绩表现平平，特别是2018年，汽车产业整体业绩欠佳，光洋股份出现上市后的首度亏损，实现营业收入13.5亿元，净利润–9,040.36万元，同比分别下降7.24%和849.80%。

常州光洋控股有限公司（以下简称“光洋控股”）为光洋股份的控股股东。2018年11月，东方富海及其关联方与光洋控股的3名自然人股东签署了股权转让协议。原股东将持有的光洋控股100%股权转让给深圳富海光洋股权投资基金合伙企业（有限合伙）（以下简称“富海光洋基金”）和深圳市东方富海创业投资管理有限公司（以下简称“富海创业投资”）。

2019年8月之后，富海光洋基金分批次引入了扬州市江都区政府投资引导基金有限公司、扬帆新材、程上楠和沈林仙等数名有限合伙人（见图7）。

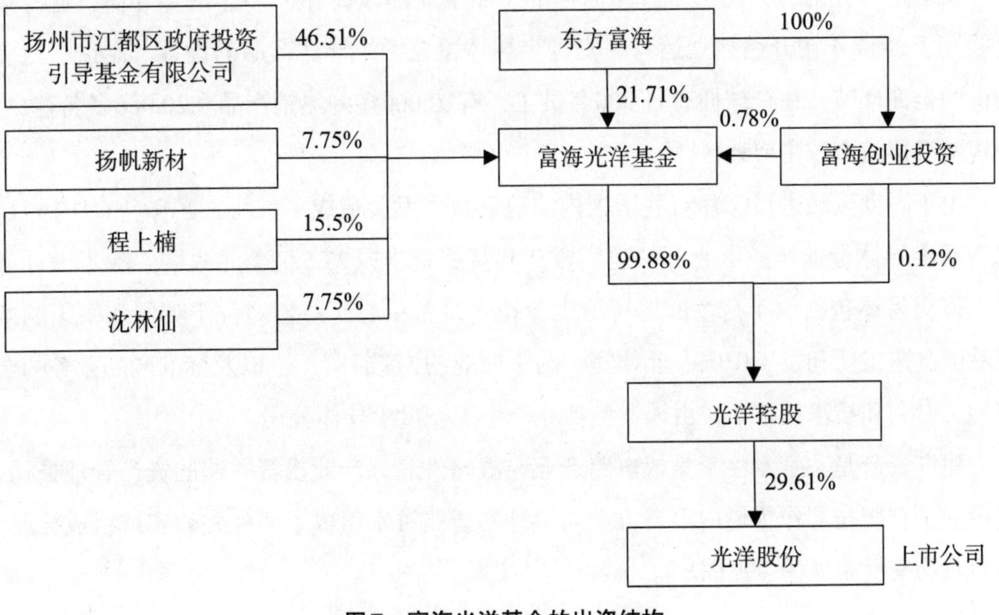

图7 富海光洋基金的出资结构

其中，富海光洋通过支付11.99亿元并购99.88%的光洋控股股份，而富海创业投资收购0.12%的光洋控股股份。光洋控股100%的股权，对应上市公司光洋股份总股本的29.61%。并购完成后，富海光洋基金将间接持有29.58%的光洋股份股权。2019年6月29日，光洋股份公告实际控制人变更为富海光洋基金。

在国内资本市场，由PE机构控制上市公司控制权的情况并不多见。比较引人关注的案例有2015年九鼎集团间接收购上市公司中江地产，并注入昆吾九鼎100%股权，九鼎集团将私募股权投资业务注入中江地产，上市公司更名为九鼎投资。

富海光洋基金方面表示，购买上市公司控股股东股权是认可光洋股份的发展理念和业务战略，未来将结合自身资源，基于上市公司平台，不断改善资产质量，提高盈利能力，促进上市公司持续成长。

（四）海外并购基金案例

1. 海外并购基金特点分析

（1）主要运作方式

该类并购基金收购中国境外标的公司，将业务引入中国市场进行发展。

（2）突出特点

海外并购基金的特点是将海外技术或产品嫁接到中国市场。

2. 代表案例：建广资产和闻泰科技先后收购安世半导体

安世半导体前身为荷兰恩智浦的标准产品事业部，拥有60多年的半导体行业专业经验，于2017年初开始独立运营。安世半导体覆盖了半导体产品的设计、制造、封装测试的全部环节，在全球拥有11,000名员工，有10,000多种热销产品和20,000多名客户，销售网络覆盖全球主要地区。

由于高度依赖进口芯片对我国国内制造业自主发展造成了威胁，2016年6月14日，恩智浦半导体标准产品事业部被建广资产和智路资本以27.5亿美元收购。除了设计部门，该交易还包括位于荷兰的恩智浦工业技术设备中心、恩智浦位于英国和德国的两座晶圆制造工厂和位于中国、菲律宾、马来西亚的3座封测厂，以及标准产品业务的全部相关专利和技术储备，并由该业务独立产生了安世半导体公司。

建广资产是一家专注于集成电路产业与战略性新兴产业投资并购的资产管理公司，它设立了合肥裕芯作为境内出资方，与境外的智路资本组成了海外并购实体裕成控股，继而收购安世半导体（见图8）。

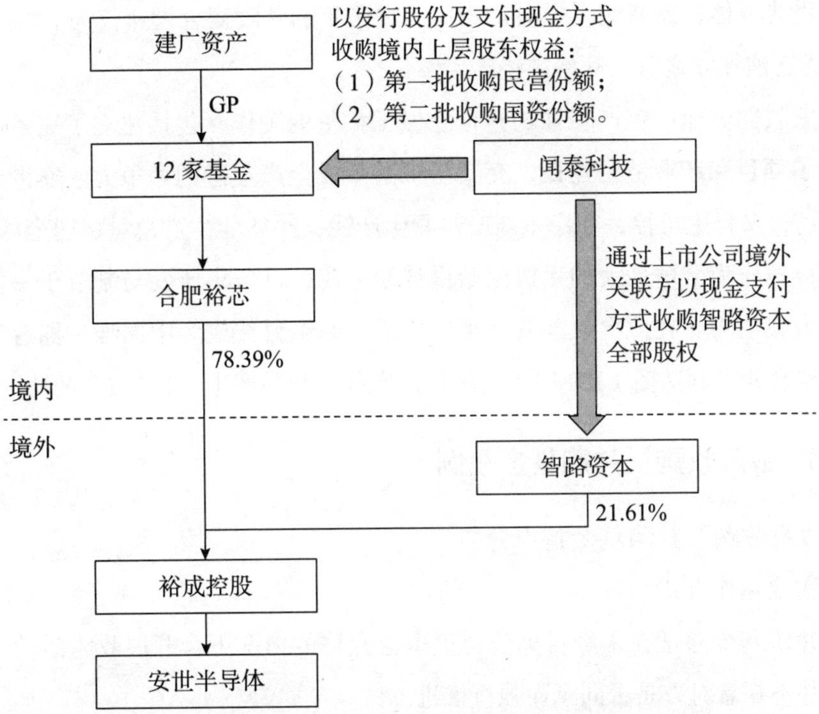

图8　建广资产和闻泰科技先后收购安世半导体的出资结构

据报道，当时智路资本管理的基金投入4.5亿美元，建广资产管理的基金投入约16.3亿美元，合计约20.8亿美元全部投资到裕成控股。建广资产管理基金中，出资人包括京运通、闻泰科技、东山精密等多家上市公司或其实际控制人，以及合肥市建设投资控股（集团）有限公司。

由于安世半导体是全球领军的半导体器件供应商，建广资产完成对安世半导体的收购后，引来了银鸽投资、旷达科技、东山精密、闻泰科技等多家上市公司对其进行竞购。各方产业资本的竞标中，最终以闻泰科技为主的联合体胜出。

2019年3月，闻泰科技发布公告，拟以发行股份及支付现金的方式收购安世半导体的部分上层股东权益份额，并购对价267.9亿元人民币，相当于间接持有安世半导体74.46%的权益比例。2019年6月，该交易获得我国证监会的核准，并于2019年12月正式实施。

2020年4月，闻泰科技发布公告，拟通过发行股份及支付现金的方式收购剩余的上层股东权益份额，并购对价63.3亿元人民币，获得安世半导体23.77%的权益比例，交易完成后总计持有安世半导体98.23%的权益比例。同时，闻泰科技发行股份募集配套资金，主要用于安世半导体在中国设立新项目以及补充上市公司流动资金。

安世半导体专注于分立器件、逻辑器件及金属氧化物半导体场效应晶体管（MOSFET）

市场。安世半导体在恩智浦手中时，2010—2016年的营收复合增速仅为1.1%，自2017年2月从恩智浦独立之后，开始逆势高速增长。

第一家收购方建广资产在并购整合上做了大量的工作，包括建立了完备的高管团队，加强了项目和产业链的建设，充实上下游形成全产业链的竞争力。安世半导体背靠中国市场，又自主可控，在广东新增封测生产线，2018年生产总量稳居全球第一。

闻泰科技作为全球最大的手机原始设计制造商，具备集研发与制造于一体的全业务链解决方案能力。在此次收购安世半导体后，闻泰科技成为中国唯一拥有完整产业链的国际整合元件制造商（IDM），真正让此次并购交易产生“1+1>2”的协同效应。

（五）“敌意收购”并购基金案例

1.“敌意收购”并购基金特点分析

（1）主要运作方式

该类并购基金通常在未经目标公司董事会允许的情况下，开展收购活动，在收购过程中，并不在意对方是否同意而强行推进。

（2）突出特点

该类并购基金通常以上市公司为敌意收购对象，因为收购过程往往会动用大量资金，一般会涉及较大金额外部融资。目前，国内“敌意收购”主要是以控制上市公司为目的的战略性投资。

2. 代表案例：美年健康“敌意收购”爱康国宾

2014年4月9日，中国民营预防医疗服务提供机构爱康国宾成功登陆纳斯达克证券交易所，IPO募资规模达1.53亿美元。与此同时，爱康国宾以公开发行价格向中投旗下的投资机构发行4,000万美元的私募配售。由此，爱康国宾成为中国健康体检行业第一家上市公司。

2014年11月，美年健康以36亿元人民币的对价收购慈铭体检，成为行业第一，并在2015年3月以55亿元人民币的对价成功借壳江苏三友。

美年健康基于行业整合的目的，向爱康国宾发起“敌意收购”，最终爱康国宾被云峰基金私有化。整个“敌意收购”过程分为以下六步。

第一步：爱康国宾实际控制人启动私有化，美年健康却展开“敌意收购”。

2015年8月31日，爱康国宾董事长兼CEO与相关基金一起（以下简称“内部买方团”），向爱康国宾提出愿意以17.80美元每份美国存托股份（ADS）的价格私有化（相当于每股35.6美元）。

然而，美年健康提出拟以更高价格对爱康国宾进行要约收购。2015年11月30日，江苏三友（即美年健康）主导的买方团，向爱康国宾董事会提出，以22美元每份ADS的价格私有化，相比内部买方团报价高出23.6%。

第二步：爱康国宾董事会通过“毒丸计划”。

2015年12月2日，“毒丸计划”由爱康国宾董事会表决通过。

第三步：美年健康应对“毒丸计划”两次提高报价。

2015年12月15日，由美年健康买方团提出，将以23.50美元每份ADS价格，全现金收购所有普通股和ADS。该收购价格比内部买方团报价高出32.0%。

2016年1月，阿里巴巴、中国人寿等企业加入内部买方团，从而联合构建新的内部私有化买方团。

之后，美年健康买方团进一步提出，可以以25美元每份ADS价格，全现金收购所有普通股和ADS。该收购价格比内部买方团报价高出40.4%。

美年健康买方团在原买方成员的基础上新增了上海源星胤石股权投资合伙企业（有限合伙）、上海赛领资本管理有限公司和海通新创投资管理有限公司。

第四步：美年健康与爱康国宾在私有化报价之外的“斗争”。

除了启动“毒丸计划”，爱康国宾还在其他领域对美年健康展开狙击，意图阻止美年健康的恶意收购，包括如下几方面：

一是举报在美年健康担任销售职务的前爱康国宾员工泄露爱康国宾商业机密。

二是向商务部实名举报美年健康涉嫌违反《中华人民共和国反垄断法》，同时向中国证监会与交易所举报美年健康在信息披露方面存在披露不实的问题。

三是向法院递交关于双方的知识产权诉讼等。

第五步：云峰基金开展私有化报价

2016年6月6日，爱康国宾公告，收到云峰基金发出的私有化报价函，对方愿意以每份ADS 20~25美元的价格，全现金收购100%爱康国宾股权。该报价上限与美年健康最新一次报价相同。

2016年6月8日，美年健康公告，鉴于爱康国宾私有化进程的最新变化，公司参与的买方团综合考虑各方面的因素，决定不再向爱康国宾特别委员会呈递有约束力的收购要约，公司亦决定退出买方团，也就是“敌意收购”爱康国宾行动被停止。

第六步：云峰基金、阿里巴巴联合爱康国宾创始人再次报价，最终爱康国宾董事会接受交易价格。

云峰基金首次报价后，爱康国宾私有化进程搁置了很长时间。2018年3月，爱康国宾公告，云锋基金与阿里巴巴联合牵头的买方团，提出了全现金收购计划，表明愿意收购爱康国宾的所有A类、C类普通股，以及ADS，提议收购价为每份ADS 20美元。

在此次私有化之前，爱康国宾董事长张黎刚、副董事长何伯权两人合计持有的股权比例是25.6%。虽然持股比例不高，但是两人持有的表决权比例高达43.1%（包含C类股）。

2019年1月，爱康国宾宣布私有化完成，私有化价格最终定为每份ADS 20.60美元（即41.20美元/普通股）。私有化主体为IK Healthcare Holdings Limited及其全资子公司IK Healthcare Investment Limited。

参考文献：

[1] 成思危主编.《中国风险投资实务运作与创新发展》[M]. 北京：民主与建设出版社，2003.
[2] 张陆洋，崔升，肖建.《创业—组合投资理论与实务》[M]. 上海：复旦大学出版社，2010.
[3] 张陆洋.《风险投资发展国际经验研究》[M]. 上海：复旦大学出版社，2012.
[4] 陈宝胜，毛世辉，周欣.《并购重组精要与案例》[M]. 北京：中国法制出版社，2017.
[5] 陈宝胜，毛世辉，周欣.《并购基金实务运作与精要解析》[M]. 北京：中国法制出版社，2018.
[6] 张磊. 价值 [M]. 浙江：浙江教育出版社，2020.
[7] 苏世民. 苏世民：我的经验与教训 [M]. 赵灿，译. 北京：中信出版社，2020.
[8] 刘东波. 基于Pre-IPO项目下的我国私募股权基金风险浅析 [J]. 商业经济，2012.6.
[9] 郑振龙，陈志英. 现代投资组合理论最新进展评述 [J]. 厦门大学学报（哲学社会科学版），2012.2.
[10] 伍旭川，刘学. 金融科技的监管方向 [J]. 中国金融，2017.5.

B.15

上市公司破产重整领域投资之现状与发展趋势

吴立新　伍惠文　李金梅*

摘　要： 近年来，随着市场环境的复杂多变，上市公司面临的经济压力与财务风险日益加剧，破产重整现象频发。破产重整的核心是通过资源的引入和重组，恢复企业生产经营，其中蕴含大量的投资机会。伴随着破产制度的不断完善和透明，作为一种特殊的投资方式，重整投资不仅受到产业投资人的认可，财务投资份额也成为金融资产管理公司、证券投资基金、信托产品等金融机构或金融产品炙手可热的投资标的。本报告旨在深入剖析当前上市公司投资重整市场的现状，通过梳理近年来破产重整上市公司的数量、股价表现、投资人招募情况以及重整后的投资收益率等关键数据，为投资者提供全面、翔实的市场洞察。

关键词： 上市公司、破产、重整投资

---

* 吴立新，金融学博士，律师，全联并购公会第四届理事会常务理事，湖北并购联合会会长，全联并购公会困难民企纾困专业委员会副主任，第二十一届中国并购大会筹备组组长，天达共和资深合伙人，主持了大量具有重大影响的金融业风险处置工作、金融及上市公司、大中型国有企业及其他型企业破产重整案；伍惠文，北京天达共和（武汉）律师事务所律师；李金梅，北京天达共和（武汉）律师事务所实习律师。

若企业经营遇到困境，短期内将造成土地、厂房、机器设备等资产闲置，更将造成职工、有价值的技术专利、特殊经营资质等资源的重大浪费。通过资源的引入和重组，能帮助企业实现涅槃重生，急剧增加的破产重整案件成为投资新领域。相比一般企业而言，上市公司具有壳价值、退出方式多样、信息透明、更易获得特殊政策的扶持等优势，其潜在的投资回报更高。因此，越来越多的产业投资人、财务投资人关注到上市公司重整中的投资机会，积极探索参与重整投资实现多方共赢。本文将聚焦上市公司破产重整，通过分析上市公司重整特点、现状，展望上市公司重整投资发展的全新趋势。

一、上市公司破产重整情况概览

（一）近五年上市公司破产重整情况概览

根据证券市场权威网站及上市公司公告数据统计，截至2023年12月31日，近五年上市公司申请（被申请）破产重整、法院受理上市公司破产重整、上市公司破产重整计划经法院裁定批准通过的情况如下图所示：

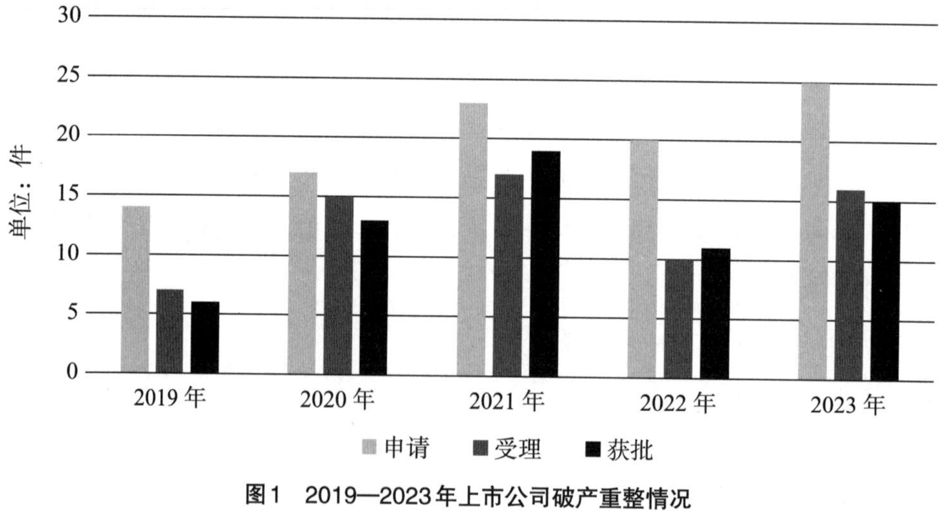

图1　2019—2023年上市公司破产重整情况

资料来源：上市公司公告、巨潮资讯网

近五年我国上市公司破产重整企业数量整体呈现增长态势。自2019年至2023年，申请（被申请）破产重整的上市公司数量增长约78.6%，法院裁定受理重整的上市公司数量增长约128.57%，法院裁定批准重整计划的上市公司数量增长率为150%，近五年共64家上市公司的重整计划被法院裁定批准，截至2023年12月31日，我国共有118家上市公司重整计划经法院裁定批准通过，近五年占比54.24%。

（二）2023年上市公司破产重整情况概览

2024年3月8日《最高人民法院工作报告》披露，2023年，全国法院审结破产案件2.9万件，同比增长68.8%，力促“僵尸企业”及时出清，涉及债权2.3万亿元。引导可重整的不清算，助“危机”企业寻“新机”，审结破产重整、和解案件1,485件，762家陷入困境企业成功重整，盘活资产8,790亿元，11.8万名员工稳住就业。从数据上看，重整、和解类案件在全部破产案件中占比仅5%左右，而重整成功的概率大约50%（不包括重整计划通过后未执行完毕的情况），具体情况如下表：

表1　重整、和解类案件具体情况

序号	股票简称	股票代码	公司全称	申请（被申请）重整日期	法院裁定受理重整日期	重整计划批准时间
1	*ST东洋	002086	山东东方海洋科技股份有限公司	2023/01/17	2023/11/24	2023/12/18
2	ST中利	002309	江苏中利集团股份有限公司	2023/01/18	/	/
3	*ST金一	002721	北京金一文化发展股份有限公司	2023/01/31	2023/07/20	2023/09/13
4	*ST京蓝	000711	京蓝科技股份有限公司	2023/03/17	2023/06/05	2023/11/27
5	*ST豆神	300010	豆神教育科技（北京）有限责任公司	2023/03	2023/11/15	2023/12/18
6	*ST洲际	600759	洲际油气股份有限公司	2023/04/06	2023/09/20	2023/11/21
7	*ST商城（已退市）	600306	沈阳商业城股份有限公司	2023/04/07	2023/11/10	2023/12/12
8	*ST泛海	000046	泛海控股股份有限公司	2023/04/21	/	/
9	*ST中天（已退市）	000540	中天金融集团股份有限公司	2023/04/26	/	/
10	金科股份	000656	金科地产集团股份有限公司	2023/05/22	/	/
11	跨境通	002640	跨境通宝电子商务股份有限公司	2023/05/12	/	/
12	*ST西钢	600117	西宁特殊钢股份有限公司	2023/05/23	2023/06/20	2023/11/06

续表

序号	股票简称	股票代码	公司全称	申请（被申请）重整日期	法院裁定受理重整日期	重整计划批准时间
13	*ST榕泰	600589	广东榕泰实业股份有限公司	2023/06/05	2023/11/24	2023/12/25
14	*ST凯撒	000796	凯撒同盛发展股份有限公司	2023/06/25	2023/10/28	2023/12/08
15	*ST步高	002251	步步高商业连锁股份有限公司	2023/07/07	2023/10/26	/
16	*ST新纺	002087	河南新野纺织股份有限公司	2023/07/03	/	/
17	*ST佳沃	300268	佳沃食品股份有限公司	2023/08/04	/	/
18	*ST太安	002433	广东太安堂药业股份有限公司	2023/08/09	/	/
				2023/09/04	/	/
19	*ST柏龙	002776	广东柏堡龙股份有限公司	2023/08/31	/	/
20	*ST全筑	603030	上海全筑控股集团股份有限公司	2023/09/22	2023/11/23	2023/12/15
21	*ST中捷	002021	中捷资源投资股份有限公司	2023/06	2023/11/24	2023/12/24
22	*ST西发	000752	西藏发展股份有限公司	2023/07	/	/
23	*ST吉要	300108	吉药控股集团股份有限公司	2023/08	/	/
24	*ST明诚	600136	武汉当代明诚文化体育集团股份有限公司	2023/01	2023/06/05	2023/11/10
25	*ST新联	000620	新华联文化旅游发展股份公司	2023/05	2023/11/14	2023/12/16

资料来源：界面新闻、深圳证券交易所、上海证券交易所、巨潮资讯网

2023年，法院裁定受理重整及批准重整计划的数量占申请（被申请）数量的比重分别为64%和60%，受理重整及批准重整计划的时间大多数集中在11—12月。具体来看，2023年，法院裁定受理重整的上市公司16家，其中7家在11月被裁定进入重整程序，占比46.67%。法院裁定批准重整计划的上市公司15家，其中6家在11月获批（包括*ST正邦、*ST广田），8家在12月获批，合计占比93.33%，且其重整计划均已在2023年12月30日前执行完毕。除*ST西钢执行重整的天数多于重整计划规定的期限外，其余14家执行期限均少于重整计划规定的期限。

二、上市公司破产重整之投资基础理念

（一）上市公司破产重整投资特点

1. 投资流程的特殊性

上市公司重整投资不同于常规的投资并购，司法程序在其中产生巨大影响，二者在交易流程、风险把控、尽调要点、投资协议安排等方面存在较大区别。破产程序的决策主体异常多元，重整程序中投资人交易条件的谈判需要与管理人、债权人、债务人、法院以及地方政府等多方主体进行，是一项综合上市公司监管合规、行政与司法程序衔接、并购整合思维与经验、解决复杂问题的能力以及多方沟通协作的系统性工程，交易难度系数成倍增加。

2. 投资的高收益特征

整体上看，上市公司破产重整投资收益较高。参考历史数据，投资人受让股票价格较低，其中产业投资人受让股票价格通常为当时股价的3~5折，财务投资人受让股票价格通常为当时股价的4.5~7折，投资人投资回报显著。2023年完成破产重整的上市公司中，截至2024年9月30日，产业投资人平均收益率为156.74%，财务投资人平均收益率为77.75%。

（二）上市公司破产重整投资逻辑

一般情况下，重整投资人先通过公开招募等方式，以低价获得不良债权、上市公司股票或其他资产；再通过债务调整、并购重组、业务重组等方式，分类清偿债务，保留核心资产，剥离低效无效资产，将优质资产注入上市公司，通过经营、激励等管理方面的重塑与提升，帮助上市公司摆脱财务困境，恢复正常运营，实现高质量发展，提升市场估值；最后通过二级市场出售等方式闭环退出，实现投资收益。可以说，破产重整的核心投资逻辑是低价受让、赋能提升和闭环退出。

（三）上市公司破产重整投资参与方式

司法实践中，重整投资人包括资产管理公司、投资公司、基金公司、同业及上下游企业等。重整投资人通过共益债投资、重整投资人投资、不良债权收购等多种方式，成为重整市场的重要参与者。

1. 共益债投资

在进入破产重整或预重整程序后，部分企业需通过共益债融资来保障日常经营。根据破产法规定，共益债相较普通债权具有优先清偿的特殊地位，可以由债务人企业财产随时清偿，这赋予了共益债较高的安全保障。共益债投资稳定的收益率、较高的安全性以及可能提前锁定部分财务投资份额等优势，使其越来越受到投资人青睐。

2. 重整投资人投资

重整投资人包括产业投资人和财务投资人，一般通过资本公积转增股本以现金对价获取上市公司股票的形式参与投资。产业投资人往往会注入优质资产、整合资源，甚至成为上市公司新的实控人，其获得的转增股票锁定期限更长（产业投资人锁定期3年，财务投资人锁定期1年），认股价格也比财务投资人更具优势。由于重整投资人认股折扣较高，即使扣除其他成本，仍能维持较大的获利空间，各大投资机构争夺破产重整投资份额的竞争日益激烈。

3. 不良债权收购

不良债权收购也是参与问题上市公司重整业务的手段之一。对于专业的资产管理公司而言，可依据其对企业重整价值的专业判断，作出收购不良债权的决策，运用投行化手段，通过各类重组、司法处置等方式化解风险，深入挖掘和提升债权价值，通过现金受偿、留债受偿、债转股从二级市场退出等形式，实现投资收益，达到多方共赢。

三、2023年上市公司破产重整投资之现状

2023年，越来越多的优质产业企业开始积极关注重整投资机会，运用重整投资手段扩大产业规模和整合上下游产业。2023年共16家上市公司被法院裁定受理重整，其中15家在年内顺利完成重整，合计债务规模超过1,000亿。根据2023年15家经批准的上市公司重整计划显示，除*ST中捷因意向投资人提交的相关方案未能充分保护中小投资者利益，公司决定终止重整投资人招募，其余14家上市公司均引入重整投资人。截至2023年12月31日，上市公司招募重整投资人情况如下：

表2　上市公司招募重整投资人情况

序号	上市公司简称	主营业务	重整投资人招募方式	产业/战略投资人	财务投资人	重整后主营业务是否变更	重整后控制权是否变更	产投是国资还是民企
1	*ST金一	黄金珠宝首饰的生产销售	公开招募	无	北京丰汇投资、北京博雅春芽、嘉兴慧言投资、上海宝弘景、银河资产、北京君博、长城资本、山东华盛、金祥远舵、北京市文科租赁、湖北华楚、共青城吉祥富共12家	否	否	无
2	*ST正邦	饲料生产与销售、生猪养殖与销售及兽药生产与销售	公开招募	双胞胎集团	双胞胎信达联合体（包括双胞胎农业、中国信达、江西金资及宁波泓洋）	否	是	民营
3	*ST西钢	钢铁冶炼、钢压延加工等	公开招募	天津建龙重工集团有限公司	中国长城资产管理股份有限公司甘肃省分公司、中国对外经济贸易信托有限公司、深圳市招商平安资产管理有限责任公司	否	是	民营
4	*ST明诚	影视、文体传媒等项目的投资开发和咨询	公开招募	湖北联投城市运营有限公司	国厚资产管理、深圳招商平安资产、北京久银投资控股股份有限公司	否	是	国资
5	*ST洲际	石油天然气勘探开发	公开招募	安东石油投资联合体（包括安东石油、北京科盛、粤民投慧桥深聚贰号、陕西财控、北京博雅、安徽鹏嘉、海南仓和、北京厚基共9家）		否	否	

续表

序号	上市公司简称	主营业务	重整投资人招募方式	产业/战略投资人	财务投资人	重整后主营业务是否变更	重整后控制权是否变更	产投是国资还是民企
6	*ST京蓝	节水灌溉、水生态及土壤修复、高标准农田建设等	公开招募	云南佳骏靶材科技有限公司	北京煜荣、招商平安资产	否	是	民营（混合制）
7	*ST广田	建筑装饰工程	公开招募	深圳市特区建工集团有限公司	高新投集团、前海基础基金、中原信托	否	是	国资
8	*ST凯撒	旅游及航空、铁路配餐服务	公开招募	青岛环海湾文化旅游发展有限公司、青岛鲁创私募基金管理有限公司联合体	招商平安资产、广发乾和、狮舞瑞兴、海纳资产、深圳创利汇、浙商资产、泓创文旅、杭州鸿泽隆、吉瑞佳和、北京福石共10家	否	是	国资
9	*ST商城	百货商场和超市	公开招募	无	深圳泓凯投资、青岛兴予投资、杭州玄武投资、深圳盈富汇智私募证券基金及杨琼组成的联合体	否	否	无
10	*ST全筑	装饰集团公司	公开招募	大有科融（北京）科技中心（有限合伙）	王建郡、深圳银原投资、深圳前海宏丰私募证券、宁波沅灿企业管理咨询、上海偕沣私募基金、赢方得（平潭）私募基金、费占军	否	否	国资
11	*ST新联	房地产业务及文旅综合业务	公开招募	北京华软盈新资产管理有限公司	深圳招商平安资管、外贸信托、北京京津冀协作投资中心、广东久科私募股权投资基金、深圳德远投资	否	是	民营

续表

序号	上市公司简称	主营业务	重整投资人招募方式	产业/战略投资人	财务投资人	重整后主营业务是否变更	重整后控制权是否变更	产投是国资还是民企
12	*ST东洋	海水苗种繁育、养殖、水产品加工等	非公开招募（协商引入）	五矿金通股权投资基金管理有限公司	正大城投、国元基金、海之星、芜湖长启、绿叶投资、上海宝弘景、嘉兴鑫扬、烟台东晨、招商平安、青岛兴锐、长城资产等共11家公司	否	是	国资（控股股东系五矿证券）
13	*ST豆神	教育业务	非公开招募（协商引入）	窦昕	北京福石、浙文互联、上海玖仲	否	否	民营
14	*ST中捷	中、高档工业缝纫机械的研发、生产和销售	/	/	/	/	/	/
15	*ST榕泰	互联网综合服务	公开招募	北京城市智算信息产业合伙企业（有限合伙）、北京华著科技有限公司	丰汇投资、景泽捌号、浙珏捌号、招平拓扑一号、粤财资产、优计划科技投资、金秋创益叁号投资、富泰控股、招平领航、前海广稷私募证券、氢镁族新能源、鸿泽华创、四川发展证券投资基金、韩冬、八篚企业、久富股权投资、厚普同裕共17家	否	是	民营

资料来源：巨潮资讯网

（一）重整投资相对集中，控制权变更占多数

如上表所示，重整投资集中发生在中小市值上市公司，如*ST明诚、*ST京蓝、*ST全筑，行业主要集中在工业、消费、TMT、地产等，如*ST广田、*ST全筑属于建筑装饰行业、*ST商城是百货商超行业、*ST新联是房地产行业。重整后控制权发生变更的上市公司占多数，共9家，占比64%；另有5家重整后不会变更控制权，占比36%。

（二）重整投资市场参与主体更加多元

在破产重整交易日渐活跃且规则愈加明晰的背景下，部分外资机构和PE基金开始重视和参与破产重整投资，上市公司也开始逐渐试水重整投资，投资人趋向多元化。国企、地方民企，以及一些自然人，都成为重要参与方。重整投资人参与上市公司破产重整呈现出以下特点：

1. 重整投资人通过公开招募方式引进是主流

重整投资人招募方式有公开招募、非公开招募（协商引入）两种方式，除*ST东洋、*ST豆神通过非公开招募（协商引入）引进重整投资人外，其余上市公司均通过公开招募的方式引入重整投资人，公开招募投资人仍占主流。

*ST豆神的产业投资人系其实际控制人窦昕，窦昕本身在教育行业长期耕耘，具有较强市场影响力和粉丝群体，且对公司运营、管理具有深厚理解；*ST东洋的产业投资人为五矿金通股权投资基金管理有限公司（代表金通东洋私募股权投资基金），产业投资人除自身系五矿集团有限公司下属公司外，在预重整期间已就*ST东洋的预重整做了大量工作（包括与主要债权人谈判、引入优质资产、优化重整方案、重整审批推进等），双方已形成了良好的信任基础和合作基础，且产业投资人得到了债权人的认同。因此，上述两家公司采用非公开招募方式招募投资人是基于其行业特殊性、公司长期经营、商业互信等多维度考量的最优解，具有合理性，符合证券交易所关于破产重整事项的相关自律监管指引规定。

2. 重整投资人国资背景占主流，民企占比有所提升

在批准重整计划的上市公司中，除了*ST金一、*ST商城只引入财务投资人，*ST洲际的重整投资人作为联合体投资，未区分产业投资人、财务投资人外，其他上市公司均引入了产业投资人、财务投资人。

（1）财务投资人

财务投资人中不乏业内知名投资机构，如央企、国资、地方政府背景的投资人，

但民营企业投资人仍占比较多，具体情况如下：

①民营企业投资人

《2023年上市公司破产重整财务投资人研究报告》指出，2023年共有65家民营投资机构参与上市公司破产重整，占比54.17%，主要投资机构情况如下：

表3　民营企业投资机构榜单

位次	公司名称	项目数	参与项目
1	北京久银投资控股股份有限公司	4	*ST明诚、*ST新联、*ST榕泰、*ST凯撒
2	北京博雅春芽投资有限公司	2	*ST洲际、*ST金一
2	北京丰汇投资管理有限公司	2	*ST榕泰、*ST金一
2	北京福石重整管理咨询有限公司	2	*ST豆神、*ST凯撒
2	上海宝弘景资产管理有限公司	2	*ST东洋、*ST金一
2	共青城吉富创盈另类投资者合伙企业（有限合伙）	2	*ST正邦、*ST金一

②国企投资人榜单（非AMC）

2023年共有25家央企主体参与上市公司破产重整，占比20.83%，具体情况如下：

表4　国企投资机构榜单（非AMC）

位次	公司名称	项目数	参与项目
1	中国新兴资产管理有限责任公司	3	*ST商城、*ST京蓝、*ST东洋
2	深圳市高新投集团有限公司	2	*ST广田、*ST正邦
2	中国对外经济贸易信托有限公司	2	*ST新联、*ST西钢
2	华润资产管理有限公司	2	*ST榕泰、*ST京蓝
5	物产中大资产管理（浙江）有限公司等多家（各1个）	1	*ST凯撒

③五大AMC榜单

2023年五大AMC参与上市公司破产重整较多，华融、长城、信达、银河均有参与，具体情况如下：

表5　五大AMC榜单

位次	公司名称	项目数	参与项目
1	中国长城资产管理股份有限公司	3	*ST西钢、*ST金一、*ST东洋

续表

位次	公司名称	项目数	参与项目
2	中国中信金融资产管理股份有限公司（华融）	1	*ST商城
2	中国信达资产管理股份有限公司	1	*ST正邦
2	中国银河资产管理股份有限公司	1	*ST金一
5	中国东方资产管理股份有限公司	0	/

④地方AMC榜单

2023年，有20家地方国企参与上市公司破产重整财务投资，占比16.67%。地方AMC作为地方国企的重要成员共参与了5家上市公司的破产重整（不含招平等央企背景地方AMC）。

表6 地方AMC榜单

位次	公司名称	项目数	参与项目
1	深圳市招商平安资产管理有限责任公司	8	*ST正邦、*ST新联、*ST榕泰、*ST西钢、*ST凯撒、*ST东洋、*ST京蓝、*ST名诚
2	广东粤财资产管理有限公司	2	*ST榕泰、*ST正邦
2	浙江省浙商资产管理股份有限公司	2	*ST榕泰、*ST凯撒
2	江西省金融资产管理股份有限公司	2	*ST榕泰、*ST正邦
5	广州资产等多家（各1个）	1	*ST榕泰等

数据来源：《2023年上市公司破产重整财务投资人研究报告》

（2）产业投资人

在引入产业投资人的10家上市公司中，国资背景产业投资人5家（*ST明诚、*ST广田、*ST凯撒、*ST全筑、*ST东洋），民资背景产业投资人6家（*ST正邦、*ST西钢、*ST京蓝、*ST新联、*ST豆神、*ST榕泰）。相比2022年度国资背景投资人占据主流，2023年度民资背景产业投资人参与度明显提升。民资背景的产业投资人通常与破产重整的上市公司的主营业务具有高度关联性、产业协同性，其中比较典型的如*ST正邦和*ST西钢。

在国资背景的产业投资人中，*ST明诚的产业投资人是湖北联投城市运营有限公司，其实控人为湖北省国资委；*ST广田的产业投资人是深圳市特区建工集团有限公司，其控股股东、实际控制人为深圳市国资委，该两家上市公司的产业投资人均系注册地相同的国资背景企业，体现了地方保企和救助的特点，但背后考量因素同样有投资回报率的牵引。对于地方国资而言，通过破产重整拿下上市公司控制权，成本更低、收益更大。除了增加当地上市公司数量、推进产业协同以外，对破产重整项目的投资，也是一种收益更高的定增。两者均是低价入股，而重整投资人入股价的折扣空间往往更大。

（三）产业投资人获利空间大，财务投资人竞争日趋激烈

2023年，共有15家上市公司重整成功。重整后的公司在股价表现上存在显著的差异，大部分公司实现了较高的收益率，显示出重整投资的潜力与风险并存，2023年度上市公司产业投资人及财务投资人的收益率情况如下表：

表7　2023年度上市公司产业投资人及财务投资人的收益率情况

序号	股票名称	重整计划执行完毕时间	受让价格（元/股）		2024年9月30日收盘价（元/股）	账面浮盈/收益率（%）	
			产业投资人	财务投资人		产业投资人	财务投资人
1	*ST金一	20231129	/	2.10	2.69	/	28.10
2	*ST正邦	20231215	1.10	1.60	3.09	180.91	93.13
3	*ST西钢	20231220	1.29	1.70	2.89	124.03	70
4	*ST明诚	20231227	0.98	0.98	1.51	54.08	54.08
5	*ST洲际	20231229	1.20		2.43	102.5	
6	*ST京蓝	20231226	0.75	0.80	1.72	129.33	115
7	*ST广田	20231222	1.00	1.20	1.85	85	54.17
8	*ST凯撒	20231229	1.32	2.41	3.42	159.09	41.91
9	*ST商城	20231228	/	5.60	/（已退市）		
10	*ST全筑	20231226	0.65	1.45	2.28	250.77	57.24
11	*ST新联	20231229	1.08	1.20	1.86	72.22	55
12	*ST东洋	20231229	1.23	1.46	2.26	83.74	54.79
13	*ST豆神	20231228	0.80	1.50	4.20	425	180
14	*ST中捷	20231229	无投资人	无投资人			
15	*ST榕泰	20231229	1.30	1.65	3.38	160	104.85

资料来源：同花顺、巨潮资讯网

相较于财务投资人，产业投资人一般能以较低的价格（一般为3~5折）在破产重整中取得上市公司转增的股票，从而在期后取得较好的持股市值回报，2023年重整计划

执行完毕的上市公司在重整案例中取得了控制权的产业投资人，其在破产重整计划中受让股票的每股价格和截至2024年9月30日上市公司每股收盘价无一例下跌，且涨幅较大，破产重整的产业投资人在股票价值上获利空间较大。比如，正邦科技破产重整案中，产业投资人以1.1元/股受让了14亿股，截至2024年9月30日收盘，正邦科技股价为3.09元/股，产业投资人收益率达到180.91%。而参与ST明诚、ST新联重整的产业投资人账面获益略低，截至2024年9月30日投资收益率分别为54.08%、72.22%。

相较于产业投资人，财务投资人的入股价格普遍略高，直接给重整企业带来更多现金资源。同时，上市公司财务投资因其安全性和收益普遍较高，其竞争也愈发激烈。为锁定财务投资份额，财务投资人开始比拼重整投资的介入时点和深度。一方面，多数财务投资人普遍在破产项目尚未走向市场时即已前期介入；另一方面，对于部分需要额外支持的上市公司而言，财务投资人也需要扮演麻烦问题清理者的角色，比如化解资金占用、提供共益债融资等。

综上，产业投资人虽然投资收益潜力更大，但需要关注公司的长期业绩，关注产业资源落地的可行性以及长期市值是否能够支撑投资成本，如无法实现上市公司在基本面上的有效改善，其面临的股价回落风险也将较大。财务投资人虽安全性较高，但也存在血本无归的风险，比如截至2024年9月30日ST金一股价为2.69元/股，财务投资人投资收益率仅为28.1%。已退市的*ST商城（股票代码：600306）的重整投资人入股价格高达5.6元/股，如今退市，重整投资人投入的4.5亿元存在重大风险。

（四）重整投资呈现明显母子公司联动特点

上市公司因经营的客观需要，往往形成了多层级的企业集团，上市公司作为控股平台直接或间接对企业集团成员进行管控。由于母子公司之间相互担保及企业集团之间业务的关联性等因素，一旦企业集团中的某一重要成员出现债务危机，其他成员往往也会因为连锁反应陷入困境。在此情况下，仅对上市公司进行破产重整投资，可能尚不足以解决上市公司面临的困境。即便上市公司本体重整成功，重整后能否真正恢复持续经营能力，也存在较大不确定性。为此，2023年度部分上市公司，比如*ST新联、*ST正邦、*ST凯撒等企业均采用了母子公司联动重整的方式，以彻底化解上市公司债务危机，真正提高上市公司持续经营能力。

在上述背景下，投资人往往必须同时参与集团和上市公司及下属子公司三重投资。对于上市公司及其下属核心经营子公司而言，重整投资人有极强动力参与。而对于控股股东而言，投资人参与投资的兴趣通常不高。然而在整体化解集团债务的背景下，投资人通过全面参与控股股东和上市公司重整程序进而提高重整投资方案的吸引力，成为市场上的一个主流选择。对于投资人而言，如何合理规划各层级的投资方案和投资路径，如何优化和控制整体投资成本、缓释投资风险成为新的投资命题。

（五）产业投资人改善经营能力的重要性愈发突出

在实践案例中，除了资金外，上市公司也希望投资人从生产、技术和市场等方面为公司赋能，优化产业结构，有效整合产业资源，提升可持续盈利能力，全面优化公司的资产负债结构。为此，2023年重整投资协议中，投资人也进行了不同类型的承诺。其中*ST商城投资人承诺将力争优化存量业务，降低经营成本和费用，改善公司经营情况，提升上市公司持续经营能力。

然而，2024年5月21日，重整结束仅5个月的沈阳商业城股份有限公司（“*ST商城”）被上海证券交易所终止上市。回溯来看，2023年11月10日，沈阳市中级人民法院裁定受理*ST商城重整。同年12月28日，法院裁定确认*ST商城重整计划执行完毕。根据重整计划，深圳市泓凯投资发展合伙企业（有限合伙）、青岛兴予投资合伙企业（有限合伙）、杭州玄武投资管理有限公司、深圳盈富汇智私募证券基金有限公司、杨琼组成的联合体为商城的重整投资人，重整投资人共支付4.5亿元投资款，重整完成后，公司的控制权未发生变更。

2024年5月21日晚间，*ST商城发布公告称，上交所已决定终止其上市，公司股票将于5月29日进入退市整理期。*ST商城被终止上市，主要原因是2022年、2023年经审计营业收入分别低于1.1亿元和1亿元、净利润亏损2.45亿元和3.41亿元，且2023年财报被出具无法表示意见的审计报告，而为了保住上市地位，*ST商城曾“突击换所”，引起监管部门的重点问询。商城退市给债权人和中小股民造成巨大损失。

因此，虽破产重整给多家上市公司带来新生，为投资人带来巨额利润，亦保障了众多债权人、中小股民的巨大利益，但破产重整并不是灵丹妙药，只有回归债务重整本源，改善经营能力和盈利能力，才能实现最终的重整成功。有实力的产业投资人除支付现金取得股权外，更是以自身经营实力、行业经验为背书，提高重整后债务人的生产经营能力，进而通过股权价值的提升来实现债权人的清偿和投资的退出。

（六）“假马竞标”和重整投资权拍卖更加流行

重整投资人的招募过程中，关于投资方的投资意愿、投资能力、承诺可信度以及招募程序是否公平公正等方面是有关主体关注的重点，但单一运用公开招募或非公开招募方式难以实现各方关切。

在此背景下，近年来开始涌现“假马竞标”方式为主的重整投资权拍卖模式。“假马”最初来源猎人跟踪猎物时使用真马或者道具马为自己作掩护，用以接近猎物。在破产法语境下，“假马”指潜在投标人即假马竞标人，“假马”的意义是吸引“真马”出现，假马竞标人与债务人达成投资协议，该协议构成拍卖资产或招标过程的部分，从而引出出价更高的竞标人，为债权人带来更大的回报。实践中，法院选定破产案件管理人后，管理人开展对破产企业剩余资产、负债以及项目开发等情况的初步调查，决定是否适用假马竞争模式。在此种模式下，管理人或债务人可以在重整程序中预先制作重整计划草案，明确将以网络拍卖方式确定正式的重整投资人，以债务人名下资产评估价值上浮一定比例确定起拍价，同时以该价格测算各类债权的预计清偿比例，在重整计划草案提交债权人会议表决通过后，再以重整投资人资格为标的通过网络拍卖方式进行竞价，竞得人视为接受重整计划的约束，并将拍卖价款作为重整投资款，按照重整计划的约定用于清偿债务等用途。在有意向投资人在线下承诺保底资金的情形下，还可以该承诺资金制作有保底清偿率的重整计划草案，并赋予其优先购买权，以结合询价和竞拍两种途径，构建非公开谈判模式和公开招募模式相结合的利益平衡机制。以阿里拍卖平台为例，2023年阿里拍卖平台上重整投资人资格挂拍逾270次。

与传统公开招募方式相比，重整投资权拍卖模式主要适用于两类企业，一类是在重整期限内未能招募到投资人的企业，另一类是企业资产比较简单明确，对于投资人的经营能力要求不高的企业。而相较于传统公开招募方式来看，重整投资权拍卖型案件对于管理人的案件把控能力和商业架构设计能力要求更高。相对于整个重整投资市场而言，重整投资权拍卖模式仍然属于少数，但可以体现出重整投资市场的日益繁荣和完善。

四、上市公司破产重整之投资策略

（一）权益投资——资本公积转增股本

自2008年北生药业首次在其重整计划中引入资本公积金转增股本这一出资人权益调整模式[①]以来，由于能够为重整各方提供高度自由的公司壳价值谈判空间，对出资人权益调整的手段柔和间接，资本公积金转增股本模式很快赢得了诸多重整债务人的青

① 参见广西壮族自治区北海市中级人民法院（2008）北破重字第1–1号《民事裁定书》。

睐，成为出资人权益调整方案中普遍采纳的方式。截至2023年12月31日，重整计划经法院裁定批准并重整成功的上市公司共有107家，涉及对出资人权益调整的有100家，其中采用资本公积金转增股本方式的有75家，占比达75%。可见，转增模式已经不再是一种“适用范围比较狭窄”的特殊权益调整模式，而是成为出资人权益调整很重要的方式选择。

1. 上市公司破产重整投资中资本公积转增股本的比例要求

在《深圳证券交易所上市公司自律监管指引第14号——破产重整等事项》（实施时间：2022年3月31日，以下简称《监管指引》）出台前，并无相关规定明确破产重整程序中资本公积金转增股本的比例要求或新增股票的作价原则，转增股份的比例和价格通常由重整各方谈判确定。

《监管指引》第二十八条对深圳证券交易所上市公司重整投资人受让上市公司资本公积金转增股份的价格作出了指引规定：“重整投资协议涉及重整投资人受让上市公司资本公积转增股份的，相关受让股份价格定价应当合理、公允，不得损害中小投资者利益。相关受让股份价格低于上市公司股票在投资协议签署当日（遇到非交易日的，则以签署日前一个交易日为基准日）收盘价百分之八十的，上市公司或者管理人应当聘请财务顾问出具专项意见并予以披露。”

《监管指引》并未明确规定破产重整程序中资本公积金转增股本的比例要求，目前亦未见解释转增比例形成原因的上市公司重整案例。通常认为，转增比例是考虑到上市公司破产重整面临的特殊融资环境、结合上市公司的具体情况考量确定的，其中可能考虑的因素，包括但不限于破产重整企业资本公积金金额、债务清偿率、公司股价、证券市场外公开市场处理价等。

2. 破产重整中资本公积转增股本的业务结构

上市公司破产重整采用资本公积转增股票的方式进行纾困的优势主要集中在三个方面：一是管理人可将其公开处置变现，获取资金用于支付重整费用、偿还债务或补充流动资金。二是通过折价转让，可吸引战略投资人入股。据近五年不完全统计，目前上市公司破产重整采用资本公积转增股本吸引投资者的方式，可以让战略投资人取得股票的成本比重整计划公告前一日收盘价平均低46%左右。三是转增新股可作为偿债资源，向债权人抵债以提高清偿率。高溢价率与普通债权人在破产清算状况下模拟清偿率低有着直接关系。清算状态下的模拟清偿率越低，以股抵债的溢价率就越高，反之亦然。在资本公积转增股本过程中，应当重点关注以下问题。

一是应明确破产重整中资本公积的来源及转增股票的对象。资本公积转增股票能够在不减少原出资人股票数量的情况下通过新增股票的分配达到上市公司出资人权益调整的目的。如果资本公积不足以转增股票，则需要根据《企业会计制度》的规定通过债务豁免、现金赠与等方式先充盈资本公积。然后将转增的股票分配给重整投资人或债权人，用于换取提供投资款以支持重整费用、清偿债务或补充公司流动资金，在具体业务模式上可参考定向增发和债转股模式进行运作。

二是区分投资目的进行差异化管理，如果作为财务投资人，一般只需要支付投资对价款，由管理人按照重整计划用途使用资金（一般用于清偿债务、补充流动资金、解决股东占用等历史遗留问题），再设定一个股份锁定条款（锁定期一般不少于6个月），除此之外，一般不会再附带其他条件。如果作为战略投资人，则应参与更多上市公司的后续重整工作，具体而言，如果是面临产能效率较低、业务分散的情况，就应识别核心业务，进行主辅分离，建立各个业务板块之间的防火墙，以提升产能效率和盈利能力。另外，还应当根据上市公司的实际情况，结合具体的沉疴对症下药。

表8　上市公司的实际情况及应对策略

基本情况	应对策略
账面资产不实、资产权属不清	应夯实资产价值，识别优质资产，完善产权手续，处置冗余资产，从而界定重组资产范围并保证核心资产产权的完整。如果面临的是负债规模大、资产抵质押查封严重的情形，应结合债务情况设计债务重组方案（留债、债转股等），测算偿债能力、降低债务规模、解决诉讼和表外负债。用以调整负债结构、恢复健康资产负债水平，缓解财务负担及偿债压力
关联方互保多，资金占用多	应明确重组主体或设立SPV，设立法人主体之间的防火墙，完善管理制度及内部控制制度，以解决历史包袱，轻装上阵
现金流紧张	应发现痛点，快速变现部分资产，积极引入财务投资者解决营运资金问题，使企业快速恢复正常经营，抓住市场回暖窗口期
人员负担重，涉及社会维稳	应分析重组后有效人员结构及规模，寻找政府资源及政策支持，在维稳前提下对冗余人员进行逐步清理，从而平稳解决冗员问题，提高质效，建立健全公司治理架构

三是关注上市公司资本公积转增股票的除权行为。除权是由于公司股份数量增加，每股股票所代表的企业实际价值（每股净资产）有所减少，需要在发生该事实后从股票市场价格中剔除该因素，从而形成除权行为。按照正常逻辑，资本公积转增股票致使股票数量增加，在负债与资本不变的情况下，每份股票对应的净资产降低即每份股票所对应的权益被稀释，因此需要通过除权下调股票价格。国内证券交易所对除权参考价作出了规定：除权（息）参考价=（前收盘价－现金红利）+配股价格 × 股份变

动比例 ÷（1+股份变动比例）(上交所该“股份变动比例”参数为“流通股份变动比例”)，为公积转增股票预留了空间。在破产重整中，新进股东往往通过债务减免、资产注入等方式支付对价，实质增厚了公司的权益，按照一般除权参考价格计算公式得到的除权参考价格，对重整后企业价值的反映可能不尽合理。对于这些情况，公司可以按照交易所的规定，根据实际情况申请对除权参考价格计算公式进行调整，以使除权结果尽可能客观地反映公司股份的内在价值。

（二）债项投资——共益债

共益债务是在破产程序中为债权人、债务人的共同利益所负担的债务。所以，共益债投资能够在最大化破产财产价值的同时，深度参与破产企业重整、债务重组、不良资产经营等工作，不仅可以有效化解内生不良，在传统投后处置的基础上，化废为宝，变被动处置为主动投资，而且还能够在资产荒的市场环境中，发掘特殊机会投资领域，寻找适合的投资模式，为未来的投资补充新的投资方向，储备资产。

1. 共益债的构成要件

构成共益债需要同时满足三项要件，分别为：（1）原因要件。以债务人财产和管理人履行职务为主要原因，可以保障债务人财产的保值增值；（2）目的要件。共益债的“共益”二字即为全体债权人的共同利益而发生，这种共益性决定了其运作更有积极能动性；（3）时间要件。根据《企业破产法》第42条规定，共益债务的形成必须在人民法院受理破产申请后，结束于法院裁定终结之日。但该区间并不是绝对的，司法实践中存在将破产受理之前发生的债权确认为共益债务情形。

2. 共益债投资的结构

共益债的本质是为破产企业提供享有一定优先权的借款，因此，共益债的投资人可在满足一定条件下，将相应的款项借给破产企业，具体交易结构如下图：

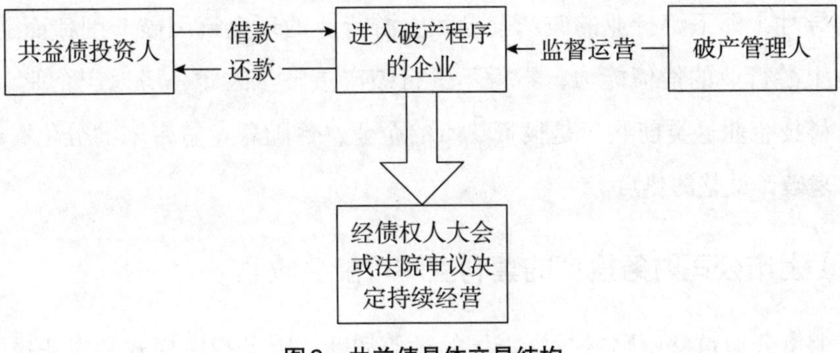

图2 共益债具体交易结构

3. 共益债投资的风险保障

首先，可以为共益债设立抵押担保，更好保障共益债的安全性。《企业破产法》第75条规定，在重整期间，债务人或者管理人为继续营业而借款的，可以为该借款设定担保。因此在共益债上设定担保并不存在法律障碍。但是，应当注意，共益债务的清偿不得损害此前已就债务人特定财产设定担保的债权的清偿利益，若为共益债提供的抵押物在破产申请受理前已为其他债权人设定抵押的，将根据《中华人民共和国民法典》第414条规定的顺序清偿。另外，为共益债设定担保还应当遵守法定程序，须经债权人会议决议通过，或者在第一次债权人会议召开前经人民法院许可。

其次，应当寻求保障共益债投资的“超级优先权”的有力途径。《企业破产法》第42条对共益债务范围作出了规定，但采取的是列举式且未设定兜底条款的立法技术，意在限制对该条款的扩大解释。考虑到《企业破产法》中对共益债务的认定也缺乏前置程序，故直接认定为共益债务可能会损害债权人程序权利和实体权利。因此，共益债投资应获得债权人会议审议通过或者在第一次债权人会议召开前经人民法院许可。管理人也应当加强与法院的沟通，由破产案件管辖法院裁定确认投资行为的共益债务性质，用债务人财产随时清偿，并争取在破产程序中，共益债偿还顺序应优先于抵押债权。

五、2024年上市公司破产重整投资趋势展望

（一）上市公司重整多发行业板块可能发生迁移

若一个行业中存在普遍性产能过剩、发展瓶颈时，破产重整的企业就会较多出现，这是市场行情对企业经营可能会产生影响的规律。从另一个角度而言，破产重整业务还存在传导性，即下游行业的破产会导致上游行业的现金流因破产削债而受到影响，进而影响上游行业的偿债能力，不得不进行破产重整。因此，房地产企业、文旅业、新能源、科技企业这类前些年是投资热点的企业，伴随着竞争带来的分化影响，可能会成为未来破产重整的热点。

（二）上市公司财务投资的套利空间可能会收紧

随着上市公司重整中财务投资市场的日益活跃，财务投资模式和财务投资人的入

股价格日益引发各方思考。对于上市公司重整而言，单个财务投资人存在较强的可替代性，财务投资价格存在一定的套利空间，甚至在一定程度上财务投资呈现出标品化特点。新"国九条"发布后，监管明确，对于不具有重整价值的公司，要坚决出清，这正在改变整个破产重整生态。未来随着上市公司重整规则的日益完善，财务投资的套利空间可能会被进一步压缩。

（三）投资人的自身能力和信用将愈加受到债权人重视

过往案件中，随着投资人的引入，多数情况下公司实际控制人发生了变更。公司后续经营与投资人实力及未来规划息息相关，因此，投资人的经营能力和信用也变得愈发重要。然而部分案件中，少量投机性投资人以高价摘得重整投资权后，并未真实出资或者掏空重整企业，导致债权人蒙受更大损失。以金融机构为代表的债权人未来将更加重视重整投资人的产业运营能力，督促其按计划注入优质资产和资源，更加关注重整计划的经营方案，将与产业投资人及其他利益相关方形成更紧密的合作，围绕价值修复，恢复企业持续经营和盈利能力，提高重整质量和重整投资收益率。

（四）投资人对于重整标的选择和出价更加理性

过去几年，少数大型重整案件中投资人在出价时不理性地追高，导致重整投资成本严重高企。同时，由于重整时限较为紧迫，少数案件的尽调并不充分，大股东资金占用、违规担保，甚至财务造假等历史问题未能及时发现，重整投资人在入主后发现重整企业资产质量远不达预期，造成重大投资决策失误和资源浪费，出现严重投资亏损。未来一段时间，预计由于外部经济环境仍然困难，投资人的投资活动将愈加谨慎，对于大型重整投资案件的报价将更加理性和保守，更加关注投资风险，包括在重整中充分行使知情权，投资之前对上市公司进行充分调查，在投资协议中提前约定相关的利益条款等，重整投资的博弈难度可能更大，投资周期可能进一步延长。

（五）破产重整投资将从短期投资发展向长期投资

短期投资，往往都是以快速套现为目的的短平快式投资。以往的很多重整项目，投资人都是抱着这样的心态参与其中的，以项目退出实现投资收益，退出周期通常为2~3年。但当前市场，资产估值持续走低，资源流动性降低，重整难度增大，项目退出周期可能延长，因此将有投资人愿意把重整项目作为一个长期性的投资，对身处朝阳行业的困境企业，能通过重整剥离不良业务，充分发掘其长期发展的潜力。

参考文献：

[1] 胡雪梅．不良资产市场现状、政策与分析[J]．中国拍卖，2024.3.

[2] 钱智坚．2024年破产重整业务投资趋势展望[J]．不良资产运营，2024.2.

[3] 申林平．中国上市公司破产重整2023年度报告[J]．破产法快讯，2023.12.

B.16
安徽省并购趋势展望

胡　伟　汤静文　王健翔*

摘　要： 近十年安徽省经济快速增长，生产总值和人均GDP显著提升，产业结构优化，特别是在新能源汽车和集成电路等战略性新兴产业领域形成了完整的产业链。同时，资本市场发展迅速，上市公司数量和市值位居全国前列，科技创新企业表现突出。尽管如此，安徽省上市公司整体实力和市值还有待提升，产业结构和业绩水平仍需改善。并购市场上，安徽省表现活跃，但与经济发达地区相比仍有差距。并购交易主要集中在金融、制造和综合行业，以整合和合作为主，但在多元化和资产调整方面存在发展空间。面对并购重组的机遇，安徽省需利用其科创和产业链优势，助力上市公司质量提升和产业结构优化升级，进而带动区域经济高质量发展。这需要政府、企业和资本市场的协同努力。

关键词： 安徽省　产业结构优化　资本市场　并购重组　科技创新

* 汤静文，金融学硕士，国元证券研究所负责人，主要研究方向为产业并购、股权融资、金融科技；王健翔，国元证券股份有限公司投资银行总部成长企业融资部负责人，主要研究方向为股权融资，并购重组。

一、安徽省经济和产业发展特点

过去十年，安徽省经济总量连跨三个万亿级台阶，挺进全国经济总量榜单前十；在全国经济版图中，实现了从“总量居中、人均靠后”向“总量靠前、人均居中”的历史性跨越。2015—2023年，安徽省生产总值实际年化增长7.0%，高于全国的5.7%；2022年安徽省生产总值超越上海，首次位列第10；2023年，安徽省生产总值为4.71万亿元，同比增长5.8%，虽全国位列第11，但与第10名上海仅相差150亿元左右；而安徽省人均GDP为76,830元（折合10,903美元），增长5.7%，从第25位大幅提升至第13位。从三大产业看，2023年安徽省三次产业占比为7.4%∶40.1%∶52.5%，与全国三次产业比重的7.1%∶38.3%∶54.6%相比，第二产业的占比相对较高；从时间维度看，安徽省三次产业占比从2013年的12.3%∶54.6%∶33.1%逐渐调整为2023年的7.4%∶40.1%∶52.5%，产业格局由“二三一”逐渐转变为“三二一”，第三产业占生产总值比重逐渐上升。

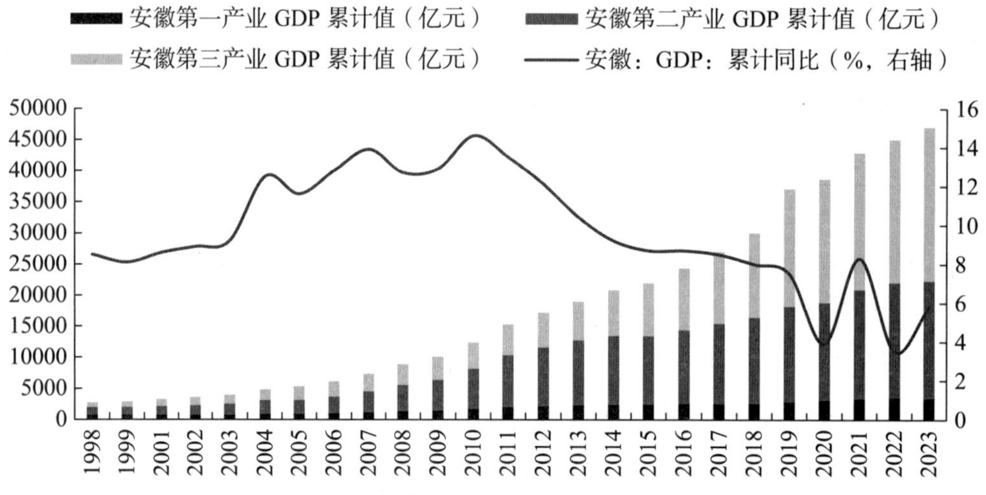

图1 安徽省生产总值与三产情况

资料来源：Wind，国元证券研究所

发展战略性新兴产业和推进传统产业优化升级是安徽省产业政策的两大主攻方向。根据《安徽省国民经济和社会发展第十四个五年规划和2035年远景目标纲要》，“十四五”时期，安徽经济发展如下：1）大力发展10大新兴产业（详见下表）；2）培育新型显示、集成电路、新能源汽车和智能网联汽车、人工智能、智能家电5个世界级战略性新兴产业集群。根据《安徽省发展改革委关于印发安徽省未来产业先导区建设方案》，安徽省未来产业瞄准“7+N”重点领域和方向，包括通用智能、量子科技、未来网络、生命与健康、低碳能源、先进材料、空天信息。

表1 “十四五”时期安徽省规划发展的十大新兴产业

名　　称	发展规划
新一代信息技术产业	做强存储、驱动及射频、微机电系统等专用/通用芯片制造、封装测试、第三代半导体材料产业链，提升集成电路领域核心竞争力。积极布局微显示、量子点、全息、激光等显示技术，推动新型显示产业高质量发展
人工智能产业	布局类脑科学等前沿领域，加快突破自主无人系统、情感计算、智能计算芯片与系统等关键技术。建设基础前沿技术研发平台、开源和共性技术平台。拓展人工智能在农业、制造业、教育、医疗健康业、城市管理等领域应用的广度和深度
新材料产业	实施铜基、铁基、铝基、镁基、硅基、生物基“六基”提升计划，重点发展先进基础材料、关键战略材料、前沿新材料三大新材料领域。巩固提升陶铝新材料化工新材料、长材及优特钢等优势地位
节能环保产业	重点开发推广工业、交通、建筑等重点领域高效节能技术与装备。加快发展太阳能光伏、生物质能、风电、储能等新能源产业，促进光伏制造关键技术研发，推进高效率低成本光伏技术应用
新能源汽车和智能网联汽车产业	围绕“电动化、智能化、轻量化”方向，重点突破整车集成、智能网联、动力电池、电驱电控、氢燃料电池等产品
高端装备制造产业	开发具有自主知识产权的重大基础装备、工业机器人、新型关键基础零部件，航空航天、船舶海工等先进通用设备，延伸发展高端装备产品
智能家电产业	推动传统家电与互联网深度融合，发挥大数据监控平台、APP远程控制、电量损耗监管等智能化平台作用，加快实现家电产业数字化、智能化转型升级
生命健康产业	重点发展化学制药、现代中药、生物制药、高端医疗器械和医疗健康服务业。加快推进免疫治疗、再生医疗、智慧医疗等现代医疗技术和服务创新及临床应用。积极发展中医药特色诊疗技术
绿色食品产业	适应消费和营养健康需求，加速信息、生物、纳米、新材料技术与传统加工制造技术的融合，提高农产品精深加工和副产物综合利用比例。强化物联网技术实时动态产品追溯能力、全产业链的质量管控能力建设
数字创意产业	推进数字技术应用，发挥数字技术对内容创作、产品研发、模式创新的深度渗透和核心支撑作用。促进游戏动漫产业健康发展。探索工业设计服务企业新模式。推动数字创意与生产制造、文化教育、旅游会展、生活健康等领域融合渗透

资料来源：《安徽省“十四五”规划》，国元证券研究所

安徽省通过创新引领，双招双引的模式，打造了多个先进制造业集群。2024年开年以来，已培育首批省级先进制造业集群10个、省级中小企业特色产业集群21个，打造“产业链+集群”融合生态圈，大力发展服务型制造。新能源汽车、新一代信息技术、新材料等一批战略性新兴产业蓬勃发展，十大战略性新兴产业中有七个产值已突

破千亿大关，总产值正迈向万亿大关。2023年战略性新兴产业产值增长12.2%，占规模以上工业总产值比重为42.9%。十年来战新产业占规上工业总产值的比重翻了一番，对全省工业经济增长的贡献率达60%以上，成为高质量发展的主动力。

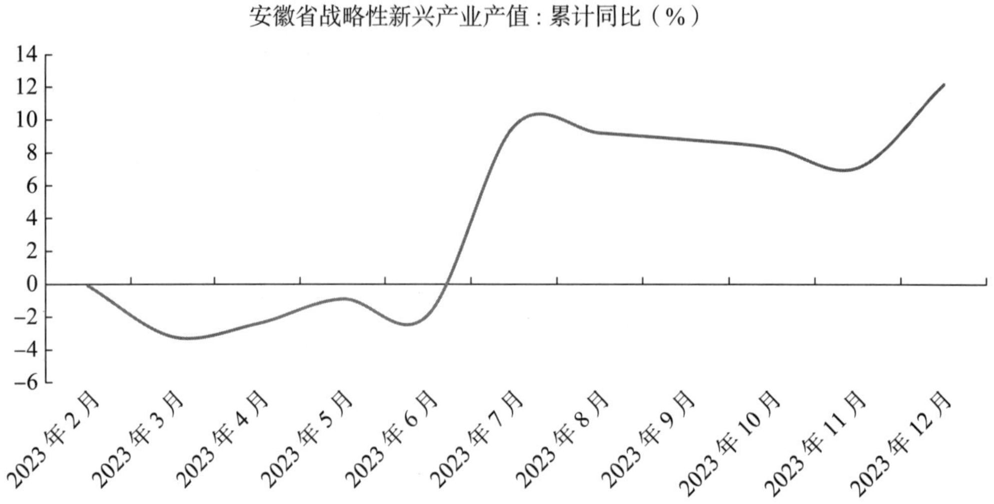

图2　2023年安徽省战略性新兴产业产值累计同比（按月）

资料来源：Wind，国元证券研究所

从“铜墙铁壁”演进至“芯屏汽合”“集终生智”，战略性新兴产业逐渐取代传统产业成为“安徽制造”的代名词。新能源汽车产业乘“首位产业”之势，2023年新能源汽车产量86.8万辆，居全国第4位，汽车出口114.7万辆，约占全国的25%。安徽省已经聚集了奇瑞、蔚来、江淮、大众安徽等7家整车龙头企业，吸引汽车零部件、后市场企业超过四千家。集成电路产业集聚企业470多家，形成了较为完整的产业链条。光伏制造业营收超过2,900亿元，跃居全国第三位，皖北地区新能源产业落地项目数和投资额占全省比重分别达到34.4%和28.4%，滁州市新能源产业产值规模超过2,000亿元。

二、安徽省资本市场基本情况

得益于产业结构的优化，安徽省资本市场近年来实现了快速发展，特别是在支持科技企业融资和促进区域经济发展方面取得了显著成效。从数量上来看，2023年安徽省A股上市公司新增13家，数量达到175家，居全国第7位。从总市值来看，截至2023年底安徽上市公司总市值约1.89万亿元，居全国第10位，不及数量排名；占全国总市值的2.16%，与经济发达地区仍有较大差距。

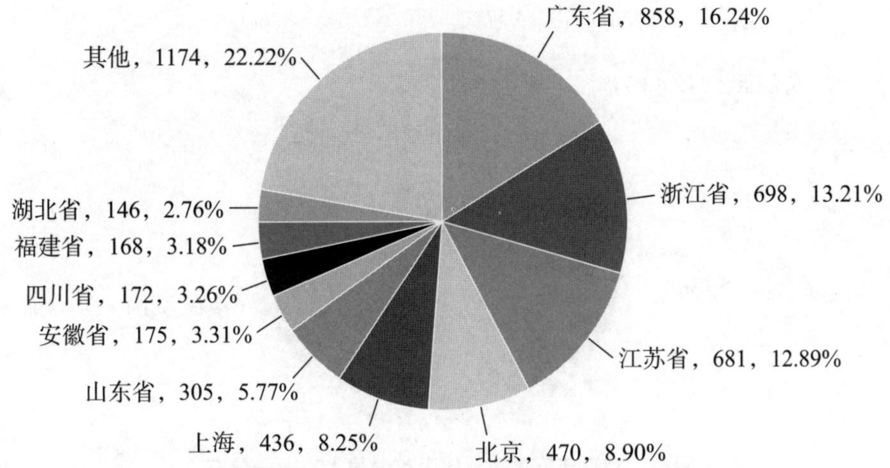

图3　2023年全国各省市自治区A股上市公司数量

资料来源：Wind，国元证券研究所

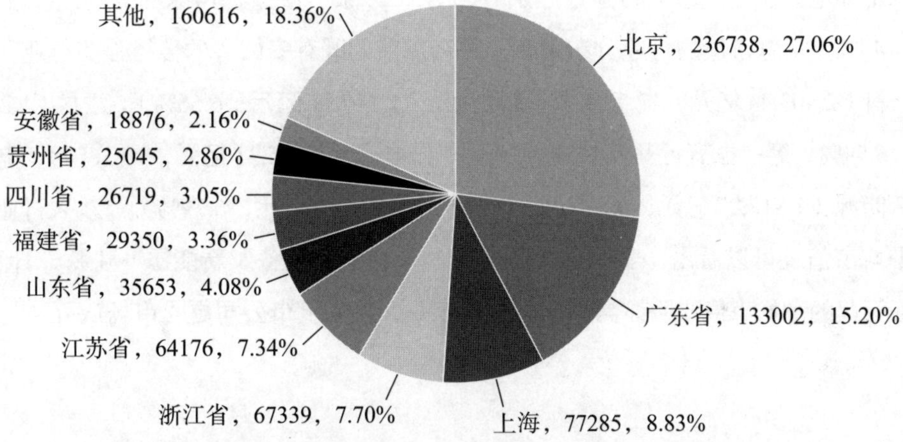

图4　2023年全国各省市自治区A股上市公司市值（亿元）

资料来源：Wind，国元证券研究所

安徽省加速推进省内众多“专精特新”和高科技企业上市。从2023年安徽省A股上市公司的交易板块来看，104家主板公司、39家创业板公司、24家科创板公司和8家北证公司。对比全部A股的交易板块分布，安徽省主板和北证上市公司占比与全部A股基本持平；而科创板上市公司数量占比达13.71%，超越全部A股的科创板占比。上市公司中的“含科量”可以看作是区域科技创新能力的一面镜子，安徽省科创板上市公司达到24家，居全国第六，反映出安徽省蓄力多年的科技创新类企业开始崭露头角，成为一支重要的上市力量。

从行业结构来看，安徽省的A股上市公司覆盖了中信一级行业中的28个行业，制造业在安徽省A股上市公司中占据绝对主力，上市公司主要集中在机械、电子、基础化

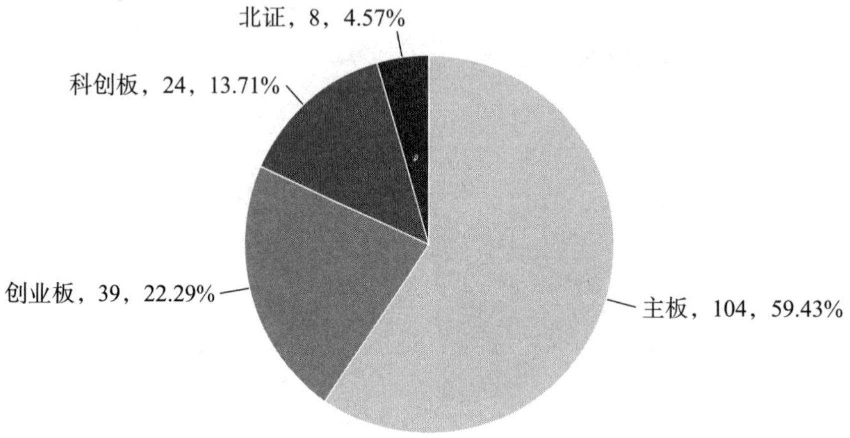

图5　2023年安徽省A股上市公司上市板块分布

资料来源：Wind，国元证券研究所

工、汽车和电力及公共事业行业，分别有21家、20家、19家、14家和12家，总数量占比达到49%。从总市值的行业分布来看，排名靠前的既有安徽省的传统强势行业，比如食品饮料（2,403.44亿元，12.73%）、基础化工（1,256.91亿元，6.66%）、建材（1,244.60亿元，6.59%）等，也有近几年快速发展起来的电子（1,955.31亿元，10.36%）、电力设备及新能源（1,818.27亿元，9.63%）、计算机（1,281.13亿元，6.79%）等新兴行业。从行业平均市值也可以看出，安徽省A股上市公司在电力设备及新能源、建材、计算机、传媒等行业的平均市值要明显高于全国平均水平，相关上市公司更受市场认可。

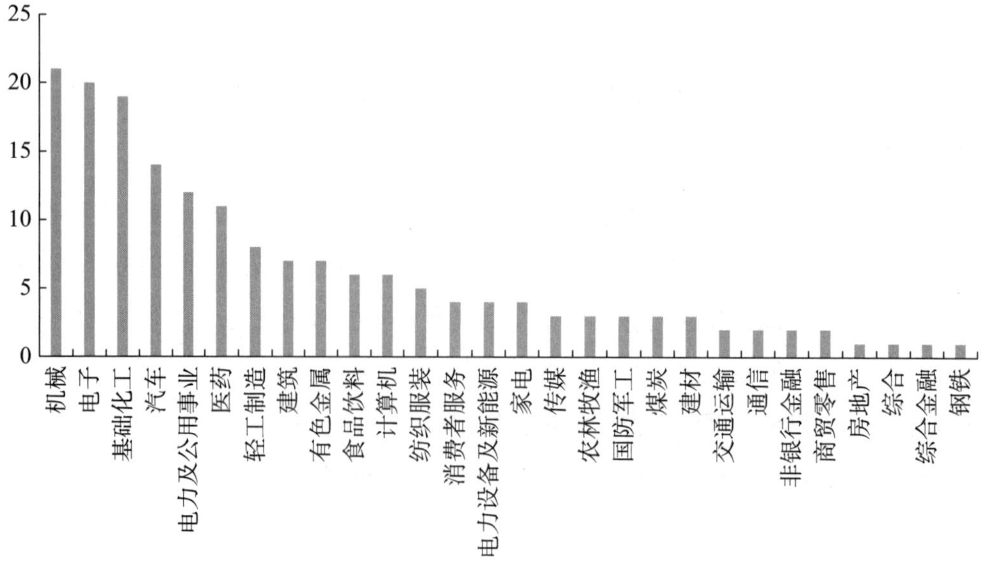

图6　2023年安徽省A股上市公司所属中信一级行业数量统计

资料来源：Wind，国元证券研究所

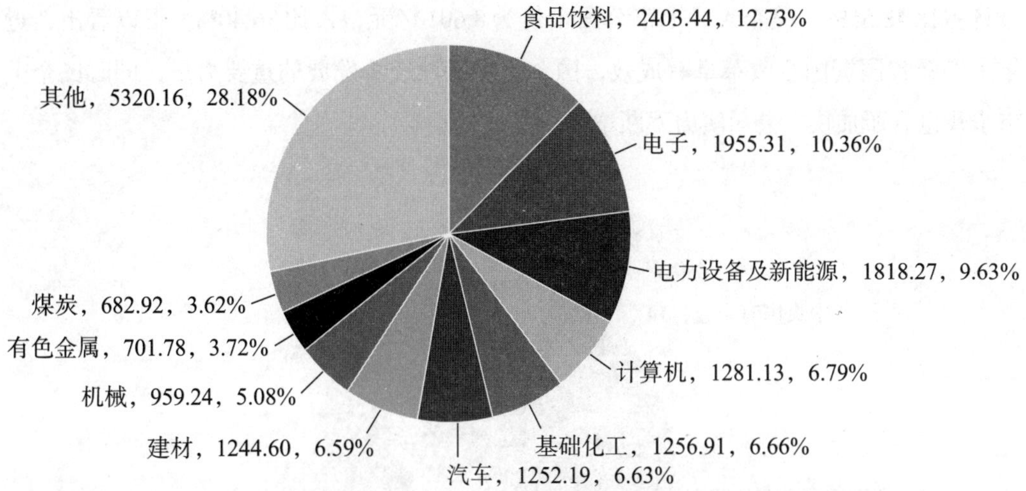

图7　2023年安徽省A股上市公司所属中信一级行业市值分布（亿元）

资料来源：Wind，国元证券研究所

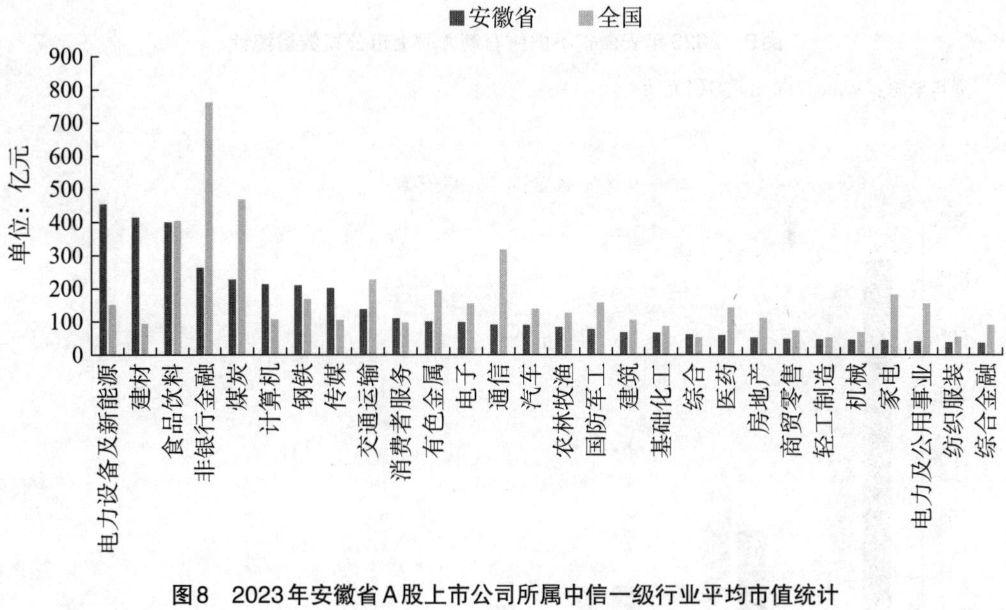

图8　2023年安徽省A股上市公司所属中信一级行业平均市值统计

资料来源：Wind，国元证券研究所

从股权结构分布上看，截至2023年底，安徽省A股上市公司中民企104家，数量最多，其次是地方国企42家，央企14家，公众企业6家，外资企业5家，集体企业3家，其他企业1家。从数量占比来看，安徽省A股上市公司民企数量占比59.43%，低于全国水平；地方国企数量占比24.00%，显著高于全国平均水平；央企数量占比8.00%，基本与全国持平。从市值规模来看，安徽省央企和国企A股上市公司市值达9,020亿元，合计占比48.55%；民企A股上市公司市值为8,601亿元，占比36.40%。可以看出，近年来安徽省国资国企改革卓有成效，国企仍是区域经济发展的重要力量，同时民企上市步伐也有所加快，公司实力不断增强。

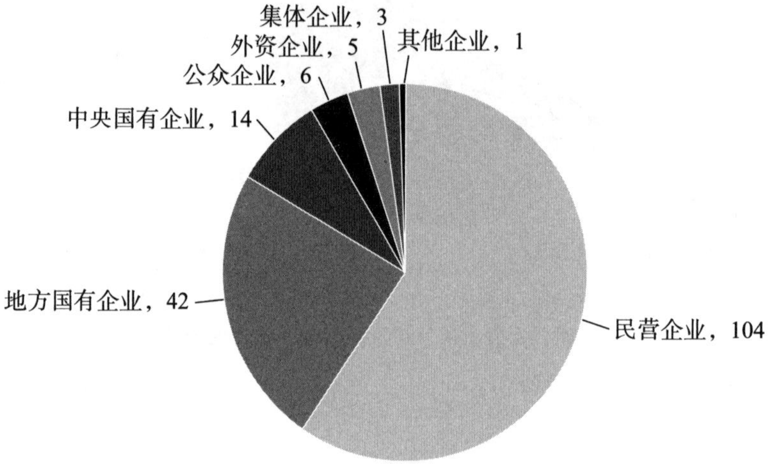

图9　2023年安徽省不同所有制A股上市公司数量统计

资料来源：Wind，国元证券研究所

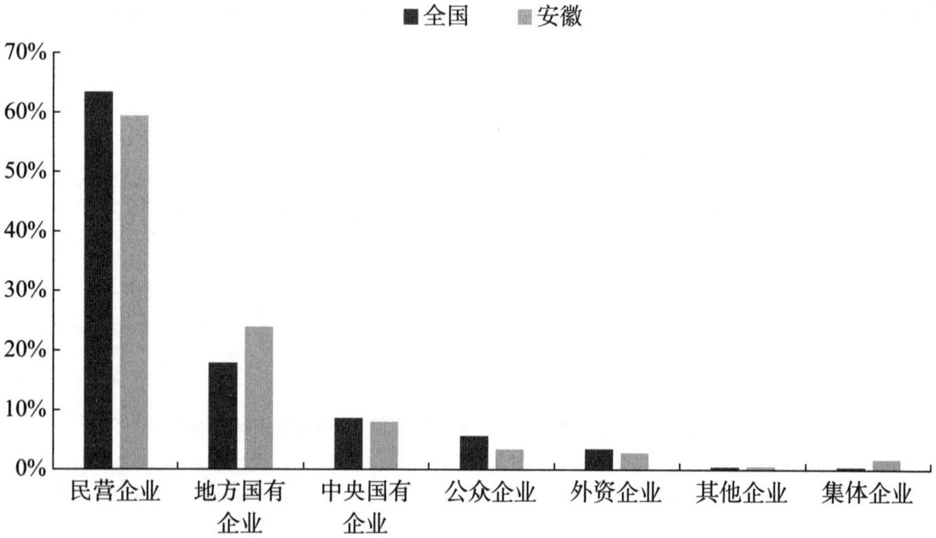

图10　2023年全国与安徽省不同所有制A股上市公司占比对比

资料来源：Wind，国元证券研究所

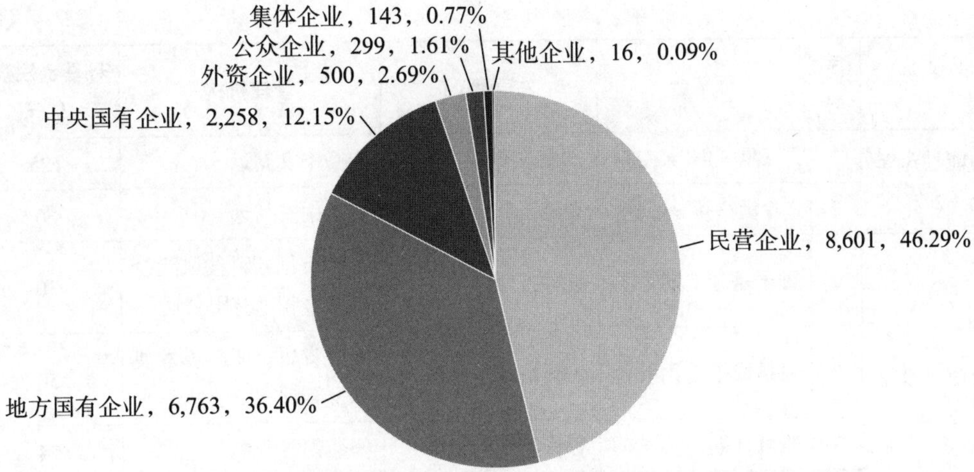

图11　2023年安徽省不同所有制A股上市公司市值及占比

资料来源：Wind，国元证券研究所

安徽省积极构建“基金丛林”，通过政府引导基金等方式，支持高新技术企业高质量发展。2023年，安徽新增上市公司中近三分之二有政府产业基金背景。区域性股权市场的发展也是安徽省资本市场的一大特色。“专精特新”专板分层培育科技企业，提供绿色通道和公示审核便利，鼓励符合条件的科技型企业挂牌，提升科技型企业规范发展质效。

表2　安徽省新兴产业引导基金业务计划书

	序号	母基金	主管部门	管理机构	母基金规模/亿元
主题母基金（10支）	1	新一代信息技术	省发改委	安徽启航鑫睿	125
	2	新能源汽车和智能网联汽车	省发改委	合肥瑞丞	40.4
	3	新材料	省发改委	合肥产投资本	50
	4	高端装备制造	省经济和信息化厅	中金资本	33.68
	5	智能家电	省经济和信息化厅	安徽创谷	30
	6	人工智能	省科技厅	华安嘉业	60
	7	新能源和节能环保	省生态环境厅	长江成长资本	120
	8	生命健康	省卫生健康委	合肥产投资本	62
	9	绿色食品	省农业农村厅	国元股权	100
	10	文化和数字创意	省委宣传部	国元股权	29.29

续表

	序号	母基金	主管部门	管理机构	母基金规模/亿元
功能性母基金（2支）	1	“三重一创”二期	省发改委	安徽中安新远	125
	2	“专精特新”二期	省经济和信息化厅	安徽中安新远	60
天使母基金（4支）	1	种子基金二期	省科技厅	合肥市创新科技风险投资基金管理有限公司	30
	2	科技成果转化引导	省科技厅	安徽省属企业改革发展基金管理有限公司	50
	3	雏鹰计划	省科技厅	安徽创谷资本	54
	4	新型研发机构	省科技厅	合肥高新创业投资管理合伙企业（有限合伙）	54

资料来源：安徽省政府官网，国元证券研究所

安徽省还大力优化营商环境，推出一系列政策措施，抢抓全面注册制机遇，与沪深北证券交易所建立战略合作关系，推动“科创+产业”发展。通过一系列改革，支持企业拓宽融资渠道，实施企业上市“迎客松”行动计划，建立专精特新上市后备资源库，为企业提供资源支撑和发展动能。出台《安徽省支持科技企业运用资本市场高水平发展的若干措施》，旨在构建覆盖科技企业全生命周期的金融服务体系，包括股权激励、私募股权投资、发债融资、银行信贷、上市挂牌、再融资及并购重组等，以满足不同发展阶段企业的融资需求。

三、安徽省并购行业现状分析

按照并购交易完成的时间来计算，2019—2023年安徽省并购发生（包含竞买方、出让方、标的方所在区域为安徽的并购活动）金额合计4,496.16亿元，在全国的比例为2.42%，排名第13；数量为1,497件，全国占比为3.10%，排名第9。尽管安徽省并购市场表现较为活跃，但与经济领先地区如北京（12.34%，14.14%）、广东（13.89%，10.49%）、上海（9.00%，9.11%）、浙江（9.29%，7.93%）、江苏（9.90%，6.75%）等相比，数量和规模仍较小，仍需进一步提升其市场规模和活跃度。

表3　2019—2023年全国并购交易统计

区　域	数量	数量占比	金额(亿元)	金额占比
广东省	6,703	13.89%	19,502.8	10.49%
北京	5,955	12.34%	26,296.34	14.14%
江苏省	4,777	9.90%	12,559.38	6.75%
浙江省	4,484	9.29%	14,745.72	7.93%
上海	4,344	9.00%	16,940.36	9.11%
山东省	2,490	5.16%	8,242.88	4.43%
福建省	1,635	3.39%	4,051.58	2.18%
四川省	1,554	3.22%	6,618.61	3.56%
安徽省	1,497	3.10%	4,496.16	2.42%
香港特别行政区	1,484	3.08%	12,349.51	6.64%
湖北省	1,383	2.87%	6,339.87	3.41%
河南省	1,112	2.30%	4,712.7	2.53%
江西省	1,005	2.08%	4,507.38	2.42%
天津	990	2.05%	4,877.87	2.62%
湖南省	983	2.04%	3,008.79	1.62%
河北省	854	1.77%	4,411.81	2.37%
辽宁省	843	1.75%	4,178.99	2.25%
陕西省	770	1.60%	2,365.69	1.27%
重庆	662	1.37%	3,066.24	1.65%
新疆维吾尔自治区	542	1.12%	3,159.06	1.70%
海南省	484	1.00%	1,939.26	1.04%
山西省	442	0.92%	1,661.37	0.89%
广西壮族自治区	441	0.91%	1,176.28	0.63%
云南省	436	0.90%	3,883.37	2.09%
内蒙古自治区	430	0.89%	1,701.51	0.91%
黑龙江省	359	0.74%	1,279.23	0.69%
贵州省	356	0.74%	1,146.66	0.62%

续表

区　域	数量	数量占比	金额(亿元)	金额占比
吉林省	335	0.69%	1,356.81	0.73%
西藏自治区	327	0.68%	2,354.6	1.27%
甘肃省	256	0.53%	1,208.72	0.65%
宁夏回族自治区	176	0.36%	781.04	0.42%
青海省	88	0.18%	790.66	0.43%
台湾地区	52	0.11%	287.86	0.15%

资料来源：Wind，国元证券研究所

分年度看，2019—2023年安徽省并购完成数量呈现出下降趋势，并购金额自2020年从高点大幅下降后，保持小幅增长态势。2023年安徽省并购交易活跃度较2022年有所提升，完成的并购交易数量254起，交易金额936.04亿元，分别较2022年增长8.09%、16.55%。

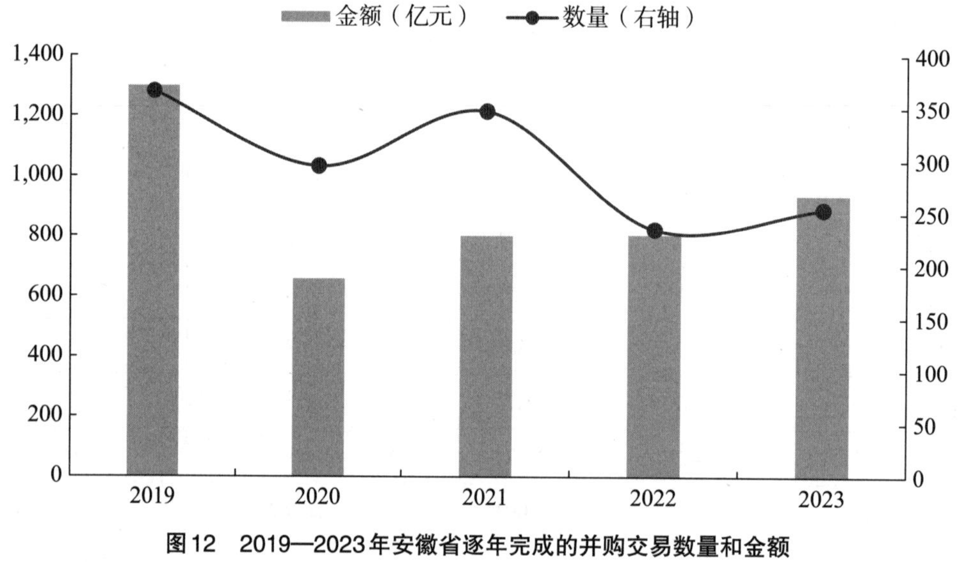

图12　2019—2023年安徽省逐年完成的并购交易数量和金额

资料来源：Wind，国元证券研究所

从并购交易竞买方的证监会一级行业分布上来看，2019—2023年安徽省企业作为竞买方参与完成的全部并购交易中，涉及金额较多的行业主要集中在金融业、制造业和综合，交易金额分别为626.26亿元、596亿元和485.05亿元，占比25.88%、24.63%和20.04%；前三大行业金额占比超过70%，行业分布较为集中；数量方面，制造业遥遥领先，数量达到193起，占比超过50%。

表4　2019—2023年安徽省企业并购交易所属证监会一级行业分布（累计）

证监会一级行业	数量	数量占比	金额(亿元)	金额占比
制造业	193	52.73%	596.00	24.63%
水利、环境和公共设施管理业	23	6.28%	22.08	0.91%
建筑业	20	5.46%	54.34	2.25%
金融业	19	5.19%	626.26	25.88%
批发和零售业	16	4.37%	61.67	2.55%
信息传输、软件和信息技术服务业	14	3.83%	27.59	1.14%
农、林、牧、渔业	13	3.55%	23.60	0.98%
电力、热力、燃气及水生产和供应业	12	3.28%	130.87	5.41%
综合	12	3.28%	485.05	20.04%
科学研究和技术服务业	11	3.01%	1.14	0.05%
租赁和商务服务业	10	2.73%	20.52	0.85%
采矿业	8	2.19%	17.70	0.73%
房地产业	5	1.37%	55.01	2.27%
交通运输、仓储和邮政业	5	1.37%	107.89	4.46%
文化、体育和娱乐业	3	0.82%	3.19	0.13%
教育	1	0.27%	185.00	7.64%
住宿和餐饮业	1	0.27%	2.00	0.08%

资料来源：Wind，国元证券研究所

2023年安徽省企业作为竞买方参与完成的并购交易中金额前三的行业分别是金融业、综合和制造业，金额分别为436.57亿元、343.71亿元和181.34亿元，总的金额占比超过90%。数量上也是以制造业为主，制造业数量有24起，占比48%。相较于2022年，2023年并购交易数量在制造业、电力等行业上有明显减少，在金融业、批发零售业上有所增加；金额方面，金融业和综合行业的总交易金额均大幅增加，平均交易金额也显著增长，达到72.76亿元和114.57亿元。

表5　2022—2023年安徽省企业并购交易所属证监会一级行业分布（逐年）

	2023			2022		
证监会一级行业	数量	金额（亿元）	平均交易金额（亿元）	数量	金额（亿元）	平均交易金额（亿元）
制造业	24	181.34	7.56	28	189.14	6.76
金融业	6	436.57	72.76	2	26.45	13.23
批发和零售业	4	5.92	1.48	1	5.67	5.67
水利、环境和公共设施管理业	3	6.12	2.04	3	3.62	1.21
综合	3	343.71	114.57	2	0.40	0.20
建筑业	3	7.24	2.41	4	5.76	1.44
科学研究和技术服务业	1	0.05	0.05	2	0.75	0.38
信息传输、软件和信息技术服务业	1	1.88	1.88	1	0.10	0.10
房地产业	1	35.01	35.01	0	0.00	–
交通运输、仓储和邮政业	1	11.81	11.81	0	0.00	–
采矿业	1	0.18	0.18	2	1.79	0.90
农、林、牧、渔业	1	2.24	2.24	2	2.43	1.22
租赁和商务服务业	1	0.40	0.40	0	0.00	–
电力、热力、燃气及水生产和供应业	0	0.00	–	3	25.05	8.35
文化、体育和娱乐业	0	0.00	–	1	1.00	1.00

资料来源：Wind，国元证券研究所

从并购目的角度分析，只考虑重大重组项目，2019—2023年安徽省企业作为竞买方的重大重组项目多以横向整合、垂直整合和战略合作为主，数量分别为4、3、3例。尤其是垂直整合，在数量上高于其他发达省份，显示出安徽省在产业链上下游的整合能力较强。尽管安徽省在垂直整合方面表现不俗，但在多元化战略和资产调整方面的重大重组项目数量和金额较少，其中多元化战略重大重组数量仅有1例，金额不足3,000万元；没有以资产调整为并购目的的重大重组项目；这两项与江苏、浙江等省份相比存在明显差距，说明安徽省在拓展业务多元化和进行资产重组方面还有较大的发展空间。以买壳上市为目的的重大重组在数量上不多，仅有1例，但在项目金额上占比较高，超过40%。随着注册制的推进，买壳上市的交易热度将下降，难度增加，未来此类项目的数量和金额占比会减少。

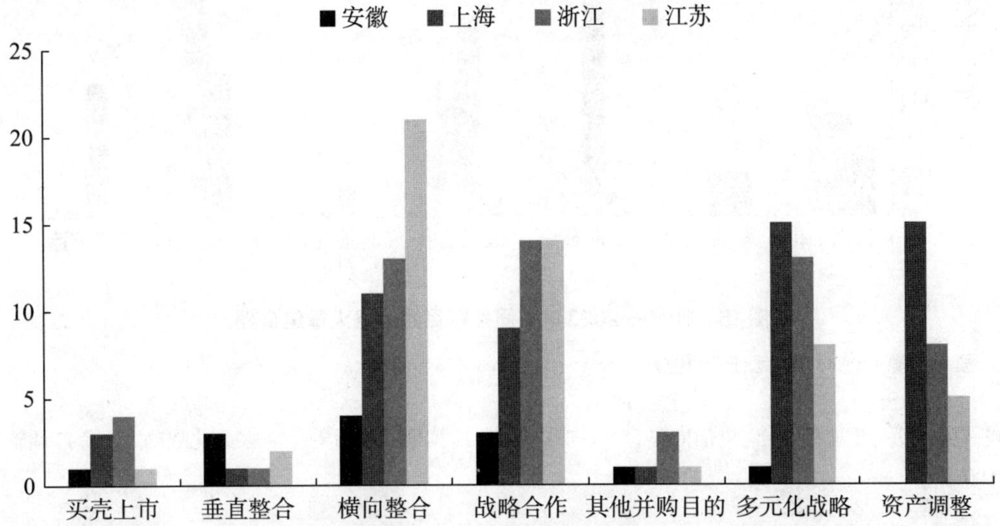

图13　2019—2023年不同并购目的的重大重组数量

资料来源：Wind，国元证券研究所

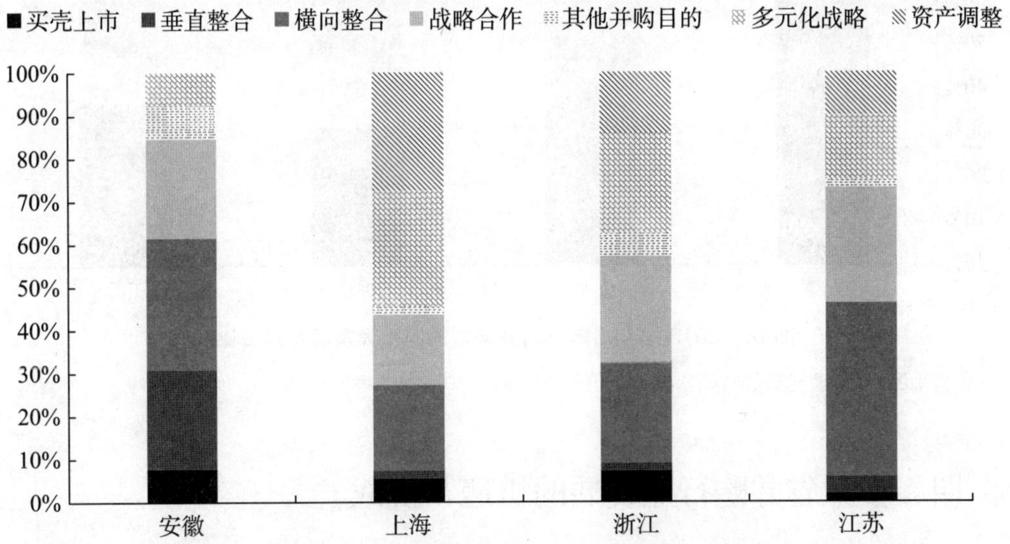

图14　2019—2023年不同并购目的的重大重组数量占比

资料来源：Wind，国元证券研究所

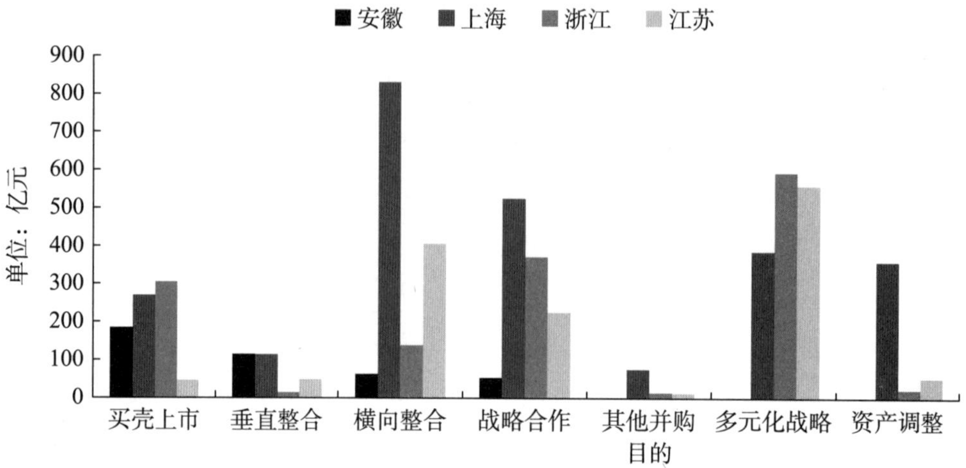

图15　2019—2023年不同并购目的的重大重组金额

资料来源：Wind，国元证券研究所

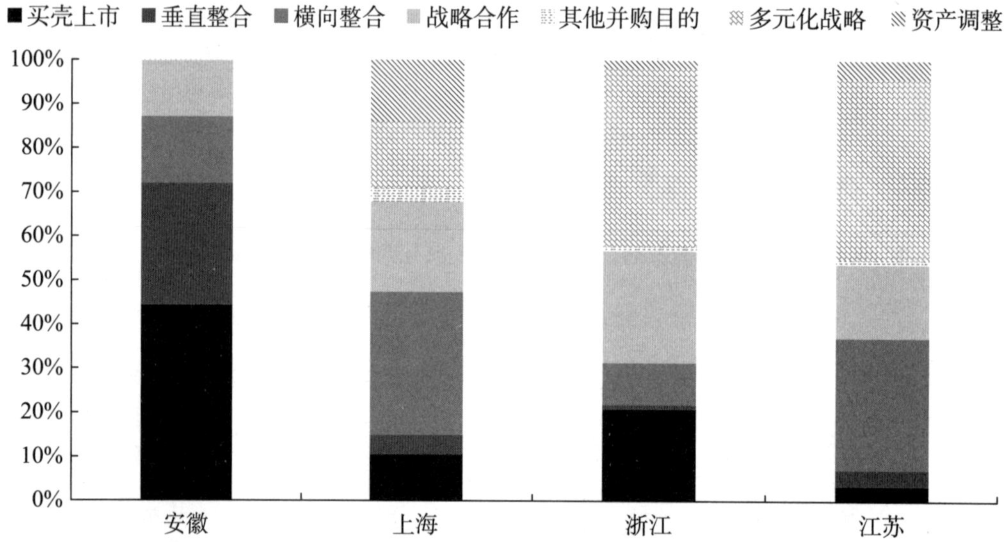

图16　2019—2023年不同并购目的的重大重组金额占比

资料来源：Wind，国元证券研究所

四、安徽省并购行业发展的机遇与挑战

（一）机遇与挑战

从当前安徽省产业发展和资本市场现状来看，在即将到来的并购重组“黄金时期”，安徽省机遇与挑战并存。一方面，安徽省拥有诸多难得的优势资源，能够为并购重组注入强劲动力；另一方面，上市公司整体实力仍有待进一步提升，产业结构优化升级任重道远，资本市场活跃程度亟须增强，这些也给安徽省并购行业的发展带来了一定的挑战。

就优势而言，首先，安徽省科创资源丰富。安徽省拥有24家科创板上市公司，数量居于全国前列。依托中国科学技术大学，安徽省在科大硅谷等科技创新策源地和战略性新兴产业聚集地，汇聚众多科创企业。科大硅谷在一年多时间落地创新型企业1,391家，集聚各类基金200多只，总规模超过2,300亿元。安徽省已构建起完善的科创生态系统，这不仅为众多优质的科技创新企业带来了并购机会，也为传统行业的企业转型升级铺平了道路。

其次，安徽省新兴产业集聚，在新能源汽车、集成电路、高端装备制造等战略性新兴产业领域，培育形成了较为完备的产业链集群，实现全球10%的显示面板、全国50%的光伏玻璃、20%的光伏组件、15%的家电、10%的汽车在安徽省生产。产业集群将提高区域内企业的协同效应，增强产业的整体竞争力，成为吸引外部资本的重要因素，为企业间的横向和纵向整合提供了最佳的土壤。

安徽省蓬勃发展的资本市场为并购重组搭建了坚实的平台。近年来安徽省资本市场快速发展，2023年上市公司数量攀升至175家，位居全国第7。2021年至2023年新增45家上市公司，增速35%，居全国前列。安徽省上市公司行业市值结构变化显著，科技制造行业的支持力度加强。从2009年以来安徽省上市公司各行业市值排名来看，电力设备、电子、计算机行业的市值排名快速上升，而建筑材料、有色金属和钢铁等传统优势行业的市值排名则逐步下降。优质的资本市场环境和领先的上市公司数量，为并购重组工作提供了丰富的平台资源。

同时，安徽省以产业引导基金为核心的基金丛林也是企业并购重组的强大助力，增强了资本运作的实力。2023年，安徽省提出设立总规模不低于2,000亿元的省新兴产业引导基金，并提出要构建更加繁茂的“基金丛林”。在省新兴产业引导基金下，设置三大基金群、16只母基金，各基金群分别以“母子基金”架构运营，通过逐层撬动社会化资本，最终形成总规模不低于2,000亿元的省新兴产业引导基金体系。千亿基金集群以上市公司与行业龙头为主体，以市场化基金管理人为推动，为产业并购培育了丰富的并购重组资源。

此外，安徽省在优化营商环境方面持续努力，为并购重组创造了有利的制度环境。通过完善的产业生态和赋能型的政府服务，形成对企业强大的吸引力。

在即将到来的并购重组“黄金时期”，安徽省只有充分发挥自身优势，才能充分抓住当前机遇。通过灵活运用并购重组手段，助力产业结构优化升级，进而带动区域经济高质量发展。

（二）发展建议

安徽省并购行业的发展不仅需要地方政府制定出台有针对性的政策支持，还需要企业和资本市场的积极配合与共同努力。

政府需要强化政策指导和统筹协调，汇聚政府、投资机构、金融机构等多方力量，促进交流与合作。为抢抓并购机遇，营造并购氛围，加强资源整合，可以借鉴浙江等发达地区的做法，由政府推动成立“省产业并购联盟”，打造开放、共享、紧密联系的市场化平台，可以建立全省“并购资源库”，开展并购重组培训和交流，重点解决信息不对称，有效撮合供需，实现信息共享、资源整合和交易撮合，打造产业并购生态。

安徽省可以利用自身的科创资源优势，将并购工作的重点放在支持科技企业上，特别是科创板上市公司。在国家加大力度支持科创板企业并购的政策机遇下，充分利用安徽省内现有的科创板上市公司及其他科创资源，通过横向联合、纵向延伸的方式，推动这些企业与优质科创标的进行并购整合，做大做强科创主力军。具体来说，可以鼓励省内科创板上市公司与知名科研院校开展深度合作，从技术源头培育并购标的；也可以支持省内科创板公司与市场化基金管理机构共同设立专项并购基金，为优质科创企业提供并购资金支持。

同时，安徽省还应积极引进省外科创企业落地，让他们充分借助安徽省丰富的科创场景和资源优势，实现做强做大。一方面可以依托安徽已有的科创公司为载体，通过并购重组的方式吸引外部优质科创资源；另一方面，也要主动出击，利用安徽良好的创新创业环境，以及各类政策支持，主动招引省外科创企业来皖发展。

针对不同行业的发展阶段和亟待解决的问题，制定有针对性的政策支持措施，是促进企业高质量发展的关键。因此，除了鼓励光伏、新能源汽车、新能源电池、人工智能等战新产业的龙头企业和上市公司并购重组外，也要重点支持中小科创企业通过行业并购实现规模化发展，以及初创期科创企业通过并购获得渠道、资金等支持，实现快速发展。

而对于传统产业，可以支持龙头企业通过并购、强强联合等方式，提高行业集中度，整合产业链资源，增强规模优势和协同效应。鼓励这些企业拓展海外市场，引进先进技术和国际化人才，以此推动产业转型升级和创新发展。同时，要积极盘活落后产能所拥有的优质资产，通过并购重组等方式，实现资源的优化配置，促进区域经济协调发展。这些政策措施有助于传统产业提升整体竞争力，实现高质量发展。

产业集群是带动区域经济发展的关键引擎。安徽省应着眼产业链的关键环节和薄弱环节，通过并购整合等方式，培育一批掌握核心技术、拥有自主知识产权和较强竞争力的群主企业，增强产业集群的整体竞争实力。上市公司无疑是并购重组的主要参与主体，鼓励上市公司与产业链主企业开展产业并购，以“补链、固链、延链、强链”为方针，提升上市公司的整体质量。安徽省内的上市公司和产业链“链主”企业往往在各自的行业中占据着重要的地位和影响力，有较强的资金实力，也拥有丰富的行业经验和资源优势。因此，大力推动这些企业进行产业链上下游并购，不仅能够有效整合优质资产，提高上市公司的整体质量，也能够增强链主企业的实力和地位，带动整个产业链的升级转型。

国有企业战略性重组是当前我国国企改革的重点任务之一。围绕关键行业和领域国有企业的功能定位，鼓励和支持这些企业通过兼并重组，提升企业的保障能力、行业控制力，增强产业的影响力，突出国有企业在国民经济命脉中的关键作用。安徽省可以引导省内国有企业通过并购上市公司，提高资产证券化率，实现产业的转型升级。在当前A股市场估值相对低位的有利时机下，安徽省应当发挥国有企业的优势地位，大力推动兼并重组，通过优质资产注入上市公司等方式，提升国有资产的整体质量，实现国有资产的保值增值。同时加快国有企业向战略性新兴产业领域的转型，培育新的经济增长点。

出海也是企业寻求新增长点的重要举措，支持企业“走出去”，通过海外并购拓展国际市场，增强全球竞争力。特别是要鼓励新能源汽车、家电、工程机械等重点领域企业开展跨境并购，获取海外渠道及客户资源，参与国际竞争与合作，拓展海外市场空间。本土龙头企业通过绿地投资、跨境并购、联合投资等多种方式参与全球产业链供应链整合，在海外布局研发中心、生产基地、仓储基地等，增强企业的国际竞争力和抗风险能力，推动品牌走向全球化。共建“一带一路”为中国企业走出国门提供了绝佳机遇，这些国家经济发展潜力大、市场广阔，是企业海外拓展的重点方向。政府应支持企业重点布局“一带一路”共建国家，通过并购在当地形成资源基地和营销网络，融入“一带一路”共建。

通过充分发挥产业并购重组的作用，安徽省能够进一步激发资本市场的高质量发展活力，促进科技、产业和金融的高效融合与循环发展，打造产业并购的“安徽现象”，为地区乃至国家的经济发展注入新的动力。

B.17
中美产业并购驱动逻辑和启示

胡　伟　汤静文　吴光杰　胡永舜*

摘　要： 产业并购具有坚实的理论基础和多样的表现形式，并由多种因素推动。产业周期、经济周期、资本市场周期和政治周期是驱动并购业务发展关键因素，而横向并购、纵向并购、多元化并购、全球化并购则是产业并购的基础表现形式。回顾历史，美国五次并购浪潮符合理论规律，同时受到周期的驱动。改革开放后我国两次并购阶段则以国企改革和新兴产业发展为主驱力，通过并购整合，实现产业跨越式发展。在深入分析产业并购的内在规律及国内外的并购潮后，本文重点分析当前国内正面临并购发展的关键历史机遇期，产业周期、经济周期、资本市场周期以及政治周期等多个周期的交汇，为未来并购浪潮的兴起提供了坚实的基础。

关键词： 产业并购　并购浪潮　产业周期

一、产业并购的研究基础

理论基础、驱动因素和表现形式是研究产业并购的三个概念，三者共同构成了产

* 汤静文，金融学硕士，国元证券研究所负责人，主要研究方向为产业并购、股权融资、金融科技；吴光杰，现供职于国元证券研究所，全联并购公会会员，公司律师，国际注册内部审计师；胡永舜，国元证券投资银行总部副总经理兼新三板业务部总经理，主要研究方向为行业股权融资，并购重组。

业并购的内生动力。其中，理论基础提供了分析和解释产业并购的框架，驱动因素则是在这个框架内推动并购现象发生的条件和力量，表现形式是驱动因素作用于理论基础后，产业并购在现实世界中多样的呈现形式。

（一）产业并购的理论支撑

产业并购，是产业内主要企业根据外部环境和自身发展阶段不同，受市场“看不见的手”的推动，追求利润最大化的重要发展手段之一。因此，其最底层的驱动因素仍然是企业追求利润最大化。而在具体运用上，根据侧重点不同，谋求利润最大化的落脚点不同，而形成不同的并购动机，主要由以下理论作为支撑：

（1）规模经济理论。该理论由亚当·斯密提出，后经马歇尔进行了深入阐述。指部分产业在一定的产量范围内，随着产量的增加，平均成本不断降低的现象。规模经济型产业具有产量越大，成本越低，产业发展越有利的特征。因此在规模经济推动下，会出现产业同业并购，做大规模的发展趋势。

（2）交易费用理论。该理论由新制度经济学鼻祖罗纳德·科斯提出，指在完成一笔交易时，交易双方在买卖前后需付出超出交易本身的额外成本。由于交易费用的存在，企业减少外部交易，将交易内部化，能够降低成本，提升效率。在减少交易费用动机的催动下，企业会出现对上下游产业链的并购，用以降低成本，提升效率。

（3）创新发展理论。该理论由著名经济学家约瑟夫·熊彼特最先提出，后由新古典主义代表人物罗伯特·索洛，以及保罗·罗默为先导的整个内生增长理论学派不断强化深入。该理论指出经济发展的核心驱动要素为科技创新，资本、劳动力等其他要素，最终因为边际递减效应会遭遇天花板失去带动增长的作用，只有科技创新能够持续带动经济增长。由于科技创新这一根本性驱动力的作用，企业有强大的动力在同行业内或跨行业并购新兴的科技创新型企业，推动自身产业升级，实现基业长青。

（4）风险分散理论。该理论由马克维茨提出，是指多元化的资产组合能够降低企业的整体风险。在环境不确定性增加的背景下，有部分企业以规避风险为目的开启多元化并购。

（5）协同效应理论。该理论由国际战略专家安索夫提出，认为并购企业可以实现成本效益、价值链、资源等协同。因此，也有企业以协同的名义开展并购。但从时间层面看，仅仅以风险和协同为名义，缺乏坚实产业基础的并购，通常效果相对较差。

（6）自由贸易与比较优势理论。该理论由亚当·斯密和大卫·李嘉图分别提出，作为古典经济学派的代表人物，他们认为国际贸易市场是自由而完全竞争的。因此一国只要围绕自身具有比较优势的要素开展生产，就能开展贸易，从而增进贸易双方的经济水平。但随着世界进入逆全球化思潮，自由贸易已经开始逐步受到各种贸易壁垒的限制。而围绕比较优势开展的贸易，将使发达国家牢牢占据产业链优势位置，发展中国家始终处于低端产业生态位，不利于产业发展。

（7）不完全竞争理论。该理论由“跨国公司理论之父”斯蒂芬·海默与马歇尔计划的主要构建者查尔斯·金德尔伯格共同提出。该理论与自由贸易理论相反，不完全竞争理论指出国际市场并非完美的完全竞争市场，不同国家有自身独特的优势，不同政府政策同样差异明显。因此，因本国独特优势形成自身竞争优势的企业，有意愿通过并购开展全球业务，获取超额利润；自身有劣势的企业，有动力赴海外优势地区收购产业，弥补自身劣势，提升发展水平；而遭受贸易壁垒的企业，则有动力以海外投资和海外并购的方式绕过贸易壁垒，实现产业全球化发展。这些都使跨国并购蓬勃发展。

（8）国家战略和公司治理理论。该理论为产业并购提供了重要的理论支撑和实践指导。国家战略通过政策导向、资源配置和市场准入等方面的支持，促进产业并购的健康发展。例如，鼓励战略性新兴产业并购重组发展壮大，引导资源向关键领域和优势企业集中。这为产业并购提供了明确的政策导向，促使企业围绕国家战略进行并购重组，优化产业结构，提升产业竞争力。

（9）公司治理理论。该理论通过优化决策机制、完善激励机制等方面的工作，确保并购活动的顺利进行和并购目标的实现。公司治理理论中的两权分离理论指出，现代公司中所有权与控制权往往发生分离。在产业并购中，这一理论有助于解释并购决策的制定和执行过程，确保并购活动在科学的决策机制下进行。同时，完善的公司治理结构能够保障股东利益，提高并购决策的科学性和透明度，减少内部人控制等问题；委托代理理论则关注所有者与经营者之间的利益关系和激励机制。在产业并购中，合理的激励机制能够激发经营者的积极性和创造力，促进并购后的整合和协同效应的发挥。通过建立科学的业绩评价体系和激励机制，可以确保并购后的企业能够持续稳定发展，实现并购目标。

（二）产业并购的表现形式

经济学理论揭示了产业并购的基本逻辑，它本质上是企业寻求利润最大化的战略选择，这些战略发展方向在具体落地层面，可以概括为四种产业并购的基本表现形式，即横向并购、纵向并购、多元化并购和全球化并购。多元化并购发展后期，会出现大量不良资产、困境资产，从而衍生出另类并购的形式。

（1）横向并购：底层逻辑是规模经济理论。具有规模效应的企业，为了竞争胜出，通过扩大规模，提升市占率，构建排他优势。该并购通常在产业成熟，市场存量竞争的阶段出现。

（2）纵向并购：底层逻辑是交易费用理论。通过上下游收购，实现纵向一体系化，降低交易成本，提升自身效率。部分上下游科技创新活跃的产业，也通过纵向并购的手段实现创新发展。

（3）多元化并购：产业层面考虑主要是创新发展理论驱动。企业谋求新发展方向，引入新的创新点进入自身体系，转型升级，不断给自己创造增长发动机。除创新发展理论外，多元化降低风险、增加协同性等也是重要的动因，但这些动因是否真实有效仍有争议。

（4）全球化并购：主要是在自由贸易与比较优势贸易无法发挥作用背景下，不完全竞争理论驱动。出海企业中，优势企业寻求全球化市场，劣势企业寻求全球化优质资源，出海企业谋求绕过贸易壁垒开启全球化发展等。具体并购方式上横向、纵向、多元化兼具。

（5）另类并购：主要是国家战略和公司治理理论驱动，有追求利润最大化之外的考虑。国家从安全性或资源协同角度出发的产业并购，如收购"卡脖子"技术或国央企整合等；企业在多元化并购后因效果不佳需剥离不良和困境资产以解决内部治理难题的另类并购，或者企业因二代接班战略转向而出售原有核心业务等。此类并购在追求经济效益之外还受政治因素、个人因素等影响。

当然，五种并购表现形式并非单独发生，通常在一轮并购潮或一个产业内会因企业目标不同，多种方式同时出现，呈现混合并购的特征。

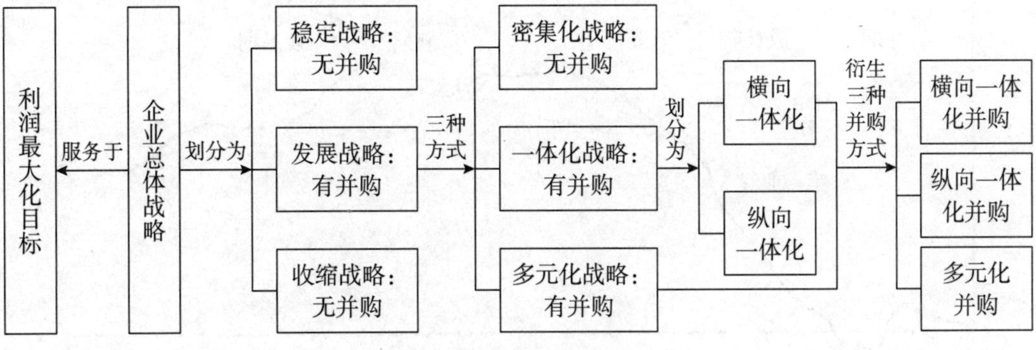

图1　常见产业并购形式

资料来源：国元证券研究所研究绘制

（三）产业并购的驱动因素

产业并购底层动因在经济学理论的支撑下，表现为四种形式，但具体发生受产业周期、经济周期、资本市场周期、政治周期等“四大驱动因素”的综合作用。

（1）产业周期：产业发展具有周期性特征。产业周期是指一个产业从新科技、新产品引入培育的萌芽期，到新科技、新产品逐步被市场接受，进入成长期；然后竞争加剧，洗牌开始，进入震荡期；再之后行业饱和，竞争者减少，进入成熟期；最后原有科技落伍，行业收缩进入衰退期的全过程。在旧科技、老产品逐步成熟衰退的过程中，新一轮的科技创新产业化，重复上述过程，新的产业生命周期开始。产业的发展正是在一轮又一轮的产业周期上不断进步的。

产业各周期各阶段对并购的需求不同，在萌芽期，新兴产业风险大、成本高，但成长潜力也大。部分企业在该阶段谋求纵向和多元化收购，布局科技创新机会。成长期中前期，产业快速发展，新兴产业机会多、成长快，新兴企业想谋求IPO退出。虽然并购方很想收购，但新兴企业愿意被并购的少，只有遭遇困境的企业愿意被收购，并购较少。在成长期中后期到震荡期，产业增长仍然较快，但产业风险加大，竞争加剧，洗牌期到来。新兴产业谋求本产业纵向并购提升竞争力，海外并购谋求出海，传统企业多元化收购谋求进入新兴产业等。并购进入高发期。在成熟期，行业存量博弈，竞争主要围绕“剩者为王”展开，领先企业横向并购兼并竞争对手或出海并购开启新市场。在衰退期，行业已经开始收缩，仍处其中的行业已经很少，其发展的主要方式是谋求转型升级和出海。因此国内并购主要是跨行业的多元化并购以及出海并购。

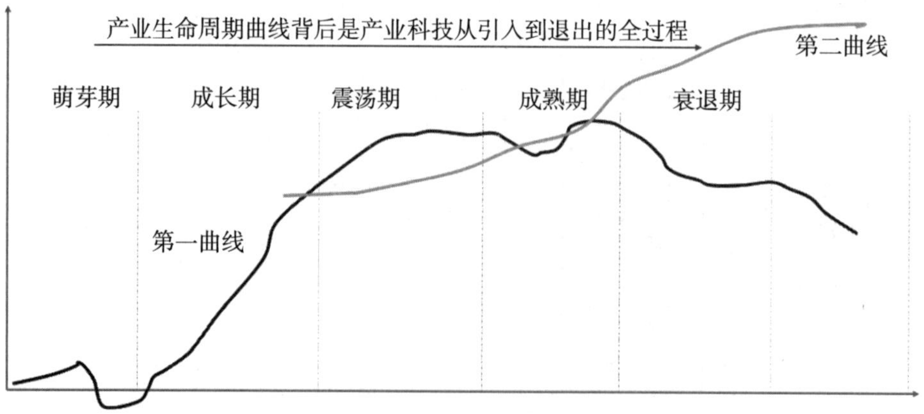

图2 产业生命周期示意图

资料来源：国元证券研究所研究绘制

（2）经济周期：经济周期与并购潮相辅相成。一般而言，经济上升期与并购潮开始同步，经济下行期则与并购潮结束同步。

驱动逻辑在于：在经济复苏期，经济从触底反弹开始复苏的阶段往往伴随着经济驱动因素的改善，如新一轮科技革命产业化催动、新的改革措施落地完成、全球化环境改善、新的国际市场打开、宽松政策启动等等，这些因素要么对开启产业并购有催动作用，要么需要产业并购等方式协助推动。因此部分产业并购有在经济周期底部伴随经济周期复苏的特征。

在经济繁荣期：经济繁荣往往与政策宽松、资本市场繁荣、融资渠道便利化等多项宽松条件伴生。这些宽松条件，对于并购的政策便利性、融资便利性、信息渠道便利性以及企业估值都能创造有利条件。因此部分并购潮与经济繁荣期伴生。但经济繁荣期的并购往往有繁荣带来的过度自信问题，从而对产业面的考虑不够扎实，具有并购泡沫。这也为经济进入萧条期后，并购潮结束埋下伏笔。

经济萧条与衰退期：一般泡沫开始消退，政策条件收紧，企业估值下行，企业家信心消退，全球化低潮等，同时萧条与衰退往往也是一轮科技革命或改革红利消耗殆尽的阶段。并购处于蓄势阶段，为下一阶段的经济复苏做启动准备。

（3）资本市场周期：资本市场是并购资金的重要供给方，并购信息的重要提供方，并购交易的重要撮合方，并购开展的重要操作方。因此，资本市场的创新和繁荣对并购具有明显的催化作用。资本市场的相对低潮期，资产估值水平处于低位，并购意愿会增强，交易撮合难度下降。

（4）政治周期：政治周期包括全球地缘政治动荡，内部改革波动，全球化收紧与放松等。如1992年之后美国的一波全球化并购，背后催动因素之一即是冷战结束提供的全球化氛围。2003年之后中国的一波并购浪潮，背后则是加入WTO后带来的经济快速增长与全球化开放。而逆全球化浪潮，贸易壁垒的兴起，无疑也会阻碍直接出口的道路，倒逼企业开启全球化并购，进行海外直接投资。这些都对并购发展有重大影响。

由规模经济理论，交易费用理论，创新发展与风险分散、协同效应理论，自由贸易、比较优势与不完全竞争理论以及国家战略和公司治理理论“五大并购理论”为基础动因，衍生出横向、纵向、多元化、全球化跨国并购“四大并购表现形式”，在产业周期、经济周期、政策周期、政治周期“四大驱动因素”的推动下，形成了一轮轮并购浪潮。

二、中美产业并购浪潮的历史复盘与归纳

（一）美国历史上的五次并购浪潮

美国历史上共发生过五次并购浪潮，尽管主要的并购表现形式不同，但普遍受到上述四大因素驱动。结合前述章节的理论基础，我们将这五次并购潮分别以其各自驱动因素和表现形式进行总结。

（1）第一次并购浪潮（1897年—1904年）

第一次并购潮的表现形式以扩大市场份额为动机的交易为主，约78%的并购为横向并购。

驱动因素方面，产业周期上，第一次并购潮发生在以美国为主导的第二次工业革命蓬勃发展的阶段，内燃机取代蒸汽机作为生产力的主要方式使得石油和化工等行业亟须规模效应，相关产业链偏短，促进企业以并购方式提高产能和规模。经济周期方面，技术革命引发的生产力跃迁促使美国于1884年工业产值首次超过农业产值。1893年美国从经济危机后复苏，一跃成为工业大国，经济进入繁荣期。在资本市场领域，1863年纽交所建立带动了一批国内交易所的成立，初步成型的美国资本市场推动了并购交易的发展，本轮60%的并购交易在交易所内完成。这次并购潮中，政治周期宽松的监管环境也助推了大批公司通过并购成为企业托拉斯。

（2）第二次并购浪潮（1916年—1929年）

第二次并购潮的表现形式主要以产业链上下游并购而形成统一联合体的纵向并购（76%）为主，多数交易为“大吃小”。

驱动因素方面，在这一轮并购潮中的产业周期，一系列新兴产业产生，如汽车业、家电、零售业等等，产业链较长，企业处于成长中前期，需要通过行业上下游的延伸并购提高生产效率和竞争力。经济周期方面，1914年一战爆发后，美国通过出口从债务国转为最大债权国，关税施行保护主义，本国工商业发展迅速，失业率降至历史最低水平，民众收入上涨积累起来的消费潜力，成为一战后经济繁荣的重要因素。投资银行开始频繁作为财务中介撮合并购业务，帮助企业发行债券和股票，进一步推动了并购市场的繁荣，资本市场周期在驱动并购潮的作用开始愈发显现。政治监管上，美国国会于1914年通过了《克莱顿法案》，以加强反垄断条款，阻止任何形式的托拉斯，对形成垄断的横向并购造成了冲击。由于严峻的反托拉斯环境，促使并购活动以纵向并购为主。

（3）第三次并购浪潮（1965年—1969年）

这一轮并购潮的表现形式以多元化并购为主，80%的并购交易为公司多元化经营跨行业并购。

驱动因素方面，这一轮的产业周期经历了战后第三次科技革命驱动了新兴产业的快速崛起，特别是电子计算机、激光、宇航、核能和合成材料等部门的兴起。此时传统石油、化工等产业面临新业态转型需求，新兴科技产业为了维持自身的持续发展也需要大量的资金支持，这为第三次并购浪潮提供了强大的内驱力。除此之外，二战后美国进入经济繁荣的周期。资本市场也开始发展“市盈率”游戏，热衷成长型股票。由于信贷政策较紧和利率较高，投资银行并没有成为这一波并购潮的主要融资渠道。与之相反，蓬勃向上的股市让并购发起者看到了利用股份支付对价进行收购而出现的套利机会。在这一段时间，投资者往往倾向于有着高P/E的成长型公司。许多高P/E公司因此通过发行股份用于支付对价手段来并购低P/E公司，提升EPS的同时又达到了避税的效果。另外，可转债的使用也容易夸大市盈率的作用，大量未来资本收益的预期使得售出低息的可转债成为可能。政治周期上，这一段时间美国严格控制垄断型并购，1950年美国通过了《塞勒—基福弗法案》，加强和完善了《克莱顿法案》中的反并购条款，使得20世纪60年代成为美国反托拉斯、反垄断最严厉的时期之一。许多企业为了自身发展壮大，只能通过多元化并购开拓新的市场，建立集团企业。

（4）第四次并购浪潮（1984年—1989年）

在第四次并购浪潮中，以剥离业务为主要目的的另类并购形式为主要特征，据测算，约有20%~40%的交易属于这类并购。此外，敌意收购和杠杆收购也是特征之一。

驱动因素方面，产业周期呈现出在石油危机之下，老牌石化企业面临发展压力，第三次科技革命成果进入低潮，“互联网”产业化的作用还未充分显现，本轮体现为产业生命周期震荡期和成熟期，上一轮许多大型企业通过多元化并购所取得的经营效果并不理想，亟须出清和剥离不良资产和业务。经济周期上，美元危机与石油危机之后美国经济进入复苏阶段。本轮资本市场周期由KKR引领的LBO杠杆并购进一步推动繁荣，金融创新推动垃圾债出现，投资银行参与度空前，敌意并购等方式正式进入历史视野。诸如航空运输、广播传媒娱乐、天然气和卡车行业在这一段并购浪潮的政治周期里都有不同程度的监管降级，诱发了所涉及行业的并购活动。除此之外，部分州有本土企业保护倾向，会倾向于做出有利于本土企业并购行为的立法。

（5）第五次并购浪潮（1992年—2000年）

这一轮并购浪潮中以战略并购及全球化兼并为主要特征，另外，本轮并购个案金额巨大，强强联合此起彼伏，数百亿美元、上千亿美元的并购案例时有发生。

驱动因素方面，冷战结束，“互联网”产业黄金十年开启，产业科技创新再次出现。传统行业面临转型，开始寻求新的市场，呈现出美国式出海的特征。海湾战争结束后，美国开始长期低利率周期，经济复苏势头强劲，国内需求旺盛。资本市场周期方面，长期低利率带来宽裕的融资空间，亚洲经济危机后，全球资本流入美国。政治周期上，冷战结束，欧盟成立。全球化是这个阶段的关键背景色调，银行、电信与互联网相关的行业也均出现了不同程度的监管放松。

（二）中国改革开放以来的并购复盘

1978年12月，党的十一届三中全会后，我国开始实行改革开放政策，至今仅过去46年。46年间，我国经济实力实现历史性跃升，国内生产总值从改革开放之初的3,679亿元增长到2023年的超过126万亿元，稳居世界第二位；打赢了人类历史上规模最大的脱贫攻坚战，历史性地解决了绝对贫困问题，全面建成小康社会。

对比美国发展历史，我国并购市场呈现出跨越式发展的特征，横向、纵向、多元和跨国并购常混合出现，经济体制改革和政策指引对并购有重大推动作用。1984年至今的并购，集中体现在两个阶段五个时期，其中第一个阶段以国企改革为主，第二阶段产业并购逐步开启。

（1）第一次并购期（1984年—1989年）

政府主导的经济政策调整是主要驱动力，以国有企业之间的兼并重组为主。保定市纺织机械厂兼并了针织器械厂，保定市锅炉厂兼并了风机厂，开创了我国“国企兼并先河”。自此，国有企业生产要素可以流动，企业经营效率得到显著提升。随后，在武汉、南京、上海、北京等全国各大城市都发生了国有企业并购。据统计，在20世纪80年代，全国共有6,966家企业被兼并，转移资产82.25亿元，减少亏损企业4,095家。

（2）第二次并购期（1992年—1998年）

1992年，邓小平南方谈话时提出要建立社会主义市场经济体制，党的十四大正式提出建立社会主义市场经济体制的目标，经济体制改革是本轮并购的核心推动力。加之上海证券交易所与深圳证券交易所的成立，使得资本市场对并购形成重要支撑。

民营企业对身陷困境中的国企形成兼并重组浪潮。据上交所统计，从1993年到2002年，共发生股权转让5,300起，涉及公司约800家，总涉及金额270亿元，通过股权转让造成控制权变更的企业有300家。

（3）第三次并购期（2002年—2012年）

2002年，中国加入世贸组织（WTO）开启了第三轮并购浪潮。全球化贸易机会，叠加国际资本市场遇冷，产业转型升级和出海的需求，是本轮并购的重要契机。自此，并购的产业特征逐渐出现。本次并购浪潮涉及的行业广泛，主要涉及互联网、IT、交通、电信、公共事业、房地产、金融和能源。

2008年金融危机后，跨国并购案例显著增加，如联想收购IBM个人电脑业务，成为全球领先的PC制造商；吉利收购沃尔沃，技术转型升级和出海；中海油以151亿美元收购加拿大能源公司尼克森。

（4）第四次并购期（2013年—2016年）

国际市场低迷，中国经济相对稳定，国内资本市场流动性充裕。2012年11月国内IPO暂停后，并购市场出现了火爆的局面。2014年—2015年的牛市推动了大量A股上市公司开始并购。以2015年为例，并购重组交易2,669单，交易总金额约为2.2万亿元。

本轮并购以混合并购为主要特征，企业开启多元化布局，代表案例有万达集团以26亿美元收购美国AMC院线，成为全球最大的电影院线运营商。

（5）第五次并购期（2018年—2021年）

这一次并购潮发生在2018年"资管新规"之后，经济步入新常态，部分产业面临转型升级。前期粗放型发展，高商誉、高杠杆企业集中爆雷，恰逢国资从"管企业"到"管资本"的重大转型期，国资出手纾困并购大行其道。以深圳国资委出手的并购案为例，2,600亿元收购荣耀，660亿元收购万科，250亿元投资恒大，148亿元入局苏宁，总资产高达4.1万亿元。

表1　我国改革开放以来的并购复盘

序号	阶段	时间	时代背景	特　征	代表案例
1	国企改革	1984—1989	改革开放初期	政府主导的经济政策调整是主要驱动力，以国有企业之间的兼并重组为主	保定市纺织机械厂兼并了河北针织器械厂，保定市锅炉厂兼并了保定鼓风机厂，开创了我国"国企兼并先河"
2		1992—1998	社会主义市场经济体制确立，上交所成立	困境国有企业私有化，私企对国企的并购活动明显增多	青岛海尔先后兼并控股青岛电冰柜总厂、青岛空调器总厂、红星电器公司、武汉电冷柜厂、合肥黄山电子公司、贵州风华冰箱厂、莱阳家电总厂

续表

序号	阶段	时间	时代背景	特　征	代表案例
3	产业并购开启	2002—2012	加入WTO，叠加互联网暴发	2008年金融危机后跨国并购显著增加，并购涉及的行业更加广泛	联想收购IBM个人电脑业务，获得了IBM的ThinkPad品牌，成为全球领先的PC制造商；吉利收购沃尔沃，技术转型升级和出海
4		2013—2016	国际市场低迷，中国经济相对稳定，资本市场活跃	混合并购，企业多元化布局，国企混改	万达集团以26亿美元收购美国AMC院线，成为全球最大的电影院线运营商
5		2018—2021	经济新常态，产业转型升级	2018年资管新规之后，前期大量野蛮发展，高商誉、高杠杆企业集中爆雷，国资纾困并购	以深圳国资委出手的并购案为例，2,600亿元收购荣耀，660亿元收购万科，250亿元投资恒大、148亿元入局苏宁，总资产高达4.1万亿元

资料来源：国元证券研究所整理

三、我国产业并购的趋势与机遇

（一）我国当下经济与产业的发展趋势

（1）在产业生命周期层面，培育期与成熟期共见，产业潜在并购需求旺盛。当前我国主要产业集中于偏培育期和偏成熟期两个阶段。如代表性产业新能源汽车，虽然处于成长期，但已经迈过50%渗透率大关，天花板已现，增速变缓，呈现出成熟期企业的特征。再如代表性新兴产业人工智能，无论通用人工智能还是包含自动驾驶等在内的专用人工智能和具身智能，均处于行业一致看好，但仍需培育的阶段。根据产业生命周期理论，偏成熟期的产业需要对内提升集中度，形成少数参与者的产业格局，而相应的竞争手段则是推动垂直一体化，提升全产业链效率；对外需要加快出海，寻求新市场；对未来，需要开展新业务，培育第二增长曲线，这些分别对应横向并购、纵向并购、海外并购和混合多元化并购。而对于当前主要的培育期企业，无论人工智能、芯片还是先进电池、自动驾驶，车路云一体化，均属于赋能型产业，对上下游协同发展要求高，发展过程中亟须有市场资源和产业链资源的传统企业为其协同资源，因此对产业投资与产业并购需求强烈。

（2）在产业发展特征层面，“卷”字当头，亟须并购提高集中度并实现出清软着陆。当前我国经济产业发展面临压力的一个核心原因，在于无论成熟企业还是培育型产业，均存在竞争过度、内卷严重的问题。典型的如新能源汽车产业，从整车到动力电池，行业已经进入争相降价阶段；光伏行业同样处于降价通道。新兴的AI、半导体、人形机器人领域同样出现赛道拥挤、内卷显现的状态。解决内卷的本质方法，就是推动产业出清。但激烈的出清行为一方面对已存在压力的经济伤害过大，另一方面对仍然结构性短缺并存在卡脖子节点的产业也造成“错杀”。引入并购推动出清软着陆有利于产业发展。

（3）在产业发展趋势层面，出海迫切，但贸易壁垒频现，海外并购与投资合作需求显著。近年来，欧美等地通过碳壁垒、技术壁垒、关税壁垒、补贴调查等贸易保护主义措施，对我国具备高竞争力的产品出口销售构成障碍，试图通过保护国内产业与就业，缓解其国内的经济和政治压力。因此，对于我国企业来说，通过海外并购并建设属地化产能的方式可最大程度消除贸易壁垒。举例来说，上汽集团通过收购名爵品牌后，通过名爵在当地的品牌声誉及上汽集团自身的新能源技术赋能获得了阶段性成功。2023年，上汽集团在欧洲市场的销量达到了33万辆，同比增长了18.8%。其中，名爵品牌表现尤为突出，累计销量达到了11.5万辆，同比增长143%。此外，上汽集团也宣布计划在欧洲建立生产基地以规避可能存在的贸易壁垒。

（4）政策层面，政策层面呼吁高质量发展，提高行业集中度，降低行业内卷。2024年以来，深化并购重组改革作为活跃资本市场的重要政策，近期多次被提及。2024年1月26日，证监会在系统工作会议上明确表态，支持上市公司通过市场化并购重组等手段实现优化升级。随后3月15日，证监会发布了《关于加强上市公司监管的意见（试行）》，提出要优化重组的“小额快速”审核机制，鼓励上市公司之间吸收合并，并加大重组上市的监管力度，为优质企业提供政策支持。同日，证监会还发布了《关于加强证券公司和公募基金监管加快推进建设一流投资银行和投资机构的意见（试行）》，强调支持行业领军企业通过并购重组和组织创新等方式实现做优做强。4月12日，国务院印发了《关于加强监管防范风险推动资本市场高质量发展的若干意见》（即新“国九条”）。新“国九条”明确要求加强并购重组监管，进一步削减“壳”资源价值。在加强“壳”公司重组监管的同时，完善“小额快速”审核机制、适当提高并购标的估值包容性、鼓励上市公司吸收合并等一系列政策举措已相继落地。并购重组市场的政策环境持续优化，进一步发挥了资本市场在企业并购重组中的主渠道作用，助力行业龙头企业高效并购优质资产。

（5）在资本市场层面，IPO放缓，一级市场退出受阻，并购退出需求强烈。从监管层面来看，自2023年起IPO上市有所收紧，当年IPO家数仅236家，同比下降30.8%，合计募集资金金额3,418.07亿元，同比下降40.1%。2024年以来，IPO上市进一步收紧，截至7月底，IPO家数仅40家，合计募集资金金额仅349.30亿元。复盘我国资本市场发展历史，IPO的收紧将有利于并购市场的高速发展。在监管层面，IPO在2013年与2018年均进入了“收紧周期”，而并购市场自2014年进入了高增长阶段，而进入2019年，并购市场同样止住了下降的颓势。其内在逻辑是，在IPO收紧、财务核查趋严的监管环境下，大量无法或难以IPO的企业转而选择出售给上市公司。随着相关重组配套融资制度出台、二级市场逐步回暖等因素，上市公司并购重组开始出现热潮，A股并购市场无论是交易数量还是交易规模，都呈现出井喷态势。

（二）我国发展产业并购的历史性机遇

由于经济增速放缓，不确定因素增多，且大量标的处于估值下行期，交易共识较低，当下我国产业并购处于相对低潮。但结合经济与产业面临的核心问题与当下政策监管的大力推动，发展国内外并购，很有可能是走活当下经济与产业大棋的关键一招并可以解决以下产业关键问题：

（1）一是解决现有产业内卷问题：我国产业产能内卷严重。两大解决方案，对内推动市场出清，对外推动产品出海。

对内，通过并购的方式推动产业横向及纵向整合，可以有两大效果：一方面对于优秀的有发展价值的企业，能够通过并购双方的强强联合，实现1+1>2的产业效果。另一方面，对于发展价值较弱的企业，通过实力较强的央企以及专业性并购基金推动并购整合，充分吸收价值之后，再予以破产退出，能够最大化减少去产能带来的短期经济冲击，实现产业出清“软着陆”。

对外，无论欧美国家，还是保护本国幼稚产业的新兴国家和地区，对产能出海都持相对友好态度。如特朗普就在演讲中提到过“如果当选，将对进口中国新能源车征收高关税，但欢迎比亚迪等企业赴美建厂”。而从历史经验来看，20世纪70—80年代，第二次石油危机背景下，美国要求日本车企自愿限制出口期间，丰田借机成为世界级车企的方法，同样是减少出口，但与通用合资赴美建厂。当前比亚迪等国内车企已经积极寻求收购海外经销商渠道的机会。海外并购构建渠道，构建产能，将成为做实做强我国产业出海下半场的重要推动力。

（2）二是解决现有产业转型升级问题：我国当前产业正处于从低质量向高质量发展的关键期。尽管中国制造业在全球供应链中占据重要地位，但大量产业仍处于附加值低、竞争激烈的环节，尤其在一些成熟期和衰退期产业中，创新动力不足，企业增长乏力。同时，部分新兴产业如人工智能、半导体先进制程等处于培育阶段，尚未形成产业主导力量。因此，实现从低质量向高质量的产业转型是当务之急。当前产业转型的主要挑战在于，传统产业陷入“红海”竞争，利润空间狭窄，难以通过自我升级脱困；而新兴产业虽具高成长性，但面临资金和技术支持不足的困境。

因此，并购特别是纵向并购，成为推动转型升级的重要方式。行业内龙头企业可通过并购产业链中的优质一级市场企业，获取技术、人才和创新能力，填补自身短板，推动产业链向上游或下游延伸。例如，在新能源、智能制造等领域，初创企业具备技术优势，但缺乏市场化资源，龙头企业的并购可加速其发展，助力产业整合升级。同时，传统企业通过并购新兴领域企业，可以拓展创新业务，实现从红海市场向蓝海市场的转型。

参考文献：

[1] 高根（Gaughan，P.A）. 兼并、收购与公司重组第七版 [M]. 朱宝宪，吴亚君，译. 机械工业出版社，2018.

[2] 陈佳贵. 关于企业生命周期与企业蜕变的探讨 [J]. 中国工业经济，1995.

[3] 德红，夏万江. 中国企业并购发展历程 [J]. 中国社会科学网，2023.

热　点　篇

B.18
ESG投资框架下的并购行业发展

陈　宁　房倩倩　陈兆祥　袁大钧*

摘　要： 全球ESG投资总体呈现出快速发展态势，但在近两年欧美市场出现了“反ESG”的回调现象，ESG投资进入了一个更具挑战的发展阶段。然而不同于国际上的情况，自我国“双碳”目标确立以来，国内ESG市场的发展显著加速。2023年政府相继推出了一系列政策措施，以支持可持续发展，促进绿色金融与ESG投资的普及。伴随着ESG意识的增强，越来越多的企业开始重视ESG指标，并积极披露社会责任与可持续发展报告。中国A股上市公司的ESG报告披露比例持续提升，不同行业的ESG报告披露率有所分化。金融机构亦纷纷推出ESG基金及相关金融产品，以吸引投资者参与，ESG基金、债券和银行理财等各类产品在2023年数量上均有所增长。并购方面，2023年中国上市公司的并购事件数量较上一年有所减少。通过分析参与并购上市公司的ESG评级分布，我们发现不同地区、不同规模企业以及不同所有制企业在并购中的ESG表现不尽相同，东部区域、大型企业、国企属性的上市公司ESG表现更佳。展望未来，ESG投资理念将继续深刻影响并购行业的发展，推动并购活动朝着更加负责任和可持续的方向发展。

---

* 陈宁，博士，国元证券执行委员会委员、副总裁，主要研究方向为结构化产品、场外衍生品、企业信用研究、企业战略管理；房倩倩，计量经济学硕士，国元证券研究所金融工程分析师，主要研究方向为基金产品研究、指数研究等；陈兆祥，金融学硕士，现供职于国元证券研究所总量组，主要研究方向为国内外资本市场，主权财富及公共养老金基金；袁大钧，国元证券投资银行总部副总经理兼业务十九部总经理，主要研究方向为生物医药行业股权融资，并购重组。

关键词： ESG投资　并购重组　绿色金融

一、ESG发展趋势分析

ESG投资在全球范围内总体呈现快速发展趋势，但在过去两年，受制于ESG投资策略不佳及传统能源价格上扬等多重因素，欧美市场出现了“反ESG浪潮”，ESG投资出现增速放缓乃至缩减的情况，市场情绪趋于谨慎。同时，监管加强和政治因素也加剧了市场的波动。尽管境外市场面临诸多困扰，但与国际上关于ESG的争论有所不同，国内ESG投资在2023年开始逐渐进入公众视野，当前国际上关于ESG的争论对中国市场ESG的发展尚未造成直接影响。

联合国责任投资原则组织（UN PRI）作为首批倡导负责任投资原则及积极推动ESG目标的国际机构，在全球ESG发展的进程中发挥了关键作用。2023年，全球新增签署PRI（Principles for Responsible Investment）企业数量为439家，相较2022年新增的717家企业有所下降。从UN PRI历年签署机构数量来看（见图1），2014至2021年签署机构数量逐年上涨，2022年开始走向下坡路。资产管理者在签署机构中占据主导地位，2021年新增签署达到历史峰值789家（82.45%），2023年回落至351家（79.95%）；资产所有者与服务提供商2023年新增签署机构数量也有所下滑，二者整体占比较低。全球范围内PRI签署企业数和机构数的下降趋势表明当前ESG投资的推动面临一定的挑战。

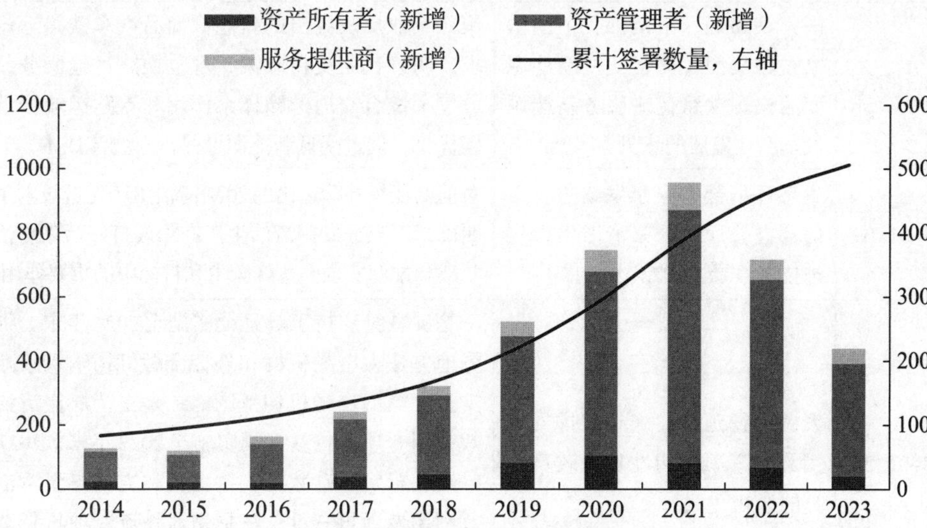

图1　UN PRI历年签署机构数量图

资料来源：UN PRI，国元证券研究所。

目前，我国已制定了一系列与环境、社会及治理（ESG）相关的政策，这些政策与市场监管及其他行业自律文件形成了有效的双向协调。如表1所示，2023年国内ESG的顶层设计在信息披露、投资和评级等方面得到了较为充分的体现。一方面，政府及监管机构高度重视ESG信息披露制度的改革，多次发布重要政策，以支持上市公司ESG信息披露机制的建设。另一方面，相关部门针对国家经济发展的关键行业，如中央企业、银行及保险行业，制定了关于ESG投资及绩效提升的引导政策。同时，气候议题及绿色产业政策也不断细化。这些政策的频繁发布与更新显示出我国在推动ESG标准化、透明化和合规性方面的持续努力，预计未来将出台更多细化政策，以促进企业在环境保护、社会责任及公司治理方面的表现。同时，生态环境部、财政部等相关部门从战略高度出发，制定了相应法规，以推动"双碳"目标的实现，政策主要聚焦于如何建设碳中和标准体系、如何计量与核算碳数据以及如何建设并良好运行碳市场，推进气候转型方面发挥正向作用。例如，2023年10月，生态环境部发布了《温室气体自愿减排交易管理办法（试行）》，该办法的核心目的是为高排放企业提供经济性碳配额，通过增加排放成本来限制企业的排放量。这标志着该办法自2017年暂停以来的再次实施。另一方面，上交所、人民银行在绿色公司债券和碳减排支持工具等方面着手施策，着力进一步完善绿色金融制度体系，此举不仅推动了绿色金融产品创新，也保障境内ESG投资的规范化发展。

表1　2023年国内ESG相关政策

时　间	相关政策机构及政策文件	政策相关内容
2023-01-03	国家铁路局、工信部、中国国家铁路集团《关于支持新能源商品汽车铁路运输服务新能源汽车产业发展的意见》	聚焦企业反映突出的新能源商品汽车铁路运输需求，明确铁路支持政策，规范铁路运输服务，充分发挥综合交通运输体系作用和铁路运输绿色低碳优势，促进降低新能源商品汽车物流成本
2023-01-09	生态环境部、国家发改委、工信部办公厅《国家清洁生产先进技术目录（2022）》	对前期征集并筛选出的20项清洁生产先进技术予以明确，以充分发挥清洁生产在深入打好污染防治攻坚战和推动实现碳达峰碳中和目标中的重要作用
2023-01-29	人民银行延续实施碳减排支持工具等三项结构性货币政策工具的通知	一是碳减排支持工具延续实施至2024年末，将部分地方法人金融机构和外资金融机构纳入碳减排支持工具的金融机构范围；二是支持煤炭清洁高效利用专项再贷款延续实施至2023年末，2023年继续并行实施碳减排支持工具和支持煤炭清洁高效利用专项再贷款；三是交通物流专项再贷款延续实施至2023年6月末，将中小微物流仓储企业等纳入支持范围

续表

时　间	相关政策机构及政策文件	政策相关内容
2023-02-07	生态环境部办公厅《关于做好2023—2025年发电行业企业温室气体排放报告管理有关工作的通知》	加强企业温室气体排放数据管理工作，建立健全数据质量管理长效工作机制
2023-02-10	深交所修订《深圳证券交易所上市公司自律监管指引第3号——行业信息披露》	结合行业特点，优化行业经营性信息披露要求，强化ESG信息披露要求，调整非行业信息披露要求
2023-02-16	国资委关于央企ESG联盟召开第一届理事会第一次会议暨中央企业ESG研讨会	研讨会对中央企业ESG联盟寄予深切厚望，通过健全组织体系等举措，打造中国特色ESG；综合多元优势，汇聚构建中国特色ESG生态体系中坚力量
2023-02-21	国家标准化管理委员会《2023年国家标准立项指南》	将碳达峰碳中和列入2023年重点支持领域和方向，具体包括在碳排放核算报告、化石能源清洁低碳利用、新能源与可再生能源等重点领域节能标准
2023-03-13	生态环境部《2021、2022年度全国碳排放权交易配额总量设定与分配实施方案（发电行业）》	对全国碳排放权交易市场2021与2022年度配额分配工作作出规定，主要包括机组分类、配额核算与分配方法、配额总量、配额发放、调整、清缴、结转，以及重点排放单位出现合并、分立、关停或搬迁情况时的配额处理等
2023-03-14	上海证券交易所《上海证券交易所公司债券发行上市审核规则适用指引第2号——特定品种公司债券（2023年修订）》	参照《中国绿色债券原则》关于绿色公司债券相关要求，进一步规范了绿色公司债券申报及存续期管理等相关活动，对绿色公司债券、低碳转型公司债券、乡村振兴公司债券等多个品种公司债券的上市审核规则作出明晰规定
2023-04-14	港交所刊发有关优化ESG框架下的气候信息披露咨询文件	联交所建议规定所有发行人在其ESG报告中披露气候相关信息，以及推出符合国际可持续发展准则理事会（ISSB）气候准则的新气候相关信息披露要求
2023-04-14	国务院发布《关于上市公司独立董事制度改革的意见》	一是明确独立董事职责定位；二是优化独立董事履职方式；三是强化独立董事任职管理；四是改善独立董事选任制度；五是加强独立董事履职保障；六是严格独立董事履职情况监督管理；七是健全独立董事责任约束机制；八是完善协同高效的内外部监督体系，形成强大监督合力

续表

时　　间	相关政策机构及政策文件	政策相关内容
2023-04-21	国家标准委、发改委等《碳达峰碳中和标准体系建设指南》	到2025年，制修订不少于1,000项国家标准和行业标准（包括外文版本），实质性参与绿色低碳相关国际标准不少于30项，同时明确了碳达峰碳中和标准体系，包括基础通用、碳减排、碳清除和市场化机制4个一级子体系，覆盖能源、工业、交通运输、城乡建设、水利、农业农村、林业草原等重点行业和领域
2023-05-04	中证、诚通、国新等	央企ESG指数陆续发布
2023-05-06	国资委《中央企业债券发行管理办法》	中央企业应当积极通过发行科技创新债券、碳中和碳达峰债券、乡村振兴债券、资产支持证券等创新品种，有效服务国家重大战略
2023-05-22	工信部《工业领域碳达峰碳中和标准体系建设指南（2023版）》（征求意见稿）	到2025年工业领域碳达峰碳中和标准体系基本建立，针对低碳技术发展现状、未来发展趋势以及工业领域行业发展需求，制定200项以上碳达峰急需标准。重点制定基础通用、核算与核查、低碳技术与装备等领域标准，为工业领域开展碳评估、降低碳排放等提供技术支撑
2023-06-13	国家市场监管总局《关于加强计量数据管理和应用的指导意见》	明确包括完善碳排放领域计量数据建设和应用，研究建立碳计量标准参考数据库，加强重点用能单位能耗在线监测系统建设，推动能源计量数据与碳计量数据的有效衔接和综合利用
2023-06-16	人民银行、金融监管总局	发布《关于金融支持全面推进乡村振兴，加强建设农业强国的指导意见》
2023-07-07	生态环境部《温室气体自愿减排交易管理办法（试行）》	从自愿减排项目审定与登记、减排量核查与登记、减排量交易、审定与核查机构管理等环节，规定了温室气体自愿减排交易及其相关活动的基本管理要求，明确了各市场参与主体权利和责任，为后续CCER交易的重启提供制度保障
2023-08-06	北京绿色交易所、北京绿色金融协会宣布中国气候投融资联盟成立	成立中国气候投融资联盟，旨在推动气候投融资目标加速实现
2023-09-04	证监会发布上市公司独立董事管理办法	明确独立董事的任职资格与任免程序；明确独立董事的职责及履职方式；明确履职保障；明确法律责任；明确过渡期安排
2023-09-25	生态环境部、国家统计局《关于碳排放统计核算工作合作框架协议》	双方将重点围绕温室气体排放因子数据库建设、夯实碳排放强度等碳排放统计核算基础数据、提升碳排放统计核算能力等方面开展深入合作，为积极应对气候变化、积极稳妥推进碳达峰碳中和提供支撑

续表

时　间	相关政策机构及政策文件	政策相关内容
2023-10-19	生态环境部、市场监管总局发布《温室气体资源减排交易管理办法〈试行〉》	通过市场机制控制和减少温室气体排放，各类社会主体可以按照相关规定，自主自愿开发温室气体减排项目，项目减排效果经过科学方法量化核证并申请完成登记后，可在市场出售，以获取相应的减排贡献收益
2023-12-13	银行间交易商协会《中国碳衍生产品交易定义文件（2023年版）》	促进碳衍生品业务规范健康发展相关要求
2023-12-13	中国保险行业协会发布《保险机构环境、社会和治理信息披露指南》	梳理保险行业应该关注的环境、社会与治理披露指标体系，是国内首个聚焦保险行业ESG信息披露的行业自律性文件

资料来源：中证指数公司，国元证券研究所

目前，对于我国A股上市公司而言，ESG报告的披露尚未被纳入强制性要求。随着国内外ESG发展的日益普及以及监管机构政策的逐步加强，越来越多的上市公司开始参与ESG信息披露活动。近年来，独立发布ESG报告的A股上市公司数量整体呈现上升趋势，企业对ESG监管政策及其自身ESG管理的关注度有所提升。然而，主动选择进行ESG信息披露的公司在所有上市公司中的比例仍然较低。对2017年至2023年我国A股上市公司独立发布ESG报告的情况进行分析（见图2），独立ESG报告的数量从875份增长至2,215份，披露比例也从25.24%上升至41.52%。不过目前能够自愿披露与ESG相关信息的上市公司数量仍然不到一半。

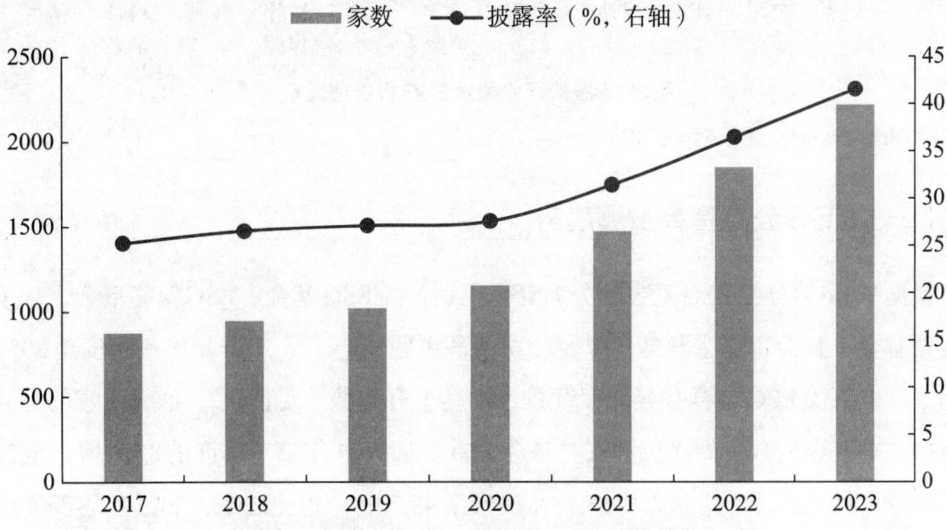

图2　A股独立ESG报告披露数量和披露率

资料来源：Wind，国元证券研究所

在行业层面，不同行业的社会责任报告披露情况存在显著差异，部分行业的上市公司需进一步加大对ESG理念的重视，并积极推进相关实践。根据中国证监会的行业分类标准，如图3所示，2023年各行业上市公司的ESG披露比例显示，在所列的11个行业中，ESG报告披露情况较为优秀的前四个行业依次为金融业（91.80%）、公用事业（68.12%）、能源（59.76%）及房地产（58.25%）。金融行业由于其特有的行业性质和业务模式，拥有庞大的资产规模和较高的营业收入，其社会责任信息披露情况在所有行业中居于领先地位。相比之下，可选消费（38.34%）和信息技术（32.38%）这两个行业的ESG报告披露情况处于末两位，两类行业中主动披露ESG相关信息的上市公司比例均未超过40%，仍有较大的提升空间。未来，这些行业亟须增强ESG信息披露的意识，并增强信息披露能力，以提升自身的ESG实践水平。

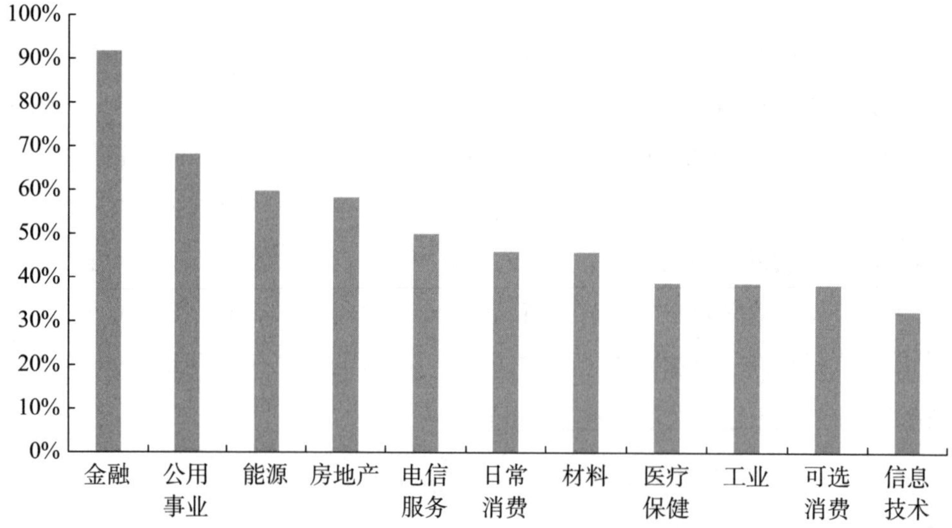

图3 A股按行业独立ESG报告披露率

资料来源：Wind，国元证券研究所

（一）ESG公募基金发展趋势

根据Wind的分类ESG基金划分为五个类别：纯ESG基金、ESG策略基金、环境保护主题基金、社会责任主题基金以及公司治理主题基金。从2021年第一季度至2023年第四季度，五类ESG公募基金的存续数量均呈上升趋势（见图4）。值得注意的是，环境保护主题基金的数量始终位居五类基金之首，从2021年第一季度的83只增长至2023年第四季度的222只，其占比从38.79%提升至43.70%。相比之下，2023年第四年度纯ESG基金的数量为81只，占比为15.94%。尽管公司治理主题基金的数量从2021年第一季度的18只增至2023年第四季度的21只，其占比却从8.41%降至4.13%。从ESG公募基金的存续规模来看（见图5），环境保护主题基金表现尤为突出，其存续规模从2021年第一季度的1,780.63亿元增长至2023年第四季度的2,337.94亿元，并在2021年第四季度达到近年的峰值3,618.02亿元。与此同时，纯ESG主题基金和公司治理主题基金的规模均维持在百亿水平，而其余两类基金的存续规模基本稳定在千亿范围内。

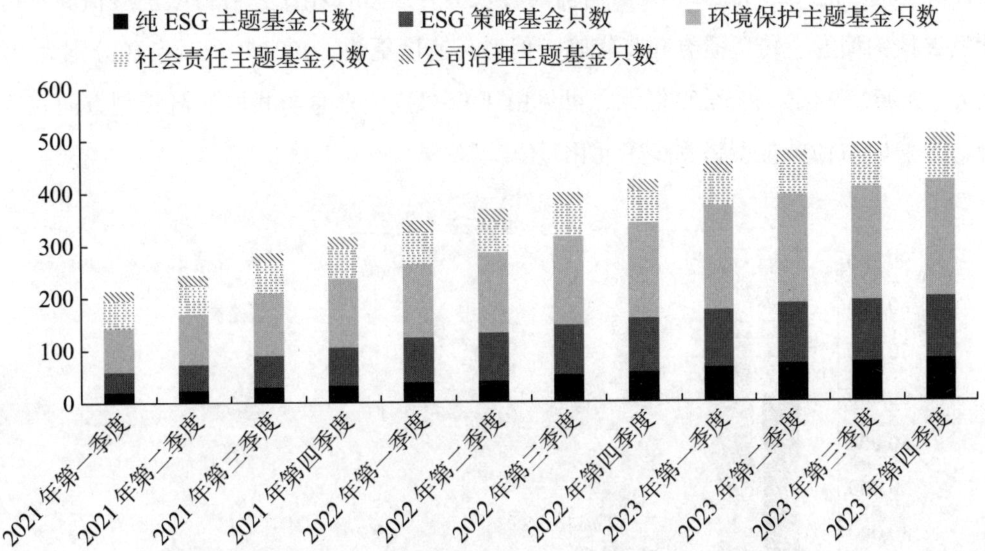

图4　2021—2023年中国ESG公募基金存续数量统计（按季度）

资料来源：Wind，国元证券研究所

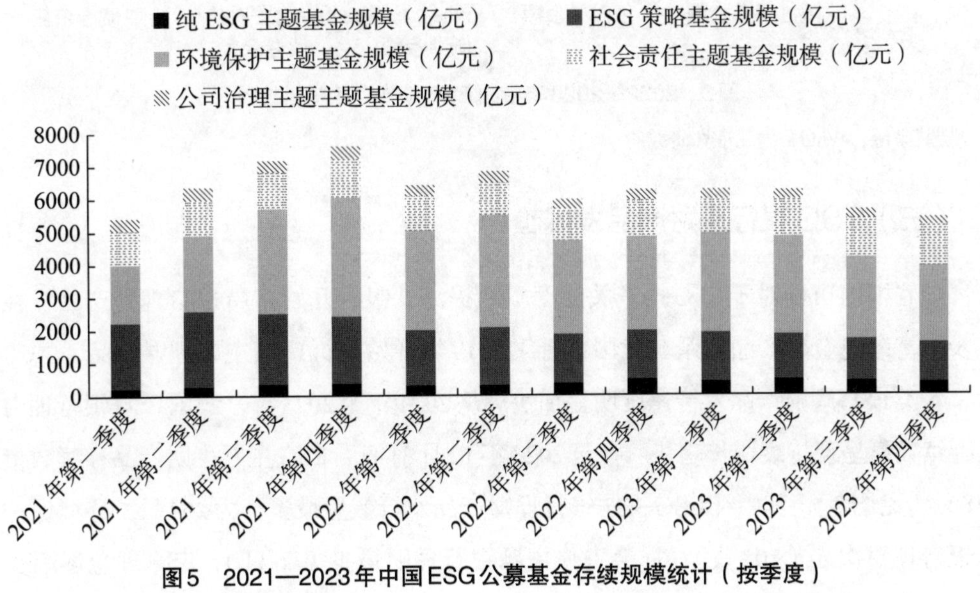

图5　2021—2023年中国ESG公募基金存续规模统计（按季度）

资料来源：Wind，国元证券研究所

（二）ESG债券发展趋势

自2016年以来，国内ESG债券发行数量逐年上升，图6对比了2022年与2023年国内ESG债券存续规模。绿色债券处于绝对主导地位，由2016年622.2亿元增加至2023年末84,572.27亿元，其次为社会债券，2016年末社会债券存续规模仅有5亿元，而2023年末达到了22,346.36亿元。与前两种债券存续规模相比，可持续发展债券、可持续发展挂钩债券、转型债券起步较晚，但增长速度更快，2023年末其余额分别为101.9亿元、1,062.52亿元和56.98亿元，可见由于ESG投资理念与我国经济转型方向较为契合，未来ESG债券类型将逐步多元化。

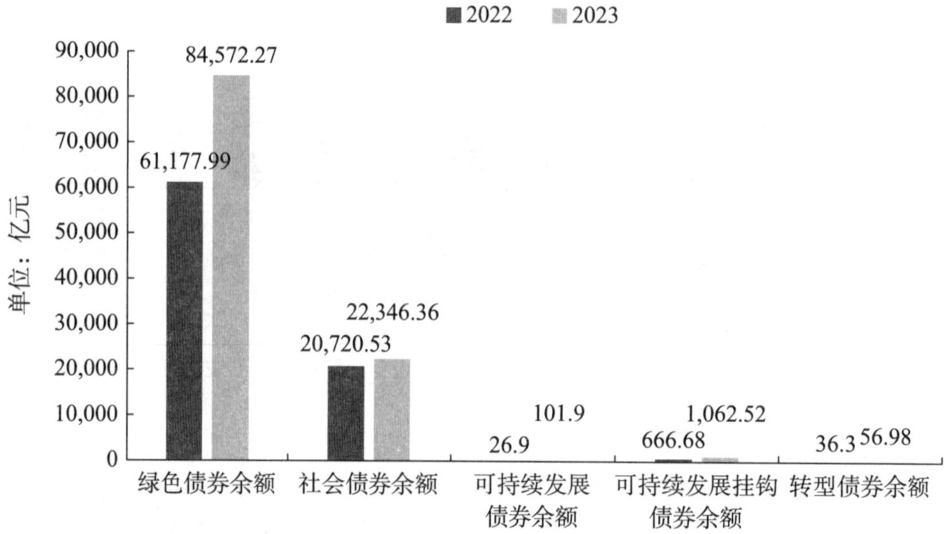

图6　2022—2023年中国ESG债券存续规模统计

资料来源：Wind，国元证券研究所

（三）ESG银行理财产品发展趋势

随着国内市场对于ESG投资关注度不断提高，银行开始布局ESG理财产品旨在进一步丰富绿色金融产品体系。我国银行于2019年开始发行ESG主题理财产品，2020年后，各类ESG理财产品发行速度明显加快。从2021年至2023年，我国ESG银行理财产品存续数量呈现持续增长趋势。截至2023年12月31日，ESG主题理财产品存续数量为448只（见图7），其中纯ESG主题银行理财产品发行数量最多，为264只，环境保护主题银行理财次之（108只），社会责任主题银行理财最少（76只），ESG理念逐渐受到国内资管机构的认可。

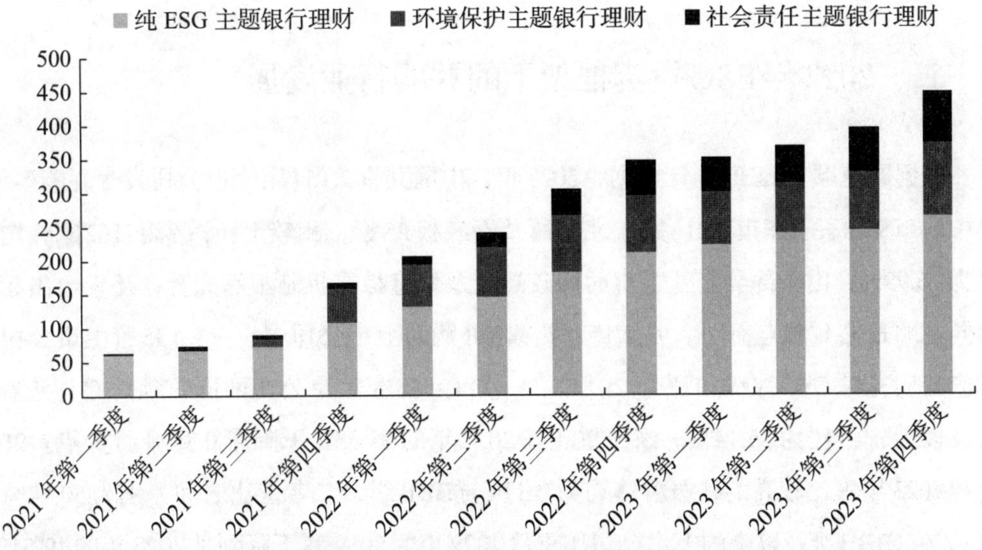

图7 2021—2023年中国ESG理财产品存续数量统计（按季度）

资料来源：Wind，国元证券研究所

（四）ESG私募基金发展趋势

ESG私募基金的快速发展是在2021—2022年，2023年以后步伐放缓。ESG私募基金主要是环境保护主题基金，纯ESG主题基金和社会责任基金的数量都相对较少。其中，纯ESG主题私募基金起步较晚，截至2023年12月31日，仅有9只纯ESG主题私募基金。环境保护主题基金起步较早，2021年迎来较快发展，2023年数量较为稳定，截至2023年第四季度末存续43只。此外，社会责任主题私募基金的数量也较少，存续8只。

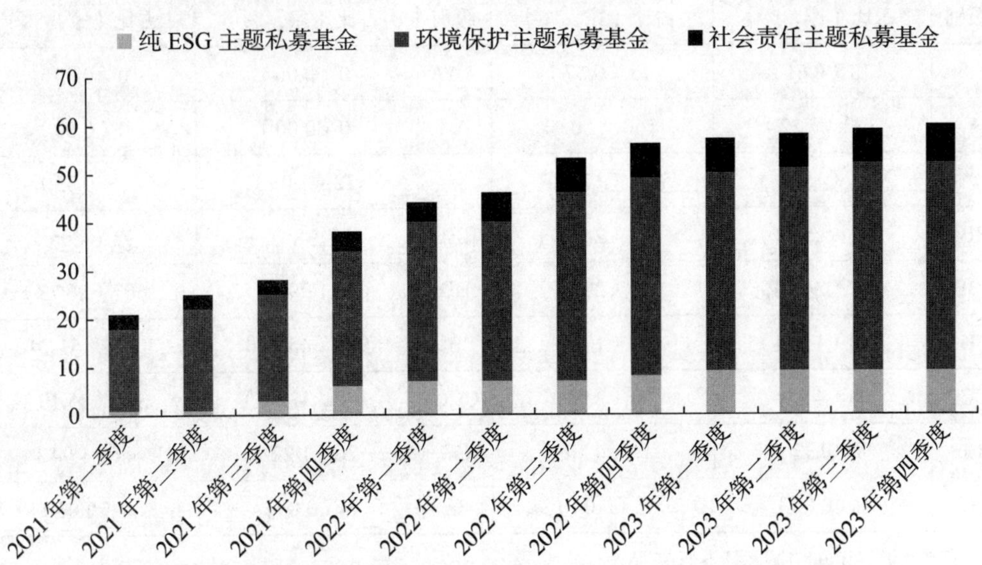

图8 2021年一季度至2023年四季度中国ESG私募基金存续数量统计

资料来源：Wind，国元证券研究所

二、2023年ESG投资框架下的并购行业发展

根据同花顺iFind的统计数据，2023年，中国共有2,157家上市公司发生并购事件，其中沪市916家、深市1,216家、北交所及新三板25家，相较上年减少了162家，增长率为-6.99%。由于部分企业上市时间较短以及信息披露机制不够完善，还未给出相应的同花顺ESG评级与评分，在2,157家参与并购的上市公司中，有2,135家上市公司有对应的同花顺ESG评级和评分。其中，一共有558家上市公司的同花顺ESG评级在A级及以上，占比为25.14%，该比重相较2022年的25.53%下降了0.39个百分点。2022年和2023年占比较高的评级群体均为BB级与BBB级，二者占比之和分别为50.14%与52.02%；BBB级及以上的上市公司比重从2022年的50.31%下降到了2023年的49.51%。整体来看2023年参与并购的上市公司的同花顺ESG评级均有所下降（见表2和图9）。对于参与并购的上市公司的华证ESG评级，2023年大部分上市公司的华证ESG评级为B级与BB级，2023年BBB级及以上的上市公司占比为9.79%，相较于2022年的4.40%上升了5.39个百分点（见表2和图10）。

表2　2022—2023年我国参与并购的上市公司的ESG评级统计

同花顺ESG评级			华证ESG评级		
ESG级别	2023年企业数量及占比（家，%）	2022年企业数量及占比（家，%）	ESG级别	2023年企业数量及占比（家，%）	2022年企业数量及占比（家，%）
AAA	13（0.61）	13（0.57）	AAA	0（0.00）	0（0.00）
AA	152（7.12）	160（7.03）	AA	0（0.00）	0（0.00）
A	393（18.41）	408（17.93）	A	22（1.03）	8（0.35）
BBB	541（25.34）	564（24.78）	BBB	187（8.76）	92（4.05）
BB	572（26.79）	620（27.24）	BB	632（29.60）	607（26.73）
B	366（17.14）	404（17.75）	B	981（45.95）	1,175（51.74）
CCC	90（4.22）	90（3.95）	CCC	287（13.44）	345（15.19）
CC	8（0.37）	16（0.70）	CC	26（1.22）	44（1.94）
C	0（0.00）	1（0.04）	C	0（0.00）	0（0.00）

资料来源：iFind，国元证券研究所

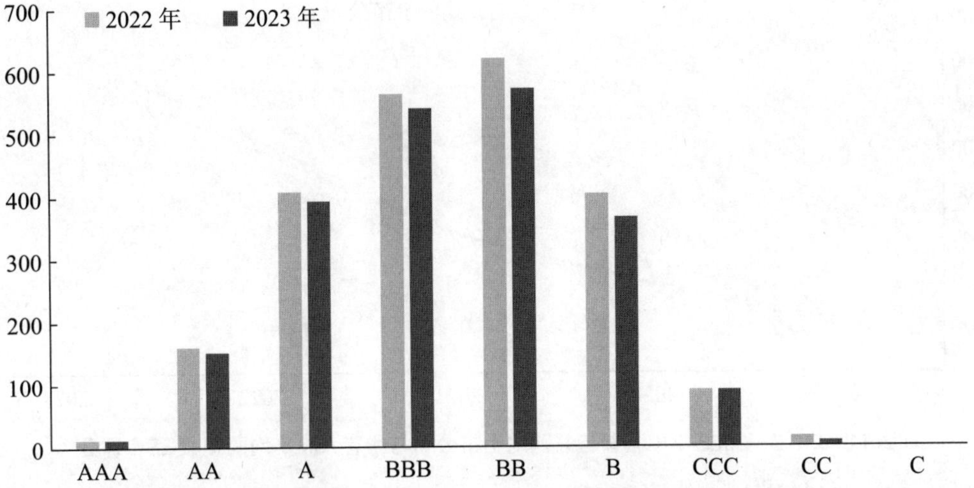

图9　2022—2023年参与并购的上市公司同花顺ESG评级分布

资料来源：iFind，国元证券研究所

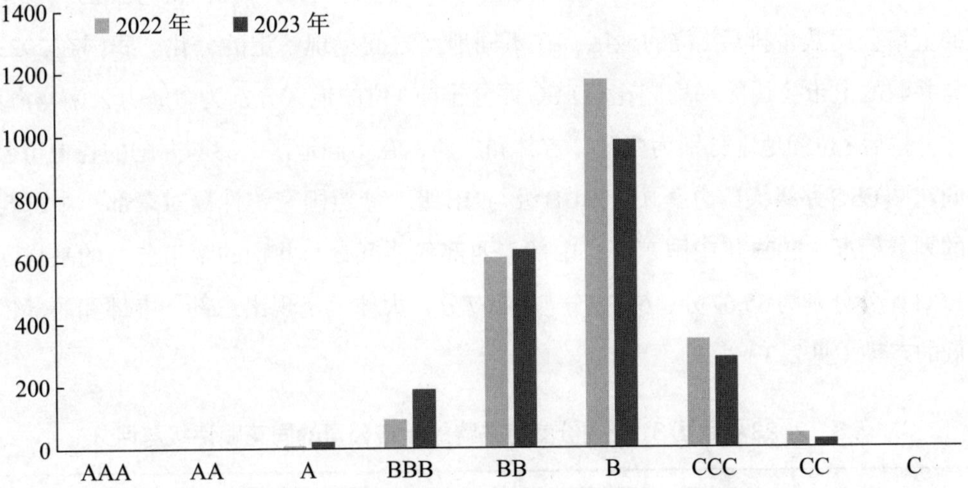

图10　2022—2023年参与并购的上市公司华证ESG评级分布

资料来源：iFind，国元证券研究所

2019—2023年，中国参与并购的上市公司的平均同花顺ESG评分依次为59.00分、59.94分、61.15分、63.24分与65.45分。总体上，参与并购的上市公司的平均同花顺ESG评分与所有A股的平均同花顺ESG评分在近五年都呈现出上升趋势。2019—2020年，参与并购的上市公司的平均同花顺ESG评分低于所有A股的平均同花顺ESG评分，2021—2023年，参与并购的上市公司平均同花顺ESG评分均高于所有A股的平均同花顺ESG评分，且领先优势在不断扩大（见图11）。

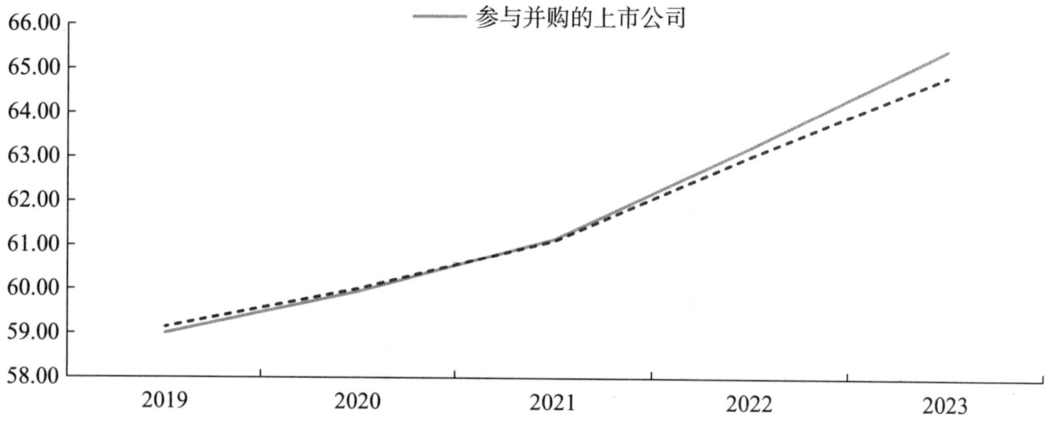

图11　2019—2023年中国参与并购的上市公司与所有A股平均同花顺ESG评分

资料来源：iFind，国元证券研究所

分地区来看，广东、浙江和江苏为2023年我国参与并购的上市公司数量排前3位的地区，数量均在200家以上，广东甚至达到了347家；而青海和西藏为2023年参与并购的上市公司数量排后2位的地区，在不同地区之间呈现一定的分化。我国在2023年参与并购的上市公司的平均同花顺ESG评分排前3位的地区分别为青海、云南与海南，而评分排后3位的地区分别为西藏、吉林和广西，在不同地区，参与并购的各上市公司的同花顺ESG评级大部分集中在BBB级与BB级。参照国家统计局对东部、中部与西部的划分标准，2023年中国东部、中部与西部各地区参与并购的上市公司的平均同花顺ESG评分分别为65.67分、65.39分与64.67分，大体上呈现出东部、中部和西部依次降低的态势（见表3）。

表3　2023年我国31个省份参与并购的上市公司的同花顺评级与评分

省市自治区	参与并购上市公司数	平均同花顺ESG评分	对应评级下上市公司数								
			AAA	AA	A	BBB	BB	B	CCC	CC	未有评级
上海市	190	66.14	1	12	40	55	51	23	6	1	1
北京市	171	66.69	2	15	38	42	43	23	4	0	4
浙江省	304	65.41	1	16	56	83	85	49	10	0	4
广东省	347	65.04	3	27	56	68	108	66	14	1	4
河北省	30	66.02	0	3	4	10	9	3	1	0	0
福建省	73	66.20	2	6	14	20	12	11	5	0	3
安徽省	79	64.23	1	2	10	22	23	18	2	0	1
天津市	28	66.87	1	3	6	7	5	5	1	0	0

续表

省市自治区	参与并购上市公司数	平均同花顺ESG评分	对应评级下上市公司数								
			AAA	AA	A	BBB	BB	B	CCC	CC	未有评级
江苏省	273	64.95	0	19	37	73	84	46	10	2	2
山东省	109	66.77	0	9	29	26	23	17	3	0	2
新疆维吾尔自治区	31	65.54	0	2	6	9	4	9	1	0	0
辽宁省	33	65.14	0	3	7	4	12	5	2	0	0
山西省	15	65.57	0	1	3	5	2	4	0	0	0
湖北省	56	64.10	0	5	9	11	11	11	8	0	1
广西壮族自治区	20	62.86	0	0	4	2	7	6	1	0	0
海南省	14	68.54	0	2	4	5	2	1	0	0	0
贵州省	16	66.67	0	0	4	6	4	2	0	0	0
四川省	62	65.25	0	7	6	17	20	9	3	0	0
宁夏回族自治区	7	65.69	0	0	1	4	0	1	1	0	0
江西省	40	65.38	0	4	8	9	6	11	2	0	0
河南省	44	66.12	1	3	10	11	11	6	2	0	0
重庆市	33	65.19	0	3	6	9	5	9	1	0	0
甘肃省	15	63.37	0	0	3	3	5	1	3	0	0
内蒙古自治区	11	68.26	0	1	5	2	1	2	0	0	0
陕西省	27	64.40	0	0	3	10	9	3	2	0	0
湖南省	61	63.99	0	1	12	18	12	12	4	2	0
吉林省	14	61.73	0	1	1	3	3	2	2	2	0
黑龙江省	22	63.00	0	1	1	5	9	5	1	0	0
云南省	21	69.48	0	5	8	2	4	1	1	0	0
青海省	2	73.97	0	1	1	0	0	0	0	0	0
西藏自治区	6	58.87	0	0	0	0	1	5	0	0	0

资料来源：iFind，国元证券研究所

按照国家统计局《统计上大中小微型企业划分办法（2017）》的划分依据，将参与并购的上市公司在企业规模上进行划分。从企业规模来看，2023年参与并购的上市公司中，大、中型企业的平均ESG表现要优于小、微型企业的平均ESG表现。参与并购的大、中型上市公司的同花顺ESG评级主要集中在BBB级与BB级，而小型上市公司的同花顺ESG评级主要集中在BB级与B级；参与并购的上市公司的数量，呈现出大、中、小和微型企业依次减少的态势（见表4）。

表4　2023年中国参与并购的不同规模的上市公司的同花顺ESG评级与评分

企业规模	参与并购上市公司数	平均同花顺ESG评分	对应评级下上市公司数								
			AAA	AA	A	BBB	BB	B	CCC	CC	未有评级
大型企业	1,616	66.11	11	134	342	420	402	239	63	5	0
中型企业	452	63.46	1	17	43	110	148	107	23	3	0
小型企业	64	63.16	1	1	8	10	22	18	4	0	0
微型企业	3	59.28	0	0	0	1	0	2	0	0	0

资料来源：iFind，国元证券研究所

根据企业实际控制人信息，将参与并购的上市公司按公司属性进行区分。2023年参与并购的上市公司主要有央企国资控股、省属国资控股、地市国资控股、外资企业、民营企业、集体企业、其他国有与其他企业共8种类别。在参与并购的上市公司中，央企国资控股和其他国有企业的平均ESG表现最好，其次为省属国资控股和其他企业，外资企业的ESG表现优于地市国资控股与集体企业，而民营企业的ESG表现相对较差。所有企业类型中，民营企业的数量最多，整体占比高达63.05%；其次为省属国资控股和地市国资控股企业，占比分别为11.45%和10.25%；其他国有企业数量最少，占比仅为0.32%（见表5）。

表5　2023年中国参与并购的不同属性的上市公司的ESG评级与评分

企业属性	参与并购上市公司数	平均同花顺ESG评分	对应评级下上市公司数								
			AAA	AA	A	BBB	BB	B	CCC	CC	未有评级
央企国资控股	196	70.42	3	35	66	63	23	6	0	0	0
省属国资控股	247	67.01	0	18	61	82	54	25	5	1	1
地市国资控股	221	64.98	2	10	42	57	57	40	12	1	0
外资企业	90	65.36	1	7	9	27	33	11	2	0	0
民营企业	1,360	64.45	7	75	202	304	397	280	68	6	21
集体企业	15	64.92	0	2	2	3	5	2	1	0	0
其他国有	7	72.05	0	2	3	1	1	0	0	0	0
其他	21	67.94	0	3	8	4	2	2	2	0	0

资料来源：iFind，国元证券研究所

根据新版申万一级行业分类标准，将参与并购的上市公司分为31个行业。分行业来看，机械设备、医药生物和电子行业在2023年参与并购的上市公司数量中排前3名，分别为211家、194家和193家，占所有行业的比重分别为9.78%、8.99%和8.95%；排前3名的行业集中度为27.72%，排前5名的行业集中度为42.98%，行业集中度较高。

在ESG表现上，排前3名的行业分别为银行、钢铁和有色金属，平均同花顺ESG评分分别为73.77分、72.44分和69.60分；排后3名的行业分别为纺织服饰、建筑装饰和传媒，平均同花顺ESG评分分别为62.05分、62.73分和63.11分，2023年各行业平均同花顺ESG评分的极差为11.72分，相较2022年各行业10.51分的极差，差异变大（见表6）。

表6 2023年中国各行业参与并购的上市公司的同花顺ESG评级和得分

申万一级行业	参与并购上市公司数	平均同花顺ESG评分	对应评级下上市公司数								
			AAA	AA	A	BBB	BB	B	CCC	CC	未有评级
传媒	52	63.11	1	3	5	10	15	10	7	1	0
电力设备	153	66.48	2	20	31	31	33	32	4	0	0
电子	193	65.02	3	15	35	29	63	38	9	0	1
房地产	52	65.41	0	0	12	20	9	9	2	0	0
纺织服饰	44	62.05	0	0	5	2	21	14	2	0	0
非银金融	25	68.49	1	4	6	4	7	2	0	0	1
钢铁	26	72.44	0	9	10	6	1	0	0	0	0
公用事业	73	65.66	0	4	8	28	21	10	2	0	0
国防军工	54	65.94	0	3	8	21	15	6	1	0	0
环保	58	64.21	1	1	4	20	17	10	3	0	2
机械设备	211	63.77	0	9	24	52	60	55	9	0	2
基础化工	176	67.85	0	10	52	71	31	9	2	0	1
计算机	133	63.89	2	8	18	23	38	30	9	2	3
家用电器	37	65.30	0	3	6	8	11	6	1	0	2
建筑材料	30	66.36	0	1	8	10	7	4	0	0	0
建筑装饰	67	62.73	0	1	4	17	26	11	6	0	2
交通运输	65	68.06	2	7	18	20	9	7	2	0	0
煤炭	14	67.76	0	0	4	7	3	0	0	0	0
美容护理	6	67.05	0	2	0	2	1	0	0	1	0
农林牧渔	52	64.33	0	0	7	12	21	8	1	0	3
汽车	113	63.84	1	3	15	25	40	23	6	0	0
轻工制造	57	65.12	0	1	11	13	22	10	0	0	0
商贸零售	36	66.18	0	0	9	11	13	3	0	0	0
社会服务	28	65.66	0	1	7	9	4	6	1	0	0

续表

申万一级行业	参与并购上市公司数	平均同花顺ESG评分	对应评级下上市公司数								
			AAA	AA	A	BBB	BB	B	CCC	CC	未有评级
石油石化	28	66.91	0	4	8	5	4	3	3	0	1
食品饮料	47	65.39	0	4	7	14	12	8	2	0	0
通信	53	65.98	0	10	6	11	11	13	2	0	0
医药生物	194	64.88	0	16	38	36	47	35	14	4	4
银行	10	73.77	0	3	6	1	0	0	0	0	0
有色金属	61	69.60	0	9	20	21	9	2	0	0	0
综合	9	63.31	0	1	1	2	1	2	2	0	0

资料来源：iFind，国元证券研究所

针对参与并购交易的不同主体，将并购交易的参与方分为买方和卖方。2023年，并购买方共有1,688家，其中沪市743家、深市945家，主要为机械设备、医药生物以及电子行业。其中有1,687家企业有对应的同花顺ESG评级与评分。2023年，并购交易的卖方共有789家，其中沪市317家、深市471家、香港上市企业1家，主要为机械设备、电力设备与基础化工行业；有787家上市公司有对应的同花顺ESG评级与评分。

2023年，并购交易的买方和卖方的同花顺ESG评级主要集中在BBB级与BB级，买方的华证ESG评级主要集中在BB级和B级，而卖方的华证ESG评级主要集中在B级和CCC级；2022年，并购交易的买方和卖方的同花顺ESG评级主要集中在BB级和B级，买方的华证ESG评级重要集中在BB级和B级，卖方的华证ESG评级主要集中在B级和CCC级（见表7和表8）。2023年，在所有行业的并购买方同花顺ESG评分上，表现较好的行业为银行、钢铁和有色金属，而表现较差的行业为纺织服饰、传媒和汽车；在所有行业的并购卖方同花顺ESG评分上，表现较好的行业为银行、钢铁和煤炭，而表现较差的行业为纺织服饰、传媒和建筑装饰。2023年与2022年，买方的平均同花顺ESG评分分别为65.78分与65.64分，卖方的平均同花顺ESG评分分别为64.95分与64.56分，2023年并购买方和卖方的同花顺ESG评分均有所上升；买方的ESG表现均略优于卖方的ESG表现。

表7 2022—2023年中国参与并购买卖方上市公司的同花顺ESG评级

同花顺ESG评级	2023年企业数及占比（家，%）		2022年企业数及占比（家，%）	
	买　方	卖　方	买　方	卖　方
AAA	11（0.65）	2（0.25）	0（0.00）	0（0.00）

续表

同花顺ESG评级	2023年企业数及占比（家，%）		2022年企业数及占比（家，%）	
	买　方	卖　方	买　方	卖　方
AA	129（7.65）	53（6.73）	0（0.00）	0（0.00）
A	325（19.26）	126（16.01）	25（1.48）	6（0.76）
BBB	437（25.90）	207（26.30）	161（9.54）	65（8.24）
BB	439（26.02）	215（27.32）	522（30.94）	201（25.48）
B	286（16.95）	133（16.90）	778（46.12）	350（44.36）
CCC	56（3.32）	46（5.84）	193（11.44）	147（18.63）
CC	4（0.24）	5（0.64）	8（0.47）	20（2.53）
C	0（0.00）	0（0.00）	0（0.00）	0（0.00）

资料来源：iFind，国元证券研究所

表8　2022—2023年中国参与并购买卖方上市公司的华证ESG评级

华证ESG评级	2023年企业数及占比（家，%）		2022年企业数及占比（家，%）	
	买　方	卖　方	买　方	卖　方
AAA	8（0.47）	1（0.13）	0（0.00）	0（0.00）
AA	46（2.73）	10（1.27）	0（0.00）	0（0.00）
A	128（7.59）	45（5.70）	9（0.49）	0（0.00）
BBB	149（8.83）	67（8.49）	86（4.70）	25（3.07）
BB	275（16.30）	106（13.43）	515（28.13）	176（21.60）
B	419（24.84）	179（22.69）	953（52.05）	399（48.96）
CCC	357（21.16）	166（21.04）	244（13.33）	187（22.94）
CC	183（10.85）	113（14.32）	24（1.31）	28（3.44）
C	122（7.23）	102（12.93）	0（0.00）	0（0.00）

资料来源：iFind，国元证券研究所

三、ESG并购案例

（一）云天化收购友天新能49%股权

为抢抓新能源电池产业发展机遇，快速进入电池新材料行业，形成公司新能源电池产业链发展集群，云天化与华友控股集团有限公司（以下简称“华友控股”）开展磷酸铁、磷酸铁锂项目合作，采用产业链上下游相互持股的模式，共同推动磷酸铁、磷酸铁锂产业项目。根据合作意向协议约定，华友控股将通过公开交易市场受让公司持有的云南云聚能新材料有限公司（以下简称“聚能新材”）49%股权，公司将通过协议转让的方式受让华友控股持有的云南友天新能源科技有限公司（以下简称“友天新能”）49%股权。

友天新能经营范围包括储能技术服务、资源再生利用技术研发、再生资源销售等。截至公告日，友天新能建设和运营年产50万吨磷酸铁锂项目，已完成项目立项备案、能评等工作，正积极推进50万吨磷酸铁锂项目的前期行政审批工作。本次合作将聚集双方资源、技术、资金优势，实现整合资源、搭建产业集群，有利于进一步发挥公司磷酸铁产能，夯实新能源产业基础，构建新能源现代化产业体系，提升新能源产业链竞争力。

磷酸铁锂等非化肥产业的提前布局助力云天化乘新能源之风上行。同时依托自身一体化产业链优势，云天化成本也有望做到行业较低水平，非肥板块有望带来持续的业绩增量，打开利润增长空间。

（二）中原环保收购净化公司

2022年10月，河南省人民政府办公厅发布了《关于进一步盘活存量资产扩大有效投资的实施意见》，文件明确指出“鼓励行业龙头企业通过兼并重组、产权转让等方式加强存量资产优化整合，提升资产质量和规模效益”。中原环保围绕“大公用、大环保、大生态”领域，为持续完善主营产业链和功能，以现金支付的方式购买控股股东郑州公用事业投资发展集团有限公司（以下简称“公用集团”）持有的郑州市污水净化有限公司（以下简称“净化公司”）100%股权，本次交易对价合计为442,067.68万元。本次交易完成后，净化公司成为中原环保的全资子公司。2023年3月17日，交易对方已将其持有的标的公司100%股权过户至上市公司名下，标的公司就本次标的资产过户完成了工商变更登记手续。

中原环保持续推进环保全产业经营，发挥生态环境综合服务优势，致力成为生态环境综合服务商，为客户提供公用、环保、生态领域的一站式综合服务。其中，污水处理业务是中原环保发展的基本盘。净化公司主营业务包括污水、污泥处理处置、中水开发利用等，在活性焦深度处理、污泥热解气化、成套设备研发等工程应用领域进行有针对性的技术研发，并取得了重大突破，逐步形成了拥有自主知识产权的核心竞争优势。截至目前，净化公司建成有王新庄、五龙口、马头岗、南三环、马寨、郑州新区、双桥等7座现代化污水处理厂，建成八岗、马头岗、双桥、新区、格沃等5个污泥处理项目。此次收购净化公司提高了中原环保污水处理业务产能，拓展其收入及利润来源，筑牢传统业务“护城河”。

本次交易是中原环保对郑州市环保公用事业的资源和业务整合。本次交易实施后，中原环保整合了净化公司资产资源，发挥规模效应，提升企业盈利能力和整体价值。

（三）浙能电力收购中来股份9.7%股权

加快发展可再生能源、实施可再生能源替代行动是推进能源革命和构建清洁低碳、安全高效能源体系的重大举措，以光伏为代表的新能源行业成长空间广阔。浙能电力于2022年11月10日与苏州中来光伏新材股份有限公司（以下简称“中来股份”）控股股东林建伟、张育政夫妇签署《股份转让协议》及《表决权委托协议》，拟通过支付现金方式受让张育政持有的中来股份105,745,704股股份（约占中来股份总股本的9.70%），受让价格为每股17.18元，合计受让金额1,816,711,194.72元；同时拟取得林建伟持有的中来股份108,962,736股股份（约占中来股份总股本的10%）对应的表决权。本次交易完成后，浙能电力将持有中来股份9.70%的股份及19.70%的表决权，成为中来股份的控制方。2023年2月14日，浙能电力收到中国证券登记结算有限责任公司出具的《证券过户登记确认书》，原张育政持有的中来股份105,745,704股股份已过户登记至浙能电力名下。

中来股份成立于2008年3月，主营业务专注于光伏背板、N型高效单晶电池和组件的研发、生产与销售，以及光伏应用系统的设计、开发、销售与运维。中来股份主营业务较为突出，具有一定的技术优势。浙能电力取得中来股份的控制权，可以有效规避产业培育风险，实现新产业的快速落地。本次交易完成后，一方面浙能电力取得中来股份的控制权，有利于拓宽新的业务领域，增加利润增长点，提高整体盈利水平；另一方面，发挥浙能电力与中来股份的产业协同，依托自身优势，为中来股份提供增信、融资、市场拓展等方面的支持，进一步提升中来股份的增长潜力。

取得中来股份的控制权后，浙能电力可以分享新能源高速发展的红利，促进公司从传统火电为主向火电与新能源协同发展的方向转变，有利于浙能电力转型升级，符合浙能电力的发展战略。

（四）龙磁科技收购恩沃新能源51.428,5%股权

全球碳中和目标地缘政治变化及能源短缺背景下，能源结构加速向清洁能源转型。随着户用光伏渗透率的提升和电站直流侧安全标准的建立，具备更安全和更高效特性的微型逆变器将得到更加广泛的运用，微型逆变器凭借其低压接入特性，彻底解决光

伏发电系统中的运维触电、火灾及施救等风险，是分布式发电系统建设的优选方案之一，具有广阔的市场前景。龙磁科技于2022年12月11日召开第五届董事会第二十一次会议，同意公司使用自有或自筹资金12,000万元受让原股东持有的恩沃新能源科技（上海）有限公司（以下简称“恩沃新能源”）41.379,2%股权，且同意公司以自有或自筹资金向恩沃新能源增资6,000万元，其中112.852,4万元计入注册资本，其余5,887.147,6万元计入资本公积。本次交易完成后，公司持有恩沃新能源51.428,5%股权，恩沃新能源成为控股子公司且纳入公司合并报表范围。龙磁科技于2023年3月3日发布公告称，已完成上述股权变更的工商登记手续。

龙磁科技自成立以来一直致力于磁性材料系列产品的研发、生产和销售，目前已形成年产4万吨高性能永磁铁氧体湿压磁瓦产能，并布局了近万吨软磁粉芯产能及相关软磁器件产业，光伏逆变器是软磁粉芯重要的应用领域之一。恩沃新能源成立于2016年7月，主要从事微型逆变器及其监控系统的研发、生产和销售。微型逆变器是分布式光伏发电系统的核心部件之一，在持续的研发与产业化相结合过程中，恩沃新能源逐步形成了较为成熟的产品开发平台及开发流程。在自主研发电路拓扑与控制算法等核心元素的基础上，不断优化产品的性能、可靠性及成本，推出了一系列具有市场竞争力的产品，获得了较高的客户认可度。

本次交易完成后，公司软磁产业链将进一步延伸到应用端，完善公司在新能源领域的产业布局，切实推进公司战略发展与转型升级，实现大客户等资源的协同与整合，进一步提升公司核心竞争力。

四、ESG投资框架下的并购行业展望

当前，ESG（环境、社会和公司治理）投资理念的广泛普及，正深刻影响着并购行业的发展方向。一方面，ESG因素已成为企业开展并购活动时的关键考虑因素。无论是对目标公司在环境保护、员工权益维护、反腐倡廉等ESG方面的全面评估，还是对并购交易对ESG指标的整体影响进行周密研判，企业都在努力确保并购过程更加合规和可持续。这不仅推动并购交易更加注重ESG合规，也要求企业在并购过程中建立健全的ESG尽职调查与整合机制，以确保并购后续整合的ESG协同效应得以充分发挥。与此同时，一些以绿色发展、数字化转型、产业链重塑为导向的战略性并购案例层出不穷，为当前并购市场注入了新的动力。这些并购行为旨在推动企业向更加可持续的方向发展，提升自身在ESG实践方面的综合实力和竞争优势。

另一方面，ESG投资理念的深入普及也将从长远角度引导并购活动朝着更加负责任和可持续的方向推进。在并购过程的尽职调查、整合规划、后续管理等各个环节，ESG因素的融合和平衡都应成为关注的重点。与此同时，监管部门也将进一步加大对并购交易ESG合规性的审查力度，这将倒逼并购行业主动将ESG理念贯穿于并购全生命周期，不断提升并购活动的ESG绩效水平。

展望未来，相信在ESG投资理念的引领下，并购行业将迎来全新的发展机遇。企业、投资者和监管部门应进一步加强战略性合作，通过完善并购交易ESG管理，提高并购活动的环境友好性、社会责任性和公司治理水平，以确保并购带来的价值创造能够实现持续增值和跨越式发展。这需要各方共同努力，不断优化并购交易全流程的ESG实践，推动并购市场朝着更加可持续发展的方向前行，为经济社会高质量发展贡献应有力量。

B.19
人工智能领域发展现状与并购趋势分析

孔晶晶　郝润祺　单　蕾　丁江波*

摘　要： 随着ChatGPT更高版本的发布，大语言模型的热度在持续发酵，全球人工智能投融资市场活跃度亦有回暖。2023年，人工智能领域的融资金额跃升实现3,387亿元人民币，同比增长79%；投资事件数量983起，同比下降5.66%。分月度看，融资事件及金额均于年中7月达到顶峰。由于2023年以大模型技术为基础的人工智能产业仍处于相对早期的发展阶段，投资及并购项目多位于算力及数据平台的基础层。

关键词： 人工智能　投融资　并购

一、人工智能产业发展现状

人工智能（Artificial Intelligence，AI）起源于20世纪50年代的达特茅斯会议，是一门旨在模拟人类智能行为的技术科学，通过多种技术和方法，使机器能够感知、学习、推理和行动，从而使其在各个领域发挥重要作用。

---

* 孔晶晶，国元股权投资有限公司董事长，中国区十佳保荐代表人，主要研究方向为私募股权投融资，并购重组；郝润祺，理学硕士，现供职于国元证券研究所通信组，主要研究方向为人工智能领域；单蕾，会计学硕士，国元证券研究所新消费行业分析师；丁江波，国元证券投资银行总部副总经理兼业务九部总经理。主要研究方向为人工智能与软件行业股权融资，并购重组。

作为核心生产力，蒸汽、电及互联网推动了三大工业革命的浪潮。2022年底以来，以语言大模型技术为首的人工智能正成为新一代生产力改革重要引擎。全球商业巨头已进行巨量资本投入，以期占得“先机”。同时，随着人工智能能力的提升，各国对于该项技术的认知已从生产效率竞争提升至国家安全保障方面。

（一）大模型拉升生产力预期，通用性为其涌现的核心原因

2022年底，语言大模型ChatGPT发布，其所具有的多场景、多用途、跨学科的任务处理能力，及通过大量数据进行预训练后所具有的泛化能力，引发了社会的广泛关注。语言大模型旨在构建面向文本序列的概率生成模型，发展过程中主要经历了统计语言模型、神经语言模型、预训练语言模型及大语言模型四个阶段：

统计语言模型（Statistical Language Models，SLM）主要基于马尔可夫假设建模文本序列的生成概率，目前已被广泛应用于信息检索及自然语言处理。统计语言模型对于文本的预测仅依赖于前序N个词汇（即N阶马尔可夫假设），因此源生的具有数据稀疏问题，对长文本序列的建模能力较弱。

神经语言模型（Neural Language Models，NLM）主要基于神经网络（MLP及RNN）表征词语序列出现概率。该模型的突出贡献主要在于引入了词语分布式表示的概念，并建立了以聚合上下文特征（即分布式单词向量）为条件的单词预测函数。其中，word2vec中构建的浅层神经网络模型，对传统神经语言模型的架构进行简化，亦为后续预训练语言模型的研究奠定了基础。

预训练语言模型（Pre-trained Language Models，PLM）主要是基于“预训练+微调”的学习范式构建，在该范式下，首先通过自监督学习任务从无标注的语料库中进行预训练，再基于不同的下游任务进行模型的微调来捕捉上下文感知的单词表征。较早期的ELMo模型更多基于传统循环神经网络模型构建，也因而存在长距离序列建模能力弱的问题；BERT及GPT架构通过引入基于自注意力机制的Transformer架构，在NLP任务中的序列建模能力显著提升。

大语言模型（Large Language Models，LLM）的前期研发过程主要集中在模型参数规模和预训练数据规模的扩张。据研究，预训练语言模型的能力具有扩展定律（scaling law）规律，即模型能力和参数规模、预训练的数据规模等强相关。因此，2018年至2023年间，预训练模型的参数量持续上涨。纵观OpenAI的GPT系列研发过程，模型参数量从GPT-1的1.1亿到GPT-2的15亿再到GPT-3的1,750亿参数，能力涌现，GPT-3在没有微调的情况下，仅通过上下文的学习即可解决少量问题。

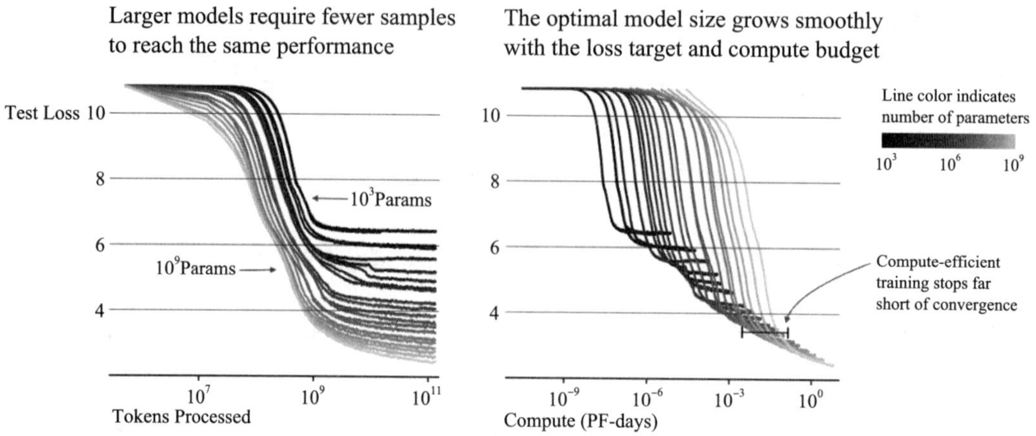

图1　参数量为103到109不等的多个模型，训练运行中Loss随训练token和计算量的变化曲线

资料来源：*Scaling Laws for Neural Language Models* Jared Kaplan等、国元证券研究所

随着LLM应用的推广，其弊端也逐渐凸显。大语言模型的任务目标是通过语料库的预训练预测并生成下一个单词，具有一定的不确定性，甚至会输出错误、有害的信息。为了遏制该问题的产生，指令微调和强化学习被引入，前者通过格式化的训练数据进行场景强化，后者则是通过引入人类反馈的强化学习，如使用人类标注的数据进行训练等，从而使得模型和人类偏好对齐。同时为了更好地理解并解决更实际更泛化的问题，思维链及思维树等各种拆解问题的提示技术被用于模型优化。OpenAI的最新模型o1，即是引入了强化学习的内化思维链技术，在处理编程、数学、物理和化学博士级问题上的能力提升显著。

纵观大语言模型的历史，模型的通用性持续推动泛化能力强化，并成为新一代生产力引擎的核心。但同时，语言大模型仍存在可靠性无法保障、可解释性不足、应用部署成本高及伴生的技术风险问题也将成为新的研究探索方向。

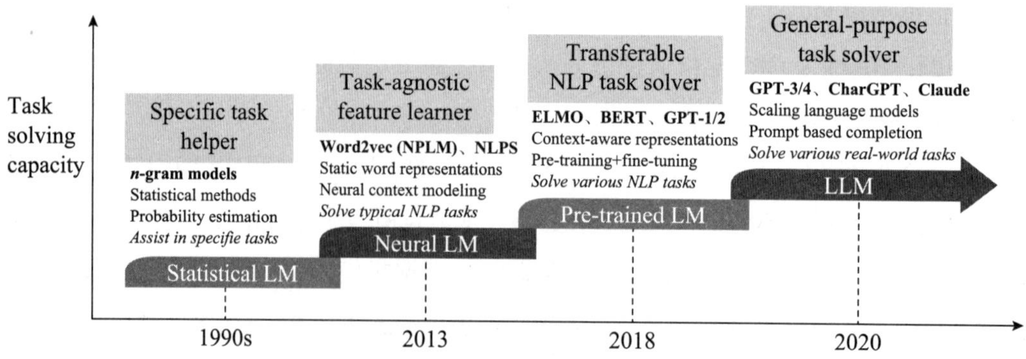

图2　从任务解决能力看四代语言模型（LM）的演变过程

资料来源：*A Survey of Large Language Models* Wayne Xin Zhao等、国元证券研究所

(二)人工智能行业纵深广，以能力击痛点为核心

人工智能产业链可分为基础层、算法层及应用层。基础层主要包括数据、算力硬件等核心生产资源。基础层包括数据、算力、算法三驾马车，具体来说涵盖了AI芯片、数据采集、云计算等产品及服务。这些硬件为人工智能提供算力支持和数据基础。算法层是人工智能产业的核心，包括通用技术和技术平台。这一层次涵盖了机器学习、自然语言处理、计算机视觉、知识图谱、大模型等核心技术，为人工智能产业提供了技术支持，是实现智能化应用的关键。应用层是人工智能产业链的延伸，主要涉及垂类的行业解决方法和消费级的应用终端。应用层的产品和场景包括智能汽车、机器人、智慧医疗、智慧教育、智能家居、智能制造等。这些应用场景展示了人工智能技术的实际应用价值和广泛前景。

人工智能能力涌现，产业链发展提速。基础层中，高质量的数据供给及密度更高、更迅捷的智算集群为核心趋势，推动数据平台技术在数据质量及规模上的升级、算力基础硬件的及结构的迭代加速。算法层中，更多的模型能力要素加入微调环节（fine-tuning），以提升不同侧重及应用场景对模型能力的要求。应用层中，模型目前已在文字、图像、视频等创造性工作场景有广泛应用。但由于准确性等方面仍有一定改善空间，人工智能在各行各业的渗透未来仍取决于是否能有效触达行业需求或痛点。

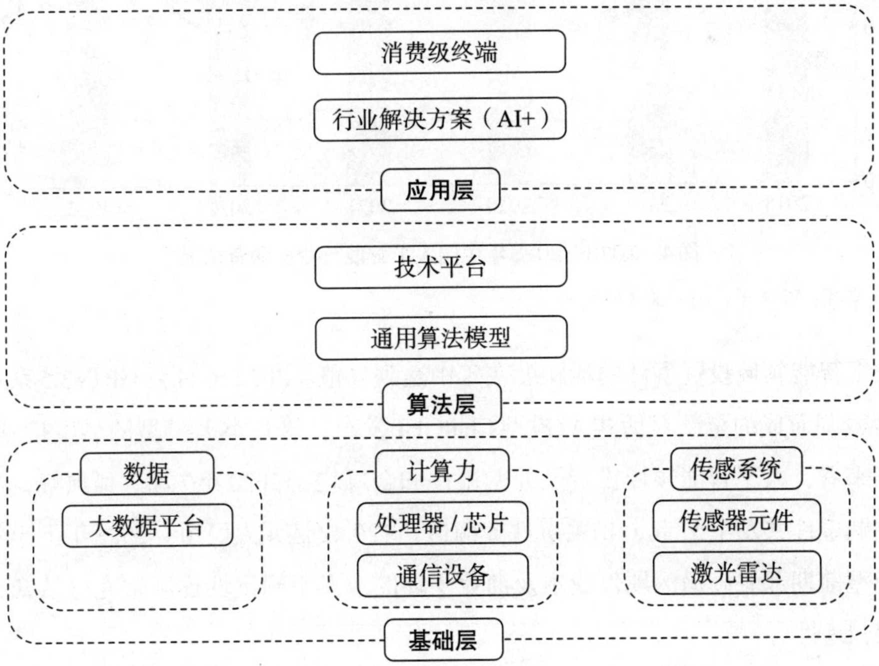

图3　人工智能产业链图谱

资料来源：IT桔子、华为盘古大模型、国元证券研究所

二、人工智能产业并购趋势分析

（一）2023年中国人工智能产业并购数据

1. 2023年中国人工智能领域融资金额回暖，年中是全年活跃度高峰

2018—2023年，国内人工智能产业的投资活动有一定波动。2023年，ChatGPT各版本的陆续发布，提振了市场对人工智能的发展信心，该领域的融资金额大幅回暖，实现3,387亿元人民币，同比增长79%。与此同时，受经济增长放缓、海外部分国家和地区对我国人工智能领域审查趋严等宏观因素影响，我国人工智能领域投资事件数量回落，仅有983起，同比下降5.66%。

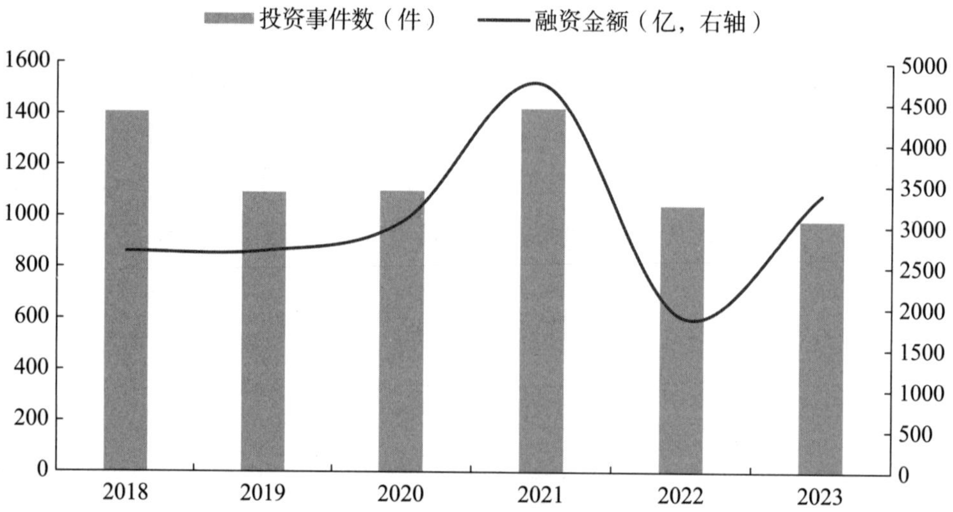

图4　2018—2023年中国人工智能行业投融资情况

资料来源：IT桔子、国元证券研究所

人工智能领域投资事件的活跃度在年中达到峰值。2022年11月GPT-3.5系列大语言模型微调而成的全新对话式AI模型ChatGPT发布，语言类大模型的热度持续发酵。分月度来看，人工智能领域投资及并购事件和金额均于2023年7月达到顶峰，当月投资及并购事件共发生61起，相关事件金额达到120.42亿元人民币。2023年下半年，随着大模型前期部署高昂的硬件成本及商业闭环的节奏不确定性逐渐被充分认知，资本市场回归理性。

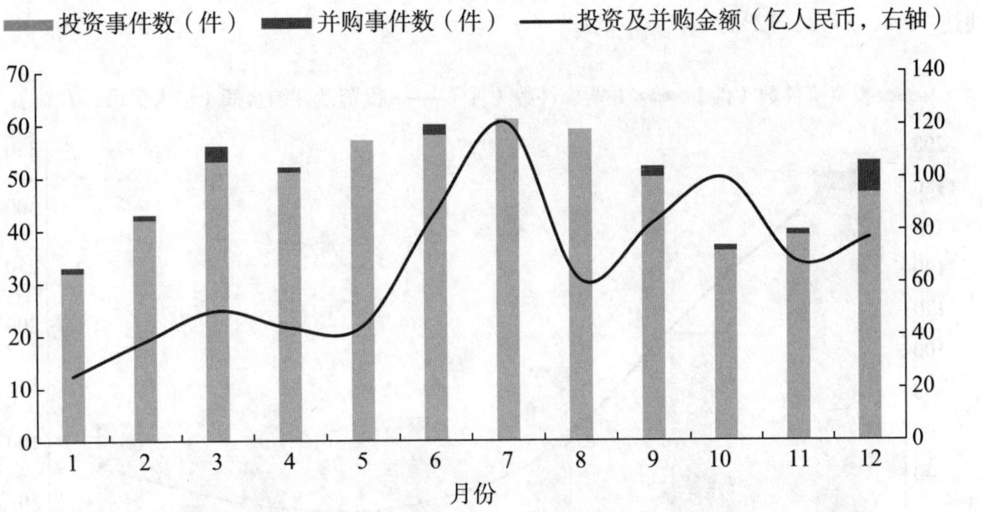

图5 2023年1—12月中国人工智能行业投资及并购情况

资料来源：IT桔子、国元证券研究所

2. 人工智能产业初创公司占比最高，北上广是投资活动的热门地

早期投资的占比较高。从投资的轮次来看，人工智能领域投资事件数量及投资金额在Pre-A至A+轮达到峰值，事件达173起、金额约为143.96亿元人民币。主要是2022年底ChatGPT的发布催生人工智能领域的创投热潮，2023年种子、天使至A+轮等偏早期阶段的投资事件数量占比68%，投资金额占比39%。

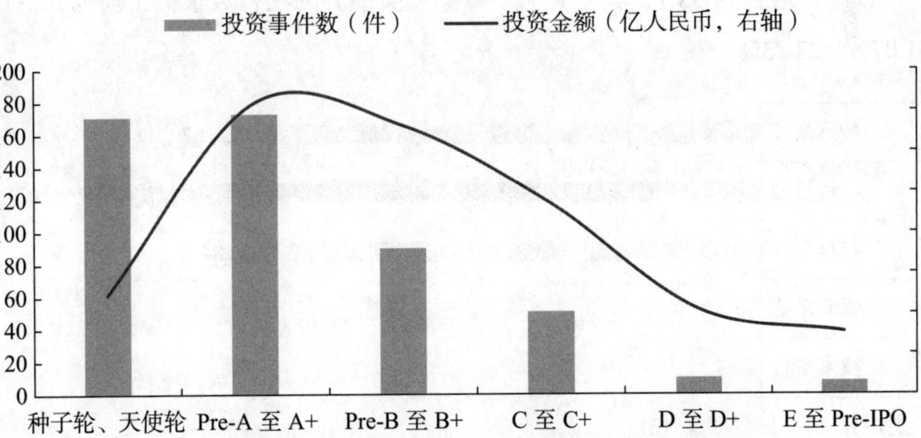

图6 2023年中国人工智能行业投资轮次分布

资料来源：IT桔子、国元证券研究所

北京地区的投资及并购的事件数量与金额均领先。从投资及并购的事件与金额的发生地来说，北京活跃度相对较高。投资及并购事件发生数量方面，北京、上海、广东占比分别达31%、18%及15%；投资及并购的金额方面，北京、上海、广东占比分

别达41%、27%、12%。

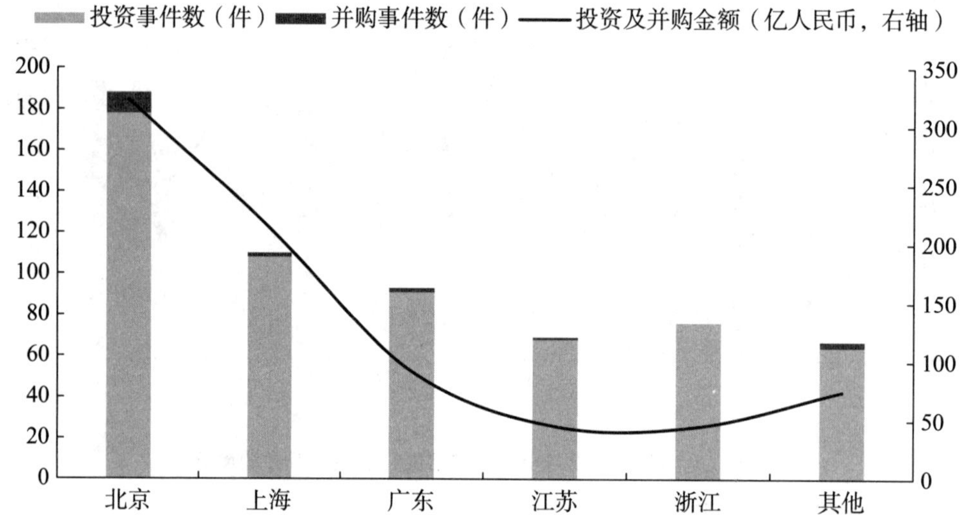

图7　2023年中国人工智能行业投资及并购事件数量、金额的地域分布

资料来源：IT桔子、国元证券研究所

3. 产业投资及并购集中在基础层，算力及数据平台项目位于前列

2023年，人工智能产业投资及并购事件多集中于基础层。以大模型为首的人工智能产业仍处于相对初期的发展阶段，因此作为最底层的模型资源需求，基础层的项目数量占比较高，达到79.38%，其中算力、数据相关细分的项目数量位于前列，占比分别为31.07%、23.73%。

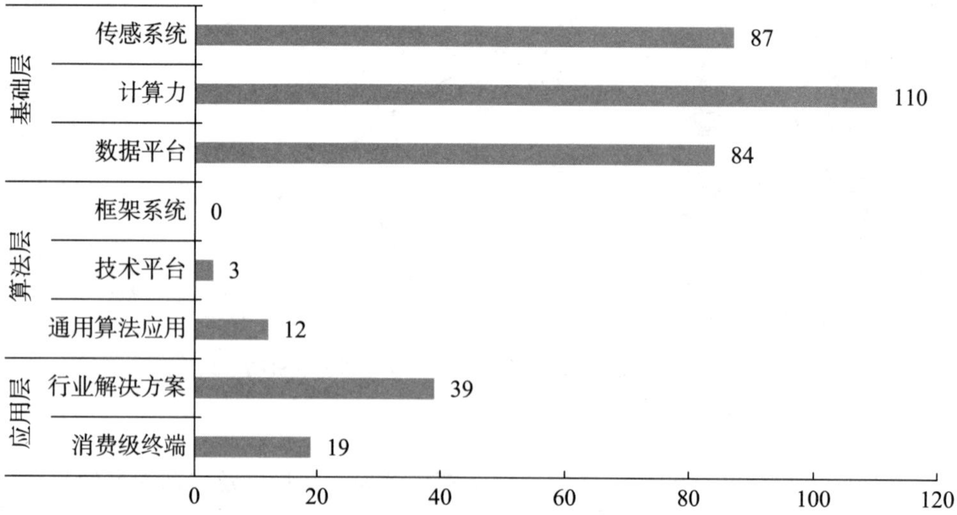

图8　2023年中国人工智能行业投资热点领域交易数量

资料来源：IT桔子、国元证券研究所

（二）2023年全球人工智能产业并购数据

2023年全球人工智能领域的投资/并购金额呈下滑态势

或受部分宏观因素的滞后效应影响，全球人工智能领域的投融资及并购金额维持了下降态势。根据《2024年人工智能指数报告》，2023年全球人工智能领域的投资金额（包括并购、少数股权投资、私募股权投资和公开发行）连续第二年下降，共计1,891.6亿美元。但降幅由2022年的30%收窄至2023年的19%。分领域看，生成式AI领域的投资同比增长近8倍，达252亿美元。分结构看，并购类型的降幅最明显，同比2022年下降了约31.2%。

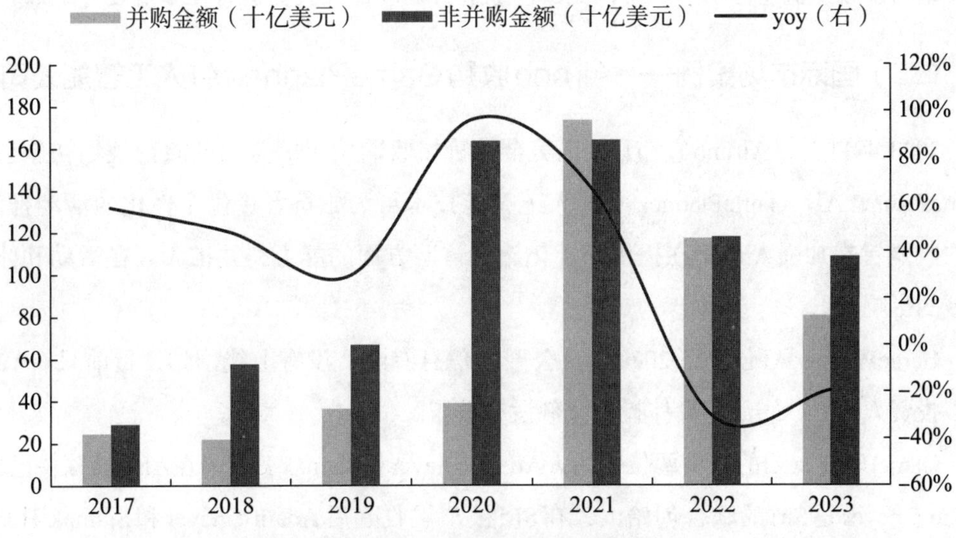

图9 2023年全球人工智能行业融资情况

资料来源：Stanford HAI“Artificial Intelligence Index Report 2024”、国元证券研究所

三、案例分析

（一）国际市场案例——Databricks收购生成式AI初创公司MosaicML

2023年6月26日，大数据和人工智能企业Databricks宣布，已与MosaicML达成收购的最终协议，将以13亿美元（折算成人民币约94亿元），收购生成式AI初创公司MosaicML，旨在使训练和使用LLMs的成本从数百万美元降低到数千美元。

MosaicML成立于2021年的旧金山，因先进的MPT大语言模型而闻名。公司仅有60多人，但是主流产品MPT-7B、30B的下载量超过330万次，也是最早一批推出开源LLM的公司之一。

MosaicML的MPT基础模型系列包括MPT-7B和MPT-30B两个模型，分别有70亿和300亿个参数。MPT-7B是MosaicML在2023年5月5日发布的类ChatGPT开源大语言模型，约有70亿参数。MPT-7B在MosaicML平台上进行了9.5天的训练，零人工干预，成本仅用了20万美元。该模型具备可商业化、高性能、资源消耗低、1T训练数据、可生成代码等技术优势。AI2、Generally Intelligence、Hippocratic AI、Replit和Scatter Labs等知名厂商皆使用MPT-7B开发各种生成式AI产品。MPT-30B是MosaicML在2023年6月25日发布的语言模型。MosaicML首席执行官兼联合创始人Naveen Rao表示，MPT-30B的训练成本仅为70万美元，远远低于类似产品如GPT-3所需的数千万美元训练成本。该模型由于成本低、体积小，可以更快速地进行训练，并且更适合在本地硬件上部署。

（二）国际市场案例——Airbnb收购GamePlanner.AI人工智能公司

2023年11月，Airbnb宣布以2亿美金的价格收购位于旧金山的旅行规划初创公司GamePlanner.AI。GamePlanner.AI的人工智能技术可为旅行者提供个性化的活动推荐。此次收购旨在加强Airbnb在提供个性化旅游体验方面的能力，并扩大其在活动和体验领域的影响力。

GamePlanner.AI创立于2020年，公开的信息有限，没有上线网站，目前只有12个人，投资人为B Capital，具体投资金额没有披露。

GamePlanner.AI的其中两位创始人Adam Cheyer和Siamak Hodjat在AI领域深耕已久。Adam Cheyer是Siri的联合创始人，在Siri被苹果收购后Adam Cheyer和Siamak Hodjat一起领导了苹果的自然语言处理团队；之后又创立了VivLabs，后来被三星收购，成为其语音助手的基础。Airbnb CEO Brian Chesky表示，收购完成后Adam和Siamak的团队将专注于加速选定的人工智能项目并将他们的工具集成到Airbnb的平台中。

（三）国内市场案例——昆仑万维收购奇点智源

2023年6月14日，昆仑万维发布公告称拟以1.6亿美元通过控股子公司Star Group收购Singularity AI Technology limited（奇点智源）全部股权，交易后奇点智源的股东或其指定关联方将获得StarGroup25%股权。本次收购完成后，昆仑万维计划增资StarGroup 4亿美元，全力打造AGI（通用人工智能）平台。此次收购旨在帮助完善昆仑万维在AI领域业务布局的同时加强业务协同，加快“天工”3.5大模型的迭代升级，并为StarArk在AI音乐和AI游戏产品的研发及商业化落地提供更多助力。

奇点智源是一家自然语言大型预训练模型及开发者API研发商，Singularity AI致力于实现通用人工智能，目前其产品与服务包括通用开发者API、聊天机器人和知识抽取，应用案例包括心灵鸡汤写作、公文写作、知识问答、关键事件提取等。

昆仑万维与Singularity AI早已构建了战略合作关系。2022年11月，昆仑万维与Singularity AI就ChatGPT、图像视频生成等AIGC技术领域达成全面技术战略合作，并于2023年2月9日宣布将在年内发布中国版类ChatGPT代码开源；2023年4月17日，昆仑万维与Singularity AI联合研发的大语言模型“天工”正式发布。

四、行业发展趋势分析

2022年底ChatGPT发布，人工智能产业发展提速。中国信息通信研究院公布的数据显示，2023年我国人工智能核心产业规模达5,784亿元，增速13.9%。工业和信息化部赛迪研究院数据显示，2023年，我国生成式人工智能的企业采用率已达15%，市场规模约为14.4万亿元，我国的人工智能产业进入高速发展期。随着产业发展的加速，叠加“国九条”对并购重组市场的持续推动，未来人工智能产业的并购数量将继续保持活跃。

基于大模型的人工智能技术在预训练及使用过程中需算力资源，在扩展定律下，随着模型能力的提升，算力需求亦在持续扩大，进而导致算力硬件成本的持续攀升。因此，较高的资本投入需求致使通用模型的参与方多为有大规模资本开支能力的公司，基础层及应用层多是通过产业链合作的方式加入。为了在发展早期占有一席之地，2023年产业链各参与方多通过并购与现有业务协同的大模型技术或产业人才进行快速布局，未来投资及并购的参与方将往产业链中更稀缺的环节转移。

随着人工智能的能力被逐渐认知，政策端的推动亦在加强。2024年召开的两会中，“人工智能+”行动被首次提出，从2015年的“互联网+”到2019年的“智能+”再到如今的“人工智能+”。与之前类似的是，以大模型为首的人工智能技术已和“互联网”“智能化”共同成为引领新一代产业变革的核心力量，与我国产业升级的大势亦紧密相连。与之前不同的是，“互联网+”及“智能+”侧重该环节技术创新突破，“人工智能+”行动则体现出从研发到场景应用再到产业打造的全链条赋能。

参考文献：

[1] 中国人工智能学会. 中国人工智能系列白皮书——大模型技术[J]. 2023.9.

[2] Wayne Xin Zhao, et al.A Survey of Large Language Models. 2024.

[3] Jared Kaplan, et al.Scaling Laws for Neural Language Models. 2020.

[4] Stanford HAI. Artificial Intelligence Index Report 2024. 2024.

B.20
2023年半导体行业并购分析

万 雷 程舟航 杨 磊 徐祖飞*

摘 要： 2023年全球半导体市场仍处于下行周期，整体市场规模同比下滑8.2%。然而，随着人工智能（AI）的快速崛起，半导体行业的复苏势头开始显现。AI相关的半导体产品（如GPU和高带宽内存HBM）需求激增，晶圆厂和存储厂率先出现复苏迹象，订单量和工厂稼动率均有所提升。未来如果AI在下游行业中出现爆发性应用场景，将进一步推动整个半导体行业进入上行周期。但是，AI技术仍处于发展早期，且云厂商的激烈竞争可能会产生算力过剩的问题，未来行业是否能够实现全面复苏仍需观察。从半导体行业并购来看，新一轮技术革命催生了新的投资机会，同时产业内的并购活动也在加速，特别是在同行业和上下游整合方面。在逆全球化背景下，中国半导体产业加速扩张，核心设备和零部件的国产化进程不断推进，产业内并购成为主流，企业通过整合资源来提升竞争力、应对市场挑战。依据Wind金融终端数据库，国内半导体行业在2023年共有121笔并购交易，其中重组类型共有73笔，占60.3%。本报告分析认为，2023年半导体行业的并购交易中交易规模主要集中在0.5~2亿元区间，小规模并购较多；交易方式以协议收购、增资和二级市场收购为

* 万雷，国元创新投资有限公司董事长。主要研究方向为股权投融资、并购重组、另类资产投资；程舟航，国元证券研究所所长助理，公司律师、FRM、注册会计师，主要研究方向为科创产业发展；杨磊，投资学硕士，现供职于国元证券研究所产业研究组，主要研究方向为半导体领域；徐祖飞，国元证券投资银行总部副总经理兼投资银行总部业务十六部（半导体行业组）经理，主要研究方向为企业沪深北交易所IPO、上市公司再融资、并购重组等。

主，合计占比达到84.3%；主要并购区域分布在长三角及广东地区；2023年半导体行业并购公告数量的高峰出现在下半年，尤其是8月和9月，其次是12月，这3个月的并购数量合计占42.2%。2023年竞买方并购动机依次为其他并购目的、横向整合、战略合作、资产调整和多元化战略。

关键词：半导体行业　并购　产业链　并购动机

一、半导体行业趋势分析

2023年，受下游需求景气度及全球经济环境影响，全球半导体市场均出现一定程度下滑。根据WSTS统计，2023年全球半导体市场规模同比下降8.2%。其中，亚太地区同比下降12.4%。2023年全球半导体市场呈现去库存特征，下游消费电子需求疲软，全球半导体行业仍处于下行周期。2024年AI浪潮涌现，英伟达推出新一代高算力GPU产品，各大云计算公司加大对AI算力基础设施的投资，高带宽存储器（HBM）产业化进程加速。AI的快速发展带动半导体市场的复苏。根据WSTS预测，2024年全球半导体市场规模将同比增长16.0%，达到6,112亿美元。其中，存储市场将实现76.8%的高增长。展望未来，尽管AI的发展潜力巨大，但其进程仍需进一步验证，下游应用场景尚待开发。

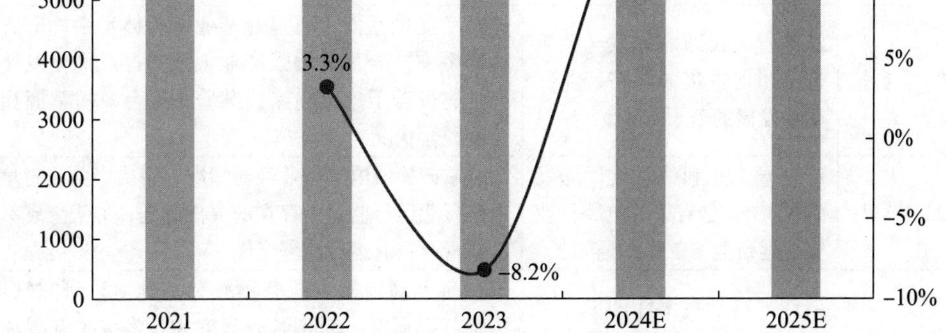

图1　2021—2025全球半导体市场规模

说明：2024年、2025年数值为预测值。

资料来源：WSTS，国元证券研究所

聚焦中国半导体行业，全球供应链重塑带来新一轮产能扩张，供应链自主可控逻辑下预计国内会出现新一轮投资扩产。2024年5月24日，国家集成电路产业投资基金第三期成立，注册资本3,440亿元人民币，规模超过前两期总和，标志着我国政府在推动集成电路产业发展方面的持续投资和努力。国家和地方政府的产业政策为半导体行业的发展提供了强有力的支持。展望未来，半导体先进制程及核心设备材料的自主可控和成熟制程的国产替代将是产业发展的主旋律。

表1　2023年中国半导体产业相关政策

发布日期	政策名称	主要内容
2023年4月	《工业和信息化部等八部门关于推进IPv6技术演进和应用创新发展的实施意见》	到2025年底，初步形成以IPv6演进技术为核心的产业生态体系，网络芯片、模组器件、整机设备、安全系统、专用软件等研发能力持续增强，分段路由(SRv6)、网络切片、随流检测、应用感知网络(APN)和网络智能化等成熟的“IPv6+”技术实现产品化落地
2023年8月	《电子信息制造业2023—2024年稳增长行动方案》	提升产业链现代化水平。聚焦集成电路、新型显示、服务器、光伏等领域，推动短板产业补链、优势产业延链、传统产业升链、新兴产业建链，促进产业链上中下游融通创新，贯通发展，全面提升产业链供应链稳定性
2023年10月	《工业和信息化部办公厅关于推进5G轻量化（RedCap）技术演进和应用创新发展的通知》	推动产业链上下游协同联动，推进5c Redcap芯片、模组、终端、网络、仪表等产品研发和产业化，加快Redcap与网络切片、高精度定位、5G LAH(局域网)等5G增强功能结合，满足不同行业场景应用需求
2023年12月	《国家汽车芯片标准体系建设指南》	发挥标准在技术创新、成果转化、整体竞争力提升等方面的引导作用，以产业创新发展需求为导向，充分融合汽车和集成电路行业在技术研发、产业化发展和市场推广等方面优势，加强行业统筹协调，推动汽车芯片产业健康可持续发展
2023年1月	江苏省人民政府印发《关于进一步促进集成电路产业高质量发展的若干政策》	提升产业创新能力、提升产业链整体水平、形成财税金融支持合力、增强产业人才支撑、优化发展环境，建设若干集成电路公共服务平台及时掌握相关企业经营状况
2023年3月	广东省工业和信息化厅印发《关于加强全省集成电路行业企业运行监测工作的通知》	及时掌握集成电路企业经营情况，解决当前我省集成电路行业运行监测中存在的突出问题，加强全省集成电路行业企业运行监测工作
2023年5月	浙江省科学技术厅印发《关于征集2024年度“双尖双领”重大科技项目需求的通知》	聚焦科创高地重点战略领域和基础学科研究领域，围绕基础研究、应用基础研究和技术攻关开展项目需求征集，重点突出基础研究和重大应用基础研究，弄通“卡脖子”技术的基础理论和技术原理

资料来源：政府公告，国元证券研究所

本报告依据Wind金融终端数据库有关半导体行业二级分类“半导体与半导体设备”的并购数据，得到121个并购案例，以121个并购样本为对象，整理出每一个并购案例交易方的行业二级分类及其在产业链上的细分行业，关注每一笔并购交易的竞买方、交易标的、公司总部所在的省份、交易金额、并购最初宣告日期、最新进展及参与交易的中介等信息，逐一阅读并购样本的并购公告，然后再进行统计分析。以下数据与统计分析主要依据2023年完成和还在进行中的121个并购案例。

二、2023年半导体行业的并购分析

（一）半导体行业并购竞买方并购动机与其特征

1. 半导体行业并购类型

依据Wind金融终端数据库，按2023年半导体行业的并购交易类型分析（图2），其中73笔并购交易为重组类型、24笔为上市公司收购、5笔为简式权益变动、4笔为详式权益变动及3笔为上市公司吸收合并非上市公司。

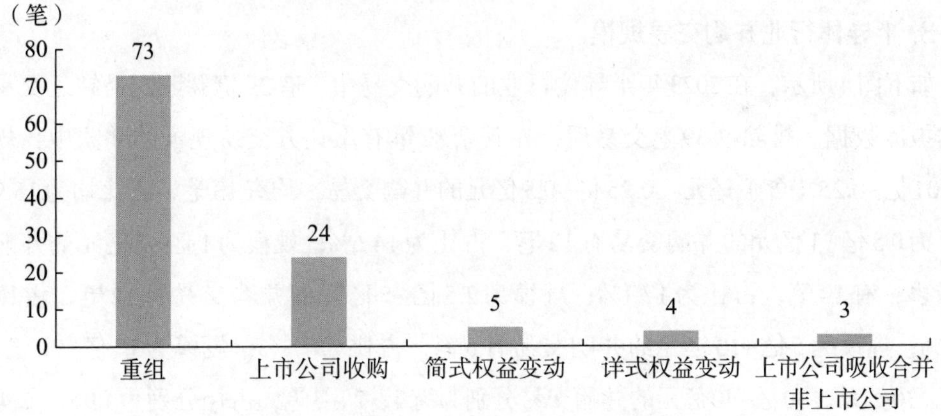

图2　2023年半导体行业并购类型分布

说明：不含12个并购类型缺失的并购样本。

资料来源：Wind数据库，国元证券研究所

2. 半导体行业并购方式

半导体行业并购方式的分布情况如下图3所示，其中49笔交易为协议收购，32笔为增资，21笔为二级市场收购（含产权交易所），5笔为其他并购方式，3笔为吸收合并，2笔为司法裁定，2笔为协议收购，2笔为取得公众公司发行的新股，1笔为发行股份购买资产，其余包括发行股份购买资产、国有股权行政划转或变更等方式。

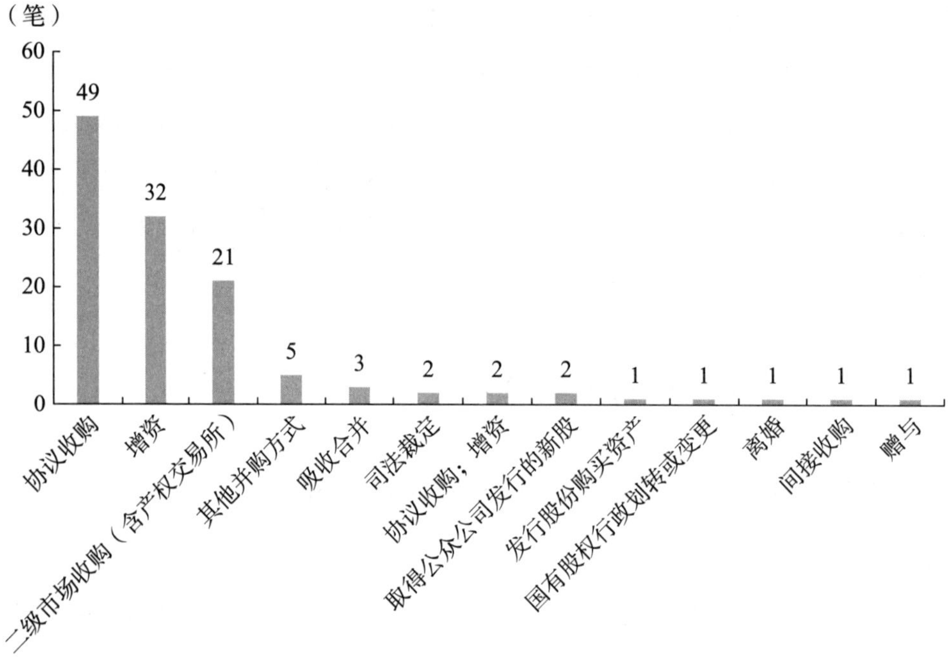

图3 2023年半导体行业并购方式分布

资料来源：Wind数据库，国元证券研究所

3. 半导体行业并购交易规模

如下图4所示，在2023年半导体行业的并购交易中，有39笔并购交易缺乏交易规模的披露数据。排除这39笔交易后，在其余82笔有出让方交易规模的并购中，规模为0.01亿~0.25（含）亿元、0.25亿~0.5亿元的并购交易，均有13笔，占比均为15.9%；规模为0.5亿~1亿元的并购交易有12笔，占比为14.6%；规模为1亿~2亿元的并购交易最多，有14笔，占比为17.1%；规模为2.5亿~5亿元的并购交易有12笔，占比为14.6%；规模为5亿~10亿元的并购交易有6笔，占比为7.3%；规模为10亿~20亿元、20亿~30亿元、30亿~40亿元的并购交易分别为有4、2、3笔，占比分别为4.9%、2.4%、3.7%；规模为50亿~60亿元、70亿~80亿元以及120亿~130亿元的并购交易各有1笔，占比均为1.2%。

4. 半导体行业并购交易省份分布

依据Wind金融终端数据库，如下图5所示，2023年半导体行业发生并购交易竞买方最多的省份是江苏，有17笔并购交易，占比为18.9%；浙江有14笔，占比为15.6%；广东有12笔，占比为13.3%；北京与上海均有8笔，占比均为8.9%；湖北和安徽均有4笔，占比均为4.4%；江西、山东与四川各有3笔，占比均为3.3%；辽宁、福建、海南、陕西、河北、中国香港各有2笔，占比均为2.2%；天津与河南各有1笔。云南、广西、

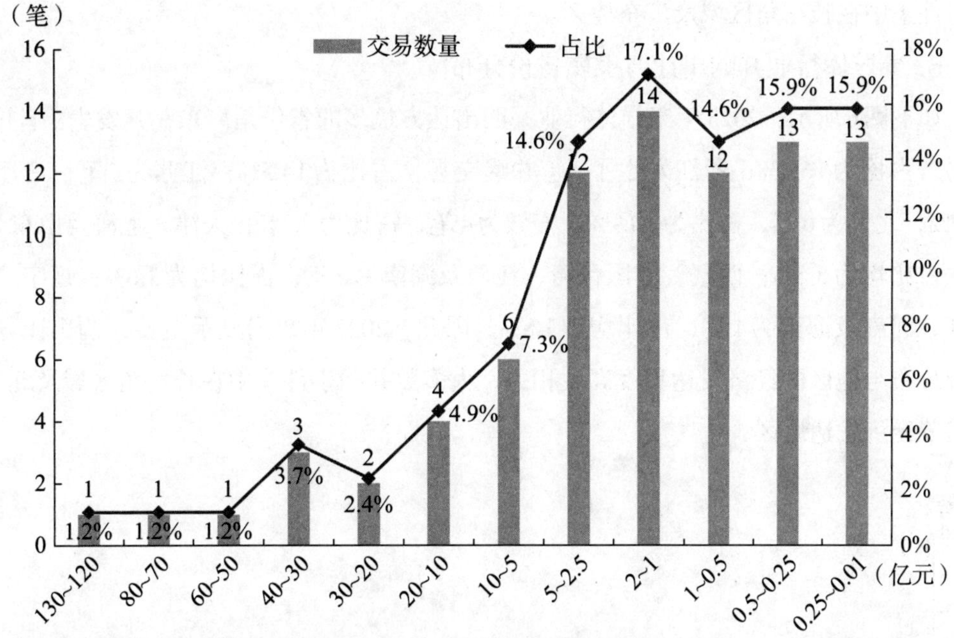

图4　2023年半导体行业不同规模的并购交易分布

说明：不含39个并购类型缺失的并购样本。

资料来源：Wind数据库，国元证券研究所

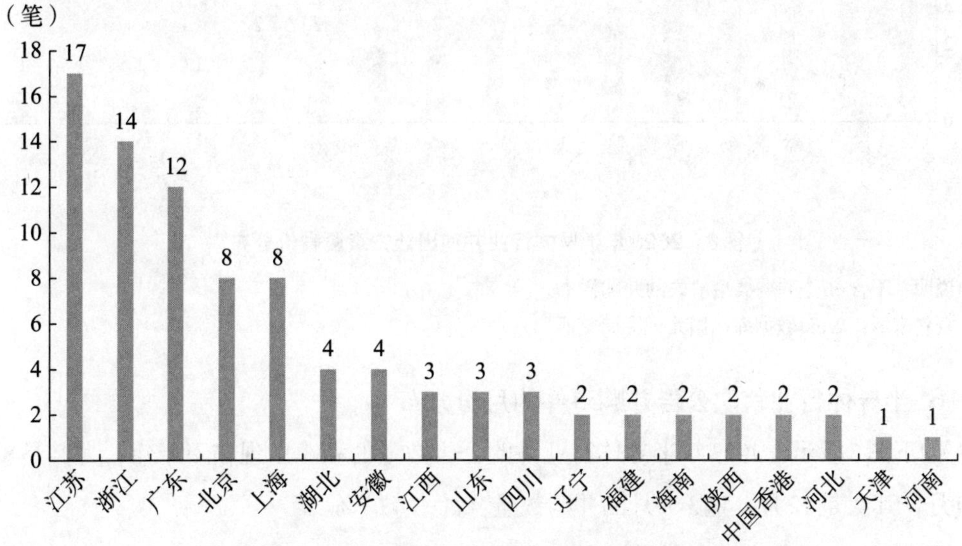

图5　2023年半导体行业并购竞买方隶属省份分布

说明：不含31个并购类型缺失的并购样本。

资料来源：Wind数据库，国元证券研究所

西藏、甘肃、内蒙古、山西、青海、黑龙江及吉林等区域在2023年没有半导体行业并购案例。因此，2023年主要并购区域分布与地区的经济发达程度高度相关，大多数并

购事件集中在长三角区域及广东地区。

5. 半导体行业并购出让方隶属省份分布

如下图6所示，2023年半导体行业并购出让方最多的省份是广东，共发生9笔并购交易，占比为16.4%；浙江发生了8笔并购交易，占比为14.5%；江苏为7笔，占比为12.7%；北京为6笔，占比为10.9%；安徽为4笔，占比为7.3%；天津、上海及山东为3笔，占比均为5.5%；西藏、中国台湾、江西及湖南为2笔，占比均为3.6%；辽宁、黑龙江、河南及海南为1笔，占比均为1.8%。因此，2023年数据显示主要并购出让方的区域分布与地区的经济发达程度高度相关，大多数并购事件集中在长三角区域及北京、广东等经济发达地区。

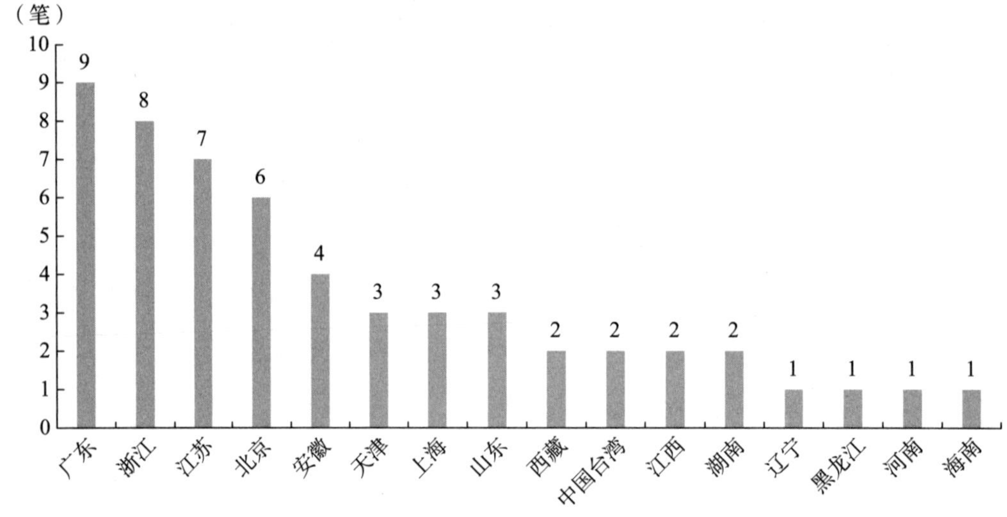

图6 2023年半导体行业并购出让方隶属省份分布

说明：不含66个并购类型缺失的并购样本。

资料来源：Wind数据库，国元证券研究所

6. 半导体行业首次公告并购事件的月份分布

如下图7所示，2023年半导体行业并购公告数量的高峰出现在下半年，尤其是8月和9月，其次是12月。这3个月的并购数量合计占42.1%。

7. 半导体行业竞买方并购动机

2023年半导体行业竞买方的并购动机如图8所示。其中，有45笔并购交易的竞买方主要动机为其他并购目的，41笔并购交易动机为横向整合，17笔并购交易动机为战略合作，11笔并购交易动机为资产调整，7笔并购交易动机为多元化战略。

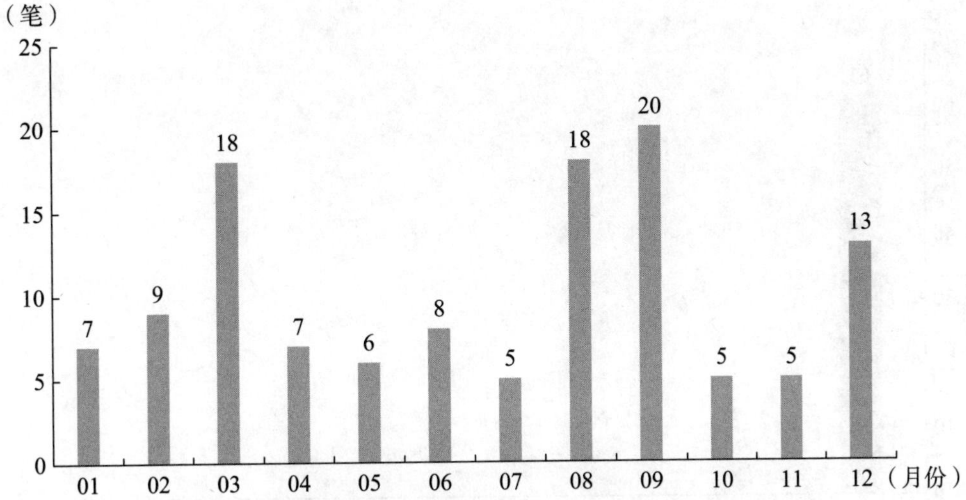

图7　2023年半导体行业并购宣告月份分布

资料来源：Wind数据库，国元证券研究所

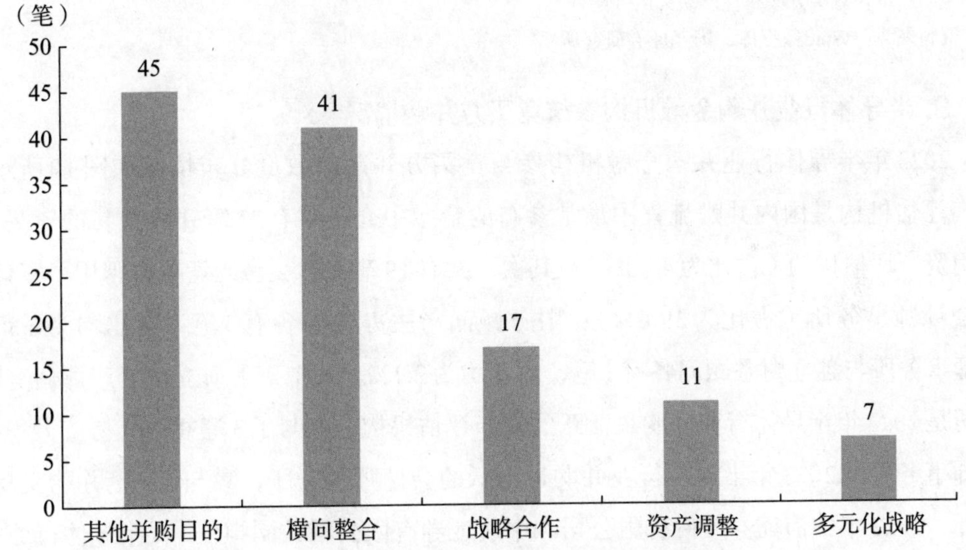

图8　2023年半导体行业并购竞买方的并购动机分布

说明：部分竞买方的并购动机可能不止一个，且不含竞买方未披露并购动机的样本。

资料来源：Wind数据库，国元证券研究所

8. 半导体行业并购竞买方的股权性质

2023年半导体行业并购竞买方的股权性质分布情况如图9所示。其中61笔并购交易的竞买方为民营企业，占比为67.8%；9笔为地方国企和公众企业，占比为10.0%；4笔为外资企业，占比为4.4%；3笔为中外合资企业和中央国有企业，占比为3.3%；1笔为其他国有企业，占比为1.1%。

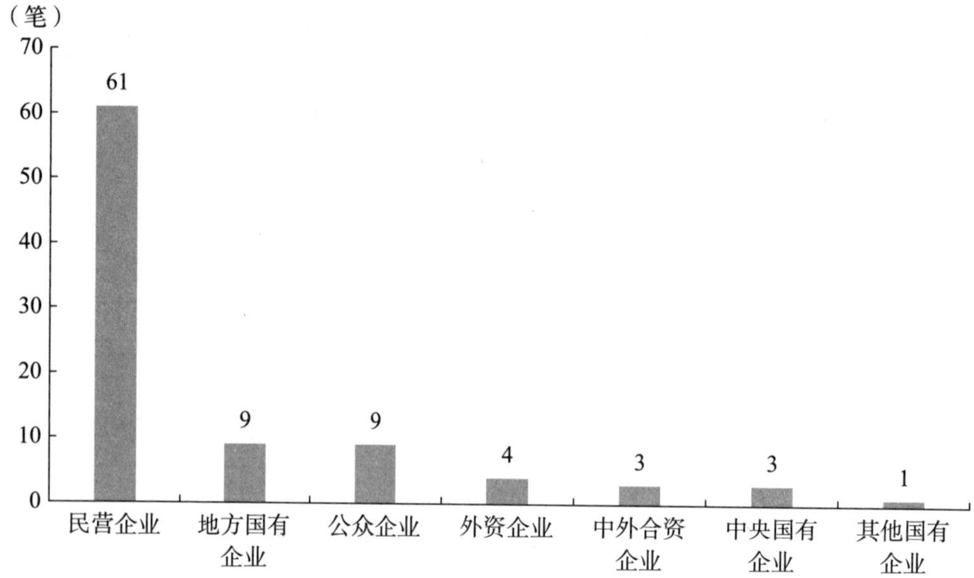

图9　2023年半导体行业并购竞买方股权性质分布

说明：不含竞买方股权性质缺失的并购样本。

资料来源：Wind数据库，国元证券研究所

9. 半导体行业并购金融机构参与竞买方并购情况

2023年半导体行业并购金融机构参与竞买方并购的数量分布情况如图10所示。资产评估机构是国内并购流程中最常参与的金融中介，共有21笔并购交易的竞买方聘用资产评估机构（占比为43.8%）。其次，共有19笔并购交易的竞买方聘用了审计，即会计师事务所（占比为39.6%）；财务顾问与主办券商各有3笔，占比均为6.3%；律师事务所与独立财务顾问各有1笔，占比均为2.1%。其中，上海立信资产评估有限公司是2023年半导体行业并购最活跃的资产评估机构，参与了3笔并购交易。大华会计师事务所是2023年半导体行业并购最活跃的会计师事务所，参与了3笔并购交易。此外，2023年中信证券股份有限公司和中航证券有限公司共同担任1次半导体行业并购交易的独立财务顾问；申万宏源证券、开源证券、西南证券分别担任1次竞买方主办券商。

10. 半导体行业并购竞买方的二级行业分类

依据Wind金融终端数据库，如下图11所示，对2023年半导体行业并购的竞买方按二级行业分类。竞买方属于多元金融的最多，并购交易有20笔，占比为22.2%；竞买方属于半导体与半导体生产设备的并购交易有18笔，占比为20.0%；竞买方属于技术硬件与设备的并购交易有14笔，占比为15.6%；竞买方属于资本货物的并购交易有11笔，占比为12.2%；竞买方为商业和专业服务的并购交易有10笔，占比均为11.1%；竞

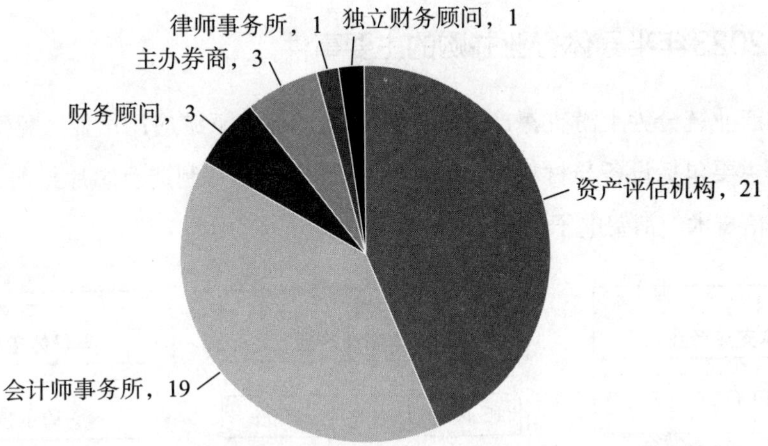

图10　2023年半导体行业并购竞买方不同机构参与情况分布

说明：不含竞买方未聘用金融机构或未披露金融机构参与并购的样本。

资料来源：Wind数据库，国元证券研究所

买方属于材料Ⅱ的并购交易为7笔，占比为7.8%；竞买方属公共事业Ⅱ的并购交易为5笔，占比为5.6%；竞买方属于软件服务与耐用消费品与服装的并购交易均为2笔，占比均为2.2%；竞买方属零售业的并购交易为1笔，占比为1.1%。以上数据显示，2023年有部分非半导体相关企业通过收购半导体企业股权实现转型，也有半导体企业收购其他类型公司股权实现多元化经营。

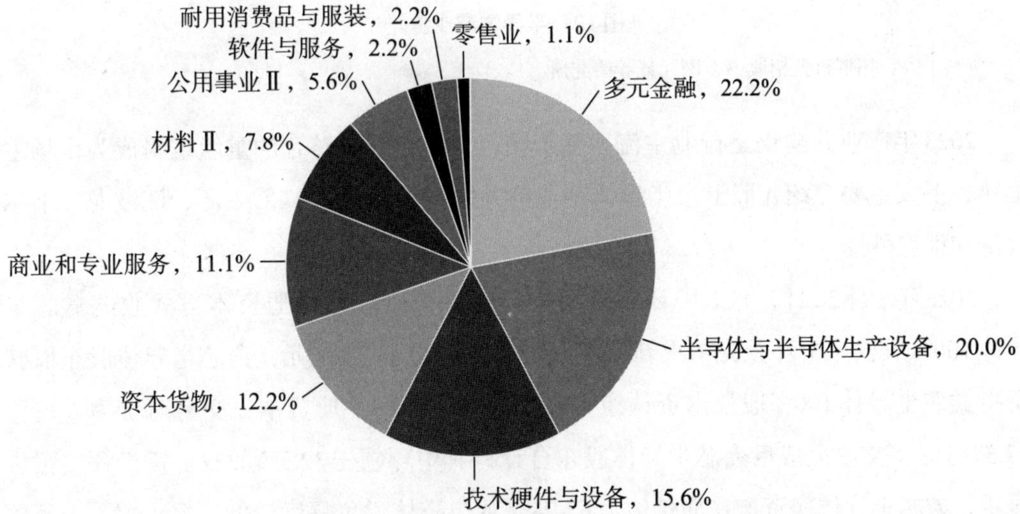

图11　2023年半导体行业并购竞买方的二级行业分类分布

说明：不含并购竞买方二级行业分类缺失的样本。

资料来源：Wind数据库，国元证券研究所

（二）2023年半导体行业并购的主要事件

半导体产业链分为上游支撑产业，中游制造产业，下游应用产业，见下图12。上游支撑产业主要包括设备与材料，中游涉及IC设计、芯片制造及芯片封测，下游应用市场包括通信技术、消费电子、汽车电子、工业电子等领域。

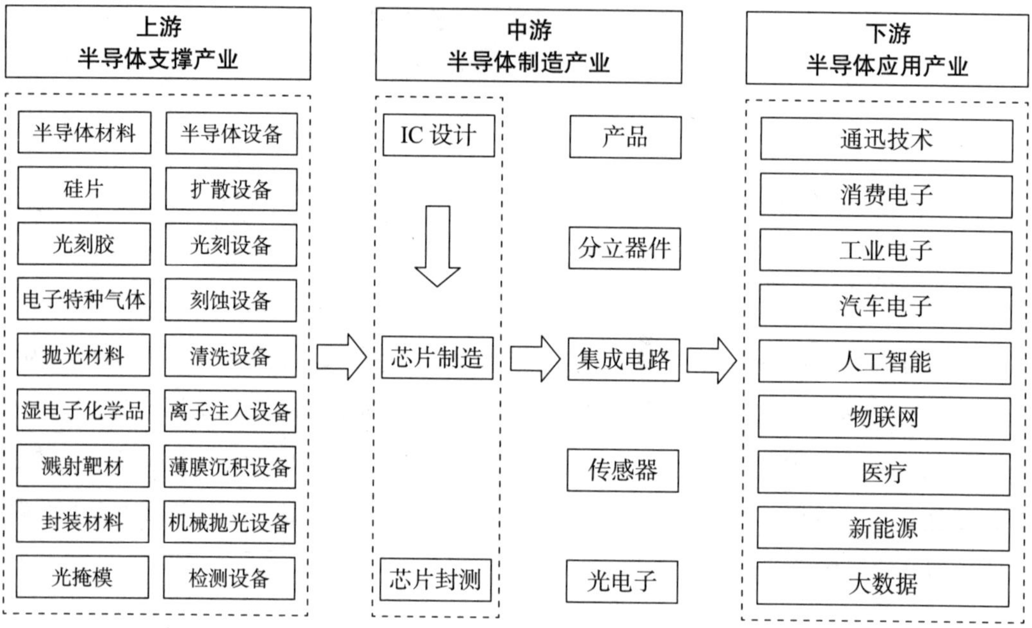

图12　半导体产业链

资料来源：拓荆科技招股书，国元证券研究所

2023年产业并购仍是行业主流，基于同行业、上下游整合的重组逻辑成为市场主旋律，下文主要介绍A股上市半导体企业的并购案例，包括TCL中环、江波龙、韦尔股份和雅克科技.

2023年1月20日，TCL中环子公司中环领先拟以新增注册资本方式收购鑫芯半导体100%股权。中环领先本次新增注册资本人民币48.75亿元，鑫芯半导体股东以其所持鑫芯半导体100%股权出资认缴中环领先本次新增注册资本，交易对价为人民币77.57亿元，交易完成后鑫芯半导体股东合计持有中环领先32.5%股权。资产评估报告显示，鑫芯半导体净资产账面价值为65.94亿元，整体溢价幅度较低。据了解，中环领先主要从事半导体硅材料的技术研发、制造和销售，产品涵盖4~12英寸各类功率器件及集成电路用硅片。而鑫芯半导体致力于300mm半导体硅片研发与制造，公司于2020年10月投产，产品应用以逻辑芯片、存储芯片等先进制程方向为主，该收购事项属于同行业并购整合。

2023年6月27日，江波龙发布公告将以1.32亿美元收购力成科技（苏州）有限公司70%股权。本次交易完成后，江波龙将间接控股苏州力成，并将纳入合并报表范围。根据评估，苏州力成评估基准日总资产账面价值为5亿元，总负债账面价值为6,999.12万元，净资产账面价值为4.3亿元。最终本次收购采用收益法评估结果作为评估结论，苏州力成估值1.88亿美元，折合人民币13.39亿元。本次交易完成后，江波龙将以苏州力成为基础，与力成科技形成战略合作伙伴关系，共同加大存储封测技术投入力度，补足公司封装测试的生产能力，完善产业链布局。

2023年3月，韦尔股份以11.56亿元的价格收购了湖南芯力特，芯力特有40余款CAN、CAN FD、LIN收发器等芯片产品，累计出货量超2亿颗，产品广泛应用于汽车各功能模块，是国内该细分领域产品系列齐全、出货量大、产品成熟的IC设计公司。通过收购，韦尔股份在模拟解决方案市场上从原先的消费及工业市场进一步拓展到汽车市场，公司将继续推进车用模拟芯片产品的验证导入。

2023年9月13日，雅克科技发布公告称，子公司雅克半导体与SK enpulse签署了《股权收购协议》，约定雅克半导体以不超过500亿韩元的价格（约合人民币2.74亿元）收购SK enpulse公司持有的SKC-ENF公司75.1%的股权。雅克科技表示，近年来，随着显示面板、半导体、太阳能电池等领域的发展，湿电子化学品用量将进一步扩大，显示出极为广阔的发展前景。通过此次收购，公司将进一步丰富电子材料业务板块的产品种类，增强公司业务的规模效应。

B.21
2023年汽车行业发展现状与并购趋势展望

刘 乐 陈烨尧 孙乾乾 王 凯*

摘 要： 2023年，在经济、产业周期复苏的带动下，中国汽车销量实现快速增长，电动智能转型、自主品牌崛起、汽车出海等新发展方向亦方兴未艾。在行业快速发展大背景下，并购活动活跃度亦较高，2023全年发生并购交易157笔，交易金额404.39亿元。从并购事件角度看，汽车行业前五大并购事件分别为宇通集团要约收购宇通客车58.28%股权、乐凯新材定增收购川南能源100%股权和航天模塑100%股权、Stellantis集团协议收购大华集团7.88%零跑汽车股权、海南橡胶协议收购中化新持有的HAC36.00%股权以及台州五城协议收购浙江仙通29.09%股权。主要并购事件中优化管理权、转型升级、海外并购布局出海发展、国企并购资源赋能等产业并购模式显现。同时，国内电动智能汽车凭借技术品牌优势吸引海外投资者，“新合资”发展的并购模式也在发生，展现出当前阶段中国汽车产业蓬勃发展的势头和逐渐提升的全球影响力。

关键词： 汽车行业、并购重组、产业链、并购动机

* 刘乐，博士，经济师，国元证券研究所汽车首席分析师，主要研究方向为泛汽车产业链，汽车产业科技与AI结合的新兴领域；陈烨尧，应用经济学硕士，国元证券研究所汽车行业分析师，主要研究方向为整车制造、智能驾驶、汽车轻量化等领域；孙乾乾，经济学硕士，FRM，现供职于国元证券研究所，主要研究方向为产业并购、股权融资；王凯，国元证券投资银行总部业务三部负责人，主要研究方向为新能源行业首发、再融资、并购重组。

一、中国汽车产业趋势分析

2023年，中国汽车产销量均创下历史新高。中国汽车工业协会数据显示，2023年我国汽车产销量均首次突破3,000万辆，汽车产销同比分别增长11.6%和12.0%。相较于上年，产量增速提升8.2个百分点，销量增速提升9.9个百分点。同时，在技术持续进步的推动下，中国汽车产业正经历着深刻变革。电动化作为汽车产业转型的先锋，已取得显著成果。据中国汽车工业协会数据，2023年，在市场和政策的双重驱动下，中国新能源汽车产销分别完成958.7万辆和949.5万辆，同比分别增长35.8%和37.9%，新能源汽车渗透率达到31.6%，较2022年提升5.9个百分点。中国新能源汽车产销量已连续9年稳居全球第一，成为推动全球汽车产业转型的重要力量。

同时，得益于汽车电动化所奠定的智能化集成的坚实基础，叠加技术进步及政策支持，智能驾驶、车联网、人工智能等技术在车端的商业化加速落地。2023年，中国L2+智能驾驶等级汽车销量占比为5.98%，同比提高3.34个百分点，高阶智能化渗透明显加快。从中短期来看，高阶智能渗透率的提升将持续为中国新能源汽车增添新的增长动力。根据高工智能预测，到2025年，中国L2+智能驾驶等级汽车销量占比将达到20%，较当前有翻倍增长的空间。自2023年起，我国各部委已出台多项支持智能网联汽车发展的政策与指南，包括但不限于《国家车联网产业标准体系建设指南（智能网联汽车）（2023版）》《公路工程设施支持自动驾驶技术指南》《关于开展智能网联汽车准入和上路通行试点工作的通知》《自动驾驶汽车运输安全服务指南（试行）》等，为智能电动汽车行业的蓬勃发展提供了有力的政策支持和良好的发展环境，引导了行业的技术革新和市场拓展。

此外，2023年是中国汽车工业自主份额加速与整车出海发展的关键之年。70余年来，中国汽车工业实现了从无到有、从小到大、从弱到强的跨越式发展。自主汽车产品在国内市场与国际化市场取得显著成就，这是中国汽车产业竞争力提高和高质量发展的结果，也是中国建设制造强国、贸易强国、汽车强国的必然要求。其中在自主份额方面，中国自主品牌依托在智能化和电动化等方面的突破，以及整车集成与渠道品牌等方面的长足进展，助力自身与传统高端品牌形成差异化的竞争格局并不断在主流市场取得突破，最终加速提升了自主品牌份额。目前，中国自主品牌乘用车份额从2014年的38.4%迅速增长至2023年的56.0%，截至2024年1—8月更是突破了63.2%。

中国汽车市场的供需两端朝着自主产品方向加速发展已然成为确定的趋势。在整车出口方面，2023年，中国汽车出口首次跃升世界第一，整车出口491万辆，同比增长57.9%，出口对汽车总销量增长的贡献率达到55.7%。分类型来看，2023年传统燃料汽车出口370.7万辆，同比增长52.4%；新能源汽车出口120.3万辆，同比增长77.6%。除出口外，中国各大车企也纷纷通过自主或合作建厂等多种形式，探索欧洲、美洲、东南亚、中东、俄罗斯等广阔市场。中国车企绘制的出海蓝图正愈发丰满和生动。

二、中国汽车产业并购分析

（一）汽车产业并购数据

1. 汽车产业并购趋势

2023年1—12月，中国汽车产业完成的并购交易共计157笔，合计披露交易金额404.39亿元。在披露交易金额的并购中，平均每笔交易金额为4.08亿元。从交易金额和交易数量来看，2023年上半年交易额大于下半年，而下半年交易数量大于上半年。其中，并购交易数量最多的月份为3月，有20笔；最少的月份为2月，有6笔。并购交易金额最多的月份为4月，有117.64亿元；并购交易金额最少的月份为1月，有3.71亿元（见图1）。

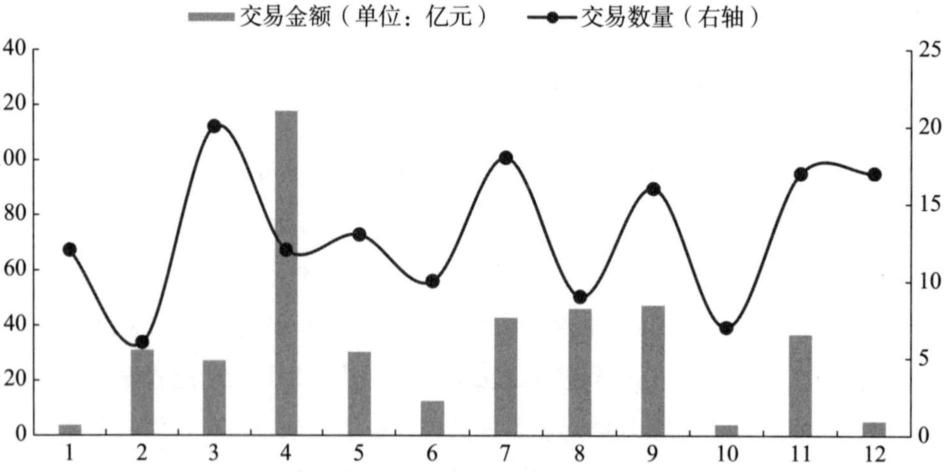

图1 2023年汽车产业并购交易金额与交易数量

资料来源：Wind数据库，国元证券研究所

2. 汽车产业不同类型的并购交易笔数

2023年1—12月，汽车产业不同类型的并购交易笔数如图2所示。全年汽车产业完

成的并购交易数量为157笔，其中境内并购和境外并购交易分别为148笔和7笔，入境并购和出境并购交易均为1笔，交易数量占比分别为94.27%、4.46%、0.64%和0.64%。这表明，2023年汽车产业的并购交易主要发生在境内。

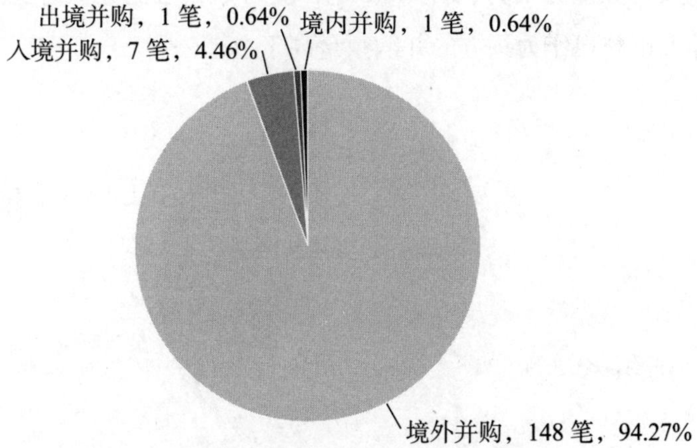

图2　2023年汽车产业不同类型的并购交易笔数

资料来源：Wind数据库，国元证券研究所

3. 汽车产业不同类型的并购交易金额

2023年1—12月，汽车产业不同类型的并购交易金额如图3所示。全年汽车产业完成的并购交易金额为404.39亿元，其中境内并购和境外并购交易金额分别为330.31亿元和40.01亿元，入境并购和出境并购交易金额分别为32.05亿元和2.02亿元，交易金额占比分别为81.68%、9.89%、7.93%和0.50%。这表明，从金额上看，2023年中国汽车产业的并购交易亦多数发生在境内。

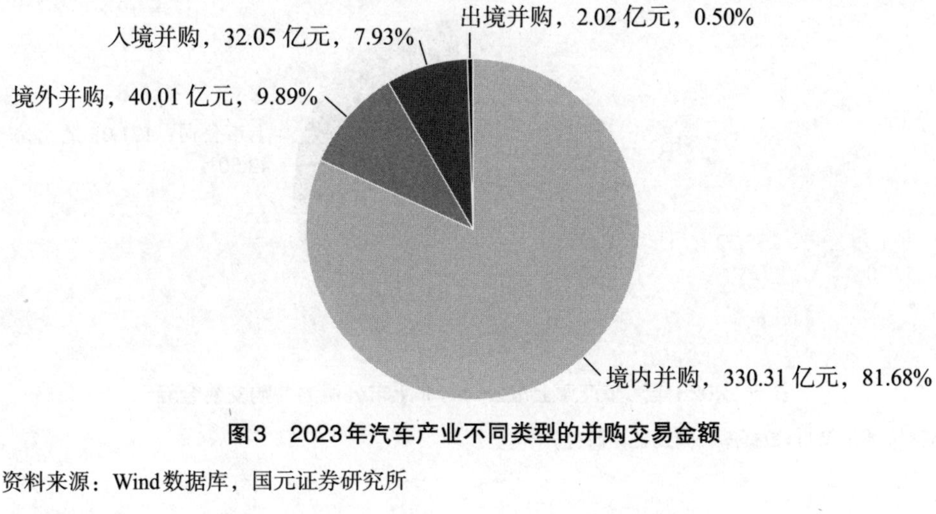

图3　2023年汽车产业不同类型的并购交易金额

资料来源：Wind数据库，国元证券研究所

4. 汽车产业上市公司与非上市公司的并购交易笔数

2023年1—12月，汽车产业上市公司与非上市公司的并购交易笔数如图4所示。全年汽车产业完成的并购交易数量为157笔，其中上市公司与非上市公司作为买方参与的汽车产业并购交易数量分别为58笔和99笔，交易数量占比分别为36.94%和63.06%。中国汽车产业非上市公司作为买方的并购数量高于上市公司。

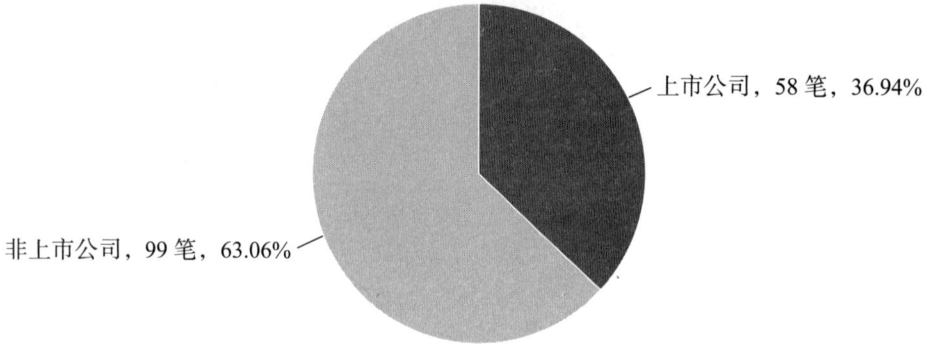

图4　2023年汽车产业上市公司与非上市公司的并购交易笔数

资料来源：Wind数据库，国元证券研究所

5. 汽车产业上市公司与非上市公司的并购交易金额

2023年1—12月，汽车产业上市公司与非上市公司的并购交易金额如图5所示。全年汽车产业完成的并购交易金额为404.39亿元，其中上市公司与非上市公司作为买方参与的汽车产业并购交易金额分别为171.07亿元和233.32亿元，交易金额占比分别为42.30%和57.70%。中国汽车产业非上市公司作为买方的并购交易金额高于上市公司。

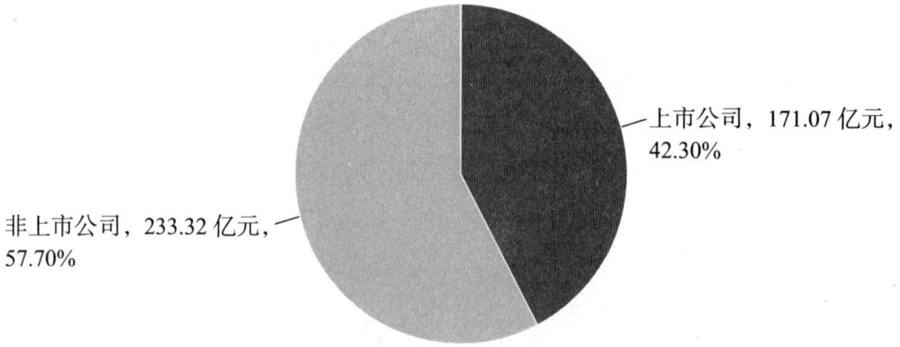

图5　2023年汽车产业上市公司与非上市公司的并购交易金额

资料来源：Wind数据库，国元证券研究所

6. 汽车产业国有企业与非国有企业的并购交易笔数

2023年1—12月，汽车产业国有企业与非国有企业的并购交易笔数如图6所示。全年汽车产业完成的并购交易数量为157笔，其中国有企业与非国有企业作为买方参与的汽车产业并购交易数量分别为33笔和124笔，交易数量占比分别为21.02%和78.98%。中国汽车产业非国有企业作为买方的并购数量高于国有企业。

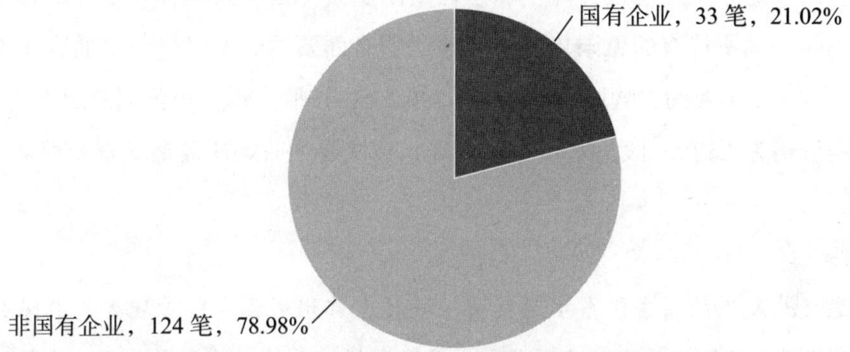

图6　2023年汽车产业国有企业与非国有企业的并购交易笔数

资料来源：Wind数据库，国元证券研究所

7. 汽车产业国有企业与非国有企业的并购交易金额

2023年1—12月，汽车产业国有企业与非国有企业的并购交易金额如图7所示。全年汽车产业完成的并购交易金额为404.39亿元，其中国有企业与非国有企业作为买方参与的汽车产业并购交易金额分别为148.28亿元和256.11亿元，交易金额占比分别为36.67%和63.33%。中国汽车产业非国有企业作为买方的并购交易金额高于国有企业。

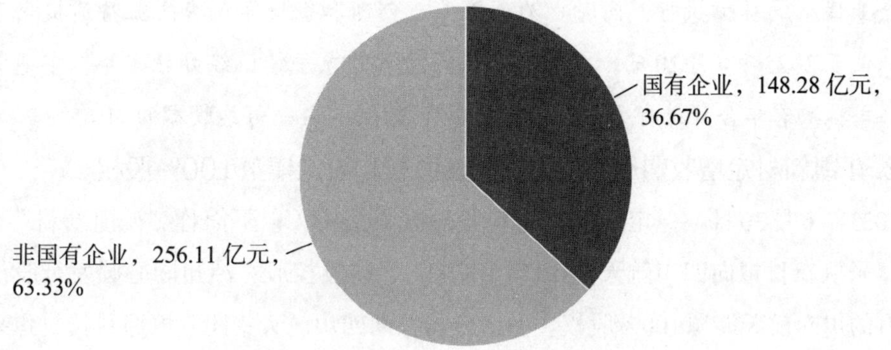

图7　2023年汽车产业国有企业与非国有企业的并购交易金额

资料来源：Wind数据库，国元证券研究所

（二）汽车产业重要并购重组事件TOP5

1. 宇通集团要约收购宇通客车58.28%股权

2023年3月14日，宇通客车股份有限公司（以下简称“宇通客车”）发布公告，其控股股东郑州宇通集团有限公司（以下简称“宇通集团”）及一致行动人猛狮客车及汤玉祥先生向宇通客车除汤玉祥先生、宇通集团及其子公司猛狮客车之外的其他所有股东发出的收购其所持有的无限售条件流通股的全面要约，不以终止宇通客车上市地位为目的。该次预定要约收购股份数量为1,290,265,345股，占上市公司总股本的58.28%，要约收购价格为7.89元/股。基于上述前提，该次要约收购所需最高资金总额为101.80亿元。

点评

上述交易发生原因主要系宇通集团控股股东郑州通泰合智管理咨询有限公司（以下简称“通泰合智”）原股东游明设先生退休，将不再符合通泰合智股东资格，经通泰合智股东会决议同意，游明设先生与宇通集团董事王磊先生、董事长汤玉祥先生分别签署《股权转让协议》，王磊先生受让游明设先生持有的通泰合智8.00%股权，汤玉祥先生受让游明设先生持有的通泰合智6.00%股权。转让完成后，汤玉祥先生持有通泰合智52.00%股权，持股比例超过50%，成为通泰合智实际控制人。因通泰合智间接控制宇通集团，汤玉祥先生成为宇通集团实际控制人。根据《中华人民共和国证券法》《上市公司收购管理办法》相关规定，因汤玉祥先生、宇通集团及其子公司猛狮客车合计持有宇通客车41.72%股份，因此前述股权转让触发全面要约收购义务，并由宇通集团履行上述义务。此外，伴随宇通客车股权的进一步集中，逐步高度集中的股权有助于保障企业战略的贯彻执行，同时也为高效率、创新和敏捷等优秀企业特质提供了前提条件。截至2023年4月20日，本次要约收购清算过户手续已经办理完毕，宇通集团及其子公司猛狮客车合计持有公司股份922,183,639股，占公司总股本的41.65%。

2. 乐凯新材定增收购川南能源100%股权和航天模塑100%股权

2023年6月30日，保定乐凯新材料股份有限公司（以下简称“乐凯新材”）发布公告，乐凯新材拟向四川航天集团、川南火工、航投控股、泸州同心圆发行股份购买其持有的川南航天能源100%股权。上市公司拟向四川航天集团、燎原科技、焦兴涛等30名自然人股东发行股份购买其持有的成都航天模塑100%股份。

本次交易中，上市公司拟向包括航投控股在内的不超过35名符合条件的特定对象发行股票募集配套资金。募集配套资金总额不超过本次拟以发行股份方式购买资产的交易价格的100%，且发行股份数量不超过发行股份购买资产交易完成后上市公司总股本的30%。最终的发行数量及价格按照证券监管机构的相关规定确定。

上市公司拟以向交易对方发行股份的方式支付交易对价，发行股份数为463,302,932股，支付对价33.03亿元。

点评

收购人及其一致行动人拟通过本次交易将收购人航天科技集团旗下航天七院制造产业板块的优质成熟资产注入上市公司。一方面，本次交易有利于航天七院实现制造产业板块资产的优化调整，利用资本市场放大器、增效器作用促进标的公司军民两用技术的产业化，进一步推动军工集团下属优质企业深化改革，借助资本市场促进军品民品产业、技术与管理的深度结合，支撑航天强国建设，满足国防及军队现代化建设需求。另一方面，本次交易有利于上市公司依托航天七院在高端装备制造领域的雄厚技术实力，持续培育打造航天科技集团旗下“航天智造”产业发展平台，统筹推进智能装备、先进制造、航天应用等业务板块的资源整合和能力布局，充分实现高质量发展。

3. Stellantis集团协议收购大华集团7.88%零跑汽车股权

2023年10月26日，浙江零跑科技股份有限公司（以下简称“零跑汽车”）的投资股东浙江大华技术股份有限公司（以下简称“大华集团”）发布公告称，为优化产业结构，进一步整合资源实现资产收益，公司于2023年10月26日与Stellantis集团签署了《股份购买协议》，拟以349,290万港币的价格向其转让9,000万股（其中4,500万股为H股“全流通”股份，4,500万股为内资股）零跑汽车股份，占协议签署时零跑汽车总股本的7.88%。本次转让完成后，公司不再持有零跑汽车股份。出售价格为每股38.81港元，总出售价为34.93亿港元。

点评

通过该笔交易，收购人Stellantis集团可加速全球化及新能源转型。零跑汽车的新能源技术和创新能力能弥补其短板，丰富产品矩阵，如零跑汽车的全域自研技术可赋能旗下克莱斯勒等子品牌，实现技术协同。在中国市场表现较弱的Stellantis集团，借此合作可拓展中国市场，同时利用零跑汽车技术布局全球。

对零跑汽车而言，可加速其产品出海步伐。借助Stellantis集团全球销售网络及业务体系，零跑汽车产品能更快走向海外。还能提升产品竞争力，借鉴Stellantis在传统汽车技术等方面的优势，提升产品品质性能。此外，与Stellantis合作可增强零跑汽车国际影响力，吸引更多合作伙伴和客户。

总体来看，双方合作互利共赢。在技术、市场、资源等方面互补，为中国新能源汽车企业与国际车企合作提供样本，对全球汽车产业发展有积极意义。此次合作有望助力双方在全球汽车市场竞争中取得更好发展。

4. 海南橡胶协议收购中化国际全资子公司中化新持有的HAC 36.00%股权

2022年11月17日，海南天然橡胶产业集团股份有限公司（以下简称“海南橡胶”）拟以支付现金的方式，通过境外SPV收购中化国际全资子公司SINOCHEM INTERNATIONAL（OVERSEAS）PTE.LTD（以下简称“中化新”）所持有的HALCYON AGRI CORPORATION LIMITED（以下简称“HAC”）公司574,204,299股已发行普通股股份（约占HAC公司已发行普通股的36.00%）。本次协议转让的收购价格为0.315美元/股，对应的交易对价为1.81亿美元。本次协议转让完成后，海南橡胶将通过境外SPV持有HAC公司36.00%已发行普通股，成为HAC公司的间接控股股东。

此外，根据《新加坡收购与合并守则》的相关要求，本次协议转让完成后，境外SPV因持有HAC公司36.00%的股份，将触发强制要约收购义务，将以与本次协议转让相同的价格（即0.315美元/股）对HAC公司的全部剩余股份发起强制要约收购。根据《股份购买协议》的相关约定，中化新将不参与本次强制要约。视要约接受情况，境外SPV通过强制要约至多取得HAC公司555,091,286股已发行普通股股份（约占HAC公司已发行普通股股份的34.80%），本次强制要约至多需支付1.75亿美元，则本次交易的交易对价合计至多为3.56亿美元。通过本次交易，HAC公司将成为上市公司的控股子公司。上市公司最终通过境外SPV至少持有HAC公司36.00%的股份，至多持有HAC公司的70.80%的股份。截至2023年4月28日，橡胶投资通过协议转让和强制要约合计收购HAC公司1,086,256,025股股份，占HAC公司已发行普通股股份的68.10%，本次重组已实施完成。

点评

本次交易标的HAC公司，是一家总部位于新加坡的全球天然橡胶公司，为中国中化下属中化国际的控股公司，持股比例达到65%，主要从事天然橡胶的种植、加工和贸易业务。标的公司国际化程度较高，业务涉及亚洲、欧洲、美洲和非洲。公司于2013年在新加坡交易所凯利板上市，业务范围涉及橡胶全产业链。截至2021年12月31日，标的公司在全球共拥有4处种植园及37家工厂，逾1.5万名员工，近60万亩橡胶林，年总加工产能约为142.9万吨。“交易完成后，公司将得以迅速获取天然橡胶及乳胶的海外加工产能，有助于进一步提升天然橡胶国际市场话语权及影响力。”海南橡胶称，“公司还将获得HAC的下游客户资源，并利用标的公司的欧美贸易网络进一步切入全球天然橡胶贸易，扩大天然橡胶贸易业务规模。”

5. 台州五城协议收购浙江仙通股东李起富、金桂云和邵学军29.09%股权

2022年9月25日，台州市金融投资集团有限公司全资控股企业台州五城产业发展有限公司（以下简称“台州五城”）与浙江仙通橡塑股份有限公司（以下简称“浙江仙通”）股东李起富、金桂云和邵学军签署了《股份转让协议》，约定李起富、金桂云和邵学军将所持浙江仙通45,000,000股股份（占浙江仙通总股本的16.62%）转让给台州五城。同日，李起富签署了《表决权放弃承诺书》，承诺放弃其所持浙江仙通剩余的67,680,000股股份（占浙江仙通总股本的25%）的表决权。本次权益变动前，信息披露义务人持有上市公司45,000,000股，占上市公司总股本的16.62%，为上市公司控股股东。

2023年1月5日，台州五城与李起富、金桂云和邵学军签署《第二次股份转让协议》，约定李起富、金桂云和邵学军将所持浙江仙通33,750,000股股份（占浙江仙通总股本的12.47%）转让给台州五城。本次权益变动后，台州五城将实际支配浙江仙通78,750,000股股份的表决权（占浙江仙通有表决权股份总数的29.09%）。

各方同意，综合受让方对上市公司的尽职调查结果、上市公司的股票市场价格及合理市盈率、上市公司未来整合发展等因素，经友好协商，第一次股份转让价格为17.5元/股，股份转让的交易总价款合计人民币约7.88亿元。第二次股份转让价格为18元/股，股份转让的交易总价款合计人民币约6.08亿元。两次股份转让交易总价款合计为13.95亿元。

点评

浙江仙通主要从事汽车密封条等汽车零部件的研发、设计、生产和销售。经过近三十年的持续专注和发展，公司已经在技术、成本控制和协同服务等多个方面建立了竞争优势，目前已与吉利汽车、长安汽车、奇瑞汽车、一汽大众、上汽大众、上汽通用、比亚迪等众多头部自主与合资整车制造商建立了深度合作关系，充分受益于优质客户的高速增长。在该笔并购前，金桂云和邵学军均担任浙江仙通的董事职务，分别任总经理与副总经理。李起富作为浙江仙通的控股股东及实际控制人，同时担任董事长一职。

在并购完成后，浙江仙通的实际控制权正式转让给台州五城。浙江仙通将继续保持民营企业日常的经营机制，同时台州五城也将充分借助台州市丰富的产业资源和政策优势，扮演对台州地区产业投资的引导者、结构调整的促进者以及服务提供者的角色，为浙江仙通业务发展提供全方位支持，助力浙江仙通在新能源汽车产业等领域的布局，进一步提升公司的行业地位和核心竞争力。

B.22
新能源行业并购分析

徐福云　刘　鑫　杨　倩*

摘　要： 2023年，全球新能源行业呈复苏态势。中国新能源行业在经历了飞速扩张期后，增速趋缓。从细分领域来看，锂电池赛道增长放缓趋势较为明显，但仍是2023年能源领域中炙手可热的细分领域之一。除锂电池外，同样面临产能扩张趋缓的还有光伏赛道，在产业政策引导和市场需求带动的双重作用下，2023年光伏行业各环节均实现了快速发展，使得大部分环节已经面临产能过剩局面。氢能赛道则在政策的大力扶持下，2023年体现出较强增长潜力，并购投资活动持续活跃态势。2024年，新能源行业并购交易机遇与挑战并存。

关键词： 新能源　并购交易　投资　锂电池　氢能　光伏

一、2023年新能源行业并购趋势概述

回顾2023年，从全球角度来看新能源行业整体上呈复苏态势，呈现出能源价格整

---

* 徐福云，北京尚勤律师事务所主任律师，具有建造师、上市公司独立董事资格，最高人民检察院民行专家，北京市律协合同委副主任，全国工商联城市基础设施商会会员，全联并购公会培训委员会秘书长、全联女企业家商会理事、2015年《最高人民法院指导性案例研究》编委成员、2008年曾被司法部授予“个人二等功”。执业26年，擅长商事合同、并购交易、建筑工程、重大疑难复杂民商事诉讼及仲裁业务；刘鑫，北京尚勤律师事务所律师，毕业于中国政法大学、伦敦大学学院，具有基金从业资格，精通各类基金及资产管理业务，具有8年以上基金、资管管理一线业务经验，擅长并购交易、不良资产处置，各类民商事诉讼纠纷；杨倩，北京尚勤律师事务所实习律师，毕业于中央民族大学，法学与英语双学位；CIPP/E（注册信息隐私专家/欧盟）、CIPP/US（注册信息隐私专家/美国），擅长并购交易、涉外合同审核。

体回落、能源供需基本平衡和能源转型稳妥推进的几大特征。受宏观趋势和“黑天鹅”事件影响，石油和天然气市场面临更多变数，中国资本市场监管及改革持续不断加码，投资并购市场经历了新旧动能转换的挑战。随着IPO阶段性收紧和上市企业再融资受限的挑战，2023年新能源产业链的并购交易趋于放缓。不过，在全球推进低碳转型和能源革命的大背景下，新能源行业投资并购活动依然成为投资并购领域的亮点。2023年，站在世界的大舞台上，中国新能源并购交易行业持续发力，机遇与挑战并存。

数据显示，2023年度新能源行业产业链投资并购交易增长趋势已经放缓。2023年，交易总量达到近五年最高的784笔，较2022年增长17%；已披露交易金额达到2,204亿元人民币，较2022年下降34%；剔除超百亿元的大型交易后，平均已披露交易金额3.98亿元人民币，较2022年下降25%。从细分领域来看，随着头部锂电池企业在2022年经历高速增长、阶段性完成产量扩充后，2023年锂电领域的并购交易不论在总笔数还是交易金额上都趋于下降；其他热点行业诸如光伏、储能、氢能领域等也出现了同样的下降趋势。

从参与主体的角度来看，民营企业参与新能源行业投资并购热度不断增加，参与交易数从2019年的112笔增加至2023年的278笔；同时，在能源转型政策导向下，国企参与新能源行业投资并购交易数量在2023年也有较大规模的攀升，同比上升32.4%，达到311笔；PE/VC参与投资数量仍为最多的，整体稳中有升，同比上升35.3%，达到339笔。[①]

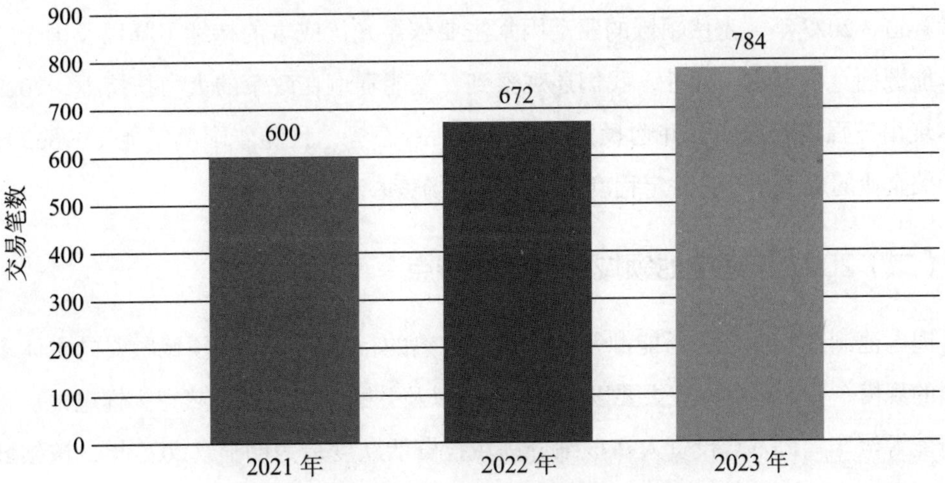

图1 2021—2023年中国新能源并购交易趋势

① 本文数据来源于投中数据、汤森路透、清科数据、普华永道分析、德勤分析、wind数据等。

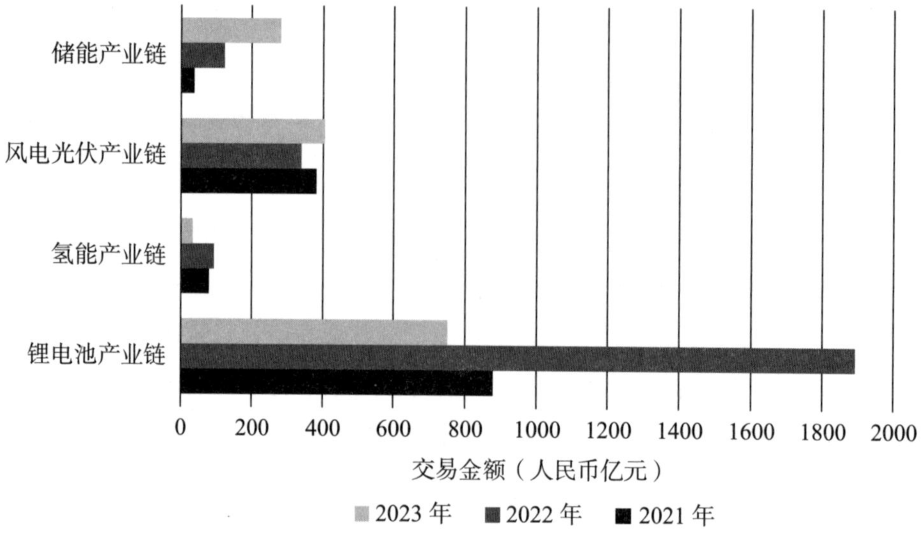

图2　2021—2023年中国新能源并购交易金额（细分领域口径）

二、新能源细分领域并购交易概览及特征

（一）新能源细分领域并购交易概览

锂电池产业链在经过此前几年的飞速增长后，2023年并购交易已趋于平缓，交易金额相较最高峰已经开始稳步回落。值得一提的是，锂电池赛道虽增长放缓，但仍是新能源领域中炙手可热的细分领域之一；除锂电池外，同样面临产能扩张趋缓的还有光伏赛道，2023年，光伏领域的驱动因素主要依靠光伏成本的持续下降以及国企特别是非能源国企的聚焦；此外，我们还观察到，氢能赛道在政策的大力扶持下，2023年也体现出较强增长潜力，并购投资活动持续活跃态势，且随着国鸿氢能（09663.HK）等相关企业的成功上市，一定程度上提振了市场信心。

（二）2023年锂电池领域并购交易特点

锂电池制造行业作为新能源领域中最为成熟的行业之一，该领域融资的主体多为成熟的规模企业，融资方式主要以IPO、定增以及并购为主，投资热点为锂电池、材料及新能源汽车。PE/VC投资人在该细分领域投资活跃度最为明显。2023年，该领域的并购融资交易主要呈现出以下几个明显特征。

第一，头部锂电池企业倾向通过布局锂电池核心原材料，加强对于价格和供应稳定性的主动权。2023年国际关系局势多变、欧盟发布《欧盟电池和废电池法规》，结合此前美国《通胀削减法案》政策影响，锂电池企业的海外布局更加倾向于与当地企业的合资合作。

第二，由于碳酸锂价格的波动和供应过剩，国内企业对海外锂矿等布局意愿相较于前两年呈现一定程度的下滑，产能扩张决策更加审慎。

第三，高压快充作为缓解新能源汽车“充电焦虑”的重要技术持续受到企业关注，头部车企及动力电池企业在2023年已经在快充电池领域实现一定突破。高压快充带动原材料、充电桩等上下游各环节的技术升级需求，预计未来高压快充相关产业将进入快速发展期。

第四，价格战特征凸显。随着价格战及“内卷”趋势加重，车企和锂电池制造商的降本需求变成首位需求。未来，主打高度数字化、自动化、智能化的生产模式或将成为该细分领域的并购热点。

（三）2023年氢能产业链并购交易特点

氢能为目前能源转型中的重要环节，随着国家层面的逐步重视，氢能的战略地位也日益凸显。2022年3月，国家发展和改革委员会、国家能源局联合印发《氢能产业发展中长期规划（2021—2035年）》，随后，各省市自治区也初步出台了关于氢能的发展规划。根据公开数据统计，截至2023年，北京、上海、内蒙古、天津、河南等30个省、自治区、直辖市发布了氢能源相关专项规划。2023年度，氢能领域的并购交易总体呈现如下几大特征。

第一，氢能领域并购交易总体保持活跃，但融资金额总体有所下降。下降主要是受到经济下行趋势挑战以及资本市场受冷影响，但2023年该领域也不乏亮点，国鸿氢能（09663.HK）、金源氢化（02502.HK）的成功挂牌上市都给市场带来了不小的信心提振效应。

第二，从参与主体来看，PE/VC主要为首期投资的主要参与者，政府资金则发挥较大引导推动作用。

第三，非控制权为目的的交易占多数。国资背景企业在投资并购交易中明显活跃程度更低，国企偏好直接参与氢能项目，发挥基础投资建设的引领作用。

第四，从产业链上下游来看，2023年该领域并购交易集中于产业链中游，但有逐步向上游产业链发展的趋势。以往氢能企业融资主要集中在产业链中游，2023年该领域投资热点逐步向上游的绿氢产业倾斜。2022年有3笔位于产业链上游的投资并购交易，2023年则迅速增加至16笔。

（四）光伏领域并购交易特点

2023年，光伏产业链整体并购交易呈增长趋势，国内光伏新增装机量约216GW，远超行业预期。但无法忽视的是在产业政策引导和市场需求带动的双重作用下，光伏行业各环节均实现了快速发展，使得大部分环节已经开始展现出产能过剩的情况。随着2023年产业链价格大幅下行，叠加资本市场的低迷及IPO政策收紧、定增等融资计划受阻等因素，光伏企业投资并购交易趋势放缓，并购交易呈现出以下特征。

第一，从投资方来看，PE/VC在光伏产业链投资并购交易中占比较高，国企在光伏产业链并购中主要方向为配合产业配套或保障供应链角色。

第二，如前文提到的，光伏产业正从快速扩张回归理性。随着竞争愈发同质化，行业洗牌期已经开始，降温态势凸显。

第三，海外光伏市场需求强劲，但随着贸易保护主义抬头，中国光伏企业海外扩张布局将目光转向东南亚、中东等地区。

三、新能源并购交易热点行业案例及趋势分析

目前，全球各地最主要的能源供给来源主要还是来自传统化石能源，例如：煤炭、石油、天然气等一次性、不可再生的化石燃料。受中东局势动荡影响，石油价格上涨较快，使得本就受到青睐的新能源的关注度不断提升。风电、光伏、核能、氢能、锂电池等新能源以其清洁、可再生等优于化石燃料的优势，以及人们对风能、生物质能、海洋能等新能源寄予厚望，越来越受到消费者的青睐，新能源的基础设施和储能等支持技术也在不断更新换代。对新能源技术的追求精益求精，世界各国对领先技术的关注，也同时催生了新能源行业的并购重组不断发展。因新能源行业的细分领域各具特点，本文即以新能源行业细分作为分类标准，进一步介绍和阐述。

（一）氢能

1. 氢能行业并购背景

为贯彻落实国家关于发展氢能产业的决策部署，充分发挥行业统一标准对氢能产业发展的规范和引领作用，2023年7月19日，国家标准委、国家发展改革委、工业和信息化部、生态环境部、应急管理部、国家能源局等六部门联合印发《氢能产业标准体系建设指南（2023版）》（以下简称“指南”），《指南》系统构建了氢能制、储、输、

用全产业链标准体系，涵盖基础与安全、氢制备、氢储存和输运、氢加注、氢能应用五个子体系，按照技术、设备、系统、安全、检测等进一步分解，形成了20个二级子体系、69个三级子体系。该标准的出台，必将对氢能产业发展产生全局的规范和指引作用。

随着政策层面的逐步完善，氢能行业的并购交易也将随之有所变化。国内存在诸多初创氢能企业，而境外的氢能发展技术和发展模式有很多值得借鉴之处，这就催生了很多境内外行业洗牌机会和并购重组交易。

2. 氢能行业并购趋势及案例

早在2022年，中车时代电动收购了南京金龙客车的30%股权。因为南京金龙客车在华东地区市场有较强的品牌影响力和客户资源，中车时代电动通过收购南京金龙，将进一步扩大其在氢燃料电池客车领域的市场占有率，协助其在华东地区拓展市场。

从氢能并购交易数量上看，根据普华永道的公开报道提供的数据显示，2023年氢能行业的并购数量达到57笔，处于近年来的较高水平。从57笔中的投资主体看，PE/VC占据半壁江山，高达47笔，国企投资从2022年的6家降至2023年的1家，私企和外企从2022年的11家降至9家。

北京市公共资源交易服务平台披露的股权类挂牌信息可以看到，今年5月，国家电投集团绿能科技发展有限公司、中国石化集团资本有限公司和上海上电电力投资有限公司三家公司计划捆绑出售民营氢能公司上海舜华新能源系统有限公司（“上海舜华”）部分股权，7月的交易结果显示，最终由北京京城机电产业投资有限公司（“京城产投”）受让，成交价格约22,121万元。上海舜华是国内最早从事氢能技术开发的企业之一，深耕氢能技术开发19年，加氢站和车载供氢系统是其核心业务。

本次并购中，京城产投作为北京京城机电股份有限公司（“京城股份”）的关联公司参与并购，由于京城股份和上海舜华存在一定的竞争关系，京城股份变通收购策略，与关联公司京城产投展开合作，由京城产投先行收购并委托京城股份管理标的公司上海舜华的股权。自本次收购完成之后的八年内，京城机电将采取资产重组、股权转让或其他合法方式，启动将上海舜华的股权或其同业竞争资产或业务以公允价值注入京城股份。若无法完成上述交易，则延长托管期限或转让给无关联关系的第三方。该种托管和间接收购并用的方式可以较好地规避因收购上海舜华带来的潜在同业竞争，同时可以在委托管理期内调整标的公司的指标，以便达到合规标准并入上市公司。

参考以上案例，氢能公司并购重组，建议关注以下几点。一是以托管方式作为并购的间接方式，提示关注防止出现关联公司之间的人格混同。在托管过程中，从财务、经营、管理、高管、内部合同审批、资金流动等方面，严格按照法人独立原则，做好委托方与受托方的权责划分。二是建议持续关注标的公司在并网交付等是否符合法律法规政策的规定，及时关注具体政策要求。三是考虑到氢能等新能源行业的特殊性，交易模式的复杂性，政策导向的重要性，建议聘请具备新能源行业并购经验的律师、会计师和专业技术人员，以专业的视角深度调查标的公司的合规情况，全面开展尽职调查。四是如果计划通过并购标的公司达到扩大市场占有率，建议在尽职调查过程中，重点关注标的公司的经销体系、客户名单、门店布局、销售额等商业因素，并评估是否与现有销售体系和交易模式匹配。

（二）风电、光伏

1. 风电、光伏并购整体趋势

从普华永道的公开数据获得，2023年度风电、光伏的交易数量从2022年的340家一跃上升到405家。相比氢能行业，可以看出风电、光伏在新能源领域的发展历史、规模均占据龙头地位。从投资人类型角度看，2023年度，PE/VC基金投资人占比从2022年的35%直线上升至65%，国企投资人从2022年的27%降低至13%，私企、外资投资人占比从2022年的38%降低至22%。全年风光新增装机量超过290GW。海外光伏市场广阔，本土化政策迫使中国厂商加速制造全球化扩张。

随着光伏、风电企业近年来产能规模扩大的加速以及多类型投资参与者的逐步加入，中国风电和光伏行业逐步迈入并购整合、技术和规模提升阶段，预计未来几年年市场淘汰落后产能趋势明显。在该背景下，投资主体将更加关注具备较为先进设备和技术能力的标的公司，比如具备新型电池结构开发能力的创新公司。

国内资本市场变化较大，考虑境外融资并拓展海外市场是光伏、风电企业的不错选择。从汉能当年收购德国Solibro品牌、美国的Global Solar Energy公司（GSE），可以窥见，虽然经营层面的负面新闻缠身，但是该德国品牌的发电量曾经获得的客户评价仍较高。另据《中国证券报》报道，今年10月，全球最大的光伏一体化企业晶科能源发布公告称，计划通过发行全球存托凭证（GDR）的方式在德国法兰克福证券交易所挂牌上市。拟通过发行GDR，吸引更多国际投资者，更好应对行业竞争和海外市场挑战。公告显示，晶科能源本次在德国法兰克福证券交易所发行GDR募集资金总额不超过45亿元人民币或等值外币，将主要用于美国1GW高效组件项目和山西二期14GW一体化生产基地建设项目。

2. 光伏并购案例及其分析

近日，通威股份公告称，拟以现金增资方式收购江苏润阳新能源科技股份有限公司51%股权，交易对价不超过50亿元。交易完成后，润阳股份将成为通威股份的控股子公司。

江苏润阳并购案也被视为光伏行业大整合的开始，必将重塑光伏行业的竞争格局，尤其是在电池片环节。通威在公告中也提到，本次交易将有利于充分发挥公司与润阳股份的产业链协同效应，进一步巩固公司在高纯晶硅、高效太阳能电池和组件等核心环节的市场占有率，并有效补充公司海外产能布局，帮助公司拓宽海外高溢价市场的销售渠道，提升全球综合竞争力，符合公司“打造世界级清洁能源运营商”的长期战略目标。公开数据显示，润阳股份目前在美国、泰国、越南等部分海外市场建设了产能，这将有助于通威股份未来的海外布局。建议在境内外并购过程中和过程后，除常见的对标的公司股权结构、资产和负债情况、合同签署和履行、诉讼与行政处罚等风险点外，重点关注几点。一是关注在“走出去”投资建厂过程中针对反规避、反倾销、原产地等贸易合规要求并展开充分评估，防止因水土不服产生额外罚款成本支出；因光伏、风电等清洁能源行业，多为各国鼓励发展的绿色产业，建议在并购前调查是否存在限制境外股东持股的政策，如涉及欧盟主体，除国家层面政策，建议同步调查欧盟层面的法律法规，以免收购后无法实际管理、融合标的公司。二是除常见法律法规以外，建议及时关注属地并网政策和补贴政策，以便知晓并购后标的公司的效益；需考虑标的公司持有的项目是否纳入本地建设规模指标，以便享受可再生能源电价补贴，此前多家光伏公司因补贴迟迟不能到位，陷入资金流动障碍。三是如涉及上市公司并表等，及时与上市监管机构沟通，适度适时披露相关信息、合规经营。四是在对重点项目尽调过程中，标的公司是否以自己为主投资开发为目的开展的经营建设，如存在以倒卖光伏项目备案批文或非法转让牟取不当利益为目的的项目，建议与其他风险因素综合考虑是否继续收购，如风险项目可以剥离，不是并购的主要标的，建议在并购前要求转让方及时剥离处置。

（三）锂电池

1. 锂电池行业整体投资情况

根据公开报道，PE/VC基金投资人在新型技术投资上更为活跃，正负极前沿技术材料及各类纳米导电辅材吸引着大量基金投资人的关注；而以固态电池为首的新型电池技术中则有约77%的交易由基金投资人领投。国企投资数量于2023年大幅减少，但同时也注意到众多PE/VC背后的母基金出现了国资的身影，国企和政府性基金也正逐步改变其投资方式。

动力锂电池产业链上游为各类矿石基础原材料及其加工产品，包含钴、镍、锰、锂、磷矿、铁矿和石墨矿等原材料的开采和加工产业；中游为电池材料，包括正负极材料、隔膜、电解液等，将前述材料组装成电芯后进行制造和封装；下游为动力电池系统制造，参与主体为电池制造厂商。以下将根据产业不同层级的并购案例和分析，阐述锂电池行业的并购注意事项。

2. 锂电池并购案例及其分析

除财务投资人外，产业投资人也在积极布局固态电池初创企业，如前十大交易中的上汽（尚颀资本）对清陶能源新一轮的加注，前期战略投资人还包括广汽、北汽等。

随着新能源技术的推广，锂电池应用市场快速增长，并购标的公司需考虑可以加速本企业先进技术储备和产品更新换代。近日，龙蟒佰利公布，公司全资子公司河南佰利新能源材料有限公司（以下简称“佰利新能源”）拟以现金收购焦作市中州炭素有限责任公司（以下简称“中州炭素”）所持有的河南中炭新材料科技有限公司（以下简称“中炭新材料”）100%股权，交易价格为2.92亿元。本次交易完成后，佰利新能源将拥有中炭新材料100%股权。本次收购为典型的以股权购买形式收购具备潜力的子公司，以达到母公司行业布局的目的。其中，建议重点关注标的公司如下几点。一是技术、专利持有方是否均由标的公司掌握。关注标的公司是否取得安全生产许可证、辐射安全许可证、危险化学品安全使用许可证、排污许可证等动力电池生产相关资质。二是电池产品是否遵守了《固定式电子设备用锂离子电池和电池组安全技术规范》（GB 40165-2021）《电动汽车用动力蓄电池安全要求》（GB 38031-2020）《2022年汽车标准化工作要点》等相关强制性标准。关注标的公司持有的项目产能是否为经有权政府机构认定的合规产能，是否依法办理核准备案、土地使用、质量检验、消防验收等手续，生产布局、工艺与装备、产品质量、能源消耗和环境保护是否满足国家或地方行业规范要求。三是电池安全及质量瑕疵，关注近三年应用了合作主体产品的终端汽车发生与动力系统相关的事故的情况，标的公司是否存在或是否需要承担责任。关注产品瑕疵的处置方式，是否曾因产品质量问题发生退、换货等情况。关注电池产品生产等是否遵守环境保护相关法律、法规和政策，环境影响评价审批手续是否齐备并处于有效期内。四是需同时应关注标的公司技术人员的劳动合同续期等，以便维持以技术为核心的锂电池标的公司的经营稳定性。

在全资并购并纳入集团内布局的标的公司，建议在并购过程中开展尽职调查时结合锂电池行业并购特点开展调查，一是遵循审慎性原则，从多角度、多渠道对标的公司和转让方提供的信息进行复核、检验、印证。建议在涉及境外并购过程中，考虑境外并购律师希望促成交易的意愿较为强烈，除依赖属地律师的尽调报告以外，建议同步咨询本公司具备境外并购经验的法务或者境内律师的意见，双重印证境外律师调查报告的合理性和与受让方的匹配性。同时，建议电池企业出海关注投资不确定性，比如政治风险、政策风险、汇率风险，当前俄乌冲突和中东局势动荡，如计划投资海外市场，建议投资前充分了解市场状况、购买适当保险。二是遵循独立性原则，尽调律师应独立搜集信息，通过实地访谈、调查、函证调查等方式，展开法律分析。同时，在并购过程中会涉及多次会议、电话、现场等调查，建议在具体调查行动中应进行记录、存档，做到法律意见有迹可循。三是与转让方沟通，了解并购核心目的，关注行业发展方向，例如2023年以来，国内电芯厂商、车企已经发布至少十款新的电池技术，例如宁德时代的“神行”和“凝聚态”，华为“巨鲸”，欣旺达“闪电”等。四是遵循主次原则，对转让方重点关注的行业并购要素，例如标的公司的开采权资质、财务数据等，应开展细致、全面调查；而对于标的公司日常管理中的细微瑕疵、一般事项，因尽职调查时限要求，可以考虑采取一般性调查，但并购的基本流程和尽调清单中的事项不能省略。能源行业并购，建议持续重点关注标的公司持有的矿业权证照合法合规性，例如存在权利负担或限制、是否在有效期内、法定最低勘查投入额度、是否被纳入政府整合计划，等等。矿业权证照可以从整体集团架构上加强顶层设计，例如考虑由控股子公司直接获得锂资源的开采权，如动力电池企业国轩高科和宁德时代等即采用了该种方式；股权投资国内锂盐企业或与锂盐企业建立合资公司也是不错的布局策略，如比亚迪与盐湖股份建立合资公司盐湖比亚迪，在察尔汗盐湖建设碳酸锂产线。

四、结语

2014年中央财经领导小组第六次会议上，习近平总书记提出了“四个革命、一个合作”能源安全新战略，为我国能源安全事业指明了发展方向。回顾2023年，纵观全球，旧的能源体系不断受到挑战，新的能源体系仍在不断重塑与建立的过程中。当今世界正经历百年未有之大变局，各方对能源转型和能源安全的认识更加理性务实。2024年，影响能源格局的“黑天鹅”事件仍在不断发展演化，叠加全球经济衰退的预期、贸易保护重新抬头，我国的新能源并购交易市场面临更多不确定性。未来，锂电池行业将面临结构性产能过剩危机，行业面临加速整合阶段，落后企业将被市场淘汰，海外布局迫切性正在加剧；氢能作为交通领域的重要绿色燃料，未来将探索多元化的应用场景；光伏领域则面临如何打破产业内卷、推动产能和技术变革的挑战。在这样的大背景下，我国新能源企业正大力探索科技和商业模式创新，以更加务实的合作举措来应对全球性挑战。

B.23

2024年券商行业并购分析

仇　健　韩　梅　曾晟迪　张天然*

摘　要： 近期，在政策引导下国内券商整合步伐明显加快，对照海外券商并购变迁历史，回顾我国券商成长轨迹，在券商行业的整体发展中，并购扮演着毋庸置疑的重要角色。当前，券商行业在国家系列政策的推动下，迎来新一轮并购热潮，以及新一轮历史发展机遇。本文基于不同并购动机、对国内121家券商从多种分类维度进行了梳理，结合券商业务转型发展的新趋势，对未来并购整合的可能趋势进行了探讨。

关键词： 券商并购　历史变迁　并购动机　竞争格局　业务转型

一、前言

我国证券行业历史上经历过多次并购浪潮。20世纪90年代末期，为规范行业发展，从“混业经营”到“分业经营”引发了第一次并购潮；2004年行业风险集中爆发，监管层开展综合治理推动了第二次并购潮；2008年开始为避免同一股东旗下的证券公司

---

* 仇健，厦门大学会计学博士，任职经历包括厦门路桥，厦门港务，招商证券投行、投资部门等；韩梅，对外经济贸易大学金融学硕士，任职经历包括中信建投证券，博时基金，招商证券等；曾晟迪，厦门大学经济学硕士，任职经历包括招商证券，普华永道，火炬电子，光源资本等；张天然，对外经济贸易大学金融学硕士，任职于招商证券投行。

间的关联交易与同业竞争，证监会提出“一参一控”的要求，催生第三次并购潮；本轮“市场化”并购潮旨在通过并购提升证券公司自身综合实力，推动行业高质量经营。伴随2023年中央金融工作会议提出培育一流投行开始，以新“国九条”及1+N政策体系为代表的配套政策陆续出台，行业整合步伐明显加快，已披露的证券业并购案达到七起。这其中，既有中小券商的互补合作，也有头部券商的强强联合，标志我国证券行业进入新一轮并购整合的高峰期。

二、中国券商并购变迁

20世纪80年代，我国证券市场开始初步形成。1987年，我国第一家专业性证券公司深圳特区证券公司成立，1990年、1991年沪深交易所相继设立，我国全国性证券市场诞生。随后，国泰君安证券、华夏证券等全国性证券公司相继成立，各省、市也陆续成立自己的证券公司。

中国证券行业共发生过三次较大的并购潮——1995—2003年因混业经营改为分业经营，形成多家头部券商雏形；2004—2011年因资本市场寒冬与综合治理行业风险要求，多家券商进行低成本扩张；2012—2022年因“一参一控”政策与优质券商创新发展需求，推动券商的股权转让与吸收合并。

表1　中国证券行业的三次并购浪潮

阶段（年份）	推动重组原因	券商5%以上股权变更案例数
1995—2003年	监管要求混业经营改为分业经营	–
2004—2011年	市场持续低迷下综合治理行业风险要求	163
2012—2022年	“一参一控”要求与优质券商创新发展需求	40

数据来源：证监会、国泰君安研究所、招商证券整理

阶段一（1995—2003年）：我国证券行业建立之初多数由银行机构投资或兼营，内部管理混乱。1993年12月，国务院发布《国务院关于金融体制改革的决定》，1995年7月《中华人民共和国商业银行法》颁布实施，规定银行、证券分业经营。银证脱钩下，部分专业券商通过重组银行及旗下信托公司下属营业部发展经纪业务。如广发证券通过兼并广东发展银行、中银信托、广东国际信托投资等公司的营业部优化地理结构分布；银河证券在合并原五大行等所属证券营业部基础上成立。同时，因金融各细

分行业尚无相应专业法规，违规风险高发，监管及地方政府为化解风险，推动券商合并。如国务院与证监会为化解君安证券审计违法风险，合并国泰证券与君安证券，新设合并成立国泰君安；上海市政府为化解万国证券参与国债期货市场投机交易、操纵市场价格的风险暴露，合并申银证券与万国证券，新设合并成立申银万国证券。

阶段二（2004—2011年）：2004—2006年资本市场持续寒冬，多家券商开展兼并收购实现快速低成本扩张。在此阶段，高风险证券公司被托管或关闭，大型券商、国有金控集团和外资三类机构借此机会参与风险处置并通过并购重组实现自身发展。模式一为优质券商采用增资扩股、清偿债务、接收资产等方式收购风险券商以优化区域及业务布局，并整合被并购券商成为子公司。如中信证券收购金通、万通证券以完善在山东、浙江的区域布局，华泰证券收购亚洲证券、联合证券以完善经纪、投行的业务布局。模式二为注资重组风险券商，同时参控股多家券商。在国务院要求下，中央汇金及其全资子公司建银投资等作为重组平台，重组方式包括新设证券公司承接证券业务、资产处置、减资缩股、注资持股等。模式三为外资参与国内券商风险处置新设全牌照合资券商。如瑞银集团新设瑞银证券投资，重组北京证券以获得经营证券业务全部牌照并承接部分资产和人员。

阶段三（2012—2022年）：2008年，随着我国证券业发展步入新阶段，多家大型集团化券商已初现雏形，但股东同时参控多家公司致使证券公司间股权结构趋同，同业竞争、关联交易等问题日益凸显。基于此，证监会与国务院相继出台《关于证券公司控制关系的认定标准及相关指导意见》和《证券公司监督管理条例》，要求一家机构或者受同一实际控制人控制的多家机构参股证券公司的数量不得超过两家，其中控股证券公司的数量不得超过一家。在“一参一控”要求下，“汇金系”“建银系”“中信系”“明天系”等大型金控平台整合拉开帷幕。

同时，2012年之后，传统经纪业务面临挑战，优质券商基于客户资源、业务模式、资本金、牌照等多方面的需求，开展并购重组。如2014—2015年汇金将申银万国与宏源证券合并，整合长三角申银万国经纪、新三板、研究所优势，与西部的宏源证券债券承销、资管优势；2017年中金公司受让汇金所持中投证券全部股权，借助中投广泛覆盖的营业网络和庞大的客户群，帮助中金公司完善零售经纪业务；2012年中信证券并购里昂证券，加快发展国际市场；2015年东方财富合并西藏同信证券，取得国内市场的证券业务经营资格，利用自己的客群优势，与传统券商业务进行深度融合；2019年中信证券并购广州证券，快速提升中信证券在广东省的市场份额，补强区域竞争力等。

自2023年下半年以来，监管多次鼓励头部券商通过收并购的方式做大做强，新“国九条”延续严监管思路，券商行业分化加剧，头部券商规模优势日益明显。2024年9月，国泰君安发布公告拟吸收合并海通证券，是中国资本市场史上最大规模的证券公司A+H双边市场吸收合并案例，也是新“国九条”后首起头部券商并购案例，头部整合有望产生示范效应，推动行业并购重组进程提速。

三、海外券商并购变迁

纵观华尔街券商的发展历史，核心影响因素依然来自宏观经济、资本市场发展水平和行业管制制度的变迁三个方面。我国券商同质化显著，差异性主要在于规模，而美国券商经过多年发展，已经形成了全能券商、精品投行、财富管理、低折扣经纪等多种模式并存的竞争格局。

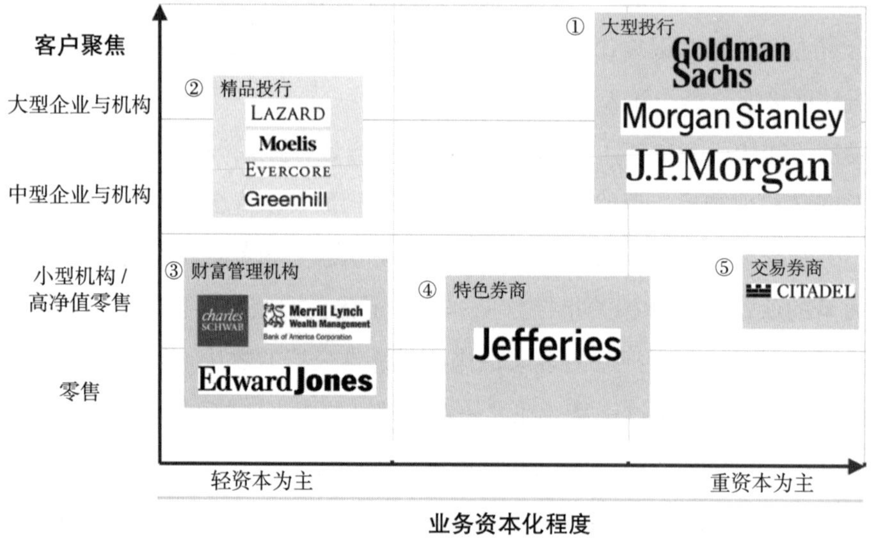

图1 美国券商格局

资料来源：中国战略与咨询领域的第三方研究服务机构上海兆曦企业管理咨询有限公司文章《美国券业整合分化史对中国券业的启示：六类券商模式初现端倪》

全能券商业务复杂度最高，业务结构较均衡，其他类型券商深耕部分专业细分领域。

从投资银行业务角度，美国券商按照规模与范围可大致分为三类：大型投行、中型投行和精品投行。大型投行提供全面的投行服务并实现国际化运营，设有商业和零售银行部门，通过财富管理等业务增厚业绩。精品投行则提供较为单一的服务（如并

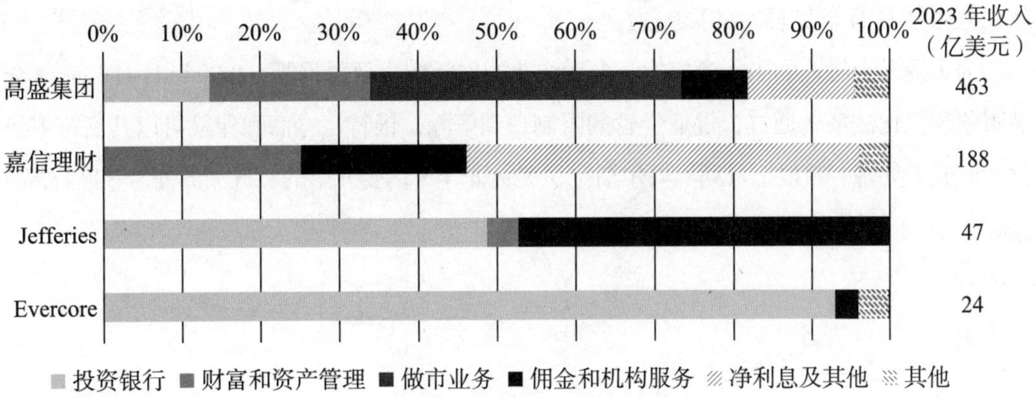

图2　美国代表性券商2023年的收入构成

数据来源：wind

购重组顾问）或专注于特定行业。精品投行可分为区域精品投行和精英精品投行，区域精品投行仅专注于美国本土业务，规模较小；而精英精品投行大多全球化布局，在特定领域的竞争力不亚于大型投行。中型投行通常提供与大型投行相同的综合金融服务，规模在大型投行与精品投行之间。

从经纪及财富管理业务的角度，美国券商可以分为全国性大型券商、地方券商、折价经纪商及做市商等。地方券商面向零售和机构客户，提供各类的证券经纪交易服务。由于大型券商受市场波动影响，尤其2007年金融危机时受到的冲击较大，美国不少零售客户倾向于选择业务相对单一、经营波动较小的地方券商。随着美国共同基金市场的增长，地方券商利用自身资源优势大力开展基金销售业务，在金融产品及服务市场占有率上不断扩张，利润率相对稳定。在财富管理领域，美国中小证券公司根据自身资源和能力，选择了不同的商业模式，大致可分为：主要面向高端客户提供一站式研究交易服务的美林模式、面向中端客户提供产品和一定的服务的嘉信理财模式、面向价格敏感客户以提供低价基础服务为主的亿创理财模式。

（一）欧美券商竞争格局的变化过程

20世纪初期，美国金融业处于混业经营的状态。1929年开始的金融危机严重冲击了美国的金融业，为控制风险，美国国会于1933年通过了《格拉斯—斯蒂格尔法》，明确规定美国金融业实施分业经营模式。此后，专业化投资银行开始发展。这一时期内，美国券商并购分为横向并购与混合并购两个阶段，1998年之前的并购侧重于证券业内的横向并购，在此之后更侧重于混合并购，形成大型金融集团。经多年发展和多次的并购重组后，美林、摩根士丹利、高盛三大巨头以及其他多家美国投资银行在全球证券市场具有举足轻重的影响力。

为了提升金融业的国际竞争力，金融产业的创新融合至关重要。1999年11月4日，《金融服务现代化法案》通过，混业经营的限制得到解除，银行、券商和保险可以开展跨界经营，形成了高盛、摩根士丹利、贝尔斯登、美林证券、雷曼兄弟的“五大券商”垄断格局。

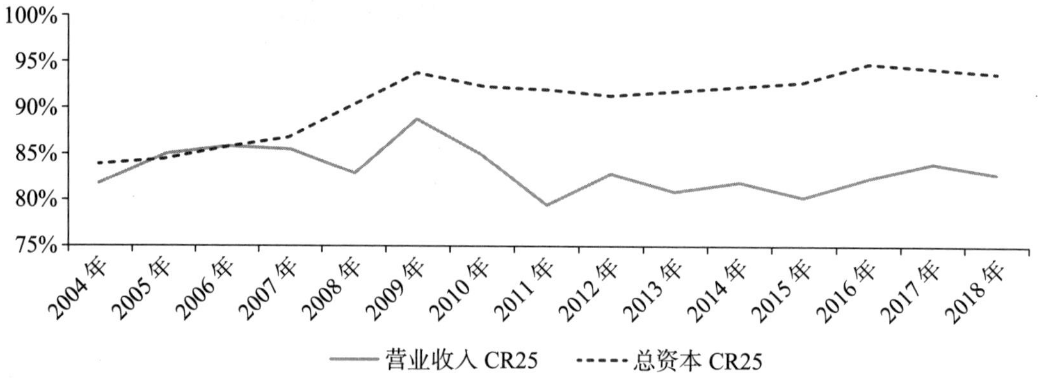

图3 2004—2018年纽交所会员公司营业收入CR25与总资本CR25

数据来源：《东方证券研报》

2007年下半年的次贷危机及其之后的金融危机，冲击了美国众多大型金融机构。2008年9月，五大券商之一的雷曼兄弟宣布申请破产；美林证券也同意以约440亿美元的价格出售给美国银行。此后贝尔斯登、雷曼被银行控股公司兼并，而高盛和摩根士丹利转为银行控股公司，形成了新的“五大券商”的格局，危机之后金融行业集中度进一步提升。

与美国情况不同，欧洲大多数国家执行混业经营政策。20世纪90年代，欧洲的商业银行集团为了拓展自身业务范围，与证券公司进行了大量并购重组。三大著名证券公司霸菱、华宝、摩根建富，都在此期间与大型商业银行集团重组。银行和券商的重组能达到良好的协同效果。

欧洲的跨国金融并购重组也颇具成效。德累斯顿银行在1995年以10亿英镑收购了英国的克伦威特·本森公司，又在1999年6月花费92亿美元收购美国信孚银行。通过一系列并购，德累斯顿银行在全球范围内70多个国家和地区拥有高达1,500多家分支机构。2001年，已经成为德国第三大银行的德累斯顿银行又被德国保险业巨头安联保险公司以230亿欧元的价格收购，合并后的安联保险集团目前已成为全球第四大金融集团。

海外券商并购的动因可归纳为提升盈利能力和综合竞争力，具体而言可分为以下三个方面：

1）由于全球证券行业的竞争加剧，券商之间同质化严重，降低了利润率。券商通过并购可以整合资源、降低成本并扩大市场份额；

2）券商不断通过外延并购补强业务短板，尤其是在投资银行、资产管理、财富管理等业务板块的并购，并通过并购提升综合实力，维持收入与净利润的增长趋势；

3）券商通过并购来扩大现有业务，例如进军新兴市场或拓展新的业务细分领域。这类并购有助于帮助公司在特定领域内做深做细。

（二）代表性券商并购发展史

高盛：多元化综合券商

高盛通过一系列战略性并购从独立投行发展成综合型金融巨头。20世纪90年代高盛通过收购资产管理公司和国际金融机构，拓展全球业务；2000年后，高盛陆续收购清算公司Spear，Leeds & Kellogg等，提升做市、清算和交易能力；2008年后，高盛通过收购德怀特资管公司、联合资本等，加强财富管理业务。近年来，高盛又通过并购发展了金融科技和数字银行服务。

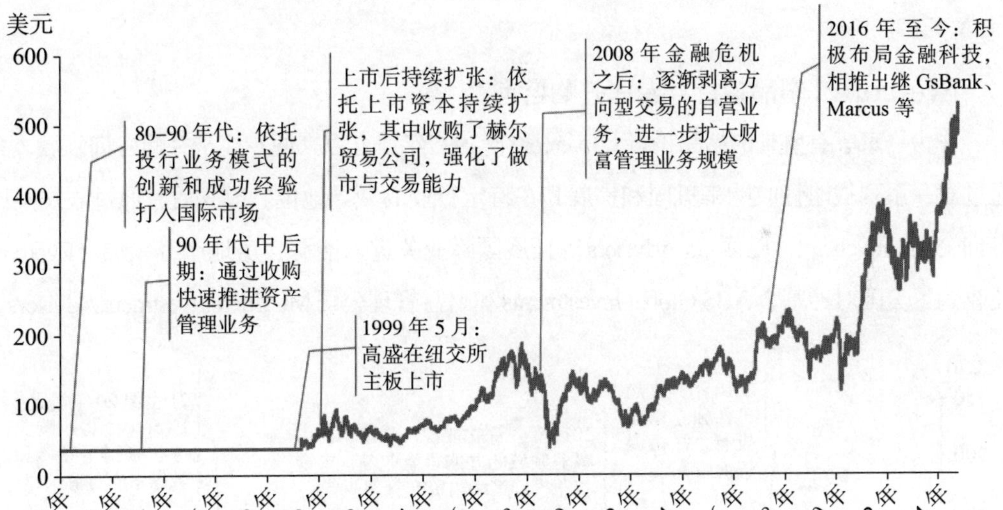

图4 高盛集团股价走势（前复权）

数据来源：wind

摩根士丹利：财富管理与资产管理双轮驱动的综合金融服务巨头

摩根士丹利通过多元化收购，从传统券商发展成为综合金融服务巨头。1997年，摩根士丹利收购Dean Witter，补齐零售经纪业务，拓展财富管理领域；2009年收购知名财富管理公司Smith Barney。2020年，摩根士丹利以130亿美元收购折扣经纪商E–Trade，随后2021年又收购老牌基金公司Eaton Vance。

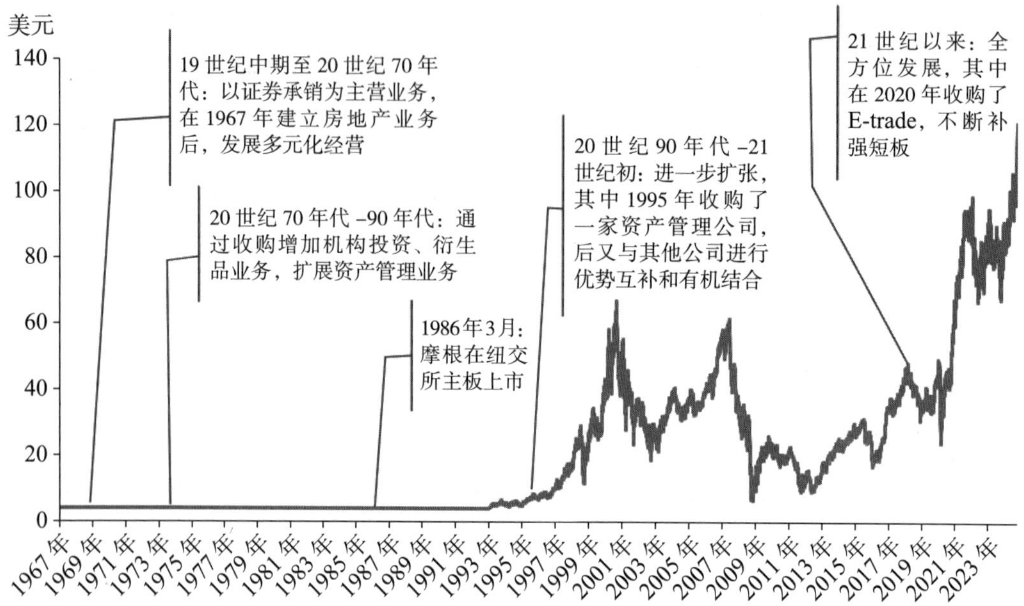

图5　摩根士丹利股价走势（前复权）

数据来源：wind

Evercore：精品投行，专注并购咨询

作为一家享有盛誉的精品投行，Evercore自1995年成立以来便专注于并购咨询领域，并通过对一系列战略性收购来巩固和扩展其在特定行业的领导地位。成立后，通过收购英国咨询公司Braveheart、巴西G5 Advisors等拓展国际业务进入能源、房地产等领域。Evercore还收购了美国对冲基金ABS Global Investments和财富管理公司Mt. Eden Investment Advisors。

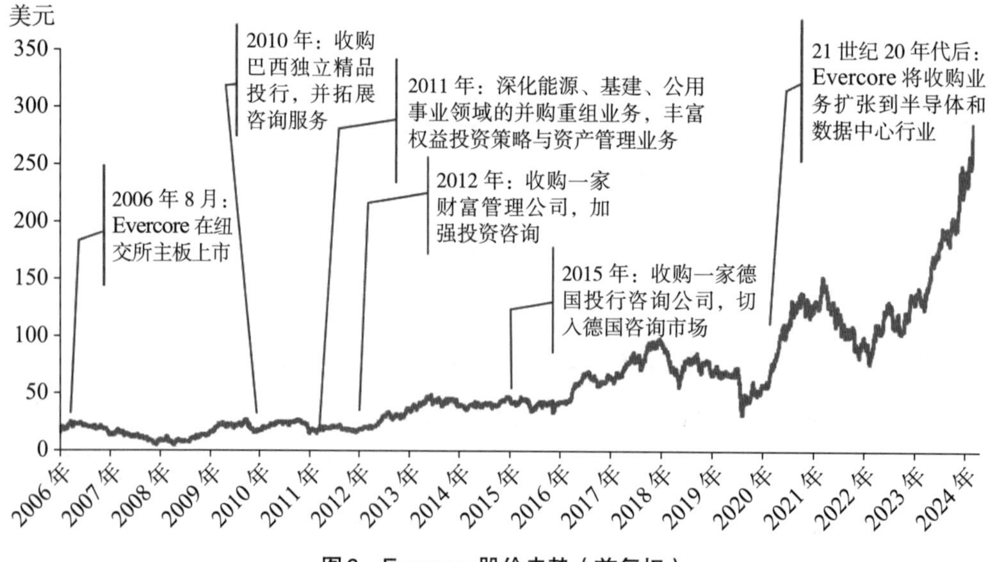

图6　Evercore股价走势（前复权）

数据来源：wind

美林：扩张与风险管理失衡

美林被认为是因快速扩张而风险管理失败的案例。早期美林证券通过并购拓展国际业务，尤其是在私人客户和资产管理领域，如整合多个金融子公司，成为全球领先的财富管理机构。21世纪初，美林过度扩张，尤其是在次级抵押贷款市场的布局导致重大损失。在2008年金融危机中，美林被迫以500亿美元的价格卖给美国银行。由此可见，并购后整合过程中的风险管理是非常重要的。

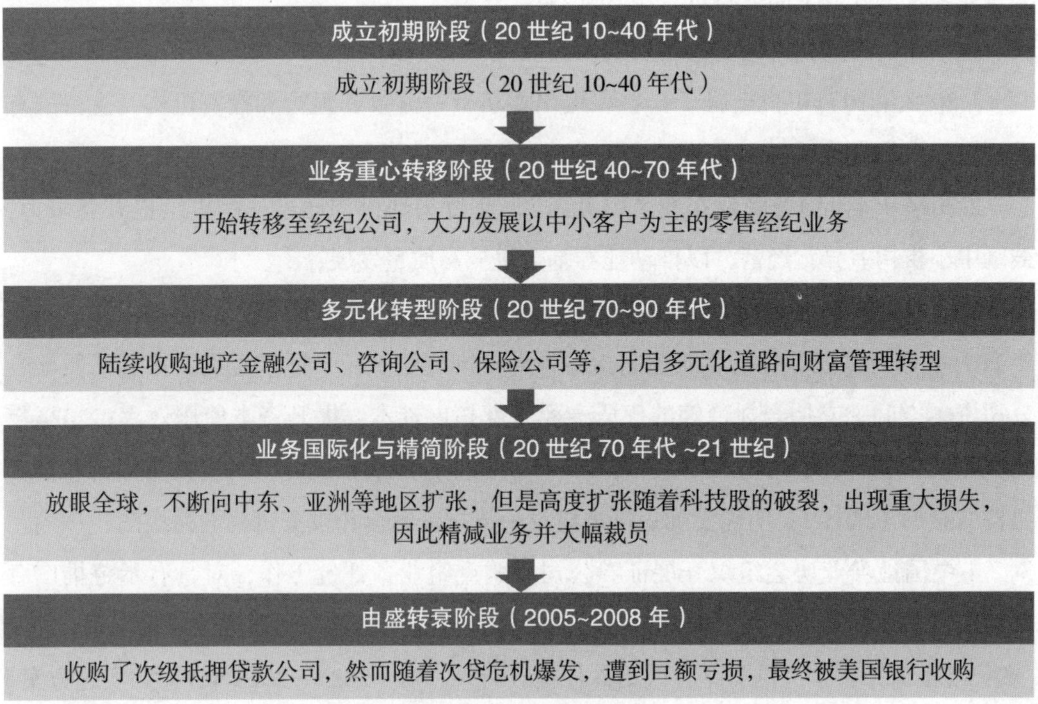

图7　美林证券的发展过程

数据来源：wind

四、近期国内券商行业并购动态

（一）系列政策推动券商行业新一轮并购热潮

2023—2024年，证券行业出现了多起引人注目的并购案例，如“平安+方正”“太平洋+华创”“国联+民生”“浙商+国都”“西部+国融”以及“国信+万和”等。这些并购案例不仅涉及大型券商，也包括中型券商之间的整合。随着政策的积极推动和市场环境的持续改善，券商行业正迎来并购重组的加速期，形成行业集中度提升的趋势。

特别是在2024年，券商并购潮进一步加速。9月5日，国泰君安、海通证券分别发布停牌公告，国泰君安通过向海通证券全体A股换股股东发行A股股票、向海通证券全体H股换股股东发行H股股票的方式换股吸收合并海通证券，并发行A股股票募集配套资金。这两家同属上海国资的头部券商合并，是新“国九条”实施以来头部券商合并重组的首单，也是中国资本市场史上规模最大的A+H双边市场吸收合并、上市券商A+H最大的整合案例，这有助于打造行业领先的综合业务能力。若此次合并顺利落地，证券行业未来的并购空间或将进一步打开。

这些新的市场动态，与监管层的系列政策密切相关：

1.2023年10月中央金融工作会议提出要培育一流投资银行和投资机构，支持国有大型金融机构做优做强；

2.2024年4月国务院发布新“国九条”，支持头部机构通过并购重组提升竞争力，鼓励中小机构差异化经营，以推动证券基金机构高质量发展；

3.证监会多次表示支持头部券商通过业务创新、并购重组等方式做优做强，2023年11月就修订《证券公司风险控制指标计算标准规定》公开征求意见，拓展优质证券公司资本空间，支持合规稳健的优质券商适度拓展资本，提升资本使用效率；2024年3月证监会发布《关于加强证券公司和公募基金监管加快推进建设一流投资银行和投资机构的意见（试行）》明确了加快推进建设一流投资银行和投资机构的路线图；

4.中国证券业协会组织开展证券公司并购重组业务评价工作，对具有示范推广意义的上市公司并购重组典型案例进行正向激励，并提高财务顾问业务的评价比重；

5.《上海市贯彻〈国有企业改革深化提升行动方案（2023—2025年）〉的实施方案》中提出要“支持头部证券公司加强业务创新、集团化经营、并购重组，打造一流投资银行”。

系列政策的推出，旨在通过并购重组增强券商的核心能力、推动行业向高质量发展转型，政策的实施有望促进券商行业的进一步整合，市场集中度进一步提升，券商行业将迎来新一轮历史发展机遇。

（二）近期国内券商并购案例

2023年以来证券行业的整合并购案例，大致可以分为三类：

1.地方国资内部券商的整合，如上海国资旗下国泰君安+海通、深圳国资旗下国信+万和；

2.同一实控人旗下券商的整合，如平安集团旗下平安证券+方正；

3.上市券商跨区域收购中小券商，以实现业务和区域布局互补，如浙商+国都、国联+民生、西部+国融、华创+太平洋。

表2 近期国内券商并购案例

	整合类型	合并后核心指标规模表（以2023年年报数据为口径，单位：亿元）				并购进展	评价
		合并券商	总资产	总营收	年净利润		
1	地方国资内部整合	国泰君安+海通	16,800	591	104	2024年9月5日，国泰君安、海通证券分别发布停牌公告，国泰君安通过向海通证券全体A股换股股东发行A股股票、向海通证券全体H股换股股东发行H股股票的方式换股吸收合并海通证券，并发行A股股票募集配套资金	同属上海国资的头部券商合并，是新“国九条”实施以来头部券商合并重组的首单，也是中国资本市场史上规模最大的A+H双边市场吸收合并、上市券商A+H最大的整合案例
2	地方国资内部整合	国信+万和	4,761	178	64.86	2024年8月21日，国信证券发布公告称，正在筹划发行股份购买资产事项，收购标的是万和证券。初步确定的发行股份购买资产交易对方为深圳市资本运营集团有限公司，交易对方持有万和证券53.089,2%的股份，为其控股股东。 2024年9月4日晚间，国信证券再度公告，以8.6元/股的价格，将股权收购比例提高至96.08%。收购完成后，万和证券将作为国信证券控股子公司，聚焦跨境资产管理。由于审计、评估尚未完成，上述股份相应的对价、估值等尚未确定	均为深圳国资券商，二者体量、业务差距较大，此次为国信证券“大鱼吃小鱼”，合并可实现资源整合

续表

	整合类型	合并后核心指标规模表（以2023年年报数据为口径，单位：亿元）				并购进展	评　价
		合并券商	总资产	总营收	年净利润		
3	同一实控人旗下合并	平安+方正	4,466	177	63.02	2024年3月，方正证券业绩说明会上，方正证券董事长施华表示，会与各方一起，从股东、投资者价值最大化出发，根据方正集团重整投资协议以及监管要求，按节奏推进相关工作。后续有新的进展，会依照金融监管部门的规定、指引，及时披露。目前尚未有明确进展	中国平安成为方正证券的实际控制人后，平安证券与方正证券两者合并的传言迅速升温，被视为提升市场竞争力、跻身头部券商行列的有力候选者。若此合并成真，预计新机构的经纪业务、投行业务及信用业务等多个业务领域均将跃居行业前列，特别是经纪业务净收入有望逼近中信证券
4	跨区域并购	浙商+国都	1,794	190	24.73	2024年3月以来，浙商证券从重庆信托、国华能源、同方创投等多名转让方手上经历数轮收购，目前合计持有国都证券34.25%股份，成为第一大股东，总耗资约51亿元。2024年7月中旬，浙商证券公告称，证监会已依法受理国都证券变更主要股东、实控人的申请	国都证券对浙商证券的吸引力主要有三点：一是公募基金方面的实力，国都证券为中欧基金的并列第二大股东，持股20%，浙商证券当前仅参股25%浙商基金，此次并购有望补齐其公募布局短板；二是区域互补，国都证券区域布局以北京、河南、上海等地为主，浙商证券则深耕浙江；三是综合实力，未来若合并，有望推动浙商证券资本实力更上一个台阶
5	跨区域并购	国联+民生	1,471	68	13.52	二者合并进展较为迅速。2023年3月，国联集团以91.05亿元拿下民生证券30.3%股权；2024年4月，国联证券宣布拟发行股份收购国联集团等45名交易对手持有的民生证券95.48%股权；2024年9月3日国联证券公告称，公司拟发行A股股份购买民生证券99.26%股份并募集配套资金事宜，已获董事会、股东大会审议通过	国联证券擅长财富管理、基金投顾等，民生证券则以投行见长。两者整合后，投行、固收、研究、资产管理等主要业务有望跻身行业第一梯队，成为准头部券商。 区域上，民生证券深耕河南市场，国联证券则在无锡及苏南地区领先，合并后有望实现区域互补，增强市场竞争力

续表

整合类型		合并后核心指标规模表（以2023年年报数据为口径，单位：亿元）				并购进展	评　价
		合并券商	总资产	总营收	年净利润		
6	跨区域并购	西部+国融	1,139	79	12.08	目前西部证券与国融证券合并正处于筹划阶段。2024年6月21日，西部证券公告称，基于自身发展需要，公司正在筹划以支付现金方式收购国融证券控股权事项，具体收购股份比例以最终签订的股份转让协议为准	西部证券分支机构主要在陕西，国融证券分支机构主要分布在华北、华东、华南地区。合并后，有望增强西部证券在华北地区的影响力。 投行业务方面，西部证券在金融债及公司债方面具有优势，国融证券在新三板、北交所业务上颇具特色，合并后，有望拓宽新机构的投行业务覆盖
7	跨区域并购	华创+太平洋	609	45	8.86	2023年12月，华创云信公告称，董事会审议通过了《华创证券拟控股太平洋证券的议案》，太平洋证券控股股东所持7,440万股已被司法拍卖，由华创证券竞得。2024年4月25日，华创云信在答复投资者收购太平洋证券股份是否存在同业竞争问题的提问时称，公司将在监管部门的指导下，按照依法合规、尊重市场、尊重专业的原则，统筹推进相关业务	太平洋证券经纪业务在云南省内占有率多年排名第一，华创证券为贵州券商，现有分公司17家，证券营业部73家。一旦合并成功，二者将扩大西南省份金融业影响力

数据来源：wind，公开信息

五、下一步券商整合的趋势分析

根据证券业协会统计，截至2024年10月，我国目前共有121家证券公司。这其中按照企业性质分类，央企28家、地方国资58家、民企控股11家、无实控人10家、外商独资4家、中外合资10家。按照上市与否分类，共有46家上市券商、75家未上市券商。

（一）央企、地方国资券商为主导的券商并购

通过过往并购案例，我们认为从操作便利性上来看，首先同一实控人旗下的券商推进并购整合阻力最小、进展最快，特别是由地方国资/财政厅为主导的实控人，将是推进券商并购整合的主力。其次，中央汇金下属的头部券商也有较强的整合预期。

考虑到央企券商、地方系国资券商并购实力较强，且同区域整合存在一定便利性，本文梳理了央企券商清单、地方系国资券商清单，并备注同区域其他券商名单，以便分析整合可能性。

1. 央企券商（按所属部门归集，并备注所在地其他券商）

表3 央企券商

<table>
<tr><th>所属国资</th><th>公司</th><th>上市代码</th><th>控股股东/实控人</th><th>第二到第五名股东股权比例</th><th>所在地</th><th>所在地其他券商</th></tr>
<tr><td rowspan="4">国务院－中央汇金</td><td>中国银河</td><td>601881.SH，6881.HK，CGXYY.OO</td><td>中央汇金</td><td>香港中央结算有限公司1.04%，中国证券金融股份有限公司0.77%，中国建设银行股份有限公司－国泰中证全指证券公司交易型开放式指数证券投资基金0.45%，兰州银行（001227.SZ）0.38%</td><td rowspan="2">北京</td><td rowspan="2">中信建投证券、第一创业、首创证券、恒泰证券
国都证券、高盛中国、瑞银证券、北京高华、瑞信证券（中国）、大和证券、渣打证券</td></tr>
<tr><td>中金公司</td><td>601995.SH，3908.HK</td><td>中央汇金</td><td>香港中央结算（代理人）有限公司39.42%，海尔集团（青岛）金盈控股有限公司2.2%，中国投融资担保股份有限公司2.14%，香港中央结算有限公司0.72%</td></tr>
<tr><td>申万宏源证券</td><td></td><td>中央汇金</td><td>申万宏源集团股份有限公司全资持股</td><td rowspan="2">上海</td><td rowspan="2">国泰君安、海通证券、东方证券、华鑫证券、上海证券、爱建证券
摩根士丹利证券、摩根大通证券（中国）、申港证券、德邦证券、华金证券、华兴证券、野村东方国际证券、星展证券、法巴证券</td></tr>
<tr><td>光大证券</td><td>601788.SH，6178.HK</td><td>中央汇金</td><td>中国光大控股有限公司（00165.HK）20.73%，香港中央结算（代理人）有限公司15.26%，中国证券金融股份有限公司2.82%，香港中央结算有限公司1.61%</td></tr>
</table>

续表

所属国资	公司	上市代码	控股股东/实控人	第二到第五名股东股权比例	所在地	所在地其他券商
国务院其他下属单位	中信证券	600030.SH，6030.HK，CIIHY.OO	中信集团	广州越秀资本控股集团有限公司4.23%，香港中央结算有限公司3.17%，越秀资本（000987.SZ）2.06%，中国建设银行股份有限公司－国泰中证全指证券公司交易型开放式指数证券投资基金1.48%	北京	中信建投证券、第一创业、首创证券、恒泰证券 国都证券、高盛中国、瑞银证券、北京高华、瑞信证券（中国）、大和证券、渣打证券
	诚通证券		诚通集团	上海太卯资产管理有限公司0.78%，广东华侨信托投资公司0.69%，福建平潭惟鼎俱吉投资有限公司0.21%，深圳市国海发贸易有限公司0.08%		
	国新证券		国新控股	广州产业投资控股集团有限公司10.24%，中国葛洲坝集团股份有限公司4.07%，宁波禾元控股有限公司2.54%，湖南出版投资控股集团有限公司1.71%		
	中银证券	601696.SH	中银国际	中国石油集团资本有限责任公司14.32%，江西铜业（600362.SH）4.70%，洋河股份（002304.SZ）2.84%，中国通用技术（集团）控股有限责任公司2.38%	上海	国泰君安、海通证券、东方证券、华鑫证券、上海证券、爱建证券 摩根士丹利证券、摩根大通证券（中国）、申港证券、德邦证券、华金证券、华兴证券、野村东方国际证券、星展证券、法巴证券
	中邮证券		中邮集团	中邮资本管理有限公司30.16%，西安投资控股有限公司8.17%	陕西	西部证券、开源证券
国务院国资委	招商证券	600999.SH，6099.HK	招商局集团	深圳市集盛投资发展有限公司19.59%，香港中央结算（代理人）有限公司14.65%，中国远洋运输有限公司6.26%，河北港口集团有限公司3.95%	广东	万联证券、粤开证券、国信证券/万和证券、世纪证券、东莞证券、华金证券 平安证券、汇丰前海、中山证券、银泰证券、东亚前海证券

续表

所属国资	公司	上市代码	控股股东/实控人	第二到第五名股东股权比例	所在地	所在地其他券商
国务院国资委	国投证券		国家开发投资集团	上海毅胜投资有限公司0.003,1%		
	长城证券	002939.SZ	华能集团	深圳新江南投资有限公司12.36%，深圳能源（000027.SZ）9.77%，福建湄洲湾控股有限公司1.35%，深圳市龙华产业资本投资有限公司1.09%		
	五矿证券		五矿集团	深圳市前海汇融丰资产管理有限公司0.24%		
	英大证券		国家电网集团	国网英大股份有限公司全资控股		
	华宝证券		宝武钢集团	华宝信托有限责任公司16.93%	上海	国泰君安、海通证券、东方证券、华鑫证券、上海证券、爱建证券 摩根士丹利证券、摩根大通证券（中国）、申港证券、德邦证券、华金证券、华兴证券、野村东方国际证券、星展证券、法巴证券
	中航证券		中航工业集团	中航产融（600705.SH）28.29%	江西	国盛证券
财政部	东兴证券	601198.SH	中国东方资管	江苏省铁路集团有限公司4.92%，山东高速（600350.SH）3.71%，香港中央结算有限公司1.53%，上海工业投资（集团）有限公司1.49%	北京	中信建投证券、第一创业、首创证券、恒泰证券 国都证券、高盛中国、瑞银证券、北京高华、瑞信证券（中国）、大和证券、渣打证券
	信达证券	601059.SH	中国信达资管	中泰创业投资（上海）有限公司3.62%，深圳市前海梦工场运营有限公司1.54%，武汉昊天光电有限公司1.32%，中天金投有限公司0.94%		
	国开证券		国家开发银行	中广核资本控股有限公司15%，湖北交通投资集团有限公司5%		

续表

所属国资	公司	上市代码	控股股东/实控人	第二到第五名股东股权比例	所在地	所在地其他券商
财政部	长城国瑞证券		中国长城资管	北京新罗顿企业管理有限公司28.01%，深圳市新世界集团有限公司4.99%	福建	华福证券、兴业证券、金圆统一证券

数据来源：wind，公开信息

2. 地方系国资券商（按主要省市归集，并备注同区域央企券商）

表4　地方国资系券商

所属地方国资	公司	证券代码	控股股东/实控人	第二到第五名股东股权比例	该区域央企券商（注册地与实控人所在地不同的，取券商总部所在地）
北京	中信建投证券	601066.SH/6066.HK	北京市国资委【中信证券参股】	中央汇金投资有限责任公司30.76%，香港中央结算（代理人）有限公司10.52%，中信证券（600030.SH）4.94%，镜湖控股有限公司（4.53%）	中国银河（601881.SH） 中金公司（601995.SH） 诚通证券 国新证券 东兴证券（601198.SH） 信达证券（601059.SH） 国开证券 中信证券（600030.SH）
	第一创业/第一创业承销保荐	002797.SZ	北京市国资委	第一创业：北京京国瑞国企改革发展基金（有限合伙）4.99%，北京首农食品集团有限公司4.99%，华熙昕宇投资有限公司4.83%，浙江航民实业集团有限公司2.70% 第一创业承销保荐为第一创业全资子公司	
	首创证券	601136.SH	北京市国资委	北京市基础设施投资有限公司17.31%，北京能源集团有限责任公司8.31%，城市动力（北京）投资有限公司1.99%，J.P. Morgan Securities PLC–自有资金0.83%	
	恒泰证券/恒泰长财证券	1476.HK	北京市西城区国资委	恒泰：天风证券（601162.SH）16.92%，华资实业（600191.SH）11.83%，北京金融街西环置业有限公司8.12%，浙江自贸区汇发科技有限公司5.91% 恒泰长财：恒泰证券全资子公司	

续表

所属地方国资	公司	证券代码	控股股东/实控人	第二到第五名股东股权比例	该区域央企券商（注册地与实控人所在地不同的，取券商总部所在地）
天津	渤海证券	–	天津市国资委	泰达股份（000652.SZ）13.07%，华侨城（000069.SZ）9.14%，天津渤海国有资产经营管理有限公司6.34%，天津保税区投资控股集团有限公司6.22%	
河北	财达证券	600906.SH	河北省国资委	河北省国有资产控股运营有限公司13.61%，河北港口集团有限公司10.48%，唐山港口实业集团有限公司2.47%，唐山金海资产开发投资有限公司2.05%	
山西	山西证券/中德证券	002500.SZ	山西省财政厅	山西：太原钢铁（集团）有限公司10.23%，山西国际电力集团有限公司5.55%，中央汇金资产管理有限责任公司1.44%，中国建设银行股份有限公司–国泰中证全指证券公司交易型开放式指数证券投资基金1.35% 中德：德意志银行股份有限公司33.30%	
	大同证券	–	【第一大股东为民企】已引入山西省和大同市国资委	大同银星金店有限公司23.02%，大同铁路万通实业有限责任公司8.3%，山西省华峰投资管理咨询中心6.93%，北方铜业股份有限公司6.89%	
山东	中泰证券	600918.SH	山东省国资委	莱芜钢铁集团有限公司15%，山东高速投资控股有限公司5.32%，山东省鲁信投资控股集团有限公司3.98%，新汶矿业集团有限责任公司3.47%	
	德邦证券	–	山东省财政厅【第一大股东亚东兴业创业投资有限公司股权出质，证监会已核准山东财金、济南科金为实控人】	丹东市国有资产经营中心0.93%，沈阳恒信国有资产经营集团有限公司0.89%，抚顺市融达投资有限公司0.25%	

续表

所属地方国资	公司	证券代码	控股股东/实控人	第二到第五名股东股权比例	该区域央企券商（注册地与实控人所在地不同的，取券商总部所在地）
山东	联储证券	–	青岛市崂山区财政局【第一大股东北京正润投资集团有限公司股权出质】	青岛金家岭控股集团有限公司15.43%，华西股份（000936.SZ）11.73%，青岛中禾金盛实业发展有限责任公司10.39%，山东五证交投资控股有限公司6.29%	
江苏	华泰证券/华泰联合证券	601688.SH，HTSC.L，6886.HK	江苏省国资委	华泰：江苏交通控股有限公司5.83%，江苏省苏豪控股集团有限公司5.31%，江苏高科技投资集团有限公司4.11%，香港中央结算有限公司3.07% 华泰联合：华泰证券全资子公司	
	南京证券	601990.SH	南京市国资委	南京新工投资集团有限责任公司7.01%，南京市交通建设投资控股（集团）有限责任公司6.53%，江苏凤凰置业有限公司4.73%，南京紫金资产管理有限公司3.19%	
	东吴证券	601555.SH	苏州市财政局	张家港市国有资本投资集团有限公司3.03%，香港中央结算有限公司2.69%，中新苏州工业园区投资管理有限公司2.36%，苏州营财投资集团有限公司2.2%	
	国联证券/华英证券/民生证券	601456.SH，1456.HK	无锡市国资委	国联：香港中央结算（代理人）有限公司15.63%，国联信托股份有限公司13.78%，无锡市国联地方电力有限公司9.43%，无锡民生投资有限公司2.6% 华英：国联证券全资子 民生：上海沣泉峪企业管理有限公司13.58%，西藏腾云投资管理有限公司4.91%，杭州东恒石油有限公司4.52%，山东省高新技术创业投资有限公司3.83%	

续表

所属地方国资	公司	证券代码	控股股东/实控人	第二到第五名股东股权比例	该区域央企券商（注册地与实控人所在地不同的，取券商总部所在地）
江苏	东海证券	832970.NQ	常州市人民政府	山金金控资本管理有限公司16.69%，银川聚信信德资产管理合伙企业（有限合伙）4.473,1%，首誉光控资管－浙商银行－首誉光控东海证券1号新三板专项资产管理计划4.473,1%，江阴新扬船企业管理中心（有限合伙）4.311,4%	
	甬兴证券	–	宁波市国资委	宁波市金融控股有限公司33.33%	
上海	国泰君安/海通证券	601211.SH，2611.HK/600837.SH，HAITY.OO，6837.HK	上海市国资委	海通：上海国际集团有限公司9.05%，深圳市投资控股有限公司6.84%，中国证券金融股份有限公司2.93%，上海城投（集团）有限公司2.77%。 国君：上海国盛（集团）有限公司6.6%，上海海烟投资管理有限公司4.86%，光明食品（集团）有限公司3.68%，上海电气控股集团有限公司2.64%	中银证券（601696.SH） 华宝证券 申万宏源证券 光大证券（601788.SH）
	东方证券	600958.SH，3958.HK	上海市国资委	香港中央结算（代理人）有限公司12.09%，上海海烟投资管理有限公司4.98%，上海报业集团3.64%，中国邮政集团有限公司2.69%	
	华鑫证券	–	上海市国资委	华鑫股份（600621.SH）全资控股	
	上海证券	–	上海市国资委【国泰君安参股】	国泰君安（601211.SH）24.99%，上海上国投资产管理有限公司16.33%，上海国际集团有限公司7.68%，上海城投（集团）有限公司1%	
	爱建证券	–	上海浦东新区国资委	爱建集团（600643.SH）40.45%，上海方达投资发展有限公司8.41%	

续表

所属地方国资	公司	证券代码	控股股东/实控人	第二到第五名股东股权比例	该区域央企券商（注册地与实控人所在地不同的，取券商总部所在地）
浙江	浙商证券	601878.SH	浙江省国资委	台州市金融投资集团有限公司2.61%，西子联合控股有限公司1.77%，香港中央結算有限公司1.76%，国泰中证全指证券公司ETF（512880.SH）1.12%	
	财通证券	601108.SH	浙江省财政厅	浙江省财务开发有限责任公司3.24%，台州市金融投资集团有限公司2.97%，维科控股集团股份有限公司1.66%，国泰中证全指证券公司ETF（512880）	
安徽	华安证券	600909.SH	安徽省国资委	安徽出版集团有限责任公司12.11%，东方创业（600278.SH）4.90%，皖能电力（000543.SZ）4.53%，安徽交控资本投资管理有限公司3.44%	
	国元证券	000728.SZ	安徽省国资委	安徽国元信托有限公司13.58%，建安投资控股集团有限公司6.05%，皖能电力（000543.SZ）3.69%，皖维高新（600063.SH）2.72%	
河南	中原证券	601375.SH，1375.HK	河南省财政厅	安阳钢铁集团有限责任公司3.82%，江苏省苏豪控股集团有限公司3.17%，中国平煤神马控股集团有限公司1.37%，中国建设银行股份有限公司－国泰中证全指证券公司交易型开放式指数证券投资基金1.33%	
湖北	天风证券	601162.SH	湖北省财政厅	武汉国有资本投资运营集团有限公司7.61%，武汉金融控股（集团）有限公司2.26%，陕西大德投资集团有限责任公司1.91%，中国建设银行股份有限公司－国泰中证全指证券公司交易型开放式指数证券投资基金1.8%	

续表

所属地方国资	公司	证券代码	控股股东/实控人	第二到第五名股东股权比例	该区域央企券商（注册地与实控人所在地不同的，取券商总部所在地）
湖北	华源证券	–	武汉市国资委	同创九鼎投资管理集团股份有限公司9.52%，武汉光谷金融控股集团有限公司12.5%，中国石油化工集团有限公司10.98%，武汉三恒投资控股集团有限公司5%	
湖南	财信证券	–	湖南省人民政府	新余财虎企业管理中心（有限合伙）2.02%，深圳市润泽灯光音响科技发展有限公司1.49%	
江西	国盛证券	–	江西省交通运输厅	国盛金控（002670.SZ）全资控股	中航证券
福建	华福证券	–	福建省财政厅	福建省投资开发集团有限责任公司33.71%，兴业国际信托有限公司4.35%，漳州市国有资本运营集团有限公司3.59%，福州市投资管理有限公司1.35%	长城国瑞证券
	兴业证券	601377.SH	福建省财政厅	福建省投资开发集团有限责任公司7.35%，上海申新（集团）有限公司3.17%，中国证券金融股份有限公司2.48%，香港中央结算有限公司2.28%	
	金圆统一证券	–	厦门市财政局	统一综合证券股份有限公司49%	
广东	万联证券	–	广州市政府	广州市广永国有资产经营有限公司26.89%，广州开发区投资集团有限公司20.3%，广州国际信托投资公司3.71%	招商证券（600999.SH） 国投证券 长城证券（002939.SZ） 五矿证券 英大证券
	粤开证券	830899.NQ	广州经济技术开发区管委	大新华航空有限公司4.77%，哈尔滨经济开发投资有限公司4.39%，广东粤财资产管理有限公司3.54%，财达证券有限责任公司做市专用证券账户2.86%	

续表

所属地方国资	公司	证券代码	控股股东/实控人	第二到第五名股东股权比例	该区域央企券商（注册地与实控人所在地不同的，取券商总部所在地）
广东	国信证券/万和证券	002736.SZ	深圳市国资委	国信：华润深国投信托有限公司22.23%，云南合和（集团）股份有限公司16.77%，全国社会保障基金理事会4.75%，城建发展（600266.SH）2.94% 万和：深业集团有限公司10%，成都交子金融控股集团有限公司7.32%，海口市金融控股集团有限公司3.29%	
	世纪证券	–	深圳前海综合保税区管理局	厦门国贸（600755.SH）46.92%，北京首都旅游集团有限责任公司2.49%，中山证券有限责任公司0.48%，人和投资控股股份有限公司0.15%	
	东莞证券	–	东莞市国资委【第一大股东锦龙股份股权出质】	东莞金融控股集团有限公司20%，东莞控股（000828.SZ）20%，东莞金控资本投资有限公司15.4%，东莞市新世纪科教拓展有限公司4.6%	
	华金证券	–	珠海市国资委	上海裕盛投资管理有限公司9.03%，广州市德明投资合伙企业（有限合伙）4.63%， 西上海（集团）有限公司2.9%， 华金资本（000532.SZ）1.45%	
广西	国海证券	000750.SZ	广西国资委	广西金融投资集团有限公司4.82%，广西产投资本运营集团有限公司4.41%，中恒集团（600252.SH）3.84%，广西能源（600310.SH）3.23%	
四川	华西证券	002926.SZ	泸州市国资委	华能资本服务有限公司11.34%，泸州老窖（000568.SZ）10.39%，四川剑南春（集团）有限责任公司6.79%，中铁信托有限责任公司3.74%	

续表

所属地方国资	公司	证券代码	控股股东/实控人	第二到第五名股东股权比例	该区域央企券商（注册地与实控人所在地不同的，取券商总部所在地）
四川	宏信证券	–	四川省国资委	凉山州发展（控股）集团有限责任公司9.59%，南充市国有资产投资经营有限责任公司6.7%，德阳市国有资产经营有限公司5.51%，四川省国际信托投资公司4.61%	
	川财证券	–	四川省国资委【第一大股东中国华电集团产融控股有限公司】	四川省国有资产经营投资管理有限责任公司39%，四川省水电投资经营集团有限公司11%，射洪市国有资产经营管理集团有限公司2.74%，南充市顺投发展集团有限公司2.49%	
重庆	西南证券	600369.SH	重庆市国资委	重庆市城市建设投资（集团）有限公司10.37%，重庆市江北嘴中央商务区投资集团有限公司6.03%，中国建银投资有限责任公司4.94%，重庆高速公路集团有限公司4.14%	
陕西	西部证券	002673.SZ	陕西省国资委	城投控股（600649.SH）10.26%，长安汇通资产管理有限公司2.89%，北京远大华创投资有限公司2.64%，中国建设银行股份有限公司–国泰中证全指证券公司交易型开放式指数证券投资基金1.33%	中邮证券
	开源证券	–	陕西省国资委	广州市瑞源投资有限公司13.79%，陕西财金投资管理有限责任公司11.35%，长安汇通投资管理有限公司5.37%，西安未央城市建设集团有限公司2.59%	
甘肃	华龙证券	–	甘肃省国资委	山东省国有资产投资控股有限公司12.38%，甘肃省公路航空旅游投资集团有限公司9.45%，甘肃省国有资产投资集团有限公司9.3%，绍兴市柯桥区金融控股有限公司7.43%	

续表

所属地方国资	公司	证券代码	控股股东/实控人	第二到第五名股东股权比例	该区域央企券商（注册地与实控人所在地不同的，取券商总部所在地）
吉林	东北证券	000686.SZ	长春市国资委	吉林省信托有限责任公司11.8%，长春建源置业有限公司3%，中信证券（600030.SH）2.74%，中央汇金资产管理有限责任公司1.71%	
哈尔滨	江海证券	–	哈尔滨国资委	哈投股份（600864.SH）全资控股	
辽宁	中天证券	–	辽宁省国资委	本钢集团有限公司21.35%，辽宁省投资集团有限公司14.66%，辽渔集团有限公司13.48%，出版传媒（601999.SH）5.85%	

数据来源：wind，公开信息

（二）以优化地理布局和牌照不足为动机的并购

从市场化运作视角来看，券商通过并购优化地理布局和牌照不足，以实现资源整合，也将是未来券商并购的主线之一。因此，在某些区域市场有渠道和客户优势，或是某些细分业务领域具备优势的中小券商，也会是大中型券商优选的并购标的。但从实操角度来讲，地方政府往往看重牌照资源，跨区域地方国资之间整合难度较大，地方国资整合民企、民企之间整合相对可操作性更高。此前跨区域并购案例中被并购标的也以这类企业居多。目前，我国民企券商11家、无实际控制人的券商10家，可重点关注。

表5　民企券商（11家）

券　商	实控人	公司属性	注册地	截至24年10月净资本（亿元）	市值（亿）	备　　注
国金证券 600109.SH	陈金霞	民企	成都市	246	334	涌金系，成都国资委为第二大股东，目前下设8家分公司，75家证券营业部，分布在24个省，员工人数超5,000人
湘财证券	黄伟	民企	长沙市	79		2020年湘财股份（600095.SH）以发行股份方式收购原16家股东持有的湘财证券36.73亿股股份，正式成为公司的控股股东

续表

券　商	实控人	公司属性	注册地	截至24年10月净资本（亿元）	市值（亿）	备　　注
大通证券	周雪飞	民企	大连市	51		大通证券15.42%股权正在公开挂牌转让中，前三大股东为华信信托（28.26%）、大连港投融资（15.42%）、华根机械（14.18%），目前在大连、北上广深等30余个城市拥有44家营业部和3家分公司
华林证券 002945.SZ	林立	民企	拉萨市	44	332	前身为江门证券，深圳前首富为实控人
中山证券	杨志茂	民企	深圳市	31		大股东为锦龙股份，二股东西部矿业计划转让中山证券4.61%股权
中天国富	罗玉平	民企	贵阳市	15		中天金融2017年受让海际证券（前身）94.92%股权，成为控股股东。中天金融破产重整，拟出售证券资产
麦高证券	黄少雄	民企	沈阳市	6		前身为网信证券，继东方财富之后的第二家互联网券商
银泰证券	吕慧	民企	深圳市	–		现有分支机构49家，主要分布在珠三角、长三角、环渤海经济圈、江浙地区及中西部南方地区等37个中心城市，并设有全资私募1家
大同证券	董祥	民企	大同市	–		已引入山西省、大同市国资均有持股
东方财富	其实	民企	拉萨市	576		上市公司东方财富100%持股
国融证券	侯守法	民企	呼和浩特	–		筹划与西部证券合并

数据来源：wind，公开信息

表6　无实际控制人的券商（8家）

券　商	实控人	注册地	最新净资本（亿元）	市值（亿）	备　　注
广发证券 000776.SZ	无	广州市	983	1,225	最新股权结构：香港中央结算持股22.3%，吉林敖东和辽宁成大各16.4%
北京高华	无	北京市	9		2004年由资深投行家方风雷领导的若干投资者及联想控股共同创立。
平安证券	无	深圳市	420		中国平安下属企业，与方正证券有合并预期

续表

券 商	实控人	注册地	最新净资本（亿元）	市值（亿）	备 注
方正证券 601901.SH/方正承销保荐	无	长沙市	291	691	中国平安下属企业，与平安证券有合并预期
长江证券（000783.SH）/长江承销保荐	无	实控人	245	370	待股权转让审批通过后，湖北省国资将成为长江证券第一大股东。
华创证券	无	贵阳市	–		筹划与太平洋证券合并
国都证券 870488.NQ	无	北京市	81	87	被浙商证券收购进行中
太平洋 601099.SH	无	昆明市	76	287	华创证券计划收购

数据来源：wind，公开信息

参考浙商并购国都的逻辑，通过并购中小券商曲线切入公募市场也可能成为部分缺乏公募牌照的大中型券商重要并购方向。

表7　持有非货币基金管理规模500亿以上公募基金股权的中小券商情况

券 商	持股公募	持股比例	公募非货币基金管理规模（亿元）
国都证券	中欧基金	20.00%	2,886.19
西南证券	银华基金	49.00%	2,168.25
东北证券		18.90%	
第一创业证券		29.00%	
	创金合信基金	51.00%	1,215.70
长城证券	长城基金	47.00%	1,526.01
	景顺长城基金	49.00%	3,876.86
财通证券	财通基金	40.00%	703.61
	财通证券资管（已获得公募牌照）	100.00%	1,098.43
东方证券	汇添富基金	35.41%	4,884.10
	东证资管（已获得公募牌照）	100.00%	1,523.48
中泰证券	万家基金	60.00%	1,639.47
华龙证券	华商基金	46.00%	1,139.72
信达证券	信达澳亚基金	54.00%	833.18
华福证券	兴银基金	76.00%	712.15

续表

券　商	持股公募	持股比例	公募非货币基金管理规模（亿元）
国元证券	长盛基金	41.00%	681.38
首创证券	中邮基金	46.37%	544.71
中邮证券		28.61%	

资料来源：wind，公开信息

（三）中资券商的海外并购及我国券商行业的对外开放

随着资本市场改革深化，券商行业稳步推进双向开放，中资券商加快步伐布局国际市场、拓展跨境业务。参考欧美券商的发展过程，不少头部券商均通过跨境收购拓展业务。我国证券行业也已经有不少跨境收购的案例，例如，2013年中信证券全资收购里昂证券、2015年海通证券收购葡萄牙圣灵投资银行、2016年华泰证券收购美国资产管理公司AssetMark、2018年银河证券收购新加坡证券公司联昌证券50%股权等。未来我国头部券商仍可能持续进行跨境并购。

中国境内证券公司在境外设立、收购、参股经营机构，需报国家发展和改革委员会和商务部进行备案（如存在涉及敏感地区等情形的，需事前核准），并进行相关外汇登记。根据《关于取消或调整证券公司部分行政审批项目等事项的公告》（中国证券监督管理委员会公告〔2020〕18号）和《证券公司和证券投资基金管理公司境外设立、收购、参股经营机构管理办法》（2021年修订），境内证券公司收购境外证券经营机构，应当向中国证监会备案。完成境外经营机构投资后，应当定期向中国证监会报送境外子公司的主要财务数据、业务情况重大事项等。根据2017年国资委《中央企业境外投资监督管理办法》，如果收购方为国企的，在内部决策阶段，还需要报送主管的国资委立项及审批。

表8　中外合资、外资券商清单

公司属性	券　商	注册地	截至2024年10月净资本（亿元）	实控人	备　注
中外合资	摩根士丹利证券	上海市	4.37	Morgan Stanley	Morgan Stanley与华鑫证券合资
	瑞银证券	北京市	15.21	瑞士银行	瑞士银行与北京国有资产经营公司合资
	汇丰前海	深圳市	10.78	HSBC Asia Holdings BV	香港汇丰银行和前海金控合资

续表

公司属性	券　商	注册地	截至2024年10月净资本（亿元）	实控人	备　注
中外合资	瑞信证券（中国）	北京市	–	Credit Suisse AG	瑞信银行与方正证券合资，方正证券拟出售所持有的瑞信证券49%股权
	野村东方国际证券	上海市	12.79	野村控股株式会社	野村控股、东方国际集团、上海黄浦投资合资
	大和证券	北京市	–	株式会社大和证券集团总公司	大和证券、北京国有资本运营、北京熙诚资本合资
	星展证券	上海市	–	星展银行	星展银行与上海多家公司合资
	申港证券	上海市	–	蔡钰婷（个人）	国内首家根据CEPA（内地与香港关于建立更紧密经贸关系的安排）协议设立的合资全牌照证券公司。由3家香港持牌金融机构、11家国内机构投资者共同发起设立，港资股东持股比例合计为29.32%
	华兴证券	上海市	26.76	包凡（个人）	原华菁证券，CEPA协议下首批成立的合资券商
	东亚前海证券	深圳市	9.47	东亚银行	CEPA协议下批准设立的合资证券公司
外商独资	高盛中国	北京市	31.9	高盛集团	第一家获批外商独资券商
	摩根大通证券（中国）	上海市	–	JP Morgan	第二家获批外商独资券商
	渣打证券	北京市	–	渣打银行	第三家获批外商独资券商
	法巴证券	上海市	–	法巴银行	第四家获批外商独资证券

数据来源：wind，公开信息

自2020年取消外资股比限制以来，海外金融机构积极在境内展业。目前我国外商独资券商4家、中外合资券商10家，表明中国金融市场的开放程度在不断提升，也为外资机构提供了更广阔的投资和展业空间。

六、证券业未来发展趋势展望

回顾美国投行40年的发展历程，可以观察到美国证券业的发展重心经历了三个主要阶段：轻资产通道业务、重资产交易业务以及财富管理业务。起初，行业以佣金收入为主的轻资产通道业务为主导。随着佣金自由化，行业逐渐转向以资本中介为核心的重资产业务，并在金融危机前依靠高杠杆来提升净资产收益率（ROE）。然而，金融危机之后，证券业整体杠杆率降低，以摩根士丹利为代表的部分头部券商开始发力转型做财富管理业务，凭借较高的资本使用效率，促使ROE回升。从竞争格局来看，为持续保持竞争力，龙头公司通过并购整合不断完善业务线，其他机构则选择不同竞争策略，逐渐分化为大型全能投行、精品投行、财富管理机构、交易券商等类型。这些不同类型的投行在客户聚焦和业务资本化程度上各有侧重，形成了鲜明的分类竞争模式。

复盘我国证券业发展历程，券商创新大会召开之前，证券公司主要以轻资产业务为主，依靠券商牌照来实现收益。2012年以后资本中介业务进入快速增长期，但仅以两融和股票质押为主，未能反映行业核心竞争力，券商ROE下降。现在正处于重资产业务转型的初始阶段，财富管理转型也在同时开展。当前，国内证券行业整体呈现高度同质化，随着行业竞争的深化，预计未来差异化特征也将逐渐显现。

（一）传统轻资产业务总体强者恒强，深耕细分领域可能成就部分精品投行

传统券商属轻资产行业，按2023年底的总资产对券商规模进行划分，将总资产4,000亿元以上的券商定义为大券商，总资产800亿元到4,000亿元的定义为中型券商，总资产800亿元以下的为小券商，具体如下（子公司如中信证券华南、华泰联合证券等不包括在表格中）。

表9　大券商、中型券商、小券商清单

类　别	券商名称							
大型券商（11家）	中信证券	国泰君安	华泰证券	海通证券	招商证券	广发证券	中国银河	中金公司
	申万宏源证券	中信建投证券	国信证券					
中型券商（22家）	东方证券	兴业证券	平安证券	光大证券	国投证券	方正证券	东方财富证券	中泰证券
	长江证券	东吴证券	浙商证券	财通证券	国元证券	国金证券	长城证券	天风证券
	东兴证券	西部证券	华西证券	国联证券	西南证券	东北证券		
小型券商（78家）	华安证券	信达证券	山西证券	上海证券	国海证券	中银证券	华福证券	渤海证券
	开源证券	民生证券	南京证券	财信证券	东莞证券	中原证券	东海证券	万联证券
	红塔证券	财达证券	国开证券	第一创业	华创证券	首创证券	华鑫证券	国都证券

续表

类　别	券商名称							
小型券商（78家）	华龙证券	江海证券	中航证券	恒泰证券	湘财证券	国盛证券	五矿证券	国新证券
	德邦证券	华宝证券	联储证券	诚通证券	金元证券	中邮证券	英大证券	粤开证券
	华林证券	国融证券	太平洋	世纪证券	中山证券	长城国瑞证券	申港证券	瑞银证券
	万和证券	北京高华	中天证券	华源证券	华金证券	宏信证券	大通证券	大同证券
	银泰证券	甬兴证券	高盛中国	中天国富	爱建证券	川财证券	华兴证券	麦高证券
	东亚前海证券	野村东方国际证券	摩根大通证券（中国）	汇丰前海	摩根士丹利证券	星展证券	金圆统一证券	中德证券
	大和证券	瑞信证券（中国）	渣打证券	恒泰长财证券	华英证券	法巴证券		

数据来源：wind，公开信息

从细分业务角度来看，头部券商布局全业务链条，在经纪、投行、自营等方向CR10达到了59%、64%、67%，且各业务排名前三的券商基本聚焦于中信、国君、华泰、中信建投、中金、广发等头部券商。展望未来，以经纪、投行为代表的轻资产业务，由于受政策倾斜、品牌效应、人才效应等因素，更容易建立起护城河，预计行业的马太效应会不断放大，头部券商与其他中小券商的差距可能逐渐拉大，呈现“强者恒强”的竞争格局。

当然，参考国外投行发展经验，在塑造一批国际一流投行的同时，一些专注于某些细分赛道的精品投行仍然有生存空间。中央金融工作会议后，中国证监会在党委（扩大）会议上明确提出要支持头部证券公司做优做强，引导中小机构实现特色化、差异化发展。2024年3月，中国证监会发布《关于加强证券公司和公募基金监管加快推进建设一流投资银行和投资机构的意见（试行）》，进一步鼓励中小机构结合股东特点、区域优势、人才储备等资源禀赋和专业能力做精做细。这些寻求差异化发展、结合资源优势深耕的机构仍有望转向精品投行之路。

（二）重资本自营业务和资本中介业务向风险中性业务转型，资本雄厚的头部券商更有优势

1. 自营业务逆势增长，业务转型深化，有利于资本实力更强的券商

重资本的自营业务近两年呈现逆势增长，2023年反超经纪、投行业务线，成为券业第一大营收来源，是影响券业业绩表现的胜负手。作为重资本类业务，券商自营业

务在支撑业绩增长的同时，如对其依赖度过高也存在一定风险。目前，多家券商正在发力高股息、衍生品对冲、中性策略等“弱敞口”策略，投资业务转型深化正在进行。长期来看，资本实力雄厚的券商，在自营业务更具优势。

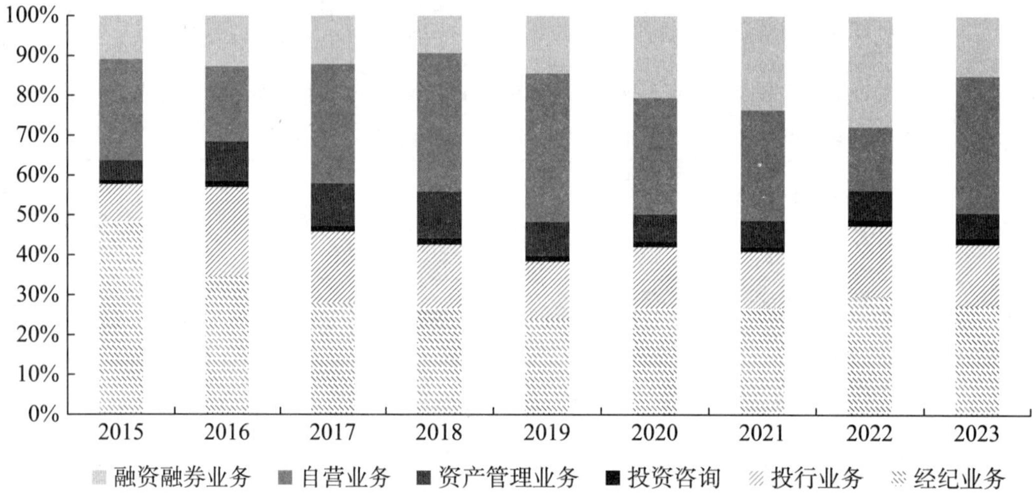

图8　国内券商各项业务的收入占比变化情况

数据来源：证券业协会，西部证券

2. 资本中介业务未来发展潜力大，头部机构更有优势

资本中介业务是指占用较少资本金，为投资者提供融资中介服务，以获取利差为目的的业务。资本中介业务风险暴露较低，且具备较高增长潜力，但我国目前资本中介业务还局限在股票质押和融资融券，受股市影响大。境外投行的资本中介主要包括做市业务和衍生品业务。做市品类多元，包括FICC类（利率、信用、汇率、商品衍生品）和权益类。投行还会针对不同客户，设计出不同风险收益的产品，满足客户定制化需求。通过产品创新降低整体业务收入与市场相关性、提升盈利稳定性。在我国的政策导向下，已有越来越多券商加入做市赛道之中，争相布局，谋求更多展业机遇。

做市业务对资本规模、投资研究水平及风险控制能力均设有明确标准。参考美国市场，做市业务有向头部券商集中的趋势，因为头部券商凭借雄厚的资金实力与丰富的投资交易经验，能够精准捕捉市场价差带来的收益。此外，衍生品业务对券商的资本规模、风险管理、定价能力也有比较高的要求。大券商的资本实力强，客户基础、风控能力、投资和定价能力都比中小券商更有优势。我国券业未来要做大做强资本中介业务，推动行业ROE提升，必然需要通过对中小券商进行并购整合，打造出一批具备资本实力、投研实力的一流券商。

（三）财富管理是未来转型方向，竞争格局呈现分层态势，未来仍存变数

在轻资产业务方面，美国投行经验显示，财富管理相关业务是未来转型的方向。美国财富管理行业有成熟的产业链，包括“投资端客户—投资顾问—资产管理机构—资产管理产品—资本市场各类金融产品”，资产管理机构创设资产管理产品，并通过财富管理渠道向客户销售，投行主要通过下属财富管理部门为客户提供投资咨询、销售资管产品。嘉信理财正是美国财富管理转型的成功典范。

当前，国内监管导向正在引导券商往财富管理转型。我国的“大资管”市场里参与的机构多种多样，券商资管无论是规模还是增速，都没有优势。券商资管长期以私募产品为主，在去通道、净值化背景下，券商私募资管规模经历了由18万亿元左右的峰值压降至5万亿元左右低位的阵痛。从竞争格局来看，目前券商资管业务呈现分层状态。私募方面，截至今年5月，券商私募资管业务平均管理规模为606亿元，管理规模中位数为232亿元，管理规模大于2,000亿元的公司有7家。公募方面，全市场公募规模30万亿元，券商公募规模超1万亿元，这其中，东证资管、中银证券、财通资管、华泰资管四家有公募牌照的券商资管合计管理规模为5,089亿元（单家超千亿），CR4达到48.52%，而第五名券商管理规模仅在500亿元左右。

从美国券商的收入结构来看，财富管理业务是重要的收入来源。我国居民理财市场空间巨大，是提升券商ROE水平的重要发力点。一方面，国内市场拥有数量众多不同类别、不同风险等级的金融产品；另一方面，不同人群的理财需求和风险偏好存在较大差异。在此背景下，券商可以提升主动管理能力及投顾能力，依托自身能力及渠道资源，寻找合适的目标客户群体，拓展公募业务及专项资产管理业务。与传统公募基金管理人的业务结构不同，投融联动类和资本市场创新类业务是券商资管的特色，是能够做出差异化的重要方向，包括ABS（资产证券化）、REITs（不动产投资信托基金）等方面。此外，国内券商也可以参考国外案例，并购拥有特定客户资源的资产管理公司。

七、结语

证券行业的前几轮并购浪潮主要缘于规范行业经营发展，完善券商全牌照业务。当前的证券行业并购则主要缘于政策和市场竞争压力的双重驱动，目标在于实现券商行业的高质量发展，即由单一通道、代理类业务为主的经营模式转变为多业务、跨市场的多元化业务发展模式。特别是在资本市场逐渐对外开放的背景下，我国已成为全球第二大

资本市场，但依旧缺乏能与海外顶级投资银行相抗衡的金融机构，急需通过头部券商之间的并购重组，打造具备国际竞争力的“航母级”券商，与国际一流投资银行同台竞争。

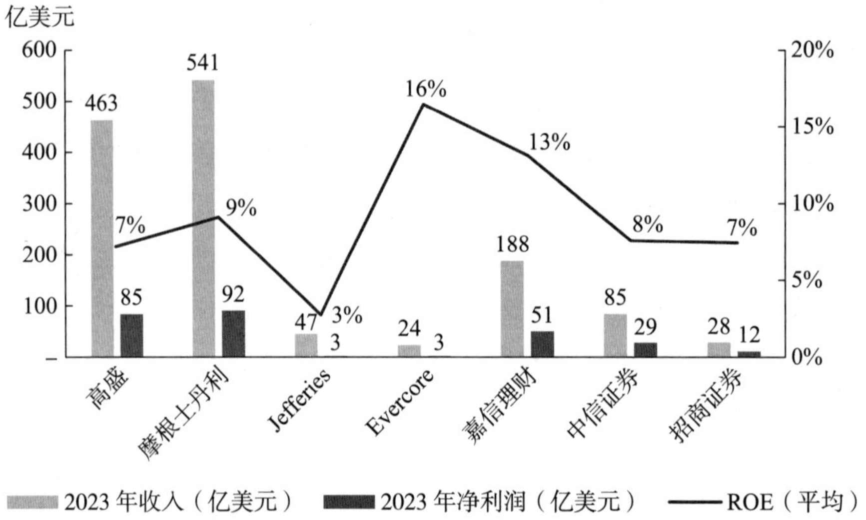

图9　中外券商2023年的资产情况对比

数据来源：wind

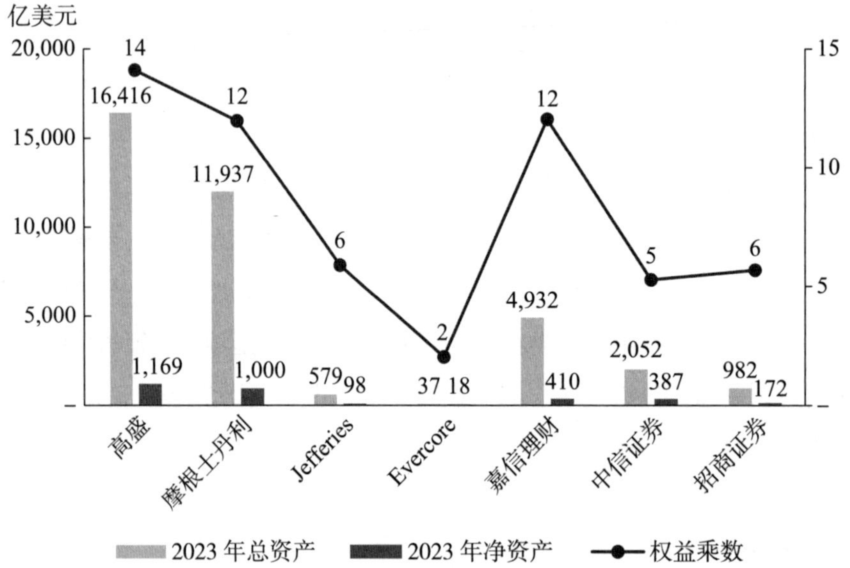

图10　中外券商2023年的收入与净利润对比

数据来源：wind

参考国外券商整合过程，以及当前我国证券业的发展阶段，未来在部分区域和细分领域具备竞争优势的中小精品投行，以及资管业务发展较好的中小型券商或者大中型公募基金公司等，可能成为头部券商并购整合的重点关注对象。

B.24
新形势下跨境投资并购趋势与热点分析

姚约茜　黄子益*

摘　要： 受宏观经济因素、地缘政治和投资者信心下降等因素的影响，全球并购市场在2023年的交易数量和交易额有所下降。但是，中国海外并购交易金额却较上一年明显增加。其中，大部分海外并购交易出现在“一带一路”共建国家，新能源行业成为中国企业跨境投资并购的热点之一。从团队经验来看，新能源行业对外投资面临着营商环境和法律合规等问题的挑战。以印尼和沙特为例，虽然法律环境具有复杂性，但凭借丰富的自然资源、年轻的人口结构，以及政府对新能源领域的积极政策支持，“一带一路”共建国家已成为新能源企业投资的热土。随着越来越多国有企业走出去，中国企业的全球化布局和国际竞争力有望完善和提升。

关键词： 海外并购　跨境投资　并购热点

* 姚约茜，北京浩天（上海）律师事务所高级合伙人、管委会成员，上海律协国际投资委员会委员，上海交通大学凯原法学院硕士生导师，主要业务领域为境内外投资并购、私募基金、新经济、境内外复杂商事争议解决。黄子益，法律硕士，毕业于复旦大学及新加坡国立大学法学院，现任北京浩天（上海）律师事务所律师，专注于境内外投融资并购、公司商事业务。

一、全球投资并购交易状况

目前，全球国际投资环境继续面临一系列挑战。疲软的增长前景、经济的分裂趋势、贸易和地缘政治的紧张、产业政策和供应链的多样化，这一切都在重塑外国直接投资的模式，导致一些多国企业对海外扩张采取谨慎态度。尽管如此，跨国公司的利润水平保持在较高水平，融资条件也在逐渐放宽。2023年绿地投资项目的公告数量增加，这些因素预计将对外国直接投资产生积极的影响。因此，尽管存在挑战，全年的外国直接投资仍有可能实现适度的增长。

在绿地投资方面，全球绿地投资项目数量增加了2%，增长集中在制造业，打破了该部门长达十年的逐步下降趋势。此外，增长集中在发展中国家，这些国家的项目数量增加了15%。发达国家的新项目公告数量下降了6%。

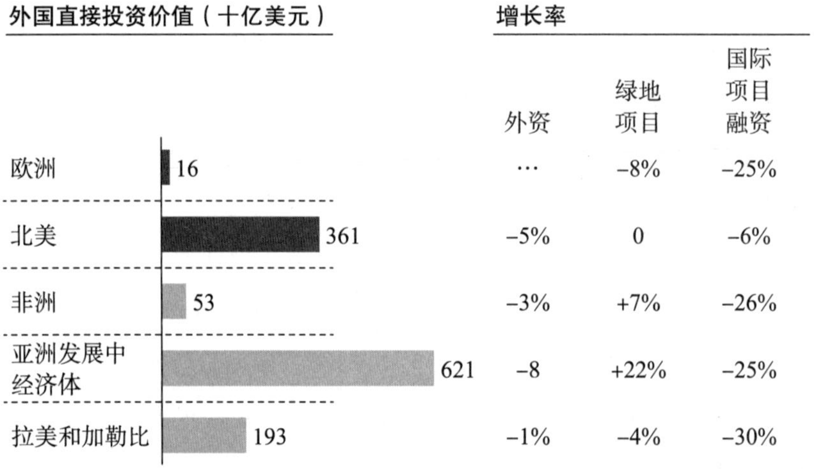

图1　全球不同地区外国直接投资情况

资料来源：联合国贸易和发展会议

并购方面，全球并购市场持续低迷，并购的回升笼罩着浓浓的不确定性。但基于通胀的放缓和预期利率的降低，交易参与者们对并购市场抱有比较积极的态度，全球并购市场或许迎来拐点。

与2022年相比，2023年的全球并购交易数量和交易额分别下降了6%和25%。尽管2023年下半年和2024上半年的交易量有所下降，但整体交易额略有增加，2024年上半年的交易额增长了5%。这主要得益于科技与能源行业的大宗交易活动。

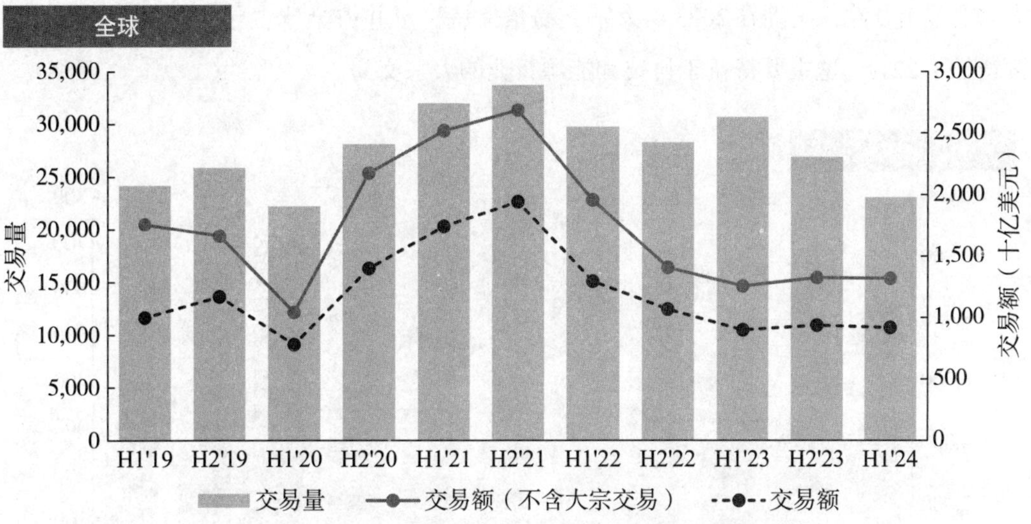

图2　2019—2024年上半年全球并购交易量和交易额

资料来源：伦敦证券交易所及普华永道分析

在亚太地区，2023年的交易量和交易额分别下降了1%和26%，2024年上半年无大宗交易。中国并购市场仍面临挑战。在日本，东芝收购一案拉高了交易额，但交易量仍然降低了4%。印度大量的投资与并购活动在2023年有所放缓，交易量减少了4%，交易额大幅下降了70%。

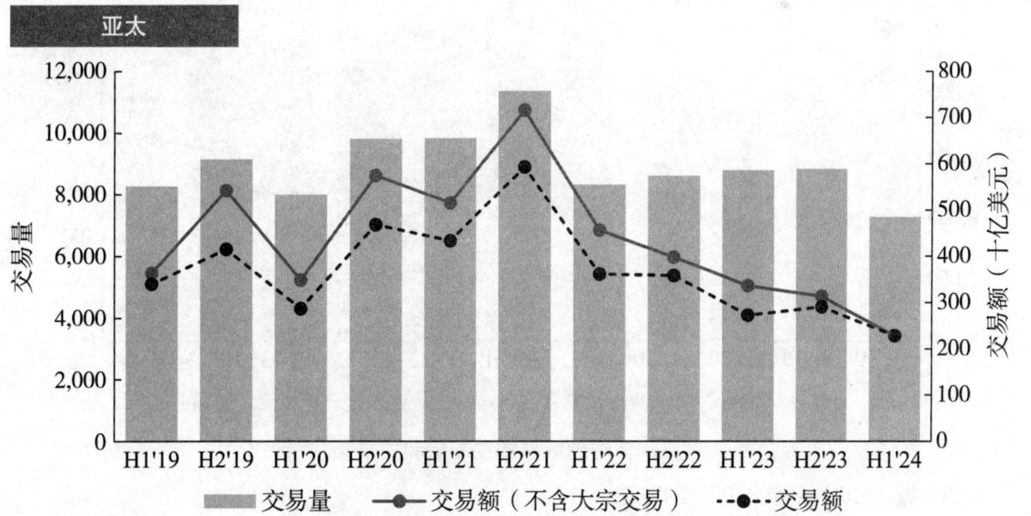

图3　亚太地区并购交易量和交易额

资料来源：伦敦证券交易所及普华永道分析

受宏观经济环境因素、地缘政治和投资者信心下降等因素影响，欧洲、中东和非洲区域在2023年的交易量与2022年相比下降了13%，2024年上半年交易额增长了9%，大宗交易有9件。美洲在2023年大宗交易量保持稳定并占全球主导，2024上半年交易额增长了22%。这主要得益于科技和能源行业的大宗交易。

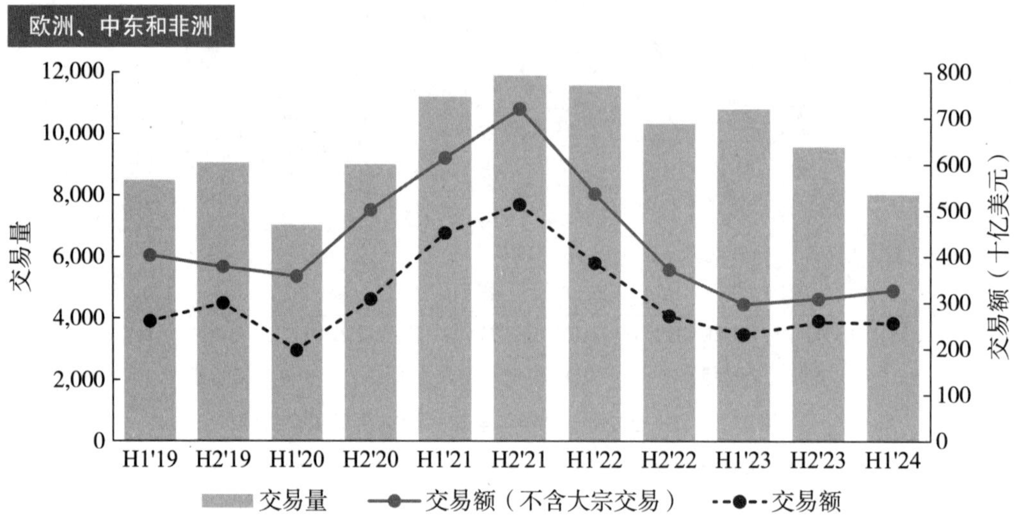

图4　欧洲、中东和非洲地区并购交易量和交易额

资料来源：伦敦证券交易所及普华永道分析

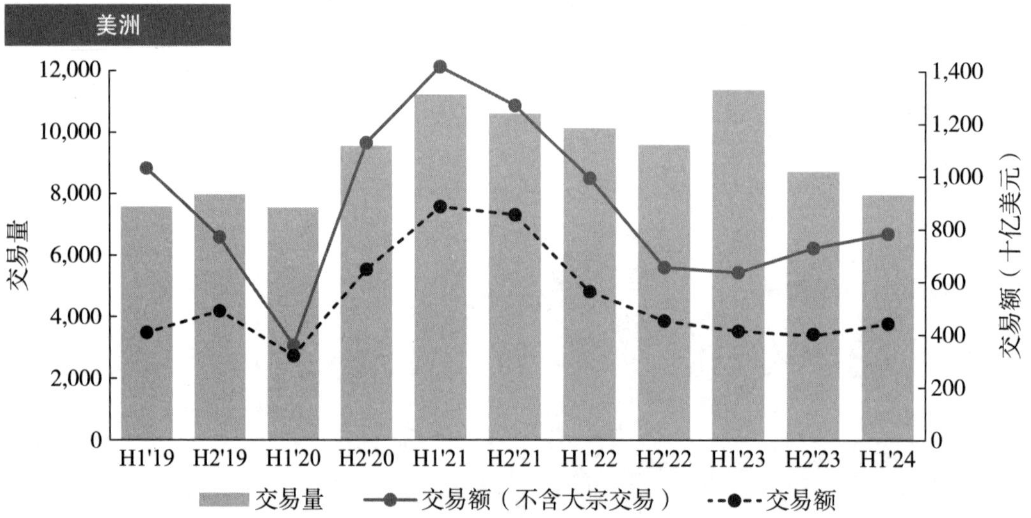

图5　美洲地区并购交易量和交易额

资料来源：伦敦证券交易所及普华永道分析

二、中国跨境投资并购交易状况

2024年，中国跨境绿地投资继续保持增长态势。根据商务部、国家外汇管理局统计，中国对外直接投资（ODI）在2023年连续四年增长，并且2024年1—5月，中国全行业ODI累计同比增长高达9.8%，显示出对外投资的强劲势头，特别是绿地投资金额在2023年大幅增长并创历史新高。

并购方面，受宏观经济形势影响，近三年中国并购市场整体规模仍呈下降趋势。然而，海外并购的金额却连续三季度环比实现增长，大额交易较上年明显增多。中企宣布的2023年海外并购总额为398.3亿美元，同比增长20.3%，交易金额超过5亿美元的大额海外并购达21笔，较2022年的13笔明显增多。在“一带一路”共建国家，并购总额为173.4亿美元，同比增长32.4%，高于整体增速。

中企宣布的海外并购金额（亿美元）

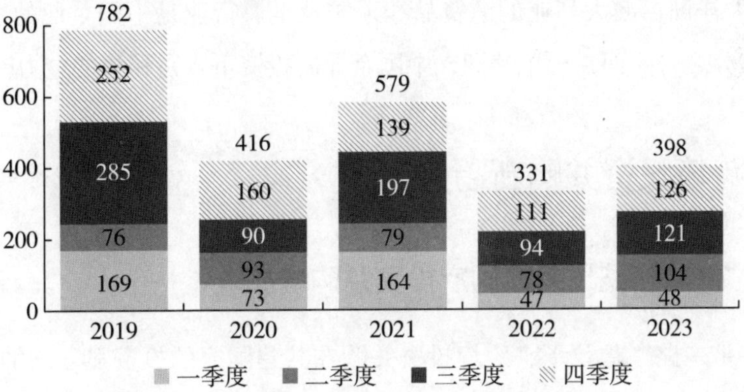

图6　历年中企宣布的各季度海外并购金额

资料来源：Refinitiv、Mergermarket及安永分析

中企宣布的海外并购宗数

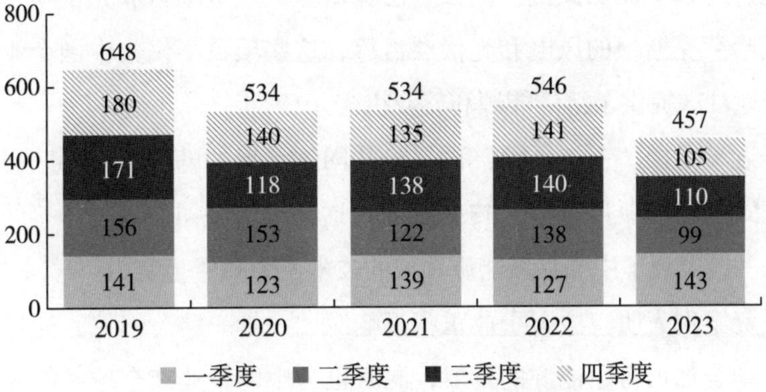

图7　历年中企宣布的各季度海外并购宗数

资料来源：Refinitiv、Mergermarket及安永分析

从行业角度来看，TMT（科技、媒体和电信）、先进制造业与运输业以及医疗与生命科学是海外并购的热门领域。电力与公用事业行业在并购金额和数量上都实现了年度增长。TMT和医疗生命科学行业的并购活动主要集中在北美洲和欧洲，而电力与公用事业行业的海外并购有60%发生在拉丁美洲。

在地理分布上，中国企业更倾向于在亚洲地区进行投资，2023年的数据显示，新加坡、哈萨克斯坦、韩国和印度尼西亚位列中国企业海外并购的前十大目的地。自2024年起，随着沙特阿拉伯、伊朗和阿联酋加入金砖国家合作机制，预计将进一步促进中国与亚洲其他新兴经济体之间的合作。

在北美洲、大洋洲和拉丁美洲，中国企业的并购金额在2023年显著增加。在北美洲，中国企业的投资重点主要是TMT行业（占51%）和医疗与生命科学行业（占24%）。在大洋洲，澳大利亚的消费品和采矿及金属行业是中国企业的主要投资领域，各占大约三分之一。而在拉丁美洲，中国企业的投资重点是秘鲁的电力行业。

三、跨境投资并购新趋势

（一）“一带一路”共建国家投资并购增加

在“一带一路”倡议下，跨境投资并购在共建国家的投资显著增加。据中国商务部统计数据显示，截至2023年末，中国企业在共建“一带一路”国家设立境外企业1.7万家，直接投资存量超3,300亿美元。可再生能源投资占比不断提高，到2020年上半年，中国对“一带一路”共建国家的可再生能源投资首次超过化石能源投资。

虽然中国企业在“一带一路”共建国家可再生能源项目股权投资还处于非常早期的阶段，但已有多个成功案例。例如，巴基斯坦的风电项目和光伏项目、越南的光伏项目，以及哈萨克斯坦的风电和光伏项目等，这些项目不仅为中国企业带来了经济效益，也为当地社区提供了清洁能源和就业机会。

此外，近日中国“一带一路”再保险共同体承保的韩国Nakwol 365MW海上风电项目保单正式起保，项目造价约13亿美元，这是中资公司在海外承接的最大规模海上风电项目之一，展现了中国在新能源领域的技术实力和资金实力。

这些投资案例表明，中国企业正积极响应“一带一路”倡议，通过跨境并购和直接投资，推动全球可再生能源的发展，同时也为中国企业在全球新能源市场中占据了有利地位。随着全球对可持续发展和清洁能源的重视，预计这一趋势将持续加强。

（二）国有企业出海增多

跨境投资并购已成为中国企业“走出去”的重要方式，特别是国有企业在这一过程中扮演着越来越重要的角色。近年来，国有企业出海并购的案例和金额都在显著增加。国有企业在基础设施、能源矿产、高端制造、信息技术等行业的海外并购活动尤为活跃。

国有企业的海外并购不仅帮助企业获取了先进技术和市场，也促进了国内经济的转型升级。通过海外并购，国有企业能够在全球范围内优化资源配置，提升自身的国际竞争力。然而，跨境投资并购也面临着一系列挑战，如地缘政治风险、目的地国家的法律合规要求，以及并购后的管理整合等。国有企业在海外并购的过程中，需要充分评估这些风险，并制定相应的风险管理策略。

展望未来，随着中国企业境外投资能力的不断提升，预计国有企业的海外投资并购活动将继续增加，为中国企业的全球化布局和国际竞争力的提升做出更大贡献。

（三）新能源行业尤为热门

新能源行业以其绿色可持续的特性，备受资本的追捧，而在新能源领域的细分赛道中，风电、光伏产业链成为中国企业跨境投并的热点之一。新能源行业并购交易整体呈上升趋势，根据普华永道和德勤统计的数据，2023年披露交易金额达2,204亿元人民币，交易数量增长至784笔，再创历史新高；受益于先进技术的逐步产业化，涉及风电、光伏产业链的并购交易受到投资人的青睐，交易数量较去年同期大幅上升达到113笔，交易金额达到405亿元人民币，较去年同期增长约20%。

全球持续推动能源转型为风电与光伏产业带来了巨大的市场利好，各地通过补贴与限制政策鼓励发展本土化产能。中国制造企业已开始进行全球化布局，也为市场带来新的投资机会。随着全球对能源需求的增加以及对可持续发展的重视，中国能源企业纷纷通过并购或以“并购+绿地”混合投资新能源公司方式，推进自身的全球化战略。近年三峡集团顺利完成西班牙Daylight光伏电站项目13座光伏电站的交割，取得了西班牙境内最大的光伏运营项目之一，首次进入西班牙这一欧洲最大的光伏市场。

总体来看，2023年中国国有企业在新能源行业的跨境投资并购活动不仅在数量上有所增加，而且在金额上也显示出较大的规模，这反映了中国在全球新能源领域布局的深度和广度。随着全球对可持续发展和清洁能源的重视，预计这一趋势将持续加强。

四、并购热点分析——以新能源行业在印尼、沙特投资为例

如前文所述，新能源在“一带一路”共建国家的投资是跨境投资并购交易的热门领域。近期，团队有幸参与了印尼、沙特光伏产业的投资，本节将结合团队实际经验，分析新能源在两地投资的环境与合规要点。

（一）印尼新能源行业投资并购环境

印尼拥有丰富的自然资源，如镍矿资源，这对发展电动汽车和储能行业尤为重要。同时，印尼作为东南亚最大的经济体之一，拥有庞大的人口基数和不断增长的能源需求。随着印尼政府对新能源汽车和可再生能源的大力支持，市场对于新能源技术和产品的需求正在快速增长。

在政策方面，2023年印尼政府发布《能源转型展望》，大力推进能源转型政策，旨在减少对化石燃料的依赖，增加可再生能源在总能源结构中的比例。印尼政府为促进新能源发展，在重点领域取消或放宽了外资的股权比例限制。

以光伏产业为例，其相关的标准行业类别代码KBLI 26120项下的半导体和其他电子组件行业业务以及KBLI 27900项下的其他电气设备行业未在2021年第10号总统条例（PR 10/2021）中列出，也未有相关外资持股限制，可推断其100%对外资开放。针对新能源行业，印尼同样设置了多项财政激励措施，在所得税、增值税、进口税等方面进行税收减免。

对于中国企业来讲，印尼位于东南亚的中心位置，是“一带一路”倡议的重要节点，也是中国企业进入东南亚市场的重要跳板。印尼政府正在大力推进基础设施建设，为新能源项目的发展提供了便利条件。总体而言，印尼的新能源市场具有巨大的增长潜力和吸引力，但也需要投资者仔细评估和应对潜在的风险。

1. 营商环境

印尼实行市场经济制度，市场经济发展相对自由，允许市场竞争，政府对一些关键领域如金融、资源开采和基础设施建设也发挥着重要的作用。印尼在经济发展中面临一些挑战。首先是高度依赖对外贸易，尤其是资源出口。这使印尼经济容易受到国际市场波动的冲击，如大宗商品价格波动。为减少外贸依赖，印尼正在鼓励多元化经济，发展其他产业如制造业和服务业。其次是基础设施不足的挑战，该因素制约了印尼经济增长和投资环境改善。尽管印尼在经济发展过程中面临这两大挑战，但印尼政

府正在积极推动基础设施建设和经济多元化，以改善投资环境并吸引更多外国投资。

政治方面，尽管印尼总体的政治环境相对稳定，但由于印尼的多党选举制度，执政党更替可能导致政策发生重大变化。这些变化可能会影响外商投资者的业务运营。例如，新的政府可能会引入更严格的环境法规、增加税收或改变外资准入政策。2024年印尼大选落幕，投资者应关注新执政党对于外商投资引进的政策倾向、政治动态，灵活制定应对政策变化的风险管理策略。政党更替导致的政局不稳也往往影响到投资退出策略的部署。

2. 外资准入

印尼的外资准入主要由2007年的《投资法》和2021年的《新投资清单》规制。根据《投资法》第12条第3款规定，印尼政府基于健康、道德、文化、环境、国防、国家安全和其他国家利益的标准，可依据总统令对印尼国内与国外投资者规定禁止行业。2021年3月，印尼颁布《新投资清单》，大大放宽了投资限制，除中央政府保留经营权的以及《投资法》第12条规定的6大领域之外，《新投资清单》对所有行业均开放投资。

光伏行业主要涉及印尼的标准行业类别包括KBLI 26120项下的半导体和其他电子组件行业业务和KBLI 27900项下的其他电气设备行业。根据印尼投资协调委员会颁布的2021年第4号《基于风险的业务许可服务和投资设施的指南和程序》（BKPM Reg. 4/2021），一般情况下，外商投资企业在印尼投资的最低实收股本为100亿印尼卢比。作为外商投资企业，还应当满足印尼对于“大型企业”的标准，即每个KBLI代码内业务线的最低投资超过100亿印尼卢比（不包括土地和建筑价值）。同时，印尼还对从事工业部门（包括KBLI 26120和KBLI 27900）的外商投资企业做出额外的最低投资要求，要求每个KBLI代码内业务线的最低投资超过150亿印尼卢比（不包括土地和建筑价值），其理由为：（1）BKPM Reg. 4/2021将外商投资被归类为大规模业务；（2）工业部《工业企业分类员雇员数和投资价值》（MOI Reg 64/2016）附件要求从事大规模业务的工业企业的最低投资应当超过150亿印尼卢比（不包括土地和建筑），且雇佣不低于20名员工。

（二）印尼投资并购合规要点

1. 反垄断申报

1999年，印尼设立了印度尼西亚竞争委员会（Komisi Pengawas Persaingan Usaha, KPPU）作为独立的执法机构。经营者集中等并购控制受1999年第5号关于禁止垄断行为和不公平商业竞争的法律（Law No. 5/1999）、2010年第57号关于可能导致垄断行为和不公平商业竞争的企业实体兼并或合并，以及公司股份收购的政府条例（Government

Regulation No. 57/2010）、竞委会2023年第3号法规（KPPU Reg. 3/2023）等相关法规，对符合条件的并购交易提出了交易后强制申报要求，由竞委会负责监督。当交易同时满足控制权变更、达到售卖资产的阈值、在非关联公司之间进行，以及是在印尼拥有资产和/或销售的企业之间的交易条件时，交易方必须在交易生效之日起20个工作日内通知竞委会，否则将被处以高额罚款处罚。对于未按时提交申请备案的，竞委会可以处以10亿印尼卢比的基本罚款以及附加罚款，附加罚款的计算方式为：不超过违规期间企业在相关市场赚取的净利润的50%；或不超过违规期间企业在相关市场总销售额的10%。

同时，竞委会认为交易可能导致反竞争效果时，也可展开调查。外商投资交易在特定条件下可能面临竞委会调查的风险，可能导致罚款等交易损失。因此，在印尼的交易需要密切关注是否满足门槛条件，并进行及时申报。

2. 员工保护

印尼人力资源丰富，如果有效利用将显著提高企业市场竞争力并拉动经济增长。然而，印尼雇员政策问题一直遭到各国投资者的诟病。印尼目前只允许引进外籍专业人员，普通劳务人员不允许引进。

目前，印尼的雇员类型分为长期雇员、定期合同雇员和外籍雇员三种。雇用外籍雇员的雇主必须获得由人力部长批准的RPTKA（Rencana Penggunaan Tenaga Kerja Asing，外籍雇员雇用计划）。聘用外籍雇员的，如果雇主没有从人力部获得外籍雇员聘用计划的许可证，可能会导致外籍雇员无法入境印尼并从事工作。外籍员工劳动合同的最长期限由RPTKA确定，实际最长为12个月。如果外籍员工工作期限达到6个月以上的，雇主必须为其加入由印尼社会保障局（BPJS）管理的政府社会保障计划；如果外籍员工工作期限不满6个月，雇主必须为其加入由保险公司持有的保险计划。

此外，在雇用外籍雇员比例上，人力部实施了一项“不成文”的政策，要求雇主每雇用一名外国专业人员，至少要雇用十名印尼雇员。人力部将通过雇主每年必须提交的强制性人力报告来检查其遵守情况。外商投资企业聘用印尼籍员工未满足相应要求的，可能会受到当局相关部门的制裁。

3. 公司法相关要点

印尼在出资条件、股东数量及公司治理方面有特殊的规定。根据印尼《公司法》第33条和第34条规定，设立有限责任公司，可以货币或其他形式出资，确认可以不动产出资，未明确禁止以知识产权出资。公司设立时，必须至少缴纳25%的注册资本。在公司设立第一年的经营期内，全部资本必须以实缴的形式到位。如果未按规定及时实缴出资，可能会导致公司无法正常运营，影响公司运作效率。

根据印尼法律规定，有限责任公司的股东数量有要求，应至少有两名股东。如果一家公司的股权发生转让，导致股东数量减少到只剩下一个，那么唯一的股东必须在股权转让完成之后的半年时间内将一部分股份转给其他人，或者通过发行新股票的方式引入新的股东。

在企业治理方面，印尼要求公司董事会中至少有一名董事为印尼税务居民，具有有效的纳税人税籍编号（Nomor Pokok Wajib Pajak，NPWP）（含印尼籍人员及在印尼合法居住纳税的外籍人员），以及有限责任公司的董事会成员、监事会成员是具有法律行为能力的个人。拟进行投资的公司应当考虑印尼当地董事的选任，并最大化争取董事的权限及比例。

除上述要点外，印尼在环境保护和争议解决方面也需要注意。根据企业活动对环境的不同影响，企业必须依法进行环境影响评估，并向环境主管部门申报环境管理计划与环境监测计划，或者提交环境管理和监测能力的声明书。对于未能履行上述环境评估或申报义务的企业，可能会面临环境主管部门的行政处罚。造成环境污染的企业，有责任采取必要措施减轻其造成的损害。如果污染企业未能实施相应的缓解措施，环境部门或地方政府有权指定第三方采取缓解措施，并要求污染企业承担相关费用。

此外，虽然印尼能够执行外国的仲裁裁决，但由于印尼没有加入任何关于执行外国判决的国际协定或公约，外国判决在印尼不能得到承认且不可执行。

（三）沙特阿拉伯新能源投资并购环境

沙特阿拉伯因其“2030愿景”（2030 Vision）计划而成为新能源投资的热点。这项为期15年的战略规划旨在转变沙特经济，减少对石油的依赖。可再生能源是该计划的核心组成部分，沙特计划到2030年实现58.7吉瓦的可再生能源装机容量，包括40吉瓦的光伏太阳能、16吉瓦的风能和2.7吉瓦的聚光太阳能。最近，沙特甚至将这一目标提升至130吉瓦，并有意向出口高达150吉瓦的绿色电力或氢能。

为了实现这些目标，沙特政府采取了多项措施，包括通过公开招标项目、利用主权基金进行投资，以及吸引外国直接投资来增加可再生能源的装机容量。此外，沙特还致力于发展与可再生能源相关的产业价值链，如太阳能电池、模块和风力涡轮机等设备的本地化生产，以促进技术创新、研发和创造新的就业机会。沙特政府在全球能源市场上的强劲竞争地位、快速发展的基础设施建设以及广泛的国际合作，都为其经济多元化转型提供了强有力的支持。这些努力不仅推动了沙特能源结构的转型，也为全球投资者提供了巨大的投资机会。

沙特阿拉伯的新能源市场特点包括日照时间长、光照资源丰富，这为光伏产业提供了极佳的发展条件。此外，沙特政府对于新能源项目的积极支持态度，如提供税收减免和补贴，以及在全国范围内建设充电桩网络，都极大地促进了新能源项目的发展。

沙特阿拉伯是中东地区最大的国家，并且在伊斯兰世界中占据着举足轻重的地位。这个国家拥有两个著名的城市——麦加和麦地那，每年都有数百万信徒前往朝圣。沙特阿拉伯还是海湾合作委员会（GCC）、伊斯兰合作组织（OIC）以及石油输出国组织（OPEC）的成员国，在中东乃至全球事务中发挥着关键作用。

沙特外商投资法律体系主要由《外商投资法》及其实施条例，以及包括《公司法》《劳动法》《社会保险法》《所得税法》《破产法》《竞争法》等法律构成。此外，沙特的经济特区（SEZ）适用自己特殊的公司法、就业法以及关税规则，《经济特区税收海关条例草案》已于2023年4月13日公布。近年来，沙特政府注重吸引外国投资，提出了一系列促进外商投资的利好政策，包括为外国投资者提供种类丰富的资金支持计划、用途灵活的贷款、为有潜力的国际研发项目提供财政激励、在经济特区提供关税豁免等措施。

主要管理在沙特的外国投资的监管机构是MISA。MISA通常是外国投资者遇到的第一个监管机构，因为它是寻求在沙特建立实体的外国投资者的主要许可机构。《外国投资法》要求任何外国投资者获得MISA许可证，作为在沙特建立实体的第一步。MISA许可证的具体要求将根据外国投资实体在沙特开展的活动而有所不同。

沙特政府为鼓励能源行业发展出台一系列优惠政策。如外商投资能源行业可享受100%所有权；雇用沙特籍员工享受沙特国家人力资源发展基金的薪资补贴（男性员工补贴不超过月工资15%；女性员工不超过20%）；用于项目的原材料和永久性设备可申请进口关税豁免，部分机械设备使用完再出口可申请退税；项目用地租金补贴等。

（四）沙特阿拉伯投资并购合规要点

1. 反垄断申报

沙特现行的竞争法于2019年3月6日根据皇家法令M/75颁布，同年9月23日沙特竞争总局（the General Authority for Competition，GAC）董事会颁布了配套的《竞争法实施细则》（实施细则）。竞争法及其实施细则于2019年9月25日生效，该法取代了2004年6月22日的竞争法。

GAC是竞争法及其实施细则适用和执行的监管主体，根据《竞争法》及其实施条例（统称“竞争法”），GAC对适用《竞争法》所产生的任何事项具有主要管辖权，并负责保护和鼓励公平竞争，维护国内市场的公正和透明。即使在与其他政府部门或监管机构有重叠或冲突的情况下，GAC也被赋予固有的管辖权。GAC内设董事会和竞争法违法行为裁决委员会，GAC董事会有权修改、废除、解释实施细则或发布其补充指南和规则，竞争法违法行为裁决委员会负责对违反竞争法及其实施条例的行为进行裁决。

由于沙特反垄断申报制度是强制性的事前申报制度，因此，如拟议交易触发申报义务，在未取得适当批准的情形下实施拟议交易，交易各方将面临严重的法律后果。具体而言，涉及违法实施集中的，沙特竞争总局可以就参与集中的主体处以年度营业额10%以下的罚款：如果年度销售额难以计算的，处1,000万沙特里亚尔（约合1,850万元人民币）以下的罚款。

交易中任何一方达到营业额标准的集中行为，应在集中行为实施前90日，进行经营者集中申报。如违反经营者集中申报相关要求的，由沙特竞争总局罚款并责令恢复集中前状态。申报前合并或申报后批准前合并等“抢跑”行为也会被处罚。

2. 员工保护

与印尼相似，沙特对本地的劳动力和企业也有相应的保护制度。对劳动力来说，沙特的法律和政府政策包括一项政策，要求所有雇主必须雇用最少数量的沙特国民。沙特的该项政策当前版本是通过Nitaqat系统实施的。Nitaqat制度适用于沙特拥有6名或6名以上雇员的私营部门的所有实体。每个雇主必须至少有1名沙特籍雇员，即使他们的雇员少于6名。沙特要求严格，企业应获取相关证书，运营过程中未达到要求的可能被责令关闭，本地化程度低的企业在招聘过程中会受限。

沙特的《劳动法》规定了四种不同类型的合同：无固定期限合同、固定期限合同、兼职合同和临时工作。《劳动法》受伊斯兰教法影响较大，标准工作时间和假期安排与伊斯兰教法一致，周五为休息日，每天设祈祷时间。穆斯林女雇员在丈夫去世后可享有四个月零十天的丧假；非穆斯林女雇员在丈夫去世后有权享受15天的丧假。企业需确保工作时间和假期安排符合沙特的法律要求。

如果企业需要从国外雇用非沙特人，必须遵循签发工作签证的程序，并且确保拥有足够的招聘名额。非沙特员工的签证分为永久、临时和季节性工作签证三种。对于永久工作签证，该配额由工作签证和员工调动服务共享。如果企业招聘名额不足，可以通过提高企业Nitaqat级别增加。临时工作签证招聘配额取决于企业购买服务套餐。企业可以选择购买单一临时工作签证或具有不同签证数量和折扣率的套餐。季节性工作签证的申请需要由管理朝觐季节的政府实体发起。该请求需要得到人力资源和社会发展部的批准。

3. 本地化采购

采购方面，政府招标采购的项目必须符合最低本地化要求。本地内容和政府采购局（“LCGPA”）为授权个体承包商设定了本地含量要求，要求投标人参与投标必须满足本地含量最低要求。此外，政府招标一般适用《关于在商业和采购交易中本地成分和在资本市场上市的本地中小企业和公司的优惠的规定》，所有投标必须遵守并包含LCGPA发布的本地成分的强制性清单。不符合强制性清单的投标将被排除。就可再生能源行业，政府招标要求本地化水平可能高达40%~60%。

4. 注册资本要求

沙特公司法要求，股东对公司的实缴出资有特定的法律义务。除某些特殊行业外，设立有限责任公司没有法定的最低注册资本要求。如果有限责任公司由外商全资控股，实践中通常需实缴10万里亚尔（约合人民币18.94万元）的注册资本。股份有限公司的资本至少为50万里亚尔（约合人民币96.59万元），上述注册资本需要通过本地银行账户实缴，股东可以在收到商业登记证书后进行实缴，其中25%应在股份有限公司设立时全额缴清。如果股东未能按照约定实缴出资，可能会承担违约责任。

5. 供应链溯源合规要求

沙特拥有一套广泛的环境法规，关注经济和生态的不同部分。在化学品供应链方面，沙特于2006年12月7日颁布的《化学品进口和管理法》（第M/38号皇家法令）是管辖沙特王国化学品进口和处理的主要法律。此外，沙特标准、计量和质量组织（SASO）发布了太阳能光伏系统技术法规（18/07/1441 AH（13/03/2020 AD）），禁止生产、进口、投放以及宣传不符合技术法规条款要求的产品，如果产品不符合要求，市场监督机构可以要求违规方撤回、限制或销毁产品。在生产、进口、投放以及宣传光伏产品前，应当对照光伏系统技术法规，制定产品技术及检验标准并严格执行。

五、结语

随着全球能源结构的转型和对可持续能源需求的不断增长，印尼、沙特凭借其丰富的自然资源、年轻的人口结构，以及政府对新能源领域的积极政策支持，已成为新能源企业投资的热土。虽然挑战依然存在，但“一带一路”共建国家的开放姿态和对外资的积极吸引，为中国等国家的新能源企业提供了难得的机遇。对于有远见的投资者而言，现在正是把握机遇，布局印尼、沙特新能源市场的关键时刻。

在2024年，全球跨境投资并购的趋势显示出新的活力和变化。尽管面临宏观经济和地缘政治的挑战，随着市场信心的恢复，企业对于并购来加速技术采纳和业务模式转型的需求变得更加迫切，全球跨境投资并购有望触底反弹。

融资环境的改善为并购市场的复苏提供了背景。美联储宣布降息，也为定价、执行和规划交易提供更稳定的融资环境。对于中国企业而言，美联储的降息提供了更多的跨境并购机会，中国企业在国际市场上的购买力增强。在这种背景下，预计2024年的投资并购活动将更加注重战略，成为更多中国企业布局海外的良好时机。

B.25
区块链产业的并购重组机会和价值展望

邓　迪*

摘　要： 本报告聚焦区块链产业的并购重组现状与未来发展趋势。报告指出，私募资本积压及市场对技术创新的需求推动了金融科技、支付和能源领域的并购活动。模块化区块链和Layer 2技术（如Polygon和Arbitrum）在提升交易效率与系统性能方面发挥了重要作用，使企业能够灵活整合资源并拓展市场。同时，政府的政策支持和区块链标准化建设（如中国的试点项目与欧洲法规）为企业的跨境并购和市场扩展提供了良好环境。然而，报告也揭示了并购过程中的技术整合挑战和数据合规问题，如平台间共识机制的差异和GDPR及CCPA等隐私法规带来的合规压力。整体而言，区块链并购将继续推动技术创新、市场扩展，并在全球实现可持续发展目标的过程中发挥重要作用。

关键词： 区块链，Layer 2，并购重组，政府政策，数据合规

---

* 邓迪，太一集团董事长、创始人，全联并购公会数字经济专委会主任，上海科技金融博物馆馆长，达沃斯中国企业家＆区块链代表团团长，IEEE计算机协会区块链和分布式记账委员会（IEEE C/BDL）执委会成员，中国国家互联网金融安全技术专家委员会委员。

一、区块链并购与市场现状分析

（一）私募资本和市场转型驱动并购活动

2024年，全球并购市场在科技、支付和金融科技领域显现出显著的增长。这一趋势受到了私募资本的推动和市场转型需求的影响。根据普华永道（PwC）的数据显示，2023年全球私募股权市场的资产管理规模达到了12万亿美元，未投资的资金积压至3.9万亿美元，创下历史新高。这些闲置资本为2024年并购、市场的复苏奠定了坚实的基础。

（二）金融科技与支付行业的并购增长

金融科技与支付行业因其市场需求的稳定性和技术革新的快速推进，成为并购的主要目标之一。Coinbase的市场报告指出，区块链支付领域的交易量和用户增长持续处于高位，促使企业通过并购迅速扩展市场。同时，金融服务企业面临数字化转型和ESG（环境、社会与公司治理）政策的压力，通过小规模并购优化业务结构，提高运营效率。例如，2023年全球能源和公用事业领域的并购金额同比增长了26%，显示出企业在适应绿色发展和能源转型方面的积极作为。

（三）小规模并购的灵活性与风险控制

小规模的并购较大型并购而言更具灵活性，能更有效地规避风险，帮助企业更好地应对监管挑战和市场波动。普华永道的报告指出，私募基金更倾向于通过小规模并购逐步实现业务优化，这不仅降低了财务和整合风险，还提高了投资回报率。

（四）全周期并购策略与Layer 2技术投资

随着私募市场的复苏，企业的并购活动也在加速。未投资资金的大量积累迫使企业积极寻找投资机会，以避免资金贬值风险。私募基金开始采用全周期并购策略，不仅关注短期财务回报，还重视长期的技术整合与创新能力。例如，基金通过投资Layer 2区块链解决方案和新型支付系统，推动企业在新兴技术领域的布局与发展。

（五）全球经济稳定带动并购回暖

全球经济的趋稳为并购市场的回暖提供了良好的外部环境。普华永道预测，2024年私募市场的并购活动将在支付、金融科技和能源领域呈现上升趋势。企业将通过收购创新资产和剥离非核心业务来优化市场覆盖和业务结构，以应对未来的市场挑战和技术变革。

（六）模块化区块链的兴起与市场影响

模块化区块链技术正迅速成为行业的重要趋势。其特点是将数据可用性、共识、结算和执行等功能分层，从而实现更灵活的技术部署与整合。Coinbase的市场报告指出，模块化链已经成为区块链扩展中最受欢迎的解决方案之一。2023年，Celestia上线主网，被认为是模块化链发展的重要里程碑。

（七）7Layer 2解决方案的普及与系统设计灵活性

模块化区块链的兴起推动了Layer 2解决方案的普及，如Polygon、Arbitrum和Optimism等平台迅速崛起。这些技术不仅与以太坊主网协同提高了交易速度，还降低了交易费用。有数据显示，2023年Layer 2链上的日均交易量已突破200万笔，显著缓解了主网的拥堵。此外，模块化区块链架构为开发者提供了高度灵活的系统设计空间。

（八）模块化链与单体链的竞争与未来展望

模块化链的崛起反映了行业对创新性和适应性的追求，并带来了与传统单体链（如Solana）之间的竞争和融合。尽管单体链在某些应用场景中仍占据优势，但模块化链凭借其灵活性在更多商业场景中表现优异，为企业市场扩展提供了强有力的支撑。

（九）模块化区块链与多层网络结构的未来

未来，模块化区块链和多层网络结构有望成为企业并购整合的重要工具。这些新兴技术不仅能帮助企业灵活应对市场变化，还降低了系统维护和升级成本，同时提高了对复杂业务场景的支持能力。这一创新趋势将进一步推动区块链生态系统的繁荣与成熟。市场研究预测，模块化链的应用将在未来三年内显著增长，并成为推动行业创新的核心引擎。

二、区块链行业并购重组的动因与策略

（一）动因

1. 技术协同效应

区块链技术的快速演进促使企业通过并购获取先进的技术能力，如智能合约平台

和隐私计算方案，以增强市场竞争力和技术优势。据普华永道数据，2023年全球私募市场未投资资金积压达到3.9万亿美元，这加速了企业在创新技术领域的投资步伐。例如，企业通过并购隐私保护技术公司，不仅能够提升链上数据交易效率，还能满足市场对透明度和隐私保护的双重需求。

2. 市场扩展与业务转型

区块链企业并购的另一个关键动因是优化业务结构和扩展市场覆盖。例如，TCL通过收购Maxeon Solar提升了全球市场份额，并优化了其国际业务结构，为其在未来市场中的竞争奠定了基础。此外，区块链公司通过并购进入新的地理市场或行业，能够快速建立基础设施和客户网络，从而应对竞争和政策变化带来的挑战。

3. 推动数字化转型与ESG战略

区块链并购活动不仅推动了技术革新，还在企业的数字化转型和ESG（环境、社会与公司治理）目标实现方面发挥了关键作用。金融科技企业通过并购区块链支付解决方案提升了行业的数字化水平。有数据显示，区块链支付技术在2023年经历了显著增长，这种并购趋势帮助企业满足客户对数字化和可持续发展的双重需求。

（二）策略

1. 私募资本的驱动

私募股权基金在2024年持续推动并购交易，尤其集中在科技和金融领域。根据市场数据，2023年全球私募基金管理的资产规模已达12万亿美元，而未投资资本的积压迫使基金加速并购行动。这些基金采用创新的并购策略，如定向换股和新型融资工具，以应对市场波动并为投资组合带来持续增长的动力。

2. 联盟链与公有链的融合

随着Web3.0的发展，联盟链与公有链的融合成为区块链企业并购的重要方向。联盟链因其私密性和可控性与公有链的开放性和扩展性相结合，推动了跨行业区块链应用的发展。有数据显示，2023年跨链解决方案的使用量显著增长，特别是在供应链管理、金融科技和跨境支付领域，这使得并购成为企业获取创新技术和市场优势的主要途径。

3. 模块化区块链和Layer 2技术的整合

Layer 2扩展方案和模块化区块链技术的整合成为企业并购的重要策略。这些技术提高了交易处理能力，降低了运营成本，并支持复杂业务的链上实现。例如，Polygon和Arbitrum等Layer 2平台在2023年日均交易量超过200万笔，显示了其在区块链市场中的广泛应用。企业通过模块化区块链的整合，能够更灵活地应对市场变化，并满足多样化客户需求，同时降低了维护和升级成本。

三、区块链行业并购的机遇与挑战

（一）机遇

1. 政策支持与标准化发展

各国政府正在积极推动区块链基础设施的标准化，这为企业间的合作与并购提供了强有力的支持。例如，中国在杭州、广州等地启动了区块链政府服务项目，涉及政务数据共享、供应链金融等领域。这些项目提升了政府和企业的协同效率，标志着区块链在公共服务领域的逐步普及。此外，美国证券交易委员会（SEC）和欧洲议会也发布了针对区块链技术的合规指导方针，确保企业在跨境并购时有明确的法律依据。这些政策减少了企业在技术和法律层面的障碍，提高了跨境扩展的信心。例如，法国区块链公司LegiChain与西班牙能源企业之间的合作，便得益于欧洲相关政策的标准化推进。

2. 绿色能源与可持续发展

区块链技术在绿色能源和公用事业领域的应用日益广泛。一个典型的案例是德国能源公司Innogy，其采用区块链平台管理绿色能源的生产和交易，确保整个供应链的透明度与可追溯性。碳排放交易市场也在利用区块链技术追踪企业的碳足迹。例如，IBM与中国碳市场平台合作推出了基于区块链的碳排放交易系统，提升了交易效率并减少了市场摩擦。2023年全球绿色能源投资同比增长26%，其中相当一部分投资涉及区块链驱动的解决方案。这些并购与整合不仅优化了企业运营效率，还加速了碳中和目标的实现。

3. 模块化区块链的应用前景

模块化区块链的兴起为企业提供了灵活的技术工具，使其根据业务需求进行创新和扩展。例如，2023年以太坊Layer 2解决方案Arbitrum通过与多家企业的并购扩展市场，其平台的日均交易量超过200万笔。Polygon也通过收购Hermez Network进一步增强其Layer 2解决方案的能力，有效降低了用户的交易费用。这类模块化链的分层设计，不仅提升了系统性能，还推动了企业在金融、供应链等领域的广泛应用。

未来，并购活动预计将更多围绕这些新兴技术展开，并进一步推动区块链生态系统的成熟。这些案例表明，区块链不仅是技术创新的前沿，更成为企业并购和行业发展的重要推动力。

（二）挑战

1. 技术整合难度

虽然模块化区块链为企业提供了灵活性，但整合过程中不可避免地面临技术挑战。不同平台的共识机制和数据结构差异常常成为系统集成的主要障碍。例如，区块链平台Aave与Polygon的整合就遭遇了共识算法的兼容性问题，导致部分链上应用的迁移进度延误，增加了升级成本。这种技术整合不仅需要大量的技术资源，还要求企业具备强大的项目管理能力。另一个案例是2023年，某跨国支付平台与区块链服务商的并购因数据格式和接口标准不兼容，导致项目延期并产生了额外的整合费用。这些例子表明，即使模块化链架构提供了灵活性，但其整合难度依然不可小觑。

2. 市场不确定性

全球金融市场的不确定性和各国监管政策的变化给区块链行业的并购活动带来了风险。2024年市场波动的风险可能影响企业的融资成本和并购决策，普华永道预测这一年私募市场可能面临高波动性。此外，在一些国家，区块链技术的监管框架仍不成熟，使得企业在规划长期战略时必须更加审慎。例如，在2023年某亚洲金融科技公司尝试收购一家区块链公司时，因监管政策频繁变动，企业不得不推迟并购计划以避免不确定性带来的法律和财务风险。这种市场环境迫使企业更加谨慎地选择合作伙伴，以降低未来经营中的风险。

3. 监管合规与隐私保护

全球范围内对数据隐私和信息安全的要求不断提高，这对企业在并购中的合规性提出了挑战。尽管区块链技术以去中心化和透明性著称，但企业需要在透明度和隐私保护之间找到平衡。例如，在欧洲，GDPR（《通用数据保护条例》）对跨境数据流转和存储提出了严格的合规要求，使得并购企业不得不投入更多资源确保合规性。类似地，美国的《加州消费者隐私法》（CCPA）也对数据收集和使用提出了新的合规标准。这些法律框架不仅增加了并购过程的复杂性，还带来了额外的合规成本。例如，某跨境区块链并购项目在整合期间发现其数据存储不符合GDPR要求，导致企业需要重新设计数据管理系统，并支付了巨额的合规罚款。这种合规压力使得企业在并购中的运营和管理变得更加复杂。

四、结论与未来展望

随着区块链技术的逐渐成熟，全球区块链行业预计将在未来几年迎来大规模的并购与重组。这些并购不仅是企业扩大市场覆盖和优化业务结构的重要手段，更是获取新兴技术和提升市场竞争力的关键路径。数据显示，2023年全球区块链领域的并购活动显著增加，尤其是在金融科技和支付领域，其中并购交易金额同比增长了20%以上。

（一）模块化区块链和二层扩展技术在并购中的重要性

模块化区块链和Layer 2解决方案（如Polygon和Arbitrum）在未来的并购和整合中将扮演关键角色。这些技术能够提升交易速度和系统性能，并通过模块化架构实现灵活的资源整合与跨行业合作。Polygon于2023年收购了Hermez Network，进一步增强了其Layer 2技术能力，使交易速度和扩展性显著提升。根据数据显示，这些平台在2023年的日均交易量已突破200万笔，这不仅缓解了以太坊主网的拥堵问题，还推动了更多链上应用。

例如，Arbitrum在与多家金融科技企业的合作中，通过提供高效的扩展方案，降低了交易费用并提升了用户体验。Layer 2技术的成功使得区块链企业能够根据业务需求灵活定制解决方案，这一灵活性在并购整合过程中至关重要。

（二）政策支持与区块链标准化推动全球市场扩展

各国政府的政策支持和区块链标准化建设，为企业在全球范围内的并购与合作提供了有利环境。例如，中国在广州和杭州等地推出了区块链试点项目，用于政务服务和供应链管理。根据国家区块链服务网络（BSN）发布的数据，预计到2025年，参与试点项目的企业数量将翻倍。

欧洲方面，法国区块链公司LegiChain成功利用欧洲议会的政策支持，在跨境合并中减少了合规和技术障碍。这类政策帮助企业降低了进入新市场的门槛，确保其长期发展战略在国际市场中的可行性。

（三）区块链在碳交易和绿色能源领域的作用

区块链技术正在为碳交易和绿色能源领域带来革命性变化。例如，德国能源公司Innogy通过区块链平台追踪其绿色能源的生产和交易，确保了整个供应链的透明度和可追溯性。这种透明性不仅提升了客户和监管机构的信任，还减少了市场摩擦。

此外，IBM与中国碳市场平台合作推出了一种基于区块链的碳排放追踪系统，该系统能够帮助企业更精确地管理碳排放配额。2023年，这一项目促使超过100家企业参与碳排放交易，推动了绿色经济的发展。这些案例表明，区块链不仅促进了能源和环境领域的创新，还为实现可持续发展目标奠定了基础。

区块链技术的发展正在改变多个行业的格局。模块化区块链和Layer 2解决方案优化了资源整合，提高了系统性能；各国政策支持和标准化建设降低了企业的合规障碍；而在碳交易和绿色能源领域的应用，则推动了行业的可持续发展。这些因素表明，区块链将继续在全球并购和市场扩展中发挥重要作用，为企业创造更多的增长机会。

总体来看，区块链行业的发展前景充满了机遇与挑战。企业在并购和重组的过程中需要平衡短期收益与长期战略，通过模块化技术和开放联盟链实现高效整合与创新。随着市场需求和技术的不断进步，区块链行业有望成为推动全球数字经济增长和实现可持续发展的重要引擎，为未来的发展开辟更加广阔的空间。

案 例 篇

B.26
并购案例一：中信集团并购南钢集团

祝 捷*

摘 要： 2023年4月2日，复星国际（0656.HK）、南钢股份（600282.SH）同时公告，中信集团旗下湖北新冶钢有限公司（“新冶钢”），拟出资135.8亿元增资南京钢铁集团有限公司（“南钢集团”），将持有其55.25%股权，并成为南钢集团控股股东。同日，南钢集团决定行使优先购买权，向复星系股东购买南京南钢钢铁联合有限公司（“南京南钢”）60%股权。交易完成后，南钢集团将持有南京南钢100%股权，成为南钢股份间接控股股东，中信集团将成为南钢股份实控人。

关键词： 优先购买权 产业布局 诉讼反击 尘埃落定 多方共赢

一、交易概述

2023年4月2日，复星国际（0656.HK）、南钢股份公告，2023年4月2日，湖北新冶钢有限公司（以下简称“新冶钢”）、南京钢铁创业投资有限公司（以下简称“南钢创投”）、南京新工投资集团有限责任公司（以下简称“南京新工投”）及南京钢铁集团有限公司（以下简称“南钢集团”）共同签署《关于南京钢铁集团有限公司之战略投

---

* 祝捷，中国银河证券股份有限公司投行并购专家，三十年并购专业资深人士，全联并购公会并购估值专业委员会委员。

资框架协议》（以下简称“《战略投资框架协议》”）和《关于南京钢铁集团有限公司之增资协议》（以下简称“《增资协议》”），新冶钢拟出资135.8亿元对南钢集团进行增资，将持有其55.248,2%股权，并成为南钢集团控股股东。

同日，南钢集团向上海复星高科技（集团）有限公司（以下简称“复星高科”）及其下属企业上海复星产业投资有限公司（以下简称“复星产投”）及上海复星工业技术发展有限公司（以下简称“复星工发”）出具《关于就南京南钢钢铁联合有限公司60%股权行使优先购买权的通知》，决定行使优先购买权。同日，前述各方共同签署了《关于南京南钢钢铁联合有限公司60%股权之股权转让协议》（以下简称“《股权转让协议》”），南钢集团向复星高科、复星产投、复星工发（以下合称“复星系股东”）购买其持有的南京南钢钢铁联合有限公司（以下简称“南京钢联”）60%股权（以下简称“南钢集团行使优先购买权交易”）。

南钢集团行使优先购买权交易完成后，南钢集团将持有南京钢联100%股权，并成为公司间接控股股东。公司控股股东仍为南京钢联。公司实际控制人将由郭广昌先生变更为中国中信集团有限公司。

南钢集团行使优先购买权交易尚需通过国家市场监督管理总局反垄断局关于经营者集中的审查。此外，尚需南钢股份将所持有的万盛股份29.56%股份全部转让予复星高科、新冶钢增资控股南钢集团等事项完成交割。

南京钢联由南钢集团与上海复星集团下属的三家公司共同出资成立，是集采选矿、钢铁冶炼、钢材轧制于一体的大型钢铁企业。2010年，南京钢联主业资产通过南钢股份实现整体上市，截至2022年底，南钢股份已具备年产千万吨特钢新材料能力。中信集团旗下拥有中信特钢，该公司是我国最大的优特钢材生产基地。近年来，中信特钢不断开展外延式并购，先后收购了铜陵特材、青岛特钢等企业，形成“五大特钢制造基地”“两大原材料供应基地”“两大延伸加工基地”的完整特钢产业链，建立起良性的特钢生态圈。

二、交易背景

1. 行业内并购重组方兴未艾，挑战机遇并存

2018年9月国家发展和改革委员会等八部门联合下发《关于深化混合所有制改革试点若干政策的意见》。国家发展和改革委员会有关领导在就试点意见说明时表示，钢铁行业国有企业不仅要进行混改试点，而且应该成为混改的一个优选方向和重点领域。目前钢铁行业的很多国有企业已经实现了股权多元化，有些企业甚至进行了混改，完

善了公司治理机制，大幅提高了企业的经营决策效率。但是，总体来说，钢铁行业的混改进展相对较慢，或者说是不及预期，有些混改还很不彻底，没有从根本上转变企业的经营决策机制，没有达到完善治理、强化激励、突出主业、提高效率的混改初衷。随着国家对一系列混改政策文件的逐步落实，钢铁行业的混改有望进一步加快，并对钢铁行业结构调整和高质量发展产生积极而深远的影响。

据不完全统计，近几年钢铁行业就发生了中国宝武收购中钢集团、新钢集团、山钢集团（央企参与地方国企混改）、鞍钢集团与本钢集团合并（央企与地方国企合并）、沙钢重组抚顺特钢（民营参与地方国企混改）等多起行业内并购重组案例。充分说明在整体行业面临产能过剩、环保压力加大、市场竞争加剧等困境下，钢铁企业的混改和并购重组仍然方兴未艾，机遇与挑战并存。

2. 中信集团加强钢铁产业布局，提升特钢领域竞争力

中信集团旗下的中信特钢在特钢领域具有较高的市场地位和品牌影响力。中信特钢有“特钢航母”之称，具备年产1,600多万吨特殊钢材料的生产能力。在行业并购重组方面雄心勃勃。中信特钢在年报中表示，公司力争在“十四五”期间实现年度特钢产量超2,000万吨，主营业务收入超1,000亿元，资产总额超1,000亿元，利税总额超130亿元，持续保持行业领先优势。通过收购南钢，中信集团可以进一步补强其钢铁板块，提升在特钢及不锈钢等高端钢材领域的竞争力。中信集团公开表述是通过收购将进一步做大该集团的特钢业务，提升整体特钢年产能超3,000万吨，巩固该集团在特钢行业的领先地位，增强集团先进材料板块的盈利能力。

3. 南钢集团引入战略投资，发展壮大南钢股份

南钢集团是江苏省最大的钢铁企业，也是国内领先的特殊钢铁材料生产商。其在钢铁生产、技术研发、市场渠道等方面拥有丰富的资源和经验，具有较高的市场地位和品牌影响力。南钢集团在特殊钢铁材料的研发和生产方面具有较强的实力，产品广泛应用于汽车、机械、能源等多个领域。2022年复星国际决定退出南钢。南钢集团综合考虑企业的长远发展、股东和职工的诉求、当地政府维稳等多方的意愿，希望通过股权融资的方式引入适合的战略投资者，发展壮大南钢股份。通过引入中信集团，实现央地合作，可以实现技术和产品优势，进一步提升自身的核心竞争力。

三、插曲——沙钢提起两轮诉讼反击

在中信集团入局之前，沙钢集团已向复星国际抛出“橄榄枝”，2022年10月14日，复星集团与沙钢集团签署《投资框架协议》，后者拟购买南钢联合60%股权。框架协议签署后两个工作日，沙钢集团即缴纳了80亿元收购诚意金。除了持股60%的复星，南钢联合剩余40%的股权属于“南京钢铁集团”，该公司由南京钢铁创业投资有限公司持股51%，另49%股权归属南京国资旗下，前者股东为南钢集团工会委员会及12名自然人，包括南钢股份的前董事长及前董事肖同友、杨思明、杨振和、王经民等。根据法律规则，南京钢铁集团拥有复星系这60%股权在同等条件下的优先购买权，而从一开始，南京钢铁集团就从未表示过放弃优先购买权。

2023年3月14日，复星与沙钢签署了正式的股权转让协议，交易金额被确定为135.8亿元。同日，复星也向南京南钢的另一股东南钢集团发出了优先购买权征询函，南钢集团需在收到征询函30日内，就是否行使优先权回函。

针对中信集团“截胡”入主南钢集团，沙钢发起了连环诉讼予以阻击。据《经济观察报》报道关于南钢交易，沙钢明显并无退意，在短短几周时间内，向复星连续发起诉讼。同时一位接近沙钢人士告诉《经济观察报》，沙钢已经做好持久战的准备，在决定发起诉讼时，内部已一致决定要推进与复星之间的南京南钢钢铁联合有限公司（以下简称“南京南钢”）60%股权交易，不会考虑其他方案。

2023年4月27日晚间，复星国际（0656.HK）公告称，公司当日接到《民事起诉状》（2023）苏民初1号、《证据目录》等诉讼文件。沙钢方面指称复星方面存在前次股权转让协议项下违约行为，因此向江苏省高级人民法院（以下简称“江苏省高院”）提起民事诉讼，要求复星方面继续履行前次股权转让协议，向沙钢方面转让南京南钢钢铁联合有限公司（以下简称“南京南钢”）60%股权。复星国际表示，会根据相关事实、协议和法律，积极应诉，维护公司的正当权益，维护交易的确定性。

这是3月底以来，沙钢集团向复星方面发起的第二场诉讼。记者了解到，沙钢方面在江苏省高院发起的本次诉讼，内容包括了11%南京南钢股权质押是否构成违约、南钢集团引入中信战投进而行使优先权是否合法、南钢集团行使优先权是否符合“同等条件”要求等核心问题。

相比于前不久沙钢发起的首次诉讼，本轮诉讼问题直指复星与南钢集团签订协议的有效性，其诉讼结果也将直接决定南钢股权的去向。

发起首轮诉讼内情：按照公开的说法，沙钢早在3月27日就提起了第一轮诉讼。

根据披露，4月21日，复星国际公告称，收到了沙钢方面的起诉书，要求复星执行其2022年10月14日与沙钢集团签订的《投资框架协议》的约定条款：复星在全额收到总诚意金后争取10个工作日内将其持有的南京南钢11%的股权进行第二期股权质押，并完成质押登记手续。

沙钢集团指称复星未履行双方投资框架协议中将其所持南京南钢11%股权质押给沙钢集团的义务，因而在3月27日向上海二中院提起民事诉讼，要求复星产投将该笔股权质押给沙钢集团，并对该笔股权进行了冻结。该时间节点距离南钢集团4月2日行使优先购买权的回函仍有5天时间。

复星回应记者称，沙钢集团罔顾基本事实与基本法律关系，滥用诉权，依据已失效的框架协议提起诉讼，缺乏基本的商业诚信。

而据接近沙钢集团人士透露，按照框架协议约定，复星在收到80亿元诚意金以后就应该在10个工作日内推进11%股权质押一事。“按照道理，当时沙钢就可以起诉复星。之所以不起诉，就是想要推进交易。”

该人士表示，而在双方3月14日签订正式协议后，有越来越多的消息显示中信方面要参与本次交易。因此，为保证原本包括11%股权质押在内，总计60%南京南钢股权质押的己方权益，“沙钢决定率先通过诉讼形式保全尚质押在南钢集团手中的南京南钢11%股权。”该人士还透露，沙钢与复星方面曾就11%股权质押一事有过两轮邮件往来沟通。

复星方面告诉记者，复星方面确曾收到沙钢发送的关于11%股权质押登记的沟通函，且复星方面于收到该等沟通函之后均第一时间回函沙钢说明相关情况（包括投资框架协议项下约定为复星“争取”于收到诚意金后10个工作日内完成11%股权质押、11%股权质押非复星单方可操作、11%股权担保的12亿债权已经还给南钢集团、11%股权质押解除正在积极协调中等）。同时，复星于收到沙钢上述来函后，两次向南钢集团去函请其配合解除11%股权质押登记。复星彼时将相关情况均已同步沙钢。正是基于上述情形，在2023年3月14日沙钢与复星正式签订《股权转让协议》中，双方已明确同意并约定11%股权质押作为交割的先决条件即交割前完成该等股权质押即可。

从公开层面看，复星在公告中也表示，上述框架协议使用“争取”的表述，是不保证完成该等股权质押。因为双方充分知晓系争股权当时已质押给南钢集团，将系争股权质押给沙钢并办理登记事宜，并非复星方面单方可独立决定并操作的事项。

同时，2023年3月14日，沙钢与复星正式签订《股权转让协议》，其中约定《股权转让协议》已取代此前的《投资框架协议》，故框架协议实际已被替代并失效。

从当前阶段的结果来看，上述11%股权已被上海二中院因该次诉讼而保全。而无论是质押在沙钢手中的49%还是被保全的11%南京南钢股权，都将直接影响南钢集团行使优先受让权后，交易的进一步推进。

再度“宣战”

在锁定上述股份后，沙钢方面通过第二轮诉讼，转求继续推进交易，要求复星国际旗下相关子公司把此次交易标的南京南钢60%股权变更登记到沙钢名下。值得一提的是，复星方面告诉记者，此前双方签署的相关文件就优先购买权问题作出明确的约定，沙钢对此完全知晓。

2023年3月14日双方在正式签订《股权转让协议》时，就南京南钢60%股权转让的优先购买权相关事宜作了特别约定：若复星书面通知沙钢南钢集团行使优先权，复星即可单方主动终止与沙钢之间的《股权转让协议》。

不过，上述接近沙钢的人士表示，沙钢内部坚决认为，在引入中信增资后，南钢集团作为南京南钢小股东虽然名字没变，但实质发生重大变化，包括实际控制人变化。表面看是小股东行使优先购买权，实际是第三方借小股东之名行使优先购买权，因此，南钢集团行使优先购买权是否有效存疑。

而接近复星的人士则认为，南钢集团拥有优先购买权，如何融资属于南钢集团的经营自主权范畴，收购款项来源只要合法即可，而其股东南钢集团并非“第三方”，也不能穿透至间接控股方中信集团。

此外，据接近沙钢人士透露，目前沙钢方面对于南钢集团行使优先权的前提，即与沙钢开出“同等条件”提出较大质疑。主要包括：与沙钢支付80亿元诚意金相比，南钢集团的预付款要晚了6个月；中信（新冶钢）收购南京南钢触发了对南钢股份的全面要约收购，虽然沙钢和新冶钢都出具了银行保函向中国证券登记结算有限责任公司办理支付要约收购全部价款的履约保证手续，但从要约收购的条件来看，实际上新冶钢的全面要约收购条件比沙钢多出一个“新冶钢增资控股南钢集团事项完成交割”。

此外，沙钢认为，南钢集团的预付款支付条件和沙钢的诚意金支付条件也不同，沙钢将诚意金直接支付至复星账户，复星是可以自由取用的，这也缓解了复星彼时的资金压力，而南钢集团的预付款支付给的是复星监管账户，其有权监管该等款项的用途，这并非严格意义的同等条件。

四、达成和解，尘埃落定

2023年10月14日南钢股份发布公告：2023年10月13日，公司收到南京钢铁集团有限公司（以下简称“南钢集团”）的《告知函》，内容如下：

2023年10月13日，南钢集团收到经江苏省高级人民法院作出的（2023）苏民初1

号《民事调解书》。经江苏省高级人民法院主持调解，各方当事人自愿达成协议，并经江苏省高级人民法院确认，主要内容如下：江苏沙钢集团有限公司（以下简称“沙钢集团”）、江苏沙钢集团投资控股有限公司（以下简称“沙钢投资”）自愿退出案涉南京钢联60%股权的交易，南钢集团向沙钢集团、沙钢投资支付补偿款。在收到前述补偿款之日起三个工作日内，沙钢集团与转让方配合办理转让方持有的质押于沙钢集团的南京钢联49%股权的解除质押登记手续。收到前述补偿款后，沙钢集团、沙钢投资与案涉其余各方之间不得再因案涉60%股权交易任何事宜相互提起任何诉讼或者仲裁主张权益。前述相关诉讼受理费减半收取，由各方各自承担。一方不履行调解协议，其余各方可持调解协议，向人民法院申请强制执行。

本次各方通过友好协商，努力实现多方共赢。

至此，阻碍中信集团通过入主南钢集团并购南钢股份的最大障碍经过当事三方沙钢集团、上海复星集团、南钢集团和解，尘埃落定。

五、后续并购过程

随着上述三方和解，中信集团与南钢集团及其相关方进行了深入的谈判和协商，并最终达成了本次收购协议。双方就收购价格、股权比例、交割条件等关键条款进行了详细讨论和确认。具体步骤如下：

1. 增资控股

2023年12月4日，中信集团旗下的湖北新冶钢有限公司（简称“新冶钢”）完成了对南钢集团的增资及工商变更登记手续。新冶钢出资认购了南钢集团的新增注册资本，并因此持有南钢集团约55.248,2%的股权，成为南钢集团的控股股东。这一步骤标志着中信集团通过新冶钢间接控制了南钢集团。

2. 协议受让

在同一天，南钢集团完成了协议受让南京钢联60%股权及工商变更登记手续。这一交易使得南钢集团持有南京钢联100%的股权，成为南京钢联的全资股东。南钢集团通过南京钢联及其全资子公司南京钢铁联合有限公司（简称“南钢联合”）间接持有南钢股份（股票代码：600282.SH）的股份。

这一步使得中信集团通过南钢集团间接控制了南京钢联的全部股权。

3. 要约收购与实际控制人变更

为了进一步巩固对南钢股份的控制权，新冶钢还向除南京南钢钢铁联合有限公司、南京钢铁联合有限公司以外的其他所有持有上市流通普通股（A股）的股东发出了全面要约收购。要约收购的股份数量约为南钢股份总股本的40.90%，要约价格为3.69元/股。要约收购期限为2023年12月13日至2024年1月11日。

截至要约收购期限届满，新冶钢已经完成了对南钢股份部分股份的收购，并与相关股东完成了交割手续。这一步骤进一步巩固了中信集团对南钢股份的控制权。

随着南钢集团和南京钢联股权结构的调整，南钢股份的间接控股股东由原先的复星高科变更为南钢集团，而公司的实际控制人则由郭广昌先生变更为中国中信集团有限公司。这一变更体现了中信集团对南钢股份的最终控制权。

六、交易影响

对于中信集团和南钢股份：

1.增强特钢产能和市场份额：中信集团通过收购南钢股份，显著提升了其特钢产能，使其整体特钢年产能提升至3,000万吨以上。这一举措不仅增强了中信集团在钢铁行业的影响力，还使其在国内外市场上的竞争力得到提升。

2.优化资源配置和提升效率：中信集团通过并购整合，优化了资源配置，提高了运营效率。这种整合不仅包括技术创新、人力资源管理的协同发展，还包括供应链的优化，如联合采购等，进一步降低了成本，提高了整体运营效率。

3.业绩增长和市场认可：南钢股份在成为中信集团的一部分后，其业绩表现出了强劲的增长势头。例如，南钢股份上半年业绩逆势增长，实现营业收入336.79亿元，归属于上市公司股东的净利润12.33亿元，同比增长24.70%。这表明中信集团对南钢股份的整合取得了积极的效果，得到了市场的认可。

4.提升品牌影响力和市场竞争力：中信集团通过收购南钢股份，不仅提升了自身的品牌影响力，还在市场上形成了更强的竞争力。例如，在协同研发方面，通过合作研发共同制定行业标准，加速提升南钢的高端特种钢冶炼水平，共同分担研发成本和风险，同时共享研发成果，促进技术进步和创新，共同制定行业标准，以提高行业整体水平和竞争力推动行业的发展。

对于复星国际：

复星国际（00656.HK）在港交所发布公告，新出售事项的所有先决条件均获达成，并于2023年12月4日完成交割。于交割后，集团不再持有南京南钢任何股权，因此南京南钢不再为公司的合营企业。通过退出南钢复星国际及其背后的复星系均在加速“瘦身”，并借此不断回笼资金。受此影响，复星国际的财务报表愈发“健康”，选择瞄准确定性发力的复星国际重新聚焦核心产业的战略目的跃然纸上，其业绩也逐渐回暖。

七、结论

一波三折的钢铁并购事件终于尘埃落定。本次并购事件对于参与的多方意义都是重大的。过程涉及了增资控股、协议受让股权、优先购买权行使、实际控制人变更、要约收购与交割完成等多个关键步骤。中信集团收购南钢的目的，既包括战略扩张与资源整合、产业链延伸与协同效应、提升竞争力与市场份额等传统因素，也包括战略转型与升级等长远考虑。这次收购将有助于中信集团在钢铁行业实现更大的发展和突破，相信中信集团在钢铁领域的并购脚步不会停下，产业并购方兴未艾。

B.27

并购案例二：沙特阿美购买荣盛石化10%股权

祝　捷*

摘　要： 2023年3月27日，荣盛石化（002493.SZ）发布公告，拟以246亿元人民币（约折合36亿美元）的价格将约10%的股份转让给沙特阿美旗下子公司AOC。交易完成后，荣盛石化与沙特阿美签订原油采购等协议，双方就原油采购、原料供应、化学品销售、精炼化工产品销售、原油储存及技术分享等方面进行合作。该交易已于2023年7月20日完成股权过户。

关键词： 资源共享　优势互补　合作开发　市场扩张　警钟长鸣

一、交易概述

为引入境外战略投资者，荣盛石化股份有限公司（以下简称“荣盛石化”）的控股股东浙江荣盛控股集团有限公司（以下简称“荣盛控股”或“转让方”）于2023年3月27日与战略合作方Saudi Arabian Oil Company（以下简称“沙特阿美”）的全资子公司Aramco Overseas Company B.V.（以下简称“受让方”或“AOC”）签署了《股份买卖协议》，拟将其所持有的公司1,012,552,501股通过协议转让的方式转让给AOC，作价

---

* 祝捷，中国银河证券股份有限公司投行并购专家，三十年并购专业资深人士，全联并购公会并购估值专业委员会委员。

246亿元人民币（按当时汇率约折合为34亿美元），该交易已于2023年7月20日完成股权过户。据悉交易方还签署了补充协议，在AOC持有荣盛石化不少于9.84亿股股份期间，荣盛控股同意其拥有、之后取得或荣盛控股有权行使投票权的所有股份的投票权，以促使AOC提名的个人应当被选举加入公司董事会。在本次受让股份交割日起的三年内，荣盛石化应持有不低于51%的浙江石化股权，荣盛石化以外的任何人士无权直接或间接指示或促使指示浙江石化的管理和政策，荣盛石化也不得出售浙江石化的全部或实质全部资源或业务。

在3月27日签约上述股权转让的同时，荣盛石化与沙特阿美等方面在北京签署了《战略合作协议》，建立了战略合作关系，荣盛石化与沙特阿美及其关联方同时签署了《战略合作协议》项下一系列商业合作协议，即《原油采购协议》《救济契据》《母公司担保》《ATS框架协议》等（以下简称"《原油采购协议》等一揽子协议"），双方就原油采购、原料供应、化学品销售、精炼化工产品销售、原油储存及技术分享等方面进行合作。其中，《原油采购协议》约定，浙江石油化工有限公司或买方代理人荣盛石化（新加坡）私人有限公司，从沙特阿美采购原油，采购数量为各类不同等级的原油合计48万桶/日，采购价格基于公开原油市场指标确定；支付和结算方式为电子转账。该一系列商业合作协议为推动双方各自战略目标的实现和长期的可持续发展奠定了坚实基础。

本次股权转让相关交易各方概况如下：

1. 上市公司基本情况

公司名称：荣盛石化股份有限公司

住所：浙江省萧山区益农镇红阳路98号

注册地：浙江省萧山区益农镇红阳路98号

企业性质：其他股份有限公司（上市）

主要办公地点：浙江省杭州市萧山区益农镇浙江荣盛控股集团大楼

法定代表人：李水荣

注册资本：1,012,552.50万元

主营业务：涤纶丝，化纤布的制造、加工，纸制品加工，轻纺原料及产品，五金，化工产品及原料（除化学危险品及易制毒化学品）的销售，实业投资，普通货物的仓储服务（不含危险品），道路货物运输（凭有效许可证经营），经营进出口业务（依法须经批准的项目，经相关部门批准后方可开展经营活动）。

主要股东：浙江荣盛控股集团有限公司持股61.46%

实际控制人：李水荣

注册资本：83,466.40万元

经营范围：实业投资，企业管理咨询，室内外建筑装饰，化工原料及产品（不含化学危险品和易制毒品）、贵金属（不含专控）、黄金制品、煤炭（无储存）、金属材料及制品、钢材、建筑材料、轻纺原料及产品、燃料油（不含成品油）、光伏产品、水泥及制品、木材及制品、五金交电、日用品的销售，计算机软件开发，信息咨询服务，从事进出口业务。（国家法律法规禁止或限制的项目除外）。（依法须经批准的项目，经相关部门批准后方可开展经营活动）

财务情况：2022年度实现营业收入2,890.95亿元，净利润63.70亿元，净资产971.66亿元。

2. 战略合作方

公司名称：Saudi Arabian Oil Company沙特阿拉伯石油公司

住所：P.O. Box 5000，Dhahran 31311，Kingdom of Saudi Arabia

企业性质：上市公司

注册地：沙特

总股本：75,000,000,000沙特里亚尔

主营业务：勘探、开发和生产原油、凝析油、天然气和天然气凝液，是一个有多年历史的综合国际石油集团，是世界最大的石油生产公司和世界第六大石油炼制商，拥有世界最大的陆上油田和海上油田

主要股东：沙特阿拉伯王国政府

财务情况：2022年度实现营业收入3,051亿美元，净利润1,611亿美元，净资产为4,443亿美元。

3. 受让方、境外战略投资者AOC的基本情况

公司名称：Aramco Overseas Company B.V.阿美海外有限公司

住所：Scheveningseweg 64 2517 KX The Hague The Netherlands

企业性质：私人有限责任公司

注册地：荷兰

总股本：17,907,127,251欧元

主营业务：服务提供商、内部银行和控股公司，主要负责沙特阿美的采购和其他服务

主要股东：沙特阿美（持股100%）

二、并购背景

在国际地缘局势不断变化的环境下，能源安全对国家经济运行、人民生活和企业正常运营至关重要。荣盛石化运营全球最大的单体炼厂浙江石油化工有限公司（以下简称“浙石化”）4,000万吨炼化一体化项目，是中国以及亚洲重要的聚酯、新能源材料、工程塑料和高附加值聚烯烃的生产商，拥有全球最大的PTA、PX等化工品产能，同时在聚乙烯、聚丙烯、PET、EVA、ABS等多个产品的产能上位居全球前列，2022年被英国知名品牌评估机构Brand Finance评为全球最具价值25大化学品牌报告（Chemicals 25 2022）第8名。荣盛石化的主要原材料是原油，需要稳定的供给，为满足产品生产需求，公司每年需要向包括沙特阿美在内的国际原油供应商进口大量的原油等原材料。在双方不断加深的交易往来之中，公司与沙特阿美建立了良好的合作关系。2022年，荣盛石化向沙特阿美及其关联方购买了约603亿元人民币的原油等材料，占公司同类交易的比例为21%。2023年前两个月，荣盛石化向沙特阿美及其关联方购买了约90亿元的原油等材料。

但此前双方已达成并执行的采购合同期限较短，到期后需要经常性续签新的采购合同；由于炼化一体化企业大规模运营的特征，生产过程中任何原材料供应的中断都将严重影响持续运营，并对公司运营效率和盈利能力产生显著影响，因此稳定的原油供应对于公司持续发展具有显著的重要性和商业意义。

沙特阿美是一个有多年历史的综合国际石油集团，是世界最大的一体化能源和化工公司之一，业务遍及沙特王国和全世界，沙特阿美一方面需要原油产品的稳定销售市场，另一方面也正在加速推进下游化工品领域的全球布局，在包括中国在内的新兴市场中投资炼化一体化及化工品项目，不断开拓在下游化工品市场的发展路径，打造全球领先的一体化能源与化工品企业，提升其原油产品的最终附加值和整体盈利空间。

值得注意的是，沙特阿美对荣盛石化的关注，最早要追溯到2018年，当时沙特不只是对荣盛石化感兴趣，更感兴趣的是其旗下的浙石化。据悉，浙石化当年1,700亿元投建4,000万吨/年炼化一体化项目，按照原定计划，该项目由荣盛石化、巨化集团、桐昆集团和舟山市国资委共同出资，控股方为荣盛控股集团，股权占比51%；后三家企业的股权占比分别为20%、20%和9%。

到2019年2月，沙特阿美正式对外官宣签署三份谅解备忘录，第一份与舟山市签署，拟收购后者持有的9%浙石化股权；第二份与浙石化的其余三位股东签署，拟为浙石化提供长期原油供应；第三份则是与浙江能源集团签署，拟向浙江省的成品油网络进行投资。不过，后续的发展是，前两份谅解备忘录出现了非常大的变化，几乎等于是“另起炉灶”；第三份则至今没有实质进展。

直到2022年12月，随着中国国家主席习近平时隔6年再度访问沙特，一度停滞的沙特阿美投资事项也迎来转机。本次股权收购是重启在辽宁盘锦的炼化项目之后，全球最大的油气公司沙特阿美继续押注中国市场的一次重要投资行为。

整体来看，荣盛石化与沙特阿美在产业上互为上下游，双方之间的战略合作可以实现资源共享、优势互补、互利共赢。通过本次战略合作，公司及子公司将进一步巩固与沙特阿美现有原油采购业务的合作关系，获得长期稳定的原油以及其他化工原材料的供应，并有望进一步拓展公司化工产品的海外销售渠道，保障石油化工品产业链的稳定性；同时，沙特阿美的全资子公司AOC成为持有上市公司10%加一股股份的战略投资者，沙特阿美也将获得大量稳定的原油采购需求，并进一步拓展在中国化工品领域的布局。此外，通过签署战略合作协议以及协议项下的技术分享框架协议，为公司引入沙特阿美在炼油、石化等领域的先进技术，以及双方进行技术优势互补、资源共享等合作奠定了良好基础。

因此，本次交易有利于发挥双方各自的资源禀赋，推动双方各自战略目标的实现和长期可持续发展。

三、交易动机

1. 荣盛石化的需求

（1）稳定原油供应：荣盛石化每年需要大量进口原油等原材料以满足生产需求。沙特阿美作为其主要供应商之一，此次合作将为其提供更稳定的原油供应保障。根据披露的内容，沙特阿美将通过一项长期销售协议，向荣盛石化子公司浙江石油化工有限公司供应48万桶/日的阿拉伯原油。公告显示，双方的原油供应合约初始固定期限为20年，后续以5年为期延长，除非根据协议约定另行终止。未来，沙特阿美将供应浙江石化六成的原油需求。

（2）资金与技术支持：沙特阿美的入股不仅为荣盛石化带来了资金上的支持，还将在技术、市场等方面提供全方位的帮助，有助于荣盛石化提升竞争力。

（3）海外市场拓展：通过本次战略合作，荣盛石化及子公司在进一步巩固与沙特阿美现有原油采购业务的合作关系，获得长期稳定的原油以及其他化工原材料的供应基础上，并有望进一步拓展公司化工产品的海外销售渠道，保障石油化工品产业链的稳定性。

2. 沙特阿美的需求

（1）扩大中国市场的影响力：沙特阿美作为全球最大的石油公司，一直寻求在全球主要市场扩大其影响力。中国作为全球最大的原油进口国和经济增长引擎，对沙特阿美来说具有巨大的战略价值。通过收购荣盛石化股权，沙特阿美能够更深入地参与中国石化市场，提升其在该市场的份额和影响力。

近年来，亚洲市场尤其是中国市场正在成为全球石化市场的新增长极，作为全球最大的油气公司，沙特阿美也开始在华积极业务布局。2023年3月26日，沙特阿美宣布设立在华合资企业华锦阿美石化有限公司，于2023年第二季度在中国东北地区盘锦开工建设一座大型炼油化工一体化联合装置。在同日举行的中国发展高层论坛上，沙特阿美总裁兼首席执行官阿敏·纳赛尔表示，沙特阿美计划在2027年将原油最大可持续产能提升到1,300万桶/日，这将确保中国的长期能源安全；到2030年，沙特阿美的天然气产量预计将增加50%以上，这将每天释放出100万桶原油用于出口。阿敏·纳赛尔表示，沙特阿美立志于成为中国的全方位供应商，为中国长期的能源安全和高质量发展提供所需的能源与化学产品。

（2）稳定原油销售、符合公司原油化工战略：通过与荣盛石化的合作，沙特阿美能够锁定更多的原油销售市场，特别是在中国这个全球最大的原油进口国之一。沙特阿美下游业务常务副总裁穆罕默德·卡塔尼表示，本次合作体现了沙特阿美对中国的长期承诺，以及对中国石化行业基本面的信心。这是沙特阿美在关键市场的一项重要收购，将助推公司的原油化工战略。

（3）技术共享与市场开拓：沙特阿美在炼油、石化等领域拥有先进的技术和丰富的经验。通过与荣盛石化的合作，双方可以实现技术共享，共同开发满足未来市场需求的新技术、工艺和设备。此外，沙特阿美还可以借助荣盛石化的平台和渠道，进一步了解中国市场的需求和变化，调整其战略和布局，以开拓更广阔的市场空间。

四、交易影响

1. 荣盛石化

（1）国际化战略推进：此次合作标志着荣盛石化的国际化战略迈出了重要一步。通过与沙特阿美的合作，荣盛石化可以借鉴其先进的国际管理经验和技术水平，提升自身的国际化运营能力。荣盛石化董事长李水荣表示："这次交割的完成标志着荣盛和阿美将携手进入一个新的时代，也意味着荣盛的国际化战略迈出了重要一步。"

（2）业务拓展与技术创新：荣盛石化有望获得沙特阿美的技术支持和市场资源，实现更广泛的业务拓展和技术创新。这有助于荣盛石化在高端石化产品领域取得突破，提升其在全球市场的竞争力。沙特阿美的入股不仅体现了对荣盛石化企业优势和估值的认可，还为其带来了资金和技术支持。这种合作不仅加深了双方在能源化工领域的合作，还为荣盛石化提供了扩大生产和研发的机会。通过与沙特阿美的合作，荣盛石化能够进一步优化其业务结构，提升市场竞争力。具体体现包括但不限于以下几个方面。

1）股权收购与合作开发：沙特阿美拟收购荣盛石化旗下宁波中金石化有限公司不超过50%的股权，并联合开发荣盛新材料（舟山）项目。这一举措将有助于荣盛石化扩大生产规模，提高市场占有率。

2）技术共享与原料供应：沙特阿美将向荣盛石化提供可靠的原油供应，并分享相关技术。这将有助于提升荣盛石化的生产效率和产品质量，同时降低成本，提高盈利能力。

3）投资新建项目：荣盛石化计划投资建设金塘新材料项目，预计总投资675亿元，新建多个生产装置。这一项目建成后，将显著提升荣盛石化的生产能力，同时也为其带来了可观的收入和利润。

4）市场扩张：通过与沙特阿美的合作，荣盛石化有机会进入新的市场，尤其是在关键市场的业务拓展，这将有助于提升公司的品牌影响力和市场地位。

（3）财务表现提升：沙特阿美的入股将为荣盛石化带来显著的财务提升。荣盛石化表示："浙石化之前从沙特阿美采购的原油都是每年1,000万吨，2023年我们签订的年度大约是1,800万吨。这次通过协议，我们可以把原油供应量从1,800万吨提升到2,400万吨。本身我们浙石化原油设计的油种也是以沙特阿美的油种作为设计油种，同时它还提供不少于8亿美元的授信，相当于他们在60美元/桶的时候一个月的授信，对浙石化的现金流会带来极大的好处。"根据兴业证券等机构的研报分析，此次并购有望为荣盛石化带来营业收入和净利润的显著增加。

2. 沙特阿美

（1）市场扩张与业务增长：通过与荣盛石化的合作，沙特阿美能够在中国市场进一步扩大其业务范围，利用荣盛石化在中国的市场网络和资源，促进双方的业务增长和市场扩张。

（2）技术创新与新产品开发：荣盛石化在石化产业的强链、补链、延链上积极作为，持续推动石化行业创新发展。通过与沙特阿美的合作，可以共同探索新技术和新产品，满足市场需求，提升竞争力。

（3）资源优化与成本降低：通过与荣盛石化的合作，沙特阿美可以利用荣盛石化的资源优势，优化资源配置，降低成本，提高效率，从而提升整体盈利能力。

（4）增强供应链稳定性：通过与荣盛石化的合作，沙特阿美可以加强供应链的稳定性，减少供应链中断的风险，确保产品的持续供应。

与荣盛石化的合作对沙特阿美的影响主要体现在市场扩张、技术创新、新产品开发、资源优化、成本降低、供应链稳定性增强等方面。

此次并购是沙特阿美与荣盛石化多年合作意愿的最终实现。双方此前已有多次合作基础，总体看，此次并购将进一步深化双方在原油采购、原料供应、化学品销售、精炼化工产品销售、原油储存及技术分享等方面的合作。这种深度的产业合作有助于双方实现互利共赢，共同提升在全球石化产业中的竞争力。

五、后续进展

2024年7月荣盛石化公告，该公司与沙特阿美签署了谅解备忘录，并开始探讨荣盛石化（或其关联方）拟收购沙特阿美全资子公司朱拜勒炼化公司（SASREF）的50%股权，并提高产品灵活性、复杂度和质量的计划。沙特阿美也在考虑收购荣盛石化全资子公司宁波中金石化有限公司不超过百分之五十（50%）股权的潜在收购，并联合开发中金石化现有装置升级扩建、开发新建下游荣盛新材料（舟山）项目。2024年4月22日，荣盛石化和沙特阿美签署了合作框架协议，双方拟分别出售和购买荣盛石化全资子公司中金石化和沙特阿美全资子公司SASREF各50%的股权，以及按股权比例分别联合开发中金石化和SASREF的扩建工程。对于备忘录中的其他事项，双方正展开进一步磋商，并将根据合作事项的进展情况履行相应的决策程序和信息披露义务。

六、结论

此次并购事件的意义十分深远，是双方基于战略考量而达成的重要合作。将促进中国石化行业的转型升级，推动行业向高端化、绿色化、智能化方向发展。沙特阿美与荣盛石化的合作将增强双方在全球石化产业中的竞争力。通过资源整合和优势互补，双方可以更好地应对国际市场的挑战和机遇，实现互利共赢的发展目标。也是中沙两国企业间深化合作共谱“一带一路”新篇章的重要案例。

七、警示

在披露本次2023年石化行业焦点并购事件即沙特阿美溢价投资荣盛石化（002493.SZ）股权的同时，我们也应关注本次并购事件中涉嫌内幕交易的警示，在积极围绕落实国务院新九条“以强监管、防风险、促高质量发展的主线。强调坚持稳为基调，强本强基，严监严管，以资本市场自身的高质量发展更好地服务经济社会高质量发展的大局”监管环境下，积极推动并购重组的同时严防内幕交易必须加以防范。

针对沙特阿美投资荣盛石化内幕交易案，2024年8月17日，中国证监会一口气披露了4份行政处罚决定书，涉及时任杭州久胜私募基金管理有限公司执行总裁王仙鹏、荣盛能源有限公司副总经理全卫军、浙江荣盛控股集团有限公司（以下简称“荣盛控股”）总裁办副主任吴妙琴、荣盛控股财务管理中心资金管理部门经理周文丽等4名人员。

中国证监会最终决定没收4人违法所得共计356.17万元，且均处以3倍罚款，合计1,120.93万元。罚单显示，4位当事人均未提出陈述、申辩意见，也未要求听证。8月19日，记者致电荣盛石化并发去采访提纲，截至发稿，记者未获荣盛石化方面回应。

由中国证监会发布的罚单可知，2022年，沙特阿美开始与荣盛控股商谈收购荣盛石化股份。2022年8月25日，沙特阿美副总裁卡塔尼与荣盛控股董事长李水荣签订《谅解备忘录》，双方同意就股份买卖事宜及原油采购事宜进行合理讨论。

2022年12月2日，李水荣通过微信给吴妙琴发送《1201阿美核心条款》并要求打印。2023年1月4日，项某炯组建“沙特阿美股权协议”微信群，群成员包括了荣盛石化董事会秘书全卫英。2023年2月28日，荣盛控股与沙特阿美通过线上会议沟通付款流程，参会人员包括了周文丽。

2023年3月27日，荣盛石化发布《关于引入战略投资者暨控股股东协议转让公司部分股份的权益变动提示性公告》。荣盛控股所持有的荣盛石化10.13万股以24.3元/股的价格转让给沙特阿美。

监管认定，该内幕信息不晚于2022年8月25日卡塔尼与李水荣以视频方式签订《谅解备忘录》时形成，公开于2023年3月27日。

行政处罚决定书显示，全卫军是全卫英的哥哥，两人住在同一小区，见面接触较多，彼此关系密切，在内幕信息敏感期内联络频繁。王仙鹏与全卫英自2015年起认识，经常吃饭、聊天，内幕信息敏感期内多次通话联络。

全卫军控制使用岳母朱某娟等多个账户，在内幕信息敏感期内买入“荣盛石化”45.8万股，买入金额559.46万元，卖出45.8万股，卖出金额691.91万元，经计算获利131.56万元。中国证监会决定没收全卫军违法所得131.56万元，并处以394.70万元罚款。

王仙鹏控制使用“王仙鹏”东吴证券普通账户等8个证券账户交易“荣盛石化”，在内幕信息敏感期内累计买入“荣盛石化”60.49万股，买入金额726.53万元，卖出60.49万股，卖出金额889.83万元，经计算获利162.07万元。中国证监会决定没收王仙鹏违法所得162.07万元，并处以486.23万元罚款。

此外，周文丽使用本人及丈夫的多个账户交易荣盛石化；另一内幕信息知情人吴妙琴使用其本人账户买入荣盛石化。中国证监会决定分别没收周文丽、吴妙琴违法所得31.01万元、31.53万元，均处以120万元罚款。

从证监会的处罚我们再次印证出，在并购交易中对于内幕交易要警钟长鸣，内幕交易莫伸手，伸手必被捉！

B. 28

并购案例三：麦当劳全球收购凯雷持有的28%的麦当劳中国股份

祝　捷*

摘　要： 2023年11月20日，麦当劳全球（MCD.US）宣布收购凯雷集团所持的金拱门中国管理有限公司（简称“金拱门、麦当劳中国”）28%股权，交易总对价为18亿美元。交易完成后，麦当劳全球持股比例将由原来的20%增加到48%，以中信资本为主的中信联合体将继续持有52%的股份。此次交易将简化麦当劳中国的股权结构，带来更稳定和可持续的资源投入，有助于拓展在中国的餐厅网络，进一步巩固麦当劳在中国快餐市场的地位。

关键词： 机遇与挑战　消费市场信心　战略协同加强　获取长期回报

一、交易概述

2023年早些时候，市场就有传言称凯雷集团计划为其麦当劳中国业务的投资引入新的支持者，并考虑出售部分股权，对该公司估值约80亿至100亿美元。然而，麦当劳方面在当时否认了这些传闻，表示公司的所有权结构保持不变。

---

* 祝捷，中国银河证券股份有限公司投行并购专家，三十年并购专业资深人士，全联并购公会并购估值专业委员会委员。

2023年11月20日，麦当劳全球（MCD.US）（受让方）与凯雷集团（转让方）宣布了这一并购决定，由受让方收购转让方所持的金拱门中国管理有限公司28%股权，该笔交易价值约为18亿美元（折合人民币128.75亿元），待相关监管机构批准后实施。

交易完成后，麦当劳全球在麦当劳中国的持股比例将从原先的20%增加到48%，而凯雷集团将完全退出股东行列。同时，以中信资本为主的中信联合体将继续持有52%的股份，保持控股地位。

二、并购背景——机遇与挑战共存

早在2017年，中信股份、中信资本和凯雷投资集团以最高20.8亿美元的总对价收购了麦当劳中国的全部已发行股本，从而获得麦当劳中国（含内地与香港）餐厅20年经营权。这一交易标志着麦当劳中国进入了“金拱门”时代，其管理公司也正式更名为“金拱门（中国）有限公司”。具体为2017年1月9日午间中信股份（0267.HK）在港交所发布公告，中信董事会宣布，中信、中信资本和凯雷拟通过Grand Foods Investment Holdings Limited（“买方”，作为公司的间接非全资附属公司）收购麦当劳中国业务之控制权益（以下简称“收购”）。

2017年1月9日，买方与（其中包括）McDonald’s China Holdings Ltd.（“MCHL”）及Golden Arches Investments Ltd.（“GAIL”，与MCHL一起合称“卖方”，作为麦当劳公司的附属公司）签订了股份购买协议，以最高20.8亿美元（约合161.41亿港元）的总对价收购麦当劳中国管理有限公司（“目标公司”，连同其附属公司，合称“目标集团”）的全部已发行股本。收购对价将部分以现金方式及部分以将发售给GAIL的、Grand Foods Holdings Limited为买方的中间控股公司（“控股公司”）之新股的方式结算。

在过去的几年中，麦当劳中国与中信资本等股东紧密合作，取得了显著的成绩。自2017年以来，麦当劳中国餐厅数量翻了一番，超过5,500家。从2019年9月至今，该公司实现了超过30%的系统销售增长。目前，中国是麦当劳全球第二大市场，也是全球增长最快的市场。麦当劳计划在中国市场继续大力拓店，特别是在2024年，预计在全球开设2,100多家餐厅，其中中国市场将开设大约1,000家。

根据麦当劳全球首席执行官Chris Kempczinski的表述：“我们与中信和凯雷的战略合作自开始以来，麦当劳在中国的业务增长取得了巨大成功。”麦当劳计划到2028年将中国餐厅数量从6,000家左右增加到1万家左右，并乐观预判中国市场未来有可能开到

2万~2.5万家餐厅，成为麦当劳在全球的最大市场。Kempczinski接着指出，他相信现在是简化股权结构的最佳时机，因为该公司有巨大机会抓住需求增长机遇，并进一步受益于这个中国市场的长期潜力。

对于本次交易凯雷亚太区主席杨向东说："我们非常感谢与中信资本和麦当劳公司的紧密合作，与麦当劳一起实现了业务转型，加快其增长速度，并彻底改变了其数字营销和运营能力，"金拱门一直以来的业绩表现都很出色，祝愿该公司在下一阶段的发展中一切顺利。

中信资本董事长兼首席执行官、麦当劳中国董事长张懿宸则表示，作为麦当劳中国的控股股东，中信很高兴看到麦当劳总部对于双方长期合作伙伴关系的认可和对中国市场的进一步投入，"麦当劳中国正向2028年突破1万家餐厅的目标迈进，我们充满信心，并将继续全力以赴，用麦当劳的经典美味服务中国消费者"。

麦当劳中国不仅实现了业务的快速增长，还加强了数字化营销和运营能力，提升了品牌影响力。伴随着2024年8月麦当劳中国科技研发中心全新大楼正式启用，标志着麦当劳自研创新驶入新阶段。据悉未来五年内，麦当劳中国计划投入40亿元，进行数字化研发与创新，更好地服务顾客、服务餐厅、服务企业。我们关注到数字化转型成为品牌在本地加速发展的关键性战略。2020年底，麦当劳中国首个IT战略研发中心——麦当劳中国南京研发中心正式启用。过去几年来，研发中心通过自主研发为麦当劳中国输送了一系列的本土信息系统综合解决方案，如麦当劳App、RGM Boss、数字化食品安全等系统，这些方案已经在全国超过6,200家餐厅部署落地。到2028年，麦当劳中国要迈进10,000家餐厅的里程碑。麦当劳中国首席执行官张家茵表示："麦当劳的数字化，聚焦在服务顾客、服务餐厅和服务企业三个维度，最终赋能我们更好实现未来10,000家餐厅的发展。"发展基础好、市场潜力大、团队能力强，麦当劳中国正处于最佳发展状态，麦当劳中国正保持着每年1,000家新餐厅的开店速度。对于麦当劳全球来说，事实上，中国市场已经成为未来五年的核心增长引擎。这些成果为麦当劳全球增持股份提供了坚实的基础。

除了上述随着中国市场的不断发展所带来的机遇外，并购各方也关注到快餐行业的竞争日益激烈所带来的挑战。从嘉世咨询《速食快餐行业简析报告》(2024)我们可以看出西式快餐市场持续扩容，百胜中国(肯德基、必胜客)、麦当劳居于领先地位，但以华莱士、塔斯汀为首的本土汉堡品牌也迅速崛起，通过价格定位、市场布局、产品差异化、功能区选址差异化错位竞争，在下沉市场拓店处于领先。如下图：

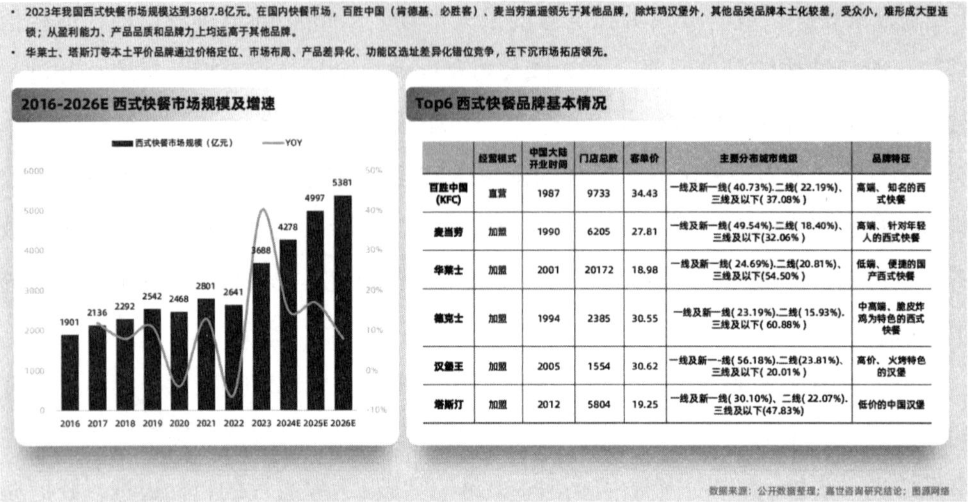

图1　西式快餐市场和品牌情况

近几年来，消费者的需求亦在不断变化，西式快餐龙头逐步发力加强对低线市场的拓展，以进一步扩大其市场份额。下沉市场逐渐成为餐饮品牌竞争的新焦点。具体竞争情况见下图。

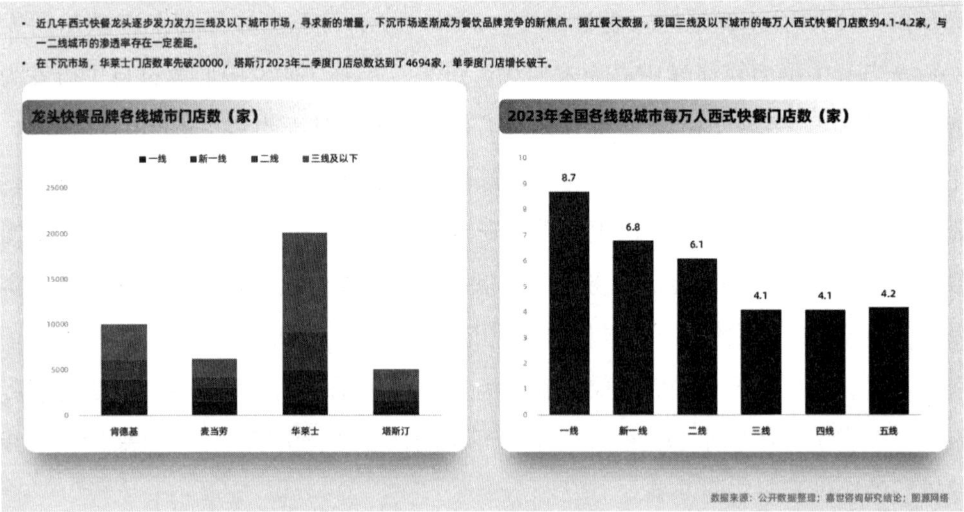

图2　西式快餐品牌竞争情况

三、交易动机

1. 简化股权结构

收购凯雷持有的股权将简化麦当劳中国的股权结构，减少股东间的协调成本，提升决策效率。股权结构的优化有助于麦当劳中国更快地响应市场变化，制定更加灵活和有效的市场策略。

凯雷集团作为财务投资者酝酿退出麦当劳中国已久。早于2023年4月便有消息传出，凯雷集团正在考虑为其麦当劳中国业务的投资引入新的支持者，借助新资本的加入，进一步推动麦当劳中国餐厅的增长。

据知情人士称，凯雷与中信资本旗下公司信辰资本曾与新加坡政府投资公司（GIC Pte）和阿布扎比主权财富基金穆巴达拉集团（Mubadala Investment Co.）进行接洽，计划以40亿美元出售麦当劳中国部分业务，包括债务在内，这笔交易对整个业务的估值高达100亿美元。

不过，麦当劳中国并不希望打破现有的投资结构。彼时，麦当劳中国CEO张家茵明确表示，公司暂时不会考虑引进新的投资者和新的资本，股东还是会保持现在的结构。如果有新的资金进来，也是股东背后的（投资人）变动，股东本身不会变化。

如今麦当劳全球接手凯雷集团股权对麦当劳中国增持的结局，相信对于所有各方均是多赢的结果。

对凯雷集团而言，此时以高回报退出，或许能缓解业绩大跌的尴尬。根据凯雷之前公布的三季度财报，5.62亿的总营收同比下跌了近50%，净利润更是同比下跌71.05%，仅8,130万美元。退出难是凯雷盈利能力的大幅下滑的主要原因。而一旦退出不到位，也会进一步影响其后续募资规模。

对麦当劳全球而言，进一步的增持，也令麦当劳在中国市场中获得更高的收益。麦当劳全球总裁兼首席执行官Chris Kempczinski在交易完成后更直言："现在是简化股权结构的最佳时机。中国是麦当劳全球增长最快的市场，其长期发展的潜力将让我们不断受益。"

对于中信资本而言，作为麦当劳中国的控股股东，麦当劳全球的增持股份将有助于双方更好地协调资源和优势，共同推动麦当劳中国在中国市场的发展。

对于麦当劳中国而言，本次并购简化股权结构，股东双方将继续通力合作，已在中国市场推动"燃动发展计划"，进一步拓展餐厅网络。

2. 增强控制权

麦当劳全球的增持是源于整体战略的部署，通过增持股份，麦当劳全球将在中国市场拥有更大的话语权和控制权，能够更好地参与麦当劳中国的战略规划和运营管理。这有助于确保麦当劳全球的战略意图在中国市场得到有效执行，加速其在中国的业务扩展和市场渗透。

3. 对中国本土消费市场的信心

中国作为麦当劳全球增长最快的市场之一，具有巨大的消费潜力和广阔的发展空间。这一交易也向市场传递了麦当劳全球对中国市场的长期承诺和坚定信心。

近年来，我国以网络购物、线上线下融合等新业态新模式为特征的新型消费迅速发展，在保障居民日常生活需要、推动消费恢复和升级、促进经济企稳回升等方面发挥重要作用。西式快餐的未来发展趋势主要体现在本土化、创新，以及加速扩张等方面。

首先，西式快餐的本土化趋势将持续加强。随着中国综合国力的提高和消费者口味的多样化，西式快餐品牌需要更加注重产品的本土化改造，以适应中国消费者的需求。这包括在产品口味、食材选择，以及营销策略上进行创新，以满足中国消费者的偏好。例如，一些品牌已经开始推出麻婆豆腐堡、螺蛳粉堡等中式食材的创新产品，以及利用中国传统面点如馒头、馍等替换传统的汉堡胚，这些都是本土化趋势的体现。

其次，创新将成为西式快餐品牌应对市场竞争的重要手段。面对消费者口味需求的变化，西式快餐品牌需要紧跟风味发展趋势，通过微创新和产品矩阵的丰富来应对同质化竞争。这包括在食材和口味上进行升级，以及探索“餐+饮”模式，以满足消费者的不同需求。

最后，西式快餐品牌的加速扩张趋势将持续。随着西式快餐在中国市场的普及和消费者对西式快餐的需求增加，各大品牌将继续加速拓店，以抢占市场份额。

综上所述，西式快餐的未来发展趋势将围绕本土化、创新，以及加速扩张等方面展开，以满足中国消费者的多样化需求，并在激烈的市场竞争中占据有利地位。

麦当劳中国计划在未来几年内继续扩大餐厅网络、加强数字化营销和运营能力、提升品牌影响力等方面的工作。增持股份将为这些目标的实现提供有力支持，加速麦当劳中国在中国市场的业务发展。

4. 提升估值及获取长期收益

麦当劳中国业务的快速增长和良好表现已经吸引了市场的广泛关注。增持股份将有助于提升麦当劳中国的估值和市场地位，这对于麦当劳全球来说是一个重要的财务投资回报来源。

据Bloomberg报道，凯雷集团此次交易作价18亿美元，相当于该笔业务估值达64亿美元，加上债务杠杆，凯雷这宗投资的资本回报率据估计高达6.7倍，成为其从中国撤出的最佳交易之一。

三方皆大欢喜的背后，是对增长解决一切问题的笃定——麦当劳在中国市场的欣欣向荣，足够解决所有矛盾。确切地说，是那个更加落地中国快速增长的“金拱门”，确保了在中国市场的欣欣向荣。

由于麦当劳全球对麦当劳中国的投资具备长期性的特点，增持股份将有助于其在中国市场获得更加稳定和可持续的收益。随着中国市场的不断发展和麦当劳中国业务的持续增长，麦当劳全球将有望获得更加丰厚的投资回报。

四、交易影响

1. 市场信心提升

麦当劳全球增持股份的举动源于对麦当劳中国未来发展的信心，有助于吸引更多投资者和合作伙伴。从2017年引入中信资本，麦当劳中国进入了发展的“快车道”。根据麦当劳中国公布的数据，截至2023年10月，全国麦当劳餐厅数量超过5,500家，比2017年时的2,400家翻了一番还多。未来五年中国的城镇化进程还将不断加快，新增城市人口相当于再造两个澳大利亚市场，对于麦当劳的业务形态来说，正意味着更广阔的发展空间。麦当劳中国现在已经是麦当劳全球第二大市场和发展最快的市场，从之前阐述我们已了解金拱门未来的五年计划，是2028年前达到10,000家餐厅的规模，这意味着每九个小时就会有一家新餐厅开业。本次交易必将进一步提升对中国消费市场的信心。

2. 战略协同加强

随着股权结构的简化，麦当劳中国和麦当劳全球之间的战略协同将更加紧密，有助于推动麦当劳中国在中国市场的快速发展。中信资本作为麦当劳中国的控股股东，还通过战略式加速开店、数字化赋能、供应链等举措，加速麦当劳中国实现本土化。这或许也是麦当劳全球坚定地和中信资本走到一起的核心原因。

据了解，在中信资本、凯雷集团入主前，麦当劳中国持续面临开店不足的困境。第三方统计数据显示，2016年麦当劳在国内连锁餐饮市场的份额不到6%，远落后于肯德基。

中信资本接手后，迅速牵头麦当劳中国与多家地产商建立战略合作关系，麦当劳中国也因此每年多了上百个新增优质店铺地址。

在数字化方面，中信资本也找来了腾讯，帮助麦当劳中国开发线上小程序，并打造会员体系。如今，麦当劳打造了全渠道的App、小程序，会员数量超2.5亿人，麦乐送服务遍及全国，一个专属的稳固会员体系生态已然形成。

数字化的收益也显而易见，麦当劳通过自助点餐、线上支付等提供数字化的服务，外卖业务迅速增长，同时，通过数据洞察来了解消费者的效率也大大提升。

此外，在供应链本土化方面，中信资本帮助麦当劳在国内寻找合适的供应商并持续加大投资，降低自身营运成本的同时，也很好地带动了国内食品产业链上下游企业的发展。

中信资本与麦当劳全球52∶48的比例也象征着一种新的战略协同合作模式：中国团队与本土资源，国际品牌与本地文化——更多来自中国的管理和数字化的经验，将为国际品牌的发展注入更多活力。相信麦当劳中国也将在中信强大的本地资源和麦当劳全球更强的支持下，快速实现在中国突破10,000家的目标！麦当劳中国的发展已成为并购基金助力跨国公司本土化的典型案例。

3. 业务拓展保障

不同于2016年出售中国市场特许经营权时，洋快餐行业正经历深度调整，当下中国餐饮市场正在进入全新的发展周期，麦当劳全球对于中国业务的加持可谓适逢其时。麦当劳中国首席执行官张家茵在2023年8月接受媒体采访时曾透露，该公司上半年销售额和整体增长都“远超疫情前水平”，主要靠同店销售额增长、新店增加拉动。此外，麦当劳在10月底发布的三季报也显示，期内麦当劳全球同店销售额（即开业至少一年的门店销售额）增长了8.8%，高于华尔街8%的增长预测。包括中国和日本在内的国际发展特许市场板块的同店销售额增长则达到10.5%。以麦当劳、肯德基为主体的连锁洋快餐有很大规模的消费群体，初代接触洋快餐的年轻人也差不多有了下一代，这些群体对洋快餐已有情结，加上在不断本土化的进化过程中，洋快餐也融入了很多中国元素，所以被接受程度还是很高的，这也是头部品牌仍在积极开店的原因。餐饮连锁未来的主战场会是社区化、小型店和四五线城市核心商圈。麦当劳中国计划在未来几年内继续扩大餐厅网络、加强数字化营销和运营能力、提升品牌影响力等方面的工作。本次交易将为这些未来业务拓展目标的实现提供有力支持与保障。

五、结论

综上所述，麦当劳全球收购凯雷持有的28%的麦当劳中国股份的交易事件是麦当劳中国发展历程中的又一个重要里程碑。这一交易充分体现了麦当劳全球对于中国市场前景的信心，对其自身提升估值水平、获得长期且丰厚的投资回报具有重要意义。

本土市场拓展将成为麦当劳中国未来发展的核心。麦当劳中国首席执行官张家茵强调，“金拱门”将继续深耕中国市场，加大投入力度，并持续推出符合中国消费者口味的新产品。同时，麦当劳中国将致力于提升数字化和智能化水平，以满足快速时尚的消费需求。公司计划结合外卖平台、智能点餐系统等技术手段，提供更便捷、高效的服务，进一步推动中国快餐行业的创新发展。在未来，麦当劳中国将继续坚守“金拱门”时代的战略规划，紧跟全球快餐业的变革潮流，不断创新与改进。我们相信，在与消费者的共同努力下，麦当劳中国将继续为中国市场的发展做出更大的贡献。

中国作为世界第二大经济体，正在向着消费驱动的经济转型，消费领域具有巨大的增长潜力。本次交易，一方面简化了麦当劳中国的股权结构、有利于双方股东的协同管理，依托股东之间的资源优势互补，为麦当劳中国未来的发展奠定了坚实的基础；另一方面，麦当劳全球的增持，表明其对中国市场的信心，通过进一步挖掘中国市场的潜力，把握时代发展的机遇，推动麦当劳品牌在中国的发展进程。有望确保麦当劳中国在未来的市场竞争中占据更加有利的地位。

B.29
并购案例四：无锡国联溢价收购民生证券股权

祝　捷*

摘　要： 2023年3月14日，泛海控股（00046.SZ）持有的民生证券34.71亿股股权正式于京东司法拍卖平台开拍，近35亿股股权对应30.30%股权，起拍价为58.65亿元。京东拍卖网站显示，2023年3月14日10时至2023年3月15日10时，起拍价58.65亿元（折合每股约1.69元）起拍，加价幅度为2,000万元/次。15日上午9时30分后，民生证券股权竞拍进入白热化阶段，3名买家不断加价，经过162轮出价、157次延时后，最终在12时54分以91.05亿元的价格成交，最终由竞拍人国联证券大股东无锡市国联发展（集团）有限公司（“国联集团”），拿下民生证券34.7亿股股权。拍卖后，泛海控股所持民生证券股权降至0.72%，正式让出第一大股东位置，同时也失去了实控权。无锡国联成为民生证券大股东，并在2023年12月15日获得中国证监会对本次大股东变化的批复。

关键词： 司法竞拍　强强联合　一体化布局　后续进展

---

* 祝捷，中国银河证券股份有限公司投行并购专家，三十年并购专业资深人士，全联并购公会并购估值专业委员会委员。

一、交易概述及背景

由于泛海控股所欠山东高速一笔未偿债务，具体为：泛海控股子公司武汉中央商务区股份有限公司（以下简称“武汉公司”）与烟台山高弘灏投资中心（有限合伙）（原债权人山东高速环球融资租赁有限公司，以下简称“烟台山高”）发生合同纠纷，烟台山高向湖北省武汉市中级人民法院申请了强制执行。

后烟台山高因此合同纠纷将泛海控股、泛海控股控股子公司沈阳泛海建设投资有限公司（以下简称“沈阳公司”）诉至山东省济南市中级人民法院（以下简称“济南中院”）。泛海控股于2021年12月13日收到济南中院送达的《民事判决书》，泛海控股对一审判决结果不服，并向山东省高级人民法院（以下简称“山东高院”）提出上诉，山东高院判决维持原判。烟台山高向济南中院申请强制执行，泛海控股于2022年3月28日收到济南中院送达的《执行通知书》〔（2022）鲁01执515号〕。

前期济南中院在诉讼过程中对泛海控股持有的民生证券股份有限公司（以下简称“民生证券”）350,000万股股份进行了冻结，后济南中院在执行过程中查封了沈阳公司部分资产。

2023年2月2日，泛海控股收到济南中院做出的《执行裁定书》和《拍卖通知》，济南中院拟于2023年3月14日10时至2023年3月15日10时止（延时的除外），在京东司法拍卖平台拍卖泛海控股持有的民生证券347,066.67万股股权。

2023年3月14日，泛海控股（00046.SZ）持有的民生证券34.71亿股股权正式于京东司法拍卖平台开拍，近35亿股股权对应30.30%股权，起拍价为58.65亿元。此前，东吴证券、浙商证券均发布公告称，将参与竞买泛海控股所持的34.71亿股民生证券股权。

拍卖于3月14日10时起拍，京东拍卖网站显示，2023年3月14日10时至2023年3月15日10时，泛海控股股份有限公司（下称“泛海控股”）持有的民生证券34.71亿股股权，由山东省济南市中级人民法院进行公开拍卖，起拍价58.65亿元（折合每股约1.69元），加价幅度为2,000万元/次。15日上午9时30分后，民生证券股权竞拍进入白热化阶段，3名买家不断加价，经过162轮出价、157次延时后，最终在12时54分以91.05亿元的价格成交。

标的物详情　竞买公告　竞买须知　保证金须知　出价记录(162)　优先购买权人　相关帮助

出价记录

状态	价格	竞拍人	时间
成交	¥9,105,426,723	164026489	2023-03-15 12:54:59
出局	¥9,085,426,723	164289789	2023-03-15 12:54:51
出局	¥9,065,426,723	164026489	2023-03-15 12:50:21

图1　民生证券股权拍卖出价记录

截图来源：京东拍卖网站

本次股权拍卖过程历时一天多，经过162次出价，竞拍过程延长了近3个小时，吸引了近39万人围观。最终胜者为国联证券大股东无锡市国联发展（集团）有限公司（“无锡国联”），以91.05亿元的价格拿下民生证券34.7亿股股权，2023年3月15日山东省济南市中级人民法院出具了网络成交竞价确认通知书。

网络竞价成交确认书

处置单位：山东省济南市中级人民法院

案号：(2022)鲁01执515号

标的信息：

标的编码	标的名称	网拍开始时间	网拍结束时间	成交价（元）
293738948	民生证券股份有限公司347066.67万股股权	2023/03/14 10:00:00	2023/03/15 12:59:59	9105426723.00

网络拍卖竞价结果：

经公开竞价，竞买人无锡市国联发展（集团）有限公司，企业资质相关编号**095K，京东账户：G****P，竞买代码：164026489，在京东网拍平台以最高应价竞得本拍卖标的“民生证券股份有限公司347066.67万股股权”，拍卖成交价为：人民币9105426723.00元（玖拾壹亿零伍佰肆拾贰万陆仟柒佰贰拾叁圆整），请按照《竞买公告》、《竞买须知》要求，及时办理拍卖成交余款缴纳以及相关手续。**

拍卖标的最终成交以山东省济南市中级人民法院出具的法院裁定为准。

2023年03月15日

图2　民生证券股权网络竞价成交确认书

截图来源：京东拍卖网站

本次最终成交价较起拍价溢价55.24%，估值约为1.95倍PB。拍卖后，泛海控股所持民生证券股权降至0.72%，正式让出第一大股东位置，同时也失去了实控权。无锡国联成为民生证券大股东在2023年12月15日获得中国证监会的批复。

成功竞拍后，国联集团子公司国联证券的股价在当天收涨5.76%，显示出市场对这次并购的积极态度。作为卖方，泛海控股对拍卖结果表示满意，认为拍卖价格充分体现了民生证券的价值。

1. 受让方基本情况

公司名称：无锡市国联发展（集团）有限公司

住所：无锡市金融一街8号

企业性质：有限责任公司

法定代表人：许可

注册资本：839.111万元

主营业务：从事资本、资产经营；利用自有资金对外投资；贸易咨询；企业管理服务。（依法须经批准的项目，经相关部门批准后方可开展经营活动）

主要股东：无锡市人民政府国有资产管理委员会持股61.23%

实际控制人：无锡市人民政府国有资产管理委员会

2. 标的公司情况

公司名称：民生证券股份有限公司

住所：中国（上海）自由贸易试验区浦明路8号

企业性质：其他股份有限公司（非上市）

法定代表人：顾伟

总股本：1,138,383.676,3万元

主营业务：许可项目：证券业务；证券投资咨询。（依法须经批准的项目，经相关部门批准后方可开展经营活动，具体经营项目以相关部门批准文件或许可证件为准）一般项目：证券财务顾问服务。（除依法须经批准的项目外，凭营业执照依法自主开展经营活动）

主要股东：中国泛海控股集团有限公司

3. 后续潜在整合方情况

公司名称：国联证券股份有限公司

住所：无锡市金融一街8号

企业性质：股份有限公司（上市）

注册资本：283,177.316,8万元

法定代表人：葛小波

主营业务：许可项目：证券业务；证券投资咨询；公募证券投资基金销售；债券市场业务（依法须经批准的项目，经相关部门批准后方可开展经营活动，具体经营项目以审批结果为准）一般项目：证券财务顾问服务；证券公司为期货公司提供中间介绍业务（除依法须经批准的项目外，凭营业执照依法自主开展经营活动）

主要股东：无锡市国联发展（集团）有限公司

二、交易动机及影响

1. 符合国联集团的发展定位

无锡市国联发展（集团）有限公司（简称“国联集团”）自1999年5月8日成立以来，一直是无锡市人民政府出资设立的国有资本投资运营和授权经营试点企业。国联集团定位为国有资本专业化运营平台、全牌照金融服务商、高端纺织和环保能源领域一流的龙头企业、未来战略性新兴产业的培育者。该集团的管理和业务主要集中在金融服务、实业经营和投资运作三大领域。其金融板块涵盖了门类齐全的金融服务平台，包括证券、期货、信托、人寿保险、财务公司、基金等金融机构，以及资产管理、融资担保、产权交易等类金融机构。此外，国联集团还参股了地方法人银行，如无锡农商行、江苏银行和宜兴农商行等。

在实业板块，国联集团的业务包括环保能源、高档纺织、现代物流等，并加快培育生物医药等战略性新兴产业。投资板块则通过组建无锡创业投资集团，形成了涵盖天使、VC、PE、产业并购等较为完整的股权投资体系，积极推进市场化改革，对标国内领先创投机构，旨在打造国有龙头创投企业。

国联集团还不断优化集团管控，加强投资企业委派董事、监事管理，推动子企业完善法人治理结构和分类授权管理，扩大子企业经营自主权，实现集团有效管控与子企业自主经营的协调发展。通过这些措施，国联集团致力于深化企业改革，加快创新转型，全力打造国内一流具有中国特色现代企业制度的地方综合性国企集团。对于成功拍得民生证券股权，国联集团从公司战略发展定位上做了三方面概括总结。

一是贯彻落实长三角一体化发展战略的重要举措。通过民生证券建设无锡—上海两地协同发展的平台，发挥上海无锡金融运营中心作用，深度对接融入上海区域发展，树立长三角金融一体化标杆，助力无锡打造上海大都市圈战略支点城市。

二是发挥金融支撑功能服务地方发展的有效途径。按照无锡市委、市政府（国联集团总部位于江苏省无锡市，为无锡市国资委控股国企）有关“产业强市”的战略部署，充分发挥民生证券“投行+投资”等功能优势，进一步优化无锡区域融资结构，有效支持地方招引培育优质创新企业，帮助企业通过上市等途径提升价值，助力无锡产业转型升级。

三是谋求国联集团做大做强的创新手段。民生证券与国联集团证券、投资等业务高度互补，通过强化资源整合和业务协同，推动优势互补，实现跨越发展，加快打造国内一流的地方综合性国企集团，有效提升国联集团整体市场竞争力和行业影响力。

2. 加速金融板块扩张，为打造大型券商奠定基础

国联集团通过收购民生证券，一方面可以进一步扩张其金融板块的业务范围，增强在金融领域的综合实力。国联集团已拥有国联证券、国联信托、国联期货、国联人寿、国联基金等多张金融牌照，此次收购将使其金融版图更加完整。另一方面收购只是手段、整合做强做大才是目标，正如中国证监会在2023年对《关于核准民生证券股份有限公司变更主要股东的批复》中提出明确要求：“你公司应当会同国联证券、国联集团按照报送我会的初步整合方案确定的方向、时间表，稳妥有序推进你公司与国联证券的整合工作。”收购为后续民生证券与国联证券两家证券公司强强联合奠定了基础。

3. 依托国联集团、无锡市政府，两家券商资源与业务的高度优势互补、协同效应明显，近年来，国联证券与民生证券各自在快车道上加速发展

在2020年A股上市后，国联证券快速发展并持续谋求做优做强。2023年4月，证监会核准国联集团成为中融基金实际控制人，国联证券实现了对中融基金的控股，中融基金2023年8月公告变更名称为国联基金。2023年9月，证监会批复了国联证券设立资管子公司国联资管。

2020年，民生证券通过“反向混改”从北京迁至上海，实现了健康快速发展。作为市场上较早提出“投资+投行+投研”战略并持续落实的券商，民生证券抓住了注册制的机遇，成为行业内以投行业务为龙头，“投资”+“投研”为两翼，三投联动、主业突出、特色鲜明，具备差异化竞争能力的券商，快速崛起为上海投行业代表之一。近5年，民生证券投行在IPO过会数量、承销保荐收入和在审项目数量均居行业前列。2023年，民生证券过会IPO项目18家，排名行业第三；发行上市20家，排名行业第四；在股转系统挂牌18家，排名主办券商第三。在2023年基金分仓市场规模同比下滑10.93%的情况下，民生证券成为行业前20强中唯一录得双位数增长的券商，增长达24.03%，用两年时间实现了分仓收入翻近7倍、市占率翻超8倍，行业排名大幅前进了32位，进军头部行列。

通过本次并购依托国联集团、无锡市政府股东层面有力支持，两家券商必将通过优势互补、协同效应提升各自发展空间。原无锡市委常委、常务副市长蒋敏在民生证券年度资本市场峰会上曾表示，民生证券成为无锡的一家人，这是无锡市引入重点金融资源服务发展的有效手段，也是加快融入长三角一体化发展、打造上海大都市圈战略支点城市的重要抓手。蒋敏在上海浦东拜会民生证券相关股东方时，就服务两地创新策源和产业发展，推动民生证券做强做大等进行深入交流，表示，国联集团将强化国资股东赋能，集中资源全力支持民生证券更好更快发展。浦东新区副区长杨朝表示，浦东新区将提供最优的政务服务、政策支持和营商环境，助力民生证券打造一流投行。

通过并购，实现资源与业务的高度优势互补，加上市场化的机制，“国联+民生”的“1+1>2”的最终目标，直指打造一流投资银行，并向头部券商发展目标迈进指日可待。

4. 高溢价为泛海控股创造了投资收益，但积重难返仍未避免退市结局

2023年12月15日，*ST泛海收到民生证券转来的中国证监会《关于核准民生证券股份有限公司变更主要股东的批复》，主要内容为：中国证监会核准国联集团成为民生证券主要股东，对国联集团依法受让民生证券34.71亿股股份无异议；民生证券应当自本批复下发之日起30个工作日内，依法办理上述股权的变更手续。

*ST泛海表示，经公司财务部门初步测算，上述拍卖的民生证券股份最终完成股权变更手续，按照截至2023年三季度末长期股权投资账面价值测算预计将产生投资收益约34.34亿元（具体须以经审计后的财务数据为准，投资收益的确认时点须以上述拍卖股份的过户时间为准），另将相应减少公司部分债务。

2024年1月26日，泛海控股收到深圳证券交易所（以下简称“深交所”）《关于泛海控股股份有限公司股票终止上市的决定》（深证上〔2024〕76号）。公告明确终止上市股票的证券种类为人民币普通股，证券简称为*ST泛海，证券代码为000046，终止上市决定日期为2024年1月26日，摘牌日期为2024年2月7日。

同时，公告也写明了《关于泛海控股股份有限公司股票终止上市的决定》（深证上〔2024〕76号）主要内容：“你公司股票在2023年11月30日至2023年12月27日期间，通过本所交易系统连续二十个交易日的每日收盘价均低于1元，触及了本所《股票上市规则（2023年8月修订）》第9.2.1条第一款第（四）项规定的股票终止上市情形。根据本所《股票上市规则（2023年8月修订）》第9.2.5条的规定及本所上市审核委员会的审议意见，本所决定你公司股票终止上市。同时，根据本所《股票上市规则（2023年8月修订）》第9.1.15条、第9.6.10条第二款的规定，你公司股票因触及交易类强制

退市情形被本所做出终止上市决定，不进入退市整理期，你公司股票将于本所做出终止上市决定后十五个交易日内摘牌。请你公司按照规定，做好终止上市以及后续有关工作。你公司如对本所做出的终止上市决定不服的，可以在收到本决定之日起十五个交易日内以书面形式向本所申请复核。复核期间，上述决定不停止执行。”

投资控股民生证券是昔日的房地产巨擘*ST泛海开拓金融领域，期颐转型发展获得增长点的成功举措，但其自身由于缺乏对市场的准确判断和风险控制，整体开拓金融领域战略决策最终未能成功。企业管理和决策的失误更是让泛海系在金融领域的后续投资举步维艰，甚至成为拖垮整个集团的重负；上市公司也无法避免地退市。泛海的失败也展示了一个道理，零星的高额投资回报难以拯救整体主业的下滑，企业在发展过程中必须要有清晰的战略规划，避免盲目并购扩张和多元化，特别是在自身核心业务还未稳固的情况下。

三、后续进展

在完成上述股权过户手续后不到9个月，2024年8月8日晚间，国联证券发布关于发行股份购买资产并募集配套资金暨关联交易报告书（草案）的公告，拟通过发行A股股份方式向国联集团、沣泉峪等45名交易对方购买其合计持有的民生证券99.26%股份，合计交易总对价达294.92亿元，并募集配套资金即国联证券并购民生证券打造1,500亿资产的券商航母。

“国联证券+民生证券”并购案如若顺利完成，有望成为2023年中央金融工作会议首次提出“培育一流投资银行和投资机构”之后，券业市场化并购首单成功落地的案例。

根据国联证券公告显示，本次发行价格除息前为11.31元/股，为定价基准日前120个交易日A股股票交易均价。而因国联证券本次利润分配已实施完毕，发行股份购买资产的发行价格相应除息调整为11.17元/股。此次发行数量为264,026.91万股，占发行后上市公司总股本的比例为48.25%（不考虑配套融资），合计交易总对价达294.92亿元。

至于募集配套资金安排，国联证券向不超过35名特定投资者，发行总额不超过人民币20亿元（含本数），且发行A股股份数量不超过2.5亿股（含本数），最终以经上交所审核通过并经中国证监会做出注册决定的募集资金金额及发行股份数量为上限。交易募集配套资金扣除中介机构费用及交易税费后，全部向民生证券增资，增资后用于发展民生证券业务。

此时距离国联证券发布重大资产重组预案仅过去不到3个月。

2023年5月14日，国联证券公告称，拟以11.31元/股的价格通过发行A股股份的方式购买民生证券100%股份，并募集不超20亿元的配套资金用于发展民生证券业务。与此前预案相比，最新公布的草案主要有两处调整事项。

一是民生证券按照《员工股权激励计划》规定，回购及无偿回收因员工离职、退休等情况退出的相关股份，并进行了减资处理，其他交易对方持有的参与本次重组的民生证券股份的数量不变，对应的比例相应调整。

二是泛海控股因股权质押等情况，不再以其持有的民生证券股份参与本次交易。

自市场化改革以来，国联证券在财富管理、资产管理、固定收益及衍生品等方面形成竞争优势，而民生证券在“投资+投行+投研”方面探索出增长新引擎。在区域分布上，国联证券立足于长三角这一经济体量最大、发展速度最快、前景最好的地区，深耕无锡，辐射重点区域，民生证券分支机构则主要集中于河南、山东，整合将快速提升财富客户规模，实现区域互补，更好地满足客户的需求，提升整体竞争力。在资源配置方面，通过本次以市场化手段的整合，二者有望在资金、人才、业务等方面实现最优配置，推动双方实现资源优势互补，实现“1+1>2”，从而推动跨越式发展。根据公开数据简单测算，国联证券和民生证券完成整合后，投行、固收、研究、资产管理等主要业务将跻身行业第一梯队，成为准头部券商。未来，随着投资投行、财富管理等业务天花板的进一步打开，更有望冲击行业前10名区间，挤进头部券商序列。

2023年10月，中央金融工作会议首次提出“培育一流投资银行和投资机构”；11月3日，证监会表示将支持头部券商通过业务创新、集团化经营、并购重组等方式做优做强，打造一流的投资银行，发挥服务实体经济主力军和维护金融稳定压舱石的重要作用。

继去年中央金融工作会议提出“培育一流投资银行和投资机构。”4个多月后，国务院正式出台《关于加强监管防范风险推动资本市场高质量发展的若干意见》（以下简称新“国九条”），证监会也集中出台《关于加强证券公司和公募基金监管加快推进建设一流投资银行和投资机构的意见（试行）》（以下简称《意见》）等配套政策文件，形成“1+N”政策体系，释放强本强基、严监严管强烈信号，指引证券行业通过“并购重组、组织创新”，“差异化发展、特色化经营”等措施，回归本源、做优做强，实现高质量发展，加快推进建设一流投资银行和投资机构。

在此背景下，国联证券与民生证券的并购重组，既是积极响应党的二十届三中全会和中央金融工作会议精神，贯彻落实新“国九条”和《意见》等各项政策要求的重要措施，也是自身坚守业务本源，做优做强，打造一家业务特色鲜明、市场排名前列、具有较强竞争力的大型证券公司，更好服务经济社会高质量发展的战略举措。同时是证券机构通过市场化并购重组做优做强，优化资源配置，提升核心竞争力的有效探索，为行业机构提供了宝贵的经验和示范；更有助于提升行业竞争力，增强市场主体的信心，为我国资本市场的长远发展注入新的活力。

从后续进展我们更加看到2023年国联集团该笔溢价收购民生证券股权的前瞻、果敢与坚定，是一次更好发挥资本市场功能作用，推进金融强国建设，服务中国式现代化大局的提前布局。

四、结论

本次无锡国联溢价收购民生证券股权，核心目的在于充分利用民生证券的投行优势形成集团内证券业务协同，推动增强集团整体优势，尤其是金融板块的行业影响力与市场竞争力。面对佣金率明显下降和全面注册制的大背景下，券商竞争将转向专业化、综合化的投行业务，行业集中度提升趋势进一步凸显。中小券商通过外延并购有望弯道超车，实现规模效应和业务互补，是打造培育一流投资银行和投资机构的有益探索。

B.30
并购案例五：祁连山重大资产置换

王军辉*

摘　要： 历时近一年半，祁连山通过资产置换及发行股份购买资产的方式，取得中国交建以及中国城乡持有的六家子公司100%股权，祁连山置出甘肃祁连山水泥集团有限公司100%股权。交易完成后，祁连山退出水泥行业，由传统的建材生产类企业转变为聚焦公路、市政设计领域的现代化设计类上市公司。

关键词： 资产置换　设计咨询

一、并购事件概要

2022年5月11日，甘肃祁连山水泥集团股份有限公司（以下简称“公司”或“祁连山”）第九届董事会第一次临时会议、第九届监事会第一次临时会议，审议通过了《关于〈甘肃祁连山水泥集团股份有限公司重大资产置换、发行股份购买资产并募集配套资金及关联交易预案〉及其摘要的议案》等相关议案。

交易方案包括重大资产置换、发行股份购买资产及募集配套资金三个部分。其中，

---

* 王军辉，资产评估师、注册会计师，沃克森（北京）国际资产评估有限公司技术总监，中国资产评估行业首批领军人才、资产评估行业新锐人才、北京注（评）协专家型管理人才，全联并购公会估值技术委员会委员、北京资产评估协会专业技术委员会委员。

上市公司重大资产置换、发行股份购买资产互为前提，同时生效。本次募集配套资金以重大资产置换、发行股份购买资产的成功实施为前提，但募集配套资金成功与否不影响重大资产置换、发行股份购买资产的实施。

上市公司拟将其持有的祁连山有限100%股权置出上市公司，并与中国交建下属中交公路规划设计院有限公司（以下简称“公规院”）100%股权、中交第一公路勘察设计研究院有限公司（以下简称“一公院”）100%股权、中交第二公路勘察设计研究院有限公司（以下简称“二公院”）100%股权和中国城乡下属中国市政工程西南设计研究总院有限公司（以下简称“西南院”）100%股权、中国市政工程东北设计研究总院有限公司（以下简称“东北院”）100%股权、中交城市能源研究设计院有限公司（以下简称“能源院”）100%股权中的等值部分进行资产置换。重大资产置换的交易对方取得置出资产后，将根据市场情况及置出资产经营管理需求，对置出资产进行委托经营管理，交易对方、祁连山有限已与天山股份签署《托管协议》。上市公司拟向交易对方以发行股份的方式购买拟置入资产与拟置出资产交易价格的差额部分。

上市公司拟向不超过35名（含35名）特定投资者以非公开发行股份的方式募集配套资金，募集配套资金总额不超过225,603.93万元，不超过本次交易中拟以发行股份购买资产的交易价格的100%，且发行股份数量不超过上市公司本次发行前总股本的30%。

上海证券交易所并购重组审核委员会定于2023年9月26日召开2023年第7次并购重组审核委员会审议会议，审核公司重大资产置换及发行股份购买资产并募集配套资金暨关联交易的申请。

2023年10月31日，中国证券监督管理委员会同意祁连山发行股份购买资产并募集配套资金的注册申请。

2023年11月24日，本次交易涉及的置入资产交割及过户手续均办理完毕，公规院100%股权、中交第一公路勘察设计研究院有限公司（以下简称“一公院”）100%股权、二公院100%股权和西南院100%股权、东北院100%股权、能源院100%股权完成交割过户，祁连山合法取得置入资产，公规院、一公院、二公院、西南院、东北院、能源院均成为祁连山直接持股的全资子公司。甘肃祁连山水泥集团有限公司100%股权完成交割过户，祁连山不再持有置出资产股权。

二、并购背景分析

甘肃祁连山水泥集团股份有限公司是1995年11月2日经甘肃省经济体制改革委员

会批准筹建，在永登水泥厂股份制改组的基础上，联合永登永青水泥有限责任公司（原名为永登永青股份合作水泥厂）、上海环球乐园、兰州铁路局兰州铁路分局、包钢综合企业（公司）公司、甘肃省建筑构件工程公司、甘肃省建筑材料总公司、平凉地区峡中水泥厂等七家发起人，于1996年7月12日设立的股份有限公司。经中国证券监督管理委员会文件批准，向社会公众发行2,558万股A股（含内部职工股255.8万股）后，1996年7月16日公司股票在上海证券交易所挂牌上市交易，股票简称：祁连山，股票交易代码：600720。公司成立时注册资本为7,000万元，总股本7,000万股。公司属于建材行业，主营业务为水泥、商品混凝土的研究、开发、制造、销售。同时公司积极延伸产业链，投入运营9家商品混凝土产销基地和3家骨料产销基地，形成了以水泥系列产品为主，商品混凝土和骨料为辅的现代集团型企业。

公规院成立于1954年，1975年更名为交通部公路规划设计院。作为我国交通基础设施设计咨询领域的佼佼者，该企业在桥梁和公路设计等专业领域拥有显著的代表性和深远的影响力。公司不仅具备对外承包工程的资质，还拥有一系列高级资质证书，包括工程设计综合甲级资质、工程咨询单位甲级资信，以及工程勘察综合类甲级资质和城乡规划、国土规划的甲级资质。此外，公司还持有公路总承包壹级资质，并作为政府部门的审查评估单位，以及商务部对外援助项目的咨询单位。公规院在桥梁设计领域取得了显著成就，独立或合作设计了包括港珠澳大桥、苏通大桥、西堠门大桥、巴拿马三桥在内的100余座具有国际影响力的特大型桥梁。公规院主持了我国首个《"五纵七横"国道主干线系统规划》，并在公路勘察设计方面取得了卓越成就，完成了包括川藏公路、沈大高速、济青高速在内的近3万公里的各等级公路。

一公院发展历史超60年。作为我国公路工程勘察、设计、研究及咨询领域的领军企业，其在公路、桥梁、隧道等勘察设计领域拥有显著优势。其业务范围涵盖公路、桥梁、隧道、沿线设施、交通工程、工业与民用建筑，工程地质勘察设计、监理和咨询，国（境）外工程的勘测、咨询、设计和监理项目。中交一公院共承担了近8万公里的公路勘察设计任务，其中高等级公路近万公里；勘察设计桥梁7万多延米，其中特大型、大型桥梁500多座；勘察设计隧道16万多延米，其中长大隧道40多座；所勘察设计项目遍布全国30个省市自治区，业务范围涉足亚非地区18个国家。

二公院的前身为交通部第二公路勘察设计院，设立于1963年，原为隶属于交通部的事业单位，优势领域为特长隧道、地下空间，在综合交通总体规划设计、山区高速公路、高速公路改扩建、复杂结构桥梁、山岭隧道与水下隧道、特殊岩土工程等领域具备突出行业技术优势。

西南院前身为国家城建总局成都市政工程设计院，设立于1956年，优势领域为污水处理、污泥处理、地下管廊，在地埋式污水处理厂设计、污泥处理厂设计、城市供水设计、地下综合管廊设计、水环境综合治理等方面具备国内领先实力。代表工程包括山西大同给水工程设计项目、马来西亚PANTAI污水处理厂项目等。

东北院设立于1961年，优势领域为水域治理、生态环保，在市政行业的全过程业务、市政工程、地下工程、环保产业具有技术优势。

能源院前身为东北煤气化设计研究所，设立于1963年，原隶属于建设部，优势领域为城市燃气、清洁供热、智慧供热，特色业务包括城市燃气业务以及清洁供热、智慧供热业务；可以提供清洁、高效的综合解决方案；正在培育、形成化工能源领域优势。

整体来看，公司所整合的六家设计院均起源于20世纪50至60年代，拥有深厚的历史底蕴。虽然它们的业务重点各有侧重，但无一例外地在公路、市政、建筑等专业领域内处于行业领先地位。这些设计院多年来的专业深耕，为公司积累了丰富的历史资产，带来了全面的业务资质和卓越的大型国内外项目主导能力。

三、并购的潜在动机

从行业整体来看，企业数量有所减少，从业人员也面临着被市场淘汰的风险。根据国家统计局和住建部的数据，自2013年以来，建筑勘察设计行业的企业数量和从业人员数量整体上呈现上升趋势。到了2022年，全国建筑业勘察设计单位数量达到了27,611家，年末从业人员数量为488.03万人。然而，随着市场需求的减少和利润率的降低，行业内企业数量开始缩减，从业人员同样面临被淘汰的风险。

行业的定位正在逐步分化，整合的趋势日益显著。截至2022年底，全国勘察设计企业数量已超过27,000家，行业呈现出分散状态，龙头企业的市场占有率相对较低。设计院多数为计划经济时期的事业单位，经历了企业改制和产权改革，逐步向市场化转型。随着住建部对勘察设计综合资质的明确设立，行业龙头企业的资质不断完善，资源如资金、人才、技术和项目日益丰富，行业定位的分层也日益明显。当前，设计院主要分为部级院、省级院、市级院和设计事务所四种规模的企业。部级院和省级院通常具有综合化、一体化的优势，拥有工程勘察和设计的双重综合甲级资质，位于价值链的顶端，成为具有整合能力的价值继承者。而市级院和设计事务所等中小型企业通常只具备工程勘察或设计的专业资质，主要在特定区域内承接相应等级的业务，专注于专业技术的深耕，在细分领域内发展。由于市场需求的稳定，中小企业的发展空间受到压缩，企业的发展模式正从内生式向外延式转变，重组并购的趋势日益明显。据首次披露日期统计，近5年建筑行业上市公司累计实施重大重组案例37起，2020年达到交易峰值9起，整体呈现上升趋势。预计在“十四五”期间，勘察设计行业中的优质企业将通过并购整合更多资源，推动行业进入整合重组的加速期。

2022年，国务院国资委制定印发《提高央企控股上市公司质量工作方案》，提出以优势上市公司为核心，通过资产重组、股权置换等多种方式，加大专业化整合力度，其目的也是促进优质资源向上市公司集中，同时剥离非核心和非优势业务，以解决同业竞争问题和规范关联交易，从而增强上市公司的核心竞争力和市场影响力，力争成为行业内的领军企业。中交集团响应国家政策，实施了这次重组，这是其落实国企改革、推动国有经济布局优化的重要战略行动。重组有利于国有资本向关键行业和领域集中，增强中交集团设计板块的核心竞争力，促进其高质量发展。此外，重组还有助于提升中交集团设计板块在资本市场的估值，实现国有资本的保值增值。

四、对上市公司影响

在本次交易之前，上市公司主要专注于水泥和商品混凝土的研究、开发、生产和销售。公司已经建立了一个包括兰州、永登、天水、甘谷、平凉、成县、漳县、文县、陇南、嘉峪关、古浪、夏河、张掖、定西，以及青海湟中、民和、西藏等地的17个水泥生产基地的网络。通过此次交易，公司将退出水泥行业，并计划将业务重心转向工程设计咨询服务。

交易完成后，公规院、一公院、二公院、西南院、东北院和能源院将全部成为上市公司的全资子公司。这一战略性的转变预计将增强公司的盈利能力，提升资产质量，并最终提高公司的整体价值。这不仅有助于公司实现长期发展目标，也有利于保护中小股东的利益。

本次交易完成后，上市公司实际控制人将由中国建材集团变更为中交集团，中国交建持有上市公司53.88%的股权，中国城乡将持有上市公司8.47%的股权，中交集团将间接控制上市公司62.35%的股权。上市公司将成为国内少数拥有国务院国资委背景的建筑设计领域上市公司。当前建筑设计领域上市公司以民企和地方国企为主，公司背景实力优势明显。

中交集团在“客户获取”和“业务能力”两个关键领域有望为上市公司注入新动力。在订单获取方面，中交集团已与众多省市政府达成战略合作伙伴关系，开辟了具有重要价值的新业务渠道。就业务能力而言，中交集团连续16年荣获ENR评选的全球最大国际承包商中资企业榜首，其作为全球领先的港口、公路和桥梁建设企业，拥有全面的基础设施建设能力。这将为公司在合作项目中提供强有力的技术支持，确保项目建设的顺利进行。

五、总结

本次重大资产置换，使得上市公司主营业务经历一次重大转型，从水泥生产转向设计服务。这一战略调整导致公司在资产规模、营业收入以及盈利能力方面的显著提升。据中审众环会计师事务所发布的《备考审计报告》显示，交易完成后，公司的总资产从115.9亿元跃升至264.02亿元。同时，营业收入也从76.7亿元增加到130.3亿元。此外，净资产收益率从11.50%提高至12.39%（所有数据均为2021年的财务统计）。由此可见，公司的经济实力和市场竞争力得到显著增强。

置入资产在股东背景方面，项目经验方面，市场布局方面，品牌荣誉方面，技术储备方面具备明显优势，未来几年上市公司作为设计行业龙头将具有较强的竞争优势。

B.31

并购案例六：盐田港收购港口运营公司

王军辉*

摘　要： 2022年10月9日，盐田港发行股份及支付现金购买资产并募集配套资金暨关联交易预案，上市公司拟通过发行股份及支付现金的方式向盐田港集团购买深圳市盐港港口运营有限公司100%股权，并募集配套资金拟用于支付本次交易中的现金对价、标的公司的项目建设、补充流动资金、偿还债务以及支付本次交易相关税费及中介机构费用等。此次收购将深圳港集团下属的优质港口资产注入上市公司，可以增强盐田港的持续经营能力和市场竞争力。

关键词： 资产重组、协同效应、同业竞争

一、并购事件概述

2022年10月9日，盐田港披露重组预案，计划通过发行股份及支付现金的方式向控股股东深圳港集团购买深圳市盐港港口运营有限公司（以下简称“港口运营公司”）100%股权，并募集配套资金。港口运营公司主要承担管理职能，未直接开展生产经营

---

* 王军辉，资产评估师、注册会计师，沃克森（北京）国际资产评估有限公司技术总监，中国资产评估行业首批领军人才、资产评估行业新锐人才、北京注（评）协专家型管理人才，全联并购公会估值技术委员会委员、北京资产评估协会专业技术委员会委员。

活动，主要持有盐田三期35%的股权和深汕投资100%的股权。因此，此次交易涉及的资产包括深汕投资100%股权和盐田三期35%股权。此次交易构成重大资产重组，并构成关联交易，不构成重组上市。

盐田三期为盐田港中作业区三期工程和扩建工程的经营主体，主要提供港口装卸及相关服务。而深汕投资则主要拥有小漠国际物流港资产，并租赁给深汕运营公司开展港口装卸及相关服务。

2023年5月12日，深圳市人民政府国有资产监督管理委员会（以下简称“深圳市国资委”）同意上市公司盐田港资产重组和配套融资的总体方案。

2023年11月2日，深圳证券交易所并购重组审核委员会召开2023年第13次并购重组审核委员会审议会议，对公司本次重组的申请进行了审议。会议审议的结果是本次交易符合重组条件和信息披露要求。

2023年12月19日，上市公司盐田港发布公告称，通过发行股份及支付现金方式收购港口运营公司100%股权的交易已完成。根据公告，交易总额100.15亿元（股份对价占85%，现金对价占15%），发行数量为20.37亿股，股份发行价格为4.18元/股。

二、并购背景分析

（一）并购方背景

公司名称：盐田港

所属行业：交通运输、仓储和邮政业

股票代码：000088

法定代表人：乔宏伟

注册资本：2,249,161,747元人民币

主营业务：一般经营项目是：码头的开发与经营；货物装卸与运输；港口配套交通设施建设与经营；港口配套仓储及工业设施建设与经营；港口配套生活服务设施的建设与经营；集装箱修理；转口贸易。经营进出口业务。

发展历程：深圳市盐田港股份有限公司于1997年7月21日成立，同年7月28日在深圳证券交易所挂牌上市。公司在过往发展中经历较长时期业务培育及多次资产重组。1997年控股股东将惠盐高速深圳段注入公司上市募资（公司获惠盐高速深圳段66.67%的股权），从而公路业务长期成为公司主要业绩来源。2001年，公司与盐田港集团完

成了涉及金额约18亿元的重大资产重组，收购了盐田港集团持有的盐田国际集装码头一期和二期的部分股权。此后，又先后投资了曹妃甸港、惠州荃湾煤炭港、黄石新港、黄石新港现代物流园等重点项目，逐渐形成港口投资开发与经营、收费高速公路经营管理和仓储经营三大业务板块。

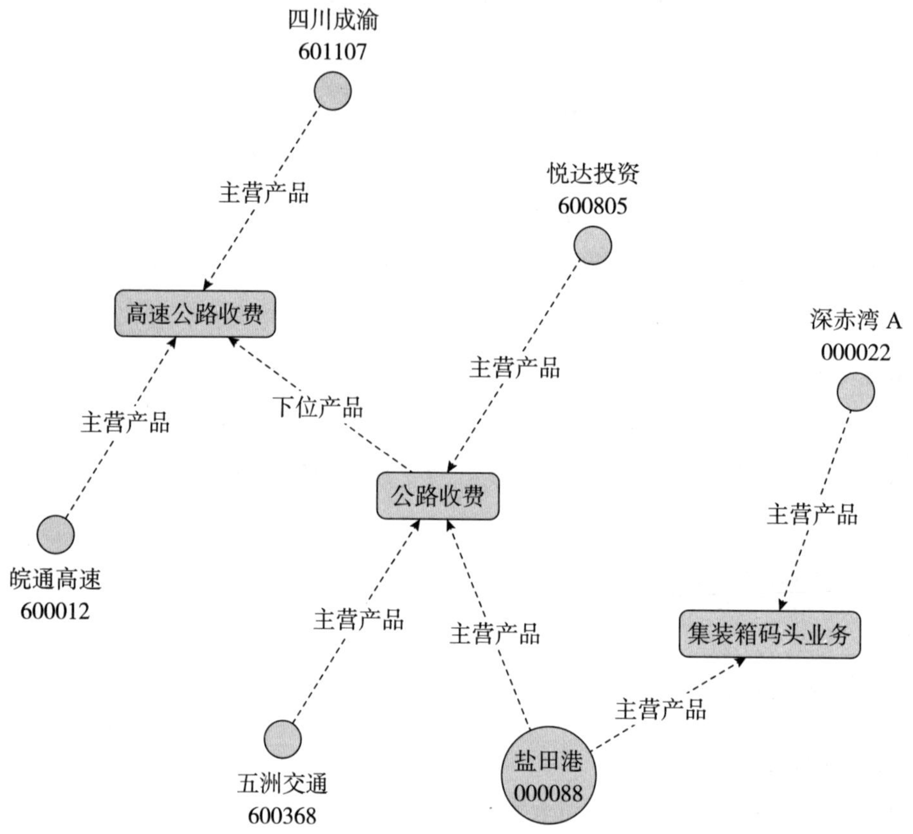

图1　盐田港产业图谱

数据来源：同花顺

（二）被并购方背景

公司名称：深圳市盐港港口运营有限公司

所属行业：交通运输、仓储和邮政业

注册资本：500万元人民币

法定代表人：韩劲柏

主营业务：一般经营项目是：国内集装箱货物运输代理；企业管理；运输货物打包服务；自有资金投资的资产管理服务；以自有资金从事投资活动（除依法须经批准的项目外，凭营业执照依法自主开展经营活动）。许可经营项目是：港口货物装卸搬运活动（依法须经批准的项目，经相关部门批准后方可开展经营活动，具体经营项目以相关部门批准文件或许可证件为准）。

盐田三期与盐田港股份参股经营的盐田国际、西港区码头公司均属于盐田港区的核心码头资产；深汕投资持有的小漠国际物流港未来将打造成粤港澳大湾区具有优势的整车进出口口岸，是深圳港“一体三翼七区”战略布局中唯一的东翼港区，是深汕特别合作区“四港五站”交通枢纽体系中的重要港口。

三、并购的潜在动机

长期以来，盐田港的财务收入主要依赖于公路业务，尽管对港口业务十分重视。直到2019年，港口业务的收入占比首次超过了一半，达到53.1%，公司才真正开始以港口业务为主导。这种“名不副实”的现象背后，有两个主要原因。一方面，盐田港港区在早期经历了漫长的建设阶段，这一阶段并未直接产生收益；另一方面，由于历史原因，盐田港集团在早期为了完成港区和其他基础设施的建设，采取了将惠盐高速深圳段这一优质资产注入公司的策略，这导致了公路业务在公司收入中占据了主导地位。

盐田港自成立以来，已经历了多次资产重组，通过控股经营和战略投资相结合的方式，基本完成了其业务布局。自1997年7月成立，并在同年7月28日成功登陆深圳证券交易所以来，公司通过一系列的投资建设和资产重组，逐步构建了以港口装卸运输、高速收费以及仓储服务为核心的三大业务板块。例如，1997年，盐田港集团将惠盐高速深圳段的股权注入公司，使其成为该高速路段的控股股东，持股比例达到66.7%。2001年，公司与盐田港集团完成了重要的资产重组，成功收购了盐田国际集装箱码头一期和二期的部分股权。此外，盐田港还积极参与了曹妃甸港、惠州荃湾煤炭港、黄石新港以及黄石新港现代物流园等关键项目的投资。经过25年的发展，公司确立了其在港口装卸运输、高速收费和仓储服务领域的业务布局。

港口作为全球资源流通的关键节点和国际贸易的枢纽，具有不可替代的重要性。它们不仅是水陆交通的交汇点，而且也是工农业产品及进出口物资的集散中心。此外，港口还提供船舶停泊、货物装卸、旅客上下船以及补给服务，对资源流通和国际贸易具有显著的影响。

将深圳港集团下属优质港口资产注入盐田港，可与公司现有港口业务起到显著的协同效应。本次盐田港股份向深圳港集团收购深汕投资、盐田三期等港口类资产，有助于盐田港完善地理位置布局，巩固和提升行业竞争地位，扩大业务规模及市场份额，提升公司核心竞争力，增强抗风险能力，保护广大投资者利益，促进盐田港的长足发展。

盐田港区位于深圳东部、大鹏湾西北角，港区定位为集装箱码头区。盐田三期股权注入后将大幅增厚公司业绩。盐田港区分为西、中、东三个细分港区，其中西港区持有主体为西港区码头公司，于2005年4月成立，目前和记盐田与盐田港分别持股65%和35%；中港区一期、二期持有主体为盐田国际，于1993年11月成立，目前和记盐田与公司分别持股71%和29%；中港区三期和扩建工程持有主体为盐田三期，成立于2002年12月，目前和记盐田与公司分别持股65%和35%；东港区持有主体为盐田港东区公司，已于2021年正式开工建设，目前尚在建设过程中。盐田国际、西港区码头公司和盐田三期控股股东均为和记盐田，公司主要通过与和记盐田合作，参股三家公司获得投资收益。各港区采用统筹经营模式，由盐田国际负责统一经营，各码头可共享航线资源、销售网络以及相关港池、航道等自然条件，有利于港区整体运营效率和经济效益的提升。

其次，本次标的公司重要参股公司盐田三期盈利能力强，分红金额高，报告期内利润分别为21.49亿元、17.80亿元和6.12亿元，现金分红金额分别为15.63亿元、21.33亿元和31.10亿元。

表1　盐田三期的主要财务数据

（单位：万元）

资产负债表项目	2023.5.31	2022.12.31	2021.12.31
资产总额	935,761.27	1,159,331.06	1,158,108.85
负债总额	57,932.85	30,981.81	94,455.09
所有者权益合计	877,828.42	1,128,349.26	1,063,653.76
利润表项目	**2023年1—5月**	**2022年度**	**2021年度**
营业收入	153,940.16	439,577.22	457,097.07
营业成本	60,708.87	164,798.86	160,470.37
利润总额	86,738.34	248,836.95	289,149.33
净利润	61,193.63	177,952.60	214,940.87

对于盐田港来说，深圳港集团将投资回报长期而稳定、利润率较高的港口优质资产注入上市公司，有助于优化盐田港的盈利能力，提高盐田港的可持续发展能力，切实提升盐田港价值，有利于保障股东利益。

本次交易标的公司子公司深汕投资拥有小漠港的港口资产所有权，为避免与控股股东产生的潜在同业竞争，小漠港由上市公司的控股子公司深汕运营公司以租赁方式负责整体经营。该形式仅为解决上市公司与控股股东潜在同业竞争的过渡性方案，小漠港资产权属仍属于深圳港集团。现有经营模式下，深汕投资的收入将来源于收取深汕运营公司的租金。深汕运营公司目前仍处于亏损状态，尚未向深汕投资支付租金，后续实现盈利后双方的关联交易金额将增加。本次交易有利于彻底避免上市公司与控股股东深圳港集团在小漠港经营上的潜在同业竞争，减少未来关联交易，增强上市公司资产完整性和独立性。

另外，盐田港收购深汕投资100%股权，有利于提升小漠港经营效率，拓宽公司港口业务范围。小漠港开展散杂货装卸业务，可承接危化品、特种集装箱业务，同时开展汽车滚装及集装箱装卸业务，将其纳入公司体系，作为盐田港的喂给港，可拓宽公司港口业务范围，提升公司业务核心竞争力。

四、并购评述

通过并购，盐田港进一步巩固了在港口行业中的地位，提升市场份额。重组完成后，盐田港通过盐港运营公司间接持有盐田三期35%股权。盐田三期拥有11个10~20万吨级集装箱泊位，具备853万标箱的年通过能力，2021年、2022年吞吐量分别为850.5万标箱、815.2万标箱，产能利用率分别为99.7%、95.6%，处于较高水平；标箱收入分别为537.4元/标箱、539.2元/标箱，保持相对稳定。

收购完成后，盐田港维持了与西港区码头公司、盐田国际相同的合作模式和盈利模式，从盐田三期获取投资收益。盐田三期盈利能力相比同行较高，优质资产注入公司后，公司港口主业更为突出，盈利能力得到较大幅度提升。

此外，盐田三期与上市公司现有的港口业务有显著的协同效应，有利于整合港口资产，完善地理位置布局，进一步扩大业务规模及市场份额。

同时，解决同业竞争的问题。此次并购盐田港通过持有港口运营公司100%股权而间接持有深汕投资100%股权，彻底解决了上市公司与控股股东深圳港集团在小漠港经营上的同业竞争，增强了上市公司的资产完整性和独立性。

总之，通过这次并购，盐田港不仅优化了自身的业务结构和盈利能力，还为未来的持续发展奠定了坚实的基础，提升了行业竞争力。

B.32

并购案例七：重庆百货吸收合并重庆商社

唐章奇　索成善*

摘　要： 2024年1月9日，重庆百货收到中国证券监督管理委员会出具的《关于同意重庆百货大楼股份有限公司吸收合并重庆商社（集团）有限公司注册的批复》（证监许可〔2023〕2875号），同意重庆百货发行股份吸收合并重庆商社。随着本次交易完成后，上市公司作为存续公司将承继及承接重庆商社的全部资产、负债、业务、人员及其他一切权利与义务。重庆商社的零售业务将实现整体上市，上市公司主营业务不会发生重大变化。本次交易的完成将进一步提升上市公司的资产规模和独立性，增强上市公司的零售行业市场地位，提升上市公司核心竞争力。

关键词： 重大资产重组　吸收合并　整体上市　零售企业升级

一、并购事项概要

2022年12月8日，重庆百货大楼股份有限公司发布关于筹划重大资产重组事项的停牌公告，重庆百货大楼股份有限公司（简称“重庆百货”或“公司”）与重庆商社

---

* 唐章奇，中联资产评估集团有限公司副总经理，高级工程师，研究方向为资产评估、并购重组；索成善，中联资产评估集团有限公司高级项目经理，研究方向为房地产评估、并购重组。

（集团）有限公司（简称“重庆商社”）正在筹划与公司发行股份相关的重大事项，该事项可能构成公司重大资产重组。2023年11月23日，上海证券交易所并购重组审核委员会召开2023年第9次审议会议，对重庆百货大楼股份有限公司发行股份购买资产的审议结果是：本次交易符合重组条件和信息披露要求。2024年1月9日，重庆百货收到中国证券监督管理委员会出具的《关于同意重庆百货大楼股份有限公司吸收合并重庆商社（集团）有限公司注册的批复》（证监许可〔2023〕2875号），同意重庆百货发行股份吸收合并重庆商社。2024年1月31日，重庆百货、重庆商社与交易对方签署《关于重庆百货大楼股份有限公司吸收合并重庆商社（集团）有限公司之交割协议》，各方约定以2024年1月31日作为本次交易的交割日。2024年3月9日，重庆百货发布公告，截至本公告披露日，重庆商社的全部资产、负债、业务、人员及其他一切权利与义务均已于交割日转移至重庆百货享有及承担，重庆商社的不动产产权等核心资产已完成过户登记手续。

交易方案概况：上市公司以向渝富资本、物美津融、深圳嘉璟、商社慧隆、商社慧兴发行股份的方式吸收合并重庆商社。上市公司为吸收合并方，重庆商社为被吸收合并方。交易完成后，上市公司作为存续公司将承继及承接重庆商社的全部资产、负债、业务、人员及其他一切权利与义务，重庆商社的法人资格将被注销，重庆商社持有的上市公司股份将被注销，渝富资本、物美津融、深圳嘉璟、商社慧隆、商社慧兴将成为上市公司的股东。

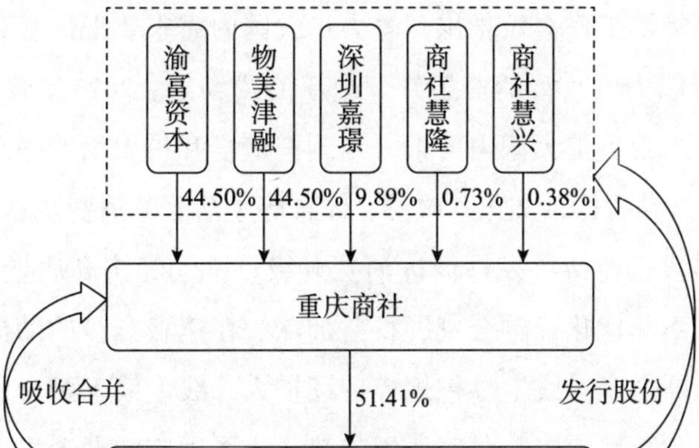

图1　重庆百货与重庆商社股权关系

交易价格依据：以中联资产评估集团有限公司出具的《重庆商社评估报告》载明的评估值48.59亿元为基础并扣减重庆商社于本次交易定价基准日后的现金分红金额

1.42亿元，本次交易价格调整为47.17亿元，发行价格为18.82元/股，不低于定价基准日前60个交易日股票交易均价的90%，发行数量为250,658,813股，占发行后上市公司总股本的比例为55.93%。

二、并购背景

（一）贯彻落实扩大内需战略，推动零售企业转型升级，实现高质量发展。

近年来，国际政治和经济环境错综复杂，外部环境不确定因素增大，给中国经济的发展带来了一定挑战。党的二十大报告指出，要加快构建以国内大循环为主体、国内国际双循环相互促进的新发展格局，把实施扩大内需战略同深化供给侧结构性改革有机结合起来，坚持在发展中保障和改善民生，鼓励共同奋斗创造美好生活。消费和民生的改善是直接相关的，和满足人民群众对美好生活的需要相吻合，因此要把扩大内需，特别是扩大消费作为发展经济的基本点，让消费成为拉动经济增长的“三驾马车”第一驱动力，让经济发展惠及民生福祉。2022年12月，中共中央、国务院印发了《扩大内需战略规划纲要（2022—2035年）》，进一步提出坚定实施扩大内需战略、培育完整内需体系，持续强化消费基础性作用，通过增加高质量产品和服务供给，满足人民群众需要，促进人的全面发展和社会全面进步，推动供需在更高水平上实现良性循环。2022年中央经济工作会议指出，着力扩大国内需求要把恢复和扩大消费摆在优先位置，增强消费能力，改善消费条件，创新消费场景。2023年政府工作报告明确，当年首要工作重点为着力扩大国内需求，强调把恢复和扩大消费摆在优先位置，稳定汽车等大宗消费，推动餐饮、文化、旅游、体育等生活服务消费恢复。

长期以来，零售行业持续发挥促进消费升级、推动经济高质量发展的重要作用，其业态结构近年来不断优化，融合发展日益加深。在消费升级的助推下，零售行业的新业态、新模式不断涌现，线上零售规模持续扩大，线上线下融合不断加强，零售行业呈现产业链数字化、渠道多元化等发展趋势。为了适应消费者需求的变化，零售行业企业不断创新经营模式，提升服务品质，回归零售本质，推动行业转型升级。与此同时，行业竞争也日趋激烈，经营专业度不断提升，优势企业将拥有更多发展机遇。

重庆百货作为区域零售行业龙头企业，自身优势明显。重庆百货通过本次交易，可优化其股权结构、资产质量，实现业务转型升级，为未来高质量发展提供保障，同时亦为进一步积极响应并贯彻落实国家扩大内需、促进消费的战略规划奠定基础。

（二）贯彻落实《成渝地区双城经济圈建设规划纲要》，协助打造富有巴蜀特色的国际消费目的地

2020年10月16日，中共中央政治局在审议《成渝地区双城经济圈建设规划纲要》时强调，要突出重庆、成都两个中心城市的协同带动，注重体现区域优势和特色，使成渝地区成为具有全国影响力的重要经济中心、科技创新中心、改革开放新高地、高品质生活宜居地，打造带动全国高质量发展的重要增长极和新的动力源。《成渝地区双城经济圈建设规划纲要》提出的9项重点任务之一就是打造富有巴蜀特色的国际消费目的地。2023年重庆市两会的政府工作报告将推动经济实力显著提升作为今后五年的工作重点，要求加快建设西部金融中心、国际消费中心城市、内陆现代服务业发展先行区，打造富有巴蜀特色的国际消费目的地和世界知名文化旅游目的地；促进消费提质扩容，深入实施"巴渝新消费"八大行动，提升传统消费，培育新型消费，扩大服务消费，倡导绿色低碳消费，着力满足个性化、多样化、高品质消费需求。

重庆作为国家九大中心城市和成渝地区双城经济圈双核之一，在国家总体战略中功能定位不断强化。重庆百货作为区域零售行业龙头企业，承担着促进成渝地区实现消费转型升级的使命，将迎来重大战略发展机遇。

（三）贯彻深化国有企业改革，推进国有资本优化重组的总体要求

我国正处在新一轮深化改革开放的重要历史关口。十八届三中全会发布《关于全面深化改革若干重大问题的决定》以来，混合所有制改革、国企整体上市等政策不断出台。根据2015年9月中共中央、国务院印发的《关于深化国有企业改革的指导意见》要求，国有企业要完善现代企业制度，积极推进公司制股份制改革，加大集团层面公司制改革力度，积极引入各类投资者实现股权多元化，大力推动国有企业改制上市，创造条件实现集团公司整体上市。2015年9月，《国务院关于国有企业发展混合所有制经济的意见》（国发〔2015〕54号）明确提出除国家有明确规定的特定领域，鼓励通过整体上市、并购重组、发行可转债等方式，逐步调整国有股权比例，积极引入各类投资者，形成股权结构多元、股东行为规范、内部约束有效、运行高效灵活的经营机制。

本次交易为落实国家积极推进的混合所有制改革精神，以重庆百货为平台，对重庆商社实施反向吸收合并并实现整体上市。本次交易是对当前国企改革政策要求的积极践行。

三、交易动因

上市公司主要从事百货、超市、电器和汽贸等零售业务，拥有重庆百货、新世纪百货、商社电器和商社汽贸等著名商业品牌。上市公司开设各类商场（门店）291个，经营网点布局重庆和四川区域以及贵州、湖北等地。重庆商社系持股型公司，不直接从事具体的生产经营业务，主要通过上市公司开展零售业务，并将其自有物业租赁给上市公司等作为办公场所以及百货、超市、电器、汽贸等业态的经营场所使用。本次交易完成后，上市公司作为存续公司将承继及承接重庆商社的全部资产、负债、业务、人员及其他一切权利与义务，重庆商社的零售业务将实现整体上市，上市公司主营业务不会发生重大变化。本次交易有利于提升上市公司的资产规模和独立性，增强上市公司的零售行业市场地位，提升上市公司核心竞争力。

（一）优化治理结构，精简管理层级

本次吸收合并作为重庆商社改革总体部署的进一步深化，旨在实现重庆商社和上市公司两级主体的合并，以缩减管理层级、提高运营效率，为上市公司健康发展扫除障碍。本次交易完成后，上市公司治理机制更为扁平化、组织架构进一步精简，充分激发上市公司运营的活力和内生动力。

（二）减少关联交易，增强上市公司独立性

本次交易前，上市公司的办公场地和部分经营场所存在从重庆商社租赁的情形，导致二者长期存在关联交易。本次交易完成后，上述相关资产将进入上市公司，二者关联交易将彻底消除，进一步增强上市公司独立性。此外，本次交易有助于上市公司根据发展需要对自持门店物业开展自主调改，提升门店经营效率及辐射影响力，实现优化资产资源配置，提高上市公司资产质量。

（三）落实混改成果，为国企改革树立典范

重庆商社作为区域零售行业龙头企业，是国家发改委确定的混合所有制改革试点企业和国务院国资委确定的“双百企业”。重庆商社于2020年3月成功引入物美津融和深圳嘉璟作为战略投资者，成为混合所有制企业，并通过及时实施重庆商社员工持股计划和上市公司股权激励计划，有效增强了核心骨干人才的凝聚力。重庆商社混改作

为重庆市首例市属一级国企混改案例，具有较强的示范带动作用。为夯实重庆商社良性发展基础，重庆市国资委对混改工作进行了整体战略部署，在引入战略投资者的基础上，同时明确了整体上市的后续工作安排。本次交易顺应深化国企改革的政策方向，在前次国有企业所有制改革基础上，通过整体上市进一步整合旗下优势资源，利用资本市场促进上市公司做大做强，同时提升国有资产证券化率并实现保值增值。

四、并购述评

（一）需关注物业资产注入上市公司的必要性

标的资产的单体财务报表中，除商社大厦仍有少部分面积自用，在固定资产科目核算外，其余物业均为全部对外租赁，在投资性房地产科目核算。被吸并方的主要资产是物业资产，本交易若完成后，将实现物业资产的证券化。根据《上市公司重大资产重组管理办法》，上市公司实施重大资产重组要“有利于上市公司增强持续经营能力”，“符合中国证监会关于上市公司独立性的相关规定”。上市公司主要从以下几个角度阐述了物业资产注入上市公司的理由，符合《重组管理办法》的原则与标准。

1. 借助国家内需战略，整合集团资源，实现健康快速发展。

重庆商社持有的商社大厦、电器大楼和大坪4S店三个物业位于解放碑和大坪核心商圈中心，口岸位置优越，特别是商社大厦、电器大楼位于解放碑“十字金街”核心区域，距离解放碑位置不足50米，具备得天独厚的优势。尽管重庆百货曾尝试推进相关物业的改造焕新，但由于产权权属和经营主体分离原因，商社大厦和电器大楼等物业未能适时根据解放碑商圈升级要求进行提档升级，建筑物外观及内部装修与解放碑商圈拟打造成为世界级商圈的发展规划不相适应，市区两级政府已多次提出提档升级意见。

通过本次交易，重庆百货可实现物业资产产权权属和经营主体的统一，并可根据重庆市发展规划适时进行物业升级改造，把握政策支持下的战略发展窗口期，推进商社大厦百货业态由传统百货向现代百货与购物中心业态有机结合方向转型；实现解放碑商社电器旗舰店的提档升级，以优化资源配置、提升经营效益、减少关联交易并增强资产独立性，实现健康快速发展。

2. 通过实施集中办公，优化资源配置，提升经营效益。

重庆百货总部与各经营单位现有办公地点分散在重庆市渝中区、江北区、北部新区等多个地方，工作效率低、沟通成本高，不利于进行集约化管理。若交易实现，上市公司计划按照管理集中、服务下沉的原则，利用地处解放碑商圈核心区域“十字金街”的商社大厦办公楼层，推行公司总部和下属各经营单位统一集中办公，可以实现多个目的。一是集中办公有助于落实办公场地的集约使用，将原有办公场所还原为商业经营场所，充分提升物业经济效益；二是集中办公有助于对总部及各经营单位的数字化运营（如直播场地）、行政、人力、财务、党群及安全等后台职能部门进行业务梳理和组织架构重塑，发挥规模化优势，实现业态协同，搭建集中式、共享化办公平台，推进数字化运营资源、办公场所、设施设备、财务核算和物业服务等资源集约化管理；三是集中办公有助于各经营单位根据各自行业特性合理规划办公场地，实现开放式办公，优化内部沟通效率和工作效率；四是集中办公提升上市公司外部形象，做大总部经济，增强员工归属感。

（二）需关注投资性房地产的评估方法与交易价格的公允性

对于被吸并方拥有的投资性房地产价值，评估机构仅采用市场比较法进行评估，上交所《审核问询函》［上证上审（并购重组）〔2023〕29号］中对此进行了问询，“对5项投资性房地产只采用一种评估方法的原因及合理性”，“分析投资性房地产是否存在减值风险及本次交易作价的公允性”。这些问题的实质涉及本次交易是否符合《上市公司重大资产重组管理办法》中关于“重大资产重组所涉及的资产定价公允，不存在损害上市公司和股东合法权益的情形”的规定。

评估师对仅采用一种评估方法的解释，认为5项投资性房地产均为位于核心商圈的商业性质房产，于评估基准日已投入使用多年，以成本法对其评估的结果难以客观反映其合理市场价值，因此不宜采用成本法进行评估；本次交易完成后，上市公司将对重庆商社实施吸收合并，承继及承接重庆商社物业资产等一切权利与义务，上市公司无需再通过租赁方式使用本次交易涉及的委估投资性房地产，相关物业资产的未来租赁收入预测不确定性较大，因此本次未选择收益法对上述物业资产进行评估；5项投资性房地产分别是位于重庆核心商圈及区域商圈，区域商业氛围活跃，周边可比物业较多，因此具备市场法评估条件，适宜采用市场法进行评估。在最终的答复意见中，评估师补充了收益法、重置成本法的估值结果并进行了对比。从评估准则的角度，采用一种评估方法的解释是合理的，但为了更好反映评估价值的公允性，便于监管部门和投资者理解，适当从其他角度评估其价值在实务中也可考虑。

评估师对于投资性房地产是否存在减值风险及本次交易作价的公允性问题的解释，认为上市公司对比分析了本次交易中物业资产的评估单价与评估基准日后所在区域的交易均价不存在重大差异，伴随着宏观经济复苏和消费市场恢复，本次交易涉及的物业资产使用情况将保持稳定，不存在重大资产减值风险。

（三）需关注债务因素对并购重组的影响

本交易的被吸并方重庆商社于1996年9月设立，核心企业重庆商社由重庆市交电批发公司、重庆市化工批发公司组成。2018年10月30日，重庆市人民政府批准同意重庆商社通过增资扩股实施混合所有制改革。重庆商社通过公开挂牌，确认物美集团和步步高集团成为本次股权投资方。于2020年3月31日取得当地市监局换发的《营业执照》，至此，重庆商社完成该次混合所有制改革。2021年9月3日，重庆商社股东会决议，全体股东一致同意公司分立方案，重庆商社以存续分立的方式进行分立，重庆商社的法律主体仍存在，同时将部分资产负债划至分立后新设的公司——重庆商管。2021年10月18日取得当地市监局就本次分立办理工商变更登记换发的《营业执照》。

根据《公司法》的规定，公司分立前的债务由分立后的公司承担连带责任。根据《中华人民共和国民法典》的规定，法人分立的，其权利和义务由分立后的法人享有连带债权，承担连带债务。因此，存续主体重庆商社对新设主体重庆商管所承接的重庆商社分立前债务承担连带责任。“相关债权债务处理合法”是并购重组重要的原则与标准。

五、并购成效

2024年4月19日，重庆百货公告的审计报告显示，预计2023年年度实现归属于上市公司股东的净利润与上年同期相比大幅度增加。2023年度，公司经营发展持续向好，业绩保持良好增长。同时，企业加快场店调改升级，推动商文旅融合，开展重百购物节、家电节、亲友内购会、时尚潮购等特色消费活动，打造线下场店、线上平台、B端（卡券、BBC、团购）、强管控加盟店、社区集市外展、员工分佣“六大卖场”，形成了重百大楼“时光塔”、世纪新都“生活美学院”等多元化消费新场景。

由此可见，伴随本次重大资产重组交易的完成，上市公司缩减管理层级、提高运营效率，为上市公司健康发展扫除障碍。公司回归商业本质，融合变革创新，积极探索打造本地生活生态，不断满足消费者多元化、高品质的消费需求，零售主营业绩稳定增长。

B.33
并购案例八：中环装备收购环境科技股权

韩汾泉*

摘　要： 2022年11月3日，中环装备（300140.SZ）发布公告，拟通过发行股份及支付现金的方式购买中国环保持有的环境科技100%股权，以及购买河北建投持有的中节能石家庄19%股权、中节能沧州19%股权、中节能保定19%股权、中节能秦皇岛19%股权、承德环能热电14%股权等少数股东权益，整体作价为111.64亿元。此次交易前，环境科技持有中节能石家庄81%股权、中节能保定75.69%股权、中节能秦皇岛66.16%股权、中节能沧州71%股权、承德环能热电51%股权。交易完成后，环境科技、中节能石家庄将成为中环装备全资子公司，中节能保定等4家企业将成为中环装备控股子公司。中环装备作为中国节能下属环保装备板块上市平台，在中国节能环保板块优质资产整合、提升中国节能环保板块整体竞争力方面起重要作用。本次交易在解决中环装备和环境科技发展需求的同时，还可实现中国节能内部环保板块的资产整合，公司产品将从节能环保装备制造领域向生活垃圾无害化、能源化处置领域延伸，加快上市公司在固废综合处理领域的产业布局，优化产业结构，打造项目设计—装备技术—工程建设—运营全产业链格局。

---

* 韩汾泉，清华大学博士，现任招商证券广东分公司副总经理，曾任招商证券投资银行委员会并购部总经理，全联并购公会常务理事。

关键词：中国节能　环保板块　垃圾发电　资产整合

一、交易概述

本次交易包括发行股份及支付现金购买资产、募集配套资金两部分。本次发行股份及支付现金购买资产不以本次募集配套资金的成功实施为前提，最终募集配套资金发行成功与否或是否足额募集不影响本次发行股份及支付现金购买资产行为的实施。如果募集配套资金出现未能实施或未能足额募集的情形，上市公司将通过自筹或其他形式予以解决。

2022年11月3日，中环装备发布公告，拟通过发行股份及支付现金的方式购买中国环境保护集团有限公司（下文简称“中国环保”）持有的中节能环境科技有限公司（下文简称“环境科技”）100%股权，以及购买河北建设投资集团有限责任公司（下文简称“河北建投”）持有的中节能（石家庄）环保能源有限公司（下文简称“中节能石家庄”）19%股权、中节能（沧州）环保能源有限公司（下文简称“中节能沧州”）19%股权、中节能（保定）环保能源有限公司（下文简称“中节能保定”）19%股权、中节能（秦皇岛）环保能源有限公司（下文简称“中节能秦皇岛”）19%股权、承德环能热电有限责任公司（下文简称“承德环能热电”）14%股权，整体作价为111.64亿元。

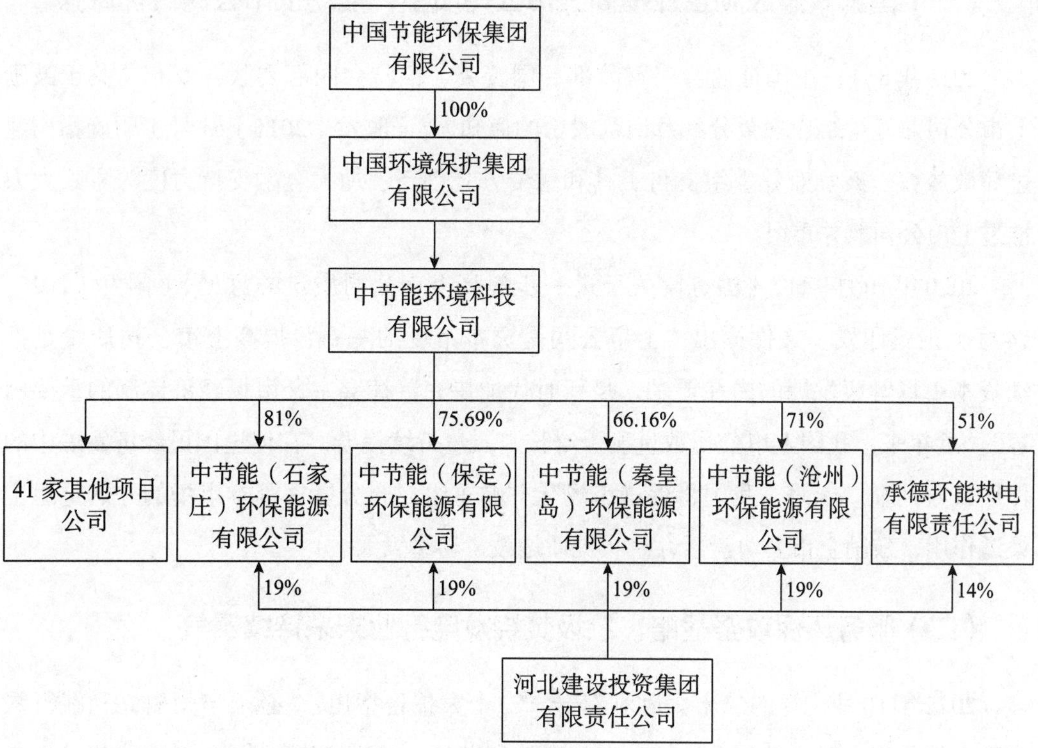

图1　并购涉及公司股权关系

本次交易募集配套资金扣除中介机构费用和相关税费后，拟用于以下项目：

表1　募集资金用途

单位：万元

序　　号	项目名称	拟投入募集资金限额
1	支付现金对价	107,557.49
2	补充流动资金	192,442.51

2022年11月3日，中环装备与中国环保签署《盈利预测补偿协议》，中国环保承诺环境科技2023—2025年扣除非经常性损益后归属于母公司股东的净利润分别不低于7.46亿元、7.73亿元和8.73亿元。

通过本次交易，中国节能集团拟将旗下垃圾焚烧发电相关产业板块注入上市公司，中环装备主营业务将从节能环保装备业务延伸至垃圾焚烧发电相关业务，有利于优化上市公司环保领域整体布局，构建上市公司新的盈利增长点。

二、并购背景

（一）国家政策鼓励企业提高上市公司质量，推动上市公司做优做强

2015年8月，中国证监会、财政部、国资委、银监会四部委联合发布《关于鼓励上市公司兼并重组、现金分红及回购股份的通知》（证监发〔2015〕61号）明确指出通过简政放权、鼓励兼并重组支付工具和融资方式创新、加大金融支持力度等方式大力推进上市公司兼并重组。

2020年10月9日，《国务院关于进一步提高上市公司质量的意见》（国发〔2020〕14号）正式印发。文件提出“上市公司是资本市场的基石，提高上市公司质量是推动资本市场健康发展的内在要求，是新时代加快完善社会主义市场经济体制的重要内容”。近年来，我国上市公司数量显著增长、质量持续提升，在促进国民经济发展中的作用日益凸显。未来，我国将促进市场化并购重组，充分发挥资本市场的并购重组主渠道作用，鼓励上市公司盘活存量、提质增效、转型发展。

（二）服务环保攻坚战略，垃圾焚烧发电行业未来持续景气

2022年10月，党的二十大胜利召开。二十大报告指出：“必须牢固树立和践行绿水青山就是金山银山的理念，站在人与自然和谐共生的高度谋划发展。”报告将“人与

自然和谐共生的现代化”上升到“中国式现代化”的内涵之一。

多年以来，中国环保秉承绿色发展理念，扎实推进城镇生活垃圾处置行业主责主业。然而，随着工农业发展以及城镇化进程的加快，我国垃圾处理问题已成为生态文明建设的重要挑战。垃圾焚烧由于减量化、资源化、无害化等优势，正不断替代垃圾填埋作为各地处理垃圾的重要方式。同时，随着垃圾处理行业相关政策法规相继出台，尤其是垃圾无害化处理设施的投资建设落地和垃圾分类政策的快速推行，我国垃圾无害化处理能力将进一步提升，其对垃圾焚烧发电行业的发展以及行业的技术水平和收入规模的提高具有重要影响。

总体来看，推动垃圾焚烧发电行业的持续发展，是解决我国垃圾问题，充分实现垃圾无害化处理及废物资源化，建设美丽中国的重要手段之一。我国垃圾焚烧发电行业发展预期未来持续景气，市场空间良好。

三、交易动因

（一）进一步提高上市公司发展质量

2020年，国务院印发《关于进一步提高上市公司质量的意见》，支持上市公司充分发挥资本市场的并购重组作用，鼓励上市公司盘活存量、提质增效，提高发展质量。

中环装备作为中国节能下属环保装备板块上市平台，一直以来，公司的资产规模、盈利能力和市场地位难以达到预期。中环装备在实现中国节能环保板块优质资产整合、提升中国节能环保板块整体竞争力方面，仍有较大提升空间。中环装备收购标的资产贯彻落实了国务院关于进一步提高上市公司发展质量的指导意见，有利于其实现战略发展目标，进一步做强、做优、做大。

本次交易完成后，环境科技、中节能石家庄将成为上市公司全资子公司，中节能保定、中节能秦皇岛、中节能沧州、承德环能热电将成为上市公司控股子公司。标的公司的资产、业务、人员等进入上市公司，上市公司的资产规模、盈利能力将得到进一步提升。本次交易将进一步扩大上市公司业务规模，增强上市公司未来的持续经营和盈利能力。

（二）上市公司在垃圾焚烧发电领域产业布局的重要举措

本次交易标的为控股股东中国节能旗下垃圾焚烧发电相关产业板块，标的资产收益情况良好。上市公司控股股东中国节能努力成为生态文明建设的实践者，旗下固废处理板块经过多年的发展，在固废处理领域已经迈入国内固废行业的第一阵营，连续多年跻身“中国固废行业十大影响力企业”。根据“十四五”战略规划，固废板块拟在“十四五”期间，进一步大力发展垃圾焚烧发电业务，但目前的资本金缺口较大，亟须对接资本市场，拓宽融资渠道。本次重组，有利于中国节能和环境科技尽快实现优质资产的证券化，大幅提升融资能力。

本次重大资产重组，在解决中环装备和环境科技发展需求的同时，还可实现中国节能内部环保板块的资产整合。本次交易前，中国环保根据旗下垃圾发电项目公司的具体情况，确定符合注入上市公司前置条件、盈利情况优良的项目公司将其无偿划转至标的公司环境科技旗下，为本次重组打下了基础；本次重组由上市公司收购环境科技100%股权，交易完成后，环境科技成为上市公司全资子公司，上市公司定位于垃圾处理业务综合服务商，产品将从节能环保装备制造领域向生活垃圾无害化、能源化处置领域延伸，加快上市公司在固废综合处理领域的产业布局，优化产业结构，打造项目设计—装备技术—工程建设—运营全产业链格局。

（三）提高盈利能力，实现公司股东价值最大化

上市公司主营节能环保装备、电工专用装备业务，自2019年以来，上市公司连续三年亏损，销售毛利率逐年下降，公司的盈利能力及市场地位均未达到预期。2021年，上市公司原环境能效监控与大数据服务业务及大气污染减排业务的置出，导致上市公司营业收入大幅下滑。加之上市公司业务面临市场体量下降、成本上升、利润下滑的不利因素，仅依靠其自身力量，难以在短时间内扭亏为盈。本次交易将盈利能力较强的垃圾焚烧发电资产注入上市公司，有利于上市公司明确主业，发挥业务协同作用，重塑核心盈利能力，实现公司股东价值最大化。

本次交易完成后，标的公司亦将纳入上市公司合并范围。本次交易的实施将提升上市公司的资产规模、营业收入和净利润水平，有助于上市公司进一步拓展收入来源，分散整体经营风险。

四、交易影响

（一）本次交易对公司主营业务的影响

本次交易前，上市公司主要业务包括节能环保装备、电工专用装备等。

标的资产致力于垃圾焚烧发电相关业务，主要提供销售电力服务、垃圾处理服务。

本次交易后，上市公司将整合标的公司的竞争优势，培育新的业务增长点，扩充上市公司在节能环保领域的产业布局，致力于成为环保领域的综合服务商。

（二）本次交易对上市公司股权结构的影响

根据本次交易标的资产的交易作价及上市公司购买资产的股份发行价格，在不考虑募集配套资金的情况下，交易前后上市公司股权结构变化情况如下：

表2　交易前后上市公司股权结构变化

股东名称	本次交易前		发行股份购买资产发行的股份数量（股）	本次交易后	
	持股数量（股）	持股比例		持股数量（股）	持股比例
中国节能	98,133,708	22.97%	–	98,133,708	3.77%
中国启源	51,352,665	12.02%	–	51,352,665	1.97%
西安中机国际	8,880,000	2.08%	–	8,880,000	0.34%
中节能资本	768,587	0.18%	–	768,587	0.03%
中国环保	–	–	2,090,750,248	2,090,750,248	80.22%
小计	159,134,960	37.25%	2,090,750,248	2,249,885,208	86.33%
河北建设	–	–	88,203,710	88,203,710	3.38%
其他股东	268,109,092	62.75%	–	268,109,092	10.29%
合计	427,244,052	100.00%	2,178,953,958	2,606,198,010	100.00%

本次交易完成后，公司控股股东变更为中国环保，但实际控制人仍为中国节能，本次交易不会导致上市公司实际控制人发生变化。

（三）本次交易对上市公司主要财务指标的影响

本次交易完成后，上市公司将置入盈利能力较强的优质资产。上市公司主营业务将进一步拓展到垃圾焚烧发电业务，有助于增强上市公司的可持续发展能力和核心竞争力。

根据中审众环出具的审计报告、上市公司2022年1—10月未经审计的财务报表及中审众环为本次交易出具的备考审阅报告，本次交易前后，中环装备最近一年一期的主要财务数据和指标对比情况如下：

表3 交易前后中环装备主要财务数据和指标对比

单位：万元

项 目	2022年10月31日/2022年1—10月			2021年12月31日/2021年度		
	交易前	交易后（备考）	增幅	交易前	交易后（备考）	增幅
资产合计	300,362.50	3,082,108.69	926.13%	339,569.46	2,973,355.46	775.63%
负债合计	140,667.55	2,092,616.91	1,387.63%	178,974.72	2,069,879.29	1,056.52%
归属于母公司所有者权益合计	146,689.56	945,653.98	544.66%	147,316.26	862,893.52	485.74%
营业收入	6,596,658	520,579.97	689.16%	113,411.33	854,490.80	653.44%
归属于母公司所有者的净利润	–658.34	65,355.44	10,027.31%	–23,610.75	34,574.47	246.44%
项目	2022年10月31日/2022年1—10月			2021年12月31日/2021年度		
	交易前	交易后（备考）	增减幅	交易前	交易后（备考）	增减幅
资产负债率（合并）（%）	46.83	67.90	21.07	52.71	69.61	16.90
基本每股收益（元/股）	–0.02	0.25	0.27	–0.55	0.13	0.68
加权平均净资产收益率（%）	–0.22	7.23	7.45	–14.8	4.23	19.03

根据备考审阅报告，本次交易完成后上市公司归母净利润、每股收益均将出现显著提升。

Contents

I. General Report

B1. Chinese Mergers and Acquisitions Market Analysis

Hu Wei, Tang JingWen, Zhu DingHao

Abstract: In 2023, as major central banks in developed countries such as Europe and the United States entered a new cycle of interest rate hikes, the liquidity in the global financial market further tightened compared to 2022. Despite a slight easing of global inflationary pressures in the second half of the year, the tightening monetary policy and high interest rates further increased the financing costs of enterprises, thus limiting the activities of M&A investment to some extent. Geopolitical conflicts and tightening monetary policies were gradually revealing their impact on the uncertainty of the global economic outlook. The number and scale of global M&A activities have declined compared to 2022, with a total of 58,000 deals and a total transaction value of US$2.6 trillion. This article begins by summarizing the global macroeconomic environment of the M&A market in 2023. The Federal Reserve and the European Central Bank have continued their tapering and interest rate hike strategy to control core inflation and reduce excess liquidity, increasing the risk of a hard landing for the global economy and the financing costs associated with M&A transactions. Secondly, in the analysis of the global M&A market, it is observed that the number and scale of M&A activities in EMEA and Asia Pacific have declined from 2022, while the Americas have seen a slight increase in the number of M&A activities compared to 2022, but the overall size of the deals has still declined. Global M&A hotspots are centered on the healthcare, life sciences, energy and natural resources sectors, with technology and advanced manufacturing seeing a significant retreat in M&A activity from last year. The article concludes with a focused review of China's M&A market in 2023. As the economy slows and enters a phase of high-quality development, China's M&A market has also begun its transformation and upgrade, gradually moving towards matureness. Sectors such as state-owned enterprise (SOE) reform, optimization of state-owned resources, and energy transition led by SOEs remain relatively active in large-scale M&A transactions. Manufacturing, information technology, and financial services continue to be the main industries in China's M&A market.

Keywords: Macro Environment for M&A; Global M&A; M&A in China

II. Policies and Regulations Reports

B2. Evaluation of Mergers and Acquisitions Laws and Regulations

Liu Wei, Xu WeiMin, Yao FangPing

Abstract: This article provides a comprehensive review and interpretation of the legislation, regulations, and normative documents related to mergers and acquisitions (M&A) in China for the year 2023, which have a direct or indirect impact on M&A activities. The most significant event in the capital market in 2023 was the full implementation of the stock issuance registration system. On February 17, 2023, the China Securities Regulatory Commission (CSRC) issued a set of institutional rules related to the full implementation of the stock issuance registration system, which came into effect upon promulgation. The stock exchanges, the Nation and Quotations (NEEQ), China Securities Depository and Clearing Corporation (CSDC), China Securities Finance Corporation (CSF), and the Securities Association have also released supporting institutional rules synchronously. The full implementation of the registration system is a major reform involving the entire capital market. With the joint efforts of all parties, the pilot registration system in the early stages of the Science and Technology Innovation Board, ChiNext, and the Beijing Stock Exchange has now been fully implemented. The release and implementation of the institutional rules this time mark the basic finalization of the institutional arrangements for the registration system, signifying its expansion to the entire market. This milestone event is of great significance in the reform and development process of China's capital market.

A total of 165 institutional rules were released, including 57 rules issued by the CSRC and 108 supporting institutional rules issued by the stock exchanges, NEEQ, CSDC, and others. The content covers various aspects such as issuance conditions, registration procedures, sponsorship underwriting, significant asset restructuring, regulatory enforcement, and investor protection. The improvement of the significant asset restructuring system for listed companies mainly involves the unified implementation of the registration system in various market segments to issue shares to purchase assets, the improvement of restructuring recognition standards and pricing mechanisms, and the strengthening of regulatory oversight of restructuring activities during and after the event.

The purpose of this article is to review and evaluate the M&A laws and regulations and policies for the year 2023, providing a reference and guidance for the practical operation of M&A activities, thereby preventing and reducing relevant legal risks.

Keywords: Mergers and Acquisitions, Legal Regulations, Departmental Rules, Normative Documents

III. Industry Reports

B3. Mergers and Acquisitions in Energy and Mining Industry

Hu Wei, Jiang YiHong, Xia Chuan, Huang Cheng

Abstract: In 2023, driven by economic recovery, the willingness for mergers and acquisitions (M&A) of China's energy and mineral industry has steadily increased compared to 2022. While the number of completed transactions has decreased, the total transaction amount has increased. In terms of scale, there were 29 M&A transactions in China's energy mining industry in 2023, with a disclosed transaction amount of 106.232 billion yuan. The main merger and acquisition events for the energy mining industry in 2023 include Jingyuan Coal Industry and Electricity Power's acquisition of 100% equity in Yaojie Coal and Electricity Group, Shanxi Coking Coal Energy Group's acquisition of 51% equity in Huajin Coking Coal and 49% equity in Mingzhu Coal Industry, Jiangsu Eastern Shenghong's acquisition of 100% equity in Petrochemical (Lianyungang) Port Storage and Transportation and 100% equity in Lianyungang Guangdong Industry. Satellite Chemical's acquisition of 100% equity in Jiahong New Materials, and PipeChina Group's acquisition of 27.74% equity in United Pipeline Company.

Keywords: energy and mining industry, mergers and acquisitions, equity acquisition

B4. Mergers and Acquisitions in Manufacturing Industry

Li ZhouFeng, Feng JianRan, Wang JingRong, Shu XueLing

Abstract: With the ongoing development of globalization and the continuous advancement of scientific and technological revolutions, the international competitiveness of China's high-end manufacturing industry's terminal products continues to strengthen. Since

2020, the contribution of high–end equipment manufacturing to exports has remained above 70% for four consecutive years. In 2023, the export value of China's high–end equipment manufacturing industry reached 10.65 trillion Yuan, accounting for 72.84% of the annual export delivery value, setting a new record high. As the world's largest manufacturing nation and the only country with a complete range of industrial categories, China is at a critical juncture in transitioning from a manufacturing giant to a manufacturing powerhouse. China has achieved remarkable progress in the technical level and international market share of its products in sectors such as consumer electronics, new energy vehicles, and aerospace. However, the dependency on imports for key components and core technologies required for the manufacture of high–end equipment remains high. Consequently, mergers and acquisitions between enterprises have become a core strategy for manufacturing companies to achieve breakthroughs in scale, technology, and internationalization. In 2023, China's manufacturing industry focused on recovery, with the PMI showing a trend of initial rebound, followed by fluctuations, and eventually stabilization. From an M&A perspective, both the number and value of transactions in China's manufacturing industry in 2023 decreased compared to 2022, with transaction completion time evenly distributed throughout the year. Notably, December's transaction value accounted for 25.2% of the annual total, marking the peak for the year. In terms of M&A regions, domestic M&A events predominated, with a concentration in economically developed areas such as Guangdong and Jiangsu. Furthermore, the distribution of M&A entities and transaction values indicates a high proportion of transactions without the involvement of listed companies and state–owned enterprises. This not only reflects that China's manufacturing M&A market in 2023 was primarily driven by unlisted small and medium–sized enterprises, but also demonstrates the ongoing vitality of the private economy.

Keywords: Manufacturing; M&A; Recovery

B5. Mergers and Acquisitions in the Thermal and Gas Public Services Industry

Hu Wei, Jiang YiHong, Yu Qiang, Wang Qi

Abstract: In 2023, China's public service sector made significant progress in electricity, gas, and water services, contributing to green and low–carbon transformation. In the electricity sector, total electricity consumption reached 9.22 trillion kWh, a 6.7% increase; installed capacity rose to 2.92 billion kW, with solar and wind power growing by 55.2% and 20.7%, respectively. The gas industry also performed well, with natural gas consumption and production increasing by 7.6% and continuing a seventh consecutive year of production growth, while imports rose by 9.9%, indicating a sustained demand increase. Infrastructure improvements, such as increased storage capacity and LNG reception, ensured stable supply. The water sector achieved advancements in water conservation, wastewater treatment, and smart water management, effectively reducing leakage rates and enhancing treatment capacity through technological innovations. Government policies have strengthened support for the water sector, promoting the synergistic development of wastewater treatment and pollution reduction, laying a solid foundation for achieving national carbon neutrality goals and ecological civilization.

Keywords: Electricity industry; Thermal; Gas; Water–Supply Industry; Public Service; M&A

B6. Mergers and Acquisitions in the Construction Industry

Yao YuanJia, Cui Hao

Abstract: As a pillar industry of the national economy, the construction industry plays an important supporting role in the stable development of the national economy and society. Firstly, this article reviews the current development status of the national construction industry in 2023 and analyzes the changes in indicators such as added value, enterprise scale, and number of enterprises in the construction industry in recent years. Secondly, this article summarizes the M&A situation in the construction industry in 2023. According to data from IFind, there were 279 M&A transactions in the construction industry in 2023, with a total M&A transaction size of 53.421 billion yuan. Finally, this article selected several typical M&A cases in the construction industry in 2023 to analyze their drivers, processes, and characteristics one by one.

Keywords: Construction Industry, Optimization, Development, Mergers and Acquisitions, Restructurings of Construction Enterprises

B7. Mergers and Acquisitions in the Transportation and Warehousing Industry

Hu Wei, Jiang YiHong, Gao Chen, Wang XingYu

Abstract: 2023 marks the beginning of the thorough implementation of the guiding principles from the Party's 20th National Congress. The economic operation of China's transportation industry has shown a growing trend and development momentum. During this period, transportation investment remained at a high level, the infrastructure network, along with the comprehensive three–dimensional transportation network, were further improved.

China's logistics industry has entered a new stage of system integration, transformational development, and functional enhancement. Driven by the stabilization and recovery of the domestic economic situation and the continuous manifestation of policy effects, the transportation and logistics industry has maintained a trend of recovery and growth. The level of digitalization and carbon-reduction in the industry has seen further developments, and the construction of a Chinese style modern logistics system continues to advance steadily.

In 2023, there were a total of 127 M&A transactions in China's transportation and warehousing logistics industry, with a transaction amount of 61.088 billion yuan and an average transaction amount of 481 million yuan, which is a certain decline compared to 2022. The second quarter of 2023 saw the highest transaction value, and the fourth quarter saw the highest number of M&A. The number of M&A transactions by private enterprises is relatively high; In the segmented industries, M&As are more active in the road transportation and warehousing logistics related industries, while deals related to the aviation transportation industry have increased; The decline in M&As in other segmented industries is significant. The five major M&As in 2023 are: Sichuan Chengyu (601107. SH) acquires 100% equity of Rongcheng Second Ring Company, Shanggang Group (600018. SH) sells 20% equity of Guandong Company, SF Holding (002352. SZ) subsidiary Fengwang Holdings sells 100% equity of Fengwang Information, Shentong Express (002468. SZ) undergoes a 25% equity change, and Shandong Luqiao (000498. SZ) acquires 86.73% equity of Jiaojian Group.

Keywords: Transportation, Warehousing Logistics, Mergers and Acquisitions, Equity Acquisitions

B8. Mergers and Acquisitions in the Hospitality and Catering Industry in 2023

Hu LiJun

Abstract: In 2023, amid the continuous recovery and improvement of the socio-economic landscape, the hospitality and catering industry witnessed a robust resurgence, with its value-added growth rate leading across all sectors. As the industry gradually recuperated, mergers and acquisitions (M&A) activities became notably vibrant, with a total of 20 M&A transactions occurring throughout the year in various subsectors of the industry. Most of these M&A events were executed through vertical integration or horizontal collaboration along the industry chain, aiming to expand business scope, consolidate resource advantages, and achieve business synergy, joint coexistence, and enhanced strength. Through these M&As, the branding rate, chain rate, and digitalization level of the hospitality and catering industry are expected to be significantly enhanced. China is in a period of rapid consumer structure upgrades, where demands for hospitality and catering services are becoming increasingly segmented and quality focused. The industry needs to continuously improve service quality and explore the development of new qualitative productive forces to lead innovative development in the sector.

Keywords: Consumption Upgrade, Expanding Domestic Demand, Group Meal Services

B9. Mergers and Acquisitions in the Internet Information Technology industry in 2023

Jiang Hong, Sun FangCheng

Abstract: In 2023, the volume of M&A transactions in the internet information technology industry showed an upward trend, reaching the highest point of the year in December. February and July are the low points of the number M&As throughout the year, with trading enthusiasm at a moderate level, while the rest months are more active. On the whole, M&A activities of the internet information technology industry in 2023 showed the characteristics of high trading activity enthusiasm, the largest proportion of transaction volume in the software and service sub industry, the relatively small transaction amount of each M&A transaction, and the basic equality in the volume of transactions between intra industry M&As and cross industry ones. However, compared to 2022, there has been a significant decrease in both the volume and amount of M&A activities in this industry. Tianjin Printronics Circuit Corporation's successful control of Techigh Circuit Technology (HuiZhou) Co., Ltd., the cross-border acquisition of Japanese companies by Linkage Software Co., Ltd., and 3 Peak Incorporated's horizontal acquisition of ICM are important M&A cases in this industry.

Keywords: Internet; Information Technology; M&A; Equity Investment

B10. Mergers and Acquisitions in the Cultural, Sports, and Entertainment Industry

Hu Wei, Jiang YiHong, Hu CongFa

Abstract: The culture, sports and entertainment industry has become increasingly prominent in modern society and has made important contributions to social and economic development. With the improvement of people's living standards, the demand for culture, sports and entertainment is also growing. People's pursuit of spiritual life has shifted from simple material satisfaction to richer cultural, sports and recreational activity opportunities. In this regard, the cultural industry has become the new favorite of entrepreneurs with its unique charm, and the sports industry is gradually becoming more diversified and universal, while the innovation and upgrading of the entertainment industry is also constantly promoting the development of the entire industry.

Keywords: Culture, Sports and Entertainment Industry, Merger

IV. Special Topic Reports

B11. Mergers and Acquisitions and Restructuring of Listed Companies in China

Chen XiLin, Cheng Kang

Abstract: This report provides a comprehensive review of the significant mergers and acquisitions and restructuring events among listed companies in China for the year 2023. A total of 195 major restructuring plans were disclosed, with mergers through share issuance and agreement–based acquisitions becoming the main melody of the market. The number of asset restructuring reviews for listed companies across all sectors reached 26 instances, showing a downward trend year by year. In 2023, the number of transfer–of–control deals completed by listed companies was 146, with control rights transactions maintained at a high level and gradually becoming an important form of M&A and restructuring in the Chinese A–share capital market. The number of strong internal alliances represented by A controlling A model continued to increase, and the number of tender offer cases saw a slight rebound.

Keywords: Listed Companies, Acquisitions, Major Asset Restructuring, Control Rights

B12. Financing Models of Cross–border M&A and Restructurings by Private Enterprises in China

Xue Jun, Qin ZiQing

Abstract: This report examines the financing patterns of significant cross–border M&As by Chinese private enterprises from 2005 to 2023. Based on the classification standards of the BvD–Zephyr database, financing channels are categorized into 24 types, covering a total of 13,271 transactions. The report analyzes the overall situation of financing channels for Chinese private enterprises' cross–border M&As, further summarizing the financing channels into single–channel and multi–channel financing, and calculates the financing channel index. It also discusses the diversity of financing models used by Chinese private enterprises and the trends of change in cross–border M&A financing activities, aiming to provide theoretical support and practical guidance for the internationalization process of Chinese private enterprises.

Keywords: Cross–border M&A, Financing Models, Private Enterprises

B13. Bankruptcy Restructuring Observation and Analysis

Ji Nuo, Ti RuiTing

Abstract: Bankruptcy restructuring integrates bankruptcy procedures with debt restructuring to reorganize the assets, liabilities, business, and personnel of distressed enterprises. It is a strategic tool to enhance enterprise competitiveness and improve resource allocation. Additionally, the unique institutional advantages of bankruptcy procedures in improving M&A efficiency, reducing M&A risks, and increasing value space have increasingly gained the attention and active practice of the M&A industry.

Bankruptcy restructurings have played an increasingly important role in helping distressed enterprises relieve difficulties, supporting the aggregation of high-quality industries in regions, and promoting the development of new qualitative productive forces in 2023. Moreover, the continuous exchange and integration between bankruptcy administration and M&A restructuring have laid an important theoretical and practical foundation for their cooperation, optimizing the business environment, and promoting high-quality economic and social development.

Keywords: Bankruptcy Restructuring; M&A Relief; Value Repair; Industrial Investment; Resource Allocation

B14. The Development of Mergers and Acquisitions Funds in China

Chen BaoSheng

Abstract: In recent years, the development of foreign M&A funds has been closely related to the M&A wave in American history. The scale of global M&A funds has increased significantly. However, both the investment and exit scale through foreign M&A funds have declined. China's M&A funds have experienced four stages: the entry of famous international M&A funds into China, the emergence of local M&A funds, the accelerated development of local M&A funds, and the emergence of various types of M&A funds. In 2023, the overall scale of private equity funds in China continued to expand, the market was promising, and the administration and operation of management organizations became more standardized. With the increasingly frequent activities in China's M&A market, the sixth M&A wave has started. China's M&A funds will face both opportunities and challenges in the future. In general, comparing the proportion of domestic M&A funds in private equity investment with that of western developed countries, domestic M&A funds are still in the initial stage of development and still have great growth potential.

Keywords: M&A fund; Investment; Private Equity Investment

B15. Status and Trends of Investment in the Bankruptcy Restructuring of Listed Companies

Wu LiXin, Wu HuiWen, Li JinMei

Abstract: In recent years, as market conditions have become increasingly complex and volatile, listed companies are facing escalating economic pressures and financial risks, leading to a surge in bankruptcy restructurings. The essence of restructuring is to restore business operations through the introduction and reorganization of resources, presenting a wealth of investment opportunities. With the continuous improvement and transparency of bankruptcy regulations, restructuring investment has gained recognition from industrial investors and has become a sought–after investment target for financial institutions and financial products, such as financial asset management companies, securities investment funds, and trust products. This report aims to provide an in–depth analysis of the current market for investment in restructured listed companies by examining key data such as the number of companies undergoing bankruptcy restructuring, stock performance, investor recruitment, and post–restructuring investment returns, offering investors comprehensive and detailed market insights.

Keywords: Listed Companies, Bankruptcy Restructuring, Restructuring Investment

B16. Outlook for Mergers and Acquisitions Trends in Anhui.

Hu Wei, Tang JingWen, Wang JianXiang

Abstract: In the past decade, the economy of Anhui has grown rapidly, with significant increases in GDP and per capita GDP. The industrial structure has been optimized, especially in strategically emerging industries of new energy vehicles and integrated circuits, forming a complete industrial chain. Meanwhile, the capital market has developed rapidly, with its nationwide top–ranking listed companies in number and size, and performing innovative high–tech firms. However, the overall strength and market value of listed companies in Anhui still need to be improved, and the industrial structure and performance levels still need to be enhanced. In the M&A market, despite been active, there is still a gap between Anhui and more economically developed regions. M&A transactions are mainly concentrated in finance, manufacturing, and conglomerate industries, focusing on integration and strategic cooperation, but there is room for development in diversification and asset adjustment. Faced with the opportunities of M&A restructuring, Anhui needs to leverage its advantages in science and innovation, as well as its industrial chain, to help improve the quality of listed companies and optimize the industrial structure, thereby driving high-quality regional economic development. This requires the coordinated efforts of the government, enterprises, and the capital market.

Keywords: Anhui, Industrial Structure Optimization, Capital Market, Mergers and Acquisitions, Technological Innovation

B17. The Logical Driver and Insights of Industrial Mergers and Acquisitions in China and the U.S

Hu Wei, Tang JingWen, Wu GuangJie, Hu YongShun

Abstract: Industrial mergers and acquisitions (M&A) have a solid theoretical foundation and diverse manifestations, driven by multiple factors. The industry cycle, economic cycle, capital market cycle, and political cycle are key factors driving the development of M&A activities, while horizontal, vertical, diversified, and globalized M&As are the fundamental forms of industrial mergers. Historically, the five waves of mergers in the United States align with these theoretical principles and are driven by cyclical factors. In China, after the Reform and Opening Up, two initial phases of mergers were primarily driven by state-owned enterprise reform and the development of emerging industries, achieving leapfrogging industrial development through. After an in-depth analysis of the inherent patterns of industrial mergers and both domestic and international merger waves, this article focuses on analyzing the critical historical opportunity period that China is currently facing for M&A development. The intersection of multiple cycles such as industrial, economical, capital markets and political, provides a solid foundation for the emergence of future merger waves.

Key Words: Industrial M&A; Merger Waves; Industry Cycle

V. Trending Topic Reports

B18. Development of Mergers and Acquisitions Industry under the Framework of ESG Investment

Chen Ning, Fang QianQian, Chen ZhaoXiang, Yuan DaJun

Abstract: The global ESG investment is witnessing rapid growth, despite a recent "anti-ESG" backlash in Western markets, signaling a more challenging phase for ESG investments. In contrast, China's ESG market has accelerated significantly following the establishment of its dual–carbon goals. In 2023, the government rolled out a series of policies to support sustainable development and promote the proliferation of green finance and ESG investments. With the enhancement of ESG awareness, more companies are emphasizing ESG indicators and actively disclosing reports on social responsibility and sustainable development. The proportion of ESG reporting among listed companies on China's A–shares continues to increase, with varying disclosure rates across different industries. Financial institutions are also launching ESG funds and related financial products to attract investors, with an increased number of ESG funds, bonds, and bank wealth management products in 2023. In terms of mergers and acquisitions, the number of deals by Chinese listed companies has decreased compared to the previous year. Analysis of the ESG ratings of companies involved in M&A reveals varying ESG performances among companies from different regions, sizes, and ownership types, with companies in the eastern regions, larger enterprises, and state–owned entities demonstrating better ESG performance. Looking ahead, the ESG investment philosophy will continue to profoundly influence the direction of the M&A industry, driving its activities towards a more responsible and sustainable path.

Keywords: ESG Investment; M&A; Green Finance

B19. Development Status and Mergers & Acquisitions Trends in the Field of Artificial Intelligence

Kong JingJing, Hao RunQi, Shan Lei, Ding JiangBo

Abstract: The fervor surrounding large language models is escalating with the release of higher versions of ChatGPT and O1, leading to a resurgence in the global AI investment and financing market. In 2023, AI sector financing reached 338.7 billion yuan, marking a 79% year–on–year increase, while the number of investment events totaled 983, a 5.66% decrease from the previous year. Financing events and amounts peaked in July. Given the relatively early stage of AI industry development based on large model technology, investments and M&A projects are primarily focused on the foundational layer of computing power and data platforms.

Keywords: Artificial Intelligence; Investment and Financing; Mergers and Acquisitions

B20. Mergers and Acquisitions in Semiconductor Industry

Wan Lei, Cheng ZhouHang, Yang Lei, Xu ZuFei

Abstract: Despite an 8.2% market contraction in 2023, the semiconductor industry is poised for recovery due to surging demand for AI–related products like GPUs and HBM. Early signs of revival are seen in foundries and memory manufactures, as both order volumes and factory utilization rates have increased. Should AI generate explosive application scenarios in downstream industries, it could further propel the entire semiconductor industry into an upswing. Nonetheless, AI technology remains in its early developmental stages, oversupply risks due to cloud provider competition remain, raising questions about the industry's ability to achieve a comprehensive recovery in the future.

From the perspective of Mergers and Acquisitions (M&A), in the semiconductor industry, the new wave of technological revolution is creating new investment opportunities. M&A activity is accelerating with a focus on industry integration and upstream–downstream consolidation. Against the backdrop of de–globalization, China's semiconductor industry is rapidly expanding, with continuous progress in the localization of core equipment and components. M&A activities have become mainstream as companies seek to integrate resources to enhance competitiveness and respond to market challenges. According to Wind, there were a total of 121 M&A transactions in the domestic semiconductor industry in 2023, with 73 of these categorized as restructuring, accounting for 60.3% of the total. This report concludes that the transaction scale of M&A activities in the semiconductor industry in 2023 was primarily concentrated in the range of 50 million to 200 million RMB, with a prevalence of smaller–scale acquisitions. The predominant transaction methods included negotiated acquisitions, capital increases, and secondary market purchases, which collectively accounted for 84.3%. Major M&A activities were concentrated in the Yangtze River Delta and Guangdong regions. The peak number of M&A announcements in the semiconductor industry occurred in the second half of 2023, particularly in August and September, followed by December, with these three months accounting for 42.2% of the total M&A transactions. Competitive buyer's M&A motivation in 2023 included various purposes for M&A, horizontal integration, strategic cooperation, asset adjustment, and diversification strategies.

Keywords: Semiconductor Industry, Mergers and Acquisitions (M&A), Industrial Chain, Merger motivation

B21. Mergers and Acquisitions in the Automobile Industry

Liu Le, Chen YeYao, Sun QianQian, Wang Kai

Abstract: In 2023, driven by the recovery of the economic and industrial cycles, automobile sales in China experienced rapid growth. The transformation towards electric and intelligent vehicles, the rise of domestic brands, and the expansion of automobiles' exports are also burgeoning development directions. Against the backdrop of the industry's rapid development, M&A activities were also highly active, with 157 M&A transactions occurring throughout the year, totaling 40.439 billion yuan. The top five M&A events in the automotive industry were as follows: Yutong Group's tender offer to acquire 58.28% of Yutong Bus's equity, Le Kai New Material's non-public offering to acquire 100% equity of Chuannan Energy and Aerospace Mold, Stellantis Group's agreement to acquire 7.88% of Lingpao Automobile's equity from Dahua Group, Hainan Rubber's agreement to acquire 36.00% of HAC's equity held by Sinochem, and Taizhou Wucheng's agreement to acquire 29.09% of Zhejiang Xiantong's equity. Trending M&A models such as optimizing management rights, upgrading and transforming, cross-border M&A layout for international development, and state-owned enterprise M&A resource empowerment starts to emerge. At the same time, domestic EVs with their technological and brand advantages attracts foreign investors to bear "new joint venture" development M&A model, showing the current stage of the uprising development momentum and increasing global influence of China's automobile industry.

Keywords: Automobile, Mergers and Acquisitions (M&A), Industrial Chain, Merger motivation

B22. Mergers and Acquisitions in the Renewable Energy Industry

Xu FuYun, Liu Xin, Yang Qian

Abstract: Despite the global resurgence in 2023, China's renewable energy industry, after a period of rapid expansion, has seen a slowdown in growth rates. The lithium battery segment has shown a significant trend of slowing growth, yet it remains one of the most sought-after renewable energy segments in 2023. In addition to lithium batteries, the photovoltaic segment is also facing a deceleration in capacity expansion. Driven by industrial policy guidance and market demand, all industry chains of the photovoltaic segment achieved rapid development in 2023, leading to abundance of supply in most chains. The hydrogen energy segment, on the other hand, has demonstrated strong growth potential in 2023 with robust policy support, and mergers and acquisitions have remained active. Looking ahead to 2024, the renewable energy sector's M&A transactions are poised with both opportunities and challenges.

Keywords: Renewable Energy, M&A Transactions, Investment, Lithium Battery, Hydrogen Energy, Photovoltaic

B23. Mergers and Acquisitions in the Securities Industry

Qiu Jian, Han Mei, Zeng ChengDi, Zhang TianRan

Abstract: Recently, the pace of domestic securities firms' integration has noticeably accelerated under the guidance of the latest industry policies. By comparing the historical evolution of overseas securities mergers and acquisitions (M&A) and reviewing the growth trajectory of Chinese securities firms, it is undeniable that M&A plays a significant role in the overall development of the securities industry. Currently, driven by a series of national policies, the securities industry is ushering in a new round of M&A enthusiasm and a new round of historical development opportunities. This article, based on different M&A motivations, has sorted out 121 domestic securities firms from various classification dimensions and discussed the possible trends of future M&A integration in conjunction with the new trends of securities business transformation and development.

Keywords: Securities M&A; Historical Evolution; M&A Motivations; Competitive Landscape; Business Transformation

B24. Latest Cross-Border Investment and M&A Trends and Hotspots

Yao YueQian, Huang ZiYi

Abstract: The global M&A market saw a decline in deal volume and value in 2023 due to factors such as macroeconomic, geopolitics and declined investor confidence. However, the total value of China's overseas M&A transactions increased significantly from the previous year. Among them, most of the overseas M&A deals are in the Belt and Road countries with the renewable energy industry becoming one of the top trends for cross-border M&As by Chinese enterprises. From the team's experience, oversea investment in the renewable energy industry faces challenges in terms of business environment and legal compliance. In Indonesia and Saudi Arabia, for example, despite the complexity of the legal environment, countries along the Belt and Road have become hot spots for companies to invest because of their rich natural resources, young demographics, and active government policy support for the sector. As more and more state-owned enterprises expand internationally, the globalization layout and international competitiveness of Chinese enterprises are expected to be improved and enhanced.

Keywords: Cross-border M&A, Green-field Investment, M&A Trend, Renewable Energy

B25. Blockchain Industry Mergers and Acquisitions Opportunities and Value Prospects

Deng Di

Abstract: This article focuses on the current status and future trends of mergers and acquisitions (M&A) in the blockchain industry. It highlights that the backlog of private equity and market demand for technological innovation are the primary drivers for M&A activities in the financial technology, payment, and energy sectors. Modular blockchain and Layer 2 technologies (such as Polygon and Arbitrum) play a significant role in enhancing transaction efficiency and system performance, enabling enterprises to integrate resources flexibly and expand markets. Meanwhile, government policy support and blockchain standardization efforts (such as China's pilot projects and European regulations) provide a favorable environment for cross-border M&A and market expansion. However, the article also reveals challenges in technological integration during M&A and data compliance issues, such as differences in consensus mechanisms between platforms and compliance pressures from privacy regulations like GDPR and CCPA. Overall, blockchain M&A is expected to continue promoting technological innovation, market expansion, and play a significant role in achieving global sustainable development goals.

Keywords: Blockchain, Layer 2, Mergers and Acquisitions, Government Policy, Data Compliance

VI. Case Studies

B26. CITIC Group's Acquisition of Nanjing Steel Group

Zhu Jie

B27. Saudi Aramco's Purchase of 10% Stake in Rongsheng Petrochemical

Zhu Jie

B28. McDonald's Global Acquisition of 28% of McDonald's China Shares Held by Carlyle

Zhu Jie

B29. Wuxi Guolian's Premium Acquisition of Minsheng Securities Equity

Zhu Jie

B30. Qilian Mountains of Gansu cement group's Significant Asset Swap

Wang JunHui

B31. Yantian Port's Acquisition of Port Operations Company

Wang JunHui

B32. Chongqing Department Store's Acquisition of Chongqing Commercial Company

Tang ZhangQi, Suo ChengShan

B33. CEPEC's Acquisition of Environment Technology Co

Han FenQuan